国家社会科学基金重点项目
“健全城乡融合发展机制研究”资助(项目编号：21AZD036)

健全城乡融合发展的机制研究

吴柏钧　等　著

華東理工大學出版社
EAST CHINA UNIVERSITY OF SCIENCE AND TECHNOLOGY PRESS
·上海·

图书在版编目(CIP)数据

健全城乡融合发展的机制研究 /吴柏钧等著.
上海 :华东理工大学出版社, 2024. 12. -- ISBN 978-7-5628-7579-6

Ⅰ. F299.21

中国国家版本馆 CIP 数据核字第 2024N6H509 号

内容提要

《健全城乡融合发展的机制研究》深入剖析了中国城乡融合发展的诸多关键议题。开篇总论回溯改革开放以来城乡关系政策演变,点明当下城乡融合基本状况,结合理论与实践给出发展建议。随后系统阐述城乡融合内涵、相关理论与特征,深挖约束因素,着力构建融合发展系统与机制。国际经验部分聚焦英、法、日、韩等国,为国内提供借鉴。产业融合章节探讨产业发展体系、机制与策略;土地资源配置从制度演化出发,探寻创新路径;人口流动分析趋势、制约因素与改革实践;公共产品供给、环境治理、财政支持等方面也分别从现状、问题、国际经验着手,全方位探索健全城乡融合发展机制,助力破解城乡二元难题,推动协同发展。

项目统筹 / 马夫娇　韩　婷
责任编辑 / 韩　婷
责任校对 / 陈婉毓
装帧设计 / 徐　蓉
出版发行 / 华东理工大学出版社有限公司
地址:上海市梅陇路 130 号,200237
电话:021-64250306
网址:www.ecustpress.cn
邮箱:zongbianban@ecustpress.cn
印　　刷 / 上海雅昌艺术印刷有限公司
开　　本 / 787 mm×1092 mm　1/16
印　　张 / 25.5
字　　数 / 579 千字
版　　次 / 2024 年 12 月第 1 版
印　　次 / 2024 年 12 月第 1 次
定　　价 / 168.00 元

目 录

第1章 总论 …… 001
1.1 研究背景与研究主题 …… 001
1.2 改革开放以来城乡关系和城乡融合发展的政策演化 …… 004
1.3 现阶段中国城乡融合发展的基本状况 …… 008
1.4 我国城乡融合发展的理论思考与实践经验 …… 018
1.5 未来城乡融合发展的建议 …… 036
参考文献 …… 064

第2章 城乡融合发展系统及其机制 …… 071
2.1 导言 …… 071
2.2 城乡融合发展的内涵 …… 072
2.3 城乡融合发展的相关理论 …… 073
2.4 我国城乡融合发展的基本特征、经验及特色 …… 076
2.5 约束我国城乡融合发展的因素 …… 082
2.6 我国城乡融合发展系统的建构 …… 090
2.7 健全我国城乡融合发展机制 …… 102
参考文献 …… 108

第3章 城乡融合发展的国际经验 …… 117
3.1 世界各国城乡融合发展状况、特征及机制 …… 117
3.2 英国城乡融合发展及机制 …… 134
3.3 法国城乡融合发展及机制 …… 141
3.4 日本城乡融合发展及机制 …… 159
3.5 韩国城乡融合发展及机制 …… 172
参考文献 …… 182

第4章 城乡产业融合发展体系与机制 …… 190
4.1 导言 …… 190
4.2 城乡产业融合发展的基本状况 …… 191
4.3 城乡产业融合发展体系 …… 194

4.4 城乡产业融合发展机制 …… 201
4.5 城乡产业融合发展的策略与政策 …… 207
参考文献 …… 216

第5章 城乡融合发展与土地资源配置机制 …… 219
5.1 导言 …… 219
5.2 我国城乡土地资源配置的制度演化 …… 220
5.3 城乡融合发展下我国土地资源配置的现实困境 …… 229
5.4 城乡土地资源配置机制的国际经验 …… 238
5.5 我国农村集体土地制度的改革实践与模式创新 …… 241
5.6 我国城乡融合发展的土地资源有效配置机制创新探索 …… 249
参考文献 …… 256

第6章 城乡融合发展与人口流动机制 …… 259
6.1 导言 …… 259
6.2 城乡劳动力流动、人力资本积累与城乡融合发展研究 …… 260
6.3 我国城乡人口流动的趋势与特征事实 …… 265
6.4 约束现阶段城乡人口流动的基本因素 …… 275
6.5 农村人口流动制度的改革实践 …… 281
6.6 城乡劳动力资源有效配置的系统及其机制 …… 289
6.7 城乡人口流动的改革策略与政策 …… 291
参考文献 …… 294

第7章 城乡融合发展与公共产品有效供给机制 …… 301
7.1 导言 …… 301
7.2 城乡公共产品与城乡融合发展：理论机制与经验证据 …… 302
7.3 城乡公共产品供给的基本状况与特征事实 …… 308
7.4 城乡公共产品配置失衡的制度根源分析 …… 322
7.5 城乡公共产品有效供给机制探索：国际经验与优化路径 …… 326
参考文献 …… 333

第8章 城乡融合发展与环境治理机制 …… 341
8.1 导言 …… 341
8.2 城乡环境治理的研究综述 …… 341
8.3 我国城乡融合的环境治理政策演化 …… 344
8.4 城乡融合的环境治理现状及问题 …… 350

8.5　城乡融合的环境治理机制与治理体系 …………………………………… 354
8.6　城乡融合发展的环境治理对策 …………………………………………… 359
参考文献 ………………………………………………………………………… 363

第 9 章　城乡融合发展与财政支持机制 ……………………………………… 365
9.1　导言 …………………………………………………………………………… 365
9.2　城乡融合发展中农村财政体制机制与政策文献综述 …………………… 365
9.3　农村财政状况与农村财政政策 …………………………………………… 367
9.4　农业农村发展财政支持的国际经验 ……………………………………… 385
9.5　城乡融合发展与农村财政体制机制改革 ………………………………… 386
9.6　构建财政与社会、金融资金结合的机制 ………………………………… 394
参考文献 ………………………………………………………………………… 397

后记 ……………………………………………………………………………… 400

第1章　总　　论

1.1　研究背景与研究主题

在经济发展和转型过程中，城乡关系始终是一个重要的问题。各国经济发展的经验表明，城乡经济演变并非单一呈现城兴乡衰的趋势。农业农村在经济发展过程中并没有呈现功能和地位的弱化趋势，即使在后工业化和信息经济时代，农业农村的发展仍然是国民经济的基础。无论在经济社会关系上，还是空间形态上，城市与乡村都是不可分割的有机整体。然而，受传统农业的分散性及自然条件约束下的边际递减规律影响，与城市经济的集聚性和工业规模化生产相比，工农业生产方式存在较大差异，农业部门的资源配置效率和生产效率较低，这导致城乡社会经济整体的发展存在不平衡，城乡融合发展在技术、市场和制度安排上存在障碍。

为此，不同国家都试图尽力消除城乡经济社会发展的不平衡性。然而，在处理城乡关系时，由于战略方针、政策导向和财政能力不同，结果存在很大的差异。一些国家，特别是发展中国家，片面强调工业化和城市化，导致农村经济长期衰退，最终影响了经济现代化的进程。而另一些国家在经历城乡差距扩大所产生的社会经济矛盾后，高度重视农村社会经济的发展，缓和了城乡发展冲突，并采用了城乡融合发展的战略，逐渐构建了较为协调的城乡关系。

历史上，我国城乡关系受到中央集权及官僚行政体制的影响，城市处于主导地位，控制着农村经济社会的各个方面，农村经济剩余通过各种名目的税赋转移到城市，导致乡村经济的不发展状态长期持续；同时，由于缺乏工商业资本对农业部门的投资，农业部门的市场化进程极为缓慢。这一方面使中国农村未受现代化强大冲击，保持了相对稳定的小农经济结构，另一方面也固化了城乡分离的格局。

改革开放后，随着工业化、城市化进程的加快，农村经济市场化程度不断提高，农村经济要素在城乡间加速流动。通过农村劳动力流动和非农部门的就业，农户收入逐年增加。在国民经济结构上，第一产业增加值占GDP的比重已经下降到7%左右，但仍有约5亿人口居住在农村。与此同时，传统农业的农产品供给与现代工商业的农产品需求矛盾日益突出，摆脱贫困的农民对于社会福利增进的要求与社会保障制度和公共服务供给短缺的矛盾日益加剧。大量农村经济社会问题开始显性化，“三农”问题成为全社会高度关注的问题。尽管近二十年来这些问题有所缓解，但迄今为止，城乡经济发展不平衡、农村发展不充分、城乡居民收入绝对差距继续扩大、乡村日渐衰落等普遍现象依然存在。同时,公共资源配置不合理、城乡要素流动不顺畅等问题依然突出。目前,城乡发展不平衡、农村发展不充分问题主要体现在以下方面。

1. 农业生产效率低下,农村多种经营发展缓慢,城乡产业的融合度较低

尽管我国在农业发展方面取得了一定的成就和进步,但长期存在的资源配置不均衡政策导致了农业基础设施的不完善和农业机械化水平的低下等一系列问题。2023 年,我国农业劳动力占国内劳动力总量的比例为 25%,但其产出占 GDP 的比重逐年下降。与非农产业相比,农业劳动生产率严重落后。同时,我国农业劳动生产率也远低于世界农业强国的水平。根据中国农业科学院发布的《中国农业产业报告 2023》显示,2020 年我国农业劳动生产率仅为 0.74 万美元,远远落后于五个主要农业强国平均水平的 10.57 万美元,这表明我国农业国际竞争力不足。此外,考虑到中国作为大国小农的特点,传统农业经济状态下的小农经济仍是我国农业经济的基本形态。2022 年,我国经营耕地 10 亩以下农户占 85.3%,10~30 亩占 10.5%,30~50 亩占 2.5%,50~100 亩仅占 1.1%。这种小农户经营的农业生产模式的交易成本和生产成本较高,难以适应农业现代化的要求。同时,这种情况也导致我国农业经营规模化和服务规模化发展缓慢,现代农业转型升级受到限制,城乡一二三产业之间缺乏有效整合和协同机制,整体资源利用效率较低,产业融合度不高。

2. 城乡收入差距依然较大

随着城乡融合发展政策的深入实施和农业现代化进程的加速,农民收入持续增长,城乡居民收入比逐渐缩小。然而,城乡收入差距仍然显著。2022 年,农村居民人均可支配收入为 20 133 元,城镇居民人均可支配收入为 49 283 元,城乡居民收入比为 2.45。其中,城镇居民的工资性收入、经营性收入、财产净收入、转移净收入分别是农村居民的 3.5 倍、0.8 倍、10.3 倍、2.1 倍。研究表明,城乡收入差距不仅是国家总体不均等的重要组成部分(Shorrocks and Wan,2005;Young,2013;万广华,2008),也是影响全国区域不均等的主要因素(占比高达 70%~80%)。在相当长的一段时间里,中国区域发展不均等的上升完全是由城乡差距带来的(Wan,2018)。

3. 城乡要素自由流动存在制度性障碍

受城乡二元经济体制的影响,劳动力、资金、技术、人才等要素在城乡之间自由流动存在较为严重的体制机制壁垒。尽管户籍制度、城市就业制度等的持续改革使农民流入城市更容易,就业环境有所改善,但农民工在工资待遇、社会保障、就业条件等方面仍面临诸多歧视,无法平等分享城市的教育、社保和住房等福利;农村的土地等生产要素受种种制度的限制,难以进入市场进行自由交易以获得公平的财产性收益。与城市土地相比,农村土地的交易权和收益权存在显著不平等。农村承包地、集体经营性建设用地、宅基地等“三块地”的制度性改革进展缓慢;农村金融市场壁垒仍然较高,城乡金融发展不平衡,农

村资金投入不足且大量外流，工商资本下乡在制度上仍面临诸多限制。

4. 城乡社会保障制度和基本公共服务均等化任务艰巨

21世纪以来，国家高度重视城乡社保和公共服务均等化的建设，在农村养老和医疗保险制度改革方面取得了显著进展。全国公共财政对农业农村的支持力度不断加大，基本公共服务不断向乡村延伸，城乡居民在医疗保障和基本养老保险等方面基本实现了全覆盖。然而，城乡之间社保制度实际受益面和基本公共服务供给强度的差距依然较大。以2022年为例，城镇每万人小学及初中专任教师数为154人，而农村每万人小学及初中专任教师数仅有125人，城镇是农村的1.23倍。在医疗卫生资源方面，城市每千人口医疗卫生机构床位数是7.66张，而农村每千人口医疗卫生机构床位数仅有6.25张，城市是农村的1.23倍。在社会救助方面，城市低保月人均标准为752.3元，农村低保月人均标准为582.1元，城市是农村的1.29倍。在社区服务设施覆盖率方面，城镇社区综合服务设施覆盖率为100%，而农村社区综合服务设施覆盖率仅有84.6%。

5. 城乡基础设施一体化程度较低，且存在显著的区域差异

受区域经济发展程度差异的影响，不同地区城市与乡村基础设施一体化程度存在显著差异。在城市群地区，城乡间基础设施基本实现了互联互通，正迈向高水平的城乡融合阶段。区域性中心城市周边的近郊区，基础设施一体化程度尚可，已具备实现基础设施互联互通的条件。然而，广大中西部地区的城市与乡村之间基础设施存在较大差距，乡村基础设施建设任务艰巨，特别是在信息设施方面，城乡数字鸿沟呈现逐步扩大的趋势。

面对上述城乡关系失衡和"三农"问题，党中央予以高度的重视，自1982年以来，中央一号文件均以农业农村发展为主题，特别是实施了取消农业税、城乡社会保障制度改革和全社会参与反贫困计划等，这些改革措施及制度安排对我国农业农村发展具有深远的影响。在乡村振兴和城乡融合发展方面，自中共中央第十二次全国代表大会以来，每次大会报告都将农村经济发展作为重要任务。尤其是党的十八大以后，党和国家不仅明确提出了城乡融合发展的具体目标和任务，还采取了强有力的措施实施乡村振兴发展战略。然而，由于乡村发展和城乡经济关系受到诸多因素的影响，要实现这一具有历史性战略意义的目标任务，需要解决和突破许多难题。一些问题需要在理论上创新解决，一些问题需要在实践中不断探索。

基于上述研究背景，本课题组承担国家社会科学基金重点项目"健全城乡融合发展机制研究"（21AZD036），研究的主题为：基于国民经济转型及城乡融合发展战略实施的背景，以城乡融合发展问题为研究对象，探讨中国城乡融合发展的内涵特征，构建城乡融合发展的理论模型及内在机制；揭示影响城乡融合发展的关键因素，研究城乡融合发展的系统及其机制；专题研究城乡产业融合发展、城乡土地资源有效配置、城乡劳动力流动与人力资源有效配置、城乡公共产品有效供给、城乡环境治理、城乡融合发展的财政支持机制等城乡融合发展中的核心问题，重点研究推动城乡融合发展的动力机制与运行机制，并研

究推进城乡融合发展的制度变革和政策措施。

为总体反映国家社会科学基金重点项目“健全城乡融合发展机制研究”(21AZD036)的研究成果,本章对改革开放以来我国城乡关系和城乡融合发展的政策演化进行了梳理,同时概述了城乡融合发展的实践进程、特征和存在的问题。此外,还分析了影响我国城乡融合发展的关键因素,并提出了健全城乡融合发展机制的研究观点。本书还扼要阐述了城乡产业融合发展体系与机制等8篇专题研究的成果。

1.2 改革开放以来城乡关系和城乡融合发展的政策演化

针对我国农村经济发展的历史特征和城乡关系不协调的现状,改革开放以来,政府高度重视农村经济发展。自1982年以来,有24年的“中央一号文件”均以农村发展与改革为重点,这一举措生动地体现了党中央对农村发展的重视程度。梳理中央政府有关城乡协调发展、城乡统筹发展、城乡一体化、城乡融合发展的政策,可以大致反映出我国农村经济发展的特征事实,以及政府的主观愿望和行动纲要。这些政策也体现了国家在城乡不同发展阶段,通过实施发展战略和政策,推动城乡发展从低度融合向深度融合演进的效果。

早在1982年,中共中央发布的《改革地区体制,实行市领导县体制的通知》中,鉴于计划经济时期城乡经济中存在的问题,明确提出了要促进各类要素在城乡之间的流动,加强城乡之间的经济联系。1986年,针对农业生产中出现的一系列问题,中共中央发布了《关于1986年农村工作的部署》,强调要摆正农业在国民经济中的地位,重视农业生产,增加农业投入,并调整工农城乡关系等。

2002年,党的十六大首次提出“统筹城乡经济社会发展”的理念,标志着破除城乡二元结构的历史进程正式启动。这一战略的重点在于建设现代农业、发展农村经济、增加农民收入,其主要目的在于解决“三农”问题,消除城乡二元经济结构。会议明确了统筹城乡发展的基本战略,认为我国总体上已经进入“以工促农、以城带乡”的发展阶段,对农村应采取“多予、少取、放活”的政策,并制定了“工业反哺农业、城市支持农村”的基本方针。2003年10月,中共十六届三中全会进一步明确提出统筹城乡发展,并将其置于五个统筹的首位。会议提出要解决城乡收入差距加大、城乡之间发展不平衡、城乡居民享受公共服务不均等等问题。2005年10月11日,中共十六届五中全会通过了《中共中央关于制定国民经济和社会发展第十一个五年规划的建议》,首次提出“建设社会主义新农村”和推进城乡发展一体化的目标。这一政策进一步深化了变革城乡关系和农村发展的政策含义,即按照城乡统筹发展的要求,建设社会主义新农村,实现城乡一体化发展的目标。城乡统筹发展演进为城乡一体化发展。为此,2006年出台了全面取消农业税这一具有历史意义的重大举措。2007年10月,党的十七大明确提出要统筹城乡发展,推进社会主义新农村建设,建立以工促农、以城带乡的长效机制,形成城乡经济社会发展一体化新格局。2009年12月31日,《中共中央 国务院关于加大统筹城乡发展力度进一步夯实农业农村发展基础的若干意见》发布，要求进一步完善、强化“三农”工作政策，健全强农惠农政策体系，推动资源要素向农村配置；加快改善农村民生，缩小城乡公共事业发展差距；协调推进城乡改革，增强农业农村发展活力。文件特别强调了推进城镇化发展的制度创新，要求深化户籍制度改革，加快落实放宽中小城市，特别是县城和中心镇落户条件的政策，促进符合条件的农业转移人口在城镇落户并享有与当地城镇居民同等的权益。这表明城乡一体化发展战略的实施不仅仅局限于经济发展领域，更深入到了社会事业和城乡制度的变革层面。

2012 年 11 月，党的十八大将解决农业农村问题作为全党工作的重中之重，提出“城乡发展一体化是解决‘三农’问题的根本途径”。会议强调要加快完善城乡发展一体化的体制机制，促进城乡要素平等交换和公共资源均衡配置，形成以工促农、以城带乡、工农互惠、城乡一体的新型工农城乡关系。重点开始关注约束城乡一体化中的体制机制问题。2014 年 1 月，中共中央、国务院发布了《关于全面深化农村改革加快推进农业现代化的若干意见》，指出全面深化农村改革，要坚持社会主义市场经济改革方向，处理好政府和市场的关系；要城乡统筹联动，赋予农民更多财产权利，推进城乡要素平等交换和公共资源均衡配置，让农民平等参与现代化进程、共同分享现代化成果。此后，陆续出台了一系列旨在实现乡村振兴和城乡一体化发展的政策，特别是大力变革约束城乡一体化发展的体制机制，如农村集体产权制度、农村公共服务机制、乡村治理机制、农村金融制度等。2014 年建立了统一的城乡居民基本养老保险制度，2016 年建立起统一的城乡居民医保制度。自 2015 年起，出台了一系列文件，调整完善了农业补贴政策，提高了财政对农业农村的公共支出和补贴水平。2015 年 11 月，中共中央、国务院发布了《中共中央 国务院关于打赢脱贫攻坚战的决定》，全面实施精准扶贫战略，加快贫困人口精准脱贫。此外，2017 年 11 月，国家发展改革委发布了《关于全面深化价格机制改革的意见》，完善稻谷、小麦、棉花等主要农产品收购政策，充分发挥市场在资源配置中的决定性作用，提高农产品竞争力，保证农业生产的基本收益。2018 年 1 月，《中共中央 国务院关于实施乡村振兴战略的意见》发布，制定了实施乡村振兴战略的总体要求和目标任务，对统筹推进农村经济、政治、文化、社会、生态文明和党的建设作出了全面部署。

2018 年，党的十九大首次提出“城乡融合发展”，强调要“建立健全城乡融合发展体制机制和政策体系”。2018 年 9 月 12 日，习近平总书记在十九届中央政治局第八次集体学习时指出，“要把乡村振兴战略这篇大文章做好，必须走城乡融合发展之路”。2019 年 4 月，《中共中央 国务院关于建立健全城乡融合发展体制机制和政策体系的意见》发布，对城乡要素合理配置、农村承包地和建设用地使用权交易、城乡产业融合发展、城乡基本公共服务普惠共享、城乡基础设施一体化发展、乡村经济多元化发展等方面提出了制度变革要求，并制定了系统性的政策。在这一时期，国务院及各部委制定了一系列实施方案和执行性政策，包括国家农业综合开发办公室发布的《农业综合开发扶持农业优势特色产业规划(2019—2021 年)》(2018.1.10)，中共中央办公厅、国务院办公厅印发的《农村人居环境整治三年行动方案》(2018.2.5)，中共中央办公厅、国务院办公厅印发的《中共中央 国务院关于打赢脱贫攻坚战三年行动的指导意见》(2018.8.19),国务院办公厅发布的《乡村振兴战略规划(2018—2022年)》(2018.9.26),财政部出台的《财政部贯彻落实实施乡村振兴战略的意见》(2018.9.27),中共中央办公厅、国务院办公厅印发的《关于建立健全基本公共服务标准体系的指导意见》(2018.12.12),人民银行、银保监会、证监会、财政部、农业农村部联合发布的《关于金融服务乡村振兴的指导意见》(2019.1.29),国家发展改革委出台的《2019年新型城镇化建设重点任务》(2019.3.31),中共中央办公厅、国务院办公厅印发的《数字乡村发展战略纲要》(2019.5.16)等。

近年来,围绕乡村振兴的目标,战略重点更加聚焦于城乡融合发展和新型城镇化建设。2020年4月,国家发展改革委发布了《2020年新型城镇化建设和城乡融合发展重点任务》,提出要加快实施以促进人的城镇化为核心、提高质量为导向的新型城镇化战略,推进以县城为载体的城镇化建设。2020年10月,《中国共产党十九届五中全会公报》提出要“强化以工补农、以城带乡,推动形成工农互促、城乡互补、协调发展、共同繁荣的新型工农城乡关系,加快农业农村现代化”。2020年11月发布的《中共中央关于制定国民经济和社会发展第十四个五年规划和二〇三五年远景目标的建议》,进一步强调“健全城乡融合发展机制,推动城乡要素平等交换、双向流动,增强农业农村发展活力”。2020年12月28日,中央农村工作会议特别提出“要推动城乡融合发展见实效,健全城乡融合发展体制机制,促进农业转移人口市民化。要把县域作为城乡融合发展的重要切入点,赋予县级更多资源整合使用的自主权,强化县城综合服务能力”。会议讨论的《中共中央、国务院关于全面推进乡村振兴加快农业农村现代化的意见(讨论稿)》(2021年中央一号文件)更明确提出要推进县域内城乡融合发展。2021年2月,《中共中央 国务院关于全面推进乡村振兴加快农业农村现代化的意见》发布,对新发展阶段优先发展农业农村、全面推进乡村振兴作出总体部署,提出要走中国特色社会主义乡村振兴道路,加快农业农村现代化,加快形成工农互促、城乡互补、协调发展、共同繁荣的新型工农城乡关系。2022年1月,《中共中央 国务院关于做好2022年全面推进乡村振兴重点工作的意见》发布,再次强调要全面推进乡村振兴,坚持农业农村优先发展,扎实推动乡村产业、人才、文化、生态、组织振兴。2022年10月,党的二十大报告进一步提出要全面建成社会主义现代化强国,中国式现代化的一个重要内容是实现城镇化和农业现代化,要实现农业农村现代化,加快建设农业强国,实现农业产业革命,重构乡村治理体系和城乡融合发展,为实现城乡融合发展中的农业农村现代化,其中农村基本具备现代生活条件,基本公共服务实现均等化,多层次社会保障体系更加健全,城乡人居环境明显改善;全面推进乡村振兴,坚持农业农村优先发展,坚持城乡融合发展,畅通城乡要素流动,这标志着我国城乡经济发展方式的战略性转变。2024年1月1日,中共中央、国务院发布《中共中央 国务院关于学习运用“千村示范、万村整治”工程经验有力有效推进乡村全面振兴的意见》,提出要把推进乡村全面振兴作为新时代新征程“三农”工作的总抓手,建设农业强国以学习运用“千万工程”经验为引领,以确保国家粮食安全、确保不发生规模性返贫为底线,以提升乡村产业发展水平、提升乡村建设水平、提升乡村治理水平为重点,强化科技和改革双轮驱动,强化农民增收举措,打好乡村全面振兴漂亮仗，绘就宜居宜业和美乡村新画卷，以加快农业农村现代化更好推进中国式现代化建设。

为了推进乡村振兴和城乡融合发展战略的实施，2019 年 7 月，国务院建立了由国家发展改革委牵头的城镇化工作暨城乡融合发展工作部际联席会议制度。2021 年 1 月，在国务院扶贫开发领导小组办公室的基础上，成立了国家乡村振兴局（2023 年 3 月隶属于农业农村部），统筹协调和全面推进乡村振兴平稳过渡，推动“三农”工作。各地方政府也设置了相应的机构，加强了农村振兴工作的组织力量。与此同时，乡村振兴和城乡融合发展作为国家发展战略，以示范区和试验区的方式在各地积极推进。乡村振兴示范县和示范乡镇的评选工作在各省市陆续展开，2022 年在全国范围选拔了 100 个国家乡村振兴示范县创建单位①。城乡融合发展的样板地区则在中央层面统一确定。2019 年 12 月，国家发展改革委、中央农村工作领导小组办公室、农业农村部等 18 个部门联合印发了《国家城乡融合发展试验区改革方案》（以下简称《试验区改革方案》）②，并公布了 11 个国家城乡融合发展试验区名单，它们分别是浙江嘉湖片区、福建福州东部片区、广东广清接合片区、江苏宁锡常接合片区、山东济青局部片区、河南许昌、江西鹰潭、四川成都西部片区、重庆西部片区、陕西西咸接合片区、吉林长吉接合片区。这些试验区的行政范围内的市区县，按照《试验区改革方案》均被列为试验地区。同时，每个试验区都根据自身的实际情况和发展需求，确定了重点的试验工作任务。

总体而言，长期以来，我国党和政府始终将农业农村工作置于重要位置，以谨慎稳妥的方式应对农村中出现的各种问题，逐步推进农村经济改革，缩小城乡经济差距，实现城乡融合发展的目标。从城乡发展政策的演变过程来看，首先，最初的政策关注的是缩小城乡经济差距，随后政策目标演进到城乡统筹发展和一体化发展战略阶段，将城乡发展推向高级形态。近年来，政策进一步演进到城乡融合发展的更高级阶段，旨在最终破解城乡二元经济结构，实现经济现代化的目标。其次，长期以来，我国在乡村振兴和协调城乡关系中，主要采用“以工补农、以城促乡”的城市为主导的策略及政策。近十年来，这一策略已转化为“工农互促、城乡互补、全面融合、共同繁荣”的城乡协同发展的策略及政策，逐步改变了以城市为中心和城市偏向性的发展战略。最后，不断变革政府行政主导型的城乡发展方式，逐步建立了政府主导下，行政机制、市场机制和多元合作机制相结合的城乡融合发展体制机制。特别是在党的十八大以后，党和国家明确提出以乡村振兴为载体，将农业现代化、农村现代化、农民现代化和城乡融合发展有机结合起来一同推进。这意味着中国在实现现代化过程中，将采取更积极的方针和政策协调城乡经济关系，其中将农村振兴的重点放在农业的提质增效、农民的收入提升、农村公共基础设施建设、农村公共服务供给等关键计划和项目上；将城镇化的重点放在建设以人的城镇化为主导的新型城镇化方式上。

---

① 农业农村部 国家乡村振兴局：关于公布 2022 年国家乡村振兴示范县创建名单的通知，2022.10.14.

② 国家发展和改革委员会：关于开展国家城乡融合发展试验区工作的通知（发改规划〔2019〕1947 号），www.cnndrc.gov.cn。

1.3 现阶段中国城乡融合发展的基本状况

为了全面了解我国城乡经济关系及其变化情况，理解各地区城乡融合发展工作的基本情况及特征，本小节对全国性和城乡融合发展试验区的农村经济和城乡融合发展基本状况进行了分析。

总体而言，随着国家对农业农村发展重视程度的提高，财政、金融等对农村发展的支持力度有所增强，农村经济和社会面貌得到了显著改善，部分地区农村衰退的局面得到了有效遏制，城乡居民收入、消费和社会保障水平的差距明显缩小。

1.3.1 城乡融合发展水平不断提升，城乡居民收入和消费支出的比例有所缩小，但总体差距仍较大

作为衡量城乡融合发展水平的重要路径和指标，我国的城镇化率持续提升。以常住人口计算，1978 年乡村人口数量为 79 014 万人，城镇人口数量为 17 245 万人，城镇化率为 17.9%。到 2022 年，乡村人口数量降至 49 104 万人，城镇人口数量增至 92 071 万人，城镇化率达到了 65.2%。

改革开放以来，劳动力在产业间的就业结构也发生了显著变化。1978 年，一二三产业就业人员数量分别为 28 318 万人、6 945 万人和 4 890 万人，分别占总就业人员数量的 70.5%、17.3% 和 12.2%。到 2022 年，一二三产业劳动力就业人数分别为 17 663 万人、21 105 万人和 34 583 万人，分别占总就业人员数量的 24.1%、28.8% 和 47.1%。其中，城镇就业人员数量为 45 931 万人，农村就业人员数量为 27 420 万人，分别占总就业人员数量的 62.6% 和 37.4%。

近二十年来，农村居民人均可支配收入显著增长，从 2002 年的 2 529 元增加到 2022 年的 20 133 元，增长了 6.96 倍。同时，农村居民的收入结构也发生了变化。2000 年，农村居民工资性收入占总收入的 30.5%，经营净收入占 63.7%，转移净收入占 4.0%。而到了 2022 年，农村居民工资性收入占比增加到 41.96%，经营净收入减少到 34.63%，转移净收入占比增加到 20.88%。这表明，劳动力转移后获得的工资性收入增加是农村居民收入增长的主要因素。此外，随着农村老年人养老金覆盖面和政府各种补贴的增加，转移净收入对农村居民收入增长的影响也越来越大。相应地，农民的经营净收入比重在逐渐减少，反映了农村家庭经济活动的性质变化。然而，与城镇居民收入相比，差距仍然较大，2022 年，城乡居民收入比仍达 2.45。见表 1.1。

同样，农村居民的消费水平也持续提高，2000—2021 年增加了 8.6 倍。随着农村居民收入和消费水平的提高，城乡居民消费比从 2000 年的 3.64 缩小到 2022 年的 1.96，这表明城乡居民的生活差距呈现缩小的趋势，但绝对额的差距仍然较大。随着农村居民收入水平的提高，恩格尔系数也不断降低，从 2000 年的 44.9% 降低到 2022 年的 33.0%，2022 年农村居民恩格尔系数与城镇居民恩格尔系数仅相差 3.5 个百分点，差距缩小。尽管由于我国基尼系数较大，收入差距在阶层间被平均化后，恩格尔系数难以真实衡量低收入阶层的生活，但从总体

上能够反映农村居民生活水平的改善和城乡居民生活水平差异缩小的趋势。

表 1.1　城乡居民收入与消费支出状况

年份	全国居民人均可支配收入/元	农村居民人均可支配收入/元	城镇居民人均可支配收入/元	城乡居民收入比	居民人均消费支出/元	农村居民人均消费支出/元	城镇居民人均消费支出/元	城乡居民消费比	农村居民恩格尔系数/%	城镇居民恩格尔系数/%
2000	3 721	2 282	6 256	2.74	3 712	1 917	6 972	3.64	44.9	36.4
2005	6 385	3 370	10 382	3.08	5 688	2 784	9 637	3.46	43.3	34.5
2010	12 520	6 272	18 779	2.99	10 575	4 782	16 570	3.47	37.9	31.9
2015	21 966	11 422	31 195	2.73	18 857	9 409	26 119	2.78	33.0	29.7
2020	32 189	17 131	43 834	2.56	27 439	16 046	34 043	2.12	32.7	29.2
2021	35 128	18 931	47 412	2.50	31 013	18 434	37 995	2.06	32.7	28.6
2022	36 883	20 133	49 283	2.45	31 718	19 530	38 289	1.96	33.0	29.5

数据来源：国家统计局,《中国统计年鉴 2021》。

对此,我们对各试验区的统计分析也证实了与全国性统计一致的变动趋势。由于选择的试验区普遍为本区域经济社会发展较快的行政区,因此试验区城乡居民收入、消费和社会保障水平的总体水平高于其他地区的平均水平。

此外,改革开放 40 余年来,城乡居民家庭的财产也得到了快速增加。见表 1.2。

表 1.2　2002—2018 年我国居民财产构成及其变化

单位：%

		财产构成			年均增长率		对净财产增长贡献率	
		2002 年	2013 年	2018 年	2002—2013 年	2013—2018 年	2002—2013 年	2013—2018 年
全国	净财产	100.00	100.00	100.00	14.09	9.91	100.00	100.00
	金融资产	21.55	14.29	14.11	9.91	9.64	12.06	13.81
	净房产	57.77	73.37	74.69	16.60	10.31	78.15	76.88
	生产性固定资产价值	3.88	3.18	3.42	12.06	11.54	2.97	3.83
	耐用消费品价值	6.77	7.68	7.40	15.40	9.11	7.96	6.95
	其他资产估计现值	0.90	0.05	0.05	−12.45	10.74	−0.21	0.05
	非住房负债	−0.84	−0.56	−0.69	9.93	14.74	−0.47	−0.91
	土地价值	9.96	2.04	1.06	−1.24	−3.47	−0.39	−0.55

续 表

		财产构成			年均增长率		对净财产增长贡献率	
		2002 年	2013 年	2018 年	2002—2013 年	2013—2018 年	2002—2013 年	2013—2018 年
城镇	净财产	100.00	100.00	100.00	11.30	9.13	100.00	100.00
	金融资产	26.06	13.06	13.27	4.53	9.48	7.28	13.64
	净房产	64.62	77.88	77.53	13.21	9.03	83.78	76.88
	生产性固定资产价值	1.60	2.20	2.99	14.60	15.99	2.47	4.42
	耐用消费品价值	6.96	7.23	6.72	11.68	7.55	7.34	5.78
	其他资产估计现值	1.34	0.06	0.06	-15.91	8.07	-0.51	0.05
	非住房负债	-0.58	-0.37	-0.50	6.90	15.61	-0.28	-0.73
农村	净财产	100.00	100.00	100.00	12.80	4.10	100.00	100.00
	金融资产	12.30	19.12	19.72	17.42	4.75	21.60	22.42
	净房产	43.71	55.60	55.76	15.29	4.16	59.90	56.50
	生产性固定资产价值	8.56	7.04	6.34	10.82	1.93	6.49	3.17
	耐用消费品价值	6.38	9.46	11.99	16.90	9.15	10.57	23.35
	非住房负债	-1.37	-1.28	-1.97	12.14	13.49	-1.25	-5.08
	土地价值	30.41	10.06	8.16	2.01	-0.16	2.69	-0.36

资料来源：李实，詹鹏，陶彦君.财富积累与共同富裕：中国居民财产积累机制（2002—2018）[J].社会学研究，2023（4）：1-26.

由上表可知，2002—2013 年全国居民人均净财产年均增长 14.09%，城镇和农村居民人均净财产增长率都超过了 11%，农村居民人均净财产年均增长率高于城镇居民 1.5 个百分点。2013—2018 年全国居民人均净财产年均增长有所下降，为 9.91%。其中农村人均净财产增速大幅下降，年均增速仅为 4.10%，远低于 9.13%的城镇增速。其原因在于城镇房产增值为城镇居民财产增长作出了约 77%的贡献，高于农村房产增值的贡献率。因此，尽管城乡收入差距在 2013—2018 年逐渐缩小，但城乡财产差距在同一时期却大幅扩大。到 2018 年，人均净财产的城乡倍差达到了 4.2（李实等，2023）。

1.3.2 农村经济社会环境得到改善

近十年来，我国显著增加了对农村地区基础设施的投资，特别是在道路交通、通信、水利设施、电力和环境污染治理等方面的投入。这些投资改善了农村经济发展的基础性条件，并显著改变了乡村景观和社会环境。根据第三次全国农业普查的数据，全国各省市的行政村中，

99.3% 已通公路,99.7%通电,82.8%安装了有线电视,89.9%通宽带互联网,25.1% 有电子商务配送站点①。这些数据在我们的各个试验区实际调查中也得到了印证,见表 1.3。

表 1.3　政府对农村的财政投入与农村资本形成

年份	中央农业支持率/%	地方农业支持率/%	国家财政农林水事务支出/亿元	第一产业固定资产(不含农户)投资额/亿元	农村公路固定资产投资/亿元	农村宽带接入用户/万户	开通互联网宽带业务的行政村比重/%
2005				727			
2010	2.43	10.48	8 129.58	2 493	1 923.82	2 475.70	80.10
2015	2.89	11.07	17 380.49	7 082	3 227.27	6 398.37	94.80
2020	1.43	11.13	23 948.46	11 641	4 703	14 189.65	98.00
2021	1.42	10.22	22 034.50	12 701	4 095	15 770.48	100.00
2022	0.70	9.88	22 490.29	12 726	4 733	17 609.17	100.00

数据来源：国家统计局,《中国统计年鉴 2021》,https://stats.gov.cn;中华人民共和国交通运输部,交通运输行业发展通知公报,https://xxgk.mot.gov.cn。

注：(1) 中央农业支持率=(中央财政农林水事务支出/中央财政一般预算支出)×100%;

(2) 地方农业支持率=(地方财政农林水事务支出/地方财政一般预算支出)×100%。

从表 1.3 中也可以看到,国家财政对农林水事务的支出额每年有所递增,第一产业固定资产投资额也不断增加,但中央和地方农业支持率在近十年没有明显增加,甚至在某些年份有所下降。

1.3.3　农村社会保障和公共服务水平有所提升

近十年来通过社会保障制度的改革,农村居民的基本养老和基本医疗制度与城镇居民并轨,农村参与基本养老保险和基本医疗保险的人数不断增加,一方面增进了农村居民的社会福利水平,另一方面也缩小了城乡居民社会保障的差距,见表 1.4。

表 1.4　农村社会保障和公共服务水平

年份	城乡居民社会养老保险参保人数/万人	城镇居民基本医疗保险参保人数/万人	农村普通小学生均预算内教育事业费支出/元	乡村小学专任教师本科及以上学历人数/人	农村医疗卫生机构床位数/万张	乡镇卫生院床位数/万张
2000	19 790		412.97	36 780		73.48
2005	22 929		1 204.88	117 002		67.82

① 国家统计局：第三次全国农业普查主要数据公报 (stats.gov.cn).

续 表

年份	城乡居民社会养老保险参保人数/万人	城镇居民基本医疗保险参保人数/万人	农村普通小学生均预算内教育事业费支出/元	乡村小学专任教师本科及以上学历人数/人	农村医疗卫生机构床位数/万张	乡镇卫生院床位数/万张
2010	35 950	19 528.3	3 802.91	485 636	248.45	99.43
2015	50 472.2	37 688.5	8 576.75	674 650	359.70	119.61
2020	54 243.8	101 676.0	11 178.71	953 503	459.82	139.03
2021	54 797.4	100 865.9	34 420.54	978 232	447.97	141.74
2022	54 952.3	98 349.2		982 384	465.60	145.59

数据来源：国家统计局,《中国统计年鉴 2021》,https://stats.gov.cn;中华人民共和国教育部,全国教育经费执行情况统计公告,https://moe.gov.cn;中国教育统计年鉴(2000 年、2005 年、2010 年、2015 年、2020 年)。

注：在《中国统计年鉴》中,城镇居民基本医疗保险参保人数、农村医疗卫生机构床位数自 2007 年开始统计,因此缺失之前数据。

目前,农村居民参与养老和医疗保险的覆盖率在不同地区之间存在较大差异,特别是在中西部经济不发达地区,农村居民的社会保险参与率相对较低。这一现象的原因可能包括个人基本医疗保险费用的增加以及医保制度设计上的缺陷,这些因素导致了一些地区农民投保意愿不高。

在公共服务供给方面,义务教育制度的普及在全国范围内已经落实,特别是随着政府对中西部经济不发达地区财政转移支付的增加,农村地区的入学率和义务教育质量有了稳定的提升(表 1.5)。随着城镇化水平的提高,各地开展了农村小学和部分中学的撤并潮,中小学向县城和中心镇集中,直接影响了县域内人口的流动和县城房地产市场的兴起,对县域经济社会空间结构的变化产生了一定影响。

此外,近十年在县域义务教育领域的变革中,一项突出的政策措施是城乡中小学校长和优秀教师在县域范围内的流动,以此改善城乡教育资源配置的均等化程度。尽管我们在调查中发现,许多县市在执行中遇到许多困难,实际的效果与政策目标尚有比较大的距离,但仍不失为一种改善城乡教育差距的措施。随着城市对外来务工者提供的公共服务均等化政策的落实,随迁农民工子女在城市的入学人数逐年增加。截至 2021 年年末,义务教育阶段在校生中进城务工人员随迁子女达到 1 372.41 万人,约占义务教育阶段在校生的 9%[①]。

表 1.5 乡镇、村文化教育设施

单位：%

	全国	东部地区	中部地区	西部地区	东北地区
有幼儿园、托儿所的乡镇	96.5	98.7	98.3	94.0	96.9
有小学的乡镇	98.0	98.7	99.5	97.3	95.2

① 教育部.《2021 年全国教育事业发展统计公报》. 2022 - 09 - 15. http://www.gov.cn/xinwen/2022-09/15/content_5710039.htm.

续　表

	全国	东部地区	中部地区	西部地区	东北地区
有图书馆、文化站的乡镇	96.8	96.2	98.0	96.6	95.2
有剧场、影剧院的乡镇	11.9	18.5	14.4	7.9	5.9
有体育场馆的乡镇	16.6	20.5	19.4	13.5	12.1
有公园及休闲健身广场的乡镇	70.6	83.2	73.9	59.4	84.0
有幼儿园、托儿所的村	32.3	29.6	36.5	33.0	25.8
有体育健身场所的村	59.2	72.2	55.5	46.0	62.8
有农民业余文化组织的村	41.3	44.4	40.8	36.7	47.1

资料来源：国家统计局，第三次全国农业普查主要数据公报，https://.stats.gov.cn。

在公共医疗供给方面，我国已经建立了县级公共卫生防疫体系，并重建了一度涣散的县域农村医疗体系（表 1.6）。自 2010 年代初提出医疗联合体概念以来，部分县域内各级医疗机构开始尝试建立医疗服务与管理合作的联合体。2017 年 4 月，国务院办公厅印发了《国务院办公厅关于推进医疗联合体建设和发展的指导意见》，明确指出要在县域组建医疗联合体。随后，在 2019 年，国家卫生健康委启动了紧密型县域医疗卫生共同体建设试点项目，真正落实县域医疗联合体建设工作，优化县域公共医疗供给资源配置。目前，全国范围内各个县市基本上建立了由县级医院、乡镇卫生服务中心和村医疗站组成的医疗体系，并正在快速建立以县级主要公立医院为核心的医疗联合体。在经济发达地区，省市级医院也参与到了县域医疗合作体系之中。

表 1.6　乡镇、村医疗和社会福利机构

单位：%

	全国	东部地区	中部地区	西部地区	东北地区
有医疗卫生机构的乡镇	99.9	99.9	100.0	99.8	99.7
有执业（助理）医师的乡镇	98.4	99.6	99.8	96.7	99.3
有社会福利收养性单位的乡镇	66.8	71.7	87.7	53.3	57.0
有本级政府创办的敬老院的乡镇	56.4	61.9	78.0	43.3	40.8
有卫生室的乡镇	81.9	71.9	89.3	86.9	86.2
有执业（助理）医师的村	54.9	49.4	66.7	49.9	60.6

资料来源：国家统计局，第三次全国农业普查主要数据公报，https://stats.gov.cn。

1.3.4 城乡经济要素的流动性有所提升

城乡经济关系中,劳动力、土地和资金等要素的城乡间流动方式和机制决定了城乡经济关系的性质。改革开放后,劳动力的自由流动率先打破了城乡间经济交流的行政壁垒。据第七次全国人口普查资料,2020 年流动人口达到 3.758 亿人,其中绝大部分为农村流动人口。截至 2021 年年末,农民工数量创历史新高,达到 2.925 亿人,其中,外出农民工 1.717 亿人①。常住人口城镇化率为 64.7%,户籍人口城镇化率为 46.7%,两者相差 18 个百分点②。根据 2021 年人口计算,约有 2.5 亿人口居住于城镇但未获得城镇户口。从试验区各个县市的情况看,近年来,随着城乡居民基本养老保险和基本医疗保险制度的实施,城镇落户政策基本放开,农村人口向本区域城镇迁移的制度性障碍正在逐步消除。但从统计调查中看到,除了部分经济发达地区外,大部分县市区域的农村居民并没有强烈的迁移意愿。农村土地制度约束、城镇房价高企、城乡生活成本差异和城镇就业机会减少,限制了农村居民的永久性迁移能力和意愿。

近年来,随着经济转型和经济增长速度的放缓,城乡劳动力流动呈现出两种新的趋势:一是农村流动劳动力出现了回流现象,尽管数量不多,但较为普遍(吴方卫和康姣姣,2019;吴瑞君和薛琪薪,2020;陈细娣,2018);二是实际经济增长萎缩的县域人口外流加剧。根据第七次全国人口普查资料,与 2010 年的第六次全国人口普查资料相比,去除行政区划变动的县市区,2 497 个县市中有 1 429 个县市的常住人口处于减少状态③。在试验区中,部分中西部和东北地区的县市均出现了明显的人口外流现象。此外,随着经济发达地区农村多元产业的发展,产生了不断增加的产业投资和非农部门就业机会,吸引了外地劳动力的流入。然而,现阶段受农村集体产权制度约束等因素的影响,城镇居民向农村流动的数量很少。

城乡土地资源的配置方面,近年来,城乡土地资源的流动和配置机制的变化主要发生在农村内部。受政府对土地流转和规模经营的政策支持,在经济发达地区,农地的流转达到了较高的比例,农业生产合作社、经营大户等新型经营主体对流转农地的需求量也日益增加。但经济不发达地区受农业生产投资收益率低的影响,农地流转率较低,且没有也难以形成农地流转的市场机制。截至 2020 年年底,我国家庭承包经营耕地面积达到 156 166.24 万亩,经营权流转的土地面积为 53 218.92 万亩,占家庭承包经营耕地总面积的 34.08%。其中,流转土地流向其他农户、农民专业合作社和家庭农场的面积占比分别为 46.76%、21.52%和 13.39%。据第三次全国农业普查数据,全国规模农业经营户达到 398 万户,占农业经营户的 1.92%。

---

① 中华人民共和国中央人民政府,《2021 年农民工监测调查报告》,2022-04-29.http://www.gov.cn/xinwen/2022-04/29/content_5688043.htm.

② 中华人民共和国中央人民政府,《中华人民共和国 2021 年国民经济和社会发展统计公报》,2022-02-28. http://www.gov.cn/xinwen/2022-02/28/content_5676015.htm.

③ 国家统计局:《中国 2010 年人口普查资料》《2020 中国人口普查年鉴》(www.stats.gov.cn/tjsj/pcsj).

农村集体经营性建设用地的市场交易方面,2013年11月《中共中央关于全面深化改革若干重大问题的决定》提出建立城乡统一的经营性建设用地市场,在符合规划和用途管制的前提下,允许农村集体经营性建设用地出让、租赁、入股,实行与国有土地同等入市、同权同价。至2019年,新修正的《中华人民共和国土地管理法》颁布,农村集体经营性建设用地入市改革在全国推广实施。近年来,各个地方政府对于农村集体经营性建设用地改革抱有较大的期望,主要目的在于以此增加工业和农村新型业态等产业发展的土地资源,以缓解日益紧张的国有建设用地的短缺。然而,据我们对各个试验区县市的调查,实际发生交易的农村集体经营性建设用地的宗数和交易金额极为有限。现有集体土地制度的属性也限制了交易的方式和用途。

1.3.5 城乡农业和非农产业融合发展有所推进

乡村振兴和城乡融合发展的基础是产业的不断发展。尽管近20年来,我国农业保持了稳定的增长,农林牧渔业总产值基本上年均保持3~4个百分点的增长,但鉴于农业资本产出率和劳动生产率的低下,在现有农产品价格水平上,农民不可能单纯依靠农业生产而达到整体富裕的程度。因此,新产业新业态的培育成为近年来农村经济发展的主要方式。

据我们调查,几乎所有的试验区所在市县政府把城乡融合发展的工作重心放在如何发展农村新兴产业和提升产业发展水平上。试验区的任务清单上,有关土地制度、人口管理及户籍制度、金融体制等方面变革目的主要是为了改善产业发展的环境条件。但从全国范围考察,20世纪90年代中后期开始,在土地财政、财政转移支付、建设用地指标买卖等一系列因素促动下,县域经济得到了快速的发展,一些市县形成了主导性的制造业和规模较大的经济开发区,一些市县则凭借房地产业而使县城得到扩张。但近年来受外部环境影响,县域经济也遭到比较大的冲击,从目前的发展态势看,我国的县域经济形成了两种状态。一种为产业基础扎实的经济发达地区县市,产业稳步发展,县域经济向城市经济转化。据第七次全国人口普查资料,江苏昆山、浙江义乌、浙江慈溪和福建晋江等4个县级市人口规模已达到大城市规模[①],其基础在于4个县级市分别为电子信息产业制造、小商品制造集聚生产、小家电制造和运动服饰与运动鞋制造基地。另一种是大量中西部经济不发达市县,农业生产增长缓慢,非农产业薄弱,现有产业缺乏市场竞争力,依赖城镇房地产和公共基础设施投资支撑起来的县域经济出现停滞甚至萎缩状态,一些县市到了基本依靠上级政府的转移支付和补贴维持公共支出的状态。

但我们从试验区的调查中也发现,近年来随着电商、物流业的发展和农产品市场需求的增加,在政府支持下社会资本开始进入农村,以公司+农户、公司+农户+农民合作社等组织形式发展规模种植业和特色农业,尤其是一些地区依靠本地资源,兴起了农业与旅游业结合的乡村旅游热潮。在经济发达地区,更在全力发展现代农业产业园区,利用农用地

① 国务院第七次全国人口普查领导小组办公室编制:《2020中国人口普查分县资料》,2022.

使用政策发展农业综合性产业,并以此作为城乡产业融合的生产基地。

1.3.6 农村金融市场发展与金融体系建立

农村金融市场的发展既反映了农村经济发展情况,也体现了金融对农村的支持程度。经过多年的改革与发展,政府出台了一系列农村金融发展和扶持政策,我国已经初步形成了多层次、广覆盖的农村金融体系,农村存贷款规模持续增加,金融服务范围已覆盖了绝大部分农村地区,金融服务内容也扩大到了农村地区生产和生活的各个领域。

截至2020年年末,全国乡镇银行业金融机构覆盖率为97.13%;全国行政村基础金融服务覆盖率为99.97%;金融机构空白乡镇已经减少至892个,实现乡镇金融机构和乡镇基础金融服务双覆盖的省(自治区、直辖市)达到21个。截至2020年年末,全国组建农村商业银行1 539家、村镇银行1 649家,村镇银行90%以上贷款投向县域农户和小微企业。同时,截至2020年年末,全国共有29家保险机构具备农业保险经营条件,包括综合性保险公司、专业性农业保险公司等,全国乡镇已基本实现保险服务全覆盖[①]。详见表1.7。

表1.7 2020年农村银行业发展状况

机构类型	从业人员数/人	法人机构数/家	营业性网点/个
合计	977 559	3 898	80 012
农村信用社	165 368	641	14 138
农村商业银行	695 430	1 539	60 256
农村合作银行	8 320	27	771
村镇银行	107 879	1 637	4 847
贷款公司	106	13	0
农村资金互助社	456	41	0

数据来源:中国银保监会。
注:从业人员数是指在岗人员数;机构数是指法人机构数,不统计非法人机构数。

据中国人民银行统计,自2007年以来,"三农"贷款规模持续增长。2007—2020年,农村贷款年均增长15.4%,农林牧渔业贷款年均增长8.3%,农户贷款年均增长18.2%。同时期,农村贷款余额占金融机构各项贷款的比例年平均为20.2%,农林牧渔业贷款的平均占比为3.7%,农户贷款的平均占比为5.9%。从各年度的数据来看,农村贷款所占比例在年度间的波动较小,呈现出逐渐减少的趋势。尽管农户贷款的占比逐年上升,但农林牧渔业贷款的占比却有所下降,从2007年的5.4%下降到2020年的2.5%。见表1.8。

① 中国人民银行,《中国农村金融报告2020》,2021.

表1.8 2007年以来农村贷款情况表

时间	农村贷款					农林牧渔业贷款					农户贷款					全口径涉农贷款				
	余额		比年初增量		余额同比增长/%	余额		比年初增量		余额同比增长/%	余额		比年初增量		余额同比增长/%	余额		比年初增量		余额同比增长/%
	本期数/亿元	占各项贷款/%	本期数/亿元	占各项贷款/%		本期数/亿元	占各项贷款/%	本期数/亿元	占各项贷款/%		本期数/亿元	占各项贷款/%	本期数/亿元	占各项贷款/%		本期数/亿元	占各项贷款/%	本期数/亿元	占各项贷款/%	
2007-12	50 384	18.1				15 055	5.4				13 399	4.8				61 151	22.0			
2008-12	55 569	17.4	9 265	18.6	18.4	15 559	4.9	1 507	3.0	10.0	15 170	4.7	2 192	4.4	16.4	69 124	21.6	12 738	25.6	20.8
2009-12	74 551	17.5	20 195	19.2	34.2	19 488	4.6	4 248	4.0	25.2	20 134	4.7	4 973	4.7	32.7	91 316	21.5	23 482	22.3	32.1
2010-12	98 017	19.2	23 467	28.1	31.5	23 045	4.5	3 557	4.3	18.3	26 043	5.1	5 909	7.1	29.4	117 658	23.1	26 342	31.5	28.9
2011-12	121 469	20.9	22 508	28.6	24.7	24 436	4.2	2 937	3.7	13.7	31 023	5.3	5 079	6.4	19.1	146 016	25.1	27 271	34.6	24.9
2012-12	145 467	21.6	23 968	26.3	19.8	27 261	4.1	3 102	3.4	11.6	36 195	5.4	5 000	5.5	15.9	176 310	26.2	30 119	33.1	20.8
2013-12	173 025	22.6	28 946	31.0	18.9	30 437	4.0	3 478	3.7	11.7	45 047	5.9	8 894	9.5	24.5	208 893	27.3	34 024	36.5	18.5
2014-12	194 383	23.2	24 525	26.7	12.4	33 394	4.0	3 065	3.3	9.7	53 587	6.4	8 556	9.3	19.0	236 002	28.1	29 984	32.6	13.0
2015-12	216 055	22.8	22 274	22.1	11.2	35 137	3.7	1 897	1.9	5.2	61 488	6.5	7 823	7.8	14.8	263 522	27.8	28 803	28.6	11.7
2016-12	230 092	21.6	19 374	16.4	6.5	36 627	3.4	1 793	1.5	4.2	70 846	6.6	9 494	8.0	15.2	282 336	26.5	24 147	20.4	7.1
2017-12	251 398	20.7	25 434	16.8	9.3	38 713	3.2	2 187	1.4	5.7	81 056	6.7	10 374	6.9	14.4	309 547	25.4	30 829	20.4	9.6
2018-12	266 368	19.6	19 407	13.6	6.0	39 424	2.9	880	0.6	1.8	92 322	6.8	11 309	7.9	13.9	326 806	24.0	22 287	15.6	5.6
2019-12	288 371	19.1	23 509	15.7	8.3	39 695	2.6	714	0.5	0.7	103 446	6.9	11 883	7.9	12.1	351 850	23.3	26 802	17.9	7.7
2020-12	322 657	19.0	35 541	18.6	11.9	42 678	2.5	3 295	1.7	7.5	118 145	6.9	15 097	7.9	14.2	389 493	22.9	39 367	20.7	10.7
2007—2020年年均增长	15.4					8.3					18.2					15.3				

数据来源：中国人民银行统计调查司。

如果从农村经济在国民经济中的地位和作用考察，农村金融业及金融对农村经济的支持力度长期以来并没有显著增强。如果排除房地产等非农贷款部分，实际支持农业生产发展和农户经营活动的贷款资金增长缓慢。2021 年，农林牧渔业总产值占 GDP 的比重达到了 12.85%，加上农村非农产业在 GDP 中的贡献份额，农村经济在国民经济增长中的影响力与所获得的金融资金相比，金融支持力度显得偏小。特别是长期以来，农村资金向城市流出的局面没有得到改变，农村资金持续向城市“输血”，并从农业流向非农产业，这导致了农村金融的不发展和县域金融资源匮乏的局面难以彻底改变。

近年来，农村金融改革的一个重要方面是加快农村普惠金融的发展。这不仅体现在各大商业银行纷纷设立普惠金融事业部或小微金融业务中心，也反映在农村信用合作社、农村商业银行、农村合作银行和村镇银行的改革发展上。2014 年，国家批复山东省、安徽省金寨县、湖南省沅陵县和河北省玉田县为农民专业合作社内部信用合作试点。2016 年 12 月，河南省兰考县获批国家级普惠金融改革试验区，探索可持续发展、可复制推广的普惠金融发展方案。总体上，随着各银行农村金融产品和服务的创新，普惠金融服务使用程度、可得性、服务质量有了进一步改善。全国银行网点乡镇覆盖率达 96.61%；以银行卡助农取款服务为主体的基础支付服务已基本覆盖全部村级行政区，覆盖率达 99.31%。据我们对试验区的调查，不少地区的银行与村级组织合作，建立农户信息和信用评估合作体系。截至 2020 年年末，全国共建设农户信用信息系统 270 个，累计为近 1.9 亿农户建立信用档案，征信系统已经收录了 11 亿自然人、6 092.3 万户企业及其他组织的信用信息，其中小微企业法人数为 3 542.39 万户。全国农业信贷担保体系也已初步建成，农业信贷担保规模不断扩大①。

1.4 我国城乡融合发展的理论思考与实践经验

在本课题研究中，我们对中国特色的城乡融合发展进行了理论思考，依据中国的制度环境和经济发展特征，构建了城乡融合发展的系统。通过实地调查和统计分析，我们总结了各地区城乡融合发展的实践经验，揭示了发展中存在的问题及其原因，并提出了推进城乡融合发展的建设性意见。这些研究工作形成了各个专题研究报告，下文将扼要阐述研究的结论和观点。

1.4.1 中国特色城乡融合发展含义的理解

诸多文献对城乡融合发展概念进行了阐述，但我们认为我国城乡融合发展既有基本的含义，又有基于各国不同国情的特定发展方式。总体上，城乡融合发展应该从经济社会的视野中去理解，既是一种发展的状态，也是一个过程，更体现了一个国家一定时期经济

① 中国人民银行，《中国农村金融报告 2020》，2021.

发展的方式。

1. 城乡融合发展目标

无论是哪个国家或哪个发展阶段，实施城乡融合发展战略的最终目标是确定的。一是从经济社会状态或发展结果的视角看，城乡融合发展意味着城乡居民的收入、消费及其社会福利水平趋于一致。二是从城乡经济社会资源的配置视角看，城乡融合发展意味着劳动力、土地、资金、信息等经济社会资源在城乡间一体化配置，以实现城乡资源的均等化、合理化和高效化配置，从而最大化城乡资源配置效率。三是城乡经济活动破除行政管制和市场垄断等壁垒，建立城乡产业协同体系，实现城乡产业经济效益的趋同性。四是城乡之间农产品、工业品和服务的自由交易。在城乡经济关系中，基本的经济活动是商品和服务的流动。对此，农业区位理论、工业区位理论和中心地理理论均充分阐述了其内在关系，并重点讨论了经济活动在乡村与城市间的空间分布和变化路径。在传统经济形态下，城市是工业品、商业贸易、医疗卫生和文化教育等商品和服务的主要供给地，而农村区域则是农产品的供给地。在城乡融合发展的形态下，农村地区的商品和服务供给的种类和重要性将不断加强，城市为农村生产和生活的服务功能也将更加直接和丰富。五是打破现有城乡分离的行政管理体制机制，基于区域居民及其经济社会活动的自由选择性，建立城乡一体化的行政管理和社会治理机制。

因此，城乡融合发展不仅仅是经济上的融合，也是社会、文化和生态环境上的融合发展，更是一种新的制度安排。为此，党的十九大报告提出了城乡融合发展的目标和总要求，即建立"产业兴旺、生态宜居、乡风文明、治理有效、生活富裕"的城乡融合发展体制机制，加快推进农业农村现代化，形成工农互促、城乡互补、全面融合、共同繁荣的新型工农城乡关系。特别需要指出的是，在传统的城乡经济关系中，农业农村主要为城市提供农产品、生产要素等。随着经济社会发展和城乡融合发展水平的提升，农业农村将拓展多元价值功能，发挥其所隐含的多重功能。除了上述农产品供给等基本功能外，农村还将发挥生态功能、人文功能、旅游康养功能和社会功能等(罗必良，2022)。

2. 城乡融合发展方式

要实现城乡融合发展的目标，不同国家会根据自身国情制定相应的融合发展战略和政策，形成基本的城乡融合发展方式。根据我国的社会经济基本制度和经济发展水平，借鉴各国城乡融合发展的经验，在实践中逐渐摸索出了一条符合中国实际的城乡融合发展道路。一是城镇化、工业化是实现经济现代化的基本途径，也是城乡融合发展的基础。然而，必须摒弃单一的工业化和城市化优先发展方式，应充分重视乡村振兴和农业现代化的重要性，认识到现代农业对国民经济发展和自然环境保护的意义。特别是作为一个人口大国，城乡融合发展是一个较为漫长的过程，协调好工农、城乡的发展关系和发展节奏，是国民经济持续发展和社会稳定有序的重要策略。二是城乡融合发展应建立在农村多元产业发展基础上，建立有效的城乡产业协同体系，包括城乡产业的市场协同、生产协同、技术协同和服务协同等，以此打破城乡产业隔阂，充分发挥城乡产业各自的优势，提升农村产业的生产效率和经济效益。三是城乡融合发展的关键是劳动力、土地等资源要素的自由流动、竞争交易及重新配置，尤其是通过城镇化实现农村人口的永久性迁移，通过非农产业的发展吸纳农村劳动力，实现农村劳动力产业就业结构的转型。因此，适宜的乡村振兴、城镇化和产业发展方式决定了城乡融合发展的基本格局。为此，2014 年 1 月中央经济工作会议提出"要把推进新型城镇化和乡村全面振兴有机结合起来，促进各类要素双向流动，推动以县城为重要载体的新型城镇化建设，形成城乡融合发展新格局"。

在各国的城乡融合发展实践中，普遍存在一个现象：由于城乡之间产业结构及生产效率的差异，经济资源往往流向城市，或在城市扩张和工业化过程中土地等资源投入非农产业部门，同时，城市产业集聚和完善的公共产品供给等，促使所谓的"核心-边缘"经济的形成（Friedmann，1966；Krugman，1991；Fujita et al.，1999）。农村地区作为边缘区域高度依赖核心城市地区提供的高端服务。我国改革开放以来，城镇化过程中经历了小城镇道路、大城市道路等不同的城市化方式，工业化过程中也经历了乡村工业和城市工业的多元发展方式。因此，根据我国的实际情况，城乡融合发展中应注重县域范围内经济社会的综合发展，特别是在农业现代化建设过程中，应全力发展县域非农产业，避免出现极端的城乡"核心-边缘"经济，而是要形成城乡共生经济。

在城乡融合发展的各个阶段，人口及劳动力的流动在一定程度上决定了城乡融合发展的程度，同时也体现了一国城乡融合发展方式的特征。西方发达国家基本上经历了农村劳动力不断流动至城市经济部门就业，同时农村居民永久性迁移至城市而转化为市民的过程。直至 20 世纪 70 年代后，随着农村地区工业和其他非农产业的发展以及生活设施的改善，部分城市居民开始回流到农村地区就业和居住。与西方国家不同，我国城镇化过程中，农村人口迁移呈现出农村劳动力流动与人口永久性迁移分离的格局。最初，农村劳动力流动是以乡村工业为基础的"离土不离乡"，直到 20 世纪 90 年代后才形成流向城市经济部门的"离土又离乡"的流动状态。未来，随着农村地区多种产业的发展，新的"离土不离乡"形态将逐渐形成。

3. 城乡融合发展机制

从城乡经济社会活动的主体及运行方式考察，城乡融合发展机制包括了政府行政机制、市场机制和政府与社会组织合作的多元主体合作机制；从城乡经济活动的内容和过程考察，城乡融合发展机制包括了资源配置的决策机制，经济活动的组织、管理与运行机制、经济成果的分配机制等。与西方经济发达国家不同，我国城乡经济发展过程中，政府始终起着主导的作用，尽管改革开放以来，在生产经营和产品交易等微观领域，市场机制逐渐发挥主导作用，但在资源配置、产业规划、公共产品供给等诸多领域，政府规制和行政管制仍然约束着城乡经济发展的各个方面。因此，如何建立政府行政机制、市场机制和多元主体合作机制的体系，是城乡融合发展的一个重要命题。

4. 城乡融合发展的演化过程

城乡融合发展是一个系统性的战略工程,具有阶段性的演化特征。首先,在城镇化和工业化的推动下,城乡融合发展表现为经济要素在城乡间的加速流动、城乡产业的协同发展,以及城乡公共基础设施的一体化建设与经营,从而建立起城乡经济发展系统。其次,城乡融合发展也是社会保障制度、公共服务体系、行政管理和社会治理体系的城乡一体化建立过程,即建立起城乡社会发展系统。最后,城乡深度融合发展意味着区域经济、社会发展系统与生态环境系统(包括水资源、土地资源、能源、生态环境等)的协调发展。上述城乡经济、社会和生态环境三大系统的融合,是一个渐进演化的过程。通常,经济发展系统的融合会带动社会发展系统的融合。而在生态环境系统的融合方面,不同国家存在较大的差异。我国党和政府高度重视生态环境保护,近十年来在乡村振兴工作中,将污染治理和生态环境保护放在重要地位,取得了显著成效。

1.4.2 城乡融合发展系统及发展模型

城乡融合的发展形态是城镇和乡村两个具有不同功能的系统之间相互作用、共同演进形成的一种新发展形态。在实现城乡融合发展的过程中,应将城镇和乡村视为一个有机整体,打破城乡要素流动的制度性障碍,同时消除对城镇和乡村的差异化对待和片面分割,促进城乡要素的自由流动和平等交换,以及公共产品的均衡配置。同时,确保城乡参与主体之间的公平性,推动形成城乡协调共生、良性互动和深度融合的发展格局,以实现城乡要素报酬和居民福利的趋同化。城镇与乡村应相互开放,系统内部和外界环境应持续进行物质、能量、信息、技术和人力的双向互动,城市和乡村相互扮演生产要素、商品、知识和技术的提供者,并互为交易的市场。

城乡融合发展系统的构建,从系统论的角度出发,主要涉及城镇和乡村两个子系统。城乡融合发展的目标在于通过制度、市场和技术的变革,使这两个原本独立的子系统耦合为一个整体,甚至在理论上融合为一个系统。城乡融合发展系统在内容上涵盖了多个经济社会子系统,其中关键的是产业融合、要素配置和公共产品供给三类子系统。城乡融合发展系统中,不同层次的子系统具有开放性、共生性和互补性等特征,彼此相互联系、相互影响,共同构成了城乡高质量融合发展的复合系统。不同子系统之间以及系统与外部环境持续进行物质、能量、信息、技术和人力等方面的交流和互动。各种参与主体作为系统组成部分,根据环境和条件的变化,主动学习并适时调整自身行为。在城镇和乡村两个子系统相互融合的过程中,系统各组成部分通过积聚、传播、反复循环,提升系统的有序程度,使城镇和乡村的空间界限逐渐模糊,最终形成新的地域空间组织:城乡融合区域。

城镇和乡村各子系统之间的融合需要有效的载体。城乡融合的参与主体包括城镇和农村两大子系统中的企业、居民、政府部门和社会组织等。综合来看,我们认为城乡融合的载体包括以下几方面。(1)核心载体:城乡间流动的人口和人力资本。城乡间流动的人口和人力资本是城乡互动、交流和融合的核心。例如,教师轮岗交流制度、城镇医生下乡帮扶、科技特派员等在县域内推动了城乡物质、服务、能量、信息等要素的流动。外出务工人员回乡创业以及大学生村官则提升了乡村治理水平。(2) 组织载体:城乡间各类组织。具体可分为三类:一是工商业企业、农业企业、家庭农场、农民专业合作社、农业社会化服务组织等各类经济组织;二是政府部门、党建部门、工会组织等各类政府组织;三是行业协会、商会、科技服务组织、社会服务机构、农村合作医疗组织等社会组织。(3) 空间载体:县城、中心镇、专业区、行政村等。实践中,县城、中心镇、专业区作为畅通城乡要素流动的载体,其在城乡融合发展中的功能和作用越来越显著。县城是城乡经济循环的交汇点,也是城乡要素跨界配置的天然载体,强化县城、中心镇、专业区的功能,有利于更好地促进城市资源要素有序向乡村流动。

从系统论的角度来看,城乡融合发展过程的作用力主要源自系统内的推动力和新系统的吸引力(拉力)。

1. 城乡融合发展系统的融合推动力

城乡融合发展系统的融合推动力包括:(1) 城乡经济二元结构导致城乡经济发展和收入差距不断扩大,并加剧了城乡社会分化(刘明辉,2019),经济社会现代化迫切要求变革城乡分割的经济社会制度;(2) 城乡产业发展不协调,城乡经济要素边际收益存在较大差异,然而,乡村产业发展促使经济要素的边际收益逐渐增加,推动城市资源和要素开始向乡村流动,乡村也积极主动地承接城市的投资或产业转移,从而形成了城乡经济要素边际收益的平衡状态;(3) 城乡基础设施和公共服务水平的差距,产生了巨大的乡村公共产品需求,推动乡村基础设施和公共服务的供给,实现了城乡基础设施一体化供给和公共服务均等化供给(赵志强和范建刚,2023);(4) 在现行的行政管理体制下,城市与乡村形成了分离的社会治理体系,随着经济活动及人口流动规模的扩大,产生了城乡社会基层治理相互交流融合的需求,形成了内在的城乡社会治理一体化的推动力(赵志强和范建刚,2023)。

2. 城乡融合新系统的吸引力(拉力)

城乡融合程度的提升,可以创造巨大的经济发展潜力和市场潜能,同时也能提升区域总体的居民收入和社会福利水平。具体包括:(1) 建立健全的城乡统一要素市场,促进城乡要素合理流动和平等交换,可以提升经济要素的配置效率,同时,深化城乡要素市场化配置改革,也可以提高要素的生产效率(涂圣伟,2023);(2) 城乡产业的融合发展,不仅可以创造经济产值,也会促进城乡劳动力市场的一体化发展,创造更多的劳动力就业机会,提升居民的收入和消费水平;(3) 基于城乡融合发展的经济社会空间格局,不仅能够提升要素配置的空间经济效率,也能带来区域经济发展的经济福利;(4) 建立健全的城乡公共服务和社会保障体系,促进城乡公共服务和社会保障普惠共享,能够整体增进居民的社会福利水平。

城乡经济社会主体和要素，通过城乡融合发展载体，在城乡融合的推动力与拉力的相互作用下，形成城乡融合发展的耦合协调模型，实现城乡经济社会的协调发展，推动城乡一体化发展。

第一，城乡产业融合与城乡要素市场化改革的耦合是推动城乡经济融合的关键。这种耦合意味着城乡产业不再受地域限制，其内在联系和关联效应不断增强，表现为城乡三次产业及其内部行业之间的跨界融合，带来产业链、价值链和供应链的纵向延伸和横向拓展。同时，城乡要素市场化改革为城乡经济融合提供了有效的机制和支持。通过优化城乡产业分工体系，实现各地区资源优势互补，加强城乡间产业协同发展，从而推动城乡经济的良性循环和互惠共赢。

第二，城乡基础设施一体化供给和公共服务均等化供给中，政府行政机制、市场机制和社会多元主体合作机制的耦合是推动城乡社会融合的重要途径。这种耦合意味着建立统一的基础设施建设标准和公共服务供给机制，同时结合相应的政府行政机制和社会多元治理机制，使城乡间在基础设施和公共服务领域实现共建共享和互联互通。通过加强政府与社会各方的协同合作，促进城乡社会治理体系的完善和城乡社会资源的有效整合，推动城乡社会的和谐发展和融合。

第三，区域空间规划中县城、中心镇、专业区和行政村功能的耦合是推动城乡空间融合的重要手段。这种耦合意味着通过科学合理的空间规划，充分挖掘和利用县城、中心镇、专业区和村庄的功能优势，实现城乡空间布局的协调一致。城镇和乡村之间的界限逐渐模糊，城乡在不断互动中形成统一的城乡融合区域。同时，建立有效的空间规划机制，将各级政府的城市发展总体规划与乡村振兴规划相衔接，以确保城乡空间的有序、协调和可持续发展。

第四，构建农民增收的长效机制与人的城镇化的耦合是推动城乡生活融合的重要支撑。一是促进农村产业结构调整和转型升级，引导农民发展现代农业和农村新业态。推动科技创新在农业和乡村振兴方面的应用，提高农业生产效率和竞争力，提高农村产业生产值的同时增加农民收入水平。二是通过财政税收支持和农村金融服务体系建设，为农业农村发展提供投资、贷款、保险等产业发展资金条件，降低产业经营风险。三是通过制度变革，消除农村人口迁移的障碍，创造农民市民化的条件。同时，开展农民职业培训和技能提升计划，提高农民就业竞争力。四是扩大农村社会保障覆盖范围，建立健全农村养老、医疗等社会保障制度，增进农民的福利水平。五是加大对农村基础设施投入，改善农村交通、通信、供水等条件，提高农民生活品质。

城乡融合发展系统及其子系统的运行，存在不同的机制，核心的可以归纳为政府机制、市场机制和社会多元主体合作机制。不同国家基于不同的社会经济制度，其主导的运行机制也有差异。绝大部分市场经济国家，无论是发达的资本主义国家，还是发展中国家，基本上以市场机制为主导。然而，在农业农村现代化过程中，政府从未缺位，尤其是在工业化后期以来，政府的作用愈发重要。一般认为，城乡要素的市场配置可以促使资源要素的优化配置，从而实现资源配置效率和生产效率的最大化。然而，市场机制难以确保私人效益和社会效益的一致性，也难以确保城乡发展的公平性。为了有效促进城乡融合发展，应充分发挥政府机制的作用。

政府不仅通过转移支付形式在城乡间进行二次分配，适当消除城乡间的不平衡，促进农业农村发展；还可以通过投资农村基础设施和增加公共服务供给，建立城乡一体化的社会保障制度，来改善农村生产生活条件，提升农村居民生活保障能力，最终实现城乡居民收入与社会福利水平趋同的均衡状态。此外，行政机制的作用还在于为市场机制的发挥提供必要的制度保障和政策支持，进一步优化市场和营商环境，为农村市场化改革提供支撑条件和制度环境，从而一定程度上弥补市场失灵的弊端。但正如现实状况和文献已经证明的，无论是行政机制还是市场机制，均难以完全解决历史性的和制度性的经济社会失衡，尤其是针对城乡经济社会复杂系统，要实现融合发展的目标，需要发挥各个社会经济主体的力量，形成多元主体合作机制，通过政府、市场主体和社会主体的共同合作，发挥行政、市场和社会合作的机制，推进农业农村的发展。针对农村经济的特点，尤其需要充分发挥农业龙头企业、农民专业合作社、家庭农场、专业大户等农业经营主体和农业服务组织的作用，构建城乡技术、生产、市场营销和社会服务的经济协作体系。此外，还应充分发挥社会自治组织在构建城乡社会治理中的独特作用，缩小城乡社会治理能力和方式的差异（冯奎，2022）。

同时，城乡融合发展过程中应构建有效的动力、运行与分配机制，形成激励相容的城乡融合发展机制体系，着力解决阻碍城乡融合发展的制约因素。通过建立动力与激励机制，完善运行机制，优化资源分配机制，促进城乡产业、空间、要素、基础设施、公共服务的有机融合，加强社会治理和生态环境治理，构建更高水平的城乡分工与合作格局，最终形成工农互促、城乡互补、协调发展、共同繁荣的新型工农城乡关系。其中，城乡融合发展的动力机制主要包括城乡产业融合机制、城乡空间布局优化机制、城乡人口双向流动机制、土地资源配置机制、工商资本、技术入乡机制、城乡基础设施一体化建设机制、城乡公共服务均等化配置机制、社会治理机制、生态产品价值实现机制等。城乡融合发展的运行机制主要包括城乡空间规划机制、城乡融合发展的制度安排及发展模式。而城乡融合发展的分配机制涉及产权价值及利益共享机制、公共产品共建共享机制及利益联结机制等。特别地，城乡融合发展的动力机制、运行机制和分配机制与政府行政机制、市场机制和多元主体合作机制融合在一起，相互关联。根据不同的目的和要求，有效利用各个机制的功能优势，充分发挥各类机制的作用。

1.4.3 我国城乡产业融合发展的实践模式及存在问题

自改革开放以来，我国农业生产效率在农业经营制度的变革和农业技术的创新推动下显著提升。然而，在农产品市场开放的环境下，工农产品价格剪刀差和农产品国际市场价格的冲击导致农业生产效益低下，农村经济发展和农民致富难以单纯依靠农业项目，单一的农业生产也难以吸引更多人才回乡工作。因此，各级地方政府深刻认识到产业发展对于乡村振兴、区域经济发展和城乡融合的关键作用。根据我们对试验区的实地调查，大部分地区都将城乡融合发展的工作重点放在了产业发展上。试验区地方政府在推动农村产业振兴方面，除了传统的城镇房地产业、开发区建设及招商引资外，主要依据本地资源禀赋和产业基础，促进农村产业的多元化发展。特别是，他们探索了以农业为基础，延伸农业前后向产业链的发展路径。对此，我们大致可以把各地城乡产业融合发展类型归纳为以下几类。

1. 农业产业链前后向延伸的融合发展模式

农业产业链前向延伸的融合发展模式，是指在政府引导和支持下，一批农业企业或商业性企业的经营活动向农业生产领域延伸。其中一种方式是农产品加工企业建立标准化农产品原料基地；另一种方式是市场流通企业与农业生产单位合作，或自身投资建立农产品标准化生产基地。这种模式旨在提升农产品的品质和食品安全，增强农产品加工业原材料和市场供应的及时性和稳定性。

农业产业链后向延伸的融合发展模式通常由专业经营大户、家庭农场、农民专业合作社、农业公司等新型农业经营主体与社会资本合作。他们以农业为基础，向农产品加工、农产品流通与营销、旅游餐饮等产业延伸，实现农业与其他产业的融合。在产业链延伸中，这种模式促进了价值链的升级，建构了农业、加工业、市场流通业、旅游业及其他产业的产业体系。

2. 现代农业园区的综合产业融合模式

这类产业发展模式主要由政府主导，与社会资本合作投资经营，也成为近年来地方政府积极推动的一种城乡产业融合发展模式。现代农业园区凭借其完善的基础设施和优质的服务，能够吸引众多涉农经营企业入驻，从事各类生产经营活动，从而发挥农业生产、农产品加工、市场流通和生产服务的综合功能。根据我们的调查，一些园区以农业优势资源为基础，以农业产业化龙头企业为经营主体，辅以相关生产服务型企业，以加工集聚地为核心，以优势、特色农产品种养（示范）基地为支撑，围绕农业产业开展种养、加工和物流业务，形成了农业与农村第二、第三产业的分工协作体系，并对区域内的农业经营者产生了示范和辐射带动作用①。

3. 农村经济资源利用和功能拓展型融合模式

这类产业发展模式主要以地方自然资源和人文景观为基础，通过发展乡村旅游，带动农村多种经营，激发农村的生活、服务和生态功能，促进农村经济多元化发展。该模式形式多样，特色小镇和农家乐是其典型形态。目前，试验区的一些县市正在积极打造特色小镇，有的以旅游为主，发展生态休闲游、民俗风情游、历史文化游；有的则以特色产业发展

---

① 《河南省人民政府关于加快农业产业化集群发展的指导意见》（豫政〔2012〕25号）。

为主，利用山水景观发展农村休闲旅游业，融合农业观光、度假、教育和体验等功能，形成农业与第三产业结合的产业融合模式。

4. 农业与电商结合的产业融合模式

近十年来，农村地区依托互联网和信息技术，借助强大的物流业基础，建立了一批平台型企业。涉农平台型经济和农产品电子商务企业不断发展，通过线上线下融合，逐步形成了电子商务带动农业经济、农业经济反哺电子商务的产业融合发展模式。这种模式中，两者相互补充、相互促进。

5. 农业与生产性服务业融合的模式

政府通过购买公共服务等方式，支持并引导农业经营组织服务外包，提升农业社会化服务能力，也促进了农业生产性服务组织的发展，增加了生产性服务业对农业全产业链的支撑作用，逐步建立了农业生产服务协作体系和市场化的运行机制。基于新型农业经营主体发展的需求，农业生产性服务业企业的规模和专业化服务水平不断提高，尤其是城市工商资本也开始投资于农业生产性服务业，形成城乡农业、农产品加工业和农业生产性服务业融合发展的格局。

据我们对试验区的调查和全国性的县域产业发展状况的研究，尽管各地区城乡产业发展水平和结构差异较大，但存在一些共性的问题。一是产业发展的市场需求不足。随着我国传统产业的转型和调整，绝大部分以传统产业为主导的县市面临市场萎缩的困境，而新兴产业由于受技术、资源、人才等各种因素的约束缺乏市场竞争力，难以成为规模性产业。特别是随着房地产业和公共基础建设速度的放慢，试验区各地区的产业持续增长潜力正在下降。二是县市产业发展中的资源缺乏问题。除了产业发展所需资金短缺外，技术和人才资源的短缺更为明显，因此在区域产业竞争格局中，包括县城在内的农村地区产业竞争力和产业投资吸引力始终处于劣势。即使在交通条件改善和拥有特定自然资源的地区，也难以发展具有竞争力的规模性企业，更难培育高新技术等新兴产业。三是城乡产业的融合缺乏激励机制，其中最为关键的是受集体土地制度及国家土地使用规制的约束，土地资源的市场配置机制难以形成，约束了城乡间产业的空间布局和对项目投资的激励。四是城乡产业缺乏系统性的协作体系，包括技术协作体系、生产协作体系、市场协作体系和社会服务协作体系等。因此，农村产业发展既缺乏上述技术、资源的支持，也缺乏产业协作体系的支撑。

在实地调查中，我们发现除了上述城乡产业发展中的问题外，当前县域产业发展还存在一些突出问题。地方政府为了推动县域经济发展和乡村振兴，热衷于资本招商，通过政府财政部门设立的基金平台公司、产业投资公司和其他国有企业融资平台，以银行贷款、发行各类债券和融资工具等方式设立产业投资基金。这些政府基金投资主要用于招商引资新能源、集成电路、生物医药、人工智能、机器人、农旅等所谓高新科技产业和农村新产业新业态项目。然而，这些项目常常行业高度同质化，既缺乏本地区的产业基础条件，又面临激烈的市场竞争环境。在缺乏技术和人才条件下,项目成功率较低。一些农旅项目的经营模式不符合市场需求,经营惨淡,不仅没有推动县域地区产业的发展,反而对县域经济正常运行造成了威胁。

1.4.4 农村集体产权制度的变革

以土地制度为核心的农村集体产权制度变革是各个地方政府不断探索而难以突破的问题。11 个试验区都将农村集体产权制度改革作为试验的重点,其主要内容包括建立农村集体经营性建设用地入市制度、完善农村产权抵押担保权能、建立进城落户农民依法自愿有偿转让退出农村权益制度等。事实上,在实践中有关农村集体产权制度改革中需要解决的问题远不止这些。据我们的调查,各地有关集体产权制度改革的内容更多的是反映了地方政府的诉求和希望急迫解决的问题。我们在调查中发现,以下问题正是目前地方政府急于解决和寻求变革的。

1. “三块地”改革的艰难进程

有关土地制度的改革情况已在上文扼要阐述。迄今为止,虽然有了一些改革试点,部分地区的改革成效显著[①],但总体上进展缓慢。其中的原因一方面在于基本土地制度的制约难以突破,另一方面在于围绕土地资源不同的利益相关主体有不同的利益诉求:中央政府更多的关注点在耕地的保护和粮食生产面积的稳定;地方政府关注的是如何通过农村建设用地制度改革,包括经营性建设用地和宅基地的改革,增加县市建设用地的供给总量;而农民更多的是关心承包地的收益和宅基地的财产权落实。从目前的改革实践看,地方政府着力较多的农村集体经营性建设用地改革已经全面铺开,有的成立了建设用地交易中心,探索了一些市场化交易方式,有的通过行政手段把经营性建设用地整合为工业园区,但总体上成交的宗数和规模有限。

对于农民宅基地的改革,在农村土地集体所有制的基本制度下,始终没有政策上的突破和松动,村民私下的房屋转让尽管不涉及宅基地的所有权变更,但也未能得到政府和集体组织的认可。此外,政府出于乡村振兴或增加建设用地的考虑,曾尝试通过拆村并居建设农民新村来变革农村住宅建设方式,这项举措除了部分城市郊区、经济发达和社会保障资金比较充裕地区取得了成功外,一些地区在推进过程中违反农民意愿强拆强迁,引起了公众异议和一系列社会风险,中央政府已经明确禁止此类强拆强迁行为,因此在本次试验区城乡融合发展工作任务中拆村并居未作为改革选项。但随着城镇化水平的提高,村落的收缩和农民住房转让应是必然现象,如何变革现有的制度,确立农民房屋财产权和土地资源使用权,系统性地建立农民土地资源权益让渡的补偿制度和房屋出让的市场化交易

① 黄俊尧.城乡融合发展政策的分析与思考——以浙江杭州、嘉兴和温州的相关政策为例[J].北京行政学院学报,2022(3):61-68.

制度，已是迫切需要解决的问题。但即使在近期公布的《农村宅基地管理暂行办法（征求意见稿）》中也没有大的变革举措和市场化交易机制建立的意向。

对于农地的承包制，中央政府的文件已经明确土地承包到期后再延长30年、稳妥推进土地承包关系长久不变的原则[①]。这一政策稳定了现有农户的农地使用权，并在一定程度上赋予了农户的土地占有权利。但同时也出现了一些问题：一是农村集体新增成员无法获得土地权利；二是大量劳动力外流家庭的承包地出现抛荒现象；三是小规模承包地与现代农业规模经营之间存在较大的矛盾，小规模经营制约了以农业机械化为核心的农业现代化进程。从统计数据来看，2021年承包农地的流转率达到了35.4%[②]，但大部分流转局限于亲戚和同村小规模经营农户，因此，近年来单位农户的土地经营规模反而有所缩小。尤其是近年来城市失业率上升，非农部门就业机会减少，一些年老农民工退出城市劳动力市场重返农村从事农业生产，这些都影响了土地流转的积极性。据我们的调查，不少新型农业经营主体希望签订长期的土地流转合同，以保证其经营权的稳定性，但面临着流转面积不确定、地块分散等种种问题。

总体上，经过四十余年的改革，我国农地制度已逐步形成了集体土地所有权、家庭土地承包权和生产经营权"三权分置"的格局。同时，住宅地在集体土地所有的基础上，也强化了其占有的属性和使用、转让的规范性。事实上，在我国农村土地制度根本性质未发生变化的情况下，经过多年的改革，集体土地产权的权益在不断地稀释，集体土地所有制的框架内赋予了更多的私有产权。但正由于这样的制度框架，在理论上和实践上出现了许多法律权限模糊和实际权益边界不清的问题。一方面，我国农村集体土地所有权带有日耳曼法所具有的极强的共同所有性，集体成员的私有集合性不强，成员行使权利受集体组织规制约束，这与初期建立农村集体土地所有制的目的和性质有所差异。尤其是集体组织权益在法律意义上的所有权、占有权与使用权权益具有交叉性，导致集体、农户和经营者均没有完整的产权，权益边界不清。在实践中，如果强调集体所有权权益，农户承包权（事实上的占有权）受损；如果完全保护农户承包权权益，集体土地所有权虚化；而在土地流转情况下，目前的法律对土地经营者的使用权或用益物权没有明确的权益规定，在实践中也缺乏对土地使用权和用益物权的权益保护。另一方面，对于宅基地和农村家庭住宅而言，宅基地的集体所有权性质和地面建筑物的集体组织内限售，使农户住宅的产权处于极不完整状态，由于产权交易的限制导致农户产权权益的严重受损。在现实中，地方政府依据各类地区发展规划，具有征收农村集体土地的行政权力，即使采用了土地征收补偿的办法，补偿标准也由政府确定，农村集体组织缺乏转让与否和转让价格商谈的任何权利，这种情况下，无论补偿标准是否合理，在法理上和市场交易规则上均侵犯了农村集体的权利。近年来，中央颁布了关于农村集体经营性建设用地上市交易的政策，一定程度上明确了农村集体土地的市场交易权利。但正

---

① 中共中央、国务院：《关于保持土地承包关系稳定并长久不变的意见》.

② 中国农村政策改革与经营统计年报，2022.

如前文所述，出现了许多交易中的技术性问题和制度性障碍，特别需要注意的是，随着农村建设用地交易工作的推进，与农村不断增加的公共基础设施和公共服务所需“公地”之间的矛盾也会逐渐加剧。

现代农业的发展和城乡融合必然要求农地的规模化经营，也要求通过土地综合整治，形成集约化、规模化的农业产业片区，为乡村新产业新业态创造基本的空间条件。同时，农村移民市民化过程中，也要求形成农民住宅的交易市场。然而，目前土地制度的局部改革难以系统性地解决城乡发展中的这些问题。

2. 农村集体经济组织、组织成员资格与资产权益确定

《中华人民共和国土地管理法》《中华人民共和国农村土地承包法》《中华人民共和国物权法》[①]《中华人民共和国村民委员会组织法》等法律法规中都明确界定了农村集体经济组织的概念。然而，农村集体经济组织的内涵复杂、资产结构多样化，在实践中，集体经济组织出现了不少问题。例如，存在一些地方集体经营性资产归属不明确、分配过程不公开、经营收益不清晰，以及成员的集体收益分配权无法得到切实保障等情况。因此，随着城乡融合发展进程的加快，城乡人口的双向流动日益频繁，社会资本对农村集体经济活动的投资也不断增加，如何确定集体经济组织成员资格、如何公平合理地分配集体经济组织获得的各种补偿和收益、如何有效开展集体经济经营活动并加强监督等问题日益凸显。针对上述问题，2016年中共中央、国务院颁布了《中共中央 国务院关于稳步推进农村集体产权制度改革的意见》，提出了改革的方向、原则、要求和主要内容。[②] 目前，《中华人民共和国农村集体经济组织法（草案）》已提交全国人民代表大会常务委员会审议，各个地区也都在积极探索适合本地实际的农村集体经济改革方式。据我们对试验区的调查，大部分地区的地方人大、政府或高级人民法院都通过规范性文件的方式开展了农村集体经济产权制度的改革，现有的改革主要集中在以下几个方面。

一是开展集体资产清产核资工作。各个地区均按照中央文件要求，积极落实集体资产类别的明确工作，对未承包到户的资源性资产、集体统一经营的经营性资产，以及现金、债权债务等进行了全面、细致的清查核实。在此基础上，建立了完善的集体资产登记、保管、使用、处置等制度，以确保集体资产的安全与有效利用。这些举措逐步构建起了归属清晰、权能完整的农村集体产权管理制度，为农村集体经济的健康发展奠定了坚实基础。

二是集体经济组织成员资格认定。这一问题近年来备受农民关注，且常常引发矛盾纠纷。按照尊重历史、兼顾现实、程序规范、群众认可的原则，各地的规定中以户籍和原住民为基础，根据不同的经济发展水平和集体经济基础有所不同，大致的集体经济组织成员资格的认定因素包括了户籍关系、土地承包关系、生活保障来源、对集体积累贡献等因素，并对新出生、婚姻、收养等事实的认定制定了细致的规定。从各地的实施情况看，改革进

---

① 现该法中关于物权的相关规定已整合入《中华人民共和国民法典》的物权编中，但为保持原文的时代背景，此处仍保留原提法。

② 《中共中央 国务院关于稳步推进农村集体产权制度改革的意见》，2016.12.26.

程比较顺利平稳，基本上得到了村民的认可。

三是农村集体经济资产权益的认定与分配问题。按照《中共中央 国务院关于稳步推进农村集体产权制度改革的意见》的要求，大部分地区对农村集体经济资产权益进行了认定与分配方面的改革试点。具体而言，对农民的集体资产股份占有、收益、有偿退出及抵押、担保、继承权等权益进行了明确规定，并对农村集体经济组织成员持有的集体资产股份信息进行详细记载，为其出具了股权证书，从而在法律层面对农村集体经济资产权益进行了认定。同时，为健全集体收益分配制度，各地还通过立法明确了公积金、公益金的提取比例，以确保农民集体资产股份收益分配权的切实落实。然而，在各地的实践中，鉴于资产转让和经营收入的复杂性，如何科学合理地分配集体资产收益仍存在一定的不确定性和挑战。

四是农村集体产权流转与交易问题。这是当前制约城乡经济资源统一配置的关键环节。根据现行政策规定，农民所持有的集体资产股份有偿退出目前仅限于在本集体内部进行转让或由本集体赎回，尚不能跨越本集体经济组织的界限进行交易。这意味着，集体资产的产权流转与交易主要以集体为单位整体推进，而权益持有人尚不能独立开展资产转让交易活动。尽管一些地方政府已经着手建立了农村集体资产转让交易平台，但这些平台的交易活动仍然受到较大的限制和约束。

上述农村集体产权制度的改革实践表明，农村集体各类产权的确权工作基本完成，但如何经营管理这些资产以及如何合理分配资产收益，缺乏规范的制度，也缺失规范的治理结构及治理机制，农村集体的成员缺乏对这些资产经营活动的监督权。与国有资产不同，目前各地并未建立农村集体资产经营管理机构之类的监督机构，村级集体成员缺乏有效的手段对集体资产经营状况进行督查。其中最重要的集体土地资产的利用中，城乡之间存在的土地资源配置行政壁垒仍未破除，同地不同权，实际上国有建设用地与农村集体建设用地仍处二元市场结构状态。城镇居民住宅已基本实现市场化，但农村居民住宅的交易受到严格的限制，基本上局限于村集体内部的转让，且受让者需符合农村住房建设申请的要求。部分试验区农村居民住宅改革试点的政策基本上是参照城市居民的基本社会保障待遇和适当的补贴，让农民向集体转让宅基地和住房使用权，而不是发展农村房地产市场。事实上除了农村住宅的私下非正规市场交易外，并不存在规范的交易市场。

1.4.5 农村人口的流动与市民化的制度条件创造

世界各国的实践表明，农村人口的永久性转移是提升农村人均土地和自然资源占有规模、实现农业农村现代化的基本条件。要实现城乡融合发展目标，劳动力资源在城乡间和产业间的有效配置是关键基础。经过四十余年的制度变革，限制城乡间人口流动的一些制度性因素已经消除，特别是户籍制度的改革使大部分中小城镇开放了移民落户政策。但同时仍存在着农村人口永久性迁移和城市人口定居农村的一些经济和社会的制度性约束因素,其中主要的因素包括社会保障制度普及率不高、公共服务均等化程度不足、城市职业岗位垄断与歧视等。如果城市不能提供上述城乡居民或原住民与新移民均等的制度性条件,即使城市提供了就业机会,也只能使农村劳动力把城市作为一定时期的就业去处,将阻碍农村人口的永久性移民。此外,农村集体产权制度的"拉力"因素也影响了农村人口的移民。由于农村集体土地制度的属性,农民虽然拥有集体土地等资产的使用权和收益分配权,但没有这些资产的独立处置权。因此,在没有确定的补偿制度情况下,退出农村集体经济组织意味着放弃集体资产的使用权及收益分配权利,这对于有意愿移民的农民来说,即使城市放松了落户条件,移民的机会成本仍然很高。上述两种情况使农民市民化的决策面临落户经济压力和迁出机会成本的双重约束,成为阻碍农民永久性迁移的重要制度因素。

因此,在城乡融合发展的改革实践中,各个地方政府均提出了破除限制城乡劳动力流动制度的改革任务,尤其是许多城市放宽了户籍制度,希望为农民市民化创造良好的条件。然而,据我们的调查,改革的成效极为有限。大量农民工家庭没有能力迁移定居于城市,很多农民工也不愿意失去农村集体经济组织成员身份,由农民转化为市民的比例极为有限。这里,导致地方政府农民市民化政策效果不理想的原因,除了上文的因素外,另一个重要原因是社会保障、人事管理等政策是全国性制度,不是地方政府能够突破和改革的。事实上,许多县市地方政府的本级财政收入也难以承担新移民的社会保障和公共服务的费用。此外,新冠疫情以后,由于经济的不确定和城市就业市场风险增加,农民工被迫回流的数量增加,农民"惜地"的意识有增无减,农民永久性迁移和市民化的意愿衰减。

近年来,城乡劳动力流动出现了一个新现象,即随着乡村振兴战略的实施,地方政府鼓励农村新产业新业态的发展,出台了许多激励性政策,并提供了建设用地指标、财政补贴等实质性支持措施。这些政策包括为引进投资创业和经营型人才的优惠政策,吸引了一批年轻人在农村地区创业或在农旅企业等非农产业就业。这一趋势开启了新经济发展阶段城乡劳动力双向流动的序幕。

1.4.6 城乡公共基础设施与公共服务一体化供给的挑战

改革开放以来,集体经营制度的变革和大量劳动力的转移对农村公共基础设施的建设(水利灌溉、道路设施等)产生了较大影响,与城市大规模基础设施建设形成了鲜明对比。随着农村居民收入水平的提高,他们对公共服务的需求也在不断增长。因此,在地方政府的城乡融合发展实践中,美丽乡村建设和公共服务创新行动得到了大力推广,对农村的交通道路、自来水供应、污水处理、垃圾收集与处理、电力改造、水利设施建设、村庄整治、基层医疗机构建设等方面给予了高度重视,并投入了大量资金。

2003年,浙江省启动了"千村示范、万村整治"工程,以改善农村生态环境、提高农民生活质量为核心,开启了村庄整治建设行动。20余年来,浙江省及全国各地从农村环境整治入手,由点及面、迭代升级,持续努力造就了万千美丽乡村,造福了万千农民群众,创造了推进乡村全面振兴的成功经验和实践范例。2024 年 1 月，中共中央、国务院发布了《关于学习运用“千村示范、万村整治”工程经验有力有效推进乡村全面振兴的意见》，确定把提升乡村建设水平作为乡村振兴和城乡融合发展的重点之一。

通过乡村发展环境整治以推进乡村振兴已在全国推广并取得了成效。例如，成都邛崃市实施村庄“三清三改一提升”行动，全市 246 个村都达到“美丽四川、宜居乡村”的建设标准。浙江嘉兴市实现农村生活垃圾分类处理行政村覆盖率达 100%；江西鹰潭市行政村客运班车通达率 100%。江苏宜兴市“异地就医定点医院联网覆盖率”和“接受上门服务的居家老人数占比”两项指标水平指数均达 100%等。

尤其是随着数字经济的发展，各试验区政府也开始关注“新基建”设施的建设，把信息网络、电商平台建设放在重要的地位。同时，以义务教育设施、医疗卫生设施和体育文化设施建设为重点，加大了财政支出中公共服务建设的比例。这些努力和投入不仅改变了农村经济社会环境，也直接改进了农村居民的社会福利。更为重要的，公共基础设施建设有了一些新的特征。

一是改变了传统的城市与农村分割的公共基础设施体系，初步建立了城乡联通的道路交通系统、水电供应与通信系统、环境治理系统等。例如，江西鹰潭市通过与光大集团等企业合作，建立了城乡统一的垃圾处理系统，范围覆盖了所有的村庄和居民社区。

二是注重建设适应数字经济发展的公共基础设施，其中具有代表性的是电子商务系统。该系统不仅建立了物流系统，还构建了不同层次的城乡一体化电商平台。一批商业型企业和金融机构也积极投资建设这些基础设施和服务系统，如蚂蚁智能、京东、平安银行等，构建了城乡供应链与金融服务系统。

三是注重教育、卫生和文化体育公共服务体系的建立，并开始从硬件建设向服务质量提升转变。在医疗服务方面，一方面通过投资建设县级综合性和专科医院、乡镇卫生服务中心、标准化基层(村)卫生室，基本建成了覆盖农村整个区域的医疗设施，乡村医疗机构也逐渐配备了基本医疗设备；另一方面通过构建县域医疗联合体，充实医务人员，强化培训和管理，提升了农村卫生防疫和医疗服务水平。例如，许昌市的 4 个县市建立了 8 个医疗联合体，覆盖了 25 家县级医院、66 个乡镇卫生院和 2 226 个村卫生室。在教育方面，试验区的工作重点已经放在提升城乡教育水平上，主要措施包括增强乡村教育资源，提高教师待遇，推进城乡教育联合体建设，鼓励城乡中小学教师交流等。在体育文化方面，近年来在政府鼓励和农村集体的自发组织下，纷纷成立了文化礼堂、文化活动中心等，建立了老年活动室，一定程度上活跃了农村的文化生活。

四是改变了长期以来以政府财政投入和集体自筹为主的农村公共产品行政供给机制，在公共基础设施建设和公共服务提供中，开始引入市场机制，鼓励社会资本投资。

然而，根据我们的调查，尽管各地都在重视农村公共基础设施建设和公共服务供给，但一些问题也逐渐显现。

首先，除了部分经济条件较好的市县外，大部分地区的政府财力有限。许多中西部地区依靠上级政府的财政转移支付来建设一些公共基础设施项目，但这些项目的不确定性较大,且配套系统不完整,未能发挥出整体效益。而在经济发达地区,随着经济下滑和土地收入减少,难以继续通过负债经营来维持较高的公共服务水平。特别是公共基础设施的维护与管理费用较高,项目建设后需要依靠政府财政支出和农村集体经济收入来维持运营,缺乏现实可能性和长期持续性。

其次,农村公共基础设施项目的建设需要依据整体的城乡发展规划。然而,目前许多地区的城乡发展规划难以做到城与乡的整体规划,村庄发展规划的制定滞后,并未将每一个村庄作为空间单位纳入县市整体发展规划中考虑。随着城镇化的进程,人口流动和县域空间格局会发生较大的变化,县域规划需要具有整体性和前瞻性,公共基础设施建设和公共服务供给也要随着产业发展、资源配置和人口流动而动态调整。而目前一些地区公共基础设施项目建设的空间布局和项目规模等随意性较强,缺乏科学的和面向未来的规划基础。

再次,尽管近年来通过PPP、政府购买服务等方式,社会资本参与了县域公共基础设施的投资与经营,但相应的法律法规尚不完善,实际运行中缺乏规范的管理制度。一些项目的投资和运营可能过于注重商业营利性,未能充分考虑公共产品的社会功能;此外,极少数地方政府机构的履约机制有待完善,可能会存在单方面变更合同条款的现象,从而影响了投资者的合法权益。

最后,出于地方经济发展的需要,地方政府在投资公共基础设施和提供公共服务的过程中,往往过度偏向于经济类公共产品的投资。特别是在资金约束的情况下,地方政府基本上偏重满足经济开发区和城镇建设需要的一些基础设施建设项目,忽视了乡村公共产品的供给,也难以持续地建设社会类公共产品服务项目。

1.4.7　城乡融合发展中的政府指导思想与目标导向

正如已有研究证明,中国经济发展具有显著的地方政府主导性。同样,在乡村振兴和城市化战略实施中,地方政府也发挥了主导作用。这种主导性体现在战略规划制定、政策制定与实施、行政指导与监督、项目投资与运营等诸多方面。我们的研究发现,由于各地经济发展水平的差异和城乡融合发展的条件不同,尽管各地制定的城乡融合发展规划和政策文件中,指导思想、目标任务和工作任务大致相同,但大部分地方政府都比较客观和现实地选择了可行的城乡融合发展的路径、策略及具体的发展项目。对此,通过对试验区经济社会发展状况的分析和实地调研,以县市为例,我们大致可以对地方政府实施城乡融合发展战略的工作重心、经济结构转型导向和空间格局规划进行梳理。

1. 以产业发展为工作重点,具有较强的产业项目建设和土地财政导向性

通过对各试验区地方政府城乡融合发展规划、政策和实际投资活动的分析,我们可以清晰地观察到,尽管从总的指导思想上看,城乡融合发展以实现乡村振兴为目标导向,但落实到县市的具体行动上,各个地方政府把城乡融合发展的重点工作基本上放在产业发

展上，制定的各种政策其目的也基本指向如何有利于产业发展。这种城乡发展的指导思想和思路有其客观性和内在的需要，如果没有地方产业经济的发展，实际上很难培育和夯实县域经济社会发展的基础。不过在调查中也发现，一些经济水平低、缺乏工业基础的县市，目前产业缺乏市场竞争优势，经济区位和资源条件也不利于制造业的发展，但为了实现快速经济增长，改变县域经济面貌，也采用东部经济发达地区开发区和城镇化的发展模式，以开发区和城镇房地产为投资重点，把平台融资、上级政府转移支付和建设用地指标交易收入等投入开发区和城镇公共基础设施的建设项目中。这种发展模式尽管在一段时间内可以使城建区扩张和县市经济增长速度加快，但长期看由于县域经济缺乏产业基础，实际上反而会导致县域经济“增长而不发展”，更难以持续发展。

在上述指导思想和发展方式下，县域范围内经济发展以工业制造业和服务业为导向，尤其以传统的开发区和房地产建设为抓手，资源的配置在空间上基本上向城镇区和经济开发区集中，土地、劳动力和金融资源主要投向城镇和开发区。由此，除了上级政府的专项转移支付项目外，地方政府全力招商，通过批租土地、融资平台、建设用地土地指标交易等筹措资金，投资建设工业开发区和投资建设城市公共基础设施，在农业发展上的财政支出很少，基本上没有建立系统性的现代农业生产体系，经济发展模式具有较强的土地财政导向性。

2. 以城市和县级城镇为建设重点，出现城乡建设新的差距

近年来，无论是经济发达地区还是经济不发达地区，在经济发展的空间格局上，几乎所有的市县都将城镇作为投资建设的重点，出现了“县城的繁荣”现象。然而，政府对乡村公共基础设施和现代农业基础设施的投入较少。此外，由于土地资源配置的市场机制缺乏，商业资本也极少投入现代农业设施的建设和运营中。这种状况导致县域经济增长的同时，城乡之间在投资和产出强度上形成了更大的差异，也出现了城镇发展而乡村萎缩的状况。

1.4.8 城乡融合发展的行政机制与市场机制选择

乡村振兴和城乡融合发展中存在三种机制选择：政府行政机制、市场机制和多种主体合作机制。其中，政府行政机制是通过政府的扶持和直接补贴等手段支持农业农村的发展；市场机制是通过市场配置资源，通过增加市场需求来激励各种资本投资，促进农业农村的发展，同时辅之以政府的支持政策，如价格损失补贴、农业风险补偿等；多种主体合作机制是由政府、市场和社会主体合作推进农业农村的发展。

从世界各国的实践中可以发现，农业现代化和农村经济发展基本上是在市场机制基础上演化的。但鉴于农业和农村的特殊性，农村的振兴和发展需要政府和社会的多方支持。如果缺乏政府经济政策和财政的扶持，受工农业生产率和投资收益率差异的影响，城乡之间的差距难以缩小，农村人口的流失也极易造成农村的凋敝。因此，建立政府的农村经济支持系统对乡村发展和缩小城乡之间的差异极为重要。但同时，由于政府的财力有限，也由于农村经济的复杂性，单纯依赖政府公共预算支出的增加和转移支付难以系统地和持久地改变农村经济的格局，以行政机制方式来配置城乡资源也难以达到有效的经济社会效益。因此，无论是在理论上还是各国的实践中，都提倡并建立行政机制与市场机制结合、行政机制与社会合作机制结合的城乡融合发展机制，并取得了显著的效果。

我国改革开放以来，农村经济实现了从计划经济机制向市场经济机制的转变，在一定时期内产生了巨大的市场经济活力和激励效应。但自20世纪90年代以来，通过经营方式改变、价格改革和劳动力自由流动等体制机制变革所产生的制度效应日渐弱化。因此，在实施乡村振兴和城乡融合发展战略过程中，亟须政府重新发挥其主导性，通过发展战略制定、财政拨款、项目投资建设、农产品价格保护和社会保障制度变革等行政手段来促进乡村发展和城乡资源配置。这种基于农村实际需要的政府政策支持和建设项目投入具有效率高、动员能力强的特点，大量试验区的城乡融合发展成绩与政府的作为是分不开的。

但在各地的实践中也可以看到，目前地方政府城乡融合发展的试点工作中，以项目建设方式搞样板工程比较多，成功的事例带有个案性。系统性的、制度性的城乡融合发展体系和农业支持系统尚未建立。这一方面在于试验区地方政府在制度和政策变革上受制于上级政府，难以在基本制度上做更多的创新；另一方面现有的地方政府财力也难以承担整体性发展计划实施所需的资源，但根本上，还是行政机制的局限性和没有发挥市场机制的作用。

因此，为解决政府资源约束，充分动员社会力量，近年来不少试验区所在地方政府积极进行机制创新，以市场机制来动员和发挥社会资本力量建设城乡融合发展项目。从我们调查的各个试验区的实践看，运用市场机制的项目主要是农旅项目、电商项目、农业生产及农机服务项目等。在县域范围内，采用市场机制方式或行政机制与市场机制相结合方式进行城乡融合发展建设的主要有这样几个领域。一是单一的农业和农村非农产业发展项目。一部分项目由政府制定规划，给予政策上的和财政上的支持，由企业投资建设和经营，或由企业与农户合作建设与经营。二是综合性的现代农业园区开发项目，园区由政府投资或政府与社会资本合作建设，并通过招商方式吸引商业性企业入园经营。三是在公共基础设施建设领域，政府通过PPP等方式，社会资本参与投资、建设和经营。四是在公共服务领域，政府通过购买服务方式委托社会机构或企业提供服务，这类政府购买服务的项目主要在环境治理、老年服务、基层医疗服务、农业技术服务等领域。

值得注意的是，无论是采用哪种机制，对于乡村发展这样长期性的和全面性的发展工作，如果农民这一经济活动和振兴行动的主体不能成为主导力量是难以成功的。特别是如果城乡融合发展计划与农民利益不相关，或者脱离了现阶段的实际情况，就很难得到农村基层组织和农民的支持和认可。我们从试验区的一些成功案例中可以发现，无论是环境治理工作，还是农村新产业新业态项目，有利于农民的切身利益，并能够让农民有确定性的收益预期的，基本上推进得较为顺利，实施的效果也较为理想；反之，投资项目既无经济收益，又无社会效益的，农村经济主体缺乏参与的积极性，甚至还受到农村利益相关者的抵制。

1.5 未来城乡融合发展的建议

在上文，从城乡融合发展的理论研究和工作实践中，我们阐述了关于城乡融合发展的一些理论思考，梳理了我国的经验特征，也提出了未来城乡融合发展中需要妥善处理的关系和待解决的问题。对此，为了推进我国城乡融合发展的进程，课题组提出了一些建设性的意见。

1.5.1 尊重经济发展的规律，有序推进城乡融合发展

一国城乡融合发展受总体经济发展水平的影响，也受到城市和乡村这两大经济复杂系统的制约。回顾世界各国城乡经济关系演化的历史，在整个经济现代化过程中，必须积极协调城乡经济关系，采取各项措施促进城乡经济社会融合发展，以减少城乡之间的矛盾和冲突。城乡融合发展是一个长期而持续的演化过程，不能通过运动式的项目建设和突击计划来实现融合目标。特别是各地区经济发展水平和条件不同，城乡融合发展需要根据本地实际情况探索有效的方式，应摒弃全国划一的融合发展模式。

总结评估各地开展城乡融合发展的实践，我们认为可以按不同的经济发展区域推进城乡融合发展工作。对于经济发达地区，包括大部分的城市郊区、东部经济发达地区、中西部特殊资源经济发达区等，这些地区城乡经济关系已经较为密切，地方政府的财政能力及资源动员能力较强，城镇化水平较高，城市也有较强的能力接纳农村转移人口。尤其是经济发达地区的城市郊区，受城市产业的辐射影响较大，城市建设扩张在空间上为城乡高度融合发展创造了条件。对于这一类地区，可以率先全面推进城乡经济社会融合发展，建立城乡经济、社会和生态环境融合系统，以城市经济发展带动城乡产业的融合发展，实现城乡经济社会的深度融合和一体化格局。

对于经济落后地区，通常以农业为主导，辅之以工商业的农业经济区位地区。这些地区城乡融合发展的重点工作在于继续为农村人口创造向发达地区迁移的条件，减少农业经济区位地区的人口承载量；加大土地制度改革的力度，通过扶持经营大户、现代农业公司、专业合作社等扩大农业经营规模；加大农业生产的支持政策，加快以农业机械化为基础的农业现代化建设，尤其是完善城乡农产品市场营销体系；同时，中央政府应对这些地区加大转移支付额度，提高基础教育、公共卫生等基本公共服务水平和城乡居民基本养老金、基本医疗保险水平。总体上说，在未来较长的一段时期内，对于经济落后的农业经济区位地区，不应脱离区域经济条件和市场条件，模仿经济发达地区的城乡经济发展方式，一味追求城镇化和工业化水平，而是应鼓励人口向经济发达地区永久性移民，通过社会保

障制度和基本公共服务的城乡一体化建设,缩小城乡经济差距;不应该以高经济增长速度来设定发展目标,而是应放慢经济增长速度,减轻经济增长的资源压力,以提高经济效率为发展目标。

对于中等经济发达地区,目前,我国人口规模最大、经济类型最多和区域最广泛的就是这一类地区,就经济区位而言,这些地区大部分以工商业为主导,辅之以农业,基本上为工商经济区位,部分为工商与农业并重的经济区位。近年来,这些地区呈现了一些具有地区特色的城乡经济发展方式,但总体上来说,还是以工业开发区和城镇化为主导的发展模式,形成了县城为核心的现代工商业与传统农业共存的县域经济格局。我们认为,鉴于中等经济发达地区的经济发展水平、经济结构和发展条件差距很大,各地在国家总体城乡发展战略和宏观政策基础上,应采取不同的城乡融合发展模式。对于具有良好产业基础和市场潜能的地区来说,战略实施的重点在于:一是发展城市工商经济,提升城市经济能级,创造更多的就业机会以吸引农村人口向城市转移;二是实施乡村振兴战略,重点推进农村土地资源的有效配置,在提高农业经营规模基础上实现农业现代化,并因地制宜地发展农村多种经营,建立基本的城乡产业的协作体系;三是增加政府投入并动员社会资本,提升城乡一体的公共基础设施和公共服务供给水平。对于产业基础较差,市场潜能有限的地区来说,战略实施的重点在于乡村的振兴,一是改善农村生产和生活环境,扩大农业经营规模,发展农村多种经营,为农业现代化创造制度、生产和市场基础条件;二是建立城乡产业间的协同关系,特别是建立农产品市场营销体系,为农业专业化生产创造生产和营销条件;三是改善农村公共基础设施,提高基本公共服务水平。

1.5.2　构建县域城乡内生增长动力和外部支持系统

在我国特定的经济体制下,要全面推进城乡融合发展,中央的政策和财政支持起着关键性的作用。然而,城乡融合发展的基础和着力点在县域这一空间范围内,中央也提出了以县城为载体的城镇化道路。因此,如何培育县域内经济社会发展的内生动力,以及如何构建政府和社会合作的外部支持系统,成为城乡融合发展的重要方面。

在培育县域内生增长动力方面,核心的战略在于如何根据各地的资源禀赋和经济区位,发展适宜的产业,优化资源配置方式,提高资源配置效率。由于我国政治体制和行政区划的特殊性,长期以来形成了县域发展方式的同化现象,其明显特征是开发区经济和县城房地产业的发展,差异仅在于经济规模和发展水平。这种发展方式在产业基础好且可持续发展能力强的县域,可提升市场潜能和区域经济能级,为城乡融合发展创造良好的条件。但对于产业基础薄弱、缺乏产业发展条件的一些县市,在经济转型、增长减速和土地财政难以持续的多重不确定环境下,未来城乡融合发展的内在动力非常脆弱。如何根据本地的实际情况,走出一条适宜的城乡融合发展之路,是亟须探索的命题。

与众多的观点不同,我们认为不同的县域应该有不同的经济发展方式。希望每一个县域都通过产业转型和产业升级,以工业化带动区域经济增长,不一定是适宜的和实际可行的。事实上,一些中西部地区的县域可能会长期处于以农业为主的区位经济状态。因此,这些地区的城乡融合发展应该采用适度增长的策略:一是需要让农村人口向区域外转移,增加人地和人均经济资源占有规模;二是大力发展依托农村资源的特色产业,尤其是可以就地加工的农产品加工业,减少与农业关联度低的工业产业比重,特别是弱化房地产业的投资建设强度,收缩城镇规模;三是在全国性社会保障水平提升的过程中,适度倾斜,加大对这些县域的社会保障转移支付比重;四是建立农业和生态价值补偿机制,增加政府的财政专项投入,以此逐步改善农村公共基础设施和公共服务供给水平,缩小城乡居民收入和福利差距,实现城乡融合发展目标。

在县域城乡融合发展的外部支持方面,如前文所述,我国城乡融合发展的进程深受中央政府政策的影响,这些政策内容大致可归为以下几类。一是基本制度与规划类,包括土地制度、人口制度、集体经济制度等,以及城乡发展规划,其中土地使用制度和社会保障制度尤为关键。二是财政政策与资金类,中央及各部委出台了多项资金支持政策,除了农村发展相关的财政支出预算和补贴外,还设立了农业农村发展的专项基金。近年来,农业基本建设投资资金持续增加,农产品价格补贴、良种补贴、农机具购置补贴的标准和额度也不断提高。为拓宽支农资金来源,2006 年财政部、国土资源部和中国人民银行联合印发了《国有土地使用权出让收支管理办法》,此后又陆续出台了系列土地出让金的征收和分配管理办法。2020 年,国务院办公厅印发了《关于调整完善土地出让收入使用范围优先支持乡村振兴的意见》,提出到"十四五"末,土地出让收益用于农业农村的比例要达到 50%以上。三是产业发展与扶持类,主要制定了一系列旨在促进农业与粮食生产的支持性政策,近年来更是将政策支持范围扩大到了乡村新兴产业和新业态的发展上。四是农村金融市场的培育类,通过行政指导和金融政策引导,在农村地区通过设立金融服务机构、放宽涉农项目贷款政策、推广普惠金融等方式,满足农村产业和农民生活的资金需求。五是农村公共产品供给类,主要包括公共基础设施建设、环境保护与污染治理、教育卫生等公共服务供给,以及农村居民社会保障制度等。近年来,大规模实施精准扶贫政策,投入了大量人力和财力。六是社会治理体制与机制类,主要包括农村社会基层组织制度、社会管理政策等。

但在上述中央颁布的制度和政策的实施过程中,除了基本制度和国策因具有强制性而得到切实贯彻外,其他涉及国家农业农村发展的政策往往缺乏系统性、连续性和确定性,尤其是与资金相关的竞争性项目,更是充满了不确定性。因此,要改变这一现状,充分发挥国家在城乡融合发展中的支持作用,需从以下几方面着手。首先,要加强促进农业农村发展的法规建设,确保中央及地方政府各部门的政策具有法律的严肃性和规范性。农村和县域经济的发展是一个长期且持续的过程,政策的多变性、随意立项和频繁考核都可能引发地方政府和经济主体行为的偏差。其次,针对各个部委种类繁多的涉农支持项目,应尽量归并整合到大的计划项目中,并将相关资金列入各级政府的一般预算。过于细碎和分散的项目支持会影响农村经济发展的整体规划和建设的持续性。再次,鉴于目前多部门参与城乡融合发展工作的情况,应赋予国家乡村振兴局更大的政策、项目和资金协调权。同时，要强化农村发展项目建设的第三方审计和监督，以提升项目建设的质量。

另外，鉴于政府支持的财力有限，且我国区域间经济发展水平差异较大，应充分发挥社会力量对农业和农村发展的支持作用。随着经济活动社会化和市场化程度的提高，区域外的社会力量和社会资源也有能力并愿意不断增加对县域的投入。关键在于建立激励社会资本投资农业农村项目的机制，并制定宽松的政策予以扶持。例如，拼多多不仅为农产品供销搭建了电商平台，还投资于农研科技，对农产品生产的品种培育、种植技术和储存等进行科研攻关，并推动数字农业和科技普惠，以此提升农业生产力，助力农业发展。这种社会资本的投资使企业与农业和农民形成了共生关系，共同促进经济的发展。

1.5.3 转变县域产业发展思路，因地制宜制定县域产业发展战略

无产业则不兴，无产业则难以成市。城乡融合发展的基石在于区域的产业转型与升级，特别是农业现代化的推进以及农村一二三产业的协调发展。各地需转变县域产业发展思路，根据当地实际情况制定县域产业发展战略，在全力推动农业现代化的同时，分类培育县域工商业主导产业。对于拥有不同资源和市场条件的县域，应选择符合自身实际的产业发展策略。

1. 县域工业和商贸业需与本地区人力、资金和自然资源等要素有机结合

首先，对于产业基础雄厚、经济发达的县市，应面向国内外市场，形成具有独特竞争优势的产业集群，率先统筹县域经济资源配置，构建城乡产业协作体系。而对于资源匮乏、市场条件有限、产业基础薄弱的县域，则应摒弃不切实际、盲目跟风的资本招商及产业投资行为，依托本地资源和区位条件，发展具有相对优势的产业。其次，县域产业的发展规模需量力而行。过度依赖土地财政、平台融资等方式动员政府及社会资源来投资建设经济开发区和城市房地产，不仅会加剧城乡经济差距，而且难以持续。在外部环境变化和经济效益下滑的情况下，将严重影响县域城乡经济的正常运行。再次，县域城镇工商业的发展既要适应区域外市场需求，也要与农业和乡村非农产业相结合，发展具有本地资源特色的农产品加工产业等，形成具有市场潜力的区域特色产业和主导产业。

2. 将现代农业和农村新兴产业置于重要地位，农村新产业新业态建设与农业现代化建设有机结合

应纠正一些地区轻视农业、过于偏重非农产业发展的倾向。同时，也要坚决制止不考虑市场需求和自身经营管理能力的农旅项目、乡村特色文化项目等盲目上马。现阶段，各地区应将有限资源投入现代农业的发展上，提升农业经营规模和生产力水平。在保证粮食生产的基础上，推进特色农产品产业的发展，形成专业化农业生产基地，建设现代化的农产品生产集群及其产业链。针对乡村产业发展中面临的销售难、融资难、物流难、仓储难等痛点问题，应强化社会化专业化服务能力的建设。政府应出台更有力的支持政策，鼓

励企业等社会资本投资农业和农村新兴产业，打造集农村电商、仓储物流、金融服务等为一体的社会化专业化服务平台。

1.5.4 构建城乡产业协作体系，形成有效的城乡产业协同机制

正如上文所述，全国各地在产业发展方面形成了多种模式，取得了显著成绩，但也暴露出了一些共性问题。为解决这些问题，除须关注宏观经济发展和国家整体产业结构调整外，建立城乡之间的产业协作体系显得尤为关键。

1. 构建具有中国特色的城乡产业协作体系

城乡产业协作体系主要指的是城乡三次产业间的协作关系，其核心在于城乡产业链各环节的协作，涵盖技术研发、工农产品生产、商品流通与销售、售后服务等，这些协作体现在技术、生产、市场和服务等多个层面的相互关联。城乡两部门产业的产业链互动和联系越紧密，城乡产业协作体系就越完善。因此，建立和完善城乡产业协作体系，既要考虑城乡产业的发展方式、程度和机制，也要关注城乡产业之间的内在联系。

在未来城乡融合发展中，产业发展的基本策略应基于区位经济条件、资源禀赋和市场需求来选择适宜的产业。在此基础上，应大力培育和创造产业发展的基础性条件，其中构建城乡产业协作体系是重中之重。这一策略的主要依据在于现代农村产业发展的多元化、市场化和社会化特性，但这些特性所需的资源和市场往往难以在乡村内部得到满足，需要与城市企业和大市场相结合。因此，结合现阶段中国的实际情况，建立城乡产业协作体系的重点应围绕农业现代化建设，构建农业生产、农产品加工、市场营销等环节的协作体系。

从各地城乡产业融合发展的事例来看，农业与农产品加工业、服务业相结合发展农村新产业和新业态具有良好市场前景，但仅凭农村内部的资金、人力、技术和市场资源及经营管理能力，难以适应市场需求并有规模地发展这些非农产业。因此，建立城乡产业协作体系对促进农村农业和非农产业的发展具有重要意义。一方面，需要城市商业资本的投资，与农村资源和资本结合形成产业资本联合体，破除对土地资源等农村集体资产股权化和市场交易的制度限制，打通城乡资本融合的渠道；另一方面，在政府引导和支持下，以市场机制促进科研部门、城市工商部门及其相关企业与农村生产单位建立长期合作关系，在生产技术上建立协作，在产品和服务营销上建立起城乡融合的市场协作体系。

特别是在农业生产领域，建立农业社会化服务体系是发展现代农业的基本条件。但长期以来，我国城乡间并未形成完善的农业社会化服务体系。在公社化时期，实施统购统销制度，农村供销社是唯一的城乡和工农业经济协作平台，但其主要功能局限于农产品收购和工业品销售。尽管政府农业部门设有技术指导机构，但因技术人员缺乏、科研水平低，其作用有限。总体来看，行政计划时期城乡和工农业部门间未建立起为农业生产服务的协作体系。家庭联产承包责任制后，废除统购统销制度，农村供销社经营活动萎缩，而

农村地区在经济改革后自由市场交易制度得到迅速发展，开始出现了以农业生产服务和农产品销售为主业的农业服务企业，大量私人企业从事农机设备、种子原料、化肥农药等农业生产资料供应的批发和零售生意，农产品除一部分粮食、油料等物资由国有公司收购外，大部分也由私人企业收购。但总体来看，我国农业社会化服务仍面临企业规模小、经营零散、偏重产品销售、缺乏技术服务体系等问题。一方面农业服务企业与农业生产经营者关系不稳定，另一方面与城市需求者也未建立长期稳定的供销关系。因此，在未来城乡融合发展过程中，亟须健全农业社会化服务体系，提升农业经营者的生产技术水平，建立需求明确、价格稳定的农产品市场网络。为此，我们认为未来要有效建立城乡产业协作体系，应从以下几方面推进工作。

第一，创造城乡产业协作体系的基础条件。城乡产业协作体系的建立及其协作关系的深度，主要由生产技术和市场需求决定。在农业生产和非农产业经营活动仍以小型家庭规模为主的情况下，对为农业和非农产业服务的企业来说，提供服务的交易成本较高，且难以形成标准化服务规模。若无政府强有力的优惠政策支持，规模较大的商业资本进入农业服务行业的经营风险较大，不利于产业协作关系的建立。因此，要破解这一问题，一是要优化城乡产业协作体系建设的基础性条件，目前应深化农村集体土地制度的改革，加快土地流转的速度，扩大农业经营规模，全力推动农业专业合作组织和规模型经营企业的发展，以增加对农业专业性服务的内在需求；二是政府应加大对农业服务企业和农产品经销商的支持力度，对规模型农业服务企业给予特殊的扶持政策。

第二，建设基于产业链、价值链的城乡产业协作体系。城乡产业协作体系应根据农村产业和大农业细分行业的产业链来构建，如在农业种植业中，建立涵盖技术研究与推广、种子培育及生产资料供应、种植收割的农机服务、植保服务、农产品加工及销售等环节的完整协作体系。同时，产业协作体系构建中，应强调以价值链的完善性和效益提升为目标，重点建设价值创造核心业务和关键生产销售环节的社会化服务。根据我国城乡经济发展的现状，应重点建设城乡生产协作体系、技术协作体系和市场协作体系。

(1) 城乡生产协作体系的建设

城乡生产协作体系是城乡经济主体为促进经济协同发展而建立的生产合作网络（李明生，1999）。现阶段，我国城乡间的分工与专业化程度较低，以自给自足、“各自为政”为特征的小农经济仍占一定比例，农村产业尚未形成规模化和专业化生产。此外，农业生产条件差、科技含量低、农产品流通不畅等问题不仅导致农业生产的真实价值无法体现，还扭曲了农业从业者的劳动价格和价值。构建城乡生产协作体系可从以下几个方面着手。

一是完善农村内部分工体系，在农业内部的横向分工和纵向分工两个层面强化分工体系。横向分工为处于同一序列的不同生产项目的分工。从宏观视角来看，其主要是指区域间的专业化分工，即各地区依托自身的比较优势，生产相应的农产品；从微观视角来看，其主要涉及农业经营者之间的分工，即经营者凭借自身拥有的资金、技能等资源要素进行专业化生产经营，进而在某一细分领域内形成规模经营。而纵向分工则是指在产业链接的不同环节上进行分工，例如在农业生产环节、加工制造环节、运输环节、销售环节形成专业化生产及经营组织。

二是培育和做强农村产业经营主体。培育农业公司、专业合作社、农产品和农用物资经销商、新型经营主体等成为产业系统中的参与主体,给予各方面的政策支持,扶持成为农村经济的龙头企业。

三是加强城乡间的生产性分工与合作。第一,强化城乡同次产业间的生产协作体系,主要包括城乡工业协作体系和城乡服务业协作体系。其中城乡工业协作体系可以采用总部经济模式、城乡产业转移模式等。总部经济模式是指企业将总部设置在城市地区,承担研发、管理决策和销售职能,生产基地设置在农村地区,负责生产与加工。城乡产业转移模式指的是城市中的企业将部分生产流程或整条生产线迁移到城郊或农村地区,或者是城市中的企业入股、收购农村企业(易醇和张爱民,2018)。第二,城乡三次产业的生产协作体系,城乡企业、农户在分工基础上建立相关产业生产过程的协作关系,一方面是在农产品加工、农业机械制造与维护、农用物资生产等传统产业生产中的协作;另一方面在新技术不断向"三农"领域渗透和普及,衍生出众多一二三产业交互发展的新产业与新模式。如电子商务、物流业与农业进行深度融合,不仅有效缓解了农产品滞销问题,还进一步促进了农村包装、物流运输等行业的发展。

(2)城乡技术协作体系的建设

城乡技术协作体系是城乡企业之间通过纵向、横向相互联系、空间集聚而形成的产业组织形式,可为微观经济主体提供协同创新和合作创新平台,使城乡企业和农户共享技术成果。技术协作可以强化城乡间的技术经济合力,产生一种新的生产合力,从而提高技术水平。我国当前城乡产业的技术协作程度低下,一方面是农村地区缺乏人才、资金等技术应用和创新的内在条件,传统农业与现代科技的结合程度不够,部分城市技术在农村产业中难以找到合适应用场景;另一方面城乡之间也缺乏相应的技术推广和技术服务体系。受到技术市场化和国外新型品种等的冲击,政府部门和事业单位的技术研发和推广工作的系统性被削弱,难以为农业生产提供全面的服务;而以商业性公司为主的市场服务主体尚未形成全面的和有效的技术服务体系,一定程度上制约了城乡产业技术协作水平。

吸收发达国家城乡产业技术合作的经验,我们认为,未来我国城乡产业技术协作应该从单一的农业技术转向农村全产业的技术协作,从偏重生产环节转向研发、生产、流通、服务等全产业链的技术协作。具体来说,一是创建农业技术服务体系,提升农村技术发展水平。尽量创造条件建设农业科技园,各地区根据本地的资源和市场需求研发特色农产品,发挥科技园的示范带头和技术推广的农业发展平台作用,开展特色农产品和新产品的规模化种植、高效化加工和专业化经营;充分利用信息技术,建设农村"科技服务超市",将优质品种、生产方法、科技成果信息等科技要素整合起来,为农业经营者提供农资和农产品交易、技术培训等服务;二是推动产学研用科技创新合作体系。以涉农高校院所为主力军,协调企业、社会机构等展开合作,构建农业应用技术协同创新平台,加快核心技术的研发与投产;三是推动互联网、电子商务与现代农业的融合。发展现代互联网,推动涉农电子商务发展是科技助力农村产业的重要形式。建议政府设立专门的促进和发展机构整体谋划和统筹农业电商发展;政府支持和吸引社会资本打造规模化规范化的冷链物流体系;支持打造农产品安全检测中心,与国内外权威机构进行合作认证,把好农产品的质量安全关,维护和提升农产品的品牌形象;支持银企联动提供配套信贷资金,对农村电商发展予以信贷支持,促进农村产业加速实现"农业+科技"发展模式。四是优化农业科技推广体系。农业科技推广需要以提高农产品质量、市场竞争力以及经济效益为导向,通过积极的农技推广和政策支持,发挥农户对技术应用的主观能动性,积极使用新的品种和种养技术,同时充分动员乡村科技人力资源构建农业科技推广网络;鼓励掌握新型农业技术的经营主体或其他组织开展技术推广服务;创新科技推广方式,鼓励农业经营者参与科技研发活动,加快农技推广速度和广度。经由经营主体承办"农民田间学校"的方式开展技能培训与学习实践活动。

(3) 城乡市场协作体系的建设

构建城乡市场一体化的核心在于完善城乡间产品价格形成和调控机制,降低城市和农村间的要素和产品流通成本。目前城乡市场商品市场和要素市场的分割依然存在(范丽美,2016),城市不断创新发展市场业态,电子商务等现代商贸服务业已成为城市商业形态的主流,而农村的业态模式依旧比较传统,且缺少新型业态结构(任保平,2011)。结合我国城乡市场发展现状差异,构建城乡市场协作体系可以从以下几个方面着力推进。

第一,建立健全的城乡商品流通网络体系。政府应在财税及其他政策上给予支持,推动工农产品现代营销体系的建设。一方面,鼓励城市零售和批发企业在农村地区建立销售网络,实现农村与城市商品交易共享采购与配送系统,从而降低城乡工农产品的市场营销成本;另一方面,促进农业承包大户、家庭农场、农民生产合作社与城市农产品批发市场、商业超市的合作,让农产品更便捷地进入城市市场。同时,大力发展电子商务和第三方物流,强化物流信息处理能力,有效连接城乡之间的产品供给与需求。此外,鼓励商贸流通企业通过并购、重组、上市等方式提升资源整合能力,构建覆盖城乡区域的城乡一体化物流网络。还要整合农村的专业商品市场,在农村地区建立较大规模的商贸物流中心,并加大农产品仓储、配送、冷链等基础设施的建设投入。

第二,培育农村流通主体。首要任务是推动农村供销合作社改革,使其回归为农业农村经济发展提供服务的核心功能,并剔除非主营业务。同时,明晰供销合作社的产权性质,在政府资金扶持下,将其做大做强,实现从单一经销功能向综合服务职能的转变。供销合作社可以代表农户与加工、销售企业进行对接,从农民利益出发进行价格谈判,促进本地产业从生产、加工到销售的一体化发展。此外,供销合作社还可以组织农户兴办各类农产品基地和为城市服务的副食品基地,为"三农"提供一系列综合性社会化服务,引导农民有序参与市场化经营活动。同时,要培育壮大新型合作组织,推行城市连锁超市企业与农村生产基地、农村合作组织、农村批发市场等的合作模式。还要提高商贸流通业与农业生产组织的协作水平,鼓励涉农企业到农村地区建设种养基地和农产品加工厂,促进农业产业化经营,加速农产品流通,实现农民增收。另外,通过发展乡村休闲旅游、农家乐、餐饮娱乐和旅游商品市场等途径,实现城市商贸与农村旅游业的联动发展。

第三，着力提升农村产业品牌效应和市场基础设施水平。首先，要塑造农村专业特色市场优势，本地及周边地区政府可以组建战略联盟，围绕农村特色产业高质量发展和农产品品牌提升，共同组建特色产业综合交易中心，并合力完善交易设施、仓储设施、物流配送、质量检测、追溯体系、电子商务、市场培育、服务管理、风貌改造等方面的建设，提升农村特色产业品牌营销力。其次，要支持冷链物流设施的发展，鼓励大型流通企业、产业化龙头企业、农民合作社、家庭农场等建设一批功能设施完善、经济效益良好、紧密衔接市场的冷链物流设施，构建覆盖农产品生产、加工、运输、配送、仓储、销售等环节的全程冷链物流体系。同时，加强冷链信息化标准化建设，推动以冷链为核心的供应链体系建设。

2. 健全城乡产业协同机制

建立完整的城乡产业协作体系，离不开健全的产业协同机制，这一机制涵盖了组织机制、产业链协同机制、利益协调机制等多个方面。在城乡产业融合发展的过程中，由于多元主体的广泛参与，有效组织、规范和协调各主体行为成为建立和发挥产业协同机制的关键所在。

借鉴国际成功经验，城乡产业协作体系的建立应以市场化机制为基础，同时融合政府与社会多元机制的共同作用。中国城乡产业协作机制的构建是一个有机的系统，在构建过程中，应充分考虑市场主体和政府不同作用，在市场机制基础上，充分发挥政府的主导作用，实现有效市场与有为政府的有机结合。

例如，日本通过政府提供支持政策和部分财政预算，农协与各类专业服务企业合作形成农业社会化服务体系，尤其是日本的产地供应链运营体系建设卓有成效。日本农业产区约在20公里范围内就建设有一个产地品控中心，中心集分级、分拣、品控、预冷、包装、物流集散、冷藏等功能于一体，全日本有4 400多个产地品控中心，品控中心上游对接农协，下游对接市场销售终端，形成了完整的生产与销售的协作体系。德国则以专业合作社为核心，建设了农业信息技术系统、农村金融系统和市场网络系统等。

基于这些国际经验，我国在推进城乡产业协作时，可以积极发展农村专业合作社、农业专业公司等新型经营主体，并充分发挥政府的引导和支持作用。通过制定和实施各种激励政策，鼓励农村专业合作社、农业公司、家庭农户与科研部门、城市工商业企业建立长期、互惠互利的合作关系，共同推动城乡产业协作体系的完善与发展。

根据我国城乡产业融合发展的实际情况，我们认为应重点建设以下几个机制。

（1）城乡产业协同的组织机制

组织机制是助力城乡产业融合发展的主体与参与其分工协作的客体共同形成产业组织的机理和过程（张益丰等，2021）。从城乡融合发展过程来看，城市涉农企业和农村新型经营主体通常是城乡产业融合发展的重要推动力。尤其是新型经营主体通常具有企业家精神，勇于以创新行为重组生产要素并内部化潜在收益。在专业化与集约化生产中，在市场竞争压力与资源和成本的双重制约之下，先进生产要素在新型经营主体中得到了扩散使用，从而有助于缓解产业融合发展中面临的技术要素问题。为提高组织效率，经营主体会创新生产经营模式，通过和其他主体形成分工协作网络的方式完善农业产业分工体系（陈维操，2021）。随着新型经营主体的发展壮大，城乡产业融合的发展水平也不断提升。

为了有效发挥产业协同的组织机制，应逐步建立经营主体间种类多样、规模和功能各具特色的产业组织形式。首先，要培育有效的城乡企业社会化分工协作的组织形式，如“企业+农户”“企业+农民专业合作社组织+农户”等。尤其是要注重现代农业产业化联合体的建设，各经营主体依据优势互补、合作共赢的原则构建产业分工协作联盟。鉴于目前各经营主体在合作中产生的问题，经营主体的社会化分工协作中必须重视契约精神，以减少交易费用，通过有效的社会分工协作组织机制的建立，既可以一定程度上规避市场的风险，也可以提升生产和交易的效率。其次，经营主体以纵向一体化的方式构建全产业链，针对农村产业的市场化程度提升，经营主体可以通过整合产业的生产、加工和经销等环节扩大经营范围，建立产业的纵向一体化组织，如建立农工商一体化企业等。通过构建全产业链，可以强化城乡产业上下游产业链的协同，并有效发挥不同环节分工协作的优势。再次，借助互联网商业平台，涉农企业、农业生产大户、家庭农场以及农业生产合作社等经营主体加速完善从田间到餐桌的农产品市场经销体系，充分发挥平台企业整合资源和联接服务的作用。一方面，通过平台企业整合市场信息，提高经营主体对市场的反应速度，进一步提升产品的增值能力；另一方面，促进农产品产业链的重塑，缓解信息不对称的局面。

（2）城乡产业融合的产业链协同机制

产业链协同机制是在内外部各项因素的联合作用下，城乡三次产业链之间互相整合，并经由交叉、渗透等方式最终重组形成新产业链的过程（熊肖雷，2021）。在城乡产业融合发展中，各经营主体之间的互相协作最终表现为产业链协同发展。

首先，各经营主体以农业全产业链经营为基础，促进生产、加工以及经销等流程的协调发展，形成纵向融合的产业链内部协同。内部协同的机制在于，城乡产业纵向融合过程中产业链各环节由市场主导的分工协作方式被企业或经营主体的内部组织所取代，产业链基于市场的社会分工也被企业内部分工或企业社会性分工所代替，从而降低市场交易产生的交易费用，提高生产效率，实现农业产业链效益最大化。

其次，各经营主体基于当地资源禀赋，通过促进农业与工商业、服务业等第二三产业的跨产业经营，构建由农业与关联产业融合的新产业链，形成农业和其他产业结合的产业链外部协同。这种产业链外部协同具有多产业的横向交叉融合性，其运行机制主要为：随着市场需求的不断变化，农业功能也不断拓展，经营主体在利益最大化目标的驱使下，从事农业和其他相关产业结合重构新型复合型产业链。

再次，借助信息技术和生物技术的应用，使农业与其他产业的结合呈现更多的方式，裂变出新的产业链和价值链，形成新业态和新经营模式，成为新的农业产业链的外部协同。这种由于高新技术渗透形成的产业链协同，模糊了农业与其他产业的边界，促进了高新技术产业与农业的分工内部化，并实现传统农业向现代化农业转型的过程。高新技术渗透融合包括生物技术、信息网络技术以及工业技术渗透融合等。其运行机制为：在使用高新技术追求利益最大化的激励下，农业与高新技术产业的资源要素及经营主体互相依存与协调，最终促使高新技术产业链向农业产业链渗透融合，从而加速此两类产业实现分工内部化并促进农业产业链优化升级。

因此，城乡产业协同机制的构建要涵盖生产、分配、交换和消费等产业链的所有环节。在不同的产业链环节中，政府、市场和社会所发挥的机制作用有所不同，相对而言，政府对于生产环节中的城乡产业协同的政策引导、财税支持、行业监管等较多，其他产业链环节中市场所发挥的机制作用更加充分。

（3）城乡产业融合的利益协调机制

利益协调机制主要是参与融合发展的各主体之间的利益联结、调节与约束方式的实现过程，旨在解决各主体之间的利益冲突问题，并助力形成利益共同体（陈慈等，2021）。分工形态不同会导致各主体之间的分工协调机制存在差异，进而也使得各生产经营主体之间存在着不同的利益关系。然而，城乡产业融合发展对社会分工结构具有调整作用，这进一步加速了分工协调机制的演变，而分工协调机制则是制定各主体之间利益协调机制的基础。具体而言，一是在城乡产业的协同中，各主体之间存在着市场协调机制。经济主体之间的利益关系由价格、供需以及竞争机制所决定。具有实力和竞争优势的主体承担的责任和贡献可能较大，因此需要协调好各经济主体在合作中的利益分配关系。二是在合作中存在着组织之间的经营协调机制。各经济主体之间通过分工协作实现一体化经营，并根据合约承担各自的职责。为此，应根据承担责任、资源投入和经营贡献确定合作各方的经济利益（罗平，2022）。

利益协调机制主要是协调产业协作体系内农户、公司、专业合作社及政府部门等的经营利益及其获取方式。构建利益协调机制的内容包括利益联结、利益调节和利益约束等方面。在城乡产业融合中，利益联结机制规范参与产业融合的经营主体之间所具有的经济利益关系，对利益分配问题起着决定性作用。调节机制通过采取措施改变经营主体的预期收益并激发其内生动力，进而推动城乡产业可持续发展。调节机制侧重于协调利益分配问题，旨在实现各主体之间的利益共享。约束机制是指为有序推动产业融合发展，而对生产经营主体行为及其之间的利益关系进行界定与规范。正式制度约束包含各种法律规定及合作组织的章程等，非正式制度约束包含习惯习俗、社会规范等。约束机制主要是为了约束各经济主体的行为，并规定生产经营活动的边界，从而起到保障产业融合平稳推进的作用。

3. 推进现代产业链的优化升级

（1）构建现代生态产业链

鉴于农村自然生态的特点，城乡产业融合发展的重要任务是以产业生态化和生态产业化推动绿色产业发展。这有助于打造绿色生态产业链，提高环境质量以及生态系统的稳定性，实现生态产业化发展。同时，应创建生态文明建设体系，完善保护生态产业的政策措施。在有条件的地区，可发展生物质能源产业，培育循环生态产业链。

(2) 以“精细化+”延伸特色农产品深加工产业链

一是创新农产品精深加工,推进农业产业链现代化升级。农产品应由粗加工向精深加工升级,组织研发和推广智能加工技术,加强现代农业工业技术体系建设。通过生物、工程、信息技术的一体化应用,建设标准智能的深加工设施,提高深加工效率,减少初级农产品流通损失,优化农业生产供应链,促进产业持续、长期、稳定增值。创新生产经营形式,将农产品供应链与互联网运营相结合,打造特色农产品深加工的新模式。围绕产业链,完善关键环节的技术和堵塞点,配合主要科研机构弥补薄弱环节,开发和解决农产品精深加工中的各种问题。推进产业联合体和产业联盟建设,以企业为主导,连接农产品产业基地与销售服务,分享产业链的增值效益,聚集生产、流通、销售等要素,促进农产品产业链的转型升级。

二是推动农产品精深加工的品质飞跃,优化农业产业布局。依托农产品资源优势,以集约化加工为重点,构建类型丰富、深加工特色鲜明的产业集群。通过产业集群,促进农产品精深加工业的发展,形成关键的区域集群发展模式,提高整个产业的发展水平。提高农产品深加工质量,改变发展模式,建立高水平的标准化和示范生产基地。培育强大的农产品精深加工龙头企业,发展具有区域特色的知名农产品品牌。加强农产品精深加工业的技术开发和投资,形成稳定的生产和营销供应链,实现大规模、生产化、品牌化、标准化经营。

(3) 以“创意化+”拓展现代城乡多功能产业链

一是做好产业与文化相结合,优化和拓展乡村文旅产业链。当前,我国乡村旅游业与文创行业的融合发展水平较低,特别是在乡村旅游领域,缺少对文化创意元素的融入,文化创意产品的种类和类型较为单一。因此,提高乡村旅游产业发展的可持续性,需要重视其与文创产业的融合发展,特别是要以文创产业助力乡村旅游发展。首先,因地制宜地建设乡村旅游与文创产业孵化中心,重点扶持一部分文创企业;积极招揽从事乡村旅游和文创行业的人才,增强与文化机构或创意公司的交流合作;鼓励并拓宽文化创意产业链,同时优化产业链上下游企业的合作模式。其次,在创建乡村旅游文创园区的过程中,助力旅游与文创深度融合,充分发掘并有效利用农村地区的特色旅游资源,持续丰富并完善服务类别与质量,塑造良好的乡村旅游文创品牌形象。

二是增强对创意文化类产业的扶持力度。为了更好地拓展产业链,可发展符合当地市场和资源条件的创意化产业,精选并优先扶持重点行业;制定并优化创意类产业的投融资体制机制,拓宽融资渠道,助力当地企业更好地获取资金支持;细化人才栽培制度体系。

(4) 以“数字化+”提升现代化全产业链服务水平

加大对5G通信、物联网等新型基础设施的投资力度,为传统行业的转型升级以及产业供应链的优化升级奠定良好的发展基础。在此基础上,推动数字化技术与现代化全产业深度融合,不断夯实产业基础,保障产业链、供应链稳定。我国城乡产业升级转型的主要方向是促进城乡产业数字化、智能化和网络化的转型。一方面,应在研发、生产加工、物流仓储以及经销等流程中,继续拓宽数字技术的应用范围,持续在生产制造以及管理决策等环节中实现企业的数字化转型升级;另一方面,应构建并完善数字化背景下的城乡产业发展融合体系,进而为稳定的现代化全产业链和供应链奠定良好的产业基础。同时,要加强城乡产业数字化转型所需的人才队伍建设,为产业链、供应链的现代化提供人才保障。我们在调研中发现,农产品电商的专业化经营和规模化趋势比较明显,它将改变传统的农产品营销体系;专业服务的微信群、小程序等也正成为农业经营企业和农户获取技术指导、产品市场需求信息的有效途径;同样,新媒体也越来越成为农村新产业和新业态的宣传工具。因此,要在发展有形的城乡产业协作关系的同时,促进无形的线上产业协作体系的发展。目前,江西橙供应链的建设具有一定的示范意义,菜鸟通过建设产业互联网,已经打造了20多个菜鸟智能产地仓,即农产品的产地供应链。建立了"农产品上行—县域共配—数字化产地品控—农村电商"产地供应链运营体系。数字化分拣技术的智能产地仓覆盖了10个省市,全国建设了1 000多个县域共同配送中心,30 000多个乡镇建设了服务站点,这样的供应链体系在发展中可以构建起农业生产和市场协作的完整体系。

4. 完善城乡产业融合发展的政策,深化产业融合发展的制度安排

(1) 完善城乡产业融合扶持与激励政策,创新融合型产业的监管制度。城乡产业融合发展离不开政府的支持和政策推动。各级政府应在中央政府战略方针和实施意见的指引下,根据当地农村产业发展的实际情况制定实施措施和支持政策。特别是要完善与农村新产业新业态联系紧密的政策支持体系,重点解决农村产业融合发展中的用地难、贷款难、人才短缺以及技术落后等问题,完善各项支农与惠农政策体系,为城乡要素畅通提供良好的制度环境。同时,鉴于城乡产业经营主体的竞争地位不同,一般农村经营主体的竞争力较弱,政府要强化城乡产业发展中的监管利用,维护产业协作中的公平和市场秩序。

(2) 提升城乡产业经营主体的能级。城乡产业融合发展不仅取决于技术创新和市场需求的推动,还受产业融合发展中经营主体能级的影响。目前,农业经营单位以小农户为主,经营规模小,与城市规模较大企业存在资本力量上的较大差异。因此,为了构建城乡一体化的现代产业体系,建立高效的涉农产业链,重点要推动小农户向规模化和市场化经营的家庭农场转变,培育新型经营主体;支持规范的农村股份合作制经济组织的建设,确认其法人地位,赋予其经济活动中的地位,强化其综合经济功能;培育有规模的城乡产业服务企业,地方政府在城乡产业融合发展中应重视服务咨询企业的作用。在融合发展项目的研究、策划、规划、设计、投融资、招商、运营的全过程中,让国内外服务咨询公司提供优质服务,促进知识和创意等要素转化到农村产业发展中。

(3) 完善农村产业发展基础条件,改善营商环境与运营模式。近十年来,农村公共基础设施的规模化建设为农业现代化和农村新兴产业发展奠定了良好的基础条件。但为了构建城乡一体的生产和市场网络,有必要进一步完善基础设施,特别是变革基础设施的管理体制和机制,形成城乡统一的管理体系。此外,适应新型业态发展的需要,农村地区需要强化新型基础设施的建设,缩小城乡数字化差异。一是推动信息技术在农村产业融合中的应用,提高农户的数字运用技能与素养,通过数字技术赋能农村公共服务发展,助力

“互联网+政务服务”覆盖至农村地区。二是搭建具有城乡一体化特征的数字化网络平台，强化农村基础设施与服务终端的数字化改造，提高基础设施的共享能力，创建方便快捷的一站式“互联网+政务服务”平台，创建有助于城乡产业融合发展的数字化服务平台。三是优化农村产业发展的营商环境。扩大产业市场准入空间，优化产业市场发展空间。鼓励并引导城市的人才、资本和技术等生产要素与产品服务流向农村，加强营商环境管理，对产业知识产权加强保护。四是政府和企业应制定相应的营商激励制度以及惩罚制度，按照合理的标准给予产业融合经营主体相应的奖励补贴，同时鼓励农户加入产业融合项目中来，可以用资金或者土地经营权等入股。

1.5.5 优化城乡土地资源的有效配置，深化农村集体土地制度的改革

自农村土地承包制确立以来，农村土地制度改革在理论创新和制度创新方面都相对较少。中国历史上长期存在田底权与田面权的分离，城市物业中也存在物业产权与物业经营权的分离。这种制度安排与现行的农村土地制度在土地的公私性质上有本质区别，但在产权形式上却极为相似。因此，目前的土地制度改革可以视为一种中间或过渡性的形态，是在特定历史背景下的一种妥协和模糊的制度安排。根据试验区土地改革的实践，我们认为农村集体土地制度的改革势在必行，有必要探索一种新的制度安排。

1. 全面理解农村土地制度改革的目的

我们认为，要深化改革农村土地制度，主要需要解决以下三个问题：一是如何更有效地流转农地以实现规模化经营？二是如何在满足村民公共用地需求的基础上，破除各种限制，实现集体建设性经营用地的市场公平交易？三是如何放宽农民宅基地及其住房的转让限制，构建市场交易机制？总体上，通过深化土地制度改革，可以提高农地的生产效率和配置效率，确保农民的土地财产权益，提升其土地收益，为农业现代化的规模经营创造基础条件。

进一步深化农村土地制度改革，首先必须辨析和厘清一些认识：一是土地的非市场交易制度是否就是保护集体土地所有权，是否是实现农民财产收益最大化的一种制度安排？二是农地的市场交易性是否一定与耕地保护和粮食种植面积规模有直接的关系？是否在市场交易机制下无法确保耕地规模及粮食种植面积？我国能否借鉴一些国家的经验，在强制性农业保护规制政策和土地规划下，进一步变革集体土地制度，建立市场化的土地交易制度，以此提高农村土地的配置效率，提升农业生产效率？

对于第一个问题，已有的产权理论表明，产权的价值只有在经济活动中才能实现，且竞争性的交易机制下更有利于发现土地产权的价格。对于空间固化的土地资源来说，集体土地所有制的制度安排，法律规定了集体成员的土地权属，保护集体土地制度的核心在于确保集体成员的土地权不受内部和外部因素的损害。但在产权意义上，真正要保护集体成员的土地权属及其权益，只有通过流动以有效配置土地资源才能最终实现，这种流动

既包括所有制不变情况下的成员间流转，也可以是所有权转让下的买卖。事实证明，在世界史上，限制和剥夺土地产权人或土地产权持有组织自主处置权的制度及行为，均严重损害了产权人的权益，也影响了土地资源使用价值的创造。

对于第二个问题，认为发展自由交易的土地市场，农村集体外企业组织和个体获取农村土地资源，将难以保障农业生产，会影响农业生产规模及粮食种植面积。我们认为这一命题忽视了土地规划及农业保护政策的强制性和有效性，既违背了经济学关于市场交易和竞争效应的基本理论，缺乏学理上的合理性；在实践上也缺乏事实依据。历史上和现实中，大量的事实证明，在缺乏清晰的个体产权和限制市场交易的情形下，反而会严重影响农业生产的发展，人民公社制度下农业的停滞增长是一个例证；改革开放以来由于政府对土地的强制性行政征收，出现了许多损害农村集体土地权益，也影响了实际用于农业生产的土地资源的稳定性。在经济发达国家中，日本、法国等国家施行农业保护的规制政策，比较好的维持了农业生产规模，也更有利于土地资源的有效配置和农业生产的发展。

当然，一国土地制度具有历史性、社会习俗性和法律延续性，土地制度的改革方案还必须考虑经济社会的稳定性。有效的土地制度在理论上需具有四个特征：一是有利于土地配置效率最大化；二是有利于生产效率最大化；三是土地制度的安排应该使拥有者具有追求上述两种效率的激励；四是实现土地经济效益、社会效益和生态效益的平衡协调。土地制度安排要达成上述三种目标，除了土地制度本身的产权明晰化之外，还必须辅之以科学的土地利用规划和土地使用法律规范的限制，同时也需要社会保障制度对失地农民的保护。仅仅通过土地制度本身的安排来达到上述所有的目标是不可能的，这也是目前赋予土地制度改革太多的目标，且担心土地制度的深化会损害公共利益的原因所在。因此，现阶段土地制度改革的核心问题在于如何在农村集体土地所有制基础上，真正让集体成员获得土地权益。同时，如何构建有效的土地交易市场，在农户自愿和发挥集体组织功能的前提下，更有效地进行土地流转，实现土地经营规模化，实现土地空间配置的规模效应。

2. 深化农村集体土地制度改革的思路

我们认为，农村土地制度改革应随着城镇化和工业化的进程逐步推进，但需要随着经济发展而不断改革。在农业经济社会，土地作为最基本和主要的生产要素，制度安排既要考虑土地生产效率，也要考虑土地占有的公平性。在后工业社会，土地的功能发生变化，其土地公平性的目标有所弱化，而土地配置和生产效率的重要性不断提升。考虑到这些因素，在现阶段我国经济的转型期，土地制度的安排既要考虑土地分配的公平性，也要强化土地配置效率和生产效率的最大化。因此，总体上应逐步改革农村集体土地制度，明晰农村集体成员的土地产权，实现集体土地所有权的股份化。在此基础上，建立土地的市场交易制度。按照上述改革思路，近阶段我国农村土地制度的改革思路为：坚持集体土地所有制，在稳定农民土地承包权和放活土地经营权基础上，扩大农民对土地的处置权和交易权；科学制定土地利用规划，强化土地规划及其功能的法律性，以提高土地配置效率和生产效率为目标，建立土地市场化交易机制。具体的建议如下。

第一，新的土地制度安排的原则是要保护集体土地所有者的财产、收益和处置权利。这涉及集体土地所有制改革中如何处理"集体整体权利或集体一般权利"和"集体成员权利"的问题。根据现代物权理论，典型的集体财产都属于集体所有，具有相同的组织特征：农村集体常常是根据地缘范围而划分的团体，土地的使用收益权由团体的成员所有，集体对土地实行统一管理，集体财产不可分割，同时集体成员既无持份权也无请求分割权。然而，各国的集体产权制度存在较大差异，其运行机制也千差万别。其本质差异在于国家的基本土地制度是私有制还是公有制，集体土地制度是基本的制度，还是私有土地制度下的一种补充。

事实上，如果在农用地、宅基地和经营性建设用地中共同包含集体及成员的双重权利，产权的明晰化和厘清权益边界是做不到的。一个可选择的方式是集体土地在确权、承包续签和再分配时，提取部分土地作为集体使用的公地，即把集体经营性建设用地以及可能条件下少量农用地作为公地由集体经济组织经营，在法律上所有的集体经济组织成员共同拥有公地的产权。同时，强化集体成员个体的土地产权权利，现有的农户承包地和宅基地逐步赋予完全的产权属性，使农户具有承包地和宅基地产权处置权和收益分配权。

第二，农用地的改革。按照上述土地制度改革的思路，农户应拥有承包地的永久性全产权权益。同时，为了稳定农用地基本规模和保护耕地使用，政府应依据发展规划确定农户承包地的使用功能，并在法律上规定其土地利用性质，规范土地利用功能调整的法律程序、权益补偿和分配原则。2018年，《中华人民共和国农村土地承包法》进行了修订，规定在承包期内发包方不得收回承包地，国家保护进城农户的土地承包经营权，不得以退出土地承包经营权作为农户进城落户的条件。这一规定意味着农用地承包资格与农民身份及户籍的脱钩，为承包地的制度变革奠定了法律基础。这一定程度上解决了农户的土地权益问题，但并不能彻底解决土地规模经营的问题。在下一轮土地承包签约期来临之际，我们建议新的土地承包权合同应确权不确地，确保农户的土地承包权益，为集体土地股权化和土地权市场转让制度的建立创造制度条件，也为土地规模经营创造基础条件。

第三，农村集体经营性建设用地的改革。根据城乡发展规模和人口规模等因素，应确定乡镇和村级集体公共基础设施建设、公共服务场所所需土地的规模，并制定具有法律意义的空间规划，明确这类土地为集体成员共有的"公地"，且法律规定"公地"的不可交易性质。现有农村集体经营性建设用地规模超过规划所需要的，可以上市交易，也可以转化为集体农用地或为村民的预留承包地。现有经营性建设用地不足规划"公地"面积的，有农用地预留地的乡镇和行政村，政府可以允许其转性为公共基础设施或公共服务场所的公用土地。

鉴于各地的实际情况，公地设置的改革会有一个过程，但要做好基础性的和衔接的工作。目前阶段在现有国土空间规划和乡镇总体规划基础上，细化村镇空间规划，确定每个镇、村的集体公地面积。对于拥有集体经营性建设用地超过规划之公地面积的村镇，允许其上市交易。对于拥有集体经营性建设用地不足规划之公地面积的村镇，尽管目前尚未作为公地使用，也要限制这些现存经营性建设用地的上市交易，但可以用作农业和非农产业的使用。

第四，农户宅基地的改革。在法律上确认农户宅基地及建筑物的私人产权属性，允许其自由交易，也允许农村集体组织以外的城乡居民拥有农户宅基地的购买权。在特定需要情况下，其属地集体经济组织及成员具有优先购买权。基于现实的农村情况，特别是农村居民市民化的许多制度约束尚未破除，因此宅基地的改革可以分为三步走。第一步实现宅基地的所有权、资格权和使用权的"三权分置"，并探索多元盘活利用闲置宅基地和住宅的方式。通过村庄规划设计对村内闲置宅基地进行统一整理，促使闲置宅基地和农房得到有效利用。第二步以"三权分置"为核心，探索宅基地市场交易的创新机制，逐步放宽市场交易条件，建立农户宅基地退出、补偿及收益机制。第三步，在法律上确认农户宅基地及建筑物的私人产权属性，彻底放松宅基地转让交易的管制，允许其自由交易。

第五，在农户土地确权不确地的承包制度下，村集体经济组织应承担相应的功能。一是村集体经济组织是农户土地股权的载体即法人组织，应为土地权交易提供相应的服务；二是承担组织、协调农用地流转工作，作为各农户合作组织的法人代表来组织招商、谈判和监管的职责。即充当"土地流转中介"，组织土地调整和置换、形成连片规模化流转，降低流转交易成本，提高土地流转的规模效率。组织关联交易，以"土地银行"把零碎、短活期的"存入"土地变为规模化、长期稳定的"贷出"土地，通过提高流转经营权的稳定性来提高土地长期利用效率。在农用地股权化和集体经济组织存在的情况下，小规模、细碎化的土地才能以比较低的成本和比较高的效率流转，有效促成农户土地经营规模的扩大，且最大可能避免空间分散型的总规模并不大的规模经营，以实现连片式土地规模经营。

第六，深化征地制度改革，提高农民在土地城市化增值收益中的分配比例。严格界定公共利益涵盖的范围，缩小政府征地权的适用范围，完善被征地农民利益补偿机制。对于不适用征收但有必要从农村转向城市的土地，应发挥市场机制的作用。国土空间规划确定的城市建设区外的农村地区，其土地无法就地城市化，可以通过将城市化地区土地出让收入的一定比例用于农业农村、促进城乡建设用地增减挂钩节余指标和农村土地整治新增耕地指标跨区域交易等途径，使其间接分享城市化地区的土地增值收益。

1.5.6 创造农村人口永久性转移的制度条件，建立城乡劳动力双向流动机制

城乡融合发展的基点和目的在于提高农村居民的收入、消费和社会福利水平，实现路径在于提升农业生产效益和配置劳动力到边际收益高的产业，即走一条农业现代化、工业化和城镇化的道路。改革开放以来的实践表明，通过城镇化和工业化，近 3 亿农村劳动力转移至城镇及非农产业部门就业，但绝大部分流动劳动力家庭没有实现永久性迁移。同时，农产品价格放开、农业生产率水平提高和政府财政支持也提升了农业生产的经济效

益，但农业的净收益和现代化程度还很低。因此，破解中国城乡融合发展问题，必须促进城乡生产要素的合理流动，打破城乡要素二元市场，推动城乡劳动力的自由流动。一方面需要推动农村剩余劳动力向城市的有序迁移，另一方面同时吸引各类人才向农村流动，这是推动中国经济从二元结构向一元结构转换、促进城乡融合发展的重要途径。

总体上看，根据我国经济发展水平和城乡经济结构情况，特别是城镇产业发展和人口容纳的潜能，城镇已经有条件持续吸纳农村人口的永久性迁移。从诸多的调研成果看，影响农村劳动力流动的因素在逐渐发生变化，从最初的纯粹以就业可能性而不论工作条件等为迁移动因，演化为就业机会、工作条件、生活环境、城市发展机会等综合性因素。因此，为了促进农村人口的迁移，关键在于彻底变革约束农村人口迁移的城乡经济社会制度，创造促进城乡劳动力流动的基础性条件。

1. 废除城乡户籍制度，建立以常住地为基础的居住证制度

近年来，中央多次发布文件通知，加快城乡户籍制度的改革，按城市人口规模变革户籍制度，尤其是放开300万人以下人口城市的户籍管制，为农民转化为市民创造了基本的制度条件。但户籍制度的改革还不彻底，仍面临一系列问题，需要进一步深化改革，真正实现农村人口永久性转移的目标。

按各地公布的户籍制度改革方案及实施细则，对外省市人口来说，基本上都要求拥有产权房或公有住房和公租房的租赁权、社保缴纳年限、落户积分等。在目前的房价水平下，对于绝大部分外来打工者来说缺乏购置的能力，也缺乏贷款的资信，政策实施以来，农民工实际落户转化为市民的很少。为了从根本上解决户籍制度为农村人口迁移带来的障碍，应坚持积极稳妥、科学规划的方针，在充分考虑地区经济社会发展水平、城市综合承载能力和提供基本公共服务的能力的基础上，进一步统筹推进户籍制度改革，探索将城市落户的审批制改为准入制，简化户籍迁移条件。在取消农村户口和城镇户口、放松落户条件基础上，最终取消户籍制度，建立以常住地为基础的居住证制度，建立并完善其功能体系和管理体系。

2. 建立城乡统一的社会保障制度，破除对农村迁移人口公共服务的歧视性政策

城市的公共服务和社会福利是吸引农村人口迁移的重要原因，但目前城乡不同户籍人口在公共服务和社会福利供给上存在非常大的差异。农村迁移人口在子女教育、医疗、社会保障、住房等方面享有的待遇明显低于城镇户籍居民。这种因户籍不同而产生的不平等状况，抑制了农村人口永久性迁移到城市的愿望，阻碍了劳动力的自由流动。因此，在深化户籍制度改革的同时，必须同步改革与户籍制度相配套的公共服务、社会保障、住房、教育等制度，推进城镇基本公共服务由常住地供给，覆盖全部常住人口，实现同城所有居民均享有同等的基本公共服务，特别是应将随迁子女义务教育纳入各级政府经济社会发展总体规划和财政保障范畴。将常住人口特别是农业转移人口纳入社区医疗、卫生和计划生育服务体系，为其提供与城镇户籍居民相同的基本医疗卫生、妇幼健康、计划生育

等服务,实行与本地居民"同管理、同服务"。在社会养老保险和医疗保险制度方面,要积极推动基本养老保险、基本医疗保险关系跨统筹地区间的转移接续和医疗保险省内异地就医联网结算,建立健全城乡统一的社会保障制度。同时实施并推进全民参保计划,依法督促用人单位履行社会保险义务,提高就业人员社会保险参保率,加快建立城乡统一的失业保险制度。此外,鉴于不同地区养老金等社会保障水平存在差异,可以设计针对不同移民类型的社会保障衔接制度。

同时,为了解决农村人口的永久性迁移,必须制定相应的住房保障制度,建立健全"租售并举"的住房制度,增强城乡流动人口保障性住房的可及性。为此,应加快城市公租房的建设,降低租金水平。在县域内,总结前期拆村并居和宅基地置换等经验教训,通过政府规划、组织和公司运作的方式,发挥行政、市场和社会多元合作机制,县域内统一规划和配置城乡住宅地资源,在城镇为农村新移民建立新村,采取多种方式保障农村转移人口的基本住房需求,为在城镇落户的农村转移人口提供住房救助和住房保障,对未在城镇落户的农村转移人口,按照合法稳定就业和合法稳定住所、参加社会保险年限、连续居住年限等条件,将其逐步纳入城镇住房保障体系。

3. 建立城乡开放的劳动力就业市场,提高城乡流动人口的人力资本水平

目前城乡劳动力市场的二元结构问题还较为显著,农村劳动力流动过程中就业机会和收入不平等问题依然存在。与城市劳动力相比,农村劳动力在就业机会上受到"进入"歧视等诸多限制,且工资报酬上同工不同酬(余向华和陈雪娟,2012)。同时,农村劳动力的文化层次不高、技能水平较低,使得农村劳动力在城市主要从事一些层次较低、以体力为主的工作,进一步导致其就业收入普遍较低(张平,1998)。因此,为推动农村人口的永久性转移,必须健全城乡劳动者平等就业制度,完善就业和失业登记制度;在最低工资基础上,建立城市农村流动劳动力的失业保险制度;促进公共就业服务均等化。

针对农村流动人口受教育水平和职业技能水平相对较低的问题,需建立完善的职业技能提升培训和认定体系,为农民工提供更多的培训机会,并采取一些激励的措施鼓励其参加培训的积极性。政府需增加财政支持力度,建立全面的农民工职业技能培训体系。应强化企业和用人单位的员工培训,将薪酬与劳动效率挂钩。提高技能学历的社会认可度,促进农民工实现高质量就业,提升其在城市的安居愿望。为此,应加强中央和地方立法,将农民工职业技能培训纳入法制化管理范围,依法规范职业技能培训机制建设。与此同时,完善农民工终身教育的政策和法规,从国家战略高度建立农民工终身教育制度,构建初等教育、中等教育到高等教育贯通,学历教育和非学历教育、技能培训和道德培训相补充的立体化多层次职业技能培训体系。

4. 完善与农村移民相关的政策体系,改革现有的财政转移支付方式

完善促进基本公共服务均等化的公共财政体系,逐步理顺事权关系,建立事权和支出责任相适应的制度,省、市、县按照事权划分相应承担和分担支出责任。改进人地和人钱

挂钩机制,建立财政转移支付同农业转移人口市民化挂钩机制,财政性建设资金、城镇新增建设用地规模等也与农村流动人口市民化率挂钩。为了实现这一制度,从城市建设用地指标、财政性建设资金分配与吸纳落户人口数挂钩,可先调整为与全部常住人口规模和公共服务对全部常住人口覆盖的深度挂钩,形成“人多—土地和投资多—人多”的正向激励。

改革国家税收制度,完善地方税收体系,完善地方政府转移支付制度,加大财政均衡力度,保障基层政府具有为新移民提供基本公共服务的财力。此外,政府应加大对公租房建设的财政支持和投资规模,为农村人口迁移提供基础性条件。

5. 建立“三权”市场化交易体制机制,提高农民的财产权利,建立农村集体经济组织新机制

目前影响农村人口永久性迁移的另一个很重要因素是农村集体土地产权制度。只有建立集体资产权益的市场交易机制,使有意愿离开农村的农民获得由市场定价的财产收益和合理补偿,才能保障农民财产权益,提升拟迁移农民的经济基础。建立健全农村产权流转交易市场体系,推动农村产权流转交易公开、公正、规范运行。在尊重农民意愿前提下,建立农村“三权”市场化退出机制。包括土地承包权、宅基地资格权、集体资产股权在内的农村“三权”。以农民集体成员权为根基、以成员家庭为赋权和权利行使单元,探索开展进城落户农民依法自愿有偿转让“三权”试点。给予农民自主选择处置承包地和宅基地的权利,建立合理的土地退出机制和土地流转机制。不以退出土地承包经营权、宅基地使用权、集体收益分配权作为农民进城落户的条件。探索建立“三权到人(户)、权跟人(户)走”的农村集体产权制度体系,使集体经济组织成员的集体财产权和收益分配权能够得到充分保障。

与此同时,为了吸引更多的城市各行各业人才落户和就业农村产业,应探索建立农村集体经济组织成员加入机制。目前,拥有农村集体经济组织成员权的仅限于现有集体经济组织成员家庭。这种封闭式成员组成机制限制了农村集体经济组织的发展。随着农村人口逐步迁移,存量成员结构将老龄化。所以,应建立开放式的机制吸纳为农村集体经济组织作出贡献并履行相关义务的人为新成员,赋予其单项或完整的集体经济组织成员权。

1.5.7 推进城乡公共产品一体化供给,建立有效的公共产品投资与运营管理机制

乡村振兴和城乡融合发展的路径,除了城乡产业融合发展外,城乡公共产品一体化供给极为关键。目前,我国农村地区交通、水利、环保、信息、文化等基础设施建设水平仍然滞后于城市,农业农村面源污染、村民聚集地生活垃圾污染的治理任务重、乡村建设品质不高等现象仍然存在;城乡公共服务和社会保障水平还存在巨大的差异,未来要实现城乡公共产品供给均等化,需要从城乡经济体制机制变革、发展规划调整、社会保障制度改革和增加农村公共产品投入等多个方面着手。近年来各地政府已在积极解决城乡公共产品

供给差异问题，尽力改善乡村经济环境，已经投入了大量的资金，在公共基础设施、公共服务和社会保障制度的变革中取得了许多突破。但总体上，城乡融合发展中提升农村公共基础设施建设水平，促进城乡基本公共服务和社会保障均等化仍是重中之重。因此，需继续把国家社会事业发展的重点放在农村，把补齐农村地区基本公共服务短板放在重要位置，将公共教育、医疗卫生、社会保障等资源向农村倾斜的同时，有序推进城市基本公共服务体系向农村延伸，完善城乡教育资源均衡配置机制，健全城乡一体的医疗卫生和公共文化服务体系，统一城乡社保制度，加快构建全民覆盖、普惠共享、城乡一体的基本公共服务体系，确保城乡居民享有均等化的基本公共服务，实现城乡基本公共服务普惠共享。

根据文献研究和实际调查情况，我们认为在县域范围内要统筹资源有效供给公共产品，实现城乡公共服务均等化目标，近期在以下几个方面需要重点关注。

1. 县域公共基础设施建设要基于务实的发展战略和科学的发展规划

应注重县域各类规划编制的全局性、协调性和科学性。在现行规划体系中，涉及县域规划的包括经济与社会发展规划、国土空间总体与专项规划、区域发展规划、城乡总体规划、土地利用规划、主体功能区规划，城市地区空间规划、乡村地区空间规划，此外还有城镇体系规划、城市规划、镇规划、乡规划、村庄规划等。目前部分地区城乡公共基础设施建设的系统性和社会效益不高，一方面是建设项目常常由行政主管部门决策，受领导意志和能否争取到上级专项拨款资助的影响较大，有一定的随意性；另一方面与公共基础设施建设相关的县域规划的内容变动性大、规划之间的协调性不足有关。因此，未来城乡公共基础设施一体化建设首先要统筹城镇与乡村的发展规划，且各类规划之间具有一致性，公共政策的制定和建设项目的选择要依据发展规划来决定。

2. 依据经济社会发展目标和人口变动量，制定县域公共产品供给规划

无论是公共基础设施还是教育卫生等公共服务的供给，与县域的产业发展水平、经济结构和人口密度等密切相关。随着我国经济转型和产业结构调整的加速，区域间人口流动性逐步加快。根据第七次全国人口普查资料，全国县市人口的流入与流出变动幅度呈现加大趋势。为了满足不断增加的经济社会发展和人口增长需求，县域公共产品应该有适当超前的供给；而一些经济发展迟缓甚至萎缩、人口长期处于流出状态的县市，应适当控制公共基础设施的建设规模，防止设施的闲置。

3. 建立以政府行政为主导、充分发挥市场和社会力量的公共产品供给机制

公共产品供给具有经济基础性、社会公共性和公众福利性等特征，项目投资大、回收期长，许多投资项目为非营利性或投资收益率微薄的产品或服务，尤其是社会福利保障的发展带有很强的刚性，任何福利保障的降低均带有巨大的社会风险，要高水平地持续供给公共产品，需要强大的公共财力作为基础。因此，城乡公共产品的供给机制应该采用政府行政机制为主导的方式，不断加大政府公共预算支出。但受新兴技术手段和资本市场发

展等因素驱动，大量的公共基础设施项目和公共服务可以设计为产权及权益边界清晰的产品和服务。如原来一体化的公共工程可以分割为不同的可私人产品化的子系统加以建设和运营；一些项目也可以利用金融市场及金融工具进行特别的产权制度安排。由此，城乡公共产品供给可以广泛地吸收私人资本的投资，传统的由单一的政府行政供给机制转化为政府、市场和社会多元主体合作供给的机制，以增强公共产品投资和供给能力，提高供给的效率。

4. 提升农村公共基础设施、公共服务和社会保障水平的供给水平

应重点建设以下项目。一是在农村地区的道路设施建设取得显著成就的基础上，加大农村污水处理系统、垃圾处理系统、通信网络系统等基础设施的建设，加快城市基础设施向乡村延伸。完善农村流通体系，大力推进县乡村三级电商服务和物流配送体系建设，推进乡村电商及物流发展。二是建立农村老年人养老体系，在大量的农村劳动力流动及家庭成员分居的情况下，传统的家庭养老方式受到冲击，需要建立以政府公益性养老机构、社会养老机构和家庭结合的养老体系，特别是政府财政应适当支持乡村两级建立日托、养老院等养老机构。三是不断提高财政对城乡居民基本医疗保险的补贴标准，优化医保的报销制度；完善乡村公共卫生体系，提升市县医疗联合体的建设，把医疗工作重心向乡镇倾斜。特别是加强村级医疗服务站的建设，制定系统性的乡村医生配置计划，大力培养合格的村级医疗机构的全科医生。四是推广并建设城乡教育共同体，有效利用数字技术和网络教育资源提升农村教学水平。科学规划农村地区中小学教育点，提升农村地区教师的专业素质和教学水平。五是打破目前城乡分离的环境治理体系，以县域为空间范围把城市污染治理与农村污染治理作为一个整体，建立城乡一体化的环境保护和污染治理体系，政府、企业、农户、农业专业公司等作为一个整体，建立城乡一体化的多元环境治理机制。学习和推广浙江的“千村示范、万村整治”工程经验，改善农村生态环境，提高农民生活质量。

1.5.8　重塑农村基层行政组织，明晰集体经济组织产权，厘清集体与农户及其他经济主体之间的关系

我国破除人民公社制度后，建立了以土地集体所有制为基础的基本产权制度，以党支部领导下村社共同体制度为基础的基本组织制度，以集体经济组织内家庭经营基础上统分结合双层经营制度为主导的基本经营制度，以党支部领导下集体经济为支撑的村民民主自治制度为基础的基本治理制度（陈锡文，2023）。与此同时，农村的经济关系在改革后也发生了重大的变化，家庭成为农村经济活动的主要经济主体。此后尽管不断强调“统分结合”，但在土地资源确权于农户家庭和劳动力流动率不断上升的情况下，农村集体已经缺乏“统”的经济基础和组织激励，也缺乏动员村民参与公共事务的纽带，难以形成村民对“统”的共识和支持，村民参与农村集体的项目和行动时，除非有确定的经济利益和行政性

强制要求,否则参与的积极性很低,农村公共意识日渐弱化。仅有部分经济发达的城郊和经济资源丰富的乡村,集体经济得到发展,实行股份合作制后成员可获得的资产收益增加,集体经济的影响力比较大。但这类地区也出现不同的问题,即集体的资产经营与村民的关系仅维系在股权及其股利的分配,村民的集体行动和集体意识同样淡薄。上述两种情况,使乡村振兴和城乡融合发展工作的推进带有很强的政府主导性,村民和企业的总体参与度较低。这种状况不利于农村的长期发展,未来城乡融合发展面临谁为行为主体的核心问题。

在县域内的城乡行政管理机构设置上,县域内城镇地区建立了街道及居委会两级社会管理机构,乡村地区建立了乡(镇)政府和村民委员会两级行政管理机构;同时建立了以村经济合作社为基本形式的村级集体经济组织,法律意义上行政组织与经济组织加以分离,但实质上村级集体中基本上为"两块牌子一套人马",村级集体经济活动,特别是土地资源分配及转让等重大经济事务均由村民委员会操作,村民委员会、村民小组代行农村集体经济组织职能(陈锡文,2023)。因此,在现行体制及其行政权主导下,集体经济组织难以真正成为独立的农民合作组织或企业法人组织。特别是我国绝大部分地区的农村集体经济发展相当"薄弱",集体经济资源和资产少,可持续发展的集体经济收入项目缺乏,基层组织的运行对财政依赖性强(刘鹏凌和万莹莹,2020)。

我们认为,随着农村经济社会的发展,更充分地发挥农村集体组织的作用具有战略意义和现实需要。在环境治理、公共卫生、老年服务等社会性事务中,应该以政府和农村集体组织为主体,发挥政府行政机制的作用,强化乡村集体组织的功能。但在产业发展等经济发展事务中,应以农户、企业、专业合作社为主体,政府发挥支持和引导作用。当然,对于不同地区的乡村集体经济组织,应根据集体经济基础和资产拥有情况来确定其经济地位和作用,从事与其资产和经营能力相适应的经济活动,并作为市场主体与村民、企业进行合作。鉴于目前农户土地规模小的特征,在一定的时期内农村集体经济组织还将承担推动土地流转和组织专业合作社的责任,并承担政府规划和投资的农村公共基础设施建设的协调和管理责任。

当前,农村经济结构已经发生较大的转变,在农业现代化和城镇化过程中,农村流动人口增加,常住人口出现不断减少的趋势。这种情况与改革开放初期不同,那时乡村经济以农业为主,农业经营主体单一,村两委代行集体经济组织的职能。但是随着市场经济的发展,农村涌现出越来越多的新型经营主体,以现行的乡镇和村级行政组织管理社会经济和村民事务,已难以适应农村经济发展的要求,一定程度上已阻碍了农村产业发展和经济要素的市场化配置。我们在调研中发现,在珠三角地区、长三角地区和部分城市郊区经济发展水平较高的市县,城乡经济的融合程度较高,白天工作在县城、开发区,晚上住宿在乡村的人员越来越多,非农产业发展逐渐模糊了农村与城市的空间边界。因此,对于这类地区可以全面取消农村户籍和城镇户籍,不以城乡设立不同的行政管理机构,而是适度规模的人口或经济区为社区设立城乡统一的行政管理机构,并统一其管理职能和机构功能。

未来城乡融合发展过程中,在壮大集体经济组织的同时,更需要动员和发挥农户、企业和专业合作者等经济主体的作用，政府规划的发展项目应充分征求经济主体的意见，形成政府、集体组织与农户、企业和社会组织合作的运行机制。

1.5.9 深化农村财政金融体制改革，完善财政金融支农机制

1. 改革农村财政体制机制，加大财政对农村经济发展的支持力度

自改革开放以来，我国政府对农村的财政支持不断加强，支持的范围和重点也不断扩大。20世纪80年代开始，政府财政通过加大农林牧副渔业基本建设的投资，重点扶持农业生产的发展。21世纪初开始，配合解决“三农”问题，政府对农村税费进行了改革，减轻了各项税费，并最终取消了农业税；同时，政府财政支持的重点也扩大到农村发展和农民收入提升的更大范围，通过财政转移支付支持民生和社会保障事业，通过农村扶贫开发解决农村贫困问题。尤其是2012年党的十八大以后，在继续加大农村基础设施投资的同时，逐步将农村社会事业发展纳入财政支出范围，加大了支农扶贫的力度，也重点加强了农村公共服务供给和社会保障水平提升的财政支持。

上述财政支持政策稳定了我国的农业生产，缓解了农村“三农”问题，改善了农村生产生活环境，尤其是对中西部落后地区农村发展和贫困家庭生活改善产生了显著的绩效。但总体上，政府对农村地区的财政支持在总量上和项目范围上与实际需求差异很大，城乡财政供给不均衡的状态没有根本性的改变（程同杰，2006），农民生产生活所需的公共产品在很大程度上仍由农民自己负担解决，农村公共产品供给资金得不到有效保障，农村公共产品总量少、质量低的问题仍然比较突出（贾康等，2011），农村公共产品供给严重不足和供给制度不合理仍是目前农村地区最突出和急需解决的问题。因此，在实现农业现代化和城乡融合发展过程中，国家需要深化农村财政体制机制，进一步加强对农业农村的财政投入。

第一，建立完善的农业农村发展财政支持体系。吸取各国的经验，并结合我国的实际情况，我们认为要发挥财政支持的整体绩效，需建立目标明确且全面的支持系统。一是推进农业现代化的财政支持。基于现代化农业发展的目标，对农业基础设施建设和生产服务的支持，包括农业水利、道路等基础设施建设、农机购买、土壤改良和高标准农田建设、信息服务、农业科研等方面的投资和补贴。二是促进农村多元产业发展的财政支持。提升农村产业发展的能力，建立农业农村经济安全体系，提高农村信贷和农业保险的补贴，以使农业和农民多种经营项目获得各类优惠贷款和全面的保险。三是提升农村社会保障水平的财政支持。建立逐步缩小城乡居民社会保障水平的财政支持机制，在增加政府投入的同时，建立一套由政府补贴和受益人共担的社会保障制度。特别是不断加大中央财政对于农村养老金和医疗保险的转移支付份额，最后实行中央财政统一负担、全国统一标准的城乡居民基本医疗保险和基本养老保险制度。四是促进城乡公共服务一体化供给的财政支持机制。逐步建立城乡统一标准的教育、卫生等公共服务支出预算体系。在近阶

段，优化农村财政预算和支出结构，财政投入的重点要放在农业稳定发展、基本公共服务和医保、养老金社会保障两头，减少大量为乡村振兴设置的各种名目的投资补贴项目预算，农村非农产业项目的投资要在政策开放的前提下，充分发挥市场机制，鼓励社会资本投资。

第二，深化农村财政体制机制。我国城乡经济和居民社会福利的差距中，一个关键的因素是公共服务供给和社会保障制度的差异。要改善农村居民的基本生活状况，政府应该建立农村基本公共支出的年度预算增长计划。问题在于，分税制下中央政府财政承担的用于农村公共服务和社会保障支出的预算比例过小，而地方政府的财权与事权匹配不合理，绝大部分地区难以承担农村公共服务和社会保障改善的费用。因此，有必要随着国民经济的发展，改革农村财政体制与机制，筑牢农民生活的财政支持底线，逐步提升农村公共服务和社会保障水平。

（1）改革农村财政预算与资金管理体制，减少预算的层次和类别。现行体制下，农村财政预算除了本级政府的一般预算安排外，还有各政府主管部门种类繁多的专项资金，导致涉农财政转移支付、补偿资金、农村建设项目繁杂，地方政府依据年度上级政府计划申请建设项目，与本地区总体规划和实际需求的匹配性较差，而亟须建设的规划建设项目的预算又难以保证。因此，需要变革我国财政预算体制机制。一是重新设计分税制下中央与地方的财权与事权关系，在增加中央转移支付总额的前提下，优化专项转移支付结构，增加中央对农村基本公共服务和社会保障支出的预算支出。在户籍制度变革后，按常住人口的规模计算中央承担的预算金额。二是梳理各政府部门的涉农资助和基金，统筹使用各项资金，强化支农资金的管理。各部委的涉农专项基金除了国家级大型项目外，按照国家长期发展规划和年度计划，由国家发展改革委和财政部牵头统一审核下拨，减少各部门审批程序，打通各级各类支农资金流向农村基层的通道。三是创新财政资金支持使用方式，放松资金使用用途限制，给予地方政府项目建设资金使用的自主权限。四是建立综合性的财政政策制定与实施协调机构。由中央和地方政府的发展改革委牵头，联合财政部、农业农村部等部门，全面评估我国农村经济发展的状况，切实制定目的在于农业现代化和城乡融合发展的中央和地方财政支持政策，为落实农业农村财政支持政策提供组织保障。

（2）改革农村财税机制，建立以公共财政为基础，以政府财政资金带动社会资金的多元主体合作机制。长期以来，我国农业农村发展对政府资金投入的依赖度高，社会资本参与度低，农村发展融资机制未得到根本的改变。因此，要进一步改革农村财税机制。一是财政政策实施和财政资金的投入过程中，财政主管部门要与国家发展改革委、农业农村部、规划部门等多部门联合，建立有效的协调机制。二是建立多元农村产业发展和公共产品供给资金筹措机制，除了财政投入和政策性补贴外，要充分发挥企业和农民合作社的社会投资机制。支持和引导社会资本向农村农业投资。提高各类规划、土地政策等的稳定性、可预期性，增强社会资本的信心。加强农村社会信用建设，改善农村营商环境，降低社会资本的维权成本。三是要建立财政与金融协调的机制，根据金融机构的农业农村贷款项目性质，对于应予政策支持和鼓励的给予财政贴息和奖励。

(3) 推进县市及乡镇财税制度改革。城乡融合发展的基础在县市及乡镇,国家财政政策和财政补贴的有效实施很大程度上也依赖县市乡镇的执行。但目前县市及乡镇财政存在比较多的问题,分税制和中央转移支付一定程度上解决了区域间的不平衡,但地方政府内各级政府的转移支付及事权分担机制还不完善,导致缺乏规范性的财政分配机制。如大部分县市、乡镇财政税收规模小且不断降低,资金使用缺乏法定的预算,财政转移支付细则不明确、财政税收监督制度不完善等。因此,应严格按照国家财税制度和政府预算制度,强化县市、乡镇的预决算制度,严格禁止预算资金的挪用,保证基层政府机构的正常运行。同时要精兵简政,厘清地方事权,减少大量检查、考评、统计报告工作,缩减农村地区公务员和事业单位人员,最大限度清退临时聘用人员;根据各地的实际情况,规范县市和乡镇的基本财政支出标准,科学构建转移支付制度。

第三,完善财政立法,强化财政支持政策的法律性。改善地方税体系,制定惠农利农税收优惠政策,发挥税收统筹城乡发展的筹资与调节功能。在财政再分配过程中提高民主公开化程度,引入市场化的财政激励机制。加强对财政支持政策的监督和绩效评估。创新财政监督模式,制定并完善财政对农业农村支持的法律法规。财政政策及资金投入要提质增效,以加强监督和绩效评价为手段,提高财政支持政策的效果。财政支持政策中涉及的许多项目,直接关联着基层群众的切身利益,项目规划要有科学性和严肃性,杜绝形式主义,不搞与经济增长和居民利益无关的形象工程和样板工程。尤其是乡镇街道财政税收制度较为薄弱,对于财政支持项目的监督也不甚规范,经常受到其他因素的干预,因此应该建立一套适合于乡镇街道的财税监督制度。

2. 建立有效的农村金融体系,壮大农村金融市场,推动金融政策的实施

农村金融改革和金融市场发展是乡村振兴的重要内容,历年来有关乡村振兴和金融发展的文件均强调农村金融发展问题。改革开放以来,我国农村金融体系改革不断深化,现已逐步形成了以合作金融为基础,商业性金融、政策性金融分工协作、协同发展的农村金融体系。但迄今为止,大部分商业金融机构出于市场需求及盈利的考虑,并没有投入大量的资源于农村市场。在大部分农村地区,除了中国邮政储蓄银行等在重点乡镇设立网点外,中国银行、中国农业银行等主要的全国性银行很少在乡村设立网点,主要保险公司也很少在农村地区设立网点,导致农村金融市场长期处于不发展状态。这种状况的存在有历史和市场的原因,一方面我国农村金融市场存在由正规金融机构组成的外源性金融和由农村非(准)正规金融机构组成的内源性金融,长期来,外源性金融占农村金融市场的主导地位,内源性金融受法律地位不明确、资金规模小、管理不规范、政策支持不足等问题困扰得不到发展;另一方面目前农村金融市场的金融产品比较单一,农村也缺乏良好的信用环境,信贷抵押品较少,造成农村金融信贷风险高,农村信贷业务规模小。由此使金融对农村产业的支持力度较弱,农村资金向城市净外流和城乡资金不平衡的状况没有改变。鉴于农村金融市场不发展的问题,2023年农业农村部等五部委发布了《关于金融支持全面推进乡村振兴 加快建设农业强国的指导意见》,对农村金融发展提出了具体要求,各地

方政府和金融机构也开始陆续出台实施的措施，农村金融改革和发展迎来了比较好的政策环境。

为此，本书基于实地调查情况，从乡村振兴和促进城乡经济融合发展的目标出发，提出发展农村金融市场的一些建议。总体上，我们认为农村金融改革和发展应适应乡村振兴和城乡融合发展战略，重构农村金融发展的目标，从主要针对农户提供金融服务，扩展到为农业现代化和乡村整体发展提供金融服务，满足农村金融服务的多元化需求，扩大农村金融服务的覆盖面，显著增强农村金融服务功能，提升农村金融的治理水平和创新能力，逐步缩小城乡金融服务差异，建立中国特色的多层次、广覆盖、可持续的农村金融体系。

第一，完善农村金融机构体系，发展新型农村金融组织。地方政府和全国性金融机构应坚持新发展理念，将农村金融工作与农业现代化、粮食安全、产业振兴、绿色发展等紧密结合，强化科创金融、绿色金融、数字普惠金融等金融服务。按照放宽准入、深化改革、健全风险防控机制的原则，政府应加大资金支持，扩展金融服务范围，增加农村金融市场供给。一方面，通过政策支持和市场激励，要求正规金融机构，特别是全国性银行、保险等金融机构在农村基层设立分支机构，为农村生产和农户生活提供全面金融服务；另一方面，全力发展农村新型金融机构，包括农村信用合作社、村镇银行、农村专业合作社信用合作等，建立多层次的农村金融供给体系。尤其是要大力发展农村合作金融，以农民专业合作社为基础，推动农村政策性金融、商业性金融、合作性金融协同发展。

对于农村合作金融的建设，一是农村合作金融要与地区产业融合发展，依托农村基层组织，与乡村治理体系结合起来，以建立有效的授信机制，降低金融风险；二是农民金融合作社要与正规金融机构紧密合作，建立资金调度、涉农信贷资金管理、信用信息互享等合作系统；三是农民合作金融要与政府支农项目、金融扶贫等相结合；四是坚持互助资金的社内合作、封闭运行、成员互动、自我发展，简化贷款流程，缩短放款时间，降低低收入农户融资的交易成本，同时构建多元化抵押担保体系，允许农村弱势农户通过互保、联保、信誉担保等方式获得融资，提升农村弱势农户的金融可得性（张林等，2024）；五是尽快制定和完善新型农村合作金融的相关法律及实施细则。

第二，促进农村金融产品创新，创新金融服务模式，激活农村金融市场。随着现代农业的发展和农村经济多元化，对金融产品的需求也日益增多。政府需针对农村经济及农户经营的特点放宽相应的金融政策，鼓励金融机构创新农村金融产品。开展现代农村金融服务，需要适应农村新产业、新业态和新经营主体的要求，不断创新金融业务模式。

（1）金融业务模式的创新。一是创建以农业龙头企业服务为核心，积极为农村产业链提供金融服务。通过“银行+龙头企业（专业合作社）+农户”的方式，为农村产业的上下游经营主体提供全方位的金融服务；二是以农村商品流通企业服务为核心，积极为城乡市场融合提供金融服务。通过“银行+商品流通企业（供应链企业）+农户+基地”或“银行+农产品专业市场+商户+农业公司+农户”的方式，围绕农村商品流通上下游的资金流、信息流、商品流提供金融服务。

（2）综合金融服务的模式。充分发挥信用、债券、证券、期货、保险、担保、基金等金融子系统的联动作用,建立农村金融的综合化业务平台,为农村经济活动的各个方面提供全方位服务。

(3) 多元合作信贷支持模式。从事农村金融业务的机构应与政府部门、村级集体组织、担保公司等通力合作,建立征信和贷款体系。

(4) 建立特色抵质押创新模式,扩大农村有效抵押(质押)品范围,开展农户小额贷款(信用贷款)、农户联保贷款、动产抵押、仓单质押、权益质押、应收账款质押、股权质押、订单质押、大型农业设施抵押、扶贫贴息贷款。

第三,完善农村金融发展政策,建立政府主导的现代农村金融支持机制。我国农村产业多样化趋势明显,城乡经济活动日益活跃,经济活动的复杂性对金融市场运行与发展提出了更高要求。为建立有序高效的农村金融市场体系,在当前阶段,政府需承担主导作用,在市场机制基础上,充分发挥政府行政机制作用。一是构建系统的农村金融发展宏微观政策体系,包括农业农村贷款支持政策、普惠金融政策、扶贫信贷政策、再贷款和再贴现政策等宏观金融政策,以及农业农村经营主体的贷款和担保政策、涉农金融机构金融工具政策、农村金融考核政策等微观金融政策。二是完善农村金融组织和协调机制,建议国务院牵头成立包括财政部门、金融机构、金融监管部门、农业部门等参加的农村金融发展联席会议制度,协调解决农村金融发展中出现的各种问题。各地方政府也应成立协调机构(会议制度),落实中央政策,处理具体实施中出现的问题。三是完善农业补贴制度,落实国家相关补贴政策,加大对金融涉农服务的补贴和优惠力度。建立财政金融支农风险基金,为政策性贷款提供贴息和补偿;建立涉农(或农户)贷款税收减免、激励政策,涉农贷款补贴,小额担保贷款贴息;完善差别存款准备金和利率政策,激励商业银行经营和拓展农村金融业务。特别是要鼓励商业银行开展农村普惠金融,发展农村数字普惠金融。

第四,加强农村金融基础设施建设,推进农村信用体系和贷款担保体系建设。农村金融基础设施包括金融网点、网络设施、ATM 机等金融服务设施,以及农村信贷担保体系和农村信用体系。完善的金融基础设施能够为金融活动提供公共服务,并促进金融市场的稳健、持续、安全运行。目前,我国农村地区与城市相比,在网点和物理基础设施建设方面存在巨大差距,农村信贷担保体系不完善,制约了农村金融的发展。因此,政府和金融机构应加大对农村金融硬件基础设施的投资,提高金融服务的便捷性和普及性。同时,各级政府应积极支持或出资建立各类信用担保机构,开展符合农村特点的担保业务,并支持商业性担保公司为农村金融贷款提供担保服务,完善农业贷款风险分担机制。为拓展农村信贷抵押资源,应加快完善农村产权制度,推广土地经营权抵押担保贷款、农民住房财产权抵押贷款、农村各类资源资产权属认定等。

农村信用体系的缺失是制约农村金融发展的一个重要因素。政府应动员行政和社会资源,加大农村信用体系建设的投入,推进信用户、信用村、信用乡镇的创建工作。同时,各级政府部门、金融机构应加强信用信息的归集、整合和共享,规范信用信息使用制度,健全信用信息共享协调机制。完善农村经营主体信用等级评价制度,建立农村各类经营主体的信用档案。构建区域内乡村振兴信用信息数据库,提高农村金融服务效率。

第五,加快科技与金融的有效结合,促进农村金融供给体系的数字化发展。现代信息技术为农村金融发展提供了基础性条件,降低了农村金融服务成本,并提升了服务效率。我国金融科技及基础设施的发展速度迅猛,应充分利用我国通信网络基础设施建设的良好条件,大力推动农村金融的数字化转型,全力发展农村数字普惠金融,推动涉农金融产品的线上服务。利用金融科技工具解决农村金融服务成本高、信息不对称等问题。地方政府应牵头整合区域内各金融机构的资源,建立农村数字金融服务平台,研发适合农村经济和农民的数字金融产品,提升农村地区一站式综合金融服务能力,逐步缩小城乡数字金融鸿沟。

参考文献

[1] 蔡昉,王美艳.从穷人经济到规模经济——发展阶段变化对中国农业提出的挑战[J].经济研究,2016,51(5):14-26.

[2] 蔡昉,杨涛.城乡收入差距的政治经济学[J].中国社会科学,2000(4):11-22,204.

[3] 蔡继明,李蒙蒙.当代中国土地制度变迁的历史与逻辑[J].经济学动态,2021(12):40-51.

[4] 陈锡文.当前农业农村的若干重要问题[J].中国农村经济,2023(8):2-17.

[5] 陈锡文.把握农村经济结构、农业经营形式和农村社会形态变迁的脉搏[J].开放时代,2012(3):112-115.

[6] 陈雪娟,余向华.公共品供给城乡一体化的研究述评[J].经济学动态,2011(12):89-92.

[7] 陈永新.中国农村公共产品供给制度的创新[J].四川大学学报(哲学社会科学版),2005(1):5-9.

[8] 陈乙酉,张邦辉.社会保障对农民工流动决策的影响研究——基于"推拉"理论的实证[J].农业经济问题,2018,39(10):132-140.

[9] 陈钊,陆铭.从分割到融合:城乡经济增长与社会和谐的政治经济学[J].经济研究,2008,43(1):21-32.

[10] 陈硕.分税制改革、地方财政自主权与公共品供给[J].经济学(季刊),2010,9(4):1427-1446.

[11] 陈丽莎,孙健夫."十四五"时期支持城乡融合发展的财政政策研究[J].河北大学学报(哲学社会科学版),2021,46(4):147-152.

[12] 李宾,张象枢.基于城乡二元结构的农村环境问题成因研究[J].生态经济,2012,28(4):172-174.

[13] 程名望,盖庆恩,Jin Yanhong,等.人力资本积累与农户收入增长[J].经济研究,2016,51(1):168-181,192.

[14] 程名望,史清华,徐剑侠.中国农村劳动力转移动因与障碍的一种解释[J].经济研究,2006,41(4):68-78.

[15] 程莉,王伟婷.数字经济、城乡二元结构与农村环境治理[J].统计与决策,2023,39(12):17-22.

[16] 崔长彬,潘长风,张正河.中国新型农村合作金融:历史镜鉴与体系架构[J].经济问题,2022

(2):112－120.
[17] 戴相龙.发展新型农村合作金融组织[J].农村金融研究,2022(3):3－7.
[18] 段锴丰,施建刚,吴光东,等.城乡融合系统:理论阐释、结构解析及运行机制分析[J].人文地理,2023,38(3):1－10,68.
[19] 范方志,汤玉刚.农村公共品供给制度:公共财政还是公共选择?[J].复旦学报(社会科学版),2007,49(3):77－82.
[20] 方创琳.城乡融合发展机理与演进规律的理论解析[J].地理学报,2022,77(4):759－776.
[21] 盖庆恩,朱喜,程名望,等.土地资源配置不当与劳动生产率[J].经济研究,2017,52(5):117－130.
[22] 付文林,沈坤荣.均等化转移支付与地方财政支出结构[J].经济研究,2012,47(5):45－57.
[23] 胡雅淇,林毅夫.共同富裕目标下的乡村振兴与金融支持:一个新结构经济学视角的解读[J].农村金融研究,2023(1):3－14.
[24] 高波,孔令池.中国城乡融合发展的经济增长效应分析[J].农业技术经济,2019(8):4－16.
[25] 郭振宗.中国城乡产业融合发展的阶段性特征、发展趋势及促进对策[J].理论学刊,2013(8):52－56.
[26] 韩俊.中国城乡关系演变60年:回顾与展望[J].改革,2009(11):5－14.
[27] 黄祖辉,宋文豪,叶春辉,等.政府支持农民工返乡创业的县域经济增长效应——基于返乡创业试点政策的考察[J].中国农村经济,2022(1):24－43.
[28] 洪银兴,陈雯.由城镇化转向新型城市化:中国式现代化征程中的探索[J].经济研究,2023,58(6):4－18.
[29] 何仁伟.城乡融合与乡村振兴:理论探讨、机理阐释与实现路径[J].地理研究,2018,37(11):2127－2140.
[30] 韩顺法,李向民.基于产业融合的产业类型演变及划分研究[J].中国工业经济,2009(12):66－75.
[31] 高虹,陆铭.社会信任对劳动力流动的影响——中国农村整合型社会资本的作用及其地区差异[J].中国农村经济,2010(3):12－24,34.
[32] 孔祥智.全面小康视域下的农村公共产品供给[J].中国人民大学学报,2020,34(6):14－28.
[33] 贾俊雪,郭庆旺,宁静.财政分权、政府治理结构与县级财政解困[J].管理世界,2011(1):30－39.
[34] 康姣姣,闫周府,吴方卫.农村劳动力回流、就业选择与农地转出——基于千村调查的经验研究[J].南方经济,2021(7):72－86.
[35] 康书生,鲍静海,李巧莎.外国农业发展的金融支持——经验及启示[J].国际金融研究,2006(7):11－17.
[36] 匡远配,汪三贵.日本农村公共产品供给特点及其对我国的启示[J].日本研究,2005(4):49－54.
[37] 匡萍.中国县级财政压力问题研究[D].北京:中国财政科学研究院,2021.
[38] 罗平.新时代中国城乡产业融合机制论[D].成都:四川大学,2022.
[39] 罗必良.中国农业现代化的战略定位[J].中国农村经济,2022(12):20－24.

[40] 罗必良.开放村庄：在城乡融合中推进乡村振兴[J].南方经济，2021(8)：8-11.

[41] 李显刚，石敏俊.日本农协的历史贡献、存在问题及发展趋势[J].中国农村经济，2001(3)：72-76.

[42] 李文宇.城乡分割会走向城乡融合吗——基于空间经济学的理论和实证分析[J].财经科学，2015(6)：71-83.

[43] 李燕凌.我国农村公共品供求均衡路径分析及实证研究[J].数量经济技术经济研究，2004，21(7)：59-65.

[44] 李兰冰，高雪莲，黄玖立."十四五"时期中国新型城镇化发展重大问题展望[J].管理世界，2020，36(11)：7-22.

[45] 李莉，景普秋.农村网络式产业融合动力机制研究——基于城乡互动的视角[J].农业经济问题，2019，40(8)：129-138.

[46] 李芝兰，吴理财."倒逼"还是"反倒逼"——农村税费改革前后中央与地方之间的互动[J].社会学研究，2005，20(4)：44-63，243-244.

[47] 李焕彰，钱忠好.财政支农政策与中国农业增长：因果与结构分析[J].中国农村经济，2004(8)：38-43.

[48] 刘昭沄，江金启，孙学涛.韩国新村运动的政策演进及其对中国乡村振兴的启示[J].沈阳农业大学学报(社会科学版)，2019，21(6)：646-650.

[49] 刘炯，王芳.多中心体制：解决农村公共产品供给困境的合理选择[J].农村经济，2005(1)：12-14.

[50] 刘彦随.中国新时代城乡融合与乡村振兴[J].地理学报，2018，73(4)：637-650.

[51] 刘守英，龙婷玉.城乡融合理论：阶段、特征与启示[J].经济学动态，2022(3)：21-34.

[52] 刘明辉，卢飞.城乡要素错配与城乡融合发展：基于中国省级面板数据的实证研究[J].农业技术经济，2019(2)：33-46.

[53] 刘炯，王芳.多中心体制：解决农村公共产品供给困境的合理选择[J].农村经济，2005(1)：12-14.

[54] 刘景华.欧洲农村城镇化进程的研究意义与研究路径[J].天津师范大学学报(社会科学版)，2015(1)：19-24.

[55] 刘鹏凌，万莹莹.农村集体经济：历程、现实矛盾与路径选择：基于安徽省973个行政村调查资料的分析[J].当代经济管理，2020，42(1)：47-55.

[56] 吕炜，杨沫，王岩.城乡收入差距、城乡教育不平等与政府教育投入[J].经济社会体制比较，2015(3)：20-33.

[57] 林秀玉.现代化和英国农业制度性及结构性的变革[J].上海交通大学学报(农业科学版)，2002，20(S1)：54-59.

[58] 林鹏生.农村公共产品供给现状及对策研究[J].财政研究，2008(4)：30-33.

[59] 马晓河，方松海.我国农村公共品的供给现状、问题与对策[J].农业经济问题，2005，26(4)：22-29，79.

[60] 孟祥远.城市化背景下农村土地流转的成效及问题——以嘉兴模式和无锡模式为例[J].城市问题，2012(12)：68-72.

[61] 潘春阳,吴柏钧.公共产品均衡配置助力城乡融合发展[J].社会科学报,2023.
[62] 潘春阳,吴柏钧,吴一平.晋升激励、专业搭配与公共卫生服务满意度[J].南方经济,2021(9):112-130.
[63] 秦德智,何梦丹,陈军.中央与地方政府城乡融合发展政策的多维协调研究[J].当代经济管理,2023,45(5):64-74.
[64] 曲文俏,陈磊.日本的造村运动及其对中国新农村建设的启示[J].世界农业,2006(7):8-11.
[65] 阮美娟.宁锡常试验区城乡融合发展水平测度及路径研究[J].江西农业学报,2023,35(1):191-197.
[66] 任育锋,李哲敏,芦千文.农村宅基地制度:变迁历程、演变逻辑与改革路径[J].当代经济管理,2022,44(4):34-41.
[67] 田明,李辰,赖德胜.户籍制度改革与农业转移人口落户——悖论及解释[J].人口与经济,2019(6):1-13.
[68] 苏明.中国农业财政政策的回顾与展望[J].财政研究,2009(2):11-19.
[69] 孙久文.走向2020年的我国城乡协调发展战略[M].北京:中国人民大学出版社,2010.
[70] 史玲.我国农村公共产品供给主体研究[J].中央财经大学学报,2005(5):10-13.
[71] 沈费伟,刘祖云.发达国家乡村治理的典型模式与经验借鉴[J].农业经济问题,2016,37(9):93-102,112.
[72] 文丰安.中国式现代化视域下城乡融合发展的逻辑演进与实践路径[J].学习与探索,2023(7):70-79.
[73] 武小龙.城乡"共生式"发展研究[D].南京:南京农业大学,2015.
[74] 魏后凯,刘长全.中国农村改革的基本脉络、经验与展望[J].中国农村经济,2019(2):2-18.
[75] 魏后凯.深刻把握城乡融合发展的本质内涵[J].中国农村经济,2020(6):5-8.
[76] 谢璐,韩文龙.数字技术和数字经济助力城乡融合发展的理论逻辑与实现路径[J].农业经济问题,2022,43(11):96-105.
[77] 解建立.国外城乡基本公共服务供给制度安排及其对中国的启示[J].河北师范大学学报(哲学社会科学版),2009,32(4):28-34.
[78] 邢琳.法国农村发展政策(2010—2015年)研究[J].世界农业,2016(6):104-108.
[79] 熊巍.我国农村公共产品供给分析与模式选择[J].中国农村经济,2002(7):36-44.
[80] 叶超,陈明星.国外城乡关系理论演变及其启示[J].中国人口·资源与环境,2008,18(1):34-39.
[81] 杨慧,吕哲臻.市场化与城乡等值化:法国农业农村现代化及其对我国乡村振兴的启示[J].浙江学刊,2022(5):100-110.
[82] 易醇,张爱民.城乡一体化背景下的城乡产业融合协同发展模式研究[J].软科学,2018,32(4):105-109.
[83] 尹恒,朱虹.县级财政生产性支出偏向研究[J].中国社会科学,2011(1):88-101,222.
[84] 张克俊,杜婵.从城乡统筹、城乡一体化到城乡融合发展:继承与升华[J].农村经济,2019(11):19-26.

[85] 张英男,龙花楼,马历,等.城乡关系研究进展及其对乡村振兴的启示[J].地理研究,2019,38(3): 578-594.
[86] 关慧,郑舒婷.美日韩农村公共物品供给的特点与经验借鉴[J].改革与战略,2014,30(6): 129-133.
[87] 赵伟佚,潘玮,李裕瑞.县域内城乡融合发展: 理论内涵与研究进展[J].地理研究,2023,42(6): 1445-1464.
[88] 张林,温涛,刘达.乡村内生性合作金融组织的成长逻辑、现实问题与政策取向——基于农村金融改革试验区的多案例调查研究[J].农业经济问题,2024,45(2): 72-86.
[89] 祖晨阳,郭环洲."城乡融合"理论视阈下我国的城乡统筹发展[J].学术交流,2012(6): 132-134.
[90] 郑振源,蔡继明.城乡融合发展的制度保障: 集体土地与国有土地同权[J].中国农村经济,2019(11): 2-15.
[91] 赵宇,姜海臣.基于农民视角的主要农村公共品供给情况——以山东省 11 个县(市)的 32 个行政村为例[J].中国农村经济,2007(5): 52-62.
[92] 赵鲲,张海阳.中国农业农村政策体系: 发展历程与基本框架[J].中国农村经济,2023(6): 22-31.
[93] 张勋,万广华.中国的农村基础设施促进了包容性增长吗? [J].经济研究,2016,51(10): 82-96.
[94] 张季风.乡村振兴视阈下的城乡融合发展: 日本的实践与启示[J].中国农村经济,2022(12): 124-138.
[95] 周黎安,陈烨.中国农村税费改革的政策效果: 基于双重差分模型的估计[J].经济研究,2005,40(8): 44-53.
[96] 周黎安,陈祎.县级财政负担与地方公共服务: 农村税费改革的影响[J].经济学(季刊),2015,14(2): 417-434.
[97] 周文,赵方,杨飞,等.土地流转、户籍制度改革与中国城市化: 理论与模拟[J].经济研究,2017,52(6): 183-197.
[98] 张立,王波.韩国新村运动及其对我国实施乡村振兴战略的启示[J].韩国研究论丛,2021,(1): 179-191.
[99] 坂下明彦.日本农协的组织、机能及其运营[J].农业经济问题,2000,21(9): 57-61.
[100] Bu D, Liao Y. Land property rights and rural enterprise growth: Evidence from land titling reform in China[J]. Journal of Development Economics, 2022, 157: 102853.
[101] Bhandari P, Ghimire D. Rural agricultural change and individual out-migration[J]. Rural Sociology, 2016, 81(4): 572-600.
[102] Davoudi S, Stead D. Urban-rural relationships: An introduction and brief history[J]. Built Environment, 2002, 28(4): 269-277.
[103] Mike D. A regional network strategy for reciprocal rural-urban linkages: An agenda for policy research with reference to Indonesia[J]. Third World Planning Review, 1998, 20(1): 124-154.

[104] Evans H E, Ngau P. Rural-urban relations, household income diversification and agricultural productivity[J]. Development and Change, 1991, 22(3): 519-545.

[105] Fan S G, Chan-Kang C, Mukherjee A. Rural and urban dynamics and poverty: Evidence from China and India[J]. FCND Discussion Papers, 2005.

[106] Fujita M, Krugman P R, Venables A. The spatial economy: cities, regions and international trade [M]. Cambridge, Mass.: MIT Press, 1999.

[107] Harris J R, Todaro M P. Migration, unemployment and development: a two-sector analysis[J]. The American economic review, 1970, 60(1): 126-142.

[108] He Y H, Zhou G H, Tang C L, et al. The spatial organization pattern of urban-rural integration in urban agglomerations in China: An agglomeration-diffusion analysis of the population and firms[J]. Habitat International, 2019, 87: 54-65.

[109] Krugman P. Increasing returns and economic geography[J]. Journal of Political Economy, 1991, 99(3): 483-499.

[110] Lipton M. Why poor people stay poor. A study of urban bias in world development [M]. Cambridge: Harvard University Press, 1977.

[111] McGee T G. 6. Urbanisasi or kotadesasi? evolving patterns of urbanization in Asia[M]//Frank J C, A K D, Laurence J C, et al. Urbanization in Asia: Spatial Dimensions and Policy Issues. Noble, Honolulu: University of Hawaii Press, 1989.

[112] Ostrom E. Governing the commons: the evolution of institutions for collective action [M]. Cambridge: Cambridge University Press, 1990.

[113] Ostrom E. Beyond markets and states: Polycentric governance of complex economic systems[J]. American Economic Review, 2010, 100(3): 641-672.

[114] Evans H E. Rural-urban linkages and structural transformation[M]. World Bank, Sector Policy and Research, Infrastructure and Urban Development Department, 1990.

[115] Satterthwaite D. Sustainable cities or cities that contribute to sustainable development? [J]. Urban Studies, 1997, 34(10): 1667-1691.

[116] Spence C, Annez B. Urbanization and Growth, Commission on Growth and Development Report [M]. Washington: World Bank Publications, 2009.

[117] Shen M, Shen J. State-led commodification of rural China and the sustainable provision of public goods in question: A case study of Tangjiajia, Nanjing[J]. Journal of Rural Studies, 2022, 93: 449-460.

[118] Song M L, Tao W L. Coupling and coordination analysis of China's regional urban-rural integration and land-use efficiency[J]. Growth and Change, 2022, 53(3): 1384-1413.

[119] Su Y, Tesfazion P, Zhao Z. Where are the migrants from? Inter-vs. intra-provincial rural-urban migration in China[J]. China Economic Review, 2018, 47: 142-155.

[120] Tacoli C. The links between urban and rural development[J]. Environment and urbanization, 2003, 15(1): 3-12.

[121] Tacoli C. Bridging the divide: Rural-urban interactions and livelihood strategies[J]. International

Institute for Environment and Development, 1998, 43(6): 98 - 101.

[122] Tacoli C. Rural-urban interactions: A guide to the literature[J]. Environment and Urbanization, 1998, 10(1): 147 - 166.

[123] Todaro M P. A model of labor migration and urban unemployment in less developed countries[J]. The American Economic Review, 1969, 59(1): 138 - 148.

[124] Wan G, Wang C, Zhang X, et al. Income inequality effect of public utility infrastructure: Evidence from rural China[J]. World Development, 2024, 179: 106594.

[125] Whalley J, Zhang S M. A numerical simulation analysis of (Hukou) labour mobility restrictions in China[J]. Journal of Development Economics, 2007, 83(2): 392 - 410.

[126] Young A. The Razor's edge: Distortions and incremental reform in the People's Republic of China [J]. Quarterly Journal of Economics, 2000, 115(4): 1091 - 1135.

[127] Zhao X X. Land and labor allocation under communal tenure: Theory and evidence from China[J]. Journal of Development Economics, 2020, 147(C): 102526.

第2章　城乡融合发展系统及其机制

2.1　导言

城乡融合发展是人类社会经济发展到一定阶段的必然规律，世界经济发达国家已经先后开展了城乡融合发展的实践，21世纪以来，这已成为我国的基本发展战略。各国的实践表明，由于社会经济制度、资源禀赋和市场条件的不同，尽管城乡融合发展有其基本规律和特征，但各国的发展方式和路径也存在差异。学界对此进行了广泛研究，重点探讨了城乡融合发展的内涵、基本特征、约束因素、动力与运行机制、发展方式等，形成了诸多共识，也产生了很大的争议。特别是我国城乡经济具有鲜明的制度特征，因此，在汲取各国经验的同时，有必要在理论上进一步厘清城乡融合发展的本质特征和内涵，探索一条符合中国实际的发展道路。

城镇和乡村部门不能独立地进行经济活动，形成自身的经济循环；城镇与农村的经济活动是在相互之间进行要素流动、产品交换和空间关联下发生的。城乡经济关系是城乡两个部门经济活动的系统结构、连接方式和内在关联。要清晰地揭示城市与乡村两者的关系，可以从系统论的视角构建城乡融合发展的系统，识别总系统与子系统之间的内在关联，分析城乡融合发展的载体、动力及运行机制等。

本章在综合梳理城乡融合发展理论的基础上，运用系统理论和方法，界定城乡融合发展的内涵，并总结分析相关理论。我们认为，城乡融合应以城乡产业融合、要素双向自由流动、平等交换和公共产品一体化供给、均等化配置为动力，不断提高资源配置效率和要素产出效率，实现资源配置效率改进和产出效率最大化，逐渐消除城乡居民之间的收入、消费和社会福利水平的差异，建立起具有内生增长动力的城乡融合发展系统。

在此基础上，分析我国城乡融合发展的基本特征，识别约束城乡融合发展的关键因素。从系统论视角构建城乡融合发展系统，该系统主要包括城镇和乡村两个子系统，而这两个子系统又各自包含产业融合、要素配置和公共产品供给三类子系统。不同层级的子系统具有开放性、共生性、互补性等特点，彼此相互联系、相互影响，共同构成了城乡高质量融合发展的复合系统。

城乡融合发展的载体包括核心载体、组织载体和空间载体。进一步地，我们深入研究了城乡融合发展的动力，包括子系统内部推动力和融合吸引力，并系统分析城乡融合发展的动力机制、运行机制和分配机制等。本研究为构建中国特色社会主义城乡融合发展理论奠定基础,为我国协同推进城乡融合发展和乡村振兴战略、全面实现城乡融合发展提供理论依据和决策参考。

2.2 城乡融合发展的内涵

城乡融合发展的本质是通过城乡开放和融合,推动形成涵盖经济、社会、治理等多个领域共建共享共荣的城乡生命共同体(魏后凯,2020;康超,2022)。通过实地调研和理论研究,我们认为城乡融合发展的基本目标是城镇居民和乡村农民的收入、消费和社会福利不断增长,在此基础上逐渐消除城乡居民之间的收入、消费和社会福利水平的差异。要实现这一目标,关键在于城乡之间通过资源的自由流动和有效配置达到要素在城乡间自由、公平与共享的状态(崔树强等,2022)。通过促进人口流动、土地资源有效配置,以及资本、人才、技术入乡等,不断提高资源配置效率和要素产出效率,实现资源配置效率的改进及要素产出效率最大化,逐渐消除城乡居民之间的收入、消费和社会福利水平的差异,建立起城乡融合的具有内生增长动力的系统。

城乡融合具有多层次、多领域、全方位的内涵,包括城乡产业融合、城乡要素融合、城乡空间融合、城乡公共基础设施建设及公共服务融合、城乡社会融合、城乡生态环境融合等多方面内容。城乡产业融合是指城乡微观主体根据禀赋条件和市场需求供给产品,通过激发内生增长动力,推进农村一二三产业的融合发展,充分挖掘农村的生态产品价值、旅游、康养、教育功能及价值,在城乡之间形成优势互补、分工合理的产业有机体。城乡要素融合是指促进资本、土地、人才、技术等要素实现双向自由流动,实现平等交换。城乡空间融合是指科学安排生态、农业、城镇等功能空间,统筹城镇和乡村发展,增强农业农村发展活力,推动城乡要素双向流动及平等交换。城乡公共基础设施建设融合涉及将城市交通、通信、供电供水、科教、文化等设施延伸至乡村,实现统一规划、建设、管理和运营。公共服务融合则强调增加对农村基本公共服务的投入,确保城乡教育、医疗、社会保障等方面的均等化供给(李爱民,2019)。城乡生态环境融合意味着城乡物质与能量循环系统的健全,使乡村美丽景观渗透至城市,同时城市环保理念也拓展至乡村地区。这些融合措施有助于促进城乡发展的协调与可持续性。

城乡融合发展的关键是要以城乡要素双向自由流动、平等交换和公共产品一体化供给、均等化配置为重点,以城乡产业融合为动力,以工补农、以城带乡,构建城乡融合发展动力机制,依赖"有效的市场、有为的政府"及社会力量等多元主体作用,统筹推进城乡基本公共服务普惠共享、城乡基础设施一体化供给、城乡产业协同发展、农民收入持续增长,形成工农互促、城乡互补、协调发展、共同繁荣的新型工农城乡关系,加快农业农村现代化和乡村振兴,最终实现城乡居民收入、消费和社会福利水平差距的缩小,即实现城乡居民社会总福利的增进,实现城乡居民的机会均等、权利平等、生活质量均等和社会福利均等化等。

2.3　城乡融合发展的相关理论

城乡关系是社会发展中最基本的关系形态，其历史可以追溯到空想社会主义理论中的城乡发展构想。马克思在其理论中将城乡关系划分为城乡对立、城乡加速分离和城乡融合三个阶段（方创琳，2022）。随着学界对城乡关系的逐步探索，对城乡融合发展概念的理解也不断得到深化。相关理论主要包括城乡二元结构论、人地关系地域系统理论、区域空间结构及空间均衡理论、城乡等值化发展理论和城乡连续体理论等。

1. 城乡二元结构理论

1954 年，美国经济学家刘易斯（W. Arthur Lewis）提出了二元经济理论模型。该理论认为，经济体系中并存着传统农业和现代工业两个部门，农业部门存在大量剩余劳动力。只有通过现代工业部门不断积累资本，吸纳这些剩余劳动力转移，并诱发产业结构演变，才能逐步缩小两部门间劳动力收入的差距，最终使经济由二元结构转变为一元结构（Lewis，1954）。在此基础上，费景汉-拉尼斯模型进一步指出，在工业化进程中，必须保持农业生产率的同步提高，以增加农业部门的剩余，从而进一步释放农业劳动力。这意味着，要保持工业和农业两个部门的平衡增长，以避免经济增长陷入停滞状态（Ranis and Fei，1961）。1961 年，美国经济学家乔根森提出了乔根森模型。该模型认为，农业剩余的出现是农业部门产生剩余劳动力的关键，它决定了劳动力在农业和工业部门之间的分工。而农业劳动力转移的速度，则取决于农业剩余的增长速度以及工业部门的技术进步水平（Jorgenson，1961）。1970 年，美国经济学家托达罗（Michael P. Todaro）提出了关于农村劳动力向城市迁移的决策行为模型。该模型认为，农业劳动力是否迁入城市，取决于其迁入后城乡预期收入差异贴现值之和与迁移成本的差值。若该差值大于 0，则迁移者愿意流入城市；否则，迁移者将不愿意流入（Todaro，1970）。

不难发现，二元经济理论的核心在于将农村剩余劳动力不断转移到城市工业部门，直至两部门劳动力收入差距缩小至均等，经济才能实现从二元向一元的转变。然而，这些理论具有鲜明的城市偏向性，容易引发以牺牲农业农村为代价的城市偏向政策，一些国家的实践已证明这可能会导致不同程度的城乡差距扩大（高帆和张天帷，2023）。同时，这些理论模型在构建时并未充分考虑农业生产的特殊性，也未能兼顾交易成本、制度成本、组织费用、市场风险等因素对劳动力转移和经济结构演变的影响。

2. 人地关系地域系统理论

人地关系地域系统理论是由我国地理学家吴传钧院士提出的，该理论认为“人”（包括人口、社会、经济等要素）和“地”（包括资源、环境等要素）两方面的要素在一定地域范围内通过相互联系、交互作用、耦合渗透而形成的自然—经济—技术综合体（陆大道和郭来喜，1998；刘彦随等，2019）。该理论主要研究人地关系地域系统的形成过程、结构特点和发展趋向,人地关系的空间格局及空间分异规律,不同尺度的各种类型地区人地关系协调发展的优化调控模型等问题。在开放系统条件下,城乡之间的交流强度越来越大,人流、物流、信息流、资金流等构成的流空间,加剧了城乡发展的不均衡,而该理论研究的空间组织新模式也可应用于城乡融合发展模式的研究之中。

根据人地关系地域系统理论,城乡地域系统是由自然、人文、经济等构成的复合系统,城乡地域系统通过要素流、经济流、技术流、信息流等方式相互连接和贯通,村镇空间体系、城乡融合体系,以及城市等级体系构成了完整意义上的乡城地域系统空间体系(刘彦随等,2019,2021)。城镇地域系统内部、乡村地域系统内部,以及城乡地域系统间不断进行物质、能量、信息交换,推动城乡结构与功能不断演化(周德等,2021),最终在一定区域内构成空间镶嵌、结构互补、环境共生、功能耦合、相互作用的有机地域系统(段锴丰等,2023)。该理论为城乡融合研究提供了全局的系统思维,与当前倡导的生态文明建设和全球范围内的可持续发展目标高度契合(樊杰,2018),有助于全面科学地认识中国城乡发展不平衡不充分问题(何仁伟,2018)。但是,该理论未深入探究促进城乡融合的要素流动及资源配置机制。

3. 区域空间结构及空间均衡理论

以农业区位论和工业区位论为代表的古典区位论最早将空间维度引入经济学研究中,致力于研究农业、工业或城市等经济现象的最佳区位,探寻区域经济的空间行为和组织结构特性。以艾萨德和贝克曼为代表的新古典区位论将微观企业的区位论扩展至区域经济增长的研究范围,形成一系列空间集聚与分异理论。以克鲁格曼为代表的新经济地理学将不完全竞争和规模报酬递增假设融入一般均衡模型中,使得空间经济学进入主流经济学范畴。空间可以看作是一种稀缺的经济资源,可以通过要素的空间流动、产业在空间上的集聚与扩散(陈强远等,2016)、政府间的竞争与合作促进发展空间优化,实现区域空间结构一体化和城乡发展一体化的高水平均衡发展。

Myrdal(1957)提出了"循环累积因果"理论,认为经济发达地区和经济落后地区在经济发展过程中存在"回波效应"和"扩散效应"。"回波效应"是指在经济发展过程中,发达地区由于具有技术等优势而吸引落后地区的优质经济资源,对落后地区的经济发展产生不利影响,从而使得两地区经济发展差距拉大的现象。"扩散效应"是指经济发达地区对经济落后地区的发展具有辐射和带动作用。当发达地区处于经济发展的快速阶段时,充分利用自身的资源和优惠政策,同时将落后地区的一部分优质经济资源也吸引过去,实现经济的充分快速发展,此时,这两个地区之间的"回波效应"起显著作用。但是,当发达地区发展到一定程度后,由于人口稠密、交通拥挤、污染严重等,使得发达地区的资源成本和环境成本上升,外部经济和规模经济效益逐渐变小,同时土地利用的约束也越来越强,这使得经济增长开始变缓。此时,"扩散效应"开始起作用,经济发达地区的资本、技术、劳动力等资源开始向经济落后地区扩散,同时经济落后地区也要利用后发优势,快速学习发达地区的先进技术和管理经验,促进自身经济的快速发展,缩小与经济发达地区的差距,直至达到经济发展的平衡状态。克鲁格曼提出的中心-外围模型认为,在经济活动均匀分布的空间中,由于规模报酬递增、交易成本的大小以及产品种类数不同,经济活动本身会产生高密度地区和低密度地区不均衡的经济活动空间分布(Krugman, 1991)。经济活动的集聚程度和离散程度与其离心力和向心力的大小有关。交易成本与离心力的大小呈正向关系,交易成本越大,离心力越大,经济空间越分散;交易成本越小,离心力越小,经济空间越聚集。规模经济程度和消费者为制造业产品支付意愿与向心力的大小呈正向关系。当某个地区由于自身的发展和政策引导等因素,使得其具有一定的吸引力,这种力量不断积累,达到一定的程度就会形成"中心"地区,而其他的地区则成为"外围"区域。在古典空间均衡理论的基础上,学者发展出"三生"空间均衡理论,通过促进生产空间集约高效、生活空间宜居适度、生态空间山清水秀,进一步丰富空间均衡理论的内涵,构成城乡融合发展的逻辑内核(史晓浩和阚小静,2020)。

区域空间结构及空间均衡理论着眼于探究区域内各种社会经济活动与要素在空间中的相互作用及联系,用于反映空间集聚与分异规律,探讨空间差异较大的不同区域如何通过城乡融合路径的选择,取得城乡融合发展的比较优势,实现区域差异化和均衡发展。根据区域空间结构理论,城市地域发挥城市的扩散效应,带动周边乡村发展,最终实现高水平的城乡空间均衡发展。这一理论认识到了城乡社会经济要素的自由流动和空间均衡配置,为城乡空间融合的实施路径提供了指导,也对城乡社会经济要素的空间均衡配置有一定借鉴意义(周德等,2021)。但是,该理论未深入探究促进城乡融合的内生增长动力机制。

4. 城乡等值化发展理论

1950年,德国塞德尔基金会提出了城乡等值化发展的概念,即"生活在农村地区并不意味着生活质量下降",或者"农村和城市地区的居民可能有不同的生活方式,但享有同等的生活水平"(Billaud et al., 1997;Neander and Schrader, 2000)。随后,德国巴伐利亚州开展了城乡等值化试验,通过乡村土地综合整治,建立了城乡等值化发展模式(毕宇珠等,2012)。

城乡等值化理论意味着城市和村庄的居民可能有不同的生活方式,但仍然可以享受同等的生活水平。该理论强调了一种创新的城乡等值化发展模式,即通过明确的措施和运作模式,逐步消除城乡发展的二元结构,使得村庄不仅能够享受与城市相同的基础设施、公共服务、社会保障等,而且能够保护具有田园诗特色的传统文化景观(Liu,2007;Gross et al.,2011),最终实现城乡社会福利和权利的平等(Liu et al.,2013)。根据该理论,城乡融合通过土地整治、基础设施和公共服务建设、社会保障体系建立等手段,大力推动乡村发展,促进城乡要素回报趋同、城乡差距逐步缩小,城乡居民享有同等的权利及社会福利水平,最终实现共同富裕(周德等,2021)。也有学者认为实现城乡融合发展的重要前提是实现资源要素在城乡之间的合理流动,促使城乡在社会、经济和生态等空间分布上的不断优化,使资源要素在城乡之间得到回报,最终实现城乡等值发展(Li,2012;Liu et al.,

2015)。虽然城乡等值化的实施模式及其在中国的适应性还有待验证,但是其“不同类但等值”的思想逐渐成为统筹城乡发展和城乡一体化的重要理论依据(何仁伟,2018;阿布都瓦力·艾百等,2020)。

5. 城乡连续体理论

从思想渊源来看,人类学家 Robert Redfield 最早将“连续体”概念应用于实证研究,他认为“乡土社会”与“都市社会”并非简单的二分或对立,而是存在一个连续的层次(张江华,2015;刘守英和龙婷玉,2022)。城乡连续体理论认为,一个经济体在进入城乡融合阶段后,城市社会与乡村社会的互动增强,经济和社会特征不断相互渗透。城市和乡村的区别不仅在于某一地区的居民人口,还在于人口数量、密度以及具有明显异质性的人类交往模式(刘守英和龙婷玉,2022)。该理论将城市和乡村纳入统一分析框架,强调两者之间的联系和融合(Lichter and Brown, 2011),具体体现为乡村为城市提供农业产品、城市的产业扩张与生活及文化观念的渗透(Winstanley, 1989;张英男等,2019)。通过对经济、政治和社会现象及其成因在不同等级区域上的出现进行分析,有助于更好地理解城乡之间的联系及融合。Von Braun(2007)将城乡连续体概念与区域网络理论结合,探讨了在城乡连续体中要素流动的影响因素。要素在城乡连续体中的流动受到各种成本的影响,如信息成本、运输成本和政策成本。随着这些成本的降低,城乡空间整合将增进,促进农村和城市地区之间的贸易增加,进一步提高城乡融合水平。

2.4 我国城乡融合发展的基本特征、经验及特色

2.4.1 我国城乡融合发展的基本特征

城乡融合发展是中国城乡关系演变的战略目标和根本遵循,也是实现乡村振兴与推进新型城镇化建设的关键举措(赵伟和诸培新,2023;陈坤秋和龙花楼,2019)。当前,我国城乡融合的基本特征可以从经济融合、人口融合及空间融合三个维度进行概括(刘守英和龙婷玉,2022)。

第一,农村社会生活环境和公共服务水平稳步提升,城乡居民生活质量差距缩小。加强农业农村基础设施建设,能够有效畅通城乡经济循环。近年来,为实现城乡基础设施建设互联互通,我国加大了对农村地区的交通道路、农田水利、电力供应等传统基础设施及宽带网络、基站等数字基础设施的投资。这些投资在一定程度上补齐了农村地区基础设施建设短板,改善了农村居民生活环境,并为各种要素资源的扩散提供了便利(方诗乐等,2024),总体上提升了农村居民的社会福祉,有效缩小了城乡居民生活质量差距。稳步开展农村人居环境整治是推动乡村各项事业全面发展的重要举措。以“农村改厕”为例,中央通过为农村改厕提供转移支付,极大地缩小了地区间卫生厕所普及率的差距。2010—2014 年,中央财政共投入 70.7 亿元,支持了 1 683.07 万户无害化卫生厕所建设。截至

2020 年年底，已累计安排 144 亿元中央财政资金推进农村地区“厕所革命”，为降低居民的医疗需求，改善农村居民人居环境作出了巨大贡献（梁超等，2023）。国家卫生健康委统计数据显示，2017 年中国农村卫生厕所普及率已达到 81.8%。推动农村公共服务高质量发展是全面深化乡村振兴的前提。陈浩和王皓月（2022）分析发现，通过提升农村公共服务供给的结构协调和质量均衡，能够最终实现城乡公共服务的融合。因此，要促进乡村振兴和城乡更好地融合，应当积极改善广大农村地区互联互通条件，促进农村地区基础设施和公共服务设施现代化，从而实现乡村地区经济发展水平和改善经济发展结构（周国华等，2018）。

第二，城乡居民收入差距和消费支出比例有所缩小。根据历年国家统计数据，1978—2022 年，城镇居民人均可支配收入从 343.4 元增长至 49 283 元，而农村居民人均可支配收入从 133.57 元增长至 20 133 元。同时，农村居民的恩格尔系数也连续下降，从 1978 年的 64.71%下降至 2022 年的 33.0%。此外，农村居民的消费支出水平也持续提升，2000—2021 年增加了 8.3 倍。随着农村居民收入和消费水平的提升，城乡居民收入和消费支出的差距也在逐渐缩小。对此，政府政策在缩小城乡居民收入差距方面发挥了积极作用。张可云等（2023）研究发现，《国务院关于进一步推进户籍制度改革的意见》在加速农业人口转移市民化的同时，显著提升了农村居民收入水平，为缩小城市内部区县间农村居民的收入差距作出了巨大贡献。杨喆等（2023）利用 PSM - DID 模型发现，国家重点生态功能区的设立能够显著提升当地农村居民收入，实现了生态保护和经济发展协同的绿色减贫效应。汤龙等（2023）的研究表明，通过引导和支持外出农民返乡创业，可以促进第二、第三产业发展，吸引要素流入，从而提升返乡创业试点地区的农村居民收入。此外，政府部门对数字普惠金融、农村电子商务、农业机械化、数字乡村建设等的扶持，以及新型农村集体经济组织建设，都为降低城乡居民收入差距和健全农民持续增收体制机制提供了重要支持。

第三，城乡要素流动更加自由畅通。城乡要素双向自由流动和优化配置，是实现城乡经济良性循环和构建新发展格局的基础（涂圣伟，2021）。改革开放后，劳动力的自由流动率先打破了城乡间经济交流的行政壁垒。劳动力的双向流动是重构城乡关系、促进城乡融合发展最为关键的要素。

现有文献总结了城乡人口流动实现城乡融合和乡村振兴的多种效应，包括减贫效应（张桂文等，2018；周灵灵，2020）、环境治理效应（张延玲和朱清海，2015）、社会治理效应（贺丹，2018）和文化变迁效应（匡立波和黄向阳，2012）。近年来，随着经济转型和经济增长速度放缓，城乡劳动力流动出现了两种新趋势：其一，尽管户籍制度逐渐放松，但我国农村劳动力仍存在持续回流现象（吴方卫和康姣姣，2020）。国家统计局发布的《2022 农民工监测报告》显示，外出农民工增速逐年回落，回流趋势渐强。外出农民工占所有农民工比例也从 2012 年的 62.2%下降至 2022 年的 58.1%。其中，跨省农民工的回流趋势尤为明显，从 2015 年的 7 745 万人下降至 2022 年的 7 061 万人，农民工就业本地化新趋势逐渐显现。学者们从数字普惠金融发展（谭灵芝等，2022）、机器人使用（甄浩和贾男，2022）和乡村地区对低技能劳动力需求提升（Kandel and Parrado，2005）等视角解析了这一现象。其二，实际经济增长萎缩的县域人口外流加剧。芮旸等（2023）以 4 223 个国际级传统村落为研究样本，运用空间统计分析方法发现，中国传统村落人口外流现象普遍且严重，78.74%的村落人口净流出，33.34%的村落人口重度外流。郭远智等（2020）认为自然地理因素是农村人口外流的基础，社会经济因素通过人类活动调节农村人口外流，个人家庭因素通过影响个体迁移决策发挥作用。

在土地资源配置方面，土地市场作为连接城乡发展的关键纽带，对于支撑城乡之间要素的双向流动及优化配置具有重要作用（姜海等，2022；赵伟和诸培新，2023）。近年来，城乡土地资源的流动和配置机制的变化主要发生在农村内部。冀县卿和钱忠好（2018）基于江苏、广西、湖北、黑龙江等 3 省份、1 自治区 99 个样本村的农户入户调查数据发现，我国农民农地流转参与率日趋上升，农户家庭劳动力特征、土地特征、资本特征等变量均会显著影响农地流转，且影响因素存在明显的空间异质性。在经济发达地区，农用地的流转达到了较高的比例，农业生产合作社、经营大户等新型经营主体对流转农地的需求量也日益增加。但经济不发达地区受农业生产投资收益率低下的影响，农地流转率低，且难以形成农地流转的市场机制。此外，我国农地流转还存在着农地流转价格高、村集体角色定位模糊和"离乡不离土"造成的闲置浪费等问题。

第四，城乡产业融合的平台与模式不断涌现。产业持续发展是乡村振兴和城乡融合发展的基石。城乡产业融合对于破解城乡二元结构、确保现代化建设成果惠及城乡居民、推动共同富裕取得实质性进展具有至关重要的意义（庞丹和张晗，2023）。然而，鉴于农业资本产出率和劳动生产率较低的特性，农民仅依靠农业生产难以实现整体富裕。要推动城乡产业融合，就必须在解决城乡要素流动的制度性障碍、城乡产业协同的数字支撑不足等现实问题的基础上，构建城乡互补互促的产业生态，合理进行城乡产业分工（李莉和景普秋，2019）。

近年来，各地区推进城乡产业融合的措施大致可归纳为以下三个方面。首先，利用数字技术打通城乡生产、分配、交换、消费四个环节，畅通城乡经济循环（吴宸梓和白永秀，2023）。一方面，电商和物流业的发展扩大了农产品市场需求，减少了农业生产供给与消费之间的信息不对称，使农业生产更快地与市场接轨（李莉和景普秋，2019）。2023 年，全国农村电商网络零售额达到 2.49 万亿元，同比增长 14.7%，农业数字化转型和农村电商发展态势良好。另一方面，数字技术为城乡产业链的深度融合与升级提供了新要素，促进了城乡产业分工的深化，产生了数字赋能的重生效应（杨梦洁，2021）。在数字技术的赋能下，我国现代农业产业园区建设得到提档升级，2023 年新建国家现代农业产业园 50 个、农业现代化示范区 100 个。其次，政府引导社会资本投入农村，采用"公司+农业""公司+农户+农民合作社"等模式发展规模种植业和特色农业。具体来说，各地区在引入社会资本的基础上，根据自身产业特色和资源禀赋，完善产业加工链，建设各类现代产业园区，发展特色小镇和经济。2023 年新建 40 个优势特色产业集群，形成 200 个农业产业强镇。最后，构建城乡产业协同发展平台。城乡产业融合协同发展模式包括城乡同次产业分工协作模式和农村一二三产业融合互动模式（易醇和张爱民，2018）。通过城乡工业和服务业合作，有助于企业在城乡间重新布局和调整分工，实现城乡产业协同发展。同时，城乡产业协同发展平台的建立，有助于推动农户、农民专业合作社、企业、科研院所等多元主体之间建立互利共赢的利益分配机制，让农民共享更多产业链增值收益。

第五，城乡空间一体化融合发展正在加速推进。城乡空间融合的起点立足于现实的人，它将代表工业化、现代化的现代城镇空间与以生态资源、传统文化资源为优势的古朴乡村空间有机结合，推动城乡空间内权力、资本、社会关系等要素的流动。在城乡土地空间规划和交通设施规划融合的基础上，这一过程旨在提升城乡居民的幸福感受（张扬金和邓观鹏，2021；运迪和贾则琴，2023）。基于城乡统一规划，通过优化城乡功能布局和空间结构，完善城乡交通、供水、垃圾处理、数字基建等基础设施工程，可以建立城乡基础设施一体化发展的体制机制，进而实现城乡空间的一体化发展。

2.4.2　我国城乡融合发展的经验及特色

2019 年 12 月 19 日，国家发展改革委、中央农村工作领导小组办公室等十八部门联合印发了《国家城乡融合发展试验区改革方案》，并公布了 11 个国家城乡融合发展试验区名单。各地区根据我国城乡融合发展现状，遵循城乡经济发展客观规律，分步骤、分区域、有重点地推进城乡融合发展工作。总结来看，主要从城乡统一规划、城乡产业融合、城乡要素融合、城乡公共产品一体化供给、发挥县域经济纽带功能以及城乡融合模式创新等方面进行探索，并取得了丰富的经验（李爱民，2019；张海鹏，2019；魏后凯，2020）。

第一，将城乡统一规划视为推进城乡融合的关键手段。当前，城乡之间的区域失衡和空间分化已成为城乡融合进程中的主要挑战（张英男和龙花楼，2023）。为了加速城乡融合发展，众多地区以统一规划为着力点，推动城乡空间规划的整合，加强空间用途管理，统筹城乡发展空间，完善空间布局，优化乡村发展格局，为城乡融合发展战略提供空间支撑（陆昊，2018；杨开忠，2019；戈大专等，2023）。例如，浙江嘉兴积极实施以区域一体化为顶层设计的协同发展模式，从城乡一体化空间布局入手，构建了“多规合一”的规划体系，形成了以 1 个中心城区、6 个副中心城市、40 个新市镇为骨架的“1640”现代化网络型大城市框架，以及 433 个城乡一体化新社区和 1 102 个传统自然村落保留点的市域布局规划，打造了人口布局合理、基础设施完善、生活环境优良、功能分区科学的新型城乡空间布局体系。同样，陕西省咸阳市武功县通过整合县域资源，着力解决城乡设施衔接和布局问题，发挥其连接设施管网和产业道路、辐射带动偏远村镇的中枢作用，极大地方便了居民的生活。

第二，将城乡产业融合视为推动城乡融合发展的核心动力。产业融合不仅是城乡融合发展的核心，也是经济社会循环体系的重要组成部分。城乡产业协同发展平台为要素融合提供了重要的空间载体（张晓欢，2019 年；翟坤周和侯守杰，2020）。同时，产业融合为农村现代化发展注入了内生动力，成为破解城乡二元结构、推动共同富裕取得实质性进

展的关键手段(徐建国和张勋,2016;庞丹和张晗,2023)。现有关于城乡产业融合的经验可以总结为以下三个方面:

首先,依托各地区的特色产业和基础条件,积极构建城乡产业融合平台,重塑城乡产业链,打造现代化农业产业体系(李莉和景普秋,2019)。具体措施包括:一方面,推动智能监测、精准调控等数字技术融入农业生产环节,以突破乡村产业链条短和农产品附加值不高的瓶颈(庞丹和张晗,2023);另一方面,利用城市的资金、科技、管理等资源培育农业新产业、新业态,如休闲农业、乡村旅游、农村电商等,从而推动农业现代化产业体系的建立,促进农业现代化的发展(陈文胜等,2018)。其次,合理规划地方城乡产业融合发展布局(黄志海,2033年)。各地区在遵循产业发展内在规律的基础上(郑明高,2011),依据自身的区位优势、自然资源条件、特色产业、支持政策、产业体系等因素,对区域产业结构进行合理布局,以充分发挥各自的优势(罗平,2021)。最后,畅通城乡要素自由流动的渠道。加快构建城乡统一的要素市场,推动人才、技术等生产要素从城市向乡村及其周边地区流动,解决城乡产业融合发展内生动力不足的问题。

在城乡产业融合的实践中,江苏省宜兴市和江西省鹰潭市都以园区和特色小镇为载体,打造了城乡产业协同发展平台的先行区空间布局体系。宜兴市依托经济技术开发区的产业基础,积极培育区域特色产业集群,构建了以集成电路、新能源、新材料为三大特色主导产业的体系,加速打造出融入无锡、服务长三角的地标性产业集群。而鹰潭市锦江镇则通过持续推动稻渔综合种养技术的集成示范与推广,逐步建立了稻渔综合种养产业体系、生产体系和经营体系,致力于打造生态绿镇和文旅重镇。此外,四川省邛崃市的城乡产业融合模式创新也为城乡融合发展提供了典型的示范。邛崃市在已有的城乡融合发展经验基础上,广泛探索了多种融合发展模式:一是农村内部融合发展模式,二是产业链延伸型融合发展模式,三是拓展农业功能的农旅发展模式,四是建立农业产业化集群的融合发展模式。这些模式的探索为提升农村经济、完善农民增收机制、缩小城乡差距提供了宝贵的经验支撑。

第三,将县域经济的高质量发展作为支撑城乡融合发展的联结纽带。县域及城镇是我国城乡联系的重要纽带,城乡周边要素流动频繁,产业发展相互支撑,工业和农业互促明显(李爱民,2019;殷广卫和薄文广,2011)。因此,县域可以作为城乡融合发展的先行区和突破口(龙花楼等,2023)。在推进城乡融合发展的过程中,应以县域经济发展为纽带,推动农村要素向城镇集聚,增强中小城市周边的整体发展能力(王春光,2020;李金铮,2020)。同时,应基于县域自然条件、经济特点和社会发展的差异,综合考虑区域特色、产业发展方向、功能定位等因素,构建具有县域特色的现代产业体系(魏后凯,2023)。河南省许昌市通过多种途径挖掘各区县的特色产业潜能,发展特色小镇和特色经济。例如,长葛市依托佛耳湖镇、大周镇的产品专业村,规划建设了蜂业健康小镇,发展了完整的蜂产品加工产业链;襄城县利用其特有的煤田自然资源、烟草及大豆生产优势,发展了村级集体经济;禹州市神垕镇凭借其完整的历史风貌和上千年的钧瓷文化,大力发展了钧瓷产业、文化产业和旅游业,形成了具有鲜明特色、结构完整的钧瓷文化产业集群。

第四，将要素市场化配置作为推动城乡融合发展的重要突破口。总体来看，我国要素市场化程度尚有滞后（徐朝阳等，2020），因此，在推进城乡融合发展的过程中，应着力推动劳动力、土地、资金、技术等要素的市场化配置，促进这些要素在城乡间的自主、有序、高效流动，提升要素配置效率，加快城乡融合发展步伐（骆永民和樊丽明，2015；吴贾等，2015；金成武，2019）。具体而言，为促进城乡要素市场化配置，实践中形成了以下三种实现路径。其一，通过建立全国统一大市场，提高资源配置效率，促进要素双向自由流动、平等交换和均衡配置，增强市场在资源配置中的决定性作用（蔡昉，2005；郭树清，2012）。其二，利用现代信息技术，完善和优化要素市场配置机制。基于大数据算法的现代化信息技术能有效缓解信息不对称问题，精准匹配供需，打破劳动力、资本要素的时空限制，科学引导生产要素流向。资金、信息、技术的外溢效应推动城市经济活动向周边乡村地区扩散，加速现代产业要素与乡村传统产业的融合，从而缓解城乡要素错配现象（周慧等，2022；孔令英等，2023；覃朝晖等，2023）。此外，数字普惠金融这一数字技术与金融相结合的新业态，突破了地域限制，使偏远地区的企业和人口享受到金融服务，引导资本更有效地流向乡村产业和实体经济，为农业发展提供可持续资金，解决城乡资源错配问题，实现城乡经济融合发展（常建新，2021；康超，2022）。其三，通过完善农业转移人口市民化制度、建立城市人才入乡、工商资本入乡激励政策、完善乡村金融服务体系、改革农村承包地制度、稳妥改革农村宅基地制度、建立集体经营性建设用地入市制度、健全财政投入保障制度等措施（程名望等，2014；尹志超等，2015；丰雷等，2019；张吉鹏等，2020）。例如，广东省清远市通过实施《清远市农村耕地整合治理五年行动计划（2018—2022）》，加快了土地流转效率，提高了土地产出率。同时，清远市积极探索多种土地流转形式，在确保农民合理收益的基础上，通过政府鼓励、财政补贴、企业参与、社会投入等方式，引导农户采取出租、转让、托管等形式进行土地流转。土地流转的加速，不仅优化了土地资源配置，还有助于释放劳动力，推动流动人口的快速增长。

第五，以城乡融合模式创新作为激发城乡融合发展的动力之源。在各地的实践中，涌现出了多种城乡产业融合的模式，主要包括特色小镇推动模式、产业发展带动模式、共享农庄发展模式、城乡要素对接模式等（易醇和张爱民，2018）。此外，颜培霞（2021）提出，应以特色村经济转型作为实现城乡融合的空间支点，并提出了以下三种转型模式：高级要素禀赋拓展至乡村特色产业发展，以实现质效的全面提升；生产服务化与乡村特色产业的标准化、规模化发展；农业功能产业化与乡村特色产业的差异化、多样化发展。在总结现有城乡融合发展模式的经验教训基础上，进一步提炼出能够有效推进城乡融合发展的新模式。

第六，推动城乡公共服务一体化和均等化，作为保障城乡融合发展的关键支撑。城乡公共服务一体化和均等化的实施应立足于农村城镇和城市郊区（吴业苗，2013），以维护社会正义、实现社会公平为核心价值和首要导向（吴业苗，2011）。在过去的十年中，通过社会保障制度的改革，农村居民的基本养老和基本医疗制度与城镇居民实现了并轨，农村居民参与基本养老保险和基本医疗保险的人数持续增加，这不仅提升了农村居民的社会福利水平，也缩小了城乡居民在社会保障方面的差距。为了推动义务教育优质均衡发展和城乡一体化建设，各地广泛开展了教联体建设实践。在全教育要素观的指导下，实现了一定区域内基础教育学校管理者、教师、家长、学生、社区成员等“人”的要素，以及基础教育学校环境设备、优质课程、先进教育教学方法等“物”的要素的多维度深度融合，以追求更深层次的优质均衡（刘宇佳和程斯辉，2023）。在县域义务教育领域的改革中，近十年的一项突出政策措施是推动中小学校长和优秀教师在县域范围内的流动，以此加强中小学校之间的教育合作，改善城乡教育资源配置的均等化程度。在医疗供给方面，建立了县级公共卫生防疫体系，重塑了曾经涣散的县域医疗体系。自 2010 年“十二五”规划中首次提出医疗联合体概念以来，部分县域内的各级医疗机构开始尝试建立医疗服务和管理合作的联合体。2017 年 4 月，国务院办公厅印发了《关于推进医疗联合体建设和发展的指导意见》，明确指出要在县域组建医疗联合体。2019 年，国家卫健委启动了紧密型县域医疗卫生联合体建设工作。目前，全国各县市基本上建立了由县级医院、乡镇卫生服务中心和村医疗站组成的医疗体系，并加快建立以县级主要公立医院为核心的医疗共同体。在经济发达地区的省市医院也参与了县域医疗合作体系。例如，浙江省湖州市南浔区在 2021 年出台了《南浔区新时代城乡义务教育共同体建设方案》，旨在推动全区公办中小学教共体建设全覆盖，优化各校师资结构。此外，南浔区通过发挥“医联体+医共体”的组合优势，创新医疗帮扶模式，安排省人民医院专家常态下沉乡镇院区，加强“省区镇村”四级卫生健康服务体系的融会贯通，并以集团运作、一体运作、连续服务的模式确保医共体的分级诊疗体系运行顺畅。

2.5 约束我国城乡融合发展的因素

2.5.1 约束我国城乡总体融合发展的因素

综合已有的研究文献观点，约束我国城乡融合发展的因素主要表现在城乡居民收入和公共服务差距、城乡要素自由流动面临制度性障碍、要素流动、产业融合、制度建设等几个方面。

第一，城乡居民收入和公共服务差距较大。尽管随着城乡融合发展政策的持续推进，以及农业现代化进程的加快，农民收入水平持续得到提升，城乡收入差距总体呈收缩态势。城乡收入差距总体呈现缩小趋势，但下降速度缓慢，差距依然较大。国家统计局公布的数据显示，2022 年城镇居民人均可支配收入为 49 283 元，而农村居民人均可支配收入为 20 133 元，城乡居民收入比仍高达 2.45。已有研究表明，城乡之间的收入差距是发展中国家和转型国家总体不均等的重要组成部分（Shorrocks and Wan，2005；Young，2013；万广华，2008）。就中国而言，城乡差距因素占全国区域不均等比例高达 70%～80%，在相当长的一段时间里，中国区域不均等状况的上升完全是由城乡差距带来的（Wan，2018）。从公共服务角度来看，自党的十八大以来，国家高度重视城乡基本公共服务均等化供给，公共财政对农业农村的支持力度加大，基本公共服务逐步向乡村延伸，城乡居民在医疗保障、义务教育及基本养老保险方面实现了全覆盖。基本公共服务通过兜底和赋能双重渠道，有助于缓解城乡居民收入差距问题（张丽君等，2020；黄寿峰和赵岩，2023）。然而，现阶段农村基础设施建设的短板依然突出，城乡间的基本公共服务供给仍存在很大的差距，在局部地区这一差距甚至可能成为严重影响社会稳定、经济发展的因素（刘成奎和王朝才，2011；周云波等，2023）。2022 年农村地区义务教育阶段本科以上学历专任教师比例为 76.01%，低于全国 81.02%的平均水平；2022 年全国城市最低生活保障平均标准为每人每月 779 元，农村地区低保平均水平为每人每月 615 元，城市是农村的 1.27 倍。近十年来，全国城乡社区综合服务设施覆盖率由 82%提升至 100%，农村地区则由 31.8%提升到 79.5%，距离城市地区的全覆盖水平仍有一定的差距。陈宗胜和杨希雷（2023）通过构建多维综合评价指标体系，分析了近 20 年来中国城乡差别的变动程度和演变趋势，发现收入差距和公共服务差距是城乡综合发展差距扩大的主要因素，贡献率分别高达 30% 和 29%。

第二，城乡要素自由流动面临制度性障碍。城乡二元经济体制是阻碍劳动力、资本、技术、人才等要素在城乡间自由流动的最重要因素。其一，城乡户籍制度和社会保障制度阻碍了人口要素在城乡间的自由配置，剥夺了农民的城市权利，使得农民无法享有与城市市民相同的工资、就业条件及教育、住房、社保等福利，显著提升了城市农民工市民化的社会经济成本（郭冬梅等，2023），从而阻碍了农民工市民化进程。此外，受集体产权制度和土地资源规划约束，城市产业项目及各类人才也难以落户到乡村地区。其二，城乡金融存在严重藩篱。与城市金融相比，农村金融服务在能力、市场结构、经营理念、创新能力、质量效率等方面存在诸多不足（陈一明和李敬，2024）。这导致城市金融资源较少投向农村产业，进而造成农村资金的大量外流。其三，农村土地制度改革滞后于城市，导致了城乡土地市场二元分割和政策扭曲，这阻碍了乡村振兴和城乡产业融合（曲福田和田光明，2011；赵伟和诸培新，2023）。城乡二元土地制度限制了农村的发展权，集体土地进行非农建设受到制度层面的制约，乡村非农发展权利受限，农民大规模离土出村形成了大量宅基地的空置，但当前宅基地入市制度还未完全打通，造成了资源的闲置与浪费。城市土地资源的稀缺和供给不足，以及农村土地资源的闲置与浪费，共同导致了城乡土地资源配置效率的低下（郭冬梅等，2023）。

第三，城乡要素的错配及配置效率的低下。从城乡要素配置效率和要素市场扭曲角度来看，城乡融合是不同资源要素在城乡间交叉流动和互动的有机融合过程，促进城乡要素自由流动是实现城乡融合发展的必要条件（程响和何继新，2018）。影响我国城乡融合发展的主要原因，表现为资源配置进程的异化（王文彬，2019），主要包括农业部门的“人”“地”等要素错配（袁志刚和解栋栋，2011），以及非农部门“资本”等要素错配（刘明辉和卢飞，2019；杨志才和柏培文，2017；刘贯春等，2017；陈伯庚和陈承明，2013）。其中，对农业要素的有效分配可使我国农业总产出上升 40%～50%（吴亚玲等，2022）。农业生产要素配置优化是实施乡村振兴战略的重要环节，而要素的错配不仅导致了“农村空心化”“农业边缘化”“农民老龄化”等问题，还严重制约了我国二元经济结构的转化，阻碍城乡融合发展水平的提升（项继权和周长友，2017；王颂吉和白永秀，2013）。现阶段，我国普遍存在的城乡要素错配将加剧城乡分割和城乡差距现象，引发城乡发展失衡的结构性难题。理论上，在不存在制度性交易成本、市场交易成本及风险等情况下，城乡资本、劳动力、土地要素的边际收益均相同，通过生产要素在城乡间和合理流动能够实现更优的组合。然而，由于受到重工业优先发展战略和城乡二元制度等制约，城市资本和劳动力边际收益较高，资本和劳动力等生产要素将会从乡村单向流动至城市，由此引发城乡要素双向流动不畅，造成了城乡要素错配问题（王颂吉和白永秀，2013；刘明辉和卢飞，2019）。盖庆恩等（2013）的研究表明，中国农业和非农部门间劳动力市场存在扭曲现象，并显著延缓了中国经济结构调整，若消除这种扭曲现象，中国农业劳动力占比将下降，并提升中国劳动生产率。

我国实行的是城市土地国有、农村土地集体所有的二元土地制度，这就使得城乡土地要素不能做到同权同价，这降低了农村土地要素的配置效率。同时，我国土地承包经营权流转市场发育不成熟，土地承包经营权流转成本较高，导致农村家庭无法根据其在务农与外出务工上的比较优势，合理分配劳动力，进一步导致劳动力配置的扭曲（陈媛媛和傅伟，2017）。周文等（2017）构建了一个包含农村和城市两类异质劳动力及农村和城市两类区域用地的内生城市化模型，结论表明，无论是允许土地流转还是户籍制度松绑，都将有更多农村劳动力迁往城市，城市劳动力产出增加，农村劳动力福利大幅改善，城市劳动力的福利仅有少许下降。王颂吉和白永秀（2013）的研究结果也表明，城乡部门生产要素配置与二元经济结构转化密切相关；全国和省际层面的非农部门配置了过多资本和过少劳动力，农业部门则配置了过多劳动力和过少资本。进一步地，参考王颂吉和白永秀（2013）的研究方法，通过测算2003—2020年我国省级层面的农业和非农部门资源错配系数，发现上海市、江苏省、海南省、广东省和浙江省等省市的农业部门相对于基准部门配置了过多的劳动力和过少的资本；而云南省、甘肃省、广西壮族自治区等省份的非农部门则呈现出过多的资本和过少的劳动力的配置格局。

第四，农村内部制度安排及农业市场条件约束了农业现代化进程。从产业融合角度看，我国农业存在资本报酬递减、产业链条短、附加值低、供求结构失衡等一系列问题（蔡昉和王美艳，2016；郭庆海，2018；魏后凯，2016；Li等，2019），非农劳动生产率与农业劳动生产率之比接近4∶1（洪银兴和杨玉珍，2023），这无疑会导致农村产业缺乏竞争力，造成农村产业凋敝、城乡产业分割。造成我国农业生产效率低下的原因大致可以归纳为以下四个方面。其一，农产品种植有其特定的生产周期，受自然灾害、天气、气候等影响较大，存在较高的生产经营风险。其二，家庭联产承包责任制遗留的户均土地规模狭小的负面效应（李晶晶等，2022），使得农业生产实现规模经济的难度较大。因此，在认为农业规模化是农业转型标志的主流观点下，中国长期维系的小规模土地经营形态成为农业生产效率增长的桎梏（刘守英和陈航，2022；郭庆海，2018）。其三，在我国农村“人多地少”的国情背景下,大量农村劳动力流入城镇务工,以及农村人口老龄化加剧等问题使得农村人力资本水平较低,且农户兼业化成为农业生产过程中的普遍现象(江鑫和黄乾,2019)。其四,由于产权边界的模糊和不稳定的制度风险等(程令国等,2016),导致农业生产要素市场交易成本高,签订合同的协调成本、谈判成本高,一些地区会通过挤占部分农业资源以追求经济快速发展,这也不利于农业生产率的提高。此外,农村地区交通、物流、信息通信等生产性基础设施建设与城市相比较为滞后,农村公共服务总体缺乏有效的农民需求表达机制,造成了农村投融资环境较差,引资下乡难度加大,进一步阻碍了农村产业的高质量发展(周云波等,2023;陈浩和王皓月,2022;孙婧文和陆玉麟,2023)。而受"城市—工业"导向的城乡产业发展思想影响,我国长期以来实施的重工业化战略和城市偏向的政策导向(林毅夫等,2003;陈斌开和林毅夫,2013;陆铭和陈钊,2004),更使这一现状"雪上加霜"。在重工业化战略下,城乡产品价格"剪刀差"、偏向城镇工业投资政策、城乡差别的管理体制等,极大地制约了农业产业化发展的进程。过重的农村经济剩余转移致使我国乡村产业发展与城市产业发展相隔离、分化,城乡产业发展差距越拉越大(伍其亮等,2015;李兰冰等,2020)。

第五,城乡基础设施一体化程度存在显著的区域差异。受区域经济发展程度差异的影响,不同类型城市及其周边郊区和乡村区域基础设施一体化程度存在明显的差异。战金艳和鲁奇(2003)运用灰色关联法,构建了基础设施与城乡一体化关联模型,测算发现中国区域基础设施与城乡一体化发展的关联水平存在明显的东、中、西空间差异,并随不同时期区域政策的变化而有所波动。城市群地区城乡间基础设施基本实现了互联互通,处于高水平城乡融合迈进阶段。区域性中心城市周边近郊区,基础设施一体化程度尚可,具备了实现基础设施互联互通的条件。但广大中西部县城及乡村的基础设施条件较为一般,特别是农村人居环境改善仍面临较大的挑战。农村生活基础设施供给不足,使得农村人居环境难以改善,严重阻碍了农村居民获得感、安全感及幸福感的提升,最终导致了农村经济内生发展能力的缺失,从而不利于城乡融合发展(周云波等,2023)。

第六,城乡二元制度阻碍了城乡经济社会的全面融合。从制度建设方面来看,我国长期实行的城乡二元土地配置制度、户籍制度、公共服务与社会保障制度、社会治理制度等,不仅使得大量农村劳动力被束缚在资源和工作机会本就匮乏的农村(Glaeser,2011;Spence et al.,2009;Wan and Lu,2018),也减少了移民在城市中的就业机会(罗知等,2018),甚至可能抵消政府为缩小城乡收入差距所做努力的效果(李丹和裴育,2019),进而造成效率损失,导致城乡收入差距的扩大。已有研究显示,城乡收入差距是发展中国家和转型国家总体不平等的重要组成部分(Shorrocks and Wan,2005;Young,2013;万广华,2008)。针对中国的情况,城乡差距在全国区域不平等中的占比高达70%~80%;在很长一段时间内,中国区域不平等程度的加剧几乎完全是由城乡差距引起的(Wan,2018)。更为关键的是,城乡二元分割的制度体系还导致了农村公共品供给的滞后(陆铭和陈钊,2004)、乡村治理与城市治理缺乏有效衔接,使乡村沦为城市的

“附庸”(徐勇,2016),并且难以享受到工业化与城镇化带来的土地增值收益(李江涛等,2020)。这些因素都是城乡发展差异日益扩大的主要原因,严重阻碍了城乡融合的进程(刘守英,2014;张勋和万广华,2016;蔡昉和杨涛,2000;章元和王昊,2011;万海远和李实,2013;孟凡强和邓保国,2014)。陈宗胜和杨希雷(2023)通过构建多维综合评价指标体系,分析了近20年来中国城乡差别的变动程度及其演变趋势。他们发现,收入财富差距和公共服务差距是导致城乡综合发展差距扩大的主要因素,其贡献率分别达到30%和29%。

2.5.2 约束城乡产业融合的因素

除了上述总体上制约城乡融合发展的因素外一些因素还约束了城乡产业的融合发展,主要包括要素的边际报酬、生产方式、农业结构、制度建设等方面。

第一,农业生产边际收益递减和边际劳动力生产效率低下。从要素的边际报酬角度来看,农业生产的边际收益递减和边际劳动力生产率低下导致了农业缺乏市场竞争力。城市土地资源的稀缺、供给不足,以及农村土地资源的闲置与浪费,造成了城乡土地资源配置效率的低下(郭冬梅等,2023),从而严重制约了城乡产业的融合。其机制体现在,作为劳动要素的农民从事农业生产时,与土地等资源的配合效率较低,农业资本和劳动力的报酬递减,导致农村产业过度依赖国家财政补贴,缺乏自立性和竞争力(蔡昉和王美艳,2016)。

第二,农业产业链短,产业同质化严重,价值链的增值效应低下。从经济生产方式来看,受限于小农经济生产方式和传统体制机制,农村产业存在产业链条短、附加值低、带动能力弱的问题。产业链的组织化和一体化程度不高,农民参与和分享机制的流畅性不足。2021年,第一产业增加值仅占GDP的7.3%,而第一产业就业占总就业比重为22.9%,这意味着22.9%的劳动力仅创造了7.3%的增加值,这直接导致了城乡收入差距的进一步扩大。同时,我国农业的小规模经营状况依然显著。2022年,经营耕地10亩以下的农户占比达85.3%,10~30亩的占10.5%,30~50亩的占2.5%,50~100亩的占1.1%。这种小农户经营的农业生产模式面临着更高的交易成本和生产成本(王国敏和常璇,2017),难以满足现代科技条件下的农业品质和绿色革命要求,成为农业产业链中最薄弱的环节(郭庆海,2018;洪银兴和杨玉珍,2023)。小农户“以需定供”的意识和能力不足,农业的创新力、竞争力、生产效率不高,这些问题导致农业产业链特色不明显、产业同质化问题严重。这不仅使得农民难以分享产业链的增值(姜长云,2018),也阻碍了城市生产要素和资源向农村流动、建厂扩张的意愿。此外,农村产业经营主体与其他业态之间的协同性较差。各生产经营主体(如养殖户、家庭农场、生产合作社等)尚未有效建立产业协同和利益共同体的体制机制,产业衍生发展和融合发展的现代化公共服务建设进程缓慢,现有产业生产加工等环节的联动性和协作性不足,目前难以在发挥农村价值的基础上实现城乡产业的互联互通。

第三，农业结构相对固化，难以适应市场需求适时调整。从农业结构性矛盾来看，在农业现代化的进程中，资源过度消耗、基础设施和技术装备落后、生产经营组织化程度低、农产品供求结构失衡、质量和安全问题等深层次结构性矛盾日益突出。据农业农村部的调研报告，我国每年在流通环节的农产品损耗率比发达国家高出20%~25%。此外，我国农作物亩均化肥用量是世界平均水平的2.7倍，农业发展呈现出"高耗能、高污染"的模式。虽然互联网农业、智慧农业和休闲农业正在迅速取代传统农业业态，但高附加值农产品较少，高端农业占比不高，农产品电商经营主体规模小、分布散、监管难等问题显著，从生产者到需求者的网上直销渠道尚不畅通，这些问题严重制约了城乡产业的融合（魏后凯，2016；Li et al.，2019）。

第四，城乡二元制度使农村产业发展缺乏资金的支持。从制度建设角度分析，在"城市—工业"导向的发展模式下，重工业化战略和城市偏向的政策导向导致了农业经济剩余向工业的转移，虽然有助于快速建立完整的工业体系，但同时也加剧了传统农业部门与现代工业部门的分离，形成了二元结构（林毅夫等，2003；陈斌开和林毅夫，2013；陆铭和陈钊，2004）。政府通过实施工农业产品价格"剪刀差"、偏重城镇国有部门工业投资等政策，将农业利润转化为城市工业积累（伍其亮等，2015），导致农村产业发展背负了过重的负担，农业经济难以实现正常积累。加之城乡差异化的管理体制，如户籍管理制度，以及由此派生的社会保障、财税、投资、就业等制度差异，进一步加剧了我国乡村产业发展与城市产业发展的隔离和分化，城乡产业差距不断扩大（任迎伟和胡国平，2008）。尽管国家提出了"工业反哺农业、城市带动乡村"的口号，并出台了相关政策，但这些措施仍未能有效缓解城乡之间的不协调关系（姜长云，2018）。若再考虑劳动生产率、科学技术水平、社会保障、医疗卫生、社会文化、教育、基础设施建设等产业背景条件，城乡产业差距更难以用数字来衡量（任迎伟和胡国平，2008；杜漸，2014）。

2.5.3 约束城乡劳动力流动的因素

由于长期存在的城乡分割的户籍管理制度、社会保障制度等，农村劳动力在向第二、第三产业转移的过程中遭遇了许多体制性和政策性的障碍，从而衍生出城乡二元分割的劳动力市场。这种劳动力市场的扭曲限制了农村劳动力的自由流动，导致劳动力滞留在农村，造成了显著的效率损失（盖庆恩等，2013）。同时，劳动力市场的扭曲也影响了农村劳动力向非农领域的流转，进而延缓或阻碍了城乡收入差距的缩小，对城乡融合发展产生了不利影响（Whalley and Zhang，2007；袁志刚和解栋栋，2011）。总体上来说，农村劳动力流动中存在的突出问题主要有以下几点。

第一，农村劳动力流动过程中就业机会和收入不平等。与城市劳动力相比，农村劳动力在就业机会上遭受"进入"歧视等限制，且在工资报酬上存在同工不同酬的现象（余向华和陈雪娟，2012）。谢嗣胜和姚先国（2006）通过分析浙江省企业调查数据和农村劳动力流动调查数据，对农民工与城市职工的工资差异进行了解释，发现55.2%的工资差异归因于歧视性因素，其中对农民工的直接歧视占36.2%，对城市职工的制度性保护占19.0%。此外，由于农村劳动力文化程度不高、技能水平较低，他们往往在城市从事较低层次、以体力劳动为主的工作，这也是其就业收入普遍较低的原因（张平，1998）。

第二，农村劳动力流动过程中公共服务和社会福利等得不到保障。农村劳动力在城市享有的公共服务、子女教育资源等权益难以得到保障，这显著提高了城市农民工市民化的社会经济成本（郭冬梅等，2023）。在社会保障和劳保福利方面，由于缺乏相应的政策和法律保护以及有效监督，农民工的社会保障和劳保福利远低于城市职工，甚至没有保障（陈云松和张翼，2015）。"同工不同酬"的收入不平等逐渐演变为"同工不同保"的社会保险不平等（章莉等，2023）。《农民工监测调查报告》显示，2008—2014年，外出农民工参加职工基本养老保险的比例仅从9.8%上升至16.4%，远低于同期城镇就业人员的参保率。无法享有与城市市民同等的社会保障待遇，导致农民工无法真正融入城市，这已成为学界的共识（韩俊强和孟颖颖，2013）。

第三，农村劳动力流动过程中难以获得市民身份。由于户籍、土地等制度约束，农民与市民之间存在身份上的刚性隔离。随着户籍逐渐与社会保障、公共服务、权益待遇等挂钩，农村劳动力在流动过程中难以实现"市民化"，这本质上是户籍分割下的就业歧视，阻碍了他们真正融入城市，进一步阻碍了城乡融合发展（蔡昉，2013；张吉鹏等，2020；马草原等，2023）。

此外，农村劳动力转移后，家庭分离导致的留守成员福利和社会需求长期被忽视（李强和臧文斌，2011；魏东霞和谌新民，2018；吴培才，2020），这加剧了城乡之间的发展不联动。乡村劳动力减少，出现了"空心村"等现象（项继权和周长友，2017；王颂吉和白永秀，2013；李玉红和王皓，2020），对粮食安全也产生了影响（程名望等，2015），乡村因此陷入发展困境。有学者认为，消除劳动力迁移的所有障碍后，劳动生产率将得到提高（Bryan and Morten，2019）。

2.5.4 约束城乡土地要素有效配置的因素

工业化和城镇化的快速推进带动了农业现代化和农村经济的发展，农村居民消费和收入水平持续较快增长，城乡收入差距不断缩小，城乡关系进入城乡互动融合的新阶段（Gao et al.，2018）。生产要素在城乡之间的双向配置与互动不断增强，土地在城乡之间的配置和资本化加快（刘守英，2019）。但是，城乡土地二元市场的格局依旧存在，土地资源的配置和流转中还存在一些突出的问题，具体可以归纳为以下几点。

第一，农地流转市场发育不充分、不平衡。尽管国家出台了众多相关政策大力推进农地经营权的市场化，以期通过农地流转集中，改善经营的规模性，提高生产效率，但与农业劳动力大量转移相比，我国农地流转的发生率依然严重滞后。同时，农地流转市场发育程度呈现出明显的区域不平衡现象（罗必良等，2019）。上述现象导致了农村家庭无法根据其在务农与外出务工的比较优势，合理分配劳动力，进一步导致劳动力配置的扭曲（陈媛媛和傅伟，2017）。

第二，城乡土地要素市场分割明显。城乡两类要素市场发育程度存在非同步情况，农村土地制度改革滞后于城市改革，造成了城市土地市场化程度远高于农村土地市场化程度，城乡土地要素市场存在分割现象。由此导致城乡土地要素价格也存在较大差异（郑新立，2018）。2013 年城市土地价格是农村土地的 2.73 倍，2018 年这一差距进一步扩大到 5.09 倍，城乡土地要素价格差异在不断扩大。

第三，城乡土地的权利不能平等共享。以产权为载体的土地要素平等自由交换是城乡融合发展的前提条件和重要维度（许恒周和牛坤，2023）。然而，由于市民和农民之间的土地权利存在不对等，使得农民无法分享城镇化、工业化的收益，由此加剧了城乡发展不平衡程度（郑振源和蔡继明，2019）。

2.5.5　约束城乡公共产品均衡化供给的因素

公共产品供给在乡村振兴和城乡融合发展中扮演着基础性的角色。完善公共产品供给机制，能够有效提升农村的教育、医疗、社会保障水平，改善农村人力资本和劳动力素质，从而推动城乡融合发展（洪银兴等，2018；程名望等，2015）。众多学者通过公共产品领域的实证研究证实，推动城乡公共服务均等化有助于缩小城乡收入差距，加快城乡融合发展步伐（范剑勇，2006；马红旗等，2017）。此外，城乡在基础设施与公共服务等方面的同质融合，能够减少城乡要素流动的"偏好差"，加快要素流动节奏，缩短城乡时空距离，提高经济效率。

然而，总体来看，我国农村公共产品供给面临总量不足、结构失衡、供给效率低下等问题（李扬和张晓晶，2015；刘成奎和王朝才，2011；周云波等，2023）。中国城乡公共产品供给呈现出典型的二元体制机制特征，城市公共产品主要由政府提供，而乡村公共产品则主要由农村集体及农民负担，导致乡村公共产品供给严重不足（安体富和任强，2007），这大大阻碍了城乡融合发展的进程。据相关数据，乡村普通小学办学条件达标率仅为 83%~86%，低于城市普通小学 3~7 个百分点（《中国农村教育发展报告 2019》）。乡镇卫生院医疗卫生机构床位数占全国医疗卫生机构床位数的比例近年来维持在 15%左右（《中国卫生健康统计年鉴 2022》），远低于发达国家的 30%水平。此外，农民在基本社会保障、公共就业服务、公共文化体育设施等方面与城镇居民存在明显差距。农村生活基础公共设施供给不足，使得农村人居环境改善困难，严重影响了农村居民的获得感、安全感及幸福感，最终导致农村经济内生发展能力的缺失，不利于城乡融合发展（周云波等，2023）。因此，在城乡融合发展过程中，我们不仅要加快改善农村基础设施和公共服务，推进城乡基本公共服务均等化，还必须加快完善农村社会保障制度、健全城乡一体的公共就业服务体系和社会福利体系，以促进城乡基本公共服务均等化。

2.6 我国城乡融合发展系统的建构

2.6.1 城乡融合发展系统的构成及主要特征

城乡融合发展是指在城乡居民收入、消费和社会福利水平持续提升的基础上，不断缩小城乡差距，增进城乡居民的总体福利，最终实现城乡间要素报酬和居民福利的趋同。这种发展模式是城镇和乡村两个功能不同的系统相互作用、共同演进所形成的一种新发展形态。由于资源禀赋、自然环境、经济条件和社会结构的不同，这两个系统的经济活动在城乡之间存在较大差异。特别是在制度壁垒、自然垄断和技术条件的限制下，系统之间及其内部难以形成促进城乡融合发展的结构关系。在实现城乡融合发展的过程中，应将城镇和乡村视为一个有机整体，消除要素流动的制度性障碍，打破城镇与乡村之间的差别对待和条块分割，促进城乡要素的自由流动和平等交换，以及公共产品的均衡配置。同时，要确保城乡参与主体之间的公平性，推动形成城乡协调共生、良性互动、深度融合的发展格局，以实现要素报酬和居民福利的趋同。城镇与乡村应相互开放，系统内部与外部环境之间不断进行物质、能量、信息、技术和人力资源的双向互动。城镇和乡村互为商品、原料、知识和技术的来源地及市场。因此，城镇与乡村的空间界限逐渐模糊，城乡空间最终趋向一体化，使得城镇和乡村从相对独立和分散的状态，转变为一个功能互补、共生发展的统一体。

在现实经济活动中，存在着多种经济要素和市场，其中一些是影响城乡融合发展的关键。有必要识别这些关键要素和市场，并构建城乡融合发展的各个子系统，例如产业融合子系统、劳动力要素配置子系统、土地资源配置子系统、公共基础设施子系统、公共服务与社会治理子系统等。这些子系统共同构成了城乡融合发展的总系统。在城乡融合发展和一体化的背景下，系统之间以及系统内部存在着紧密的互动、协调和共生关系。城乡融合发展系统主要包含城镇和乡村两个子系统，这两个子系统又各自包含产业融合、要素配置和公共产品供给三类子系统，具体见图 2.1。不同层级的子系统具有开放性、共生性和互补性等特点，它们相互联系、相互影响，共同构成了一个城乡高质量融合发展的复合系统。

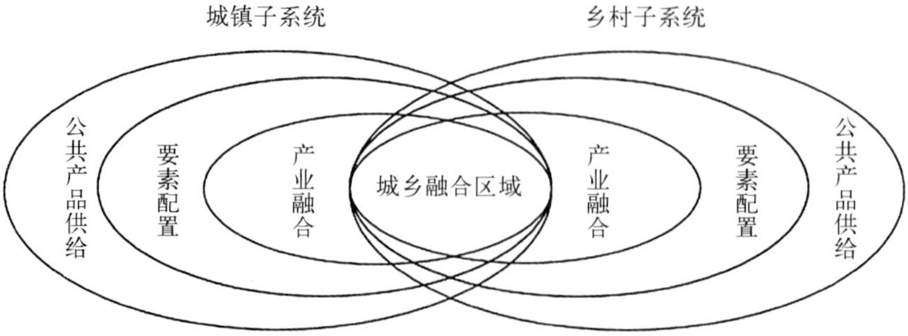

图 2.1 城乡融合发展系统构建

各子系统之间以及系统与外界环境持续进行物质、能量、信息、技术和人力资源的交换与互动。作为系统组成部分的各类主体，根据环境和条件的变化，主动学习并适时调整自身行为。在城镇和乡村两个子系统相互融合的过程中，系统的各组分通过集聚、扩散、循环往复，使得系统的有序程度不断提升，城镇与乡村的空间界限逐渐模糊，最终形成新的地域空间组织——城乡融合区域。

对于城镇、乡村两大子系统，其在产业融合、要素配置和公共产品供给方面的特征及功能如下（朱鹏华，2022）。

（1）城镇子系统

在产业发展方面，城镇主要以生产和提供工业产品与服务商品为主，以工业和服务业为支柱，其中服务业的比重持续上升，战略性新兴产业和高技术制造业的增长速度也较快。经济组织化程度较高，大多数中大型企业已建立现代企业制度，商事制度改革正稳步推进，创新创业环境良好。在要素配置方面，要素市场逐步完善，要素流动顺畅，商品市场已基本健全。劳动力资源总体较为丰富，但存在结构性短缺，对高科技、高技能人才的需求持续增长。土地国家所有，城市土地使用权的出让与转让市场已基本健全。资金相对充足，城市金融体系已基本健全。经济领域的科技创新体制机制较为健全，但仍有待进一步深化改革。在公共产品供给方面，提供了完善的义务教育、医疗卫生体系，健全的社会保障体系，便捷的交通运输网络，消费领域涵盖购物和娱乐等丰富多样，社区建设与治理水平较高。

（2）乡村子系统

在产业发展方面，乡村主要生产农产品和手工业品等，同时为工业提供原材料，并向城镇供应农产品。在产业结构上，农业占据绝对主导地位，而工业和服务业正在迅速发展，农业结构正在经历优化调整，从增产导向转向提质导向。经济组织化程度总体偏低，小农户占据较大比例，新型的农业经营主体数量逐渐增加。在要素配置方面，要素的流动性正在增强，商品化进程尚未完成，商品市场和要素市场尚未健全。农村劳动力相对过剩，劳动力持续外流，且转移的劳动力普遍年龄较大、教育水平较低。土地归集体所有，农户拥有承包权和经营权，农户承包的土地经营权可以依法流转，农村集体经营性建设用地可以入市交易，享有与国有土地同等的权利。公共财政对“三农”的支持力度逐年加大，但农村资金存在结构性短缺，适应农业农村特点的金融体系正在逐步建立和完善。农村经济领域的科技发展依赖城市，缺乏独立的创新能力。

由于城镇和乡村这两个子系统在产业融合、要素配置和公共产品供给等方面仍存在显著差异，我们应当通过相互交流、相互联动，并建立和完善相关制度，以实现系统的优化。这将有助于打破彼此之间的封闭、隔离与分散格局，形成产业联系更加紧密、功能互补互促、要素流动通畅、公共产品供给均等化，并最终融为一体的城乡融合发展系统。在产业融合子系统中，我们需要重点关注城乡生产力的合理分工和优化布局，以促进生产效率的最大化。在要素配置子系统中，关键在于消除资本、土地、劳动力、技术等要素在城乡之间自由流动和平等交换所遭遇的制度性障碍，以此来降低交易成本和减少要素配置的扭曲。在公共产品供给子系统中，关键是要推动基础设施的一体化建设和公共服务的均衡分配。具体内容见表 2.1。

表 2.1　城乡融合发展各子系统的主要功能特征

子系统	城镇系统	乡村系统
产业融合系统	1. 提供商品：生产工业产品和服务商品。 2. 产业结构：以工业和服务业为主，且服务业比重正在加速增长，战略性新兴产业和高技术制造业增长速度较快。 3. 经济组织：组织化程度高。大部分大中型企业建立起现代企业制度。商事制度改革持续深化，创业方便快捷	1. 提供商品：生产农产品、手工业品等。 2. 提供原料：为工业提供原材料。 3. 产业结构：以农业为绝对主体，工业和服务业正在快速发展，农业结构正在优化调整，由增产导向转向提质导向。 4. 经济组织：整体组织化程度不高，小农户占比大，新型农业经营主体逐步增多
要素配置系统	1. 商品和要素市场：商品化基本结束，要素流动较为畅通。商品市场基本完备，要素市场正在健全。 2. 劳动力：人力资源总体丰富，但结构性短缺。高科技、高技能人才需求旺盛。 3. 土地：国家所有，城市土地使用权出让市场和转让市场基本健全。 4. 资金：资金相对充裕，城市金融体系基本健全。 5. 科技：经济领域的科技创新体制机制比较健全，但仍需要继续深化改革	1. 商品和要素市场：商品化进程仍未结束，要素流动性正在加速。商品市场和要素市场还不完备。 2. 劳动力：劳动力持续转移。劳动力相对过剩，且年龄偏大、受教育程度低。 3. 土地：集体所有，农户具有承包权、经营权、农户承包的土地经营权可依法流转，农村集体经营性建设用地可入市，并与国有土地同地同权。 4. 资金：公共财政向“三农”倾斜力度逐年增大，资金结构性短缺，适合农业农村特点的农村金融体系正在健全。 5. 科技：经济领域的科技发展依附于城市，自主创新能力不足
公共产品供给系统	1. 教育培训：提供高等教育、职业教育。 2. 医疗卫生：发达的医疗卫生系统。 3. 社会保障：健全的社保体系，保障水平高。 4. 交通运输：飞机、火车、汽车、港口等。 5. 购物娱乐：丰富、方便、多样化。 6. 城镇旅游：人工化的城市景观。 7. 基层治理：城市社区居民自治	1. 基础教育：提供义务教育。 2. 医疗卫生：提供基本的门诊医疗。 3. 社会保障：新农合、新农保，保障水平低。 4. 乡村旅游：自然、田园、民俗风光，农家乐。 5. 乡村养老：提供现代、田园、自然式的养老。 6. 基层治理：农村村民自治

2.6.2　城乡融合发展的载体

城乡融合的参与主体涵盖城镇与农村两大子系统内的企业、居民、政府部门和社会组织等。这些参与主体各自拥有不同的目标。企业的目标是基于成本收益的利润最大化，它们通过运用资本、劳动力、土地等生产要素，在既定的生产率和客观生产条件下，努力实现利润最大化。值得注意的是，区域基础设施水平对企业生产率有着显著影响。企业类型包括农业企业、农村工业、服务业以及城市工业和服务业企业等。居民的目标是在预算约束下实现效用最大化，其效用函数与农产品、工业品消费以及公共服务的供给紧密相关。政府的目标不仅包括提供基础设施和公共服务，更重要的是通过制度创新、政策供给和政府投入等方式，推动城乡融合发展。

城镇和乡村各子系统之间的融合还需要有效的载体才能展开。综合来看，我们认为城乡融合的载体包括核心载体、组织载体和空间载体，见表 2.2。

表 2.2　城乡融合发展系统的载体

类　型	具　体　内　容
核心载体	人的流动。包括农村人口向城镇转移、城镇人才与返乡创业人员向乡村的流动、城镇教师到乡村的轮岗交流、城镇医生下乡帮扶、科技特派员等
组织载体	城乡间各类组织。一是农业企业、家庭农场、农民专业合作社、农业社会化服务组织等各类经济组织；二是政府部门、党建部门、工会组织等各类政府组织；三是行业协会商会、科技服务组织、社会服务机构、农村合作医疗组织等社会组织
空间载体	以县城、中心镇、专业区为城乡融合的空间载体。在县城、中心镇率先突破要素平等交换、双向流动的制度壁垒，率先实现基础设施一体化供给及公共服务均等化，促进发展要素、各类服务更多下乡，提高要素配置效率。以专业区为连接城镇的空间载体，推动乡村一二三产业融合发展，实现城乡产业链条的对接，推动乡村经济多元化发展

（1）核心载体：城乡间流动的人口和人力资本。城乡间流动的人口和人力资本是城乡互动、交流和融合的核心。教师轮岗交流制度、城镇医生下乡帮扶、科技特派员等在县域内推动了城乡物质、服务、能量、信息等要素的流动。外出务工人员回乡创业和大学生村官赴任则提升了乡村治理水平。

（2）组织载体：城乡间各类组织。具体可分为三类：一是农业企业、家庭农场、农民专业合作社、农业社会化服务组织等各类经济组织；二是政府部门、党建部门、工会组织等各类政府组织；三是行业协会商会、科技服务组织、社会服务机构、农村合作医疗组织等社会组织。

（3）空间载体：县城、中心镇、专业区。强化县城、专业区作为畅通城乡要素流动的载体。县城是城乡经济循环的交汇点，也是城乡要素跨界配置的天然载体，强化县城功能，有利于更好地促进城乡资源要素有序流动。为此，应加大县、乡、村公共服务资源投入和统筹配置力度，提高县城综合承载能力，赋予县城更多资源整合使用的自主权，在县城、中心镇率先突破要素平等交换、双向流动的制度壁垒，促进发展要素、各类服务更多下乡，提高要素配置效率。以专业区为连接城镇的空间载体，推动乡村一二三产业融合发展，实现城乡产业链条的对接，推动乡村经济多元化发展。

2.6.3　城乡融合发展系统的动力

从经济学的角度来看，城乡融合发展是城乡资源和要素双向流动、重组和配置的过程。从系统论的角度出发，这一过程的作用力来自两个方面：子系统内部的推动力、新系统的吸引力或拉力。

第一，城乡融合子系统内部的融合推动力。具体包括：（1）城乡经济二元结构导致城乡经济发展和收入差距不断扩大，并加剧了城乡社会分化（刘明辉，2019），经济社会现代化迫切要求变革城乡分割的经济社会制度；（2）城乡产业发展不协调，城乡经济要素边际收益存在比较大的差异,但乡村产业发展促使经济要素的边际收益逐渐增加,推动城市资源和要素开始向乡村流动,乡村也积极主动地承接城市的投资或产业转移,从而形成城乡经济要素边际收益的平衡状态;(3) 城乡基础设施和公共服务水平的差距逐渐加大,促进城乡基础设施一体化供给和公共服务均等化供给,有效满足乡村基础设施和公共服务需求是城乡社会融合推力的具体体现(赵志强和范建刚,2023);(4) 城市基层治理和乡村基层治理需要相互交流融合,也形成了推动融合的内在动力。

第二,城乡融合新系统的融合吸引力或拉力。城乡融合程度的提升,可以创造巨大的经济发展潜力和市场潜能,也能提升区域总体的居民收入和社会福利水平。具体包括:

(1) 健全城乡统一的要素市场,打造促进城乡要素合理流动和平等交换的通道或场域,是推动城乡融合新系统融合的重要拉力。促进城乡要素双向流动和平等交换,必须建立畅通的通道,关键在于建立城乡统一的要素市场,消除制度性的壁垒或障碍。为此,应着力健全城乡统一的劳动力和土地市场,统筹城乡人口流动和土地资源优化配置,确保城乡要素的双向流动畅通无阻。城乡要素双向有序流动是建立在城乡双向开放的基础上的,既要消除要素由乡入城的制度性和政策性障碍,也要破除城镇要素入乡过程中的障碍和堵点,涵盖但不限于下乡群体用地保障、财产权益保护等问题。此外,实现城乡要素双向流动和平等交换,取决于城乡地位的平等化,以及城乡各自功能的有效发挥,进而形成相互补充、互惠互利、具有多样性和灵活性的功能体系。

(2) 深化城乡要素市场化配置改革,畅通城乡要素流动,构建促进城乡融合新系统融合的核心拉力。要素市场化配置改革是推动要素有序流动、提高要素配置效率的重要途径(涂圣伟,2023)。针对劳动力、资本、技术等具有流动性的要素,关键在于进一步消除城市要素向乡村流动的制度性壁垒。而对于土地等不可流动的要素,则重点需要赋予对等的要素财产权利,建立起城乡统一的土地市场。同时,需要协同推进配套改革,例如完善农村社会保障制度、建立农业转移人口市民化成本分担机制等,为要素市场化改革创设有利条件。此外,还需要健全城镇资源要素向乡村流动的长效机制,从农村信用体系建设、法治乡村建设、社会资本合法权益保护、返乡入乡创新创业系统化支持政策等方面入手,加强对城镇资源要素向乡村流动的引导和激励措施。

(3) 建立健全城乡基础设施一体化发展的体制机制,促进城乡公共服务普惠共享,形成促进城乡融合新系统融合的支撑动力。首先,需要建立健全城乡基础设施一体化发展的体制机制,加快推动乡村基础设施升级改造,实现城乡基础设施规划、建设和管护的统一。在此基础上,建立健全有利于城乡基本公共服务均等化的体制机制,推动公共服务向农村延伸、社会事业向农村覆盖,建立全民覆盖、普惠共享、城乡一体的基本公共服务体系,推动城乡基本公共服务标准统一、制度并轨。在教育方面,建立城乡教育资源均衡配置机制。优先发展农村教育,促使各类教育资源下沉到乡村,建立以城带乡、综合推进、城乡一体、均衡发展的义务教育发展机制。在医疗卫生领域,完善乡村医疗卫生服务体系,建立健全相关政策制度,统筹加强乡村医疗卫生人才和医疗卫生服务设施建设,并通过鼓励县级医院和乡村卫生所建立医疗共同体,激励城市大医院提供远程医疗或对口帮扶,缓解农村看病难、看病贵问题；在公共文化服务方面，健全城乡公共文化服务体系。统筹城乡公共文化设施布局、服务提供和队伍建设，推动文化资源重点向农村倾斜，提升服务的覆盖面和适用性。在社会保障领域，完善城乡统一的社会保险制度，统筹城乡社会救助体系。加快实现各类社会保险标准统一、制度并轨，充分发挥社保在保障人民生活水平和调节社会收入分配中的重要作用。加强城乡社会救助兜底工作，构建稳定、牢固的困难群众基本生活保障网。

此外，城乡融合发展也面临着外部的压力，表现为：一是城乡经济不平衡导致的一系列需要解决的经济问题的压力（刘明辉，2019）；二是城乡社会不平衡导致的社会问题的压力；三是城乡治理体系差异引起的制度问题所导致的治理问题压力（赵志强和范建刚，2023），如图 2.2 所示。

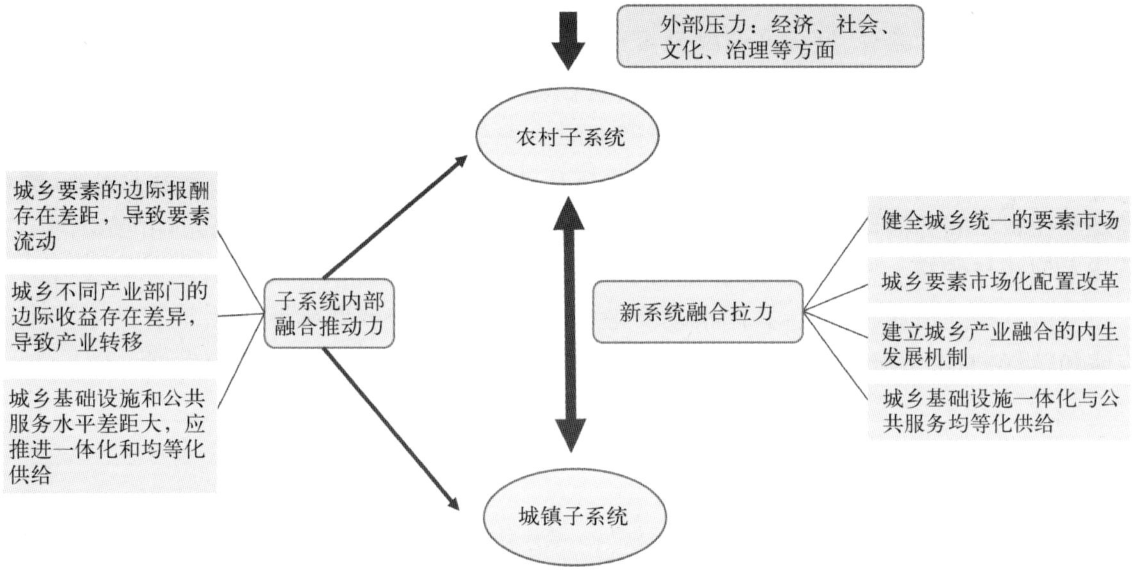

图 2.2　城乡融合发展系统的推动力、拉力与压力

2.6.4　城乡融合发展系统的内在关系及建设条件

1. 城乡融合发展系统三大子系统之间的内在关系

在城乡融合发展的大系统中，城乡产业融合、要素配置和公共产品供给三大子系统彼此紧密关联、互为支撑，共同推动城乡融合的进程，实现城乡经济的协调与可持续发展（图 2.3）。作为城乡融合的核心引擎和内生动力，城乡产业融合系统驱动着农村一二三产业的深度融合，促进城乡经济的联动发展。城乡要素配置系统则扮演着桥梁与纽带的关键角色，通过优化人才、资金和技术等要素的跨区域流动与配置，为城乡产业融合提供坚实的资源保障。同时，作为城乡融合的重要基石，城乡公共产品供给系统为城乡产业融合提供了必要的支撑。完善的公共产品供给能够满足不同地区和人群的需求，促进城乡间资源的均衡

配置,为城乡产业融合创造有利的环境。城乡产业融合不仅推动了城乡间的要素流动,缩小了城乡发展差距,还提高了生产效率和经济效益。而城乡要素市场化的配置和公共产品的均衡配置,更是城乡产业融合得以顺利推进的基础和条件。城乡要素配置系统涵盖了人力、资金、技术等要素的城乡流动,这种流动不仅促进了城乡产业融合,还提升了要素配置效率,增强了城乡经济的互补性和协同性。此外,合理规划和配置城乡公共产品,如农村基础设施的完善和教育水平的提升,不仅能够降低农业生产成本,提高农产品流通效率,还能培养更多高素质劳动力,为农村产业发展提供源源不断的人才支持。这些举措共同促进了城乡产业融合,提升了城乡要素配置效率,推动了城乡经济的协调发展。

第一,城乡产业融合系统与城乡要素配置系统之间存在着紧密的内在关系。两者的有效结合有助于优化资源配置、推动技术进步,并促进城乡经济协调发展和居民生活水平提高。具体来说,这种关系体现在以下三个方面。一是资源互补性。城市与农村在资源禀赋和产业结构上存在差异,城乡产业融合系统通过整合城市与农村的优势资源,实现了资源的互补。城乡要素配置系统则推动了资源要素在城乡之间的流动与配置,为城乡产业融合提供了必要的支撑。二是市场互通。城乡产业融合系统使得城市企业与农村企业、城市市场与农村市场建立起联系,促进了市场的互通与互动。城乡要素配置系统则带动了人才、资金等要素在城乡间的流动,促进了城乡市场的融合,为产业发展拓展了更广阔的市场空间。三是技术创新与传播。城乡产业融合系统依赖技术支持和创新,城市的技术优势与农村的生产经验可以相互借鉴和交流,共同推动产业的创新发展。城乡要素配置系统有助于技术的传播和转移,加快了城乡技术水平的一体化提升,从而推动城乡产业的融合发展。

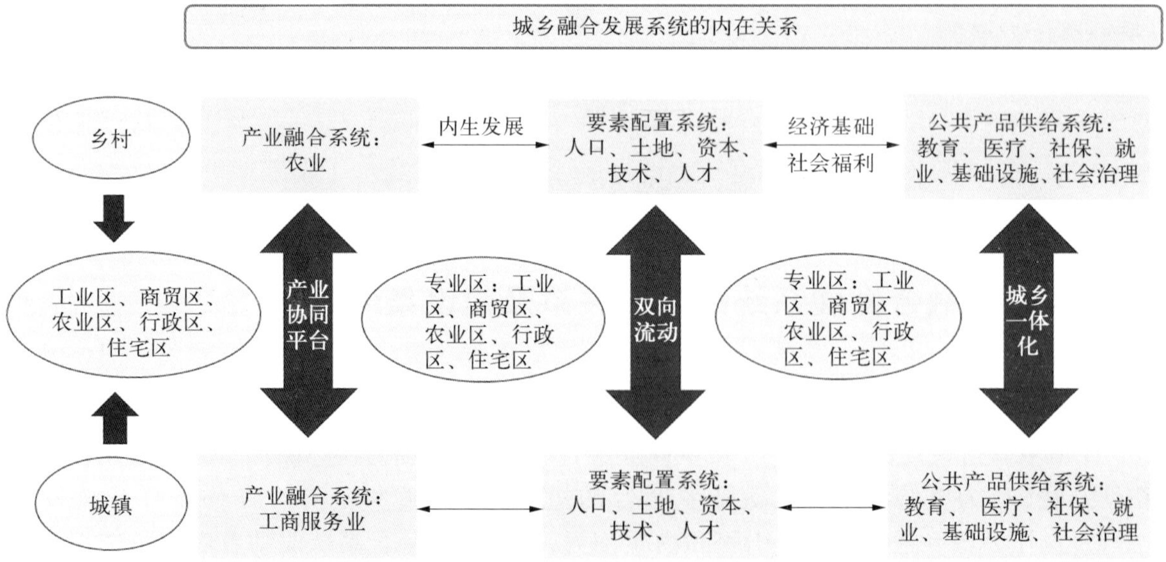

图 2.3 城乡融合发展系统逻辑关系图

第二,城乡产业融合系统与城乡公共产品供给系统之间也存在内在关联。有效整合这两者有助于优化资源配置、提升公共服务水平,并促进城乡居民生活福利水平的提高,推动共同富裕的实现。具体来说，这种关系体现在以下五个方面。一是需求互动。城乡产业融合发展激发了城乡居民对各类公共产品的需求，而城乡公共产品供给系统则提供了满足城乡居民生活所需的产品和服务，为城乡产业发展提供了坚实的保障。二是社会稳定和可持续发展。城乡产业融合系统的健康发展依赖城乡之间的社会稳定和协调发展，城乡公共产品供给系统通过促进资源均衡配置，推动社会公平正义，增强社会的和谐稳定。三是创新驱动。城乡产业融合系统的发展需要良好的创新环境和政策支持，城乡公共产品供给系统通过提供基础设施、科技支持等重要保障，推动了城乡产业的创新与发展。四是人才流动和培养。城乡产业融合的发展离不开高素质人才的支撑，城乡公共产品供给系统通过提供优质的教育、培训、医疗等公共服务，有助于人才的培养和吸引，促进了城乡人才的流动和交流。五是区域发展一体化。城乡产业融合系统的发展需要城乡区域间的协同配合，城乡公共产品供给系统还可以促进区域间的资源共享、协同发展，实现城乡一体化发展的目标。

第三，城乡要素配置系统和城乡公共产品供给系统之间紧密相连，这种内在联系对优化资源配置、提升公共服务水平，进而改善城乡居民生活质量，实现共同富裕目标具有至关重要的意义。具体体现在以下四个方面。一是人才流动与需求。城乡要素配置系统推动了城乡间人才的自由流动和深入交流，有效地整合了城市和农村的人才资源。城乡公共产品供给系统则通过提供优质的教育资源和培训机会，不仅支持了城乡人才的流动，还满足了不同地区对人才的需求。二是基础设施建设与发展。城乡要素市场化配置对城乡基础设施的建设和完善起到了积极的推动作用，有助于实现城乡基础设施的一体化。而城乡公共产品供给系统通过提供资金、技术和政策支持，为城乡基础设施的一体化建设提供了有力的保障。三是公共服务共享。城乡要素市场化配置有助于实现城乡公共服务的共享和优化配置，从而提升全民社会福利水平。城乡公共产品供给系统通过提供教育、医疗、社会保障等公共服务，进一步推动了城乡要素的市场化配置，促进城乡公共服务的均衡发展。四是科技创新与知识传播。城乡要素配置系统有助于促进科技创新和知识传播，加速城乡科技水平的提升。城乡公共产品供给系统则通过提供科研支持、技术服务等，促进科技成果的传播和应用，推动城乡科技创新与发展。

要实现城乡融合发展系统的有效运行并达到理想目标，需要创造必要的条件和创新制度安排，充分发挥政府机制、市场机制和多元主体合作社会机制的作用。这样可以使得城乡产业融合、要素配置和公共产品供给三大子系统之间相互作用，并形成一个有机整体的运行机制。市场机制可以依赖要素流动等方式促使资源要素在更大范围内实现最优配置，促进城乡产业优势互补和要素有序流动，从而实现资源配置效率和生产效率的最大化。但由于资源禀赋及基础条件在地区间分布不均衡，以及农业生产存在着较高的交易成本、自然风险和市场风险等不确定因素，一般均衡状态可能导致城乡产业分离，农业生产边际收益和工商业的边际收益难以实现均衡。为有效促进城乡融合发展，政府应充分发挥其作用。政府应根据城乡融合发展的阶段和特点出台相关政策，引导不同子系统之间顺畅运行，确保系统内各参与主体的有效互动和合作。政府不仅通过转移支付的形式促进农村发展，同时还可以提高公共服务水平，增加人力资本积累，促进城市人才、技术和资本下乡等，从而形成内生动力来促进农村发展。在此基础上，应构建激励相容的城乡融合发展动力机制，实现城乡融合的内生增长。最终目标是使每一要素单位价格上的边际产出在城乡之间趋同，并确保居民在城乡之间享有均等的公共服务。

2. 城乡产业融合发展系统的有效运行及支撑条件

为了实现生产要素在城乡间的有效配置，城乡产业融合发展是基础，也是实现城乡融合发展的条件。因此，要建立城乡产业的协同发展平台（图 2.3），打造城乡产业发展载体，建立城乡产业融合发展的机制，将城市和乡村的产业资源、要素和需求进行有机结合，实现优势互补、资源共享、协同发展。

第一，搭建城乡产业协同发展平台。这一平台将致力于整合城乡的优质产业资源，包括人才、资金和技术等，通过科学配置这些资源，实现生产要素的高效组合与利用。在推进过程中，我们可以从上下游企业协同合作、资源共享、信息共享等多个维度入手，强化城乡产业链的衔接与延伸配合，从而实现产业间的深度融合与协同发展。政府在此过程中应发挥关键作用，出台一系列优惠政策和资金扶持措施，鼓励并支持企业在城乡之间搭建这一产业协同发展平台。例如，大型城市企业可以积极向周边的农业区域提供技术指导和资金支持，与农民合作开展种植、加工等农业活动，形成紧密的“公司+农户”合作模式，进一步促进城乡产业链的紧密衔接。同时，应充分考虑各地区的自然资源和产业基础条件，因地制宜地优化生产要素配置。利用乡村农业区的独特区位优势，大力发展现代农业，积极培育新产业新业态，从而加快农业现代化的步伐。此外，借助现代信息技术的快速发展，可以大力发展乡村旅游、休闲农业、民宿经济、健康养老等农村新兴产业和业态，为乡村经济发展注入新的活力。

第二，积极打造促进城乡产业发展的专业功能区。以县域为空间范围，打破传统的产业空间格局，发展工业、农业、商业贸易等专业区，实现县域范围内一二三产业的一体化发展格局。这些专业区在城乡融合中扮演着不同的角色，在系统中相互联系、相互支持，共同促进城乡资源要素的顺畅流动和协同发展。在工业区内，可以布局农业加工业、农业科研以及农业销售服务业等，从而有效促进城市和乡村产业的深度融合，提升整体经济效益。通过发展商贸区，可以极大地提升城乡间商品的流通效率，更好地满足居民日常生活需求，并推动消费结构的优化升级。同时，建设现代农业示范区，可以进一步强化农村现代农业的发展，提升农产品质量，增加农民收入。此外，建设功能完善的行政区，有助于加强城乡治理体系的建设，提高政府服务水平，更好地推动城乡一体化发展。而合理规划住宅区，则能显著提升城乡居民的居住环境品质，促进人口流动和社会融合。在积极推进县域专业功能区建设的过程中，应充分发挥当地资源禀赋和特色产业优势，确定专业功能区发展方向和定位，并制定针对性的产业扶持政策，为专业功能区提供资金支持、税收优惠等政策保障，促进县域经济结构调整和产业升级，实现城乡经济协调发展。

第三，建立城乡产业合作机制。建立城乡间的产业合作机制，包括生产协作、市场协作、技术协作和服务协作机制等,以推动城乡间资源和要素的有效配置和产业互补发展,增强城乡经济联系性和互动性,促进城乡经济协调发展、优化资源配置和提高产业效益,推动城乡一体化发展,实现经济社会可持续发展。

在生产协作体系方面,组建城乡产业联盟,将城市和农村企业、合作社、家庭农场、个体户等纳入联盟体系,共同开展生产活动。打破传统产业界限,实现产业链上下游企业的协同合作、资源共享和互利共赢。此外,还需要推动农村企业与城市企业合作,促进农产品加工、销售与物流配送的协同发展。

在市场协作体系方面,建立城乡农产品流通平台,整合城市与农村的市场资源,拓宽销售渠道,提升农产品的销售效率。同时,构建城乡产销对接平台,助力农产品生产者更准确地把握市场需求,并与城市商家实现对接,促进产品推广与销售。此外,共同打造城乡品牌,促进城乡产品互补发展,增强市场竞争力,提升产品附加值。

在技术协作体系方面,设立城乡科技合作平台,向农村传递先进技术和管理经验,提高农产品的质量和产量。同时,举办技术培训和交流活动,提升农民及农村企业的技术水平,增强创新能力。此外,推动科研机构、高校与企业间的合作,促进科技成果转化,支持城乡产业技术的创新。

在服务协作体系方面,建立农业社会化服务体系,提升农业社会化服务水平;发展农村电商平台,提供便捷的电子商务服务,加快农产品上行和城乡商品流通。同时,完善农村金融体系,为城乡企业、新型经营主体和个体户提供融资支持,推动产业发展。此外,还要加强城乡基础设施建设,提升农村生产和生活条件,支撑产业发展和城乡合作。

第四,建立有效的城乡产业融合发展系统,还需要构建城乡产业融合发展支撑体系。这包括要统筹城乡空间规划布局,重点打造农产品加工产业园区等城乡产业发展载体,发展农产品精深加工,延伸产业链条。同时,还需要加快培育农民合作社、家庭农场等新型农业经营主体,打造以龙头企业为引领的农业产业化联合体,引导农民合作社、家庭农场、龙头企业等经营主体,建立股份合作、订单农业等利益联结机制。此外,还应搭建信息交流与共享平台,通过建立信息平台和网络,实现城乡产业信息的共享和传递,从而提高决策的科学性和及时性。政府在城乡产业融合过程中也应扮演重要角色,出台支持城乡产业融合的政策,包括财税政策、产业扶持政策等,为城乡产业融合提供政策保障,引导和支持城乡产业的融合发展,营造良好的发展环境。

3. 城乡要素配置系统的有效运行及支撑条件

第一,需要进一步健全城乡要素市场化配置改革,破除妨碍城乡要素自由流动和平等交换的体制机制壁垒。为促进城市人才、技术等要素下乡,进而推动城乡融合发展,必须健全要素市场化配置改革。若要素市场化配置下的市场等价交换机制、竞争机制、信息机制、风险和利益机制的作用得到充分发挥,则可实现资源的有效配置(刘明辉,2022)。因此,需要进一步深化要素市场化配置制度改革,建立健全城乡要素自由流动、平等交换的体制机制。同时,紧密结合产业发展和社会需求,科学合理地配置城乡经济要素,促进城乡融合发展。

在劳动力配置制度方面,进一步深化户籍制度改革,建立"宜城则城,宜乡则乡"的城乡双向户口迁移制度,使农民能够在城市安居乐业,吸引城市专业人才和大学生返乡创业,并鼓励企业家到农村提供服务。同时,要健全农民市民化的成本分担机制,建立城乡人才合作交流机制及城市人才入乡激励机制,探索城市人才加入农村集体经济组织的可行机制。

在土地制度方面,健全土地流转交易机制,建立城乡统一的建设用地市场运行机制。积极深化农村集体经营性建设用地入市制度,确保城乡同类用途的土地拥有相同的权利。完善农村承包地"三权分置"制度,有效降低经营权流转交易成本并减少规模化经营风险(王喻,2023)。积极探索在宅基地所有权、资格权、使用权分置基础上实现自由的市场交易机制,目前阶段要深化资格权退出和有偿进入机制改革以及附着在宅基地使用权上用益物权的实现机制(高明和胡原,2023)。

在资本要素配置制度方面,加快城乡投融资体制机制改革,健全农村金融服务体系,创新金融、保险对农业的支持,提高支持效率。同时做好土地用益物权、农民住房财产权、农业设施、农机农具等抵押贷款服务,促进工商资本下乡参与乡村振兴,减少资金的错配风险(黄凯南,2021)。此外,还要构建促进城乡融合发展的金融体系和机制,促进资金在城乡间双向流动,让金融助农对象不仅仅局限于规模经营主体,还要顾及一大批小农户的资金需求。

第二,城乡要素配置系统的有效运行需要具备一定的条件。首先,政策支持是基石。政府应制定并落实一系列激励政策,涵盖财税优惠、土地管理、金融扶持、产业发展和社会保障等多个方面,旨在引导资源、资金、人才和技术等要素在城乡间实现合理、高效的配置。其次,市场机制是关键。应建立健全城乡劳动力、土地、资金、产业、技术和服务等市场机制,以推动城乡要素的自由流动和市场化配置。这要求各类要素遵循市场规律,实现优化配置,激发城乡融合发展的活力。再次,技术支持必不可少。应加大技术创新和知识普及的力度,提升乡村技术水平,促进城乡之间的技术交流与合作,为要素配置提供有力的技术支撑。同时,教育培训同样重要。需要加强对城乡劳动力的教育和培训,提升其适应城市化和现代化发展的能力,为城乡要素配置提供源源不断的人才支持。最后,社会参与不可或缺。应积极鼓励企业、社会组织等各方力量参与到城乡要素配置中来,形成多元化的协同发展模式,共同推动城乡要素配置系统的完善和发展。

第三,为了推动城乡要素市场化配置,亟须构建一个全面而系统的支撑体系。在市场机制能够有效发挥作用的领域,应坚决取消不必要的行政性审批和干预,深入推进农村市场化改革。同时,需进一步完善城乡统一的土地市场,确保农村集体土地与国有土地享有同等的权益,建立城乡统一的建设用地市场交易平台,并优化其管理机制。此外,还需加强农地产权的稳定性,降低农地租赁市场的交易成本,强化农地流转中介组织的建设,有效解决农地流转过程中的各类纠纷。在产权制度方面,需要持续完善,统一产权交易信息的发布,推动农村产权改革的深化。各级政府部门、村社组织、供销社等应积极发挥作用,为农业社会化提供服务的供需双方搭建高效的业务对接平台，如成立合作社、建立农业服务中心等，以促进服务的精准匹配和高效流通（穆娜娜，2019）。为了健全农村人力资源市场，应着重构建平等竞争、规范有序和城乡统一的人力资源市场体系，确保各类人才能够在城乡间自由流动。同时，应完善价格机制，注重发挥市场决定和形成价格的作用，加快数字化流通平台建设，打造现代流通网络，进一步完善市场流通体制，构建起城乡一体化的现代流通体系。在法治化原则的指引下，还需不断完善市场环境治理，为市场主体打造一个稳定、公平、透明、可预期的营商环境，确保各类要素能够在法治的轨道上自由流动和高效配置（李万君等，2023）。

4. 城乡公共产品融合发展系统的有效运行

鉴于公共产品的性质和我国当前公共产品的供给现状，为了更好地推动城乡公共产品的融合发展，除了政府主导农村地区公共产品的投资和建设外，还需要建立政府、市场和社会合作的多元供给机制，其中包括多元的投资、建设、分配和运营机制。特别是要建立城乡均衡的教育资源、医疗卫生资源配置机制，完善城乡统一的社会保险制度，健全城乡公共文化服务体系，统筹城乡社会救助体系，建立健全乡村治理机制。在城乡基础设施一体化供给方面，应建立城乡基础设施一体化规划体系、建设和管护机制等。

一是建立城乡基础设施一体化的规划体系。要科学编制农村基础设施发展规划，建立健全有效覆盖、有机衔接的城乡基础设施规划体系，全面推进“县（市）域—镇、乡—村庄”乡村建设规划体系的完善，在县（市）域乡村建设规划的基础上，高质量完成镇、乡和村庄规划。

二是统筹城乡基础设施一体化的建设。明确乡村基础设施的公共产品属性及定位，构建事权清晰、权责一致、中央支持、省级统筹、市县负责的机制（曹敏，2019）。按照公益性和经营性健全农村基础设施分级分类的投入机制，公益性的基础设施建设由政府承担，建设及管护费用纳入本级财政预算。经营性的基础设施则交给市场运作。坚持政府主导、市场运作的原则，建立多渠道、多元化的城乡基础设施建设融资体系，鼓励和引导社会资本参与城乡基础设施建设（童政，2023）。

三是建立城乡基础设施一体化的管护制度。需要健全农村基础设施长效管护机制，创新探索多元化的管护手段。建立政府主导、市场运作、多方参与的农村公共基础设施管护体制机制，确保管护主体和责任明晰、管护标准和规范进一步健全，管护经费得到有效保障和落实，从而显著提升管护水平和质量。为此，要建立健全高效的分类管护机制。政府承担非经营性农村基础设施的管护，对于经营性设施，可委托第三方合作进行建设和管护，鼓励全社会参与农村基础设施的建设与管理（许庆等，2022）。

四是建立城乡公共服务均等化制度。提升农村基本公共服务，特别是教育、医疗和社保水平是城乡融合发展的关键内容。必须持续促进城乡公共教育的均衡发展，引进高水平师资力量，优化学校空间布局，加大农村学校改造力度，推进农村中小学校标准化建设，深化教师“县管校聘”和县域教共体改革等，以促进城乡之间教育资源的共享。同时，要加快城市医联体和县域紧密型医共体建设,努力提高农村医疗卫生机构的服务能力和水平。需统筹实现城乡居民基本医疗保险和城乡低保社会救助,构建多层次、多元化的农村养老服务体系,搭建智慧医疗养老服务平台,引入更多社会资本参与养老等公共服务事业。

2.7 健全我国城乡融合发展机制

城乡融合发展是一个复杂的系统性演进过程,涉及多个主体、部门、层级和维度之间的复杂互动和系统演进(黄凯南,2021)。这一发展过程涉及中央政府、地方政府、村集体、农民、市民、企业等多种类型的参与主体,同时还牵涉农业、工业和服务业等多个生产部门,以及县(市、区)、乡镇、村等不同的行政层级。在供给侧、需求侧和制度侧等多个维度上,需要协同发展和推进。因此,在新发展阶段推进城乡融合发展,需要通过机制创新,进一步推动城乡在主体结构、产业融合、要素流动和配置、公共产品供给等方面的转型。特别是城乡融合发展的推进依赖行政机制、市场机制和多元主体合作机制。其中,政府行政机制通过政府扶持和直接补贴等手段支持农业农村的发展,发挥政府在推进城乡基础设施一体化供给、城乡基本公共服务均等化配置中的作用。政府需要明确界定与市场、农村社会组织之间的行为边界,充分尊重市场配置资源的基础性作用和农村社会自治,体现政府职能中的"兜底"特征。而且,政府在构建市场/社会运行的基本制度、纠正和补充市场/社会失灵、培育市场/社会主体等职能中需要进行先后排序(郁建兴和高翔,2009)。此外,政府应充分保障农民的合理利益,考虑到我国农户组织化程度较低,分散小农户相对于工商企业拥有较少话语权和谈判能力。因此,在工商资本进入农村产业化过程中,政府有必要采取一定措施建立合理的利益联结和分配机制,以确保农民的合理利益。市场机制指的是通过市场配置资源,增加市场需求来激励各类资本投资,推动农业农村的发展,激发各类主体的内生发展动力。同时,政府可以通过支持政策如价格损失补贴、农业风险补偿等来辅助市场机制。在城乡融合发展过程中,需要充分发挥市场机制的作用,实现高效率的城乡资源配置。然而,市场机制的发挥需要建立在完全竞争、零交易费用、信息对称、无风险等前提条件下。实际上,农业生产的产品市场及要素市场的交易成本不为零,且普遍存在信息不对称,也存在自然、价格、产权等风险,从而导致农业生产存在市场失灵。这时,需要政府矫正外部性,弥补私人收益与社会收益、私人成本与社会成本的不一致性,从而提高市场效率和增进社会公平。多元主体合作的机制是指政府、市场和社会主体共同合作推进农业农村的发展。由于城市和乡村在治理目标、治理能力、治理方式等方面存在差异,因此,需要创新治理形式,让市民与农民、工商企业与政府部门、行业管理机构与村集体等各类主体充分交流对话,共同参与治理(冯奎,2022)。

具体地,在城乡融合发展过程中,我们应构建城乡融合发展的动力、运行与分配机制,形成激励相容的城乡融合发展机制体系,着力解决阻碍城乡融合发展的制约因素,通过建立动力与激励机制,完善运行机制,优化资源分配机制,促进城乡产业、空间、要素、基础设施、公共服务的有机融合,加强社会治理和生态环境治理,构建更高水平的城乡分工与合作格局,最终形成工农互促、城乡互补、协调发展、共同繁荣的新型工农城乡关系。其中,城乡融合发展的动力机制主要包括城乡产业融合机制、城乡空间布局优化机制、城乡人口双向流动机制、土地资源配置机制、工商资本和技术入乡机制、城乡基础设施一体化建设机制、城乡公共服务均等化配置机制、社会治理机制、生态产品价值实现机制等。城乡融合发展的运行机制主要包括城乡空间规划机制、城乡融合发展的制度安排及发展模式。而城乡融合发展的分配机制涉及产权价值及利益共享机制、公共产品共建共享机制及经营主体利益联结机制等。特别地,城乡融合发展的运行机制与分配机制主要依赖政府行政机制,同时辅之以市场机制和多元治理机制。城市融合发展的动力机制则注重运用市场机制有效配置资源,同时结合政府行政机制和多元治理机制。城乡融合发展的动力、运行与分配机制如图 2.4 所示。

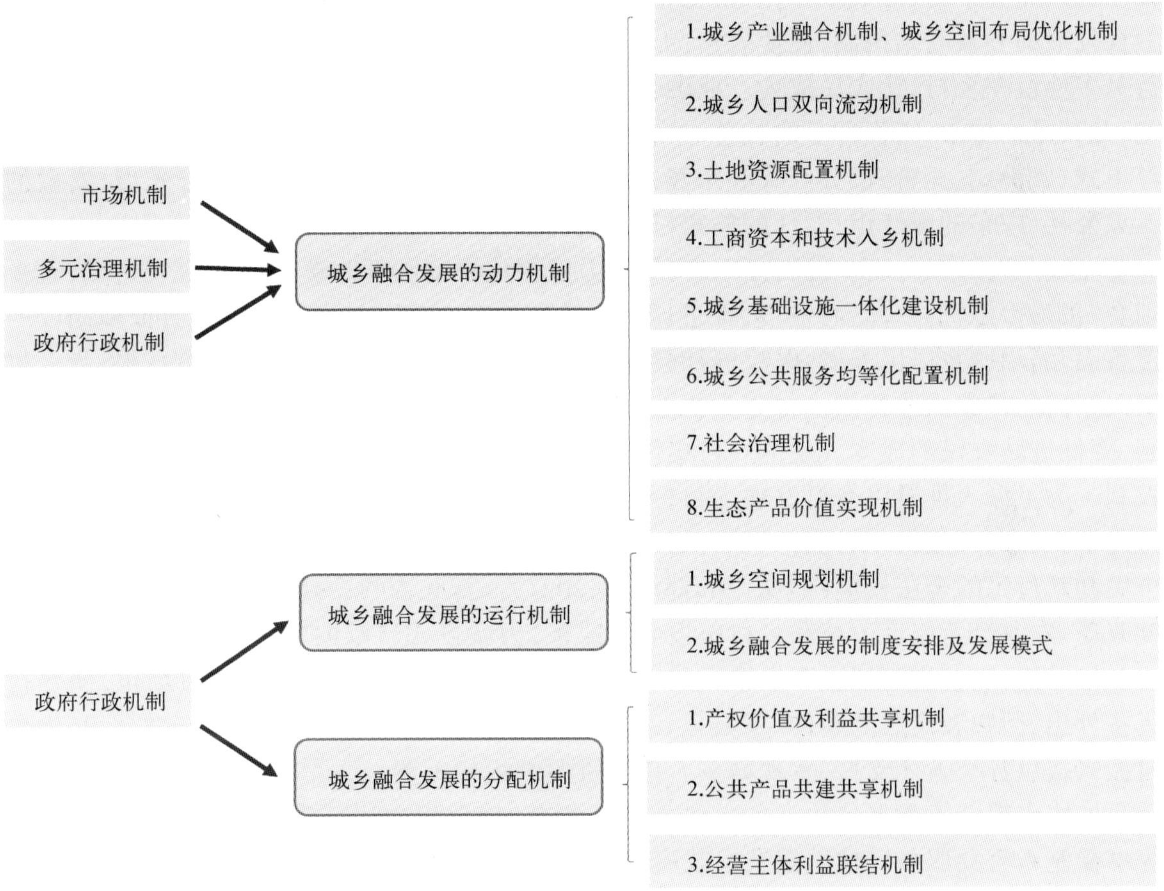

图 2.4　城乡融合发展的动力、运行与分配机制

2.7.1　城乡融合发展的动力机制

在城乡产业融合机制方面,一是要着重加快推动农村一二三产业融合发展,注重农业

产业链的纵向延伸,通过产业链整合、供应链拓展、价值链下沉、技术和政策支持,推动农村经济发展。推动农产品种植与农产品加工贸易融合、农产品种植与现代旅游等特色服务业融合,以及农产品产供销全产业链协同合作,全面促进农业与二三产业融合的纵深发展。二是要努力促进农业现代化发展,致力于推动现代农业生产体系的科技化、标准化、信息化和生态化建设,健全现代农业的产业体系、生产体系和经营体系。此外,还需加大扶持力度,积极发展农业科研、农资生产等前向产业部门,加快培育新型农业经营主体,建设农业专业化、社会化服务体系,优化农村基础设施建设,从而实现小农户和现代农业的有机链接,推动农村经济稳步增长。三是可以依托现代农业产业园等城乡产业协同发展平台来促进城乡产业协同发展,打破城乡行政壁垒、市场壁垒,促进城乡间形成竞争有序、分工明确、功能互补的产业错位发展格局,充分利用乡村资源禀赋优势,将资源比较优势转化为产业竞争力,形成差异化、特色化的城乡产业融合发展模式。四是要建立城乡产业融合发展的利益联结机制,促使农产品加工、存储、运输和销售等后向产业部门的增值收益更多地留在乡村,让农民成为产业融合发展的参与者和受益者,更多地分享产业增值收益,尤其是在加工、销售环节的收益。当前,各地区在探索紧密型利益联结机制时,主要有订单式、股份式、托管式、分红式和市场式等五种类型的机制,其中山东的寿光市、安徽的三瓜公社、广东的廉江市、浙江的鲁家村和浙江的海宁市等已经形成了典型案例。

在城乡人口双向流动机制方面,应加大力度深化户籍制度改革,建立“宜城则城,宜乡则乡”的城乡双向户口迁移制度,促进城乡人口自由双向流动。逐步提升社会保障制度的覆盖面,缩小城乡居民养老、医疗等社会保障差异,让进城的农民能够在城市扎根,为乡村振兴所需的各类人才提供乡村落户机会(黄凯南,2021)。健全农民市民化的成本分担机制,降低进城农民的成本。规范农村集体经济组织的合理退出和进入机制,明确组织成员权利。为了深入推进以乡村发展为目标的城乡人口的双向流动与融合,在促进乡村从打开进城渠道向开放村庄转变的同时,必须推动权利的有序开放,维护和发展好原住民、新市民和新村民的合法权益(钱文荣和郑淋议,2021)。深化农村户籍制度改革、农村土地制度改革、农业经营制度改革和乡村建设制度改革,为城乡人口双向流动创造有利条件。进一步推动进城农民市民化、下乡市民村民化、农业经营职业化和乡村经营市场化,使乡村具备外出、回归和定居的条件(罗必良,2021),既能促进城乡人口双向流动与融合,又为乡村振兴提供各类人才支持,实现城乡人口和资源的优化配置。

加快实现城镇基本公共服务常住人口全覆盖,确保以农民工为主体的新城镇人口平等享受基本公共服务。建立健全由政府、企业、个人共同参与的农业转移人口市民化的成本分担机制,全面落实支持农业转移人口市民化的财政政策。同时,积极实施城镇建设用地增加规模与吸纳农业转移人口落户数量挂钩政策,以及中央预算内投资安排向吸纳农业转移人口数量较多的城镇倾斜政策(蔡继明等,2020;邹一南,2016)。维护进城落户农民的土地承包权、宅基地使用权、集体收益分配权,支持引导其依法自愿有偿转让上述权益。

建立技术人才入乡的体制机制。要消除城镇人口向农村流动的各种制度性障碍,鼓励有意向到农村发展的城镇人口向农村流动。一是制定财政、金融、社会保障等激励政策,吸引各类人才特别是科技型劳动力返乡入乡创业。同时,通过选调生、大学生村官等机制,鼓励引导高校毕业生到村任职、扎根基层、发挥作用。二是鼓励原籍普通高校和职业院校毕业生、外出农民工及经商人员回乡创业兴业。三是建立城乡人才合作交流机制,探索通过岗编适度分离等多种方式,推进城市教育、医疗、文化、规划、建筑、园林等工作人员定期服务乡村。推动职称评定、工资待遇等向乡村教师、医生倾斜,优化乡村教师、医生结构,优化乡村教师、医生中高级岗位结构比例(李英震,2020)。

在土地资源配置机制方面,应健全完善城乡统一的建设用地市场,积极探索实施农村集体经营性建设用地入市制度,确保相同用途的土地在城乡之间具有同等权利。进一步完善农村承包地"三权分置"制度,努力降低农地经营权流转交易成本和规模化经营风险,同时探索宅基地所有权、资格权、使用权分置的具体实现形式及机制,构建健全的农村集体产权结构,以确保集体成员在身份确认、土地征收补偿、农村集体资产收益分配等方面享有民主权利。特别是要深化资格权退出和有偿进入机制改革,建立附着在宅基地上用益物权的实现机制(黄凯南,2021)。

在工商资本入乡机制方面,需要加快城乡投融资体制机制改革,激活资本下乡的动力。一方面,要健全完善农村金融服务体系,创新农村信用社、中小银行和地方银行的金融服务产品,积极鼓励保险企业提供符合现代农业发展需求的保险产品,加大融资担保力度,确保集体经营性建设用地使用权、农民住房财产权、集体林权、农业设施、农机农具等抵押贷款服务的顺畅开展(张晓旭,2022)。另一方面,应完善工商资本入乡机制,促进工商资本下乡参与乡村振兴,降低资金错配风险(黄凯南,2021)。需要完善融资贷款和配套设施建设补助政策,鼓励工商资本投资适合产业化规模化集约化经营的农业领域,探索在政府引导下建立工商资本与村集体合作共赢模式,发展壮大村集体经济,让农民合理分享全产业链增值收益。

在技术入乡机制方面,需要加快建立健全科技下乡的政策法规体系,推动先进技术、经营理念和管理经验向农村扩散。一是政府需发挥引导推动作用,建立有利于涉农科研成果转化推广的激励机制与利益分享机制;二是要健全涉农技术创新市场导向机制和产学研合作机制,鼓励创建技术转移机构和技术服务网络;三是应建立科研人员到乡村兼职和离岗创业制度,探索其在涉农技术入股、兼职兼薪方面的机制;四是要建立健全农业科研成果产权制度,赋予科研人员科技成果所有权,允许农技人员通过提供增值服务合理取酬。

在城乡基础设施一体化建设机制方面,应以县(市)域为整体,统筹规划城乡基础设施,合理布局道路、供水、供电、信息、广播电视、防洪和垃圾污水处理等设施。要推动城乡路网一体规划设计,畅通城乡交通运输连接,加快实现县乡村(户)道路连通、城乡道路客运一体化,并完善道路安全防范措施。此外,还要统筹规划城乡污染物收集、运输和处理系统,严防城市污染对农村的影响。根据具体情况统筹处理城乡垃圾和污水,积极构建乡村生态环境保护和美丽乡村建设的长效机制。另外,应加强城乡公共安全视频监控规则的制定、建设和互联网应用,统一技术标准、基础数据和数据开放标准。

在城乡基础设施建设方面,应明确乡村基础设施的公共产品定位,构建中央支持、省级统筹、市县负责的城乡基础设施一体化建设机制。建立健全分类分级的投入机制,其中包括:政府主导、社会投资的项目,如乡村道路、水利、渡口、公交和邮政等具有公益性强、经济性差的设施;政府、社会资本和农民三方共同投资的项目,例如乡村供水、垃圾污水处理和农贸市场等带有一定经济回报的设施;以及以企业投资为主的项目,例如乡村供电、电信和物流等以盈利为目标的设施。同时,政府还可以整合某些城乡基础设施项目,实行一体化开发建设,例如实施 PPP 项目或基础设施领域不动产投资信托基金(REITs)项目。

在城乡基础设施管护方面,需要合理确定统一的城乡基础设施管护运行模式,建立有利于基础设施长期发挥效益的体制机制。对于城乡道路等公益性设施,应将管护和运行投入纳入一般公共财政预算。同时,要明确乡村基础设施的产权归属,由产权所有者建立相应的管护制度,承担管护责任。可以通过政府购买服务等方式引入专业化企业,提升管护市场化程度。推动城市基础设施建设运营事业单位改革,建立独立核算、自主经营的企业化管理模式,更好地履行城乡基础设施的管护责任。

在城乡公共服务均等化配置机制方面,应建立起城乡统一的公共服务供给标准,保障城乡间公共服务供给水平均等,并确保公共服务惠及所有城乡居民(高洪波,2021)。这可以通过推动城乡教育资源均衡配置、医疗资源下沉等方式来实现,以使公共资源配置更加合理化,进而经济社会发展“从聚集走向平衡”,逐渐缩小城乡公共服务水平差距,实现城乡居民福祉均等化。

在城乡教育资源均衡配置方面,应优先发展农村教育事业,确立以城市带动农村、整体推进、城乡融合、均衡发展的义务教育发展机制。省级政府应建立统筹规划、统一选拔的乡村教师补充机制,为乡村学校输送优秀师资。同时,要推动教师资源向乡村倾斜,通过稳步提高待遇等措施增强乡村教师岗位吸引力。在实施义务教育方面,应大力推行教师“县管校聘”,在县域内实现城乡教育联合体模式,促使学校管理人员和教师等专业技术人员在城乡之间流动。现代信息技术对教育教学产生了深远影响,应完善教育信息化发展机制,充分利用现代信息技术推动优质教育资源在云端共享。

在医疗资源下沉方面,要着力补齐农村医疗卫生短板,推动城市优质医疗卫生资源向农村下沉。政府可通过必要的政策扶持和财政支持,形成以政府为主导的城乡医疗卫生机构间合作,并通过完善各级主管部门的绩效考核管理,确立一套有计划、有目标、有执行、有评估、有改进的闭环管理体系(马海波,2022),解决医疗卫生机构之间合作不紧密的问题。此外,在推动远程医疗模式的同时,还应发展区域内医疗卫生一体化信息平台建设,借助信息技术手段,提升医疗资源下沉的实际效果。

在社会治理机制方面,应充分发挥多元治理机制的作用,建立全面、协调、可持续发展的城乡治理体系。通过构建中央政府、地方政府、民众、企业等多方参与的社会治理体系,结合法律、市场等多种手段,推动城乡融合发展。第一,要构建政府引导与社会参与相结合的治理机制。在明确权责边界和政府与社会关系的基础上,政府可下放部分权力,将一些不适宜或不应由政府管理的事务交由社会和民众自行管理，以避免出现乡村治理实践中的“越位”“错位”“缺位”问题（高原，2023）。第二，需建立健全城乡社区治理体系。通过加强社区基层组织建设，发挥社区在城乡融合发展中的作用，提升社区自治能力和居民参与度，促进城乡社区的协调发展。例如，源自北京市东城区的网格化管理模式，通过实现乡镇范围内“横向到边、纵向到底”的无缝化管理，形成自治型村级治理范式（杜姣，2020）。第三，应动态调整优化农村社会治理方式，将乡村的本土非正式制度与市场化条件下的现代正式制度有机结合，打造多样且更具弹性和效率的现代农村治理方式（郭晓鸣和丁延武，2023）。同时，结合城乡公共服务均等化配置机制，促进教育、医疗等基本公共服务的普惠共享，推动城乡融合发展。

在生态产品价值实现机制方面，一是初步建立了生态系统价值核算框架、指标体系及技术规范。南京市高淳区首次科学构建了全国县域范围内生态系统生产总值（GEP）核算框架及指标体系，制定了《生态系统生产总值（GEP）核算技术规范》标准，建立了高淳区生态系统生产总值（GEP）统计核算“一套表”制度，初步探索了 GDP 和 GEP“双核算、双运行”的绿色经济考评体系。此外，浙江、福建、四川、重庆、陕西等省份也探索开展了生态系统价值核算的相关工作。二是创新探索了生态资源产业化路径。许多试验区通过积极创新、转变理念，探索了生态资源的产业化路径，总结起来主要有“生态+现代农业”“生态+旅游康养”“生态+文化”“生态+特色休闲”“生态+大健康”“林下经济”“高山经济”等模式。三是加强生态治理与修复，提升生态资源价值。四是积极探索生态产品价值实现的机制、模式及路径（绿色金融、生态补偿、政府购买、产权交易）。

2.7.2　城乡融合发展的运行机制

在城乡空间规划机制方面，一方面，要构建“多规合一”的城乡一体化规划体系，将空间规划和用途管制体系与自然资源产权制度、农村土地制度改革相衔接，统筹安排农田保护、生态涵养、城镇建设、村落分布等空间布局，鼓励有条件的地区因地制宜编制全覆盖的村庄空间建设规划（丁延武等，2021）；另一方面，应以县域为空间范围，立足县域内不同乡镇和村庄的地理区位、经济质量、资源禀赋、生态环境等条件，集中乡村地域系统资源、人口、产业、资金和技术等关键要素，支撑产业融合与乡村居业协同发展（刘彦随，2022）。通过国土规划调整和其他制度安排，打破传统的产业空间布局，建立独立的工业区、农业区、商业贸易区等产业区和行政生活区。通过城乡产业融合和产业链衔接，实现县域范围内的一二三产业的一体化发展格局。

在城乡融合发展的制度安排及发展模式方面，一是要进一步加强农村土地制度改革，加强对农村土地产权制度的革新，完善农地“三权分置”制度，并创新宅基地使用制度，同时健全农村集体经营性建设用地入市制度等措施，以激活农村发展的内在动力，助推城乡融合发展（陈磊等，2022）。二是要完善农村土地市场机制，加快建设城乡土地交易市场，通过竞价机制促进供需平衡，降低农村土地交易成本，推动城乡土地资源的流动和有效配置。三是要健全农村土地配套制度,通过构建政府绩效考核机制,以多元主体为支撑,加大政府支持,深化城乡户籍制度改革等关键领域的配套制度,以保障城乡融合发展的高效运转。

2.7.3 城乡融合发展的分配机制

城乡融合发展的分配机制主要包括产权价值及利益共享机制、公共产品共享共建机制及利益联结机制等。

在产权价值及利益共享机制方面,有两个关键点需要着重考虑。一是要推进城乡发展中的土地资源要素实现同价同权,努力构建城乡土地市场的一体化体系,进一步深化农村土地制度改革,积极推进农村集体产权制度改革。倡导充分利用农村闲置集体建设用地,积极发展电子商务、生态民宿、休闲观光农业等,提升土地利用效率,为城乡融合发展奠定产业基础。二是要推动建立城乡融合发展基金,充分发挥城乡融合发展专项债的作用,建立城乡间紧密的利益联结机制,推动城镇和乡村发展协调一致,实现共赢。

在公共产品共享共建机制方面,可通过"有为政府"和"有效市场"的结合来建立城乡公共产品共享共建机制,促进城乡居民之间的交流互动,提高城乡公共产品的使用效率和品质,实现城乡公共产品的均等化发展,推动城乡融合。首先,政府应明确自身在公共产品提供中的主体地位,建立健全的城乡公共产品共享共建机制,动员社会力量,吸引更多资金,提升城乡公共产品的品质和使用效率。其次,引入市场竞争和价格机制,积极推动公共产品供给机制改革和市场化运作,促进公共产品资源的均衡配置。

在利益联结机制方面,应创建有利于城乡居民共建共享共赢的城乡利益联结机制,促进城乡居民共享经济社会发展成果,推动城乡融合发展改革和实现共同富裕(刘合光,2022)。具体而言,城乡融合发展的利益联结机制可以从存量利益的共享和增量利益的共享两方面展开(刘合光,2022)。在存量利益共享方面,要推进农民工市民化进程,建立城乡居民共享土地、资源、公共基础设施等存量利益的机制,推动城乡居民共享社会保险、医疗卫生等公共服务,让城乡居民共享公共服务资源和社会福利政策。在增量利益共享方面,一是要建立和完善城乡投资者双方利益保障和共享机制,通过探索股份共占、合作共建等方式,促进城乡居民和投资者共享产业发展的成果。二是要在城镇化进程中统筹考虑城乡利益,推动城乡居民共同参与新型城镇化建设,并为乡村提供充足的发展空间,使得城乡居民共同分享新型城镇化发展带来的红利。

参考文献

[1] Adamopoulos T, Brandt L, Leight J, et al. Misallocation, selection, and productivity: A quantitative analysis with panel data from China[J]. Econometrica, 2022, 90(3): 1261-1282.

[2] Adamopoulos T, Restuccia D. Land reform and productivity: A quantitative analysis with micro data [J]. American Economic Journal: Macroeconomics, 2020, 12(3): 1-39.

[3] Billaud J P, Bruckmeier K, Patrício T, et al. Social construction of the rural environment. Europe

and discourses in France, Germany and Portugal[J]. Sustainable Rural Development, 1997.

[4] Bu D, Liao Y. Land property rights and rural enterprise growth: Evidence from land titling reform in China[J]. Journal of Development Economics, 2022, 157(C): 102853.

[5] Chari A, Liu E M, Wang S Y, et al. Property rights, land misallocation, and agricultural efficiency in China[J]. The Review of Economic Studies, 2021, 88(4): 1831-1862.

[6] Chen C R. Technology adoption, capital deepening, and international productivity differences[J]. Journal of Development Economics, 2020, 143: 102388.

[7] Glaeser E L. Triumph of the city: how our greatest invention makes us richer, smarter, greener, healthier, and happier[M]. New York: Penguin Press, 2011.

[8] Kawagoe T, Hayami Y, Ruttan V W. The intercountry agricultural production function and productivity differences among countries[J]. Journal of Development Economics, 1985, 19(1/2): 113-132.

[9] He Y, Zhou G, Tang C, et al. The spatial organization pattern of urban-rural integration in urban agglomerations in China: An agglomeration-diffusion analysis of the population and firms[J]. Habitat International, 2019, 87: 54-65.

[10] de Janvry A, Emerick K, Gonzalez-Navarro M, et al. Delinking land rights from land use: Certification and migration in Mexico[J]. American Economic Review, 2015, 105(10): 3125-3149.

[11] Jin S, Deininger K. Land rental markets in the process of rural structural transformation: Productivity and equity impacts from China[J].Journal of Comparative Economics, 2009, 37(4): 629-646.

[12] Jorgenson W. The development of a dural economy[J]. The Economic Journal, 1961, 11: 309-334.

[13] Kandel W, Parrado E A. Restructuring of the US meat processing industry and new hispanic migrant destinations[J]. Population and Development Review, 2005, 31(3): 447-471.

[14] Krugman P. Increasing returns and economic geography[J]. Journal of Political Economy, 1991, 99(3): 483-499.

[15] Lewis W. Economic development with unlimited supplies of labour[J]. The Manchester School, 1954, 22: 139-191.

[16] Li Y H. Urban-rural interaction patterns and dynamic land use: Implications for urban-rural integration in China[J]. Regional Environmental Change, 2012, 12(4): 803-812.

[17] Li J, Liu Y, Yang Y, et al. County-rural revitalization spatial differences and model optimization in Miyun District of Beijing-Tianjin-Hebei region[J]. Journal of Rural Studies, 2019, 86: 724-734.

[18] Liu Y S, Schen C, Li Y R. Differentiation regularity of urban-rural equalized development at prefecture-level city in China[J]. Journal of Geographical Sciences, 2015, 25(9): 1075-1088.

[19] Murphy K M, Shleifer A, Vishny R W. The allocation of talent: Implications for growth[J]. The Quarterly Journal of Economics, 1991, 106(2): 503-530.

[20] Myrdal G. Economic theory and underdeveloped regions[M]. London: Duckworth, 1957.

[21] Neander E, Schrader H. Rural development in Germany-issues and policies[J] Agriculture in Germany, 2000: 111 - 133.

[22] Ranis G, Fei H. A theory of economic development[J]. American Economic Review, 1961, 51(4): 533 - 565.

[23] Spence M, Annez P C, Buckley R M. Urbanization and growth, commission on growth and development report[M]. World Bank Publications, 2009.

[24] Todaro M P. A model of labor migration and urban unemployment in less developed countries[J]. The American Economic Review, 1969, 59(1): 138 - 148.

[25] Wan G, Lu M. Cities of dragons and elephants-Urbanization and urban development in China and India[M]. Oxford: Oxford University Press, 2018.

[26] Whalley J, Zhang S M. A numerical simulation analysis of (Hukou) labour mobility restrictions in China[J]. Journal of Development Economics, 2007, 83(2): 392 - 410.

[27] Winstanley M. The new culture of the countryside[M]//Mingay G. The Vanishing Countryman. London: Routledge, 1989: 142 - 154.

[28] Zhao X X. Land and labor allocation under communal tenure: Theory and evidence from China[J]. Journal of Development Economics, 2020, 147: 102526.

[29] 阿布都瓦力·艾百,吴碧波,玉素甫·阿布来提.中国城乡融合发展的演进、反思与趋势[J].区域经济评论,2020(2): 93 - 102.

[30] 蔡昉.为什么劳动力流动没有缩小城乡收入差距?[J].理论前沿,2005(20): 20 - 22.

[31] 蔡昉,王美艳.从穷人经济到规模经济——发展阶段变化对中国农业提出的挑战[J].经济研究,2016,51(5): 14 - 26.

[32] 蔡昉,杨涛.城乡收入差距的政治经济学[J].中国社会科学,2000(4): 11 - 22,204.

[33] 蔡继明,刘媛,刘畅畅.论走出"三农"困境的路径选择[J].天津社会科学,2020,11(1): 93 - 102.

[34] 曹敏.建立健全体制机制 推进城乡融合发展[J].中国经贸导刊,2019(10): 5 - 14.

[35] 常建新.数字普惠金融发展能够矫正要素错配吗?——基于动态空间杜宾模型的实证分析[J].福建金融,2021(8): 23 - 32.

[36] 陈斌开,林毅夫.发展战略、城市化与中国城乡收入差距[J].中国社会科学,2013(4): 81 - 102,206.

[37] 陈伯庚,陈承明.新型城镇化与城乡一体化疑难问题探析[J].社会科学,2013(9): 34 - 43.

[38] 陈浩,王皓月.农村公共服务高质量发展的内涵阐释与策略演化[J].中国人口·资源与环境,2022,32(10): 183 - 196.

[39] 陈坤秋,龙花楼.中国土地市场对城乡融合发展的影响[J].自然资源学报,2019,34(2): 221 - 235.

[40] 陈强远,钱学锋,李敬子.中国大城市的企业生产率溢价之谜[J].经济研究,2016,51(3): 110 - 122.

[41] 陈锡文.当前农业农村的若干重要问题[J].中国农村经济,2023(8): 2 - 17.

[42] 陈一明,李敬.城乡融合视角下的农村金融发展:使命变化、局限突破与创新方向[J].农业经

济问题,2024,45(1):49-62.
[43] 陈宗胜,杨希雷.共同富裕视角下全面综合测度城乡真实差别研究[J].财经科学,2023(1):52-68.
[44] 程令国,张晔,刘志彪.农地确权促进了中国农村土地的流转吗?[J].管理世界,2016(1):88-98.
[45] 程响,何继新.城乡融合发展与特色小镇建设的良性互动——基于城乡区域要素流动理论视角[J].广西社会科学,2018(10):89-93.
[46] 崔树强,周国华,戴柳燕,等.基于地理学视角的城乡融合发展研究进展与展望[J].经济地理,2022,42(2):104-113.
[47] 杜渐.让城乡统筹下的产业互动发展落地生根[J].社会科学研究,2014(5):209.
[48] 杜健勋.我国城乡发展差距和环境利益分配异化的结构逻辑及演变[J].农业现代化研究,2013,34(5):564-568.
[49] 段锴丰,施建刚,吴光东,等.城乡融合系统:理论阐释、结构解析及运行机制分析[J].人文地理,2023,38(3):1-10,68.
[50] 高帆,张天帷.全面推进乡村振兴:基于中国特色城乡连续体框架的探究[J].经济学家,2023(7):108-117.
[51] 高鸣,胡原.坚持促进农民持续增收:愿景、挑战和战略构想[J].南京农业大学学报(社会科学版),2023,23(6):1-13.
[52] 樊杰."人地关系地域系统"是综合研究地理格局形成与演变规律的理论基石[J].地理学报,2018,73(4):597-607.
[53] 方创琳.城乡融合发展机理与演进规律的理论解析[J].地理学报,2022,77(4):759-776.
[54] 方师乐,韩诗卉,徐欣南.电商发展与农村共同富裕[J].数量经济技术经济研究,2024,41(2):89-108.
[55] 冯奎.做好城乡融合大文章[N].中国城市报,2022-06-13(14).
[56] 盖庆恩,朱喜,程名望,等.土地资源配置不当与劳动生产率[J].经济研究,2017,52(5):117-130.
[57] 郭冬梅,陈斌开,吴楠.城乡融合的收入和福利效应研究——基于要素配置的视角[J].管理世界,2023,39(11):22-46.
[58] 郭庆海.小农户:属性、类型、经营状态及其与现代农业衔接[J].农业经济问题,2018,39(6):25-37.
[59] 郭树清:促进生产要素在城乡之间双向流动迫在眉睫[J].中国金融家,2011(12):8-8.
[60] 郭远智,周扬,刘彦随.中国农村人口外流的时空演化及其驱动机制[J].地理科学,2020,40(1):50-59.
[61] 何仁伟.城乡融合与乡村振兴:理论探讨、机理阐释与实现路径[J].地理研究,2018,37(11):2127-2140.
[62] 贺丹.人口流动与乡村治理[J].人口与计划生育,2018(6):96.
[63] 洪银兴,杨玉珍.现代化新征程中农业发展范式的创新——兼论中国发展经济学的创新研究[J].管理世界,2023,39(5):1-8,53.

[64] 黄凯南.当前城乡融合发展动力机制分析[J].国家治理,2021(38):28-31.

[65] 黄寿峰,赵岩.政府信息化能否促进城乡基本公共服务均等化——来自信息惠民国家试点政策的证据[J].吉林大学社会科学学报,2023,63(6):105-119,233.

[66] 冀县卿,钱忠好.如何有针对性地促进农地经营权流转?——基于苏、桂、鄂、黑四省(区)99村、896户农户调查数据的实证分析[J].管理世界,2018,34(3):87-97,183-184.

[67] 姜长云.推进农业供给侧结构性改革的重点[J].经济纵横,2018(2):91-98.

[68] 姜海,田双清,陈乐宾.基于共识视角的新时代土地要素市场化配置改革研究[J].农业经济问题,2022,43(2):70-84.

[69] 江鑫,黄乾.耕地规模经营、农户非农兼业和家庭农业劳动生产率——来自湖南省的抽样调查证据[J].农业技术经济,2019(12):4-20.

[70] 康超.农村普惠金融、资源错配与城乡经济融合——兼论数字新基建的调节效应[J].中国流通经济,2022,36(12):102-113.

[71] 孔令英,董依婷,赵贤.数字经济、资源错配与经济高质量发展——基于261个城市数据的实证分析[J].中国科技论坛,2023(5):123-133.

[72] 匡立波,黄向阳.城乡人口流动对农村文化建设的影响[J].安徽农业科学,2012,40(3):1828-1830.

[73] 李丹,裴育.城乡公共服务差距对城乡收入差距的影响研究[J].财经研究,2019,45(4):111-123,139.

[74] 李兰冰,高雪莲,黄玖立."十四五"时期中国新型城镇化发展重大问题展望[J].管理世界,2020,36(11):7-22.

[75] 李江涛,熊柴,蔡继明.开启城乡土地产权同权化和资源配置市场化改革新里程[J].管理世界,2020,36(6):93-105,247.

[76] 李晶晶,刘帅,郭庆海.农业生产环节外包服务有利于改善农业生产效率吗?——基于吉林省样本的分析[J].农村经济,2022(8):135-144.

[77] 李莉,景普秋.农村网络式产业融合动力机制研究——基于城乡互动的视角[J].农业经济问题,2019,40(8):129-138.

[78] 李明文,王振华,张广胜.农业服务业促进粮食高质量发展了吗——基于272个地级市面板数据的门槛回归分析[J].农业技术经济,2020(7):4-16.

[79] 李万君,李艳军,史清华.中国农村市场化改革:回顾、反思及启示[J].中国农村经济,2023(7):36-56.

[80] 李英震.基于纵向一体化联盟的三产融合——以内蒙古草原牧区乳品业为例[D].大连:东北财经大学,2020.

[81] 梁超,林晨,王素素.农村人居环境、居民健康和医疗负担:基于"厕所革命"的研究[J].世界经济,2023,46(12):197-224.

[82] 林毅夫,蔡昉,李周.中国的奇迹:发展战略与经济改革[M].上海:上海三联书店,2003.

[83] 刘成奎,王朝才.城乡基本公共服务均等化指标体系研究[J].财政研究,2011(8):25-29.

[84] 刘贯春,张晓云,邓光耀.要素重置、经济增长与区域非平衡发展[J].数量经济技术经济研究,2017,34(7):35-56.

[85] 刘合光.城乡融合发展的进展、障碍与突破口[J].人民论坛,2022(1):46-49.

[86] 刘明辉.城乡关系演变下农村产业融合发展机制研究——基于“政府、市场、经营主体”三个维度的分析框架[D].成都:西南财经大学,2019.

[87] 刘明辉.城乡关系演变下农村产业融合发展机制研究[M].成都:西南财经大学出版社,2022.

[88] 刘明辉,卢飞.城乡要素错配与城乡融合发展——基于中国省级面板数据的实证研究[J].农业技术经济,2019(2):33-46.

[89] 刘守英.中国城乡二元土地制度的特征、问题与改革[J].国际经济评论,2014(3):9-25,4.

[90] 刘守英,陈航.东亚乡村变迁的典型事实再审视——对中国乡村振兴的启示[J].农业经济问题,2022,43(7):25-40.

[91] 刘守英,龙婷玉.城乡融合理论:阶段、特征与启示[J].经济学动态,2022(3):21-34.

[92] 刘彦随,周扬,李玉恒.中国乡村地域系统与乡村振兴战略[J].地理学报,2019,74(12):2511-2528.

[93] 刘彦随,龙花楼,李裕瑞.全球乡城关系新认知与人文地理学研究[J].地理学报,2021,76(12):2869-2884.

[94] 刘宇佳,程斯辉.如何认识“教联体”?——关于教联体建设理论问题的思考[J].教育科学探索,2023,41(6):12-18.

[95] 陆大道,郭来喜.地理学的研究核心——人地关系地域系统——论吴传钧院士的地理学思想与学术贡献[J].地理学报,1998,53(2):3-11.

[96] 陆铭,陈钊.城市化、城市倾向的经济政策与城乡收入差距[J].经济研究,2004,39(6):50-58.

[97] 罗必良.开放村庄:在城乡融合中推进乡村振兴[J].南方经济,2021(8):8-11.

[98] 罗知,万广华,张勋,等.兼顾效率与公平的城镇化:理论模型与中国实证[J].经济研究,2018,53(7):89-105.

[99] 马草原,李宇淼,孙思洋.农民工“跨地区”流动性变化及产出效应分析[J].中国工业经济,2023(9):23-41.

[100] 马颖,何清,李静.行业间人力资本错配及其对产出的影响[J].中国工业经济,2018(11):5-23.

[101] 孟凡强,邓保国.劳动力市场户籍歧视与城乡工资差异——基于分位数回归与分解的分析[J].中国农村经济,2014(6):56-65.

[102] 穆娜娜,钟真,孔祥智.交易成本与农业社会化服务模式的选择——基于两家合作社的比较研究[J].农林经济管理学报,2019,18(3):366-375.

[103] 覃朝晖,田杰鑫,何宇.数字经济如何驱动乡村产业高质量发展——基于劳动力与资本要素错配的分析[J].世界农业,2023(7):40-51.

[104] 庞丹,张晗.中国式现代化进程中城乡产业融合驱动共同富裕:现实梗阻及纾解之策[J].农村经济,2023(10):124-134.

[105] 曲福田,田光明.城乡统筹与农村集体土地产权制度改革[J].管理世界,2011(6):34-46,87.

[106] 任重,周云波.垄断对我国行业收入差距的影响到底有多大?[J].经济理论与经济管理,2009(4):25-30.
[107] 任迎伟,胡国平.城乡统筹中产业互动研究[J].中国工业经济,2008(8):65-75.
[108] 芮旸,金淘,林静怡,等.中国传统村落人口外流场的空间识别与形成机制——基于第四、五批国家级传统村落的初探[J].地理研究,2023,42(5):1248-1266.
[109] 邵文波,李睿,施炳展.债务扩张、劳动力职业选择与人力资本配置[J].财经研究,2023,49(5):124-139.
[110] 史晓浩,阚小静.基于空间均衡发展的城乡融合试验区差异化创建路径探究[J].建筑技术开发,2020,47(19):63-65.
[111] 孙婧雯,陆玉麒.城乡融合导向的全域土地综合整治机制与优化路径[J].自然资源学报,2023,38(9):2201-2216.
[112] 谭灵芝,张宇争,田诺澜,等.数字普惠金融对农村回流劳动力收入影响及解释[J].南方人口,2022,37(6):37-51.
[113] 汤龙,陈享光,赵妍妍.返乡创业能提高农村居民收入吗?——基于返乡创业试点政策的考察[J].农业技术经济,2024(1):1-18.
[114] 涂圣伟."十四五"时期畅通城乡经济循环的动力机制与实现路径[J].改革,2021(10):22-30.
[115] 涂圣伟.县域内率先破除城乡二元结构:现实价值与实现路径[J].社会科学文摘,2023(12):91-93.
[116] 万海远,李实.户籍歧视对城乡收入差距的影响[J].经济研究,2013,48(9):43-55.
[117] 王国敏,常璇.我国农业结构性矛盾与农业供给侧改革的着力点[J].理论探索,2017(6):100-106.
[118] 王璐璐,董正爱.乡村振兴视域下我国农村环境风险治理的规范路径——基于城乡分治与协同共治演进视角的反思[J].农村经济,2021(5):82-90.
[119] 王颂吉,白永秀.城乡要素错配与中国二元经济结构转化滞后:理论与实证研究[J].中国工业经济,2013(7):31-43.
[120] 王文彬.基于资源流动视角的城乡融合发展研究[J].农村经济,2019(7):95-102.
[121] 王瑜.城乡共富的浙江探索与战略路径选择[J].中国延安干部学院学报,2023,16(1):102-115,136.
[122] 童政.城乡一体化重在补短板[N].经济日报,2023-08-02(8).
[123] 魏后凯.深刻把握城乡融合发展的本质内涵[J].中国农村经济,2020(6):5-8.
[124] 魏后凯.新常态下中国城乡一体化格局及推进战略[J].中国农村经济,2016(1):2-16.
[125] 魏后凯.县域经济是城乡融合最佳地域单元[J].中国乡村发现,2023(3):33-34.
[126] 吴宸梓,白永秀.数字技术赋能城乡融合发展的作用机理研究——基于马克思社会再生产理论视角[J].当代经济科学,2023,45(6):123-134.
[127] 吴亚玲,杨汝岱,吴比,等.中国农业全要素生产率演进与要素错配——基于2003—2020年农村固定观察点数据的分析[J].中国农村经济,2022(12):35-53.
[128] 吴业苗.城乡公共服务一体化的若干思考[J].中共中央党校学报,2013,17(3):92-96.

[129] 吴业苗.城乡公共服务一体化的价值导向与制度构建[J].城市问题,2011(9)：71－76.
[130] 伍其亮,史元亭,万广华.投资倾向与城乡差距——来自省级面板数据的证据[J].世界经济文汇,2015(1)：34－49.
[131] 项继权,周长友."新三农"问题的演变与政策选择[J].中国农村经济,2017(10)：13－25.
[132] 许恒周,牛坤在.城乡土地融合发展：概念内涵、历史演进与机制设计[J].南京农业大学学报(社会科学版),2023,23(5)：141－151.
[133] 徐勇.城乡一体化进程中的乡村治理创新[J].中国农村经济,2016(10)：23－26.
[134] 杨继东,杨其静.保增长压力、刺激计划与工业用地出让[J].经济研究,2016,51(1)：99－113.
[135] 杨佳琪,张家才,余典范.互联网使用、农业生产效率与乡村振兴的内涵式发展[J].华中农业大学学报(社会科学版),2023(5)：53－65.
[136] 杨喆,李晴晴,薛文晧.国家重点生态功能区设立对农村居民收入的影响——基于 PSM－DID 的实证分析[J].资源科学,2023,45(1)：144－157.
[137] 杨梦洁.数字经济驱动城乡产业链深度融合的现状、机制与策略研究[J].中州学刊,2021(9)：28－34.
[138] 杨志才,柏培文.要素错配及其对产出损失和收入分配的影响研究[J].数量经济技术经济研究,2017,34(8)：21－37.
[139] 叶林祥,李实,罗楚亮.行业垄断、所有制与企业工资收入差距——基于第一次全国经济普查企业数据的实证研究[J].管理世界,2011(4)：26－36,187.
[140] 易醇,张爱民.城乡一体化背景下的城乡产业融合协同发展模式研究[J].软科学,2018,32(4)：105－109.
[141] 余向华,陈雪娟.中国劳动力市场的户籍分割效应及其变迁——工资差异与机会差异双重视角下的实证研究[J].经济研究,2012,47(12)：97－110.
[142] 袁志刚,解栋栋.中国劳动力错配对 TFP 的影响分析[J].经济研究,2011,46(7)：4－17.
[143] 运迪,贾则琴.共同富裕目标下的城乡融合：内在关联、现实困境和推进逻辑[J].新疆社会科学,2023(6)：156－166.
[144] 战金艳,鲁奇.中国基础设施与城乡一体化的关联发展[J].地理学报,2003,58(4)：611－619.
[145] 张桂文,王青,张荣.中国农业劳动力转移的减贫效应研究[J].中国人口科学,2018(4)：18－29,126.
[146] 张江华."乡土"与超越"乡土"：费孝通与雷德斐尔德的文明社会研究[J].社会,2015,35(4)：134－158.
[147] 张可云,黎思灏,席强敏.市民化的农村居民收入增长效应——基于 2014 年户籍制度改革的证据[J].经济学家,2023(10)：53－64.
[148] 张丽君,巩蓉蓉,袁伟伦.公共服务差距与区域间收入不平等的形成——基于 2000—2019 年省级面板数据的分析[J].公共管理评论,2020,2(4)：50－81.
[149] 张峭,王克.农作物生产风险分析的方法和模型[J].农业展望,2007,3(8)：7－10.
[150] 张晓旭.新发展格局下推进新型城镇化的重点任务[J].区域经济评论,2022(3)：144－150.

[151] 张勋,万广华.中国的农村基础设施促进了包容性增长吗?[J].经济研究,2016,51(10):82-96.
[152] 张扬金,邓观鹏.城乡空间融合的意蕴及其正义建构[J].浙江社会科学,2021(2):72-80,157.
[153] 张英男,龙花楼,马历,等.城乡关系研究进展及其对乡村振兴的启示[J].地理研究,2019,38(3):578-594.
[154] 章莉,蔡岩秋,吴彬彬,等.职工基本医疗保险参与的户籍差异及其工资收入效应[J].世界经济文汇,2023(2):31-47.
[155] 章元,王昊.城市劳动力市场上的户籍歧视与地域歧视:基于人口普查数据的研究[J].管理世界,2011(7):42-51.
[156] 赵伟,诸培新.土地资源配置影响城乡融合发展的作用机制[J].资源科学,2023,45(11):2144-2155.
[157] 赵志强,范建刚.系统论视域下新时代城乡融合发展:多重维度、驱动机理与实践路径[J].当代经济研究,2023(8):45-54.
[158] 甄浩,贾男.机器人使用加剧了农村劳动力回流吗[J].当代财经,2022(12):3-15.
[159] 郑泽宇.中国农村环境治理研究的基本特征、主题脉络及展望——基于 Citespace 的文献计量分析[J].重庆工商大学学报(社会科学版),2024(1):1-16.
[160] 周德,戚佳玲,钟文钰.城乡融合评价研究综述:内涵辨识、理论认知与体系重构[J].自然资源学报,2021,36(10):2634-2651.
[161] 周国华,刘畅,唐承丽,等.湖南乡村生活质量的空间格局及其影响因素[J].地理研究,2018,37(12):2475-2489.
[162] 周慧,孙革,周加来.数字经济能够缩小城乡多维差距吗?——资源错配视角[J].现代财经(天津财经大学学报),2022,42(1):50-65.
[163] 周灵灵.人口流动对乡村社会治理的影响及对策[J].发展研究,2020(1):78-84.
[164] 周文,赵方,杨飞,等.土地流转、户籍制度改革与中国城市化:理论与模拟[J].经济研究,2017,52(6):183-197.
[165] 周云波,王浩泽,郭金兴.共同富裕目标下全面缩小城乡差距研究[J].财经科学,2023(11):66-80.
[166] 邹一南.谨防户籍改革扩大城乡收入差距[N].中国社会科学报,2016-11-02.

第 3 章　城乡融合发展的国际经验

纵观人类社会的历史发展过程,无论是发达国家还是发展中国家,在经济社会发展过程中都面临着城乡发展不平衡的问题。城乡经济不协调发展会导致一系列经济社会问题。虽然世界各国的城乡发展道路不同,但统筹协调好城乡发展关系始终是各国努力的方向和目标。本章从国际视角总结梳理了部分国家城乡融合发展的历程,通过比较分析这些国家可行有效的发展模式和城乡融合机制,为我国的城乡融合发展提供了政策思路和经验启示。具体来说,本章将梳理各国城乡融合的发展状况,分析城乡融合发展的特征,并总结各国城乡融合发展的政策及机制,以便总体上了解各国城乡融合发展的路径及其机制。在此基础上,本章将分别对英国、法国、美国、日本和韩国的城乡融合发展状况及其机制进行分析。

3.1　世界各国城乡融合发展状况、特征及机制

3.1.1　世界各国城乡融合发展的历程

无论是经济发达国家还是发展中国家,在不同的经济发展阶段都面临着城乡经济间的矛盾。各个国家为了平衡城乡经济关系,避免城乡经济社会矛盾的激化,大都采取了主动或被动的政策措施。英国的工业化与城市化较早,19 世纪末随着工业革命的推进,通过工商业资本侵入农村的方式,使大量经济资源转向工业生产。在其城市化和工业化迅速发展的过程中,城乡差距也不断扩大,农村凋敝情况日益严重,出现了一系列经济社会问题。同样的情况也出现在法国、德国和美国的工业化和城市化过程中。因此,英国、美国等国家在 19 世纪末 20 世纪初就开始关注农村发展问题,并考虑城市发展与农村的协调问题。20 世纪 40 年代前后,英国政府实行的“大伦敦计划”部分体现了这种思想,英国政府在中心城附近建立新城,疏散城市人口,限制城市的过度膨胀,形成结构完整的城镇体系,推动乡村城镇的发展。美国的情形也是如此,其实现城乡一体化的过程大致经历了“城市化—郊区化——体化”的发展进程。美国从 19 世纪上半叶开始工业化,城市规模不断扩大,大量农村人口迁移到城市,使城市产生了巨大的人口压力和环境压力,导致产业和城市人口向郊区转移。同样,日本等资本主义国家在发展过程中也面临了工业和城市发展吸引农村人口向城市转移的问题,导致农村衰退和凋敝,城乡经济关系出现不协调的矛盾。但从实际结果来看,尽管第二次世界大战前这些资本主义国家的工业化和城市化

已经达到较高程度,政府也采取了一些稳定农村经济的措施,但协调城乡关系政策措施的效果有限,城乡经济差距仍不断扩大。

直到第二次世界大战后,经过战后的恢复,各发达国家的经济达到了新的水平,解决城乡之间不断激化的矛盾成为各国的重要任务。城市反哺农村成为各国的基本经济政策,不同国家也采取了适应本国国情的措施,纷纷立法发展农村经济,并在财政上加大了对农村经济的支持。从20世纪70年代开始,这种城乡一体化发展的战略取得了较好的成效。例如,英国在20世纪50年代开始进行"中心村"建设以振兴乡村经济,对乡村展开了大规模的发展规划运动,出台了一系列综合性政策措施。政府投资建设"中心村"的公共基础设施,增加公共服务供给,引导乡村人口向中心村转移。到了20世纪70年代,英国政府调整了"中心村"发展策略,将原有的单一化模式改为结构发展模式,使每个"中心村"都能根据自己的特色和需求进行发展,从而进一步缩小了城乡差距,推动了城乡融合(肖依,2011)。1973年,英国加入欧洲经济共同体(EEC,后成为欧洲联盟EU),国内农业政策的制定开始受到欧盟"共同农业政策(CAP)"的影响。在之后的30年中,英国乡村发展的焦点在于通过农村产业补贴政策刺激农村产业结构的调整,促进农村非农产业的发展。进入21世纪后,英国乡村经济特有的"地区性"已无法适应全球化背景下的经济增长模式。在此背景下,2004年英国的农村政策和规划体系发生了根本性变革,开启了区域主导的多层次规划模式,英国农村进入了"新发展阶段",城乡一体化发展得到了进一步加强。

第二次世界大战后,美国城乡经济关系也发生了较大的变化。20世纪50年代,由于城市的发展和城市人口的过度集聚,美国政府逐步实施了一系列政策措施,对城市周边的郊区进行建设,例如大力建设郊区公路和基础设施,规划并建设郊区住宅(肖依,2011)。因此,在这一时期,美国的城市郊区发展迅速,一度出现郊区人口增长率超过中心城市人口增长率的情况。到了20世纪70年代,美国农村人口外流加速,老龄化问题日渐突出,城乡结构开始出现失衡态势。为此,美国国会频繁立法,政府也不断出台相关政策,支持农村经济社会转型和发展。1972年,美国出台了《农村发展法》,这是美国第一部专门关注农村发展的法律,明确了农业部在农村发展政策中的领导地位和中心职能,同时开启了美国农村政策制度化的时代。之后,美国又陆续出台了《农业与消费者保护法》《食品与农业法》《农村发展政策法》等多部法案,内容涉及农村基础设施建设、农村信贷、农村供水等多个方面,这些措施有力地促进了人口向农村地区的回流。1990年,美国颁布实施了《粮食、农业、保育和贸易法案》,该法案的实施成为美国农村政策的一个转折点。"乡村发展计划"作为单独的一章被纳入农业法案中,乡村发展问题得到了进一步的重视,开始成为美国农业政策的重要内容。从1990年至今,美国乡村发展政策体系日益成熟,乡村发展的重点主要在加强乡村社区建设、培育乡村经济增长新动力和创新环境保护工作等三个方面,城乡融合发展开始以新的内容和方式推进。

日本的城乡关系演化也经历了类似的过程。尽管日本与欧美国家在自然禀赋和经济制度上存在许多差异,但在工业化和城市化过程中,随着大量农村劳动力流向城市,日本也出现了明显的农村衰退现象。直到第二次世界大战后经济恢复,政府开始着力振兴农业和农村。1950 年,日本颁布了第一部关于国土开发的基本法《国土综合开发法》,其主要目标是缩小区域间差距和实现均衡发展,通过增强落后地区的产业竞争力来带动农村工业的发展。1959 年,日本发布了《农业的基本问题和基本对策报告》,明确提出要走农村工业化道路来拯救农村经济和发展农村工业。在 1961 年,政府对 105 个开发地区给予了工业开发优惠支持,1962 年编制了第一个《全国综合开发规划》。1969 年,政府设立了农村工业化委员会来主导农工一体化战略,为了鼓励农村工业发展和促进工业向农村地区的转移,政府相继颁布了《农村地区引进工业促进法》等一系列法规政策。通过建设城乡一体化的现代交通和通信等公共基础设施,以及建设城乡一体的产业链和市场协作体系,推动了城乡融合发展。为了有效实现农业和农村发展的目标,日本全力建设与农业生产、农产品销售和非农产业发展相关的"农协"这一农村专业合作组织,从组织形态上保证了政府各项支持政策的实施,从而推动了农业的持续增长和城乡融合发展。

第二次世界大战后独立的大部分发展中国家,经济发展进入工业化和城市化的启动期后,在城乡关系上基本上以不同的方式重蹈了发达资本主义国家的覆辙,城乡经济不平衡的状况日益严重。同时,由于经济基础薄弱,产业经济受外国资本的控制,这些国家在全球供应链体系中处于价值链的弱势地位,经济增长缓慢,政府无力有效支持农业和农村的发展,因此,大部分发展中国家的农业和农村仍然相对落后,城乡差距依然较大。

例如,以东南亚和南美新兴国家为代表的许多发展中国家,自 20 世纪 50 年代以来实施工业化发展战略,经济得到了一定程度的发展,同时城市化快速推进,人口也迅速增长。这些国家基本上走上了"先工业、后农业""先城市、后农村"的传统工业化道路(蔡玉胜,2007)。20 世纪 60 年代后,许多跨国公司加大了对外投资,东南亚国家(如马来西亚、泰国、印度尼西亚、菲律宾等)在此期间吸收了大量外国资本,经济飞速发展(王小民,2002)。大量农村移民涌入城市及工业区,农村经济增长缓慢,城乡发展差距不断拉大。从 20 世纪 90 年代开始,鉴于城乡经济不平衡问题的恶化,大部分东南亚国家的政策目标从追求经济高速增长转向追求经济的可持续增长(许颖,2017),缩小城乡差距、促进城乡融合发展成为重要的政策目标之一,但实质性的政策成效并不显著。

南美的发展中国家情况与东南亚国家相似,在发展初期均采取了城市偏向、工业优先的经济发展计划。例如,巴西的城镇化建设始于 20 世纪 60 年代,在发展初期,政府支出中仅有 15%用于农业补贴,而大部分资金都投向了工业发展。同时,巴西实施了基于增长极理论的城乡空间布局政策,通过在马瑙斯等地建立增长极来促进城市化和工业发展(蔡玉胜,2007)。虽然在随后的二十年间,巴西的现代化得到了全面推进,工业化和城市化快速发展,但这种过于强调工业和城市的发展战略进一步拉大了城乡间的发展差距,导致城乡在很长一段时间内面临严重的失衡问题。

尽管在 20 世纪 60 年代后,这些发展中国家开始逐步重视城乡协调发展问题,并开始了乡村振兴和城乡一体化发展的探索。例如,泰国从 20 世纪 70 年代后期的第 4 个五年计划开始重视小规模劳动密集型的农村工业发展,并随后采取了多项计划和措施来促进农村工业化。巴西政府在1985年提出要重视农业和农村发展，提高农业在政府总投资中的占比(蔡玉胜，2007)。但由于这些国家经济基础薄弱，缺乏支持农业和农村发展的财政能力，政府推进城乡融合发展、缩小城乡差距的政策措施的实施效果并不理想。

3.1.2 世界各国城乡融合发展的基本特征

1. 工业化和城市化过程中，普遍重视农业现代化

各个经济发达国家在经历了工业化初期轻视农业和农村人口大量转移所导致的农村衰退教训之后，都不同程度地通过立法、土地制度变革和政策支持等方式，来扶持农业的发展。尤其是在工业化和城镇化水平达到一定程度之后，这些国家更加注重农业现代化的建设。总结各国的经验，有一些共通的和普遍性的做法是立足本国国情，顺应国内外市场环境的变化，协调推进农业及其关联产业的质量变革、效率变革和动力变革，从而统筹增强粮食和重要农产品国内供给的保障能力，以及农业及其关联产业的创新驱动发展能力、国际竞争力和可持续发展能力。具体措施如下。

第一，注重农业科技现代化。通过科技创新改变农业生产结构、资源结构、生产组织和生产方式，提升农业现代化水平(张冬平、黄祖辉，2002)。一方面，在农用工业发展的基础上，实现农业机械化。到20世纪60年代，发达国家基本上实现了生产过程的全面机械化，主要作物生产和畜禽养殖的全程机械化率普遍在90%以上。近二十年来，随着设施装备的智能化发展迅速，农业发达国家普遍推进卫星定位、人工智能等新技术在农业中的集成应用，积极推广精准农业、智能农业、数字农业，大幅提升了农业劳动生产率。另一方面，加强种子培育和更新换代。自20世纪50年代以来，主要作物和畜禽品种大约每隔十年就有一次大的更新换代。世界谷物单产从1961年农业绿色革命前的每公顷1.35吨增加到1990年的每公顷2.75吨。目前，农业发达国家的农业科技进步贡献率大多在80%左右，这有力支撑了农业的持续稳定发展。日本在农业现代化过程中非常注重农业科技和农业生产机械化。日本与美国类似，都非常重视农业生产机械化以及对农民的补贴与价格支持，以促进农业发展。但日本政府的投入支持力度更大，且农业价格支持体系更为完善。日本通过实施“农业机械银行制度”，向农村地区投入了大量农业机械。从20世纪60年代开始，日本的农业机械水平和农业生产率迅速提高，经过十年的发展，到70年代就已经基本实现了从耕种到收获全过程的全面机械化。

第二，建设农业社会化服务体系，实现服务现代化。农业社会化服务能够推动农业生产的专业化和分工协作，提升农业生产效率。自20世纪50年代起，各国都通过政策支持和财政扶持，推进农业社会化服务主体的培育和服务体系的建设，促进农业产业链各环节专业化程度的提升(姜长云，2016)。目前，这些农业发达国家已经建立了包括农业技术推广服务、农民教育和培训服务、农业信贷担保和保险等金融服务，以及区域性信息、品牌、法律等公益性服务的农业社会化服务体系。特别是在农业社会化服务体系的建设过程

中,形成了政府、社会组织和市场主体共同参与的服务供给机制。

第三,农业产业链现代化。世界农业发达国家普遍注重构建具有明显特色优势、提升农业价值链增值性的现代农业产业链。例如,荷兰自20世纪90年代开始实施“链战略计划行动”,将农作物生产、加工、保险、仓储物流、销售环节融为一体,实现农业产前、产中、产后等产业链各环节的有机结合,形成了利益共享、风险共担的共同体,塑造了荷兰农业产业链的独特优势(付晓亮,2017)。2015年,德国推出了“农业4.0”计划,从农业生产、加工、流通等各环节整体推进全产业链的协同化,形成了系统、完整、高度协同的农业全产业链,从而显著提升了产业链的增值效率和效益(肖红利等,2019)。

第四,农业经营体系现代化。历史上,各个发达国家的土地制度及农业生产方式不同,导致农业经营方式存在较大差异。但在农业现代化的进程中,基于土地制度变革和农业生产方式的变化,这些国家都建立了适应现代农业生产方式和现代市场机制的农业经营体系。现代农业经营体系已发展成为由现代农业产业体系、组织体系、制度体系和网络体系组成的综合系统。其核心在于农业经营主体和农业服务体系的有效结合,形成了农业新型双层经营体系和新型规模经营体系。一方面,改造了传统农户和农场,建立了具备现代化生产能力的现代家庭农场和专业化的农场,同时,成立了各类专业化的经营协会等社会服务和生产合作组织;另一方面,通过市场化机制整合了农业各个环节,实现了生产经营的专业化、社会化、市场化和高效化。例如,美国拥有大约201万个家庭农场,其中高达97.6%属于专业化家庭农场(吴彬,2022)。这些家庭农场依靠美国小麦协会、大豆协会、农场主协会等组织参与市场活动,发生经济关系。日本的农户经营规模虽然较小,但实现了农业生产的现代化,并通过农协这一综合性的经济社会合作组织,构建了农户与现代市场的经济联系。1949年,日本政府颁布了《农业协同组织法》,鼓励并支持农协的发展。农协组织将农业生产过程中与农民相关的服务事项,包括原料供应、种植生产、市场销售、技术研发、保险贷款等一体化,通过将外部交易内部化,节约了农业生产过程中大量的交易成本(李显刚和石敏俊,2001),提高了农业产业链的网络化和市场化程度。

2. 发展农村多元产业,推进城乡产业融合发展

从各国农业农村发展和城乡一体化的过程中可以看出,城乡产业关系是城乡一体化发展的物质基础与经济依托,在城乡各种关系中处于支配性、决定性地位。观察世界各国的实践经验,普遍存在两种方式或路径来推动城乡产业的融合发展。一是调整农业产业结构的同时,延伸农业产业链,建立与农业相关的城乡融合的产业体系;二是通过规划城乡产业布局,利用农村特有的自然和经济资源,在农村地区发展工商业及旅游业等非农产业。

美国作为现代农业最为发达的国家之一,在工业化和城市化过程中,在法律许可和政府政策鼓励下,通过市场机制和工商业资金的介入,以农业全产业链的现代化和农村工业化两种方式推进城乡产业融合发展。一是农业全产业链现代化。美国农业已成为一个资本和知识密集程度都很高的现代化产业部门。美国的农业现代化经历了机械化、化学化、

生物化和经营管理创新等阶段，至今已成为一个资本和知识密集型的产业部门，农产品商品化程度达90%以上（唐胜军，2009）。20世纪20年代，美国主要农业生产已实现半机械化；20世纪50—60年代，实现了生产加工全过程的机械化。同时，在美国政策支持和科研机构的合作下，推动农业科学技术现代化，对农作物和牲畜品种进行改良，开始了美国生物技术革命。到20世纪中叶，美国农业开始大规模推广化肥、农药和各种药剂等化学化。与此同时，美国农场的农业经营产业化过程也全面推行，出现了工商企业主导型和合作社主导型两种农业经营组织形态，尤其是工商业主导的经营方式成为美国农业产业一体化的主导形式，由此也使食品加工业成为制造业中最大的行业。二是农村工业化。美国主要是通过城市工业向农村地区的扩散来推进的。20世纪50年代，美国开始了农村工业发展进程，制定了发展农村工业的各种政策法规，并提出了在郊区兴建小城市（镇）的计划，以此推动城市郊区和农村地区发展农村工业。20世纪60年代以后，美国进一步推出了“示范城市（镇）试验计划”，并制定了《新城市开发法》，批准了63个人口规模约2万人的新城市（镇）。与此同时，美国加强了农村和城郊地区的公共基础设施建设，为农村工业化创造条件。从20世纪50年代中期到70年代末，美国农村工业增长很快，到20世纪70年代末，就业于乡镇工业部门的劳动力占总劳动力的30%左右（理查德·兰茨第尔、周宝生，1989）。

法国农业农村产业的资本化程度稍低于美国，但在实现以农业机械化、化学化和生态化为主导的现代化过程中，通过政府支持的方式综合发展农业产业和农村工业。法国农村工业化始于20世纪60年代，其目的是促进区域和城乡的平衡发展。政府设立了“手工业企业装备基金”，奖励投资农村工业的企业。同时，为促进落后地区和偏远地区的农产品加工业、小型加工制造业等乡村工业发展，政府通过设立“农业方向基金”“地区发展基金”“新工业区”“农村特别救济金”以及出台土地优惠和税收减免等扶持政策，鼓励和引导企业加大资金投入和建设厂房。这些政策措施取得了一定的效果，到20世纪70年代中期以后，法国的农村工业和第三产业迅速发展，城市人口也开始回流到农村。

日本基于国情的特殊性，农村产业发展具有自己的特色。尽管日本的农业现代化水平低于欧美国家，但农业产业链的网络性和市场化程度较高。日本政府非常重视农村非农产业的发展，在促进城乡产业融合发展方面，日本摸索出了有效的特色发展模式：一是利用农村特色资源，推广农业产业化模式“一村一品”，通过挖掘并发挥农村本地资源优势，发展具有地方特色的主导产业和产品，振兴农村经济；二是延伸农业产业链，构建以第一产业为基础的全产业链“六次产业”发展模式，并始终坚持第一产业的主体地位和三产融合的核心理念，搭建集生产、加工、销售、服务四个环节于一体的完整产业链，以创造新的附加价值。同时，将流到城市等农村外部的就业岗位和附加值内部化，从而增加农民收入，为农业发展注入新的动力（姜长云，2015）。在“六次产业”发展模式下，通过推行产品差别化和区域支持战略，构建了农村产品市场营销网络，完善了农业产业链，对一二三产业进行有机整合，做到以工带农、以商促农，促进了城乡产业融合发展。

3. 统筹城乡公共产品供给制度

从发达国家现代化的过程来看,城乡公共基础设施的一体化建设和公共服务的统筹供给是消除城乡经济社会差异的重要措施,这反映了城乡融合发展的水平和程度。在工业化初期,城乡发展差距的一个突出问题在于农村公共产品的供给不足。因此,在工业化后期和后工业化时期,大部分国家都全面规划并建设乡村的公共基础设施,实施城乡统一的社会保障制度,提升乡村基础教育、公共医疗和养老服务等公共服务设施的水平,增加基本公共服务的供给。

美国主要通过制定法律、政策和投入资金支持来统筹城乡基本公共服务供给。一方面,通过立法形式保障农村基本公共服务供给。自1933年以来,美国国会制定了一系列关于农业农村发展的法律法规,包括《农业法》《农业计划调整法》《紧急农业金融救济法》《农业安全与农村投资法》等,这些法律从资源要素、产业组织、金融信贷、财政政策、社会保障等方面确保了农村基本公共服务的供给(李富忠、陈凯,2006)。除了立法保障,美国还投入了大量资金用于农村基础设施的建设。19世纪末,美国已经拥有较为完善的交通网络基础。从20世纪30年代开始,联邦政府和州政府共同出资,进行了大规模的农村基础设施投资,包括在低洼易涝地区建设明沟和地下管道排水工程,在干旱地区兴建农田水利灌溉设施和引水工程等。同时,在全国农村地区兴建了交通运输、电力供应、环境保护和社区公共服务基础设施,逐步缩小了城乡基本公共产品供给的差距(解建立,2009)。

欧盟国家在缩小城乡基本公共服务供给差距方面与美国有所不同,它们更加重视建立和完善社会保障制度,以提供民众所需的基本公共服务和社会保障,从而统筹城乡基本公共服务供给。德国在20世纪初推广了农村养老保险制度。瑞士、瑞典等北欧国家主张全面公平的社会保障模式,为城乡居民提供了全面、高水准的社会公共服务和社会保障,并对参保农民实行优惠政策,给予一定的补助或对其社会保险费进行部分减免。其他欧盟国家通过扩大社会保障覆盖面,实现了人人享有基本公共服务的目标,从而缩小了城乡差距(邵源,2007)。此外,大部分欧盟国家建立了全方位的农业教育和科研财政支持体系,以支持农村农业发展。例如,法国在国家预算中专门设立了"农村发展整治基金",用于支持农村落后地区的建设和发展。英国政府为农业基础设施建设提供了有力的财政支持,政府财政资金的投入占全国农业机械、农田排水设施及农村道路修建费用的三分之二以上。德国法律规定了各级政府供给公共产品的事权和责任,每一级政府可以针对性地对不同地区及农村提供基本公共服务。当基本公共服务供给出现不平衡时,联邦或州将加大对该地区的转移支付力度,以避免城乡基本公共服务供给资金不足或发展不平衡的情况发生(杨瑞梅,2006)。

日本和韩国在城乡融合发展过程中,总结并摸索出了适合本国国情的方式。日本长期以来重视农村义务教育和农村社会保障,明确了各级政府在供给公共产品方面的职责,特别是关注对偏远地区基本公共服务的供给。更为重要的是,日本的城乡居民能够享受到包括社会保险、公共卫生、国家救助以及社会福利等多个领域的基本相同的社会保障制度（邵源，2007）。此外，日本还积极发挥农协在农村公共产品供给中的作用，通过增强农民的自立自治能力，提高了农村公共产品的供给能力。韩国在统筹城乡基本公共服务实践中，最具特色的是“新村运动”。该运动始于20世纪70年代，是由政府主导、农民自主参与的调整城乡经济结构的战略性运动。初期，“新村运动”的主要目的是改善农村生活环境，通过为农村提供基础公共设施和服务，缩小城乡差距，提高农村对劳动力的吸引力。以政府支援、农民自主和项目开发为基本模式，改善了城乡发展不平衡的状况（孙嘉明，2014）。在“新村运动”的后期，政府鼓励农村成立民间组织，通过对村庄领导人和普通农民的各种培训，提高农民的道德水平，推动农村文明建设（韩立民，1996）。韩国的“新村运动”通过自下而上的乡村发展方式，改善了农村的面貌，提高了农民的收入和生活水平，从而缩小了韩国城乡经济的差距。

4. 以劳动力资源配置的市场机制构建了城乡一体化的劳动力市场

劳动力资源的合理配置对城乡融合发展有着重要影响。在各国经济发展过程中，劳动力在城乡间的流动及配置方式经历了一个变化的过程。在城市化和工业化时期，大量农村劳动力流向城市，而在农业机械化水平较低的情况下，农村劳动力的流失导致了农村产业的凋敝。因此，在20世纪60至70年代，一些发达国家开始关注劳动力在城乡间的平衡配置问题，并通过发展农村新兴产业和改善农村生活环境等手段，吸引城市劳动力回流农村，为振兴农村经济创造了人力资本条件。值得注意的是，在传统城乡二元劳动力市场向城乡一体化劳动力市场转变的过程中，除了充分发挥市场机制的基础性作用外，政府的引导和财政支持也发挥了重要作用。

英国在农村剩余劳动力转移和城乡劳动力有效配置过程中积累了丰富的成功经验。从转移模式来看，产业革命初期，英国的圈地运动将大量农村劳动力强制性转移至城市的非农产业部门（李仙娥、王春艳，2004）。随着工业革命的推进，英国农村人口向城市转移的速度加快，英国政府还采取了大规模向海外移民的劳动力转移模式，通过实施减免运费、向移民赠送土地和农具等多种政策，鼓励劳动力移民至海外殖民地（李世安，2005）。随着世界市场的扩大、农业生产率的提高以及工厂对劳动力需求的增大，英国政府为鼓励农村剩余劳动力向工业部门和其他非农部门转移，出台了一系列政策，包括逐步普及中学教育、就业培训以及制定劳动保护制度等。这些措施通过提升劳动力素质和完善社会保障制度，打破了阻碍农村剩余劳动力转移的部分壁垒。在第二次世界大战后的西方后工业化时期，英国政府针对城乡劳动力流动和配置的政策发生了巨大变化。政府采取了提升农业劳动生产率的方式，以创造农村剩余劳动力，为非农部门和第三产业创造了潜在的劳动力供给（李世安，2005）。

美国与英国的情况不同，在19世纪甚至20世纪早期，美国并未形成统一的劳动力市场，劳动力市场在美国南部和北部之间是完全分割的。在北部，劳动力要素高度流动，但南部种植园经济中的奴隶制、劳役偿债制和作物留置权制度严重限制了劳动力要素的流动，并且南北方之间几乎不存在劳动力流动（霍震、杨惠萍，1982；吴浩，2014）。直到19世纪末期,随着工业化的兴起,美国的农村劳动力才开始自由地向工业及非农产业部门转移。总体而言,美国因土地广阔而人口相对较少,在城镇化和工业化过程中始终面临劳动力不足的问题。在后续的发展进程中,农村劳动力转移逐渐演变成一种边产生、边迁移的自发行为,走出了一条工业化、城市化和劳动力非农化基本同步的道路(李仙娥、王春艳,2004)。在这一过程中,政府和企业共同投资兴建的交通基础设施等为降低农村劳动力迁移成本创造了条件。

从19世纪80年代到20世纪末,日本农村劳动力转移模式经历了从开始到基本完成的历史过程。尽管日本农村劳动力流动也是以市场机制为基础,但与其他资本主义国家相比,政府的干预程度较高,形成了一条“跳跃式转移”与“农村非农化转移”相结合的独特道路(李仙娥、王春艳,2004)。日本劳动力转移模式的特点主要包括以下三点。第一,政府重点扶持规模较大的自立经营农户,并鼓励小农户脱离农业,转向非农产业,促进农户兼业化。此外,政府以劳动密集型工业为重点发展对象,为顺利促进农村剩余劳动力转移提供了良好的产业基础和就业基础。1971年,政府再次颁布了一项重要法案,在政府的指导下推动工农、城乡间的协调发展,并制定了一项国家和地区相结合的指导性发展计划,鼓励和支持城镇建设各类工厂,以此吸纳农村劳动力。第二,政府通过立法形式保障农村劳动力的基本权益,并重视对农民进行职业技能培训。同时,为了加快农村劳动力适应工作环境和掌握岗位技能,政府鼓励各大企业、社会组织以及民间团体开展劳动力岗前培训。通过提高劳动力的技能水平和职业素质,促进劳动力的流动和转移。第三,实行户籍随人走的人口管理制度,减少人为的两极歧视(肖依,2011)。

韩国的农业劳动力基数相对较小,因此劳动力转移的压力与日本相比并不那么大。与日本相似,韩国很早就意识到转移农村劳动力对于平衡农村与城市发展的重要意义,并最终选择了集中型转移方式。在20世纪60年代的工业起步阶段,韩国政府吸收了大量国外贷款,并利用这些资金为国家的工农业现代化和农村劳动力转移提供了资金保障。韩国在经济起飞初期便以劳动密集型特征的轻纺工业为主导产业,为农村劳动力创造了大量就业机会。提出的三个农村工业发展计划都将解决农村人口就业作为重要发展目标。在工业化和城市化的后期,韩国政府提出了“农村工厂计划”和“新村运动”,通过颁布税费优惠、贷款优惠政策等措施,鼓励企业迁往农村地区,以此促进农村二三产业的发展,优化农村产业结构,解决农村劳动力就业问题。近年来,韩国政府适时调整农村发展目标,制定或修订发展政策和农业发展计划。这些政策和计划的目的是积极创造就业机会,促进农村劳动力转移,优化劳动力资源配置,持续推动城乡融合发展。

5. 基于政府规划和市场交易机制的城乡土地资源有效配置

在经济现代化过程中,如何改造传统的土地制度是各国首先面临的基本问题。这一改造的目标在于为城市化和工业化创造必要的土地资源条件,同时为现代农业的发展提供适度的经营规模条件。为此,各国基于不同的土地制度背景,进行了彻底或改良的土地革命,破除了封建的土地制度。在工业化和城市化的过程中,各国通过法律、政策和强制性规划措施,一方面实行农地保护制度,另一方面促进土地的转让交易,为农业规模经营和非农产业发展奠定基础条件,这些制度安排和实践促进了城乡土地资源的统一配置。

作为典型的土地私有制国家之一,美国社会经济条件的变化同样影响了土地权利体系的演变。在 20 世纪上半叶,国内经济的快速发展推动了城市化进程,包括移民在内的人口数量不断增加,城市规模也随之扩大,导致大量农地被占用,这给城市周边的土地,尤其是耕地的保护带来了巨大压力。为了解决这一问题,美国联邦政府开始借鉴德国的土地用途管制方法,通过立法形式规范土地利用,控制城市规模的不断扩大,以保护农地和环境,并强化政府对土地利用的管理。例如,美国政府在 1936 年颁布并推行了《水土保持和国内生产配给法》。然而,在实践中发现,缺乏激励机制的土地用途管制制度在减少农地流失方面的作用并不明显。

为进一步探索新的解决办法,进入 20 世纪 60 年代,美国政府在土地用途管制制度的基础上,参考了英国的做法,提出了土地发展权的概念,并形成了土地发展权制度。这种制度将土地发展权视为一种可以分割并且可以单独处分的财产权,它允许土地所有者将土地性质进行转变,例如将农耕用地转变为城市建设用地。在整个过程中,土地发展权始终归土地所有者所有,并通过土地发展权转让和土地发展权征购两种方式进行运作。因此,无论是土地发展权被政府征购,还是转让给房地产开发商,只要农地所有者继续耕种原土地,他们就可以获得一笔收入。这提高了原土地所有者保护农地不受破坏的积极性和主动性。考察美国土地资源的城乡配置机制,可以看到在土地私有化的基础上,建立了现代土地资源的市场竞争配置。美国通过引入市场机制,发挥市场经济手段,健全土地权利体系,使农民拥有长期而有保障的土地使用权,从而促进了土地资源的优化利用(刘国臻,2007)。此外,美国通过对农村土地制度的创新安排,逐渐将小规模的粗放型家庭经营改造为适度规模经营的家庭农场,并最终发展到自动化、科学化、现代化的综合性家庭大规模经营农场。这种经营制度的变革主要得益于土地租赁制度,它实现了土地所有权与经营权的分离,界定了土地所有者与经营者之间的权利关系,并逐步解决了经营规模受限的问题(李竹转,2003)。

法国与美国在土地管理和利用方面有相似之处,都注重法治建设、政策导向,并发挥市场机制在解决土地问题中的作用。然而,由于社会制度、国情、历史文化等因素的差异,法国在城乡土地资源配置上形成了自己独特的经验。在城市化过程中,法国面临着人口众多、土地分散的农业生产矛盾。为了解决土地问题并提高农业生产率,法国政府在 20 世纪 50 年代中期出台了一系列土地整治和归并措施,实施了土地集中政策,以推动土地规模化集中和扩大农业经营规模。为此,法国通过立法实行了特殊的土地继承制度,政府颁布政策规定,为避免土地进一步分散,农场主的合法继承人有且仅有一个。此外,法国在 1960 年颁布了《农业指导法》,并组建成立了“土地整治与农村安置公司”,该公司负责收购低产田和小块分散土地。通过将小块土地集中连片,按照标准农场进行规划整治,然后再低价出售给具有规模化经营水平的农场主,以此促进土地集中化和规模化经营。通过租赁经营(即土地使用权的流转)的方式,法国政府进一步促进了土地的集中化和规模化经营,从而提高了农业生产率。

整体来看,法国主要推行的是土地集中政策,但同时也意识到土地过分集中可能会对农业经济的可持续发展造成影响。因此,政府相继推出了一系列法律措施,以保障适宜的家庭农场结构。这些措施允许农场除了直接经营外,还可以通过租地经营来优化土地供需结构,从而缓解土地不正当交易的问题。在对地产市场进行直接干预的过程中,国家有效地控制了土地收购和转卖行为,并为老年农场主发放脱离农业的终身补贴,鼓励他们放弃土地耕种。政府优先支持已达到中等种植规模的青年农民接管土地,以实现改善农场结构的目标(陈强胜、成翠萍,2008)。在土地的充分利用和严格保护方面,法国颁布了《国土整治与开发指导法》等法律法规。通过植树造林加强水土保持、保护森林资源,严格限制非生产性建筑占地,以改善农村的生产和生活环境。同时,对于在休耕、轮作、养殖密度、化肥农药使用等方面达到特定要求的农场主,政府给予补贴激励。这种将政策导向与市场机制相结合的做法,合理而有效地保护和利用了土地资源,促进了农业生产力的发展。

在经济发展的过程中,日本始终高度重视并充分保障农民的合法利益,致力于贯彻落实农村土地制度改革。日本政府在 1951 年和 1952 年先后制定并颁布了《土地征用法》和《土地法》,确立了土地征用制度,并严禁将农地转为他用或从事非农业用途,从而在法律上确立了农民所有制的永久地位,保障了农民的土地财产权(肖绮芳,2010)。为了防止农民失地并充分保障农民的土地权益,日本对农地流转进行了全面管制。在 1962 年和 1970 年,日本两次修改《农地法》,取消了先前设定的土地保有面积的最高上限,并废除了地租限制。此外,在 1969 年制定了《农振法》,通过划定农业振兴地域并限定该地域的农地转用,以稳定地价并推进农地集中。随着社会经济发展条件的不断变化,日本政府逐渐认识到鼓励土地流转和促进规模经营对农业发展的重要意义。因此,政府制定并出台了一系列政策措施来改革土地流转制度。日本的农地制度开始向强化农业经营基础的方向进行转换,迎来了管制和促进流转两种制度并存的新时代(孙强、蔡运龙,2008)。

为了保证农户在土地流转、租赁期限、租赁价格等方面享有更大的自由,日本政府于 1975 年制定了《关于振兴农业区域基础设施建设的法律》(即《农振法》)。在此之后,农民可以通过集体协商来决定是否签订或解除 10 年以内的短期土地租借合同,以此鼓励土地使用权的流转,促进农地的权利转移和农业经营的规模化。

此外,1980 年,根据经济发展需求,日本政府更新修改了《农地法》,并新制定了《农地利用增进法》,不再对农户经营的土地面积设限,也不再对租赁双方的义务进行干预。1984 年,政府进一步修改完善了《农振法》,通过"土地交换"和扩充、改善农业基础设施的关键措施,最终实现了提高农地流转和集中的核心目标(刘同山、钱龙,2023)。然而,由于日本实行的是小农私有制,许多农民不愿放弃土地和农业,导致鼓励土地流转的政策效果有限。历经数十年的深入探索和持续改革,进入 21 世纪后,为了推行和普及土地流转,并与培育规模化、专业化经营主体相协调的运行模式,日本政府逐渐扩大了公司法人进入农业领域并进行土地经营活动的权利。

2001 年修订的《农地法》开启了允许农业生产法人按照股份有限公司的组织形态进行生产活动的新历程。同时,在 2003 年,日本政府进一步完善了相关法规政策,颁布了《构造改革特别区域法》,首次批准“农业生产法人之外的法人”参与农地流转活动,其中包括股份有限公司。2009 年,日本对《农地法》进行了大幅度修订,允许工商企业租地务农,这极大地增强了土地的流动性,提高了土地利用效率(张季风,2022)。此外,政府还积极出台支持农地规模化经营的金融财政政策,鼓励农地出租,并对转入土地的规模经营主体提供财政补助(刘同山、钱龙,2023)。

日本政府的积极扶持加速了国内农地流转的进程。自 1945 年日本正式确立自耕农制度以来,农地制度历经了多个发展阶段,包括土地流转规制、土地所有权流转、土地经营权转移、借助“农业经营体”提高土地流转以及规模化经营等(高强、孔祥智,2013)。一方面,这些措施促进了以土地买卖和土地租借为主要方式的土地流动;另一方面,它们也促使下层农户放弃土地所有权和土地经营权,离开农村进城定居,从而促进了农村劳动力向城市的转移。这些变化整体上促进了日本农地的高效利用和农业经济的快速发展,并对日本优化土地资源配置和实现城乡协调发展发挥了积极作用。

韩国实行土地私有制,国家一方面强调私有权的法律保护,另一方面又强调土地利用必须符合社会利益。由于韩国人多地少、土地资源严重不足,第二次世界大战结束后,韩国针对本国土地制度进行了第一阶段的改革：首先,韩国政府将战后接收的日本官民所占土地分配给本国无地农民;其次,韩国政府于 1949 年出台了《土地改革法》,明确政府愿意收购超过 3 公顷的农户土地,并以更优惠的价格出售给佃农。经过此次政府主导的土地制度改革,韩国基本实现了均田制的目标。

自 1961 年之后,韩国在国内大力实施开发计划,通过三个五年计划的实施,顺利实现了从农业国向工业国的历史性转变。然而,在快速工业化的背景下,农田分散占有与农业现代化之间的矛盾日益尖锐。为此,韩国对其农地占有和转让的法令进行了一系列改革,土地制度改革由此进入第二阶段。

在该阶段中,一方面,韩国政府出台了一系列土地相关的法规政策,为农地保护提供了良好的法律基础,以此来减轻城市扩张占用农地以及无序开发破坏农地的现象。比如,出台了《国土利用管理法》,严格控制开发农林用地,颁布了《城市计划法》《土地区划整理法》等,对城市土地的集约利用做出相关规定,避免侵占大量农地。同时韩国还通过了《农地保护利用法》和《农地扩大开发促进法》,通过设立农地基金,政府提供资金支持以促进土地合理利用,保护农地(汪秀莲,2003)。另一方面,在取消土地买卖和土地占有限制规定的土地改革基本精神指引下,韩国政府大力支持务工农民将自己的土地进行转让,以此来提高农业生产经营的规模化和集约化水平。同时,在土地集中难度较大的农业地区,政府通过扩大投资以及直接建立和组织能够参与到农业生产的公司制机构,从而推动农业生产的规模发展(朱新方、贾开芳,2005)。自 1994 年开始,韩国为了适应现代经济发展要求,对土地制度进行了进一步改革,进入改革第三阶段。

1994 年,为进一步放宽对土地买卖和土地租赁的限制条件,韩国颁布了《农地基本法》。该法支持在农业振兴区经营的农户扩大耕种面积,并允许设立土地面积在100公顷以下的农业法人。1997年,为保证农业振兴区的农业用地不被占用,保障农民的土地合法权益,韩国政府制定并出台了《农地强制条例》。此外,政府实施了农民退休支付计划,主要针对65岁以上的年老农民。如果他们愿意将土地出售或出租给具有5年以上经验的专业农民,则可以获得政府提供的土地转让补贴。在土地制度改革的第三阶段,韩国进一步放松了对土地流转的法律管制,重点由保护农地使用转向保障农民的权利(朱新方、贾开芳,2005)。这一改革成功推进了农用土地的流转和经营规模的扩大,提高了土地生产率,优化了城乡土地资源配置。

6. 注重农业可持续发展,建立了城乡协调的环境治理系统

世界各国农业发展中,曾出现过生产与生态关系的两种截然不同的状况。一种是片面发展农业生产,轻视土壤、自然水系、山林等环境保护,严重破坏了生态环境;另一种是在农村产业及农业发展中,比较注重生态的保护,尤其是在20世纪70年代后,各国鉴于环境治理的压力,开始注重生态农业的发展和农村环境治理工作,构建城乡一体化的环境保护和生态系统。

第二次世界大战结束后,西方发达国家陆续进入石油农业时期。机械化、水利化、化学化和电气化成为该时期的显著特征,并形成了高投入、高索取、高排放的石油农业经营模式。虽然农业发展的经济效益有所提高,但与此同时,环境恶化、资源浪费等问题也进一步加剧(肖体琼等,2007)。

美国面对不断恶化的生态环境,认识到保护生态环境的重要性,并通过立法形式对自然资源进行保护。同时,推动农业科学技术现代化,不断发展有机农业,以实现农业的高效、持续、稳定和协调发展。在20世纪30年代,美国联邦政府和州政府为治理"黑风暴"成立了水土保持局,并于1935年颁布了《水土保持法》,进一步增强对水土保持和生态保护的关注,以缓解日益严重的水土流失问题。1996年,出台了《联邦农业发展和改革法案》,加强了对农场主在耕地与环境保护、生态修复等方面的直接收入补助和一般服务支持。此外,在政策支持和科研机构的合作下,美国从20世纪40年代开始从事有机农业生产,致力于开发并建立基本不需要甚至完全不需要人工合成化肥、饲料添加剂、农药等的生产体系,以实现农业的可持续发展。在解决农村环境污染问题上,美国取得了显著效果,并总结出以下有效的治理方式:

一是健全相关法规政策。美国联邦政府于1965年、1970年相继出台了《固体废弃物法》《资源保护回收法》,各州市也陆续制定了围绕缓解农村垃圾处理问题的专项政策。同时,美国政府针对清洁水、非点源污染、废旧家电处理等问题,也制定了一批法案和计划(夏金梅,2019)。

二是政府设立专项资助,为农村公共设施建设和农村环境治理提供资金支持。美国联邦政府设立了以建设农村公用和环保类基础设施为目标的农业发展部,而各级州政府则成立了以解决农村污染为目的的专项资金。此外,政府还出台了政策措施,对发展生态

农业、循环经济的个人或部门，采取补贴和税收优惠的措施。

三是引入社会资本、建立农村社区，通过多方共同治理，改善农村环境水平，缩小城乡差距。美国在农村垃圾处理过程中引入社会资本，政府仅负责根据各地特点规定垃圾治理的收费和处置标准，而实际的农村生活垃圾治理工作则由私营公司承担。同时，美国农村社区成立了许多非政府组织（NGO），专门从事环境整治和保护的公益活动（毛晖、张鸿景，2019）。

日本较早地重视了农业的可持续发展问题。第二次世界大战后，农药和化肥在日本农业生产上得到了大面积使用。虽然农产品产量迅速增加，但随之出现的农村环境污染和农药残留问题日趋严重，日本由此开始了生态农业运动。从第二次世界大战后到20世纪80年代前半期，面对农村环境污染和公害问题的出现，日本消费者开始重视食品安全问题，市民环保热情高涨，从而带动了生态农业的形成。1971年，日本成立了全国生态农业研究会，随后《土壤污染防止法》和《农药取缔法》等法律相继出台，鼓励和倡导不使用化学肥料，而是用动物粪便和落叶枯草等有机肥料来提高土壤肥力，以及病虫害防治不喷洒农药，而是通过生物等方法尽可能减轻环境污染和对生物多样性的破坏（秦炳涛，2015）。到了20世纪80年代后期和90年代前半期，日本生态农业不断发展壮大。1989年，“生态农业对策室”成立，随后政府出台了“环境保全型农业”政策，支持生态农业发展的财政预算不断增加。20世纪90年代后期至今，日本成立了“生态农业协会”，出台了《可持续发展农业法》等，在政府的大力引导与扶持下，以商业化运营为核心的生态农业更加完善，产品流通渠道向多样化方向发展。日本通过确立和完善农业生态法律法规、提供财政支持与技术推广、完善生态农产品认证制度、协助生态农产品市场开拓的发展策略，实现了农业生产的高效、协调、可持续发展。

此外，日本在1970年代的“公害国会”期间，为进一步推进全国农村环保工作，制定了一系列环境法律，以此激励农民参与环境保护和治理。农户参与开始成为环境法律的准则之一，农户参与机制逐步建立和完善。除了构建农户参与治理的法律体系外，日本还在财政政策上实施了对农村环境治理的政策倾斜。为推进农村环境治理工作，日本政府制定了相应的经费补贴政策，并加大了财政在改善农村环保基础设施条件、推进农村垃圾循环系统设施的普及、建设农村地区公共基础设施等方面的投入，以最大限度地满足农村环境治理的资金需求。

在农村环境治理过程中，日本采取了构建农户参与治理法律体系、完善政府对农村环保的财政投入与补贴机制、支持农村环保组织发展的发展策略。日本的环境保护非政府组织（NGO）分布广泛，其活动范围涉及多个方面：包括针对资源循环、美化环境的组织；致力于环保教育、推广绿色生活方式的组织；以及进行环境质检、提出政策建议的组织等。日本政府在政策上支持农村环保组织的发展，并积极与这些组织进行合作。例如，日本政府与农村环境保护非政府组织联合在2009—2010年实施了旨在促进环保产品消费、推广绿色消费理念的环保积分制度（史磊、郑珊，2017）。上述环境政策和行动形成了以政府为主导、多元主体共同参与的农村环境治理体系。特别是农户参与机制的建立，强化了农户的环境保护意识，发挥了农户的能动性，使农户能够自愿、自主地参与环境治理活动和决策过程（史磊、郑珊，2017）。日本农村环境治理取得了显著成效，农村环境面貌发生了根本性的变化。

除了重视农业农村环境污染的治理，日本也逐渐建立了城乡协调的环境治理和保护制度。自 1945 年日本战败后，为重振经济，日本政府在国内大力实施以“倾斜生产方式”为核心的产业振兴计划。在各类政策和资金扶持下，钢铁业、采矿业等高污染行业得到了快速发展，并逐渐向农村地区转移，这加重了农村地区的空气、土地以及水源的污染问题。20 世纪 70 年代，为改善环境现状，日本政府在环境政策和城乡总体规划的制定中，开始注重城乡间的相互协调发展（卢洪友、祁毓，2013）。1967 年，日本制定了《公害对策基本法》，随后在 1970 年、1971 年、1973 年、1974 年分别进行了修订，这部法律成为日本公害（环境污染）防治的基本法律。

3.1.3 世界各国城乡融合发展的机制

伴随着城镇化的深入发展，城乡融合发展日益受到重视。深入剖析世界各国城乡融合发展的动力机制，总结和借鉴各国城乡协调发展的成果与经验，对于完善我国城乡融合发展体制机制、构建现代农业体系、推进城乡深度融合等方面都具有重要的意义。

1. *以法律法规为准则的城乡融合发展机制*

纵观世界各国的城乡融合发展历程，虽然不同国家受社会制度、国情、历史文化传统等因素的影响，具体的发展模式和做法各有差异，但无一例外的是，世界各国在城乡融合发展过程中都非常重视法律法规的制定。通过建立健全法律体系来规范农业农村发展，提高农业生产力，促进城乡协调统一。例如，美国出台了《农村发展法》《农业调整法》《农业与消费者保护法》《食品与农业法》《农村发展政策法》《粮食、农业、保育和贸易法案》等多个法案，重视农村发展问题，保护农民利益，并不断出台相关政策对农村发展进行全面支持。通过价格支持、财政补贴等手段支持农业现代化发展，制定农村工业发展的各种政策法规，推动农村经济发展，实现统筹城乡产业布局。美国不断完善相关法律制度，持续推进法制化，促进城乡协调发展。日本在城乡融合发展过程中出台了《全国综合开发规划》《农村地区引进工业促进法》《农地法》《农振法》《农业协同组织法》《工资支付保障法》《可持续发展农业法》等一系列法律法规。这些法律法规对农村经济发展、产业振兴、土地流转、劳动力转移、生态农业可持续发展等方面的问题都给予了高度关注，并在政策上进行了大力支持，为农村发展创造了良好条件，促进乡村振兴，缩小城乡差距。纵观经济发达国家的实践，在城乡融合发展过程中，制定出台适合本国国情的法律法规是有效的制度保障。

2. *以市场为基础的城乡融合发展机制*

市场制度是现代经济体系的基石，经济发展离不开市场基础。世界各国在城乡融合发展过程中也充分发挥市场的作用，通过市场机制优化资源配置，提高生产效率，激发经济增长活力。例如，美国自建国之初就选择了以私有产权为基础，实行自由竞争的市场经济体制。在美国的城镇化和城乡融合发展过程中，市场化是美国现代农业的重要特征。1910 年，美国农产品的商品率达到了 70%以上，而到了 1950 年就已经突破 90%。1953 年，美国联邦政府成立了农产品外销局，旨在开发国际市场，补贴农产品出口，提高农产品的国际竞争力，积极发挥市场力量以促进现代农业的发展。到了 1979 年，美国农业几乎完全实现了市场化。在劳动力资源配置上，美国同样以市场为基础，充分发挥劳动力流动的市场机制。美国建国后，彻底变革了种植园经济遗留的劳动力限制流动制度，并为促进劳动力流动、合理配置城乡劳动力资源提供了法律、政策和财政支持。

城乡融合发展的一个关键因素是经济要素的自由流动和统一配置。在城乡劳动力市场发展方面，以英国为例，早在工业化前期，英国便认识到在劳动力资源配置上利用市场机制的重要性。自圈地运动驱使农民与土地被迫分离，引发了农村居民的移民浪潮。随后的工业化和城镇化吸引了大量农民移民至城市及非农产业部门。在这一过程中，市场机制发挥了促进作用，政府通过出台一系列政策保障了市场机制的实施，并通过制定和完善社会保障制度、就业和劳动保障制度，为农村劳动力自由流动提供了制度保障和移民条件。在土地资源配置方面，各经济发达国家基本上实行了土地私有制度，在工业化和城市化过程中遵循市场经济规律来配置土地资源，充分发挥了市场机制的作用。在工业化和城市化初期，为了防止对农地的侵占和滥用，一些国家出台了对农地的保护法律和政策，但并未干预市场的交易行为。到了后工业化时期，这些国家基本上放松了对土地资源配置和土地交易的限制。例如，韩国在城乡协调发展过程中，逐步解除了对土地买卖和占有的限制，鼓励务工农民转让土地。通过建立健全农村产权流转交易市场体系，提高了城乡土地资源有效配置的效率。

3. *以政府行政机制为激励和导向的城乡融合发展机制*

虽然很多发达国家的城市化过程呈现出以市场为主导的“自下而上”的发展模式，但在世界各国城市化和城乡统筹发展过程中，政府都进行了不同程度的法律和行政政策的干预。政府行政机制在城乡融合发展过程中发挥了重要的作用，尤其在保障农业稳定增长、农村居民基本公共服务供给和社会保障、农村基础设施建设和环境保护等方面起着主导作用。

例如，美国在 20 世纪中叶专门设立了联邦小型企业管理局，通过制定农村工业发展的各种政策法规来推动农村综合经济的发展，并对农村工业化和农村城镇化进行统筹布局。同时，通过“城市郊区化”即城市产业向农村地区扩散发展和“农村工业化”策略，大力支持农村产业发展，以实现城乡产业均衡布局，推动城乡产业融合发展。

法国政府在城乡融合发展过程中也发挥了重要作用，主要通过法律保障、政策支持和财政补贴等三种方式，推动农村工业化进程，投资建设农村基础设施，促进土地制度及经营制度改革，支持现代农业发展，不断提高农村经济发展水平。20 世纪 60 年代，法国设立了“手工业企业装备基金”“农业方向基金”和“地区发展基金”,鼓励企业投资农村工业,并通过土地优惠和税收减免等政策鼓励企业在“新工业区”投资建厂,促进农村工业化发展。在城乡土地资源统筹配置方面,法国政府也进行了积极引导,出台了一系列政策措施进行土地整治和归并,实行土地继承制度,通过组建“土地整治与农村安置公司”,将土地以优惠价格出售给符合规模经营条件的农场主,以推动土地集中化和经营规模化。

韩国在城乡融合发展过程中,开展了由政府主导、农民自主参与的“新村运动”,旨在调整城乡经济结构。政府投入大量资金并颁布实施了各种支持农业和农村工业化的政策,例如颁布税费、贷款优惠政策措施鼓励企业迁往农村地区发展,积极推动农村地区二三产业的协调发展。同时,投资建设农村公共基础设施,供给公共服务,缩小城乡差距。此外,韩国政府在土地制度改革方面也积极介入,颁布了《土地改革法》《农地保护利用法》《农地扩大开发促进法》等法律法规,对农地采取了严格保护,并拨出大量资金补贴出售或出租土地的年迈农民,鼓励土地流动,促进农业生产的规模发展,最大化土地的生产效率,进而提升城乡土地资源的优化配置水平。

4. 以政府财政与社会资本多元合作的城乡融合发展机制

在各国城乡融合发展过程中,除了发挥市场机制和政府行政机制的作用外,还积极发挥社会资本的作用。特别是在基础设施和公共服务等领域,通过公私合作(PPP)等方式,政府与社会资本展开了大量合作。

美国在20世纪30年代的大规模基础设施建设中,就建立了政府与社会资本的多元合作模式,并制定了相关的法律法规。联邦政府和州政府共同投资建设大型灌溉水利设备、防洪排水设施以及桥梁道路、垃圾处理、污染排放等基础设施。对于中小型灌溉设施,则由农场主个人或联合投资,农业部给予一定资助的方式进行建设(解建立,2009)。通过引入社会资本,形成了多元化、可持续的资金投入机制,美国基础设施建设取得了巨大成就。

韩国在促进城乡融合发展过程中,也采取了有效的政府财政与社会资本多元合作模式。在推动农村工业化过程中,韩国实施了“农村工厂计划”和“新村运动”。一方面,通过颁布税费、贷款优惠政策措施鼓励企业迁往农村地区发展;另一方面,通过政府贴息、设立基金和与社会资本合作等方式,优化政策和投资环境,鼓励工商资本对农村落后地区的农产品加工业进行投资,支持工商资本对特色农产品进行开发,推动工商资本与农村组织和农户建立紧密的利益联结机制,实现多样化的联合与合作,以促进农村产业发展。

在促进农业规模化经营过程中,韩国政府颁布政策,拨出大量资金扶持或直接组织发展农业生产中的公司组织机构,协调推进土地流转与规模农业经营主体培育,并允许包括股份公司在内的“农业生产法人之外的法人”参与农地流转。通过促进土地流转集中,推动农业生产的规模发展,提高土地利用率,促进城乡协调发展。

政府财政与社会资本多元合作模式能够有效激活社会存量资本,激发民间投资活力。同时,它能够将政府的发展规划、市场监管、公共服务职能与社会资本的管理效率、技术创新动力有机结合,从而提高农村经济发展的效率与质量,进而缩小城乡差距,促进城乡深度融合。

3.2 英国城乡融合发展及机制

3.2.1 城乡融合发展的过程

英国城乡经济关系的演化深受工业化和城市化进程的影响。与其他经济发达国家相比,英国的农村经济发展呈现出较为保守且略显多样化的特点。

从 14 世纪到 20 世纪,英国农业在国内生产总值中的比重经历了从较高稳态水平向低稳态水平的逐渐过渡(Wallis, 2018)。在 14 世纪到 16 世纪末,农业占 GDP 的比重超过 40%。到了 17 世纪和 18 世纪,这一比重下降到大约 30%。到了 19 世纪中叶,农业在 GDP 中的比重进一步下降至不足 20%(Williams and Ebrary, 2000)。1873 年之后,由于海外低价农产品大量涌入英国国内市场,本国农业发展遭受了巨大冲击,并经历了长达 20 多年的高度萧条期。到了 1904 年的农业大萧条期间,英国谷物种植面积急剧减少,农业在 GDP 中的比重也大幅下滑,从 19 世纪末的 15.7%降至 6.8%。在此后的一个世纪里,英国农业产值在 GDP 中的占比持续下降。根据世界银行的统计,1997 年之后,英国农业产值在 GDP 中的比重已经降至 1%以下。[①]

从工业革命开始至 1910 年前后,英国政府实施了"重工轻农"的政策,积极推动工业化和城市化的进程(Fitzgerald, 2008)。在 18 世纪后期开始的圈地运动时期,农村土地所有权集中化的趋势日益显著,小农特别是那些严重依赖公地的贫民受到了严重打击。小块土地的补偿往往不足以维持他们的生存,导致大量农民被迫出卖土地或宣告破产。与此同时,英国农业在圈地运动之后经历了显著的现代化变革。在 18 世纪末和 19 世纪初,技术革新和交通运输业的发展,加之限制人口流动的法律制度的变革,促使大量英国农业劳动力转向非农产业,开启了传统农业向现代农业转变的进程(Handcock and Young, 1995)。

20 世纪初,农业机械的广泛应用标志着农业现代化进程的加速。拖拉机、收割机、播种机等机械设备的引入使农业生产变得更加高效,显著减轻了农民的体力劳动。英国的城市化率也从 19 世纪初期的 17%上升至 1901 年的 77%,基本完成了城市化过程(焦利民等,2023)。然而,随着农村劳动力的减少,农业生产遭受了冲击,粮食等农产品的供给严重依赖进口,导致农业出现衰退,农业经营规模也逐步缩小。根据英国农业委员会的统计,1914 年英国谷物净进口量达到 1 416 万吨,占总消费量的 70%以上(焦利民等,2023)。同时,由于工业化在城市迅速发展,创造了更多的就业机会,城市居民的收入水平普遍高于农民。在这一时期,城市经济的发展对乡村经济发展形成了较大的冲击,城乡经济关系

① https://data.worldbank.org.cn/indicator/NV.AGR.TOTL.ZS?locations=GB.

在传统经济向现代经济转变的过程中出现了明显的失衡状态。

第一次世界大战后,由于战争的冲击和对未来世界格局的担忧,英国政府开始反思其城乡发展政策(Stevenson, 2013)。在1942年斯科特委员会报告的指导下,英国颁布了一系列法律法规,包括1947年的《农业法》《城乡规划法》以及1949年的《国家公园与乡村通达法》,旨在保护农业用地和农业生产,确保粮食安全(Works, 1942)。这些措施奠定了英国在工业化和后工业化时期农业农村经济发展的基本国策。

从20世纪上半叶开始,英国全面推进农业现代化,实施了一系列旨在实现农业现代化和提高农民收入的政策,包括政府提供的各类农业补贴,以鼓励采用农业新技术和机械设备。这些农业补贴和对农业的保护性干预措施对农村经济产生了积极的影响。然而,随着战后城市重建和工业化对劳动力需求的增加,英国全职从事农业的劳动力从1951年的28万人减少到1971年的15.5万人。为此,政府通过立法并制定相关政策,鼓励农业现代化和规模化经营,以提高农业生产效率。同时,政府也强调了农业市场化,制定了最高售价制度,以保障农民的收入。在这一时期,乡村经济得到了一定程度的发展,城乡经济关系也呈现出平衡的趋势。随着欧洲一体化进程的加快,英国开始推动乡村地区的多样化发展,但仍然坚持对农业生产用地的严格保护(于立, 2016)。

从20世纪80年代开始,英国调整了其农业政策,采取了更加市场化的农业发展方针,并逐步取消了部分直接补贴。在这一时期,政府相继颁布了《乡村法》(1968年)、《耕地和乡村发展法》(1988年)以及《分类发展政策》(1990年),这些法律法规规划了农业用地和农田的保护政策。此外,政府还鼓励乡村地区的多元化产业发展,促进乡村旅游观光、手工艺品生产等新兴非农产业的发展,以减轻乡村经济对农业的过度依赖,实现城乡经济的协调发展。在这一期间,农业从业人员继续减少,1981年农业就业人数下降到12.7万人,十年间农业劳动力减少了18%。

21世纪以来,英国在农业和乡村发展方面采取了多项措施,以提升农业技术水平、加强农村居民社会保障和农村组织建设。在农业技术方面,英国政府和农场主都高度重视数字技术在农业中的应用。通过利用传感器、遥感技术和数据分析,发展了精准农业,这有助于农民智能地管理土地、水资源和作物种植。采用先进技术和管理方法的大规模农业成为主流,这也导致了农业就业人数的进一步下降,到2011年,农业从业人数减少到了3.7万人(李茉, 2022)。在农村居民社会保障方面,英国已经实现了城乡一体化的社会保障制度,农村居民与城市居民一样享有医保和国民健康服务,退休时可以领取国家养老金。农村居民有资格申请一系列福利和津贴,包括失业津贴、住房津贴、残疾津贴等。政府还提供就业培训计划,帮助农村居民提升就业技能,增强就业能力或创办企业。此外,农村儿童也能享受与城市儿童相同的福利计划,包括儿童津贴、免费学校餐等。在农村组织建设方面,英国农村社区、农业和经济活动中存在多种自组织。农业协会和合作社是农民的主要组织形式,这些组织致力于促进农业发展、提高农业效益,并为农民提供信息和资源。一些合作社还提供农产品的集中采购和销售服务。农村社区组织主要包括村庄委员会、社区发展协会等,它们旨在促进社区参与、改善基础设施、提供社会服务,并提高农村居民的生活质量。此外，还有一些专门机构负责推动农业和乡村地区的发展，例如乡村支付机构（Rural Payments Agency），其负责管理欧洲联盟的农业支付计划，并促进可持续农业和乡村经济的发展。同时，也有组织致力于保护农村环境和生态系统，如自然保护协会、农村环保组织等。

3.2.2 城乡融合发展的特征

英国城乡经济关系变动中，在工业化与城市化时期，农村劳动力、土地、资本等流向城市及非农产业，自20世纪20年代开始，生产要素逐渐回流至乡村。政府也开始重视农业和农村的发展，并全力支持农业现代化建设和实现城乡居民的一体化发展。纵观英国城乡经济发展的历程，可以发现其中有一些独特的并且有效促进城乡融合发展的经验，这些经验值得我们借鉴。

1. 积极地从农业生产为主向多元产业发展转化

英国长期以来一直非常重视农业生产。首先，确保有足够的粮食供应以满足居民的食品需求，是英国农业政策的首要目标。英国政府通过农业支持计划和财政补贴来激发农民粮食生产的积极性。其次，政府、农业组织和研究机构投入大量资源进行农业科研创新，旨在提高粮食产量和改善品质，以应对气候变化和其他挑战。此外，政府还努力推动粮食贸易，实施市场支持措施，以保持农产品的竞争力，并为农民提供市场准入机会。到了20世纪60年代，随着欧洲共同体的成立，英国的粮食安全问题得到了缓解。这一变化促使英国逐渐放弃了以农村农业生产为主的政策，改变了农村土地的"禁止开发建设"和"农业聚焦"模式，开始鼓励农村多元产业的发展。由此，出现了城市资源向乡村转移的趋势，使得城乡产业出现了融合的趋势。同时，除了制造业向乡村转移，农村的第三产业也得到了发展。传统手工业、商品零售业以及乡村休闲旅游业成为农村的重要产业，并成为农村居民的重要收入来源。到了20世纪80年代后期，58%的农场主拥有农业和非农业的双重收入来源。

2. 鼓励农村工业的发展

在英国城乡融合发展的两百多年历史中，农业机械化、农产品加工业的发展以及各种提高农产品附加值的方式，都提升了英国农业生产效率和农业产业增加值，缩小了城乡发展差距。从19世纪到20世纪中叶，英国经历了工业革命和城市化的迅速发展，城乡之间的经济差距日益扩大。为了促进城乡协同发展，英国政府采取了鼓励农民采用新技术和机械设备等一系列措施，以调整产业结构和提高农业生产效率（龙花楼等，2010）。根据英国统计局的数据，从19世纪末到20世纪初，农机具的普及率显著增加[①]。同时，英国也加

① 数据来自英国国家统计局于2000年的统计。

强了农产品的国际贸易,农产品出口的增长促进了农村经济的发展,提高了农民的收入水平。与此同时,从 20 世纪下半叶开始,英国城市制造业出现了衰退趋势。但在政府鼓励农村地区发展农产品加工政策的支持下,乡村地区的工业得到了发展。1981 年,农村地区制造业工作岗位占英国制造业工作岗位总数的 11%(Kitson, 1985)。此外,边远地区的乡村制造业也得到了发展。在 1960—1981 年,大城市群地区(conurbation)40 公里范围内的乡村制造业就业人数增加了 4%,而在 40~48 公里外的乡村地区增加了 15%,在 48~80 公里外的乡村地区增加了 38%。制造业企业进入乡村地区的主要驱动力源于市场因素和政府政策的引导。市场的主要动因包括制造业企业对市场环境变化的反应,这包括产业结构变化、工业中心制造业集聚规模不经济、土地短缺、生产和运输成本的变化等(Kitson, 1985)。

3. 政府在城乡融合发展过程中始终没有缺位,发挥了推动和引导的作用

第一,在工业化和城市化的过程中,政府适时制定并调整了农业农村发展政策。英国政府长期对农业及粮食生产给予高度关注,制定了一系列支持政策和措施,并通过提供农业补贴、财政投资、科研和创新资金等方式为农业发展提供资源。此外,英国政府还制定了旨在推动农产品贸易的政策和支持措施,确保农产品在国际市场上的竞争力。

第二,政府采取了经济激励措施和城乡规划的制定与管控,引导农村非农产业的发展[①]。通过将“援助地区”等区域发展政策应用于乡村地区,制定了投资折旧、津贴和赠款等一系列政策,促进农村企业的发展。

第三,政府制定了乡村振兴规划,作为乡村援助政策的一部分。2011 年,英国政府规划并建设了企业园区(enterprise zone)以发展地区经济,允许在农村乡镇建设企业园区。政府鼓励社会资本在乡村企业园区设立企业,并给予一系列优惠政策。

第四,为了发展农村的多元经济,英国政府制定了一系列法律法规和政策。例如,1988 年颁布的《耕地和乡村发展法》鼓励在乡村地区投资和发展新兴非农产业(田颖和耿慧志,2019)。1990 年,制定了乡村多元发展的“分类发展政策”,引导乡村地区不同产业的发展,这些都促进了乡村地区的多样化发展。

4. 重视乡村生态环境保护和经济社会可持续发展

从 20 世纪 80 年代开始,随着农村综合经济的发展,英国乡村地区的生态风险逐渐显现。保护乡村地区的生态环境和防止污染成为英国乡村发展策略的重点。英国将优美的生态环境视为乡村的核心竞争力,并将保护乡村地区的生态环境和景观作为乡村发展的关键目标。为了实现这一目标,英国制定了一系列相关法律和政策。

1968 年,英国颁布了《乡村法》,明确规定了全面保护乡村地区自然景观和生物多样

---

① 政府编制了一系列宣传手册,如“Select List of Books and Information Sources on Trades, Crafts and Small Industries in Rural Areas”“The Blacksmith's Craft: An Introduction to Smithing for Apprentices and Craftsmen”等,引导中小企业投资乡村。

性的法律要求。然而,真正开始重视乡村环境保护是在20世纪80年代后期。1987年,环境管理部门强调了乡村地区自然环境与社区生活质量的平衡性。1988年,英国农业、渔业和食品部划定了6个"环境敏感区",以支持建立传统农业体系,保护特定乡村地区的生态景观。

3.2.3 城乡融合发展的机制

第一,市场机制是英国城乡融合发展的基本机制。在城乡资源配置、产业融合发展以及乡村市场建设等方面,市场机制发挥了重要作用。英国农村土地在私有化的基础上实现自由交易,只要符合规划要求,产权所有人可以自主决定土地用途。工业革命后,随着资本主义制度的最终确立,农村劳动力获得了人身自由,并逐渐迁移至城市的非农产业部门就业,从而逐步建立了城乡劳动力统一市场,实现了农村劳动力在城乡间的自由流动。在农产品市场建设方面,英国城镇建立了多种形式的零售市场,包括超市、农贸市场和便利店,构建了市场化的城乡农产品销售体系,并建立了连接农场、超市和大型零售商的供应链。特别是引入互联网技术后,越来越多的农产品销售开始通过在线渠道进行。

第二,政府在英国城乡融合发展中的行政机制发挥了至关重要的作用。在发挥市场机制作用的同时,英国政府考虑到农业的重要性以及工农产品价格差异对农业生产的不利影响,因此发挥了行政机制的作用,具体表现在以下几个方面。一是政府通过制定和实施政策法规,为农业生产提供多方面的支持。英国政府通过财税政策的制定和实施,积极推动农业的可持续发展,增强农村经济的韧性。农业补贴计划对农户的农产品生产、销售和出口给予补贴;政府为农户提供特殊的税收待遇,减免农业机械设备的关税,并对农业投资和研发支出给予税收优惠。二是建立了统一的城乡居民社会保障制度,并逐步实现城乡一体化的基本公共服务体系。三是政府通过财政预算的安排,大力投资建设农村公共基础设施。四是在环境保护方面,政府颁布了一系列法律和政策文件,如《未来:公平的英国的乡村》(2000年)、《可持续农业和粮食战略》(2002年)、《乡村策略》(2004年)以及《自然环境与乡村社区法》(2006年)等,为乡村建设提供了明确的发展方向,确保了乡村景观和生态环境的完整性(刘景华,2015)。五是政府通过制定和严格执行农村发展规划,指导乡村地区的综合发展。

第三,英国商业性企业和社会资本与政府合作,在城乡融合发展过程中扮演了重要角色,形成了政府与社会组织结合的多元主体合作机制。在政府的支持下,众多英国商业性企业投资于农业领域,特别是在精准农业和自动化种植技术等研发方面取得了显著成果。这些技术的广泛应用使得农业生产更加精密化和科技化,为农村地区创造了更多高素质人才的岗位,并促进了新一代农业从业者技能水平的提升。同时,英国的社会资本也积极参与农村公共设施的建设,并与农业合作社合作建立农产品市场体系。此外,英国的社会组织积极参与农村公共服务和环境保护等工作,推动了社区的经济发展。社会资本还通过支持农村教育和培训项目,提升了农民的技能水平,使他们能更好地适应现代农业的需求。

3.2.4　城乡融合发展政策

第一，英国农业农村发展政策的演化。在英国工业化和城市化的过程中，农业农村和城乡融合发展政策经历了一个演化的过程（林秀玉，2002）。早期农业政策可以追溯到 15 世纪末至 16 世纪初的圈地运动，其重点在于土地制度改革，为资本主义农场制度的形成创造了条件（吕晔和白莹，2004）。从 19 世纪 70 年代到第二次世界大战之前，政府的“重工轻农”发展政策限制了农业的发展。特别是 19 世纪末至 20 世纪初，随着工业革命的推进，“重工轻农”的理念主导了英国社会，导致英国农业发展的停滞和农产品生产能力的下降（沈汉，2005）。第二次世界大战结束至 20 世纪 70 年代，成为英国经济发展历程中农业政策调整的重要阶段。《斯科特报告》（*Scott Report*）提出了长期的农业发展规划，政府采取了一系列政策来支持农业并干预市场，保障农产品市场的供给和农民收入的稳定，从而促进农业的发展。在 20 世纪 50 年代，政府进行了第二轮农业发展政策的调整，鼓励农业的规模化和市场化，并取得了一定的成效。1957 年，英国颁布了新的农业法案及随后的政策文件，对农业发展政策进行了进一步的调整。新政策通过财政预算的安排支持农业用地的整理和开发（Hill and Ingersent，1977），提高农业生产力和经营规模，鼓励小型农场的合并和农产品市场的扩大（House，1976）。从 20 世纪 70 年代至今，进入了农业的振兴阶段，在农业稳定发展的基础上，进一步促进了农场的合并，提高了经营规模和市场竞争力。为此，英国成立了乡村发展局，加强农业政策的实施。20 世纪 70 年代后，对土地承租人的权利给予了更多的保护。作为欧洲共同体成员，英国开始受到欧共体制定的农业发展政策的影响，在推动农业发展的过程中，强调了农业生产效率的提高、农产品合理价格的确定以及农产品共同价格机制的建立与完善（Gray，2010；徐璐，2008）。

第二，英国城乡融合政策的特点。英国农业农村和城乡一体化发展政策具有其自身的一些特点。一是政策制定方式和重点的适时转变。在 20 世纪 40—50 年代，英国乡村发展面临诸多问题，如农业现代化水平低、农民收入不稳定、就业机会有限以及乡村基础设施匮乏等。为了应对这些挑战，英国政府成立了专门的调查委员会，深入探究问题根源并提出发展方案（Woods and Woods，2005）。最初，政府采取了“自上而下”（Top-down）的方式制定战后乡村发展战略。然而，到了 20 世纪 70 年代，这些战略受到批评，被认为未能充分反映地方需求，对地方社区发展产生了不利影响。面对全球化竞争的加剧和逆城市化趋势，原有的乡村发展战略显得过时。因此，从 20 世纪 80—90 年代开始，英国调整了乡村发展战略的制定方式，转向了“自下而上”（Bottom-up）的方法，并更加注重地方需求和社区建设的重要性。这种转变更好地适应了地方发展的多样性，能够根据实际情况提出解决方案。二是政策向综合性转变。1947 年的农业发展法案主要通过价格支持和补贴机制来稳定农场收入，实现农业现代化。这一法案在当时与其他乡村经济发展政策措施相对独立，主要目标是确保农业的经济稳定。到了 20 世纪 60—70 年代，乡村发展政策着重于吸引国内投资，强调非农经济的发展。20 世纪 90 年代以后，英国的乡村政策开始超越单一政策目标,演变为乡村综合发展政策。这一政策不仅强调不同经济部门之间的相互联系,而且强调乡村经济、社会和环境之间的相互依存和协调发展(Cooper,1998;Franco,2008;Goodwin,2008)。

3.2.5 英国城乡融合发展的政策趋势

综合考察英国农业农村政策的演化过程,可以看出工业革命、第二次世界大战后以及20世纪70年代前后都是政策变化较大的时期。进入21世纪后,西方经济发达国家的农村发展思想出现了新的变化,这些变化将影响未来农业和农村的发展。英国农业农村的新政策趋势体现在以下几个方面。

第一,强调农业可持续发展和粮食安全。农业发展政策更加明确乡村在提供生物多样性、保持自然景观和促进经济多样化发展方面的功能,同时也更加注重国家的粮食安全和农业的可持续性。

第二,农业政策在激励粮食生产和保证粮食产量的同时,将注重提升农产品的质量和安全。2002年,英国政府颁布了《可持续农业和粮食战略》,强调粮食安全和高质量问题(杨莲娜,2007)。2003年,欧盟的《共同农业政策》将环保和质量作为农业补贴的首要条件。

第三,继续大力推广有机农业。为适应农业政策从强调产量转向质量,同时受欧盟政策影响,英国日益强调有机绿色农业的发展。2004年,欧盟委员会通过了《欧洲有机食品和农业行动计划》,通过信息促进、财政支持和检验标准来支持有机农业的推广。作为当时的欧盟成员国,英国也鼓励有机农业的发展,国家补贴或用地项目补贴主要用于有机农业生产,并对有机作物种植农户给予经济奖励。

第四,实行乡村评估制度。为解决城乡不平等问题,英国政府于2002年推出了“乡村评估”制度,并在2017年颁布了《乡村评估:评估政策对乡村地区影响的实践指南》。该制度要求政府在制定政策时必须充分考虑其对乡村地区可能产生的影响,包括商业与公共服务、基础设施、就业、住房、生态环境、社会公平和资金分配等方面。政策制定者需要在初期考虑这些影响,并在深入评估和详细计算后采取减轻影响的措施。乡村评估强调了公平、公正的原则,确保乡村地区能够获得相匹配的资源,避免成为弱势地区(李茉,2022)。

第五,越来越重视乡镇和集镇的发展。乡镇被视为乡村经济和社会活动的中心,是城乡联系的桥梁,对于保持可持续的乡村振兴非常重要(杨欢,2017)。英国政府认为规划建设繁荣的“集镇”可以发挥重要作用,因此在规划和发展政策中,乡镇和集镇被视为零售中心、住房和产业布局的重要中心①。

---

① 2012年颁布的“企业园区”措施与乡镇发展紧密结合。规划和审批中,优先考虑乡村企业园区在乡镇设立。截至2014年,英国共有24个企业园区,其中7个位于乡村地区的乡镇。

第六,推动乡村地区休闲旅游产业的发展。乡村休闲旅游被视为乡村经济和农民增加收入的有效途径,可以与当地的农业生产结合,并有利于构建本地农业食品生产与消费供应链,从而使当地农业从业者和生产者受益。英国旅游委员会和乡村事务部共同颁布了《乡村旅游联合战略》,以促进乡村旅游产品开发,提高海外和国内游客对英国乡村旅游产品的认知(Yu,2014)。该战略还建立了信息共享机制,以便旅游业者更好地了解市场机会。

英国农业农村政策的趋势表明,英国将越来越重视有机农业和可持续农业的发展,通过农村公共基础设施建设和基本公共服务的供给,更加注重城乡资源的均衡配置,以实现城乡经济社会的融合发展。

3.3　法国城乡融合发展及机制

3.3.1　城乡融合发展的状态

历史上,法国一直是欧洲农业较为发达的国家之一。在经济现代化过程中,法国始终非常重视农业农村的发展,不仅成功实现了工业化和城市化的转型,而且也实现了农业现代化。目前,法国的粮食产量占欧盟粮食总产量的三分之一。在欧洲百强农业食品工业集团中,法国有 24 家企业名列其中,并且有 7 家企业跻身世界百强农业食品工业集团,成为世界第一大农产品加工国(张晓敏和张俊,2021)。法国也是欧盟第一大农产品出口国,其农产品出口占其总出口的比重达到 11.8%,约占世界农产品出口值的 10%。然而,与此同时,农业在法国国民经济中的影响力正在下降,其在 GDP 中的比重已经降至 1.9%左右。见图 3.1。

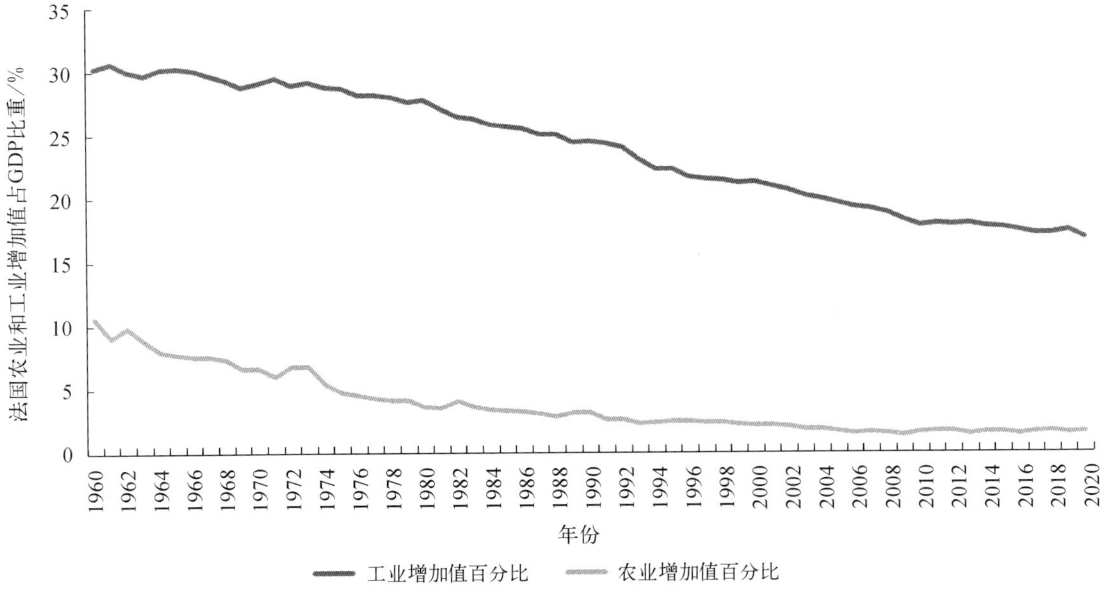

图 3.1　1960—2020 年法国农业和工业增加值占 GDP 比重

资料来源:世界银行 https://data.worldbank.org.cn/。

与其他经济发达国家相似，尽管法国的农业农村较为发达，在国民经济中发挥着重要作用，但农用土地面积仍在持续缩小。1990 年，法国的农用地面积为 30 494.2 千公顷，而到 2020 年减少至 28 897.88 千公顷，呈现出下降的趋势。在 1955—2000 年，法国的农户数量从 230 万户下降至 68 万户，农村人口为 1 469.972 1 万人，城镇化率达到 76%，其中农业劳动力人数占总劳动力的 4.14%。见图 3.2、图 3.3。

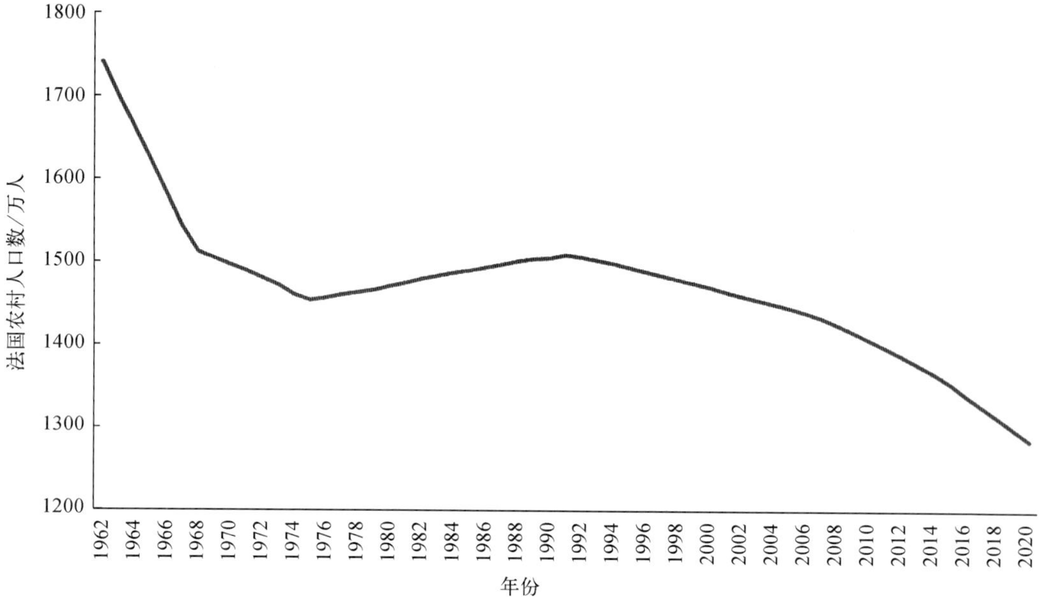

图 3.2　1962—2020 年法国农村人口变动

资料来源：世界银行，https://data.worldbank.org.cn/indicator/SP.RUR.TOTL?locations=FR。

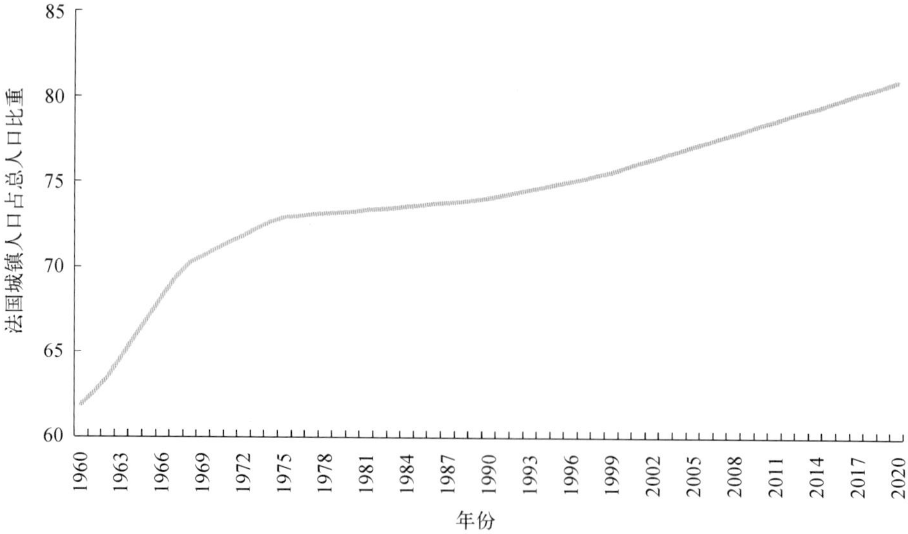

图 3.3　1960—2020 年法国的城镇化率

数据来源：世界银行 https://data.worldbank.org.cn/country/france?view=chart。

随着农业人口的减少,农户的经营面积有所扩大。1955 年,平均每个农户经营的土地面积为 14 公顷,到 1997 年增加至 41.7 公顷。平均每个家庭农场的劳动力为 1.9 人。在 20 世纪 80 年代末,拥有 50 公顷以上土地的大农户所占比例达到了 13%(图 3.4)。在农场经营规模扩大的同时,农场数量持续减少(图 3.5。)

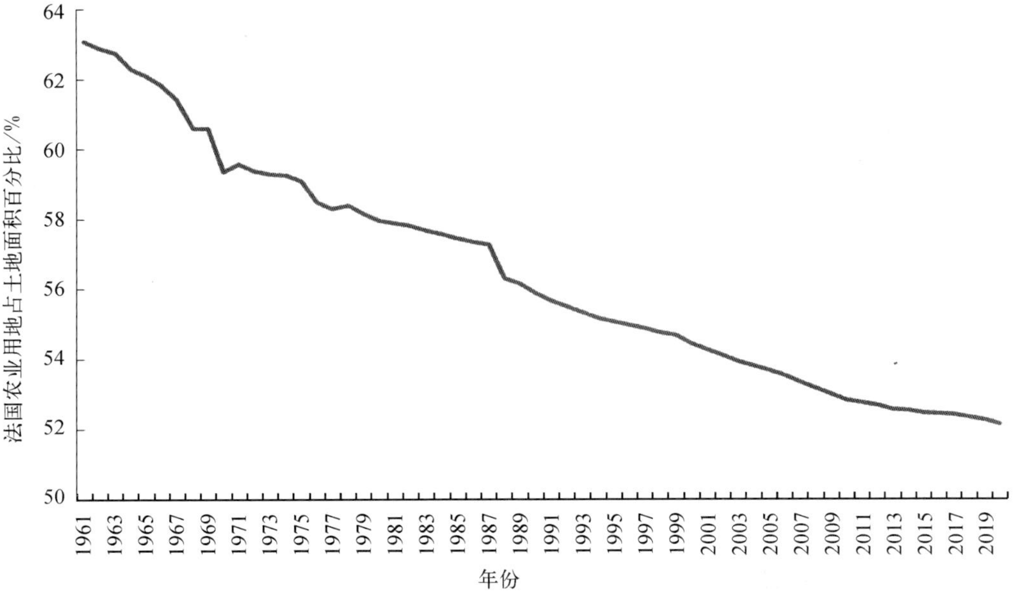

图 3.4　1960—2020 年法国农业用地占土地面积百分比

资料来源：世界银行 https://data.worldbank.org.cn/country/france?view=chart。

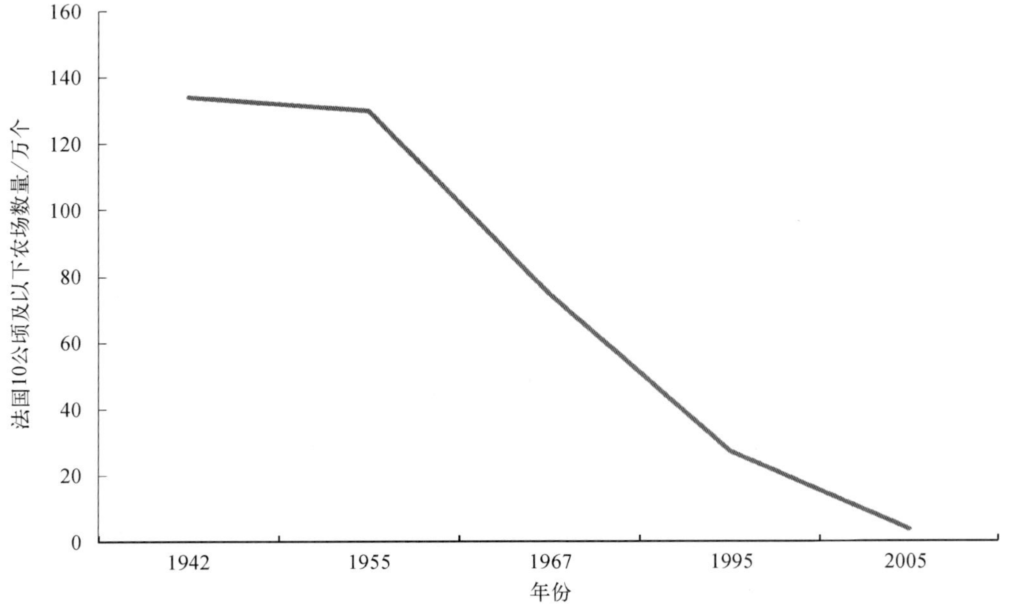

图 3.5　法国 10 公顷及以下农场数量

资料来源：孙小娇,2018。

随着城市的发展和经济水平的提高,法国开始重视乡村公共基础设施的建设和公共服务的供给。根据地区经济发展情况和自然条件的不同,政府采取因地制宜的措施,有步骤、有重点地推进各项工程建设。在水利基础设施方面,1952 年政府颁布法令成立专业化的公私合营企业,主要负责各地区水利设施的建设,而政府则负责统筹管理。在 1951—1961 年,法国加大了对农田基本建设和农田水利工程的资金投入,这两方面都取得了显著发展。此外,为了加快农村地区交通基础设施的建设,提高经济往来的便利性,法国政府高度重视交通运输和通信事业的发展。在 1955—1965 年,法国大规模推进了公路、铁路、海运等线路的建设,并积极将农村地区的运输网络与发达地区的工业区连接起来。在第四个“经济计划”时期(1962—1965 年),法国政府重点发展了农村电讯事业,电讯线路增加了 40%。此外,偏远农村或山区的小型水力发电站、电力和自来水供应等设施也相继建立(周建华和贺正楚,2007)。

在农村教育方面,从 20 世纪 60 年代开始,法国针对农业教育进行了一系列政策调整,以高等和中等农业教育、农民职业培训为核心,构建了相对完整的农业教育体系(表 3.1)。每年国家举办的各类农业培训,使得 60%的青年农民达到了中等农业技校的毕业水平。全国范围内成立了 38 所农业院校。同时,为了提供给缺乏农业经营基础知识、未接受过农业教育的农民培训机会,建立了 350 多所农民业余技术培训中心(赴法国家庭农场运行与管理体制培训考察团,2006)。在政府的支持下,乡村地区的基础教育得到了优先发展。1982 年颁布的“教育优先区”政策,使得教育优先区学生的教育经费能够比其他地区高出最多 15%,从而实现了法国基础教育的稳步发展(李佳赛,2016)。偏远农村地区的教师岗位增加,对农村地区的人力资本投入也在不断提高。

表 3.1 法国农村政策实施以来农民受教育比重(至 2010 年)

单位:%

地　　区	中高等学历的农民(25~64 周岁)	参加终身学习体系的农民
农村为主	68.9	5.8
中间地区	70.5	6.6
城市为主	72.1	6.5
海外属地	54.3	2.1

数据来源:邢琳,2016。

在社会保障制度方面,首先是农业互助保险的建立。自 1940 年代起,法国农业互助保险正式进入现代化阶段。一方面,法国政府调整了组织结构,将农业互助保险社进行了合并,并设立了中央互助保险组织;另一方面,为了扶持农业保险并提高其规模化水平,政府颁布了一系列政策法规。1986 年,法国政府进一步设立了农业互助保险集团,并在该集团下建立了农业互助保险公司、非农业财产保险公司、农民寿险公司和农业再保险公司,从而在不同保险业务之间建立了互助合作模式。此外，农业互助保险还与人寿、交通意外、人身安全三种保险类型建立了合作关系。在 20 世纪 80 年代，法国的农业互助保险开始了对外开放的历史新阶段，国际保险业务兴起，跨国跨行业经营的趋势变得更加明显（杨铁良，2017；李先德，2003）。

在医疗保障方面，法国构建了一个涵盖法定医疗、互助医疗和私人医疗三大类保险类型的医疗保障体系。其中，法定医疗保险是主体，覆盖了 99.8%的人口，农民和农业工人基金会占其中的 9%。自 1945 年起，法国陆续通过了《社会福利法》等一系列相关法案，逐步将社会医疗保险制度的覆盖范围从雇员扩大到包括学生、农业人员、自由职业者和失业者等大多数人群。1961 年 1 月的法案和 1966 年 7 月的法案分别为农业经营者、非受薪者/非农业者设立了医疗保险制度。2000 年，法国正式实施了《全民医疗保险法案》，该法案允许低收入群体和失业者免交社会医疗保险分摊金，从而实现了医疗保险的全民覆盖。

随着农业现代化和城乡融合发展政策的实施，法国城乡经济差距呈现缩小趋势。2015 年，法国农村居民家庭平均年收入达到了中等收入阶层的水平。同时，法国也实现了农民与城市居民共享社会保障制度的目标。

3.3.2　法国城乡融合发展的历史进程

法国大革命后的土地改革确立了以小农经济为主体的农村经济结构。农民家庭单位的耕地面积较小，农地呈现出碎片化的状态（Bernard，2005）。到了 19 世纪后期，随着法国工业化的加速，出现了一种以牺牲农业为代价来发展工业的趋势。因此，尽管农业资本主义有所发展，但基于小规模土地所有制的农业难以实现向现代化的转型。

在 1946—1975 年的“光辉三十年”期间，法国的乡村发展取得了显著的成就。第二次世界大战结束后，法国的工业化和城市化进程加快，城市化率从 1946 年的 53.2% 增长到 1975 年的 72.9%。战后，在工业化和城市化的冲击下，自给自足的小农经济被动地卷入了市场化进程，城乡之间出现了不平衡的发展状态，导致乡村经济陷入一定程度的危机。这种危机的核心因素在于工农业生产率水平的差异。为了扭转乡村经济的衰退，确保农产品的供给，战后法国政府不断调整农业农村发展政策，总体上以支持农业农村发展为导向。特别是通过整合零散地块来扩大经营规模，加上 1947 年马歇尔计划向法国提供的援助，资本主义农场得以不断扩展，农业生产的专业化和市场化成为农业生产经营的主要模式（汤爽爽，2012）。在戴高乐的第五共和国（1958—）时期，政府大力推动农业机械化，通过提供农业机械购置补贴和长期低息贷款担保等手段，使农业机械化率迅速提升。同时，政府还通过激励政策鼓励农场改进农业技术，使农业生产走上了集约化、规模化的道路，提高了农业生产水平，推动了法国农业现代化的不断提升（张新光，2009）。

随着农村经济结构的变化和农业劳动生产率水平的提高，农业劳动力得到了解放，农业从业人口持续减少，大量农村剩余劳动力迁移到城市就业，国民经济结构发生了根本性的变化，农业产值在国内生产总值中的比重显著下降，城市化率在1975年提升至72.9%，见表3.2。

表3.2 法国经济结构变化（1950—1975年）

法　国	1950年	1960年	1970年	1975年
三次产业结构	15：42：43	9：40：51	6：31：63	5：30：65
城镇化率/%	55.4	63.2（1962年）	70.1（1968年）	72.9

数据来源：《中国统计年鉴》和法国全国统计与经济研究所（INSEE）的统计年鉴。

与此同时，20世纪60—70年代的法国农村也出现了空心化、人口老龄化等问题。为此，法国政府在重视乡村地区经济发展的同时，也开始关注社会、生态等方面的问题。例如，通过颁布《农业指导法》（1960年）和农业指导法补充法（1962年）等，政府牵头成立了土地整治与乡村建设公司（SAFER），参与土地资源的收储和整理工作，调整农业经营单位的产权结构，推动土地的相对集中和规模经营，建立农业生产者的退出激励和培训机制；建立农业农村金融支持体系，完善农业基础设施的投资和运营机制，强化农业生产服务体系，发展乡村工业和服务业等。通过这一系列措施，农村空心化问题在一定程度上得到了缓解。总体上，在"光辉三十年"期间，城乡经济沿着"城乡分离-城乡统筹-城乡互惠"的脉络演进，最终使法国农业实现了现代化，城乡经济差距不断缩小。

20世纪70年代的两次石油危机对法国经济产生了较大影响，通货膨胀加剧，失业率提高，城市经济及其制造业受到的冲击也扩散到农村经济。尤其是法国作为欧盟的重要农业国，其农业发展受到欧盟共同农业政策（CAP）的制约，政府难以通过独立的农业农村政策来支持农业的发展。但作为国民经济的基础产业部门，相对于其他欧洲国家，法国政府对农业农村经济的发展仍然给予了较大的支持。从20世纪70年代中期开始，法国进入了"光辉三十年"后的乡村发展新时期。此时，法国的城市化水平已经较高，工业发展进入了后工业时代，城乡经济规模差距越来越大，原先较为对等的"城市—乡村"关系受到破坏，城市的支配性特征愈加显著，而乡村的边缘化却愈加严重。城市的生活方式也对乡村产生了越来越大的冲击，大量农民持续外迁，农村空心化、人口老龄化、城乡人口失衡的问题越来越严峻，农村发展面临的挑战日益严峻。为此，法国政府提出了乡村整体经济社会复兴战略，农村发展目标注重于提高农村经济的吸引力：一方面调整乡村发展政策，重点解决偏远乡村地区经济落后和地区间经济不平衡问题，推动偏远乡村的复兴，提高乡村自身的吸引力。1982—1983年地方分权法颁布后，法国各级地方政府被赋予了更多的职权，使地方政府有更多的权力根据自身特点制定乡村政策。中央政府对于农业农村经济的扶持也集中到以山区为主的经济薄弱地区和自然保护区；另一方面，在20世纪80年代，法国提出了"理性农业"的概念，即在现代农业生产过程中，要全盘考虑生产者利益、消费者需求和环境保护要求，发挥农业的多重功能，实现农业的可持续发展（黄序，1997）。

21 世纪后，欧盟对农业农村发展提出了新的目标和要求。2004 年，欧盟新的共同农业政策(CAP)转向农业发展和农村发展两大政策支柱，这为法国农业农村的全面发展提供了宽松的外部条件。2009 年，法国内阁会议通过了《2010—2015 年法国农村发展实施条例》(下文简称《条例》)，《条例》对 1962 年制定的《农业指导法》进行了修改，明确提出法国要建设一个经济、生态与社会效益并重的可持续发展的多功能农业，这标志着法国农业农村政策与欧盟共同农业政策的全面接轨。由此，法国开启了全面的乡村复兴计划，重点是合理开发当地资源、大力发展乡村旅游业、提高乡村人口的生活质量等。在 1993—2008 年，农村地区的公共服务业得到了很好的发展，商业服务设施得到了很大的改善，农村生活设施也得到了改造。法国制定了农业生态环境和生物多样性的法律法规，并进行了有效的实施。农村生活水平的提升和环境的改善，吸引了城市劳动力的回流，经济薄弱的乡村也得到了发展和境况的改善。因此，2000 年后，法国乡村复兴战略由振兴薄弱乡村转变为发展卓越乡村的阶段。政府开始鼓励乡村多元产业发展，鼓励乡村挖掘自身优势和发展潜力，实现差异化的特色发展等(秦中春，2022)。

3.3.3　城乡融合发展政策

在法国农业农村发展的过程中，总体上政府逐步减少了行政干预，建立了市场化机制。然而，在法国农村从传统经济向农业现代化转型以及城乡融合发展的过程中，法国的法律法规和政府政策发挥了主导和推动的作用，见表 3.3。

表 3.3　法国农业农村发展法规与政策(1947—2013 年)

城乡发展背景	实施政策	相关内容
20 世纪 40—50 年代，工业发展迅速，农业生产力水平较低，城乡收入、就业机会差异大	莫内计划(1947—1952 年)	更新农用机械，推进农业机械化和农业科技
	第二次全国规划(1954—1957 年)	推广农业技术；扶持农业经济合作组织；转移乡村剩余劳动力
	国土整治令(1955 年)	从法律上规定了国土整治规划的地位
	第二个国家计划(1957—1964 年)	提高农业生产力，发展农产品市场；鼓励劳动力从农业部门转移到工业部门
20 世纪 60 年代，工业化和城市化推进，农村生产力水平提升，乡村产业发展不均衡，劳动力持续外流	农业指导法(1960 年)	确立农业与其他行业之间的平等关系；保护农民收入；建立区域和乡村规划公司；调整家庭农场规模等
	乡村行动特别区(1960 年)	为乡村基础设施项目建设提供贷款，支持乡村小型工业
	共同农业政策(1960 年)	建设共同农业市场，实现农产品自由贸易
	农业指导补充法(1962 年)	建立农业行动基金；为农民提供退休养老金；开展乡村青年培训；建立生产合作组织；加强与欧洲共同体的合作
	国家公园(1963 年)	保护自然空间

续表

城乡发展背景	实施政策	相关内容
20世纪60年代末至70年代，乡村劳动率持续提升，工业和服务业得到一定程度发展，人们对生活质量有了更高要求	区域自然公园(1967年)	保护自然空间，维持生态保护和休闲之间的平衡
	乡村更新区(1967年)	优化基础设施以消除隔离；保持并优化公共服务和信息服务；加强人员培训；提升农业现代化水平，发展乡村工业和服务业
	山区经济区(1967年)	山区设施升级；提升农业和畜牧业的现代化水平；保护水资源和森林资源，控制非生产性建设；改善山区生活条件
	乡村整治规划(1970年)	完善农村地区公共设施；推动农村地区非农产业发展
	土地占用规划(1970年)	明确土地的各功能区，避免城镇空间的无序开发
	中部山区发展规划(1975年)	以中部山区发展为目标，其中农业为核心，同时兼顾山区
20世纪80年至今，乡村基础设施建设不断完善，乡村人口持续回流，人们开始追求乡村功能的拓展和可持续发展	地方分权法(1982—1983年)	赋予地方政府更大的职权，地方政府能够主导乡村政策的制定
	地域规划与发展指导法(1995年)	建立“乡村复兴区”，加大对落后地区的企业的税收优惠力度
	领土整治与可持续发展指导法(1999年)	对空间规划体系做出重大调整，明确国家和大区在可持续发展方面的具体职责，提出编制区域规划的要求
	乡村地区发展法(2005年)	根据农村特色，发展具有独特优势的乡村经济，并为“卓越乡村”提供资金扶持
	重建共和国学校的方向与规划法(2013年)	优先发展基础教育，增加农村地区的人力资本投入，缩小城乡之间的教育差距

资料来源：汤爽爽(2012)；汤爽爽，冯建喜(2017)；法国全国统计与经济研究所。

法国政府对农业农村发展的支持，除了制定和执行法规和政策之外，主要是持续的农业补贴政策。这些农业政策补贴分为三种，即农业生产补贴、乡村发展补贴以及林业持续管理补贴。农业生产补贴与农牧产品生产相关，主要用于农产品价格支持以及稳定农牧产品市场平衡，包括牲畜存栏补贴、出口补贴、休耕补贴等。乡村发展补贴与农村福利水平相关，旨在通过完善乡村社会保障制度来缓解乡村空心化问题，包括青年农民安家补贴、农村环境维护补贴等。林业持续管理补贴遵循了可持续发展的理念，旨在推动乡村发展的同时兼顾环境问题，包括林地整治与保护补贴等(表3.4)。

表3.4 法国政府实施的农业补贴政策

类型	具体内容
农业生产补贴	价格补贴，按面积、牲畜头数生产补贴；出口补贴、产品内销补贴、休耕补贴
乡村发展补贴	农业社会保障福利补贴、青年农民安家补贴、老年农民提前退休补贴、农场现代化补贴等
林业持续管理补贴	林地整治补贴、林地生产补贴

资料来源：根据相关文献资料整理。

总体上，如亚当·谢盖特(Adam D. Sheingate)提出，大部分经济发达国家的农业农村政策遵循三个阶段的演化，分别是农业推动政策阶段、农业价格支持政策阶段和农业补贴政策阶段。法国也基本上按照这样的路径变革制度和调整政策，逐步演化为以补贴政策为主的所谓“农业福利国家”。具体的政策重心在以下几个方面。

1. 重视农业及粮食生产，促进农业全面机械化，提升农业生产率

法国政府通过组织方式推动土地整合，扩大经营规模的同时，采取一系列政策推动农业机械化发展。第一，出台相关政策，推广机械化设备的规范使用。1946 年，法国出台了《莫奈计划(1947—1952 年)》，以促进农业机械设备的更新和规范化肥的使用。1954 年，出台了《现代化和机械化计划》，以推广农业科技，实现农业现代化。第二，设立农机购置补贴，鼓励农户购买和使用现代农业机械。农户购买拖拉机等大型农业机械时，可以获得 20%～30%的价格补贴，偏远地区的补贴标准可达到农机价格的 40%～50%。第三，开展互助合作，实现农民组织化生产。法国鼓励建立共同使用农机设备的合作社“居马”，入社农民共享机械设备服务，并分担机械使用成本，这减轻了农民的生产负担。1966 年，法国成立了农业合作社总会(CFCA)，帮助农民建立合作组织，提高农业用具使用效率，促进农业技术的传播。第四，提供农业工程贷款，激励农业现代化装备的使用。政府设立了乡村行动特别区，提供乡村建设贷款，从政策和资金上加大对农村工业的扶持，加快了农业现代化的发展步伐。

2. 扶持城乡公共基础设施一体化建设，保障乡村公共服务供给

一是为了促进乡村公共基础设施建设，法国成立了专业化的公私合营公司，这些公司负责各地区整治工程和农田水利的建设，而政府则为各类农业设施和先进装备提供资金支持。跨区域建设的农田基础设施、水利枢纽工程等，由于需要大量资金和区域间协调，主要由中央政府直接投资。对于其他类型的农业设施建设，中央政府则根据规模提供资金补助。例如，如由农民合作社修建的水库、灌溉设备等，中央政府提供 30%～40%的资金补助；若规模较大，中央政府提供 70%～80%的资金补助；若是农民自发进行的道路修建、土地治理、水土整治等，中央政府提供 15%～80%的资金补助。二是实施乡村更新计划，旨在提高基础设施的便利性。1967 年颁布的《乡村更新法》设立了乡村更新委员会，该委员会根据各地实际情况，优化不同区域的乡村基础设施建设，提升信息服务水平，改善乡村生态环境和居住条件，保障乡村公共服务的质量。1983 年，法国又出台了《市镇联合发展与规划宪章》，该宪章重点对乡村的交通、水电、教育等基础设施进行整改，旨在提高乡村居民的生活质量。

3. 重视乡村居民教育，提升劳动者整体素质

第一，设定农业就业准入制度，提高对农业教育的重视。法国政府规定，只有获得农业技师及以上证书的人员，或者通过农业职业和技术会考的人，才有资格独立经营农场

（黄银忠，2015）。这一规定有效地提升了公众对接受农业教育的重视，从而增强了农业发展的潜力。第二，建立完善的农业教育体系，并开展乡村青年职业培训。为了培养具备管理经验和农业技术的年轻农民，法国政府为农业人员的教育培训制定了全面的培训方案和实施计划，大部分农业培训费用由国家承担。政府还负责提供培训场地和设施，并配备教师及工作人员。第三，设立教育优先区，促进教育薄弱地区的发展。1982 年，为了提高教育落后地区学生的素质和就业率，法国政府推出了“教育优先区”政策，对教育优先区的标准划分、教育优先网络的构建等进行了详细规定，为国内基础教育的持续稳定发展奠定了基础。政府优先增加偏远农村地区的教师岗位，提高教师补贴，加大人力资本投入，以缩小城乡教育差距。

4. 保护和优化环境，实现乡村全面发展和城乡可持续发展目标

第一，设立国家公园，保护自然空间。法国自 1963 年设立首个国家公园以来，已经建立了 11 个国家公园，占国土总面积的 9.5%。随后，法国继续设立区域性自然公园，作为连接城乡经济、社会与自然的平台，旨在实现自然景观与人文活动的相互补充和共同进步，从而达到生态环境保护与国民经济发展的平衡。同时，政府还划分了山区经济区，以保护水资源和森林资源，并控制非生产性建设。在 21 世纪初，政府颁布了与可持续发展相关的指导法案，明确了国家和大区在可持续发展方面的具体职责，将可持续发展纳入国家发展战略。第二，激活乡村遗产，开发乡村的独特价值。法国实施了农村遗产保护项目和经济政策，保护农村地区的宗教建筑等遗产，并利用这些遗产资源促进经济发展。遗产类型和项目设计方案由各地区根据当地实际情况制定，中央政府提供财政资金支持。在 1989—1998 年，法国文化部为农村遗产保护项目共计投入了约 2530 万欧元，覆盖了全国 10%~15%的乡村地区。

5. 创造农业农村发展环境，支持合作化等组织创新

欧盟自 20 世纪 60 年代初开始实施共同农业政策，目的是通过农产品的价格补贴和市场调节来支持农业的发展。1972 年，为了推动农业经济组织建设，欧盟制定了共同农业结构政策，该政策具体包含以下四个方面：第一，围绕经营规模和现代化水平，对农业经营单位的组织结构进行改革；第二，以提高农业经营单位的素质为目标，对成员国设立专业的信息服务机构和培训机构作出了严格的规定；第三，鼓励农业经营方式的改进，对于农业经营组织为改进经营方式而采取的互助合作、联合经营、扭亏转产等措施，欧盟和各成员国政府共同提供技术指导和经济资助；第四，强调农业一体化经营，为能够提高农产品加工水平和商品化水平的项目提供资金支持。

6. 建立完善的农业保险法律和保险体系，提升农业风险应对能力

第一，降低农业保险费率，并由政府提供高额补贴。法国政府对农民所支付的保险费提供补贴，补贴比例为 50%~80%，这一措施激发了农民进行农业生产的积极性。第二，国

家通过立法保护农业保险。1960年,法国政府对农业保险的运营模式进行了详细规定,并颁布了《农业指导法》。1974年,法国政府制定了《农业灾害法》,并成立了国家农业灾害保证基金,以增强农业保险的补偿能力。1976年,政府正式颁布了《保险法典》,这是首次从法律上承认互助农业保险的地位。1982年,政府又出台了《农业保险法》,对农业保险的法律体系进行了补充和完善。第三,成立政策性农业保险机构。为了防止互助农业保险在运行中出现问题,法国通过设立农业灾害保证基金和国家再保险公司对其进行补充;此外,还成立了农业保险基金,并由国家财政为互助农业保险机构及互助农业保险协会提供补贴。法国财政确保有足够的预算资金来保障农业保险体系的正常运行(郑军和文毅,2016)。

3.3.4 城乡融合发展的特征

法国历史上存在着城乡发展不平衡和城乡居民福利不平等的问题,这种不平衡不仅体现在经济层面上的差距,还包括教育、文化和社会福利方面的不平等。因此,正如前文所述,为了提高农业生产力,确保农产品的自给自足,以及解决城乡经济发展的不平衡问题,法国采取了一系列政策措施。这些努力取得了显著成效,并为法国的农业和农村发展,以及城乡融合发展赋予了独有的特征。

1. 通过农地制度变革,规范农地市场交易,解决了农业经营规模细小问题

由于历史和地理等因素,法国农村地区存在大量小农土地分散与大型土地所有者市场垄断并存的状况,这严重阻碍了农村经济的发展和农业现代化,也导致了农民收入的差距(范毅等,2020)。为此,在农业现代化进程中,法国首先进行了农地制度的改革,其改革的基本目标,一是改变小农经济导致的土地碎片化现象;二是防止资本投机和对农村的侵蚀,保障农业生产的土地规模,实现农地利用的效率与公平双重目标。在20世纪60年代,法国政府依据《土地方向法》建立了由28个土地管理和农业设施机构共同构成的农村土地治理和乡村建设组织(SAFER)。法国设立SAFER的主要目的是制定土地规划,通过限制土地的购买权和农地用途转换决定权来限制农地市场投机,调整农场规模,并为农民和农业经营单位提供土地和农机设备等支持。因此,政府赋予了SAFER以下五项职能:一是管理土地交易、促进农业平衡发展和环境保护的职能;二是土地的优先购买权和普通交易权职能;三是土地交易服务的中介职能;四是提供农民专业知识的农业教育职能;五是为土地开发整理提供信息、规划等服务职能。

总体来看,法国政府主要支持中型家庭农场的发展,既整合零星分散的小规模土地及经营者,又限制农场规模的无限扩大。因此,当农场主为扩大适度经营规模购买零碎土地时,政府通常提供20%~30%的价格支持,促使农业用地连片形成中型农场(Jean Gouyé et al., 1991)。1962年,政府出台《农业指导补充法》,建立农场退休机制,年纪较大的农民可以自愿退出或转让农场,使青年农民逐渐成为农业生产的主力军。为进一步加快土地

集中经营,20 世纪 70 年代法国政府开始以提供终身养老金的方式,鼓励 55 岁以上的农民主动交出土地。此外,为避免农场因继承而变得分散,法律规定农场继承权只能移交给一个子女。在 1955—2000 年,法国的农户数量由 230 万户下降至 68 万户,但平均每个农户经营的土地面积有所增加,从 1955 年的 14 公顷扩大到 1997 年的 41.7 公顷。在 20 世纪 80 年代的十年间,拥有 50 公顷以上土地的大农户比例从 8%上升到 13%。经过半个世纪的努力,法国农场规模不断扩大,为农业机械化创造了条件。

2. 市场化过程中发展专业经营农场和农业合作组织

魁奈较早地系统地提出了一条以市场化为导向的“兴农强国”之路,这对法国推进农业发展产生了重要作用(谢新刚,2006),以市场化为基础的农业现代化成为法国的基本发展道路。主要措施和成果如下。

一是在保障土地私有权的基础上,对农业经营方式进行变革。法国率先实现了家庭与经营分离的农业经营模式,传统的“小农经济”模式被中等规模的现代农场所取代。

二是提高农场的专业化生产水平,包括畜牧、谷物、葡萄、水果、蔬菜等各类农场。同时,发展第三产业等非农产业,将单一的农业经营扩展为多元化经营(杨慧和吕哲臻,2022)。随着农业服务业的进步,农业生产各个环节的服务体系更加完善,从而提高了农场生产经营的专业化水平。据统计,到 2013 年,60%的法国家庭农场种植谷物,29%的家庭农场种植花卉、蔬菜、养殖业等,剩下的 11%则为多种经营(朱学新,2013)。

三是农产品市场的发展。在农场专业化发展的基础上,法国农业产品的商品化程度越来越高,大量农畜禽产品推向国内外市场。法国存在一种名为“Syndicat”的集体组织(Rexford G. Tugwell,1930),这是法国农村中购买、生产和消费的一种合作社性质的组织(朱学新,2013)。农业合作社兴起于 19 世纪末 20 世纪初,在 20 世纪 50—60 年代开始大规模发展,与法国农业现代化基本同步。农业合作社在农产品生产环节与销售环节之间搭建了桥梁,农民通过农业合作社的组织力量共同应对市场竞争,增强了农民的农产议价权和市场话语权,更好地保障了农民的经济利益。此外,通过引导和协助农民做出科学合理的生产经营决定,可以有效提高农产品的稳定供给能力,缓解过剩问题。

从实践效果来看,法国农业合作社主要解决了两方面问题。一是土地适度规模经营问题。经营组合和农机具合作社等合作组织的出现有利于扩大农场经营规模、解决农机具不足的困难。此外,中小农场难以承担运输、加工、贮藏和销售等一系列农业生产任务,生产资料供应合作社和农产品销售合作社解决了这些问题。二是农业产前产后服务的一体化问题。农业合作社服务内容广泛,包括生产资料购买、农产品销售,以及提供技术与信息、农产品加工、储藏、运输、贸易、金融与保险等,形成了完整的农业社会化服务体系(董平,1995)。

现阶段,超过 90%的农场主已经参与到了农业合作社,年均营业额可达到 1 650 亿欧元,并建立了完善的一体化农业产业链体系和农工商一条龙、产供销一体化的高效运营模式。

3. 农村多元产业兴起，城乡产业体系一体化

法国通过国土整合有效地配置了土地资源，实现了产业的合理布局。

在 20 世纪 50 年代中期，法国政府在国内大力推行了“领土整治”计划，目的是利用国家和政府的力量加强对偏远落后地区的经济干预，以促进这些农业地区的工业化，减轻城市工业过度集中的压力，实现更为合理的生产力布局。为了达到这一目标，政府主要采取了以下四方面措施。

第一，引导和扶持农村工商业的发展。政府鼓励农村地区开发适合本地条件的“新工业区”，吸引企业投资建厂，并为投资企业提供奖金、投资补贴、税收减免等国家的“开发津贴”和优惠。

第二，逐步恢复和发展手工业。政府鼓励乡镇和新兴城市积极发展手工业、农产品加工业以及小型加工工业等，并设立了“手工业企业装备奖金”。

第三，延伸农村特色产业链。根据不同乡村的资源禀赋和社会需求，发展特色产业，例如，利用葡萄酒产业延伸出来的文旅产业，促进农村一二三产业的融合（吴晓红，2022）。2018 年，法国乡村旅游人数约占全国旅游总人数的 1/3，乡村旅游业收入达到全国旅游总收入的 1/4（马洁，2016）。

第四，大力发展畜牧业。由于农民超过 50% 的收入来自畜牧业，因此，为了有效提高农民收入，政府将增强畜牧业的生产能力和现代化水平作为核心内容。法国政府同时提供物质奖励和技术培训，协助农民购买并熟练运用现代化设备。

在政府的支持下，法国农村非农业产业得到了快速发展，以工业和服务业为主导的乡村地区明显增多，农业生产力大幅增强，其专业化、地域化的特点与优势也变得更加明显。为了保持农村产业的发展，政府出台了一系列政策，支持与农业生产相关的产前和产后产业的发展，构建了城乡一体化的产业链，实现了城市经济对农业的支持与反哺目标。

4. 重视农业技术创新，促进农业机械化水平的提升

在法国农业现代化的过程中，农业技术的创新和农业机械化受到了高度重视。在法国前三个国民经济计划时期（1947—1961 年），农业发展的政策重点放在了“农业装备现代化”上。农民购买农机设备可以享受价格补贴和 5 年以上的大额低息贷款优惠。农用内燃机和燃料的购置免税，农业用电的价格远低于工业用电，这些措施极大地降低了农业生产成本，促进了农业机械设备的使用。同时，法国通过补贴和贷款鼓励农民成立农机合作社，共同购买和使用农业机械，实现了农业生产资料的互助合作。

同时，法国政府为符合要求的企业颁发“特许权证”，并允许这些企业设立销售和售后网点，以确保农机的质量。在 1955—1970 年，农场的拖拉机拥有量从 3 万台增加到 170 万台，联合收割机的拥有量从 0.5 万部增至 10 万部，其他现代化农用机械的普及速度也显著提升。在建立完整的农业科研体系和健全的推广体系方面，法国政府在组织建设、财政支出和政策上给予了大力支持。为了不断改进农机性能，法国专门成立了农机科学研究中

心,积极推动农业机械化水平。

此外,在政府的支持下,法国还成立了以国家农业研究院为核心的农业科研创新体系,构建了集教育、科研、推广三位于一体的农业科研新体系,进一步提高了农业科研能力和技术推广能力。1959 年,政府出台了《农业推广宪章》,并相继设立了国家农业发展署、科研成果推广署、各级农业组织协会等机构。在中央政府的领导下,地方政府和私人组织也设立了众多科研机构,提高了农业科研成果的转化率,为农业发展提供了专业指导和帮助。同时,政府也为科研企业提供了资金支持等措施(周建华,2007)。

5. 强化城乡公共产品的一体化供给,改善农村居住环境,维持乡村人口及劳动力规模的稳定

第一,法国政府认识到城乡一体化发展的一个基本要求是公共基础设施的统一规划、建设和运营。因此,政府统筹规划了城乡公共基础设施,并成立了专业化公私合营公司来投资经营基础设施项目。在 1955—1965 年,法国加速推进铁路向现代化、电气化、内燃化方向发展,并在国内大规模修建公路、海运、航运线路,将农村与城市或工业区的交通网络相结合,进一步带动了农村工业的发展。

第二,提升公共服务水平和增加人力投资也是法国振兴农村的重要内容。在公共文化服务提供方面,政府采取了多元化的供给机制。通过与企业签订行政合同或提供政府资助,引入城市成熟的公共文化体系,使营利性文化企业参与到农村公共文化服务的供给中(宋元武和徐双敏,2016)。法国建立了发达的农村公共文化服务供给网络,为乡村读者提供便利服务。在农业教育方面,随着农业机械化和科技水平的提高,农民的知识和能力需要与之相适应。为此,根据法国《农业指导法》等的规定,只有具有一定教育水平和受过专业培训或获得农业职业资格证书的人才能从事农场经营。法国因此建立了农民终身学习体系(邢琳,2016)。在医疗卫生方面,自 1945 年以后,法国陆续通过了《社会福利法》等一系列相关法案,逐渐扩大了社会医疗保险制度的覆盖人群,将学生、农业人员、自由职业者和失业者等都纳入保障范围。

第三,城乡一体的社会保障制度逐步完善。法国政府为农业劳动者及其家庭成员提供与城市居民相同的保障,为此,政府资助的社会保障金额度超过总额的 80%。法国的医疗保障体系逐渐实现了全民覆盖。1945 年后,法国陆续通过了《社会福利法》等一系列相关法案,将社会医疗保险制度的覆盖人群由雇员扩大至包括学生、农业人员、自由职业者和失业者等绝大多数人群。2000 年,法国正式实施了《全民医疗保险法案》,允许低收入群体和失业人群等免缴社会医疗保险费。

第四,农村居住环境持续改善。如前所述,法国以保护自然空间为目标,陆续设立了国家公园和地方自然公园,对自然文化遗产资源加以保护,并在保护遗产与景观的同时,促进当地旅游业发展。1982 年,法国成立了“最美乡村协会”,要求入选的乡村人口达到适宜居住范围,不超过 2 000 人且至少有 2 处受保护的遗址。入选的乡村可获得国家注册商标,政府及媒体加以宣传。

第五,农村劳动力由单向流动转为双向流动。20世纪90年代以前,法国的土地集约化和农业经营规模化导致大部分剩余农村人口转移到城市,法国城市化程度达到较高水平,却导致了农村空心化现象。20世纪90年代后,随着乡村复兴政策的实施,乡村的居住、就业条件得到大幅改善,人口开始逐渐回流到乡村。据法国国家统计局数据,1990年法国乡村人口总量首次出现了回升。1990—1999年,法国乡村居民年均增量达到7 900人;1999—2007年,乡村居民年均增量达到75 100人,是1990—1999年的近十倍(戴成钧,2004)。乡村人口的持续增长,产生了明显的社会稳定和乡村复兴作用。

6. 构建较为完善的农业金融以及社会化服务体系

为了更好地发挥金融在农村发展中的作用,法国政府支持建立了完整的农业金融体系。法国的金融机构大多是在政府的主导下成立的,因此它们必须在政府的管理与控制下进行运作和经营。早在19世纪,法国就出台了《土地银行法》,通过设立农村信贷机构来扶持农业发展。农业信贷银行是法国最重要的农业政策性银行,它能够获得政府提供的贴息资金,并向外发放长期低息贷款。该银行按照“上官下民”的所有制模式进行经营和运转,分为地方、地区(省)以及中央三个层级。地方和省级层面采取合作性质,可以成立独立的管理和权力机构,而中央层面则是公有性质,属于政府所有。为了保障农村金融市场运行的稳定性和有序性,法国政府出台了一系列相关的法律法规,如《农业指导法》《农业指导补充法》等。与此同时,政府还积极推动农村金融服务机构的创新。法国农村金融机构一直以创新方式提供服务,以解决农业发展面临的问题。

3.3.5　法国城乡融合发展的机制

在法国经济现代化的过程中,从初期仅重视农业生产发展,演化为以城乡经济协调发展的农村综合发展战略目标,这一过程中,政府始终发挥导向性的作用,通过推动法律制定和实施农业农村支持政策,较为充分地发挥了政府行政机制的作用。与此同时,在私有经济制度的基础上,法国政府的一系列政策措施都是通过市场机制来实施的,在城乡资源配置和经济激励方面都充分发挥了市场机制的作用。第二次世界大战后,国家鼓励社会资本参与乡村建设,多元主体合作机制开始发挥重要作用。

1. 城乡融合发展中政府发挥了主导性的作用机制

在法国城乡融合发展的过程中,政府确实是推动乡村振兴的主导力量,其作用体现在政策支持、法律保障和财政补贴的三重手段的综合运用上,这些手段广泛应用于农村公共品供给、土地配置、农业教育、社会保障制度等农业现代化发展的各个方面。

在农村基础设施建设方面,法国政府通过法令成立了各种专业化公私合营公司,负责各地区的整治工程和农田水利建设。政府主导这些地区的建设计划制定和项目监管,并投资了大部分农田水利工程建设资金。在发展农村交通运输和电讯事业方面，法国政府将其纳入国家经济计划，在1955—1965年大规模修建了公路网。在第四个“经济计划”时期(1962—1965年)，大部分农村地区铺设了电讯线路，并大力发展了农村小型水力发电站。农村电气化和自来水供应范围不断扩大，覆盖到了边远乡村和山区。在公共文化服务方面，法国政府重视其作用，通过签订行政合同和政府资助，使营利性文化企业能够提供农村公共文化服务。政府还制定了与文化相关的法律，以进行公共文化服务监督管理，形成了健全的文化法律监管机制，为公共文化服务的健康发展提供了支持，确保了不同阶层的群众都能够较为平等地参与公共文化服务。

在土地资源配置方面，如上所述，法国政府推动了国土整治，加强了对经济状况落后地区的经济干预，提升了农业落后地区工业建设的现代化水平，缓解了工业向城市过度集中的问题。1955年，法国政府颁布了《国土整治令》，为领土整治规划的重要地位提供了更为坚实的法律依据，并开展了大规模的“国土整治”工作，实现了土地集约化和生产规模化的目标。同时，在领土整治的过程中，法国政府确立了可持续发展的理念。1955年制定了《领土整治与发展指导法》，随后在1999年又出台了《领土整治与可持续发展指导法》。这些法律的制定和实施使得法国农场的平均耕地面积扩大了超过2倍，从1955年的13.3公顷增加到2000年的41.7公顷。在此基础上，政府颁布了相关法令，明确了乡村综合经济发展的方向，推动了乡村工业及其他非农产业的发展，并提供了财政补贴、税收减免和投资奖励等支持。同时，法国政府倡导农业与工业、运输业、金融业等部门的结合，建立了具有统一目标的利益共同体，并大力实施了“一体化农业”制度，推动了农业与第二、第三产业的融合发展。

在基本公共服务方面，政府扮演了至关重要的角色。如上所述，政府通过颁布法律和制定一系列政策，为农村地区的文化教育、卫生医疗、社会保障制度等方面提供了财政税收的支持。此外，政府还积极引导社会资本投资经营农村公共事业，从而在很大程度上实现了城乡公共产品的一体化供给。

2. 建立有效的乡村振兴和城乡融合发展的市场机制

一是确保农民土地私有权的基础上，以市场机制的方式保证农业生产规模，适时调整土地使用功能(谢新刚，2006)。1789年大革命后，法国土地所有制开始从封建领主所有制转向农民私有制。此后，政府对农地所有权的归属给予了充分重视和保护。1946年，法国对《法国民法典》进行了修订，其中关于租佃与分成制的修订成为法国农业现代化政策的基石，重点是强化对农地经营权的保护(刘长全，2020)。1960年，法国颁布了《农业指导法》，其中的土地政策内容包括以适度规模家庭农场为重点的差别化政策。在这样的原则指导下，法国开始按照土地流转的性质和面积对农民实施分级补贴，不仅对流出土地的农民给予财政补贴，而且对流入土地达到一定规模的经营者提供优惠的信贷支持。法国对土地私有产权的保护及在此基础上的政策引导，为土地流转和资源配置的市场化机制创造了制度条件，也为农业现代化奠定了制度基础。

二是通过市场手段,激励农户转变农业经营方式,实现规模化生产。经济市场化的正常运行需要提高生产经营的集约化、规模化以及高效率产出能力。在现代化农业发展中,法国率先实现了家庭与经营分离的农业经营模式,规模农场逐渐取代了“小农经济”,实现了由小农经营向规模化大农经营的转变。在这一变革过程中,基本上是依据法律规定,政府给予政策支持和财税激励,但其具体的运作和经营过程均由农户自愿选择,以市场交易原则进行。

三是基于一体化农业的市场供销体系形成。20世纪50年代,法国一体化农业发展过程中,在政府引导下,依据市场化原则,建立了农工商一体化的产业协作体系。一体化体系在组织形式上可分为三种类型：第一类是互相控股型,即工商业、金融业以及农业企业互相控制股份组成的企业。第二类是建立垂直性合同关系或不完全一体化的垂直关系,将与农业相关的行业通过合同进行组织,最终形成一个综合体。第三类是各种类型的合作社。无论是哪种类型,其合约签署、投资经营和日常的管理均明晰产权,按市场机制运行管理和分配。

四是农民自主自治的农业合作社得到发展,促进了城乡农产品市场体系的建立与发展。19世纪中叶,法国合作社正式出现,包括购销合作社、服务合作社、生产资料制造合作社和农业生产合作社等。法国农业合作社坚持自愿加入、民主管理等原则,通过吸收私人资本或者联合与合并来扩大经营规模、拓展经营范围、增强农产品的市场竞争力。农业合作社成为连接农产品生产与销售的桥梁,通过议价影响农产品市场价格,增强农民的市场话语权,维护农民的经济利益。与欧洲其他国家相比,法国农业合作社较为发达。1967年,参加合作社的农户占法国总农户的83%。在农产品销售方面,合作社占总销售额的30%左右;在生产资料供应方面,合作社占总供应量的40%~50%。另外,合作社对农场的贷款占总贷款额的75%。

3. 鼓励社会资本参与农村经济社会发展项目,形成了多元主体合作的城乡融合发展机制

在法国的农业现代化进程中,政府、农业合作组织以及私人企业共同构成了服务提供的主体,它们相互协作,互补优势,共同推动了法国农业农村产业和服务体系的全面发展。

第二次世界大战后,法国在重建过程中就开始重视农村公共产品的供给。由于当时经济发展水平的限制,政府缺乏充足的财政能力来投资大规模的公共基础设施建设。为此,政府及时有效地进行了制度安排,鼓励社会资金参与公共产品的供给。主要措施包括制定政策鼓励商业企业和资本投资建设农村基础设施,并通过财政补贴和税收减免等方式给予支持。同时,政府建立了公私合营企业,由这些公司负责农村基础设施的建设。在公共文化供给方面,为了振兴乡村文化,政府同样鼓励营利性企业的参与,并采取多元化的供给机制。政府通过与企业签订合同或提供资助,使营利性文化企业参与到农村公共文化服务中。此外,政府也鼓励非政府组织、企业和个人积极参与,为农村公益性文化事业的发展筹集资金(宋元武和徐双敏,2016)。

法国的农业互助保险体系也是多元主体合作的重要领域。作为农业保险的主要形式之一，农业互助保险通常采取民办公助的模式，政府为互助保险公司提供财政补贴。为了进一步推广农业互助保险，政府成立了法国农业互助保险集团，此集团公司属性上为股份有限责任公司，其中政府以大股东身份进行控股，吸引社会广大民众作为小股东参与。此外，政府积极动员农村自身力量参与农业保险，支持建立农业互助保险协会，作为农业保险合作基金机构。政府还鼓励基层农民自愿成立以互助共济为原则的农业互助保险协会（杨铁良，2017）。

3.3.6 城乡发展面临挑战与未来发展策略

1. 城乡融合发展中存在的问题和挑战

尽管法国在农业现代化和城乡经济一体化方面位居世界前列，但仍面临一些挑战，这些问题可能会限制未来的发展。

一是劳动力流失和老龄化问题。劳动力流失和老龄化是法国农业农村发展在未来几年面临的主要挑战之一。随着农业现代化进程的推进，从事农业的劳动力人口比例持续下降。虽然这有助于农场集约化生产的推进，但农村人口的老龄化和年轻劳动力向城市和非农产业的转移，导致了农业专业人才的短缺，从而影响了农村综合发展的人力资源基础。

二是农民内部利益的冲突。一些农业政策加剧了收入不平衡的问题。自20世纪60年代开始实施的农业土地重组和农场经营现代化政策，虽然促进了土地集中和经营规模的扩大，但也导致了市场垄断，使大量小农场面临破产，农村人口大量流向城市，进一步加剧了农业发展的不平衡。此外，农业补贴政策与农产品产量直接挂钩，这对大农场主有利，不利于小农场经营，扩大了农村居民的收入差距，引起农民的不满情绪。

三是加快推进农业绿色转型的挑战。法国农业正面临欧盟共同农业政策（CAP）的绿色生态转型和财政空间收缩的挑战（张家源和叶子繁，2023）。CAP为欧盟国家的农业发展提供了共同框架，要求各国共同应对气候变化、保护生物多样性和自然资源，并鼓励生产环境友好型产品。法国作为欧盟成员国，需要实施CAP计划，承担加快推进农业绿色转型的重任，但这也带来了财政负担。

四是医疗荒漠化、乡村居民就医难的现象日益严重。根据法国农村市长协会的研究，农村地区看病的难度是城镇的六倍。法国互助保险局的研究报告也显示，医疗服务在法国呈现出两极化的趋势，农村居民就医更加困难。2019年，大约有11.1%的法国人（740万人）居住在医疗资源不足的“医疗荒漠”地带，其中大多数是乡村人口。2022年的法国议会报告指出，近600万法国人没有固定的全科医生，而法国医疗系统要求每人拥有一位长期的全科医生，这一现象在偏远农村地区更加严峻。

2. 农业农村未来发展策略

一是致力于保持农业竞争力并提升农村地区的吸引力。法国政府将继续为农业和农村发展提供政策支持和财政补助。与欧盟其他国家一样，法国将重视培养年轻农民及其技能，同时改善农村居住环境，提升通信等基础设施水平，增加农村就业岗位，通过农村发展基金支持农村地区创造就业岗位。

二是致力于维护农民权益，创造农民收入的新增长点。鉴于法国农村内部收入的不平衡和收入增长的稳定性问题，政府在政策上维护农民的权益，并努力开发地区特产和生态产品，以提升农业收入。同时，继续发展农产品加工业，实现农产品在整个产业链中的价值增值。

三是支持数字科技，推动数字化农业的发展。法国将致力于发展创新农业，将技术与知识的转移与数字化相结合，以确保资源的可持续管理和生物多样性的保护。法国选择以“数字科技”作为突破路径，以“政策引导+资金支持”的双重手段，推动数字农业的稳步发展。为此，2015 年，法国颁布了“农业-创新 2025”计划，该计划内容包括以农业大数据为基础构建农业新认知，提供农业新服务，推广以农业机器人为代表的更高效农机设备的使用，以及促进生物科技的研究与创新。该计划还鼓励高校、科研机构和企业之间的合作，共同推进农业科技的应用。在财政支持方面，法国农业部成立了农业创新孵化器，并投入资金支持。同时，国家为研究机构或初创企业的数字科技创新项目提供资金激励。总体而言，法国将数字科学技术应用于农业全产业链的各个环节，发挥数字化的独特优势，连接三次产业，为农业利益相关者提供全流程的系统化解决方案，从而提升全产业链的功能价值。

3.4　日本城乡融合发展及机制

3.4.1　城乡融合发展的过程

日本的城乡融合发展进程与其时代背景和经济发展水平紧密相关。明治维新之后，日本步入了资本主义社会，揭开了工业化与城市化的序幕，社会经济发展在第二次世界大战爆发前一直保持增长态势。第二次世界大战结束后，面对战争导致的经济发展缓慢和停滞问题，日本采取了积极发展城市工业的策略。同时，考虑到战争期间农地面积的减少，为了确保食品供应并为工业发展提供基础原料，日本出台了一系列政策以扩大农地规模。

为了解决农村衰退和城乡经济不平衡的问题，日本制定了一系列旨在促进农村振兴与城乡融合发展的法律法规，政府也相继发布了一系列政策。例如，1947 年政府颁布了《地方自治法》，在新宪法的基础上加强了市町村的自治地位；1953 年颁布了《町村合并促进法》，扩大了町村的治理范围。在一系列政策法规的支持下，特别是通过“昭和大合并”运动，市町村数量显著减少，一些农村居民得以在原地实现城市化。1955 年，日本启动了“新农村建设”计划，并成立了农村振兴协会，从法律法规和资金上支持农村的建设与发展。总体而言，在 20 世纪 60 年代之前，日本在农业生产方面主要致力于促进农村小农经营,提升耕地的精耕细作水平,建立以家庭为单位的现代农业,并通过基层农业协同组合来保护农民的利益。同时,日本通过明治时期和昭和时期的两次村镇合并,以及集中建设基础设施和公共服务设施,缩小了城乡公共产品供给的差距。

然而,在这一时期,以城市为导向的发展战略和工业化主导政策严重压缩了农村地区的发展空间,导致日本的农村剩余劳动力迅速向城市流动。如图 3.6 所示,在 20 世纪 60 年代,日本农村人口占总人口的百分比急剧下降。这一现象是由于城市和工业部门提供了大量就业机会,吸引了农业劳动力转向非农产业。农村人口的迁移导致了日本全国范围内出现了“过密过疏”的现象,即大城市人口过密,而农村地区人口过疏。此外,由于大量青壮年劳动力的外流,日本农村地区出现了严重的老龄化问题,这进一步加剧了城乡之间的发展不平衡。

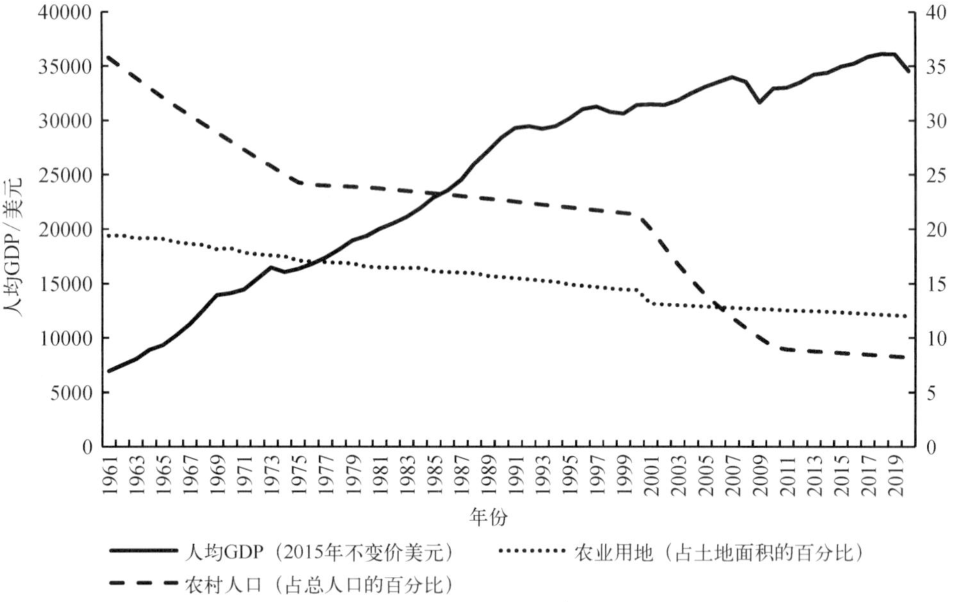

图 3.6 1961—2019 年日本人均 GDP、农业用地占比、农村人口占比变化趋势

数据来源：世界银行：世界发展指标(https://datacatalog.worldbank.org/search/dataset/0037712/World-Development-Indicators)。

在 20 世纪 60 年代,日本的地方自治制度逐渐成熟,为了缩小城乡差距,日本政府开始重视农业和农村地区的发展。为了实现地域振兴与城乡融合发展,日本政府制定了国民收入倍增计划。该计划主要通过促进农地流转和鼓励企业投资,旨在农村发展的同时转移农村剩余劳动力,提升农业的地位,推动经济的平稳发展(王亚吉,2020)。1962—1998 年,日本发布了五次全国综合开发规划,其主要目的是改善农村的落后环境,缩小城乡区域差距。这些综合开发计划通过发展农村产业、提高公共服务水平、提供金融优惠等措施,促进了农村地区的发展,提高了居民收入,缩小了城市与农村的发展差距。在这一时期,振兴地方经济的方式趋向项目化和运动化,其中 1979 年提出的“一村一品”运动影响最为深远。在“一村一品”运动中,欠发达的农村地区利用当地资源和优势,在居民参与下，以内生式的理念发展特色产业。此外，还开展了改善生态环境和提升生活质量的社区运动。在政府政策和财政支持下，农村地区依靠自身条件不断发展，大力建设公共基础设施，打造了现代化的特色产业，并形成了独特的地区文化（薛曜祖，2014）。

到 20 世纪 70 年代，日本的城市化率已超过 70%，城乡差异逐步缩小，乡村人口持续减少，农村居民占比降至大约 30%。处于工业化后期的日本经济拥有较为雄厚的财力和资本，能够投入农村地区，建设基础设施和公共服务设施，并对农业生产和农民的经营活动提供补贴。因此，日本城乡居民的收入差距从 20 世纪 30 年代的 3∶1 左右缩小到 2010 年代的 0.9 左右，农村居民的收入甚至超过了城市居民（表 3.5）。

表 3.5　不同时期日本城乡人口集聚特征及收入差距

阶　段	期末城市化率（年均增长绝对值）	期末三大都市圈集中人口（万人）（占全国比重）	市町村数量（市∶町∶村）（个）	町村平均规模（人）	城乡居民人均可支配收入比
1920 年以前	18.0%（—）	2 926（52.70%）	1888 年合并之前：町村总数 71 314；1888 年合并后：39（市）∶15 820（町村）	合并前 550；合并后 2 400	1885 年：1.32 1920 年：2.60
1920—1940 年	37.9%（1.00%）		1922 年：91∶1 242∶10 982		1930 年：3.13
1940—1960 年	63.3%（1.27%）	5 264（56.35%）	1956 年：495∶1 870∶2 303	合并前 1 400；合并后 11 500	第二次世界大战后保持在 1.50 左右
1960—1970 年	71.9%（0.86%）		1962 年：556∶1 939∶981		1961 年：1.44 1969 年：1.07
1970—1990 年	77.3%（0.27%）		1985 年：651∶2 001∶601		1972 年：0.97
1990—2015 年	93.5%（0.65%）	2000 年：8 229（64.84%）	2010 年：786∶757∶184	未设定明确的人口规模	1990—2008 年：0.86~0.97

资料来源：徐素，2018。

到 20 世纪 90 年代的地产泡沫经济时期，由于城市扩张和非农产业的发展，大量农地被占用，导致农耕地面积减少，对农业发展造成了不利影响。但同时，随着农业农村整备运动的推进，交通和环境等设施的改造，农旅业结合的田园综合体开始迅速发展，农村地区建设了一批大型的休闲农业设施。到了 20 世纪 90 年代中期，为了振兴农村经济和改变农业的发展前景，日本启动了六次产业化的发展计划。该计划以农业为基础，以农林水产劳动者为主体，通过有效开发和利用当地优势资源，发展农产品加工、流通销售及相关服务业，从而构建起集生产、加工、流通、餐饮和服务于一体的完整产业链，增加了农村就业机会和农民收入。在六次产业化的实施过程中，日本逐渐形成了地产地销型、农产品出口促进型以及农工商联动发展型等不同特征的发展模式。这些模式的共同目标都是促进一二三产业的相互融合，将传统农业转化为综合性产业，改变农业生产过程，使农业与不同产业和领域的经济活动相结合。这样，农业的增值收益能够回流到农民手中，并通过本地化消费，使农民能够从产业价值链中获得更多利益，从而缓解农村过疏化问题。特别是六次产业化的推进，促进了大量城市企业、人才和资金流入农村地区，削弱了城乡不平衡现象，推动了城乡一体化发展。

3.4.2 城乡融合发展的特征

在推动城乡融合发展过程中，日本政府根据本国的实际情况，制定了一系列法律法规政策，并采取了多项措施，逐步积累了乡村振兴和城乡融合的经验，形成了具有日本特色的发展模式。其特色和经验主要包括：因地制宜发展特色产业，政府进行规划设计和政策支持，建立和健全基层社会经济组织和治理机制，城乡要素自由流动和资源的市场配置，保障农民权益，实现城乡居民权利平等化，实现城乡居民社会保障和基本公共服务均等化。

1. 因地制宜发展特色产业，加强乡村地区三次产业融合发展

日本长期以来一直重视农村产业的发展。在工业化和城市化的初期阶段，日本就注意到了农业的落后状况，并以提高农业生产效率和增加农业产值为目标，重点发展农业。到了城市化和工业化的后期，日本继续高度重视农业的发展，并适应市场需求和农村发展的需要，选择了综合产业发展的道路。日本将农村地区的产业发展建立在地区资源和特色之上，并实施了“一村一品”策略。在“一村一品”运动的指导下，农村地区建立了特色产业的生产基地，并根据这些特色产业向下延伸，形成了完整的产业链。这种做法不仅充分利用了本地资源，建设了农村产业，还将经济发展的动力内生化。通过形成地区品牌，提升了地区知名度的同时，也活跃了农村经济。“一村一品”运动对地区农业的振兴起到了至关重要的作用，并且对第二、第三产业的带动也提供了巨大帮助。在农业的快速发展推动下，1.5 次产业，即以农林牧副渔产品为原料的工业，也得到了快速成长。在特色产业的文化塑造下，人们对农村地区产生了更大的旅游需求，促进了乡村旅游产业的发展。此外，随后推行的“六次产业化”进一步推动了农村产业的融合和产业链的延展，使得农业生产的利润更多地由农民获得，将特色产业的作用和价值最大化。最终，这些措施达到了增加农民收入、促进农村发展、加速城乡融合的目标。

2. 政府规划设计和政策支持

日本政府通过制定各类发展规划和支持政策来推进城乡融合发展，并在实施过程中扮演着关键角色。第二次世界大战结束后，日本政府不断颁布旨在促进乡村振兴的政策法规，通过实施保护耕地、市町村合并、政策性金融支持等制度法规，既稳定了农业生产的规模，也加强和改善了农村治理的效果。此外，政府积极引导和推动农村多元产业的发

展,建立城乡产业协作体系。在日本农业农村发展的过程中,政府根据农业农村发展的实际情况和发展目标,对农业实施了多项补贴,包括农业生产促进补贴、贫困地区基础设施建设补贴、环境保护补贴等。此外,政府重视城乡一体化的国土开发规划,并在规划实施中提供了财政支持。

3. 建立和健全农村基层社会经济组织,不断完善治理机制

基于其历史传统和文化,日本在乡村社会经济发展中特别强调各类自治组织的功能,注重村民自治和依法治理的原则。政府鼓励农村居民组建各种社会自治组织,尤其是支持和扶持农民合作经济组织,即农业协同组合(简称“农协”)。农业协同组合自 1947 年成立以来,其组织遍布日本各地,遵循自愿加入的原则,将农业、农村与农户紧密联系在一起,构建了完整的日本农业社会化服务体系。日本的农协与其他国家的农业合作组织有所不同,它分为基层、县级、农协中央会三个层级,几乎涵盖了所有农户。其经营活动涉及所有农村经济业务(坂下明彦,2000)。在农协的帮助下,区域内所有农协成员在购买、销售、信贷等事务上的便利性都得到了显著提升,从而将农户与市场紧密相连,缩小了城乡之间的差距。此外,农协还为农民提供了多种社会服务。自 20 世纪 90 年代以来,政府致力于扶持综合性的农协发展。农协开办了加工厂,建立了“乡村驿站”,以及医院、养老院、体育馆、文化馆等公共服务设施,这不仅增加了农村就业机会,也提升了乡村居民的社会福利。

4. 城乡要素自由流动和资源的市场配置

生产要素的自由流动是城乡融合发展的关键。日本在工业化和城市化的初期就建立了土地、人口等生产要素的市场化配置机制。第二次世界大战后,为了防止佃农制度的复辟,日本政府在一段时间内对土地用途、农地买卖和农户经营规模实施了严格的限制。然而,到了 20 世纪 70 年代,日本开始逐步放宽对农地的管制,允许土地的流转和相对集中,通过整合小规模分散土地来实现规模化集中经营。特别是 2009 年对《农地法》的修订,允许城市居民和工商企业通过市场交易方式租赁农地,鼓励土地经营使用权的转移,从而促进了土地资源在城乡居民和企业间的流动,提高了农地利用效率,实现了高效的农业经营,并健全了土地资源的市场化配置机制。

在城乡人口流动方面,日本自 20 世纪初期就出现了城乡间劳动力流动的趋势。日本长期实施的以合法居住地为落户基本条件的居住证制度,使得城乡间人口流动不受制度限制。在日本经济高速增长阶段,大量人口涌向东京、大阪等大城市,导致农村人口和农业劳动力急剧减少,出现了城乡人口“过密过疏”和农村凋敝的现象。为应对这一情况,日本政府采取了工业和城市分散布局规划、建立中小城镇、引导工业向农村地区转移等措施,吸引城市劳动力向农村流动,并为农村劳动力创造兼业机会,这在一定程度上缓解了农村空心化和老龄化的困境。得益于政府政策的支持,农村基础设施和公共服务供给水平不断提高,吸引了社会资本和城市人口流向农村。近 20 年来,出现了城市人口返乡从

事农业生产和经营多种非农产业的趋势,农村劳动力有所增加(南裕子,2022)。

5. 保障农民权益,实现城乡居民权利平等化与社会保障和基本公共服务均等化

日本通过立法全面保障了农民的合法权益。在土地权保护方面,建立了土地所有权登记制度、土地税制度等,实现了城乡统一的土地所有权制度。针对日本农村大量存在的以自然村落为单位的农村集体,日本《民法典》赋予了农民集体法人资格,明确了集体成员对集体产权的权利和义务。

为了缩小城乡居民在社会保障和公共服务方面的差距,自20世纪60年代起,日本逐步建立了以家庭收入为基础的城乡一体化的养老、医疗、社会救助等社会保障制度(曹斌和于蓉蓉,2022)。例如,1959年颁布的《国民年金法》建立了城乡统一的养老金制度,并为农民设立了特殊的农民年金保险制度;实施了覆盖城乡居民的基础医疗保险制度;20世纪50年代在全国城乡范围内建立了社会救助制度等。

3.4.3 城乡融合发展的机制

目前日本城乡融合程度已达到较高水平。根据近现代日本城乡融合的发展历史,其发展机制大体可以归结于以下三类。

1. 城乡融合发展中政府行政机制的主导性

在日本城乡融合发展的过程中,政府通过颁布一系列法规和政策,促进了农业环境的持续改善,并为农业农村发展提供了强有力的支持,有效地推动了乡村的现代化和产业化进程。由于政府具备较强的干预能力,能够及时了解基层情况,制定合适的政策措施,并确保其有效执行(祝琳,2012)。在此基础上,日本政府根据实际情况不断调整农村地区的政策方针,在乡村振兴过程中为农村建设、农民收入提升、农业发展等方面提供了诸多帮助。例如,在农业生产方面,考虑到第二次世界大战后粮食危机和通货膨胀问题,日本政府通过两次土地改革,完善了土地流转制度,极大地提升了自耕农的生产积极性,并配合农业机械化,最终实现了农业生产率和农户收入的双提升;在农业发展过程中,政府建立了“小规模所有、大规模经营”的运作模式,并推动机械化,逐步扩大农户经营规模,从而提高了日本农业的规模化生产水平(袁晓霄和汪涛,2018)。面对农村人口过疏化和老龄化的衰落现象,日本政府提出的六次产业概念有助于增强农村地区的自我发展能力,促进农村产业的长期发展。在城镇化方面,经历了战后高速工业化的日本,城市人口和产业高度集中于城市。通过昭和、平成两次町村大合并,行政事务治理的下放和地方政府权力的强化,不仅提升了公共设施的使用效益,还促进了劳动力在农村地区的内部流转,推动了农村的城镇化(刘海利,2013)。在地区建设方面,自1962年以来,日本政府开展了五次全国国土综合开发规划和三次国土形成规划,解决了农村空心化、均质化、东京一极化、经济萧条、老龄化等社会问题,主动引导了日本的乡村振兴和产业发展方向。

此外，日本政府在事权上明确的层级划分也有助于城乡融合的稳步推进。日本的政府结构分为中央、都道府县、市町村三个层级，权力相互平等，市町村具有自治立法权。市町村行政机构的市町村长和议会议员均由当地居民选举产生，包括市町村议会和执行机关，即市町村长和行政委员会，负责居民生活相关的事务治理，确保行政人员能够代表和维护本地居民的实际权益。日本还设立了由町村长联合组织的全国町村会，主要负责研究当地自治振兴问题，并建立政府、国会和居民之间的沟通桥梁，以此确保町村间的交流与地方的良性发展。

2. 城乡融合发展的市场机制作用

面对地区发展不平衡和过密过疏的问题，日本充分发挥市场机制的作用，引导资源向农村地区流动，以促进农村地区的发展，缩小城乡差距。在20世纪60—70年代，日本农村发展曾依赖于外部产业的移植，即把沿海发达地区的产业转移到落后地区。然而，由于该计划受到沿海工业的战略重心和石油危机等因素的影响，并未达到预期效果，因此日本转向了内源式发展。通过探索本地的特色发展路径，培育了一批具有比较优势的农村产业，并在产业融合过程中吸引资本流向农村（喻小雨和崔迎春，2018）。在农协提供的生产技术、销售平台以及政府推动的品牌宣传推广工作的支持下，内源式发展有效地提高了农民耕种的收益。这不仅高效推动了城乡供需的动态均衡，还实现了农村地区经济效益的不断提升。在增加农民收入的同时，也起到了吸引劳动力流向农村地区、解决农村空心化和老龄化问题的作用。

除了城乡劳动力流动之外，对于其他要素市场，如土地流转，日本也不断通过法案的颁布与修订，来打造更有利于农民利益的农地自由流转环境。在《农地法》《增进农地利用法》《农业委员会法》《农业振兴地域法》等法律的推动下，日本的土地流转逐渐发展成为一个以农协、农地合理化法人为中介，以租赁为主、买卖为辅的交易市场。这一体系最大化地保证了农地的耕作用途和农户的生产利益，通过市场力量将农地控制在耕作者手中，并促进了农业规模化发展，提高了农地利用效率（杨国新，2009；袁晓霄和汪涛，2018）。

3. 积极鼓励社会资本参与乡村建设，形成多元主体参与的合作机制

各类自治组织、社会组织、农民组织共同构成了日本农村建设的自治体系，它们积极参与农村社会的治理。这些自治组织涵盖了负责开展居民社区活动的基层群众性组织“町民会”，支持农村各类人群与行业活动并维护其权益的社区团体，以及以农协为代表的社会化服务组织（张季风，2022）。日本社区性自治组织的高参与度和高覆盖率确保了它们在社会上的影响力和有效运作能力，使得这些组织成为农村居民与政府之间高效沟通的桥梁，有效地保护了农民的利益。乡村振兴活动通常由政府牵头制定计划，并在群众的支持下，依靠协作组织与企业共同推动。在确保农民、企业、政府都能受益的前提下，明确各方的责任和利益分配，最终实现乡村振兴的共建共享。例如，越后妻有地区提出的“NEW新潟里创计划”的实施，由艺术前沿美术馆股份有限公司、观光交流科、里山协动组

织共同构成的联合事务局负责。企业、政府与居民三者共同推动大地艺术祭的举办工作，这不仅筹集了活动资金，还促进了当地产业发展和居民收入的提高，实现了可持续的乡村振兴（古颖，2021）。

3.4.4 城乡融合发展的政策

在20世纪40年代末至60年代初，围绕农业发展和城乡融合，日本政府确实制定了一系列重要的政策法规，包括《农业协同组合法》《地方自治法》《土地改良法》及《农地法》等，这些法律法规共同构建了农业农村发展的基本框架。在此后的不同经济发展阶段，日本政府继续制定或修订了一系列政策法规，其总体目标是支持农业和农村社会经济的发展、缓和城乡之间的矛盾、促进城乡经济的融合发展。总体而言，日本的政策法规体系以一般性法规为基础，同时针对特定地区、特定要素或特定主体，出台了一系列具体的政策和实施细则，见表3.6。

表3.6 日本农业农村发展主要法规政策

年份	政策法规	主要内容
1881	明治农法	建立了以多劳多肥为主的、劳动集约为特点的小农型技术体系
1888—1889	明治町村大合并	合并的町村规模平均为300~500户，支撑一个小学服务人口
1922	《用排水改良事业补助要领》	在国内普及水田格田化作业，鼓励采用现代化农具，积极发展灌溉事业，并提供资金支持
1938	《农地调整法》	创设自耕农，实行农地私有
1947	《农业协同组合法》《地方自治法》	确立农协制度。在农协的组织下，农户生产农产品集中有计划地销售，提高农户议价能力；根据地方自治的本质，制定地方政府分类和地方政府组织运作纲要，确立中央政府与地方政府的基本关系，确保地方政府的民主施政、高效行政以及健康发展
1949	《土地改良法》	对山区适合耕种的土地进行改造，进而扩大农业可用土地面积；严格限制土地产权流转，保护农户权益
1950	《肥料管理法》	规范肥料生产方式，确保肥料质量、公平交易和安全施用，促进农业生产力提高
1952	《农地法》	对农用地转为非农用地做出规定，确保耕地的农业用途，稳定耕种者地位、提高农业产量，稳定粮食供应
1953	昭和大合并；《离岛振兴法》	强化市町村自治地位，举办小学义务教育扩大到新制初中，保护国土环境与可再生能源，改善偏远岛屿基本条件，促进地区间交流
1961	《农业基本法》	改变传统小农生产方式和分散化经营模式，提高农业的规模化水平，缩小工农收入差距；给予农民财政补贴，提高农业劳动者收入
1962	修改《农地法》	废除土地保有面积的上限

续　表

年份	政策法规	主要内容
1965	《山村振兴法》	确立山村发展的基本原则与目标，促进区域间交流，鼓励向山村移民，缩小地区差距，促进山村的持续发展
1967	制定“经济社会发展计划”	强调产业均衡发展，通过统筹城乡各方面的政策规划，实现城乡协调发展，并最终建立福利型社会
1968	创设综合资金制度	振兴农业和农村
1969	《农振法》	合理规划农业发展区域，实现农业和农村的全面振兴
1970	修改《农地法》和《农协法》；《农业人养老金法》	取消地租相关的上限要求；完善农民的生活保障体系
1970	《过疏地区对策紧急措施法》	在全国范围内开启第二次全国综合开发计划，以人口稀少的农村地区建设为核心，强调构建良好的生活环境，合理分布城乡人口
1971	《农村地区导入工业促进法》	吸引城市工商业向农村延伸，农村劳动力就地从事第二、三产业
1972	《工业重新布局促进法》	对“农村地区”进行详细规定，支持工业向农村地区转移
1973	《农村地区工业引进促进法》	正式推行第三次全国综合开发计划，并制定了定居构想计划，重点改善町村的产业条件与居住条件
1980	《增进农地利用法》《过疏地区振兴特别措施法》	将全国土地统一划为“农业振兴地域”，并扩大土地产权转移范围，放宽农业生产法人认定条件
1985	《半岛振兴法》	引导投资发展半岛产业
1987	《村落地域建设法》《综合休闲区发展法》《乡村地区发展法》	推行第四次全国综合开发计划，并规定地方性政府也须制定对应的村庄建设计划，从农村现代化生产能力和居住环境两方面入手
1990	《市民农园整备促进法》	推动市民农园的建设
1993	《农业经营基础强化促进法》《关于为搞活特定农村、山村的农林业、促进健全相关基础设施的法律》	建立“认定农业者”制度，为高效稳定的农业从业者提供资金支持；兴建农村地区公共基础设施
1994	《农山渔村休闲基础设施改善法》	加强农村地区基础设施建设，缩小城乡基础设施差距
1999	《食物、农业、农村基本法》《家畜排泄物法》《可持续水产养殖法》	实施“新农政”，引入最新的管理体系，完善农村公共事业建设；优化国土环境；促进牲畜粪便的适当管理和使用，推动畜牧业的健康发展；防止渔场周围的环境退化，改善水产养殖环境
1999—2005	五次全国综合开发计划	制定了人口转移、城市化、财政金融政策、农产品补贴等政策法规
2000	《农地法(第 4 次修订)》	修改农业生产法人制度，规范土地权及用途转变所涉土地
2002	《独立行政法人农民养老基金法》	完善农民养老制度，提高农民养老福利

续 表

年份	政策法规	主要内容
2005	《食物、农业、农村基本计划》《日本食育法》	制定了农业发展的基本方针，包括食品安全、城乡发展、农业效率等
2006	《有机农业促进法》	减少农药、化肥使用，鼓励有机农业发展
2007	《农地、水、环境保全对策》《农山渔村振兴法》《振兴农业山区渔村区域间交流促进法》	推进环境保全型农业；发展特色产业，改善农林渔业生产生活环境，促进农业用地的有序流转，吸引市民在农村就业定居
2008	《工农商联合促进法》	农林牧渔业从业者与中小企业相互合作、促进资源有效利用
2009	《农林水产省的生物多样性策略》《农地法(修订版)》	保护自然环境与生物多样性；鼓励农地租赁，保护优质农地
2010	《食品、农业和农村基本计划》《六次产业化法》	制定“六次产业”发展战略，并将其作为后续农村发展与农业振兴的核心和重点，同时重视生态环境的保护，推动农村产业化补贴等支持政策；鼓励农产品在当地的加工与销售，吸引社会资本参与六次产业
2011	《开拓未来创造六次产业综合对策》	扶持农林牧渔从业人员及所属团体开办新业务
2014	《特定农林水产品名称保护法》	将农林水产品名称作为知识产权加以保护，维护特定产品生产者的利益，促进农林渔业的发展
2015	《城市农业振兴法》	对都市农业采取优惠措施，将其作为城市规划的一部分
2017	《农业竞争强化支援法》	削弱农协行政力量，提高农业竞争力，进而提高农业产量和农民收入

资料来源：徐素，2018；杨岳，2018；王敬尧，段雪珊，2018；林家彬，姜峰，2018。

上述政策梳理中反映，第二次世界大战前日本农业农村政策及法规重点在于通过土地私有化和保护自耕农，适度扩大经营规模来提升农业的生产力，同时引导农民组织起来进行合作经营。第二次世界大战以后除了继续支持农业生产外，政府开始通过制定城乡一体化的国土开发规划、鼓励城乡资源流动、推动城乡产业融合发展、投资建设农村公共基础设施、提供城乡协同的公共服务体系等多个方面的政策，以实现振兴农村经济、提高农村居民收入和社会福利水平、推动农业可持续发展的目标。在农业农村政策引导下，日本城乡融合发展也呈现阶段性特征，参见表 3.7。

表 3.7　20 世纪 60 年代后日本城乡融合发展的特征

阶　段	特　征	主要措施	政策目标
第一阶段 (1961—1978 年)	国家主导的外生式城乡融合发展	实施《农业基本法》《全国综合开发计划》《山村振兴法》《农村地区工业等导入促进法》，吸引城乡企业下乡，发展田园都市等	增加农民收入 缩小城乡差距

续　表

阶　段	特　征	主 要 措 施	政策目标
第二阶段（1979—1998 年）	基于农村需求的内生式城乡融合发展	推广“一村一品”运动，开展“故乡创生与 1 亿日元事业”项目，修建农业主题公园等	振兴地方经济 促进城乡交流
第三阶段（1999 年至今）	制度化的高质量城乡全面融合发展	实施《食物、农业、农村基本法》、“地方创生战略”、《村镇、人才、工作创生计划》，设立“地方创生转移支付制度”，推进“地方创生”项目等	确保食物安全 发挥农村多样化功能 推动农业可持续发展 推动乡村振兴

资料来源：张季风，2022。

具体地，日本振兴农村经济和实现城乡融合发展相关的政策法规的重点在于以下几个方面。

第一，促进和扶持农村产业多元化与现代化。如上所述，日本长期以来确实将农业政策的重点放在提高农业生产效率和增加农产品供应量上。为了缩小城乡差异并助力农村整体发展，日本政府制定了一系列措施和法案，旨在加速农村产业化和现代化水平的提升。1947 年，《农业协同组合法》的颁布确立了农协的地位，并通过成立各级联合会来规范农协的自愿参加和自我管理的宗旨。1956 年，《农业整备措施法》进一步协助农协开展各项工作。1961 年，《农业基本法》的颁布标志着对过去以增加产量为核心的政策进行了调整，其主要目标是改善农业生产力和农民收入的落后状况，缩小工业和农业从业人员之间的收入差距，引导城市人口向农村流动，最终解决人口过密和过疏的问题。

在城市化加速阶段，日本政府在 1969 年和 1971 年先后出台了《新全国综合开发计划》和《农村地区工业导入促进法》等政策法规，旨在引导农业与其他产业的融合，将城市企业引入农村地区，并与农业结合发展 1.5 次产业。这些措施一方面促进了农村居民的非农就业，另一方面也吸引了城市人口向农村地区的流入。1981 年《地域内饮食生活提高对策事业》首次提出了“地产地消”的概念，这是根据本地消费者需求进行生产，并将产品在本地销售的策略，进一步推动了农村的产业融合发展。

针对都市内的农业，各地方政府为保障市街化区域内农业的空间，也制定了不少规划法案。例如，1985 年大阪府的《大阪府农林渔业振兴规划》就提出在城市内设立专门的区域来发展农业。1992 年的《新食品、农业、农村政策方向报告》则提出了绿色农业的理念，意在发展田园综合体。这不仅将农业与其他产业结合共同发展，更提出要注重生态环境的保护。1999 年的《食物·农业·农村基本法》坚持扩大农业生产，以维持粮食自给能力，同时重视农业的生态功能，开展农村公共事业建设，全方位实现农村振兴，平衡农村与城市的发展。2008 年的《农山渔村第六产业发展目标》以及随后的《六次产业化白皮书》继续推动了日本农村的产业融合之路，通过促进工商业企业与农林渔业的合作，延长了农林渔业的产业链。

此外，日本政府为促进农业农村的发展，为农业及相关产业的企业或组织提供了一系列的财政金融支持政策。这些政策对畜牧业、农林渔业以及多种乡村产业提供政策补贴和金融支持。1947 年的《临时利率调整法》规定，基础农协的存款利率需略高于其他银行，这为农民提供了更好的资金支持。1948 年的《农业改良助长法》提出，中央政府为地方提供农业推广事业的交付金，以促进农业技术在各个地区的推广普及。1961 年的《低开发地区工业开发优惠法》首先通过税收减免的方式，吸引企业进入农村地区并带动其发展。除此以外，1947 年建立的农业保险制度与 1961 年《农业信用基金协会法》建立的农业信用保证制度，共同为农民在灾害损失和借贷担保方面提供了资金帮助。

第二，以推动农地自由流转和人口有序转移为重点，重视城乡资源的统一配置。第二次世界大战后，日本政府颁布了许多政策法规，对农地制度进行了改革，旨在保护农地规模的同时，加强土地的流动性，以便更有效地配置资源。1946 年，《自耕农创设特别法案》和《农地调整法修改法案》等颁布，废除了封建土地制度，创设了自耕农制度。随后，又颁布了《土地征用法》和《农地法》等，不仅对土地的征收制度做出了详细规定，还建立了“自立经营农户”，确立了农民所有制的地位。《农地基本法》放松了土地流动政策，1969 年又颁布了《农业振兴法》（简称《农振法》），进一步制定了土地使用权流转制度，特别是在城市化快速推进中划定了农业区域。20 世纪 80 年代，《村落地域建设法》的实施，以及《农振法》《土地改良法》《农促法》等法规的修订，在保护农地和扩大经营规模的同时，进一步加强了农村环境的治理。为促进城乡一体化发展，政府通过制定《城市规划法》等，将城市规划与乡镇、村镇发展规划统一起来，防止城市无序扩张，推动农村各项建设的有序开展。1969 年颁布的《农业振兴地区整治建设法》为乡村编制振兴规划提供了法律依据。

在城乡人口流动方面，正如上文所述，政府颁布的一系列政策法规一方面逐步为农村转移人口定居城市提供了全方位的社会保障制度，促进了农村人口的永久性转移；另一方面，为保证农村农业及其他产业的劳动力供给，在后工业化时期，各项政策的重点转向支持农村地区的产业发展，为城市回流劳动力提供投资和就业机会。同时，通过町村合并、公共服务设施和环境治理等方式改善乡村生活条件，吸引更多的人口定居乡村地区。尤其是针对农村地区的人口过疏问题，1970 年颁布的《过疏地域对策特别措施法》明确重点支持过疏问题地区的全面建设工作。1970 年对《农地法》和《农业协同合作法》进行的修订，建立并完善了农民养老金制度，缓解了农村地区的老龄化问题。这些政策法规都为城乡人口的流动创造了条件。

第三，持续支持农村地区的公共产品供给政策。日本政府对农村地区的公共产品投入巨大，这不仅为了实现农村地区的产业结构升级与机械化生产，而且在土地开垦、农用设备引入和农业技术推广系统的建设上提供了支持。同时，政府还在农村道路的建设维护、农村环境的保护等方面给予了财政支持，开展了城乡一体化的公共基础设施建设。日本政府通过农协组织，推动了农业生产全产业链建设所需的设施建设。《农业基本法》颁布后，农村居民养老、医疗等社会保障领域逐渐受到政府的重视，建立了包括国民健康保险、基础养老金、最低生活费、医疗与农业保险等诸多社会保障制度项目,为农民提供了与城市相近的社会保障。同时,长期以来,政府通过一系列法规政策,支持农村地区的教育事业,建立了较为完善的农村义务教育体系。为了培养农业技术与管理人才,日本全力建设农业教育体系,先后设立了农协中央学院、农协大学、农业研究中心等农业研究与教育组织,为日本农业农村产业发展提供了所需人才。

3.4.5 日本农业农村面临的挑战及未来的政策

尽管日本城乡融合的举措与政策成功缩小了城乡差距,促进了农业农村的迅速发展,但依然存在许多亟待解决的问题。在农业生产方面,日本的农协虽然推动了农村发展,并具有巨大的社会影响力,但在实际运行中存在诸多问题。例如,农民为了保留农协提供的金融等服务而不愿放弃土地,造成了土地碎片化问题;农协对政府农业保护政策的改革采取不合作态度,导致食品价格居高不下,这不仅损害了国内消费者的利益,还影响了日本农业在国际市场的竞争力(刘宇航,2010)。此外,农协在农业相关业务规模缩减、组织官僚化等问题也影响了组织的健康发展。在土地开发方面,地方高度自治与中央主导下的国土开发模式出现冲突,导致地方与全国在规划上缺乏协调性,乡村振兴规划始终受限于全国性规划,限制了乡村自由发展的空间(李东坡等,2024)。在农村人口方面,尽管日本长期以来致力于解决农村人口向城市迁移的问题,但农村地区空心化与老龄化的现象依然严重。受农业现代化过程中生产成本提高与耕地碎片化问题的影响,日本农户兼业现象愈发普遍,其比例已超过 92%(刘松涛和王林萍,2018)。2020 年日本农林业普查结果显示,个体经营主体中从事农业的核心人员数为 136.3 万人,相比 2015 年减少了 22.4%,其中 65 岁以上人员占比 69.6%,相比 2015 年上升了 4.7%,这种状况导致乡村振兴和可持续发展缺乏高素质的劳动力和经营者。

面对以上问题,日本政府也在不断地制定和调整新的政策。针对农协带来的部分负面影响,政府开始深化改革,限制农协权力,并更加支持地方农协的独立运营;继续对落后于实际情况的农业保护政策进行修改,以使农民能够获得更多的农业收益。针对农业国际竞争力薄弱的问题,政府继续推行六次产业化,通过产业链的延长来升级农村产业结构。一方面,注重高质量农副产品的生产研发工作,提升农产品的附加价值;另一方面,开发国内外文旅消费市场,发挥乡村优势,鼓励地方文化宣传与旅游事业发展。针对农地碎片化问题,政府继续促进农地流转给农业者认定者,发展集约化农业,减少弃耕抛荒现象,扩大农业规模经营,提高农地利用效率。针对乡村的空心化和老龄化问题,在现有的公共基础设施和产业条件下,政府制定政策吸引人口定居,将更多年轻人留在农村,以突破农村发展长期乏力的局面。日本也不断鼓励乡村发挥自身经济和自然等特色优势,提高农民福利待遇,增加农村就业岗位,强化农业经营主体培育。通过激励政策,鼓励更多人才定居农村,发展农业和多种产业。

3.5 韩国城乡融合发展及机制

3.5.1 城乡融合发展的过程

第二次世界大战前，韩国的农村经济处于传统农业阶段。日本在殖民韩国期间，将本国的农业生产技术和部分农作物品种引进到韩国，这在一定程度上推动了韩国农业的发展，并确立了韩国的土地私有制度，促进了韩国农业生产关系的转变。但与此同时，随着殖民程度的加深，韩国逐渐成为日本的粮食生产基地和第二次世界大战时的粮食供应地，农民负担加重，生活苦不堪言。人口大量南迁也加重了土地稀缺问题，农民骚动频发，政治局势动荡不安。

第二次世界大战结束后，为稳定统治秩序、发展国内经济，在美国的主导和支持下，韩国实施了大范围的土地改革。将战后日本占有的土地分配给本国无地农民，并基于"以有偿征用和有偿分配为基础的改革土地所有制"的原则，在 1950 年颁布了《土地改革法》。该法按照"耕者有其田"的原则和目标，从土地所有者手中购买土地并将其分配给耕种的农民。同时，限制农户土地所有面积不能超过 3 公顷，基本实现了均田制，壮大了自耕农阶级，极大地稳定了农业的生产和发展(樊明，2014)。

20 世纪 60 年代后，韩国相继推行两个五年计划，实施"出口导向型"发展战略，大力发展工业和出口产品，经济飞速发展，从最贫穷落后的国家一跃成为发达国家。与此同时，工业化和城镇化的负面效应使韩国农村经济陷入衰落，劳动力大量流向城市，人口流失严重，农村经济发展缓慢，城乡发展不平衡现象日益凸显，并最终形成了二元经济结构(李仁熙和张立，2016)。

为缩小城乡差距，缓解国民经济失调问题，20 世纪 70 年代，韩国政府在全国范围内推行"新村运动"，以"勤勉、自助、协同"为基本精神，将政府支持、农民自主和项目开发相结合，调动农民自发建设家乡、改善居住环境和提升生活水平的积极性，最终实现"脱贫、自立、现代化"的目标。具体来看，韩国"新村运动"可分为五个阶段：① 基础建设阶段(1970—1973 年)，政府引领农民修建基础设施、改善生活条件，满足农民生产生活的基本需求；② 全面发展阶段(1974—1976 年)，逐步扩大建设项目范围，调整农业结构、推广高产优良品种、普及科学知识和先进科技等，多途径增加农民收入；③ 充分提高阶段(1977—1980 年)，积极鼓励畜牧业、农产品加工业和特色产业发展，增强农村经济发展的内生动力，并兴办文化事业、弘扬乡村文化，缩小城乡差距，"新村运动"逐步由政府主导向民间自发过渡；④ 国民自发运动阶段(1981—1988 年)，建立全方位的民间组织团体，明确区分政府和民间组织的职责，政府负责规划协调、资源支持等，民间组织负责宣传培训、信息整理等；⑤ 自我发展阶段(1989 年至今)，此时"新村运动"完全转变为民间主导，政府主要致力于国民伦理道德、共同体意识、民主与法治教育等，加强农村文明建设，各类民间组织在弘扬"新村运动"精神、助力农业发展等均发挥了积极作用(陈业宏和朱培源，2020)。

进入 21 世纪以来，韩国明确了农村必须走新型工业化发展道路的方针，大力鼓励和引导农村发展以高科技为支撑的现代农业，提高农业的科技含量，增强农业的市场竞争力。面对农村出现的新问题、新挑战，韩国积极探索、勇于创新，提出了“一村一社”支农运动，即企业自愿与村庄建立“一对一”帮扶关系，多途径开辟农产品市场，增量增销，全面广泛参与，城乡交流空前活跃，工农合作互利共赢，为农村发展带来了希望，也进一步推动了城乡融合发展。同时，针对农村地区出现的人口过疏化和老年人留守现象，韩国政府陆续出台相关政策，呼吁“归农归村”，吸引城市人口向农村转移，推动城市人口回归农业生产和农村生活，培育农村优秀人才，为农村可持续发展提供丰富的人力资本动力（沈费伟和刘祖云，2016）。

战后韩国在政府主导和支持下，积极动员社会力量，并大力推行和实施农村振兴计划以及农业农村发展政策，农村经济得到持续发展，建立起了以现代农业为基础的农村经济体系。与此同时，农村居民的收入和社会福利水平也得到稳定提升。与 2000 年相比，2020 年韩国农村家庭的净收入、支出分别增长了 55%和 92%，年均增长率分别为 2%和 3%，见表 3.8。

表 3.8　韩国农村家庭收入与支出

单位：千韩元

年份	农村家庭净收入	净收入：农业收入	净收入：非农业收入	农村家庭支出
1970	256.00	194.00	62.00	208.00
1975	873.00	715.00	158.00	616.00
1980	2 693.00	1 755.00	938.00	2 138.00
1985	4 759.00	3 699.00	1 060.00	4 691.00
1990	9 105.00	6 264.00	2 841.00	8 227.00
1995	17 400.00	10 469.00	6 931.00	14 782.00
2000	18 329.00	10 897.00	7 432.00	18 003.00
2005	21 699.00	11 815.00	9 884.00	26 649.00
2010	23 044.00	10 098.00	12 946.00	27 672.00
2015	26 196.00	11 257.00	14 939.00	30 613.00
2020	28 428.00	11 820.00	16 608.00	34 494.00

资料来源：韩国央行 http://www.bok.or.kr/portal/main/main.do。

3.5.2　城乡融合发展政策

为缓解城乡经济社会水平差距日益扩大的问题，韩国政府相继提出并推行了一系列政策法规，涉及农业、教育、社保等多个方面。这些政策为农业农村发展提供了多样化、多层次的支持和引导体系,极大地推动了城乡深度融合,促进了城乡协调发展。主要的政策法规如表 3.9 所示。

表 3.9 韩国城乡融合发展主要政策法规

年份	政策或法规	主要内容
1967	《农业基本法》	促进农业农村发展,缓解经济发展不均衡问题
1967	《岛屿、偏僻地区教育振兴法》	调整教育资源分配,优先在偏僻或岛屿地区推行免费教育
1969	"粮食双重价格"政策	政府以市场高价从农民买入粮食,随后以低价卖给城市居民,其中的差价由政府补贴
1970	"新村整治运动"	完善农村基础设施建设,优化农村居住环境
1972	设立"新村指导者研修院"	培养新村指导员,提高指导员的业务能力和认知能力
1983	《农渔村收入源开发促进法》	实施特产园区、农渔村观光、农产品加工等开发计划,扩大农村非农收入
1986	《国民养老金法》	为符合要求的缴纳者提供一定的经济保障,且覆盖群体逐渐扩大
1986	全面实施《医疗保险》	参保人与政府共同承担医疗服务费用
1999	《农业・农村基本法》	培育多元经营主体,重视六次产业化,提高农业机械化水平
2009	《归农・归村综合方案》	吸引人口向乡村转移,缓解乡村过疏化和老龄化

资料来源:根据文献资料整理。

1. 在工业化和城市化进程中,在政策上高度重视农业现代化的建设

20 世纪 50 年代,韩国农村地区仍面临着生产设备短缺、基础设施不完善、技术落后等问题,这导致了农业生产效率低下。为此,韩国政府相继出台了《农业协同组合法》《农地改良计划》,并提出了"荒地开垦五年计划""粮食增产七年计划"等政策法规和规划,以促进粮食增产增收,提高粮食自给能力。为适应国内工业化和现代化进程加快的需要,韩国政府于 1967 年颁布了《农业基本法》,将其作为后续一系列农业相关政策的基础和总纲,并在 1970 年进一步修订完善,以提高农业生产力、增加农民收入和改善农民生活水平为主要目标,试图缩小农业与工业发展水平之间的差距,缓解经济发展不均衡问题。1970 年,韩国政府在全国范围内推行了"新村运动",并在农村基础设施、农业科技与机械化、村民会馆与研修院、农协组织等多个方面开展了项目工程。不仅提出了"优秀村庄优先支援"政策,通过村庄间的竞争和激励来调动农民参与新村建设的积极性,而且推行了"新村工厂",尽可能实现"一镇拥有一厂"的目标,提高农民的非农收入。1999 年,韩国政府颁布了《农业・农村基本法》,进一步强调了农业多元主体培育、农村产业融合、农业机械化的重要性。21 世纪以来,随着农村人口流失严重,农村面临着过疏化、老龄化问题。为吸引劳动力回流、增强农村内生增长动力,韩国政府出台了《农业・农村综合对策》《归农・归村综合方案》等一系列归农归村政策,并开展了"企业型新农村建设"活动。结合村庄

地区特色，制定了不同的发展规划，激活了农村经济活力（沈权平，2021）。

2. 调整产业结构，发展乡村多元经济

在推动农村经济发展的整个过程中，韩国政府始终重视提高农业科技含量和机械化水平，并鼓励和培育多种经营，优化农作物种植结构和产业结构。20 世纪 70 年代，韩国在全国范围内推广了改良后的“统一水稻”优质品种，并实施了粮食价格双轨制，即政府以高价买入后再低价卖出，这使得经济作物种植面积和产量大幅提高。进入 80 年代，韩国政府以扩大非农收入为核心，出台了一系列乡村振兴政策，如《农渔村收入源开发促进法》《农渔村发展特别法》等，有效拓宽了农民的非农收入途径。此外，韩国政府提出了“六次产业计划”“农户副业企业计划”和“新村工厂计划”，鼓励农民积极参与农产品加工业、农业特色旅游业等，延长农产品加工产业链和供应链，发展农业体验、休闲度假、生态旅游等融合性产业，促进农业与第二、第三产业的深度融合。20 世纪 90 年代，韩国政府又相继提出了“农业与渔业结构调整计划”“新农业计划”，大规模建设农场和农业开发区，鼓励多样化种植高附加值农作物品种，提高农业的生产效率和竞争力，并建立地域农产品流通和销售组织，完善农产品营销体系（康佳楠和马晓强，2014；崔鲜花和朴英爱，2019）。

3. 重视农村公共产品供给，建立城乡一体化的公共基础设施和社会服务的供给

基础设施方面，政府引导农民开展了“农村居住环境整治”项目，无偿提供一定数量的钢筋、水泥等物资，并采取政府、地方与农民三方共同出资的方式。通过低息、贴息贷款、发放补助等措施，为农民改善自身居住条件提供了充足资金，促进了农村道路、房屋、水电等基础设施的建设。养老保险方面，1986 年韩国政府颁布了《国民养老金法》，并在 1999 年对该法案进行了完善，实施了《国民养老保险法》，扩大了覆盖面。所有劳动者都有义务参与保险。同时，韩国政府不断改革养老保险政策，提高了养老金管理和操作的透明度和专业度，降低了最低投保年限，增加了养老金种类等，以适应社会发展和居民需求（姜向群，2003；陈少晖和许雅雯，2005）。

医疗保险方面，1963 年韩国政府颁布了《医疗保险法》，并于 1976 年对其进行了全面修订，参保对象逐渐扩大。1998 年，该法案在农村地区强制推行，不同收入和家庭背景的农民所缴纳的保费也有所不同，贫困农民则由政府负责医疗费用。2005 年，保健福祉部出台了《保健福祉白皮书》，进一步明确了农村医保财政的来源，其中包括将针对烟草征收的税收收入作为 65 岁以上人群的医疗保险补助。公共救济方面，1961 年，为改善贫困人群的生活处境，韩国政府颁布了《生活保护法》，利用国库资金对符合要求的贫困人口提供一定程度的生活救助。2000 年，该项法案被《国民基础生活保障法》所取代，更加强调了居民的基本权益，受益者的覆盖范围也随之扩大。针对战争、自然灾害以及人为灾害，政府颁布了《灾害救护法》《自然灾害对策法》《生命救助法》等一系列法规条例，为受到灾害影响的居民提供了物质和精神支持，提高了灵活应对突发灾害的能力和效率。

农村教育方面，韩国政府重视农村教育事业，致力于全面提升城乡居民的综合素质。

一方面,为了普及基础教育,政府于1976年颁布了《岛屿、偏僻地区教育振兴法》,强调免费教育应向偏僻、岛屿地区倾斜,优先在这些落后地区推行,从而极大地保障了农村地区适龄儿童的受教育权利。在20世纪70年代,政府提出了"第三个义务教育五年计划",以此来巩固义务教育普及率,并进一步扩大义务教育的推行地区和覆盖范围。到了20世纪80年代,政府又提出了"第五个经济开发五年计划",强调改善学校教育环境、完善教育基础设备,并提出了在全国范围内普及义务教育的要求。

另一方面,为了推动职业教育的发展,1963年颁布了《产业教育振兴法》,强调接受职业技能教育对提高劳动者素质的重要作用,并强制要求企业参与职业教育,为职业院校的学生提供相应的实习机会和场地。此外,政府高度重视新村领导人的培训,从1972年开始设立"新村领导人研修院",对选拔出的优秀男性农民进行技能培训。后续,培训对象范围逐渐扩大,女性、社会各界人士也被纳入其中,培训内容也从农业农村领域扩展到国家安全和精神教育领域,从而大幅提升了领导人的综合素养,充分发挥了乡村人才在管理村庄、制定计划和调动村民热情等方面的重要作用。

同时,为了提高农民的农业知识技能,加强农民职业教育和技能培训,韩国政府在农村推行了"4H教育",以此促进农民在头脑、心理、健康和动手能力等方面的全面发展(刘昭沄等,2019;王志章等,2020)。

4. 统筹规划,完善城镇体系

在工业化和城镇化逐步推进的过程中,农村人口和资源要素大量向城市转移,这不仅加重了城市的发展压力,也削弱了农村的发展动力,导致城乡差距进一步拉大(徐美银,2020)。自20世纪70年代以来,政府实施了"小城镇培育事业",着重强调改善小城镇的基础设施环境,并将其定位为周边农村地区的生活、文化和流通中心,以加强地域间的沟通合作,促进地区间的均衡发展。1978年,政府在此基础上进一步深化,提出并开展了"小城镇职能化事业",加快了城镇体系建设进程,培育和增强了小城镇的自主生产能力,使其能够承担准城市职能。1990年,政府推行了"小城镇开发事业",旨在实现小城镇向周边农村地区的经济、政治、文化等多方面综合中心的转变。2001年,政府颁布了《地方小城镇培育支援法》,将开发小城镇作为政府规划的重要项目内容,并正式进入了制度化、有序化的道路。2002年,政府对历年小城镇建设的经验和教训进行了总结,并据此提出了"小城镇培育十年促进计划"。该计划围绕基础设施建设、特色产业、地区旅游等方面,根据小城镇地区的特色和竞争力制定了差异化发展战略,以小城镇为中间枢纽来加强城乡间的互动联系(温丽和刘昭媛,2013;金振杰,2013;王纪孔和朴炳仙,2015)。

3.5.3 城乡融合发展的特征

1. 协同治理,政府民间有效结合

在韩国乡村发展和城乡融合进程中,政府治理与民间自治始终保持着密切的互动合作关系。一方面,由于农村的落后性和脆弱性,其不具备独立发展的能力,因此政府在初期主导并直接参与农村各方面的项目开发和设施建设,建立了自上而下的推进体系和管理制度。同时,政府也尊重农民的主体地位和意愿需求,充分考虑村民的意见,而非强制性推行,以充分激发农民的创造性和主动性。另一方面,随着乡村建设的初步成效显现,农民的参与积极性提高,政府职能从主导逐渐向引导支持转变,最终由社会自治组织发挥主导作用。中央与地方、政府与民间的职责划分变得更加清晰,村民自治组织能力和建设自觉性得到提升,实现了政府与民间组织的有效过渡和衔接。

2. 分类竞争,物质精神激励糅合

为了调动全国农民参与乡村建设的积极性和主动性,消除农民懒惰、不劳而获及缺乏独立进取等思想弊端,韩国政府引入了"优胜劣汰"的市场竞争机制。政府对各村农民的参与度以及桥梁道路、居住环境、生产效率等因素进行综合评价和验收,并根据结果将村庄划分为基础村、自助村、自立村三个等级。村庄等级越高,政府的支持力度越大。在差异化和竞争化的资助政策下,农民认识到积极工作、勤劳生产、合作共赢能够带来生活的改变,新村精神深入人心,激励农民全身心投入生产生活中。政府物质资助成为农民活动的原始动力,而新村精神进一步巩固和强化了物质资助的效果,形成了一种良性循环(张俊和陈佩瑶,2018)。

3. 乡村振兴战略循序渐进,适时调整战略政策

韩国在实施乡村振兴战略过程中,根据农村的实际情况,初期以改善农民居住环境为主,再逐步将重点放在提高生活质量、普及科技知识上,此时政府起了主导作用。到了20世纪70年代后,又增加了发展农村多元产业和乡村文化建设的工作重心,此时乡村振兴的"自上而下型"运动逐渐过渡到民间自发的行动,基层组织和社会组织承担了大部分工作。进入新世纪后,韩国又着重强调现代农业的发展。从韩国推进乡村振兴和城乡融合发展的过程来看,并不是完全按照预先规划的制度政策进行的,而是逐步推行、循序渐进地,在整体思想的指导下制定阶段性目标,分阶段、分步骤实施扶持政策。根据每个时期的时间和地点特征及时转变策略方针,以此实现乡村的多重社会功能,推动城乡融合向深度和广度发展(王鹏和刘勇,2020)。

4. 良性互动,城乡发展相辅相成

为了转变城乡分化状态,韩国政府积极调整城乡关系,形成了"以工促农,以城带乡"的资源配置和经济发展格局。根据地区产业基础和发展目标,搭建城市和乡村间的沟通桥梁,降低城市地区的工业密度,引导城市资源要素向乡村流动,鼓励城市企业与乡村组织共同建设和经营项目,实现城乡产业对接和互动。此外,韩国着重推行乡村"六次产业化",不仅强调农产品再加工和产业链延伸,提高农产品市场价值和竞争力,而且通过农业与制造业、服务业的融合,促进二三产业与农业间的市场信息传递,将生产、流通、包装等

企业和就业机会留在乡村，有效缓解了人才外流和内生发展动力不足的问题。

5. 多元发展，构建现代农业体系

培育新型农村经营主体，充分发挥农协在资金融通、技术普及以及信息传递中的积极作用，打造政府引导、农协助力、农民参与的合作体系；改变单一的农业生产结构，鼓励高校、科研机构参与农业科技研究，通过技术创新带动传统农业向现代农业转型；大力普及机械化农业，降低农业生产对人力投入和劳动强度的要求。发展水利设施、拖拉机运输、自动化操作系统等，提高优化农业生产效率，巩固夯实农业生产基础；因地制宜，围绕本地资源优势，将生产、加工、流通等产业相互渗透，特别是将农业与旅游、餐饮、住宿等产业相融合，发挥农村的多功能性和多业态性。

3.5.4 城乡融合发展的机制

1. 城乡协调发展机制

韩国工业化和城市化的快速推进进一步拉大了城乡差距。为扭转城乡发展不均衡、经济结构失调的局面，韩国政府将“工农业均衡发展”以及“农水产经济开发”作为经济发展目标的重中之重，并采取了一系列工业反哺农业、城乡均衡发展的政策方针，为农业农村发展注入了更为强劲的活力。一是实施“农户副业企业计划”，鼓励农户在从事农业生产之余，通过参与手工业等各类副业来增加非农收入。二是兴建“新村工厂”，支持广大农村地区依据地区特色，大力开办工厂企业，提高地区经济效益。同时，鼓励城市工业向周边农村积极拓展，引导城市企业在农村建设厂房，利用农村的原材料和劳动力优势，发展农产品加工业，延长产业链，建立融合生产、加工和销售为一体的综合经营模式。三是建立“农村工业园区”，在适合的农村地区集中布局企业，就地发展乡村工业，形成具有规模效应的工业园区。加大对基础设施、科技人才的投资，并引导其向特色化、高新化方向发展。四是推行“一村一社”，由一个经营方式合理和经济实力雄厚的企业对标扶持一个农村发展，根据地区实际情况探索出适合本地的道路与模式，创造出农业农村经济发展的新的增长点。此外，“城乡姊妹联系”“一对一帮扶”等计划对加强工农业以及城乡间的有效合作联系均有重要意义。五是加强城乡一体化的公共服务建设，健全社会保障体系。为缩小城乡间教育文化差距，政府在农村大力开展新村教育，不仅设立研修院来提高新村指导者的综合素质，以及修建村民会馆为农民提供文化娱乐与学校交流场所，而且出台众多教育政策，引导教育资源与投入资金优先向农村倾斜，改善农村的基础设施，提高学校师资质量。同时，“城乡教师互换”要求城乡教师每隔几年进行岗位互换，促进了城乡间教育资源的共享互通与均衡发展。此外，政府积极完善医疗、养老、失业等保险政策，通过在农村推行试点、扩大覆盖人群类型，争取为农民提供与城市居民均等的公共服务和社会保障，缓解农民生产生活的后顾之忧，并逐步建立起基本覆盖全体公民的社会保障体系，让农民共享经济社会发展成果。同时,做好城乡公共救济和社会福利工作,为贫困人群、弱势群体提供生活保护网,保障每个社会阶层的基本权益(张薇与张宝仁,2013)。

2. 政府引导与支持机制

在乡村振兴和城乡一体化的发展过程中,韩国政府承担了主导的功能,行政机制起着主导和引导的作用。在后工业化时期,政府的主导性逐渐减少,但在协调社会力量、规范市场行为和动员全民参与方面,则扮演了越来越重要的角色。韩国在政府力量和乡村力量之间塑造了协调合作的治理体系,并始终将农民作为乡村建设的主导力量。面对乡村动力不足和城乡差距悬殊的难题,韩国按照"官主导、民参与"的政策模式,发挥政府自身在宏观制度、资金支持、认知教育等方面的主导作用,提高农民的思想觉悟和积极性,引领其参与到环境改善和乡村治理中;后期则转变为"民主导、官支援"模式,村组织和社会自治组织成为主导的角色,政府主要发挥规划引导、服务支持作用,农民自觉自愿自发参与。在整个过程中,韩国政府始终尊重农民的主体地位,由民间组织商讨确定政策的具体推进措施,并根据村庄的完成情况和绩效水平将其划分为不同的等级,以奖优罚劣和差异化扶持来刺激村庄间的竞争意识。并提倡"勤勉、自助、协同",注重国民精神塑造和乡村精神文明建设,激发农民积极向上的精神状态,调动全民通过自身勤劳和自强自立来改变贫困现状、建设家乡的积极性和主动性(叶雨寒和高强,2021)。

政府除了政策和组织支持外,财政税收的资金支持也起了关键的作用,增强了乡村发展的动力。在"新村运动"初期,韩国政府将工作重心放在修建公路、改造房屋、普及电气化、自来水等基础设施的开发和建设上,并为农村居住环境改善无偿提供水泥和钢材等,改善了农民的物质生活条件。同时,政府安排较大比例的财政预算投到农村建设和乡村振兴中,完善农村教育、医疗卫生等公共服务设施和农田水利设备,提高农业生产能力,并为乡村企业、工业园区等提供低息贷款和专项资金支持,扶持农村特色产业和优势企业的发展。为缓解农业生产资金不足问题,政府还设立了新农村建设基金、农业开发基金与农渔村地域开发基金等多种农业基金项目,将政府资本投入农村地区的生产生活中,激发农民自主参与新农村建设的积极性和创造性,获得了农民的行动响应。根据不同阶段乡村建设任务与实施进程的要求,韩国政府始终强调政策的稳定性与持续性,在维护农民利益与尊重农村发展规律的基础上,通过健全经济、社会、文化等法律法规体系来推动乡村振兴战略的实施(李盼杰,2021;兰雪峰和袁中金,2021)。

3. 培育市场配置资源的市场机制

一是健全农协组织,发挥农协职能。为了打破城乡间市场信息与生产要素自由流通的壁垒,韩国政府加强了农协的市场职能,确保其作为独立的民间合作组织在维护农民利益、推行新村政策中发挥重要作用,形成了政府、农协与农民三方协作的低成本、高效率的市场流通体系。一方面,农协负责为农民提供各类生产资料和专业的农业技能培训,推动农民进行规模化和专业化生产。每年年初,农协会根据农村实际情况,制定农产品的数量与价格计划，并向农户支付一定比例的预付金。在农产品出售时，农户可以根据农协与市场中农产品价格的差异，自主决定将农产品出售给哪一方，这样大大增强了农户的自由选择权。另一方面，农协通过提供良好的信用担保业务以及交流合作项目，搭建起农民与市场间的信息桥梁，缓解农民生产资金短缺问题，扩大农村金融事业的覆盖范围，为农民参与农业生产和市场竞争提供充足的金融资金支持（张立和王波，2021）。二是建设批发市场，改革交易制度。为了提高农业生产的集约化、规模化以及销售过程的透明度、公正度，韩国政府积极建立农产品批发市场。通过对农户的统一组织，实现农产品的集中管理、加工与包装，最终出售给大型商超或出口商，极大地畅通了农产品的生产与销售渠道，提高了市场流通效率。同时，政府建设完善的信息网络，全面掌握农产品品种、市场价格与流通费用等交易信息，进一步优化交易体系。随着产品种类的增加和市场竞争的加剧，批发市场的交易制度逐渐完善，由最初的拍卖竞标向直接交易转变，简化和压缩了交易环节，降低了交易成本。此外，为了适应农产品交易规模与运输量扩大的需求，韩国政府转向支持大型物流中心的建设，进一步提高物流配送效率与服务能力。1997 年，政府颁布了《农产品市场改革具体推荐对策》，对交易秩序与管理机制作了更为详细合理的规定与说明，促进了农产品贸易向规范化、自由化方向发展（周静，2012；李丹等，2019）。

4. 动员社会力量参与乡村建设机制

一是产学官相合作，助力乡村产业。乡村产业化过程涉及多方利益，为了深入推动社会多元主体参与，韩国在乡村内部构建了多方集聚、多面覆盖的乡村产业生态系统，大力推行了“农工商+政产学研”的经营合作模式。一方面，政府促进企业、高校或科研机构与农协合作，成立以研究开发为主要目的的团体组织，加强乡村产业与其他各行业的资源交换和研发合作，打破行业和技术壁垒。产学官的协调合作也为高校培养专业型农业技术人才和培育新型农业经营主体提供了实践场地和需求信息，充实了乡村人才储备，助力乡村科技创新。另一方面，政府高度重视地区产业发展，突出本地龙头企业与领军人物的带头作用，将生产加工、运输流通、特色旅游等产业相融合，号召农产品在乡村消费，把发展机会留在本地，提高地区产业的黏性，实现“地产地消”，促进了乡村企业的发展，增强了乡村地域经济的内生动力（赵蓉蓉等，2021）。在政府的积极引导下，社会各阶层积极投身到农业科技的学习以及乡村产业的开发中，解决了众多农业难题，提高了农业生产力。

二是完善基层民间组织，提高乡村治理能力。韩国政府始终把建立与完善农村自治组织作为推动城乡融合的重点，根据乡村建设的不同人群与项目需要，分别成立了妇女协会、老年协会、信用社、农协等一系列自治组织。政府仅负责整体的规划与协调，而宣传、组织与培训等具体措施由这些组织施行。其中，农协作为重要的农业合作组织，不仅为农民提供优质的生产资料、专业的技术培训，引导农民改变传统思想，而且还是金融服务的主要载体，借助全国性的银行系统，通过吸引社会资金来为农民发放贷款、支持农业发展。各类民间组织成为密切连接政府与农民的重要桥梁，在遵守政府统筹安排的前提下，最大限度地保障农民的合法权益，动员全体农民参与到乡村建设中。此外，政府在农村兴建村民会馆，并将其作为召开会议、举办培训与学习交流的场所，激发农民的自主学习和协调合作精神，为政策法规的完善与实施创造良好的社会氛围（肖晓光和贝燕威，2017）。

3.5.5　城乡发展中面临的挑战与未来发展策略

1. 城乡融合发展中存在的问题

第一，农村人口流失，老龄化严重，劳动供需失衡。韩国作为后发型国家，其快速的工业化和城市化进程加速了城乡间的人口流动，导致青壮年大量向城市转移，农村剩余劳动力多为老年人口。这种现象使得“农工园区”等乡村开发计划缺乏充足的人力资本支持，难以达到预期的实施效果。同时，产业结构的升级打破了地区原有的就业结构，二者之间的不协调和供需矛盾阻碍了农村地区的经济发展（苏毅清和王志刚，2018）。

第二，农民负担加重，债务水平上升。在政策推行过程中，韩国政府未能充分考虑农村的实际情况和农民的承受力，向农村地区发放了大规模的无抵押贷款，最终引发了债务危机，导致广大农户背负着沉重的债务负担。此外，各地区为了在村际竞争中获得政府资助和扶持，不断增加开发项目数量，农民家庭的投资随之增加，进一步加重了农民的债务压力。

第三，项目重复建设，缺乏差异化。政府各部门之间缺乏沟通协调，导致政策雷同和重复建设，使得基层建设目标模糊，资源利用效率和经营效率低下。在乡村振兴过程中，过度发展乡村旅游和观光农业区，各地项目同质化，缺乏本地区特色，引发了村落间非农产业的恶性竞争，无法有效吸引消费者，未能有效建立起具有竞争力和持续性的农村多元产业体系。

2. 未来的策略

韩国政府和社会面对乡村发展中存在的问题，已经开始采取行动，制定了一系列政策以纠正发展中出现的问题。

第一，政府结合农村发展阶段制定了差异化的人才引流和回流机制，持续推进“归农归村”计划，并制定了具有连续性和持续性的人才保障制度。这些措施旨在吸引城市人口向农村转移，缓解乡村空心化、边缘化和老龄化问题，并充分挖掘回流人群的发展潜能。同时，政府完善了多元化的新型农民教育培训和人才培养机制，逐渐形成了“人才、资金、项目”的良性循环。此外，政府大力普及机械化生产，将现代科技运用到农业生产中，通过集约化、规模化经营改造农业传统生产方式，降低农业对体力劳动的依赖，提高农业生产效率（余侃华等，2021；郭险峰，2019）。

第二，政府合理调整市场利率，发挥财政税收支持作用，帮助贫困群体管理和重组债务，减轻其债务压力。通过三次产业融合，引导企业进驻农村，鼓励农业向后延伸，创造更多就业岗位，多渠道增加农民收入。在制定政策时，政府要结合农村、农业和农民的实际情况,引导村庄合理竞争,并在面向村庄申请资助和奖励时,政府重点关注项目的可实施性和连续性,根据落实效果分阶段发放资金。

第三,政府合理划分了各部门的职能,加强了各主体间的信息交流和协调合作,明确了项目的负责单位、建设目标和投资力度等具体细节,为项目落实提供了清晰的实施途径。政府深入调研和理解村庄的核心价值和特色优势,制定了未来地区和村庄的差异化发展战略,并定期评估其是否能够提升居民收入和福利水平,根据结果及时调整。坚持以居民和村庄为主体,通过村民共同讨论和商议村庄发展事宜,发挥农民的自主意识和创造精神,补齐农业农村的发展短板。

参考文献

[1] 肖依.城乡统筹发展中的农村建设:国外经验与启示:以英国、美国、日本、韩国、印度五国为例[D].武汉:华中师范大学,2011.

[2] 蔡玉胜.城乡统筹发展的基本经验剖析[J].经济纵横,2007(24):48-51.

[3] 王小民.东南亚国家的城市化:原因与可持续发展[J].东南亚研究,2002(4):42-46.

[4] 许颖.要素流动视角下东南亚城乡互动研究[D].太原:山西财经大学,2016.

[5] 张冬平,黄祖辉.农业现代化进程与农业科技关系透视[J].中国农村经济,2002(11):48-53.

[6] 姜长云.关于发展农业生产性服务业的思考[J].农业经济问题,2016,37(5):8-15.

[7] 付晓亮.荷兰"链战略行动计划"的基本特征、可取经验及对中国农业产业化的启示[J].世界农业,2017(11):213-217.

[8] 肖红利,王斯佳,许振宝,等.德国农业4.0发展经验对中国农业发展的启示[J].农业展望,2019,15(12):117-120.

[9] 唐胜军.美国发展现代农业的经验及其借鉴意义[J].中国乡镇企业,2009(7):85-87.

[10] 理查德·兰茨第尔,周宝生.美国的小城镇工业就业与农村变革[J].农村经济与社会,1989(2):23-28.

[11] 曲文俏,陈磊.日本的造村运动及其对中国新农村建设的启示[J].世界农业,2006(7):8-11.

[12] 李显刚,石敏俊.日本农协的历史贡献、存在问题及发展趋势[J].中国农村经济,2001(3):72-76.

[13] 刘晓光,张勋,方文全.基础设施的城乡收入分配效应:基于劳动力转移的视角[J].世界经济,2015,38(3):145-170.

[14] 张光南,宋冉.中国交通对"中国制造"的要素投入影响研究[J].经济研究,2013,48(7):63-75.

[15] 李富忠,陈凯.工业反哺农业的世界经验及启示[J].中国流通经济,2006,20(4):31-34.

[16] 解建立.国外城乡基本公共服务供给制度安排及其对中国的启示[J].河北师范大学学报(哲学社会科学版),2009,32(4):28-34.

[17] 邵源.国外有关构建农村公共产品供给机制的理论依据与实践经验[J].经济研究参考,2007

(12)：40－45.
[18] 杨瑞梅.从地方治理角度看德国乡村公共物品供给体制[J].贵州师范大学学报(社会科学版),2006(3)：14－18.
[19] 匡远配,汪三贵.日本农村公共产品供给特点及其对我国的启示[J].日本研究,2005(4)：49－54.
[20] 孙嘉明.城市化与城乡统筹发展的国际比较[J].探索,2014(3)：141－146.
[21] 韩立民.韩国的“新村运动”及其启示[J].中国农村观察,1996(4).
[22] 张倩雨.劳动力流动性、生产组织变革与后发工业赶超——对 19 世纪中叶至 20 世纪初美国、德国和俄国的比较研究[J].世界经济与政治,2023(1)：87－120.
[23] 李仙娥,王春艳.国外农村剩余劳动力转移模式的比较[J].中国农村经济,2004(5)：69－75.
[24] 李世安.英国农村剩余劳动力转移问题的历史考察[J].世界历史,2005(2)：15－26.
[25] 霍震,杨惠萍.美国内战后至二十世纪初期的南部种植园制度[J].世界历史,1982(4)：30－37.
[26] 吴浩.内战后美国南部种植园经济的变化与性质问题[J].古今农业,2014(1)：26－38.
[27] 肖依.城乡统筹发展中的农村建设：国外经验与启示：以英国、美国、日本、韩国、印度五国为例[D].武汉：华中师范大学,2011.
[28] 刘国臻.论美国的土地发展权制度及其对我国的启示[J].法学评论,2007,25(3)：140－146.
[29] 李竹转.美国农地制度对我国农地制度改革的启示[J].生产力研究,2003(2)：181－182.
[30] 陈强胜,成翠萍.美、法、日农地制度的比较及对中国的启示[J].北方经贸,2008(2)：129－132.
[31] 肖绮芳.与三农福祉保障同步的日本城市化进程[J].中国乡村发现,2010(4)：152－154.
[32] 孙强,蔡运龙.日本耕地保护与土地管理的历史经验及其对中国的启示[J].北京大学学报(自然科学版),2008,44(2)：249－256.
[33] 刘同山,钱龙.发达国家农地细碎化治理的经验与启示——以德国、法国、荷兰和日本为例[J].中州学刊,2023(7)：58－66.
[34] 张季风.乡村振兴视阈下的城乡融合发展：日本的实践与启示[J].中国农村经济,2022(12)：124－138.
[35] 高强,孔祥智.日本农地制度改革背景、进程及手段的述评[J].现代日本经济,2013(2)：81－93.
[36] 汪秀莲.韩国土地管理法律制度[J].中国土地科学,2003,17(3)：57－62.
[37] 朱新方,贾开芳.对日本、韩国、俄罗斯农用土地制度改革的点评与思考[J].调研世界,2005(1)：34－36.
[38] 肖体琼,吴崇友,张文毅,等.国内外生态农业的差异对比研究[J].安徽农业科学,2007,35(14)：4362－4363.
[39] 夏金梅.“三农”强富美：美国乡村振兴的实践及其经验借鉴[J].世界农业,2019(5)：10－14.
[40] 毛晖,张鸿景.农村人居环境治理的困境与出路——基于多元共治的视角[J].行政事业资产与财务,2019(1)：3－6.

[41] 秦炳涛.日本生态农业发展策略探析[J].农业经济问题,2015,36(6):104-109.

[42] 史磊,郑珊.日本农村环境治理中的农户参与机制及启示[J].世界农业,2017(10):48-53.

[43] 卢洪友,祁毓.日本的环境治理与政府责任问题研究[J].现代日本经济,2013(3):68-79.

[44] 焦利民,李静,许刚.城市土地扩张和人口增长的关联——长期趋势与影响因素[J].城市规划,2023,47(5):25-33.

[45] 于立,贾宁,丁进锋,等.英国乡村发展政策和措施对中国实现乡村振兴的启示[J].农业工程学报,2022,38(15):348-358.

[46] 林秀玉.现代化和英国农业制度性及结构性的变革[J].上海交通大学学报(农业科学版),2002,20(S1):54-59.

[47] 刘景华.欧洲农村城镇化进程的研究意义与研究路径[J].天津师范大学学报(社会科学版),2015(1):19-24.

[48] 龙花楼,胡智超,邹健.英国乡村发展政策演变及启示[J].地理研究,2010,29(8):1369-1378.

[49] 吕晔,白莹.简论英国圈地运动对我国当前土地流转的启示[J].农村经济,2004(1):95-97.

[50] 田颖,耿慧志.英国空间规划体系各层级衔接问题探讨——以大伦敦地区规划实践为例[J].国际城市规划,2019,34(2):86-93.

[51] 徐璐.欧盟共同农业政策的发展及其借鉴[J].世界经济情况,2008,(7):14-20.

[52] 杨欢.英格兰城乡空间划分体系演进及其借鉴意义[J].国际城市规划,2017,32(5):66-71.

[53] 于立.英国乡村发展政策的演变及对中国新型城镇化的启示[J].武汉大学学报(人文科学版),2016,69(2):30-34.

[54] 杨慧,吕哲臻.市场化与城乡等值化:法国农业农村现代化及其对我国乡村振兴的启示[J].浙江学刊,2022(5):100-110.

[55] 张晓敏,张俊.法国农业农村发展对我国乡村振兴的启示[J].山西农经,2021(20):76-78.

[56] 汤爽爽,孙莹,冯建喜.城乡关系视角下乡村政策的演进:基于中国改革开放40年和法国光辉30年的解读[J].现代城市研究,2018,33(4):17-22.

[57] 周建华,贺正楚.法国农村改革对我国新农村建设的启示[J].求索,2007(3):17-19.

[58] 赴法国家庭农场运行与管理体制培训考察团.法国农业发展现状考察报告[J].中国农垦,2006(2):44-48.

[59] 李佳赛.法国"教育优先区"计划对我国乡村学校发展的启示与借鉴[J].西部素质教育,2016,2(14):12-13.

[60] 杨铁良.法国农业互助保险制度经验与借鉴[J].世界农业,2017(1):169-172.

[61] 李先德.法国农业公共支持[J].世界农业,2003(12):27-29.

[62] 李富森.论法国工业化时期的农业[J].理论月刊,2013(3):175-178.

[63] 汤爽爽.法国快速城市化进程中的乡村政策与启示[J].农业经济问题,2012,33(6):104-109.

[64] 张新光.农业资本主义演进的法国式道路[J].河北学刊,2009,29(2):96-101.

[65] 范毅,赵军洁,张晓旭.法国农地退出对城乡融合发展的启示[J].宏观经济管理,2020(9):66-68.

[66] 孙小娇.二战后法国农地产权政策初探[J].历史教学问题,2018(5)：84-90.
[67] 赵静.美国、日本和法国 3 国中央政府农业投资的主要做法和经验[J].世界农业,2015(4)：91-95.
[68] 程宇光.基于农村发展支持的法国新农业政策探讨[J].安徽农业科学,2010,38(10)：5383-5385.
[69] 黄序.法国的城市化与城乡一体化及启迪——巴黎大区考察记[J].城市问题,1997(5)：46-49.
[70] 秦中春,周群力.法国与英国推动农业经营专业化与城乡互补启示[J].中国乡村发现,2022(1)：144-146.
[71] 楚永生,王云云,高頔.否定之否定：刘易斯模型与托达罗模型比较与改进——兼论中国农村劳动力转移的政策选择[J].南京审计大学学报,2019,16(5)：103-111.
[72] 黄银忠.法国农业教育培训经验及借鉴[J].江苏农村经济,2015(8)：57-58.
[73] 郑军,文毅.法国农业互助保险运行机制对我国的启示[J].价格理论与实践,2016(4)：92-94.
[74] 谢新刚.魁奈的农业市场化思想与法国农业现代化[J].苏州科技学院学报(社会科学版),2006,23(2)：110-114.
[75] 冯继康,苏向华.法国农业规模经营的成功及其启示[J].经济学动态,1992,(10)：61-64.
[76] 朱学新.法国家庭农场的发展经验及其对我国的启示[J].农村经济,2013(11)：122-126.
[77] 董平.浅析战后法国农业合作经济的发展和原因[J].世界经济文汇,1995(2)：40-45.
[78] 戴成钧.战后法国农村人口外流加速的原因初探[C]//浙江史学论丛(第一辑).浙江大学历史系,2004：13.
[79] 邢琳.法国农村发展政策(2010—2015 年)研究[J].世界农业,2016(6)：104-108.
[80] 吴晓红.法国农业教育培训的经验与启示[J].农业开发与装备,2022(5)：91-93.
[81] 马洁.智慧旅游理念下的乡村旅游信息化发展分析[J].商业经济,2016(10)：79-80.
[82] 宋元武,徐双敏.国外农村公共文化服务供给实践与经验借鉴[J].学习与实践,2016(11)：115-122.
[83] 康书生,鲍静海,李巧莎.外国农业发展的金融支持——经验及启示[J].国际金融研究,2006(7)：11-17.
[84] 刘长全.以农地经营权配置与保护为重点的农地制度改革——法国经验与启示[J].中国农村经济,2020(11)：131-144.
[85] 戴蓬军,耿黎.法国理性农业的启示[J].经济研究参考,2011(18)：36-37.
[86] 贾贵浩.日本、法国农业发展模式对南阳农业高质量发展的启示[J].粮食问题研究,2021(6)：42-46.
[87] 冯建喜,汤爽爽,罗震东.法国乡村建设政策与实践——以法兰西岛大区为例[J].乡村规划建设,2013(1)：115-126.
[88] 刘健.基于城乡统筹的法国乡村开发建设及其规划管理[J].国际城市规划,2010,25(2)：4-10.
[89] 张家源,叶子繁.法国农村金融的转型实践启示——以法国农业信贷银行集团为例[J].清华

金融评论,2023(9):106－108.
[90] 王亚吉.日本国土开发规划视角下的乡村发展振兴策略研究[D].天津:河北工业大学,2020.
[91] 薛曜祖.日本OVOP战略的实施成效及经验借鉴[J].现代日本经济,2014(6):41－51.
[92] 徐素.日本的城乡发展演进、乡村治理状况及借鉴意义[J].上海城市规划,2018(1):63－71.
[93] 坂下明彦.日本农协的组织、机能及其运营[J].农业经济问题,2000,21(9):57－61.
[94] 南裕子,张季风.日本的"田园回归"现象与农村社区振兴[M]//张季风,李清如,叶琳.日本经济与中日经贸关系研究报告(2022).北京:社会科学文献出版社,2022.
[95] 曹斌,于蓉蓉.日本加强农村社会保障制度体系建设的实践研究[J].现代日本经济,2022,41(4):82－94.
[96] 祝琳.日本的农村金融环境与政策性金融[J].经济研究导刊,2012(3):109－111.
[97] 袁晓霄,汪涛.城乡关系演进下日本乡村发展的政策干预及对中国的启示[C]//共享与品质——2018中国城市规划年会论文集(18乡村规划).杭州,2018:1370－1378.
[98] 刘海利.试论日本农业现代化进程及其影响[D].石家庄:河北师范大学,2013.
[99] 喻小雨,崔迎春.过疏化背景下的日本乡村地区内源式发展研究[J].世界农业,2018(12):4－10.
[100] 杨国新.中国现代农业发展与农地流转模式研究:兼以日本农地流转的经验为借鉴[D].天津:南开大学,2010.
[101] 张季风.乡村振兴视阈下的城乡融合发展:日本的实践与启示[J].中国农村经济,2022(12):124－138.
[102] 古颖.日本乡村振兴共建共享的经验及启示——以越后妻有地区为例[C].//2020中国城市规划年会论文集.2021:1－7.
[103] 杨岳.现代日本乡村治理及其借鉴[J].法制与社会,2018(2):139－140.
[104] 王敬尧,段雪珊."人""地"关系:日本农地制度变迁与农业现代化[J].清华大学学报(哲学社会科学版),2018,33(4):180－191.
[105] 林家彬,姜峰.日本乡村振兴对我国新时代乡村振兴的启示(上)[2018－11－23].
[106] 林家彬,姜峰.日本乡村振兴对我国新时代乡村振兴的启示(下)[2018－11－26].
[107] 刘宇航.日本经验与中国城乡二元结构下的中国农业环境保护[D].北京:中国农业科学院,2010.
[108] 李东坡,米洁,周慧.日本国土开发与城乡融合推动乡村振兴的政策及实践[J].地理学报,2024,79(2):337－351.
[109] 刘松涛,王林萍.新《农协法》颁布后日本农协全面改革探析[J].现代日本经济,2018(1):25－36.
[110] 樊明.工业化、城镇化和农业现代化:行为与政策[M].北京:社会科学文献出版社,2014.
[111] 李仁熙,张立.韩国新村运动的成功要因及当下的新课题[J].国际城市规划,2016,31(6):8－14.
[112] 沈费伟,刘祖云.发达国家乡村治理的典型模式与经验借鉴[J].农业经济问题,2016,37(9):93－102.
[113] 沈权平.韩国乡村振兴社会政策的起源、演进及政策路向[J].中国农业大学学报(社会科学

版)，2021，38(5)：49－57.
[114] 康佳楠，马晓强.韩国城乡一体化发展的实践、效果与启示[J].生产力研究，2014(7)：58－60.
[115] 姜向群.韩国养老保险制度的发展、特点、问题及与中国的比较分析[J].东北亚论坛，2003，12(5)：46－50.
[116] 陈少晖，许雅雯.养老保险制度：韩国的经验对中国的启示[J].亚太经济，2005(6)：98－100.
[117] 刘昭沄，江金启，孙学涛.韩国新村运动的政策演进及其对中国乡村振兴的启示[J].沈阳农业大学学报(社会科学版)，2019，21(6)：646－650.
[118] 王志章，陈亮，王静.韩国乡村反贫困的实践及其启示研究[J].世界农业，2020(1)：41－48.
[119] 徐美银.乡村振兴的国际经验与中国道路[J].农业经济，2020(12)：30－32.
[120] 温丽，刘昭媛.东亚国家城镇化发展经验研究[J].世界农业，2013(11)：154－157.
[121] 金振杰.应对高速城市化后遗症韩国如何培育小城镇[J].人民论坛，2013(3)：20－21.
[122] 王纪孔，朴炳仙.经济转型期的韩国城市化及其对中国的启示[J].韩国研究论丛，2015(2)：264－279.
[123] 张俊，陈佩瑶.乡村振兴战略实施中内生主体力量培育的路径探析——基于韩国新村运动的启示[J].世界农业，2018(4)：151－156.
[124] 王鹏，刘勇.日韩乡村发展经验及对中国乡村振兴的启示[J].世界农业，2020(3)：107－111.
[125] 张薇，张宝仁.论韩国新村运动及其对我国的几点启示[J].延边大学学报(社会科学版)，2013，46(6)：86－92.
[126] 叶雨寒，高强.日韩经验对中国农村空心化治理的启示[J].湖北农业科学，2021，60(10)：189－194.
[127] 李盼杰.韩国乡村振兴扶持政策的经验借鉴与启示[J].华北理工大学学报(社会科学版)，2021，21(1)：53－58.
[128] 兰雪峰，袁中金.以日本、韩国为例探讨城乡关系演进视角下的乡村振兴[J].浙江农业科学，2021，62(1)：182－188.
[129] 张立，王波.韩国新村运动及其对我国实施乡村振兴战略的启示[J].韩国研究论丛，2021，(01)：179－191.
[130] 周静.借鉴韩国农产品市场建设经验完善沈阳市农产品市场体系建设[C]//第九届沈阳科学学术年会论文集(经济管理与人文科学分册).沈阳，2012：385－388.
[131] 李丹，王国刚，薛桂霞.韩国农业经营主体的变迁及启示[J].农业展望，2019，15(5)：36－41.
[132] 赵蓉蓉，温小婷，陈秋华.日韩乡村“六次产业化”经验及其启示[J].亚太经济，2021(4)：76－81.
[133] 肖晓光，贝燕威.韩国新村运动对广东当前新农村建设的启示[J].发展改革理论与实践，2017(10)：18－20.
[134] 苏毅清，王志刚.农业结构调整中的市场演进与政府支持——来自韩国的经验启示[J].华东

经济管理,2018,32(10): 45-53.

[135] 余侃华等.基于乡村振兴的人才机制反思与模式建构——以韩国"归农·归村"计划为镜鉴[J/OL].国际城市规划: 1-13.(2021-11-11)[2023-03-13].

[136] 郭险峰.构建推动乡村人才振兴的综合机制[J].中国党政干部论坛,2019(4): 74-76.

[137] 韩道铉,田杨.韩国新村运动带动乡村振兴及经验启示[J].南京农业大学学报(社会科学版),2019,19(4): 20-27.

[138] Coward. English Historical Documents, 2007, 1603-1660.
E.D (1986). The countryside handbook: Edited by Alan Rogers, John Blunden and Nigel Curry. Croom Helm, London. 1985. 98.

[139] Fitzgerald T. English Historical Documents, 2008, 1660-1832.

[140] Franco J C. Making land rights accessible: Social movements and political-legal innovation in the rural Philippines[J]. The Journal of Development Studies, 2008, 44(7): 991-1022.

[141] Gray J. The common agricultural policy and the re-invention of the rural in the European community [J]. Sociologia Ruralis, 2000, 40(1): 30-52.

[142] Handcock D, Young M. English Historical Documents: 1995, 10: 1874-1914.

[143] Hill E, Ingersent A. An economic analysis of agriculture. Heinemann Educational Books, 1977.

[144] Fothergill S, Kitson M, Monk S. Urban industrial change: the causes of the urban-rural contrast in manufacturing employment trends[M]. London: Stationery Office Books, 1985.

[145] Tracy M. Agriculture in Western Europe : challenge and response, 1982, 1880-1980. Granada.

[146] Wallis J. Growing, Shrinking and Long Run Economic Performance: Historical Perspectives on Economic Development. Stephen Broadberry, 2018.

[147] Woods M. Rural geography: Processes, responses and experiences in rural restructuring[J]. Rural Geography, 2004: 1-352.

[148] Yu L. Existing problems of development and management in China's small towns and proposed addressing policies[J]. Urban Planning International, 2014, 29(1): 62-67.

[149] Appleby A B. Grain prices and subsistence crises in England and France, 1590-1740[J]. The Journal of Economic History, 1979, 39(4): 865-887.

[150] Williamson J G. Review essay on *British economic growth, 1270-1870* by Stephen broadberry, Bruce M. S. Campbell, Alexander Klein, mark overton, and bas van leeuwen[J]. Journal of Economic Literature, 2016, 54(2): 514-521.

[151] Tugwell R G. The agricultural policy of France[J]. Political Science Quarterly, 1930, 45(4): 527-547.

[152] Bernard B. The French Revolution and the Socio-economic Problems of Agriculture [J]. International Social Science Journal, 2023, 40(2): 138-156.

[153] Boinon J P. Land policy in France and its consequence for the farmers[J]. Agricultural Economics (Zemědělská Ekonomika), 2003, 49(4): 166-172.

[154] Pierre B. The Common Agricultural Policy: Moment of Truth in France? [M]. French and International Press, 2005.

[155] Lewis W A. Economic development with unlimited supplies of labour[J]. The Manchester School, 1954, 22(2): 139-191.

[156] Sheingate A D. The rise of the agricultural welfare state: institutions and interest group power in the United States, France, and Japan[M]. Princeton [NJ]: Princeton University Press, 2001.

[157] Ghosn W, Kassie D, Jougla E, et al. Trends in geographic mortality inequalities and their association with population changes in France, 1975 - 2006[J]. The European Journal of Public Health, 2013, 23(5): 834-840.

[158] Gramlich E M. Infrastructure investment: A review essay[J]. Journal of economic literature, 1994, 32(3): 1176-1196.

第 4 章　城乡产业融合发展体系与机制

4.1　导言

伴随着经济社会的发展和科学技术的进步，产业融合不断推进并逐渐成为产业迭代升级的重要途径，三次产业的界限也因此变得模糊。产业融合的发展趋势不仅体现在生产分工更具规模经济的纵向产业之间，而且也存在于城乡分工协作的横向产业之中（郭振宗，2013）。自改革开放以来，特别是党的十六大以来，中国逐渐增强了对城乡二元结构关系的重视，并不断统筹城乡发展、完善城乡一体化发展的体制机制、优化城乡产业发展体系，从而推动了城乡产业的融合发展。

城乡产业融合的关键和核心在于“融合”，其根本目的是促进农业高质量发展，实现农业农村现代化和乡村振兴（肖卫东和杜志雄，2019）。当前，城乡产业融合已成为推动城乡融合发展、助力乡村振兴的关键途径。鉴于此，本章梳理了城乡产业融合的发展历程与阶段特征，分析了城乡产业融合发展的现状及问题，深入理解了制约城乡产业融合发展的因素，构建了适用于我国实际情况的城乡产业融合发展体系及机制，这对于健全城乡融合发展具有重要的意义。

现阶段，我国新型城乡产业分工格局逐渐形成，城乡三次产业与同次产业的融合程度逐步加深。然而，同时也存在一些问题，如传统农业转型困难、城乡产业融合发展缺乏有效的合作平台，以及产业间的多元衔接机制尚未建立等。为此，本章从城乡生产、技术以及市场协作方面尝试构建城乡产业融合发展体系。一是在城乡空间区域内构建城乡生产协作体系，探索完善农村内部分工体系、丰富农村产业经营主体形式以及加强城乡间生产性分工合作的现实可能性和路径。二是从我国农村科技发展实际出发，构建城乡技术协作体系，创建农村技术服务体系，提升农村技术发展水平；推动产学研用科技创新合作体系，促进互联网、电子商务与现代农业的融合，以及完善农业科技推广体系。三是综合考虑我国城乡市场发展现状，从健全城乡商品流通网络体系、培育农村流通主体、提升农村产业品牌效应和市场基础设施水平、优化市场规则以及健全市场机制等角度，探索推进城乡市场协作体系建设的有效路径。

鉴于城乡产业融合的发展成效在很大程度上取决于城乡产业融合机制是否合理与完善，本章重点研究了城乡产业融合发展的机制，探讨了产业融合发展的组织机制、产业链协同机制、利益协调机制和保障机制，以及各项机制的实现方式及运行机理。围绕各市场主体之间分工协作的不同维度进行有效机制的构建,即构建组织机制以推动产业融合组织形式的发展,构建产业链协同机制以厘清产业融合的基本路径,构建利益协调机制以促进主体之间利益共同体的形成,构建保障机制以完善城乡产业融合发展所需的政策环境和制度。基于上述研究,本章将进一步从城乡产业政策与制度创新、提升城乡产业经营主体能级、完善农村产业发展基础条件、改善农村营商环境、推进现代产业链的优化升级以及完善利益、风险与信息协同机制等方面提出相关的政策建议。

4.2　城乡产业融合发展的基本状况

4.2.1　城乡产业融合发展现状特征

城乡产业融合发展是以农业为基础,鼓励发展第二产业中的农产品加工业,以及第三产业中的农产品销售和服务、休闲农业、乡村旅游等特色服务业。通过结合知识、技术、人才、资金等要素,延长农业产业链与价值链,实现农业发展的现代化(周振华,2003;厉无畏,2006;韩顺法和李向民,2009;张来武,2018)。

根据产业发展制度变革与政策演化,我国城乡产业融合发展可以概括为以下四个阶段。

(1) 1949—1977 年:改革开放前,以工农发展为主导的萌芽阶段。这一阶段主要表现为工业与农业依靠政府发展产业,但农村工业和服务业发展基础极为薄弱,既缺少有效市场,又缺少产业主体,城乡产业处于分离状态。

(2) 1978—1990 年:以农工商联合发展为基础的探索阶段。这一阶段,农村集体工业得到发展,农工商联合经营初见成效,城乡产业分离状态有所缓解。一方面,农村市场体系初步形成,农产品与市场开始对接;另一方面,农户独立经营的自主性提高,乡镇企业逐渐展现出发展势头,农村产业单一的发展格局开始打破。

(3) 1991—2014 年:以农业产业化为基础的城乡产业融合起步阶段。在这一阶段,以加工和销售为主导的农村产业化经营理念形成,农产品初加工和乡村旅游等涉农二三产业得到了有效发展。此外,以龙头企业为主导的产业化经营主体既延伸了农业生产价值链,又优化了农村土地、劳动力等生产要素的市场化配置,为城乡产业融合发展奠定了基础。

(4) 2015 年至今:以城乡产业融合为目标的深化阶段。这一阶段,现代化经营方式和生产条件逐步提高,平台经济等新兴市场经营主体愈发成熟,传统农企联合产业链逐渐演变为具有多种市场主体的全产业组织链。同时,农村市场体制机制日趋完善,城乡产业融合发展更倾向于通过市场机制增加产业链融合价值;由此,农村的多元价值和空间载体功能得到重视,部分二三产业逐步向重点乡镇转移(郝武峰,2021)。

随着我国经济发展水平的提高和产业的发展,城乡产业结构也发生了比较大的变化,城乡产业融合已呈现一些典型特征,具体如下。

1. 新型城乡产业分工格局逐渐形成

一方面，产业分工协作是城乡产业融合发展的重要前提和内在要求；另一方面，城乡产业融合又对深化产业分工产生推动作用。随着城乡产业融合不断深化发展，城乡二元结构背景下的产业分工分割问题逐渐得到解决，资本和劳动力等生产要素在城乡一体化理念下得到了统筹配置。因此，产业分工协作凭借合理的城乡资源配置和产业基础优势而进一步得以细化和深化，而不断经历整合和重组的城乡产业的发展界限不再分明。

2. 政府和市场联合助力城乡产业融合发展，企业主体地位逐步提高

首先，政府在打破城乡二元结构、制定与完善城乡产业发展方针、建立产业融合平台等方面起到了重要的战略性作用；其次，在有为政府的制度规范和宏观调控的基础上，市场运行机制在优化城乡生产要素配置、调整产业链和产业结构以及协调利益分配等方面也发挥了重要的调节作用；最后，出于拓宽市场和利益空间的目标，现代化新型企业在利好政策的支持和引导之下，在更大的城乡范围内逐步拓展生产经营领域，并注重与多方经营主体合作，不断提高创新水平和产业组织能力。

3. 产业发展由城乡分隔转向城乡融合，产业重组和集群成为产业融合的重要形式

随着城乡融合不断深化，产业发展的城乡分割局面逐渐打破，城乡产业分工格局和组织结构逐渐建立，产业关联与交互效应逐步增强。城乡产业逐渐由企业到行业、局部到整体、交叉渗透到整合重组的方式发展，部分城乡行业也出现了产业重组现象。与此同时，城乡产业融合方式和形态不断升级优化，逐步由延伸型、互补型、联合型融合向产业整合重组与集群发展的融合模式转变。

4. 县域内城乡三次产业与同次产业的融合程度加深，融合方式更具多样性

首先，依托于现代化农业以及农村非农产业的发展，特别是农业产业化的纵向发展，农村三次产业分工逐渐细化，生产协作能力不断加强，并对产前、产中、产后的产业链条进行拓展和延伸，初步形成了具有一体化特征的农村三产融合体系。其次，具有比较优势的城镇二三产业不断向现代化农业的产前、产中、产后领域延伸渗透，同时联合经营主体从事涉农产业生产经营，使农业生产的产业链和价值链得到延伸。最后，城市二三产业与农村传统工商业的合作程度加深，通过市场的渗透和扩张，农村二三产业逐步纳入城市二三产业体系中，并与之进行要素共享重组和产业组织升级，从而构建了新型城乡二三产业发展格局。

5. 科技创新和信息技术为城乡产业融合发展创造了基础性条件

随着互联网、大数据以及人工智能等信息技术的发展，各产业互相渗透融合的技术门槛逐渐降低，不仅催生出了新工艺与新产业，而且还助力产业创新链跨越生产、加工、流通

和消费等环节，从而实现了全产业链的融合升级。特别是数字乡村建设对城乡产业融合发展具有重要推力（顾相君，2023）。一方面，数字技术的应用有利于加速农业以及农业经济组织在生产、加工、销售等方面实现数字化和智慧化转型；另一方面，数字农业与制造业的融合发展有利于推动以工业应用为主导的农业上游生产标准化与数字化协同发展（Zhang et al.，2023）。此外，通过数字技术优化整合服务业供应链，不仅有助于实现农业、工业和服务业的全产业链数字融合发展，而且还有利于形成与城市发展相协调的现代农业经济循环体系。

4.2.2　城乡产业融合发展面临的问题和困难

在各地政府和各类经营主体的推动和助力之下，城乡产业融合发展已初步取得显著成效。然而，随着城镇化与工业化进程进入新时代和新阶段，城乡产业协同发展以及生产要素配置中逐渐暴露出一些新的问题和矛盾。

1. 传统农业转型困难，农业生产及产品结构的调整不能适应居民食品需求多样化的要求

首先，传统的以粮食生产为主导的农业发展方式有效解决了居民的温饱问题，但随着可支配收入的增加，居民对农产品的质量以及多样化供给提出了更高的要求。然而，我国部分重要农产品的供给能力却存在不断弱化的趋势，从而加深了食物消费结构优化与农产品供给质量不足的矛盾（苏毅清等，2016）。因此，满足市场需要，优化农业生产结构，提高农产品供给质量成为亟须推进的任务。其次，小农生产经营与生产率提高以及农业现代化实现之间的矛盾日渐突出。一方面，小规模农业经营方式抑制了农户的生产积极性，阻碍了农民增收；另一方面，小规模农业生产经营方式与智慧化、机械化、数字化和品质化的匹配程度较低，不利于实现农业现代化（陈元刚和张玉欢，2021）。最后，农业发展还面临着水土资源约束、极端天气频发等问题，而且农产品供给在种类、品质及区域等方面也展现出结构不合理的隐患。

2. 城乡产业融合发展缺乏有效的合作平台，产业间的多元衔接机制尚未建立

首先，我国城乡产业发展差距依然居高不下，农业产业总体效益相对较低，第一产业能级不高，对经济增长的贡献率与第二、第三产业相比落后较多。其次，城乡产业协同发展缺少结构平衡性。农村市场潜能开发尚且不足，多依据或服从于城市的产业发展路径，农村产业极易被城市产业挤压或者替代。此外，农村不仅在地理区位、基础设施和技术创新上处于弱势地位，而且相关产业还存在集聚程度较低以及产品同质化明显的问题，难以满足城市居民对个性化、品质化和高端化产品及服务的需求。再次，近年来各地通过建立多功能农业示范区、特色小镇等城乡产业融合平台以发展农村产业，但相关建设依旧处于试探或者摸索阶段，营销方式缺乏新意且市场化参与程度不高，要素集聚与价值实现能力

不够(赵颖文等,2021)。最后,虽然农村地区三次产业发展势头有所增强,但农村多元产业和业态之间缺少平衡性和协同性,农户、家庭农场、生产合作社以及龙头企业等经营主体之间尚未构建起有效的利益协同机制。此外,社会服务体系不够完善还致使农业与之相关联的二三产业之间难以形成互联互通的延伸产业链,同时也难以发挥乡村的空间功能和多样性价值。

3. 产权制度固化,农村产业资源要素活力不足

首先,生产要素流动存在边界效应。由于城乡两个空间存在"权利"不对等的问题,现阶段城乡生产要素无法实现完全平等交换,农村优质生产要素单向流向城市的局面难以扭转(Wang and Xu,2023)。其次,受农村土地集体产权制度的约束和集体经济封闭性的限制,各类经济要素难以流入农村,特别是难以有效与土地要素结合,从而阻碍了产业项目在农村的落地。此外,尽管部分农村推行了"资源变资产、资金变股金、农民变股东"的创新性制度安排,但产业基础薄弱、市场化程度较低的绝大多数乡村集体经济实现变革的概率较低,这阻碍了城乡产业融合的持续与有效发展。再次,城乡要素配置缺乏有效的中介平台。社会资本及各类经济要素投入乡村产业时,缺乏有效的市场化中介平台,农村产权交易体系不够完善、交易类别偏少、产权抵押与处置也较为困难,缺乏城市要素下乡的"桥梁",信息搜索和项目合约谈判成本较高,且带有较强的行政性和人际关系色彩。与此同时,村级集体经济组织缺乏产业项目谈判能力,农民产权交易意识薄弱,产业项目合作中难以保障农村集体经济及其成员的利益,推进农村产权制度改革并构建合理有序的市场化城乡要素流动平台成为亟须解决的问题。

4. 城乡之间的产业政策不一致且难以互融互通

从政策层面来看,现阶段,我国城乡产业之间可能存在政策"各自为政"的情况。一方面,我国农业政策大多集中在农业生产领域,而针对农业产业链和价值链提升的政策规范相对较少;另一方面,我国乡村产业政策的动态调整速度滞后于新业态、新模式的出现与扩散速度。换句话说,农村产业很难主动进入市场并参与市场竞争。此外,我国农村产业政策在具体执行过程中可能存在"一刀切"的现象。例如,"土地红线"和"生态红线"是农业发展必须坚守的底线,但政策边界的过度严控也抑制了乡村产业提升发展的空间,特别是产业发展所需的建设用地指标难以获取,一些具有规模性的乡村产业重大项目难以落地(陈美球等,2018)。最后,我国大多数地区生态产品价值的考评机制不够完善,对于新兴产业的过度依赖也在一定程度上导致乡村生态环境遭到破坏,从而抑制了乡村绿色生态资源价值的发挥。

4.3 城乡产业融合发展体系

近年来,我国农业现代化发展进程加快,现已初步形成具有区域化、专业化与产业化

经营特征的生产体系。然而,农村产业结构协同性较差、农业服务保障体系不完善、现代化涉农产业组织能级较低,以及农业产前、产中、产后发展失衡的问题依然存在。这些问题在一定程度上成为阻碍城乡产业融合进程及其运行机制发挥作用的痛点(韩江波,2018)。城乡产业融合的目的应当是同时实现资源协同、生产协同、市场协同和服务协同。为实现以上目标,有必要构建相应的生产、技术和市场协作体系,以消除阻碍城乡产业融合的制度因素,促进城乡产业融合发展体系的完善。

4.3.1　城乡生产协作体系

城乡协同发展需要以农业与二三产业、农村与城市协调发展的综合体系为基础(朱广芹,2010)。鉴于城乡二元分割局面是由资源要素流动不畅通导致的,而阻碍要素自由流动的重要因素则是城乡之间缺乏有效的分工与协作体系。一个可行的方案是:综合运用现有的各种经济与社会网络,优化城镇之间、城乡之间以及农村内部的分工合作体系,构建城乡生产协作体系,形成城乡互动,融合发展的局面。

生产协作体系是区域间经济协作的一种特殊类型,它指的是地理位置不同的主体为促进双方经济协同发展而建立的生产合作网络(李明生,1989)。现阶段,我国城乡之间的分工与专业化程度较低,以自给自足、"各自为政"为特征的小农经济仍占一定比例,这难以形成规模化和专业化生产。此外,农业生产条件差、科技含量低、农产品从生产到销售渠道流通不畅等问题不仅导致了农业生产的真实价值无法体现,而且也进一步扭曲了农业从业者的劳动价格和价值。在这种情况下,建立城乡生产协作体系成为城乡产业由分工走向融合的客观要求。

在当前城乡空间区域内构建城乡生产协作体系,可从如下几方面着手。

1. 完善农村内部分工体系

受限于土地经营规模小、农产品流通受阻以及劳动者技能较低等因素,我国的农业分工深度和专业化程度还远未达到发达国家的水平,仍然处于较低的发展水平。在新时代发展阶段,发展农业不能仅仅依靠政府对农业的扶持政策,而是需要在扩大土地经营规模、完善农产品流通机制、提高农村劳动者技能的基础上,进一步健全农村内部分工体系。只有完善了农村生产分工协作体系,才能为城乡生产协作体系的建立创造需求条件。

农业内部分工可以从横向和纵向两个层面上进行。横向分工是指处于同一序列的不同生产项目之间的分工。从宏观视角来看,这主要指的是区域间的专业化分工,即各地区依托自身的比较优势,生产相应的农产品;从微观视角来看,这主要涉及农户间的分工,即农户凭借自身拥有的资金、技能等资源要素进行专业化生产经营,进而在某一细分领域内形成种养大户。而纵向分工则是指在产业链的不同环节上进行分工,例如在农业生产环节、加工制造环节、运输环节、销售环节上培养专业化人才或经济组织。

2. 丰富农村产业经营主体形式

一是龙头企业带动型农业产业融合模式。这种模式通常以企业和农户为市场参与主体。企业往往是大型公司或集团企业,其职能主要包括农产品的加工、运输和销售,并提供相关的市场服务。农户向企业提供农产品,企业则负责加工和销售成品。这种模式能够在无形中促进农村市场(负责生产农产品)与城市市场(负责消费农产品加工品)的融合。同时,该模式适用于农村资源禀赋不足的情况,农户只需专注于农产品的生产,无须担心产品销售渠道的问题。然而,这一模式也存在明显的缺点。一方面,由于农产品市场竞争激烈,企业可能会利用其市场地位形成买方垄断,因此如何保障农产品价格机制是这一产业融合模式需要关注的问题。另一方面,如何有效联结企业与农户,也是该模式需要考虑的重要事项。

二是中介组织带动型农业产业融合模式,主要以龙头企业、农户和中介组织为市场参与主体。该模式的运作方式是:企业通过支付佣金的方式,委托中介组织收购农产品,中介组织在扣除成本后,可以与农户进行分红。这一模式的优点在于,中介组织通常由农民自发组成,因此能够充分激发农民的积极性,实现农业生产的规模经济。

3. 加强城乡间的生产性分工与合作

一是城乡同次产业间的生产协作体系,主要包括城乡工业协作体系和城乡服务业协作体系。城乡工业协作体系中,总部经济模式通常是指企业将总部设置在城市地区,负责研发、管理决策和销售职能,而将生产基地设置在农村地区,负责生产加工功能。城乡产业转移模式则是指城市中的企业将部分生产流程或整条生产线迁移到城郊或农村地区,或者城市中的企业通过入股、收购等方式参与农村企业(易醇等,2018)。城乡服务业协作体系是城市与乡村利用各自的资源优势,在生产服务业、生活服务业、社会服务业等领域开展多种方式的合作。例如,城市和农村可以在旅游业上进行合作,将城市的旅游管理经验及市场资源与农村独特的自然风光进行整合,开展田园休闲型、农事体验型以及农村风景区旅游型等合作模式。

二是城乡一二三产业间的生产协作体系,主要是在新技术的渗透和发展下,城乡产业之间相互合作。新技术的迅猛发展并向“三农”领域的渗透和普及,催生了众多一二三产业交互发展的新产业与新业态。例如,电子商务、物流业与农业的融合推动了淘宝村的兴起,这不仅有效缓解了因地理区位劣势、信息不畅通等因素导致的农产品滞销问题,而且还促进了农村包装、物流运输等行业的发展。特别是电商平台的助力,实现了从农业生产到最终消费的跨行业、跨区域的交互融合。

4.3.2 城乡技术协作体系

技术协作体系是由不同地区与不同企业之间通过纵向、横向联系和空间集聚形成的产业组织形式,它为区域内微观经济主体提供了协同创新和合作创新的平台,使得企业能够共享技术成果(王志宝等,2013)。通过技术协作,可以加强地区间、部门间、城乡间的技术经济合力,形成新的生产合力,从而提升技术水平(王丽平和苏玉娇,2019)。

当前,我国城乡之间的技术水平存在较大差异。一方面,农村地区技术缺乏、人才不足的现象较为突出,农村缺少技术创新的内在条件。另一方面,部分城市技术在农村产业中的应用场景不够明确,科技与农村产业的结合程度不足。此外,城乡之间还缺乏有效的技术推广和技术服务体系。尽管农村经济体制改革后,行政计划时期以政府部门和技术研发事业单位为主体的农业技术研发和推广体系得以延续,但面临技术市场化的冲击,这一体系难以全面满足农业生产的服务需求。而以商业性公司为主的市场服务主体尚未建立起全面和有效的技术服务体系,这在一定程度上限制了城乡技术协作的水平。

近年来,随着农村地区新业态和新模式的快速发展,对技术要素的需求正在从单一的农业技术转向多样化与前沿化的新兴科技。由于部分农村产业正在逐步摆脱传统而单一的经营方式,形成具有多种经营理念的产业格局,农业经营组织对技术的需求也相应地从种植与养殖技术扩展到加工制造、存储运输、市场营销以及旅游休闲等新领域(宁夏,2019)。农业现代化和农村产业发展必须依赖科学技术,构建城乡技术协作体系对于提高农村技术创新效率、实现城乡产业融合具有重要意义。城乡农业技术协作体系的构建旨在实现两个目标：一是提升农业科学技术成果的转化;二是促进先进农业科技成果和适用技术尽快应用于农业生产(赵立秋,2011)。

从国外发达国家的城乡技术协作关系来看,日本依赖政府和农协的双重作用来实现城乡技术协作。自 20 世纪 50 年代起,日本建立了“政府公益性技术研发+政府公益性技术推广+农业协同组织技术推广和服务”的农业技术“研发—推广—服务”体系。政府负责研发周期长、回报慢的新品种和新技术,并进行信息传播;农业协同组织则协调政府和农户的需求,组织成员参加培训,解决基础性技术问题;政府还通过补贴支持农业协同组织开展农技推广服务业务。美国则依托大学,建立大学与各级政府合作的农业技术研发和推广体系。联邦政府支持大学与县级政府合作,以大学为依托,为农村提供教学、科研、技术推广、农村教育等服务。英国则通过农村生产机械化改革、发展精准农业技术农场、促进农民职业化三条途径推进农业生产技术化(张辉等,2016)。英国政府通过补贴提供机械化生产设备,推广精准农业技术,并重视提高农民的专业素质。首先,英国政府通过政府补贴的形式,为农民提供机械化生产设备,使得粮食生产的播种、灌溉、收获、筛选以及进出仓等操作流程均转向机械化;其次,英国政府高度重视农业技术研发,将卫星导航、遥感测绘、传感监测、电子制图等技术应用于农业,发展精准农业技术;最后,英国重视提高农民的专业素质,多数农民均为受过教育培训且拥有职业资格证书的农场主或职业经理人。

与发达国家相似,我国农业生产技术的研发阶段也多由城市完成,但不同的是,我国现阶段的农技推广以政府专业部门为主(孙生阳等,2018)。政府除了制定农业扶持政策外,还负责农业项目推广计划的组织与实施,以及对人力与财务资源的管理,国家财政是农业技术研发与推广所需经费的主要来源。这种以政府为主导的农技推广体系导致许多农业科技成果无法直接应用于生产，而只能停留在基础研究或实验室成果阶段。此外，部分科技成果偏向于产中环节，缺少产前及产后配套研究。这些成果虽具有较高的学术水平，但由于缺乏配套的常规及工艺技术，难以转化为实际的生产力（石肖琳，2008）。最后，我国城乡技术协作体系与国外的显著差异还在于缺乏必要的农村技术服务部门或机构。

从我国当前农村科技发展现状来看，本报告认为，构建城乡技术协作体系可从如下方面考虑：

1. 创建农村技术服务与推广体系，提升农村技术发展水平

一是重视农业科技园区的建设工作。一方面，应将农业科技园区与城市高新技术园区建设置于同等重要的地位，放大农业科技园区的功能和政策效应，助力农业科技园区向农业高新区转变。另一方面，各地区可以设立农业科技园区协同创新组织，依据产业化、生态化等理念，引导园区内优质特色农产品进行规模化种植、高效化加工以及产业化与专业化经营。二是推广建设农村科技服务超市。借鉴现代商品超市的理念，农村科技服务超市将品种、技术、成果信息等科技要素进行整合，为“下单”的农户提供技术培训、农产品和农资产品的交易等服务。由于农户单独引进新品种、新技术的成本较高，科技服务“超市”的集中供应具有价格优势，并能提供更广泛的选择，从而加快科技成果的转化和新品种、新技术、新产品的示范推广。更为关键的是，农村科技服务超市在解决农业科技成果转化“最后一公里”的问题上发挥了重要作用。然而，这一模式的成功实施依赖于乡村人才、网络、品牌等因素的发展，目前更适合在经济发达地区的农村开展。

农业科技推广应以提高农产品质量、市场竞争力以及经济效益为导向，重点是激发农户对技术应用的主观能动性，鼓励他们积极采用新的品种和种养技术。同时，应充分动员乡村科技人力资源，构建农业科技推广网络。具体措施包括拓展科技推广范围，除了在农村地区推广高效化生产的农业技术，还应将高质量发展理念引入农村技术推广体系，推广绿色农业生态技术，改善农村人居环境。此外，举办符合农村特色的科教或科普宣传活动，也有助于农业技术的推广。

2. 推动产学研用科技创新合作体系

以涉农高校和科研院所为主力军，协调企业、社会机构等多方力量展开合作，构建农业应用技术协同创新平台，加快核心技术的研发与产业化进程。具体措施如下。一是开展科技帮扶活动，采取“专家+定向农村”“科研院校+定向农村”的模式，同时鼓励企业提供资金支持与技术协助。科技创新成果由高校、企业及政府共享，通过这种方式，可以推动高校科研资源和企业资金资源共同解决农村实际问题。二是探索农业产学研合作项目的绩效激励机制。地方政府应每年择优对实施的农业产学研项目给予扶持，并对相关科研院所进行奖励，从而激励其更好地为发展农业服务。三是支持和鼓励农业技术研发人员进行创业，积极培育新型经营主体，并建立创业基地。此外，鼓励农业技术研发人员通

过投资入股或技术入股的方式与农民、农企建立利益共同体，以提高研发的针对性和绩效。

3. 推动互联网、电子商务与现代农业的融合

互联网信息无界开放的优势能够消除农产品市场的信息不对称，有利于农产品供需双方的快速对接，并有助于通过物流增加农产品的附加值。通过电商拓宽新市场，发展现代互联网农业，推动涉农电子商务的发展，是科技助力农村产业的重要手段（Liu et al.，2021）。根据农村电商发展的实践，电子商务与现代农业的融合可以从以下几个方面推进。一是设立专门机构来整体规划和统筹农村电商的发展。电子商务产业的发展是一个复杂的系统工程，由于农村部门现代化管理水平较低，科技管理人才不足，仅依靠自身力量难以充分发挥电子商务对农村产业的促进作用，有必要以政府的名义组建专门的农村电子商务部门，以整合各方资源，依托农村电子商务发展做好城乡产业统筹谋划。二是支持打造规模化规范化的冷链物流体系。传统的农产品销售多是应季销售，在电子商务平台的加持下，农产品需求量增加，农村产业将产生巨大的物流输送需求，有必要完善农产品的冷链物流形态，做好农产品的保鲜、存储工作。三是支持打造农产品安全检测中心。互联网发展带来农产品供需市场的信息不对称，通过建设农产品检测服务中心，与国内外权威机构进行合作认证，把好农产品的质量安全关，能够很好地维护和提升农产品的品牌形象。四是支持银企联动提供配套信贷资金。对农村电商发展予以信贷支持，有利于扩大电商发展规模，促进农村产业加速实现“农业+科技”发展模式。

4.3.3 城乡市场协作体系

市场协作体系是指城乡产品和要素流通的一体化体系。构建城乡市场一体化的核心在于完善城乡间产品价格形成和调控机制，降低城市和农村间的要素和产品流通成本。在我国计划经济时期，由于实行农产品统购统销和工业品计划供应政策，城乡经济的市场协作体系难以建立。改革开放以后，随着工农产品市场交易制度的建立，农村市场体系建设取得了一定成效，同时城乡经济活动中的市场协作关系也逐步建立。然而，总体上城乡商品市场和要素市场的分割依然存在（范丽美，2016）。

这种分割主要体现在以下三个方面：一是城乡市场主体的不平等竞争。从交易主导性来看，城市的交易主体主要依托企业这一高度组织化的形式进行，其产品的经销市场既统一又具备较强的交易能力。然而，农村的交易主体多为组织化水平较低的小农户，他们在市场交易中常处于弱势地位，难以平等地参与市场产品的交换活动。从业态结构来看，城市凭借其竞争优势和市场经济、基础设施的优越条件，不断创新发展市场业态，电子商务等现代商贸服务业已成为城市商业的主流形态。相比之下，农村的业态与模式仍较为传统，且缺乏新型业态结构的支撑（任保平，2011）。二是城乡市场购买能力的不平等。城乡之间收入的巨大差异导致了购买能力的显著差异，进而加剧了城乡市场规模和市场结

构的差异。三是城乡产业生产协作关系的疏离。在城乡经济活动中,市场协作主要体现在农产品的销售上,而产前和产中的市场协作关系尚未系统地、有组织地建立起来。

为实现城乡经济融合发展,构建城乡市场协作体系具有重要意义。结合我国城乡市场发展现状差异,构建城乡市场协作体系需要在以下几个方面着力推进。

1. 建立健全城乡商品流通网络体系

构建城乡市场协作体系的首要任务是发展城乡商品流通网络,并形成稳定的营销体系。为此,政府应在财税及其他政策上给予支持,以打通城乡间商品流通的壁垒,减少中间环节。一方面,鼓励城市零售和批发企业在农村地区建立销售网络,使农村与城市商品交易共享采购与配送系统,从而降低城乡工农产品的市场营销成本;另一方面,支持农业承包大户、家庭农场、农民生产合作社与城市农产品批发市场、商业超市的合作,实现农产品便捷进入城市市场。此外,应大力发展电子商务和第三方物流,利用电子商务对物流信息的处理能力有效连接城乡之间的产品供给与需求。同时,鼓励商贸流通企业通过并购、重组、上市等渠道提升资源整合能力,进而形成覆盖城乡区域的城乡一体化物流网络。最后,整合农村的专业商品市场,建立具备较大规模的商贸物流中心,并加大农产品仓储、配送、冷链等基础设施建设投入力度。

2. 培育农村流通主体

一是推动农村供销合作社改革。农村供销合作社是由农民自发集资设立的经济合作组织,其主要职责是协助政府管理农村流通市场,并积极引导农民进入市场。但自改革开放以后,供销合作社的功能逐渐异化,服务农业生产和营销的功能有所弱化,并开展了许多非农服务的业务。因此,有必要让其重新聚焦于服务农业的功能,并在城乡产业融合发展中发挥积极作用。为了充分发挥农村供销合作社的作用,应当推动其从单一经销功能向综合服务职能转变。一方面,供销合作社可以代表农户与加工、销售企业对接,并从农民利益出发与企业进行价格谈判,推动本地产业实现从生产、加工到销售的一体化经营;另一方面,供销合作社可以组织农户兴办各类农产品商品基地,以及为城市服务的副食品基地,持续而合理地为"三农"提供一系列综合性社会化服务,引导农民有序参与市场化经营活动。二是培育壮大新型合作组织。尝试并推行城市连锁超市企业与农村生产基地、农村合作组织、农村批发市场等相结合的模式,以降低城市超市的批发与采购成本,同时促进城市企业通过开设连锁超市的方式进入农村市场。三是提高商贸流通业与农业生产组织的协作水平。鼓励农贸超市、餐饮以及农产品物流等涉农企业到农村地区建设种养基地以及农产品加工厂,促进农业产业化经营,加速农产品流通并实现农民增收。同时,通过发展乡村休闲旅游、乡村农家乐、餐饮娱乐和旅游商品市场等,实现城市商贸与农村旅游业的联动。

3. 着力提升农村产业品牌效应和市场基础设施水平

一是塑造农村专业特色市场优势。本地及周边地区政府可以组建战略联盟,围绕农村特色产业高质量发展和农产品品牌提升,共同组建特色产业综合交易中心,并合力完成交易设施、仓储设施、物流配送、质量检测、追溯体系、电子商务、市场培育、服务管理、风貌改造等方面的建设,提升农村特色产业品牌营销力。二是支持发展冷链物流设施。支持大型流通企业、产业化龙头企业、农民合作社、家庭农场建设一批功能设施完善、经济效益良好、紧密衔接市场的冷链物流设施,建立覆盖农产品生产、加工、运输、配送、仓储、销售等环节的全程冷链物流体系。同时,加强冷链信息化标准化建设,开展以冷链为核心的供应链体系建设。

4. 优化市场规则,健全市场机制

加快建立和完善市场准入机制,政府应为市场机制的建立提供政策导向和支撑。增强项目承包试点工作,从示范点逐步推进,并发挥政府的督导作用,监督市场在公共服务一体化建设过程中的参与以及项目实施效果,确保运营过程的全程性,如公共基础设施的保养和维修、医疗卫生设施的更新以及教育和社会保障的及时跟进等。明确市场责任机制,将资源控制权交由市场来调配,并对调配过程中产生的效益与成本负责。对于因不可抗力因素导致的非预期性成本,国家应给予相应的补贴,以保证项目的高效高质完成率。此外,应建立各个行为主体之间的利益趋同机制,最大限度减少利益冲突对协同治理过程的干扰。

4.4 城乡产业融合发展机制

现阶段,我国探索出了多种城乡产业融合发展方式,衍生出了新产品、新业态及新模式。新型经营主体不断发展壮大,联系更加紧密。然而,我国城乡产业融合发展水平依然有待进一步提升,其根本问题则在于城乡产业协同机制不畅。在我国大力推动乡村振兴的战略背景下,构建城乡产业融合机制可为推进城乡融合和优化发展方式奠定基础。

4.4.1 城乡产业融合发展的组织机制

1. 产业融合组织机制的内涵

城乡产业组织机制是指推动城乡产业融合发展的主体与参与其分工协作的客体共同形成产业组织的机理和过程(张益丰等,2021)。这一机制的主要作用是解决"谁来融合"的困境。虽然微观主体的利益追求是产业融合发展的重要驱动力,但这并非各主体开展融合行动的充分条件。微观经营主体需要具备一定的生产经营规模和足够的经营管理能力,才能提高将潜在利益内部化的概率。在实践中,新型经营主体往往是城乡产业融合发展的重要推动力(陈维操,2021)。

2. 产业融合组织机制的实现方式

(1) 企业社会性分工协作。企业社会性分工协作的实现方式是经营主体之间通过合同或契约等手段形成不同类型的产业组织形式。例如,在农业生产经营中,具有先进管理经验的企业往往是构建农业产业组织的核心力量。目前,企业社会性分工模式主要通过“企业+农户”和“企业+农民专业合作社+农户”的组织方式实现。一方面,这些模式有助于减少市场化组织方式带来的较高交易成本;另一方面,它们也能降低企业科层管理组织产生的组织成本。具体来说,首先,对于农业主体而言,参与企业社会性分工可以通过合同或契约等手段来约束合作双方的经济行为,这既有助于提升交易的稳定性,也有助于构建稳定的市场预期。其次,农产品供货方按照合约内容进行生产,不仅降低了交易搜寻成本,而且巩固了销售渠道。同时,农产品需求方能够在降低搜寻和交易成本的基础上,稳定地获取原材料。

（2）企业内部分工。企业内部分工是指经营主体通过纵向一体化的方式,将相关产业的生产、加工及经销等环节整合到同一经营主体内部。常见方式包括农业企业一体化和合作社一体化。一方面,这种方式能够在很大程度上控制产品,从而减轻因某一生产流程不可控而引起的产品质量问题;另一方面,由单一经营主体控制整个产业链,既能够加强上下游产业链的协同效应,又能够有效发挥不同环节分工协作的优势。此外,构建全产业链不仅有助于扩大生产经营规模,还能进一步提升经营主体的市场地位。其缺点包括:一是对经营主体的资源获取和运营能力提出了较高要求,只有少数农业企业能够实施此类经营策略,因此不具备普遍推广性;二是这种方式实际上增加了企业管理组织的复杂性,对企业的管理结构和方式提出了更高的要求。

（3）现代农业产业化联合体。现代农业产业化联合体是基于优势互补原则,由各经营主体构建的产业分工协作联盟。在联合体中,龙头企业的职能是提供农资、制定生产标准以及销售农产品;家庭农场在农业生产环节发挥其优势;专业合作社则在种植、耕作和收割等方面展现其专长。联合体的优势主要体现在以下几个方面:首先,联合体能够提升各经营主体之间的信任度,从而有助于降低交易成本;其次,联合体通过合理安排,促进各主体间的分工协作。从另一个角度来看,涉农企业和农民生产专业合作社能够有效缓解家庭农场在技术、服务及市场等方面遇到的问题。总体来说,联合体不仅有助于解决各生产经营主体功能与定位不明确的问题,还能提升主体间的分工协作水平,助力构建互利共赢的局面。

（4）新型经营主体+平台企业。这种实现方式是指利用互联网平台,使涉农企业、家庭农场和合作社等完善从田间到餐桌的农产品市场经销体系。例如,“电商+合作社”模式能够有效实现生鲜食品的当日采摘、分拣、配送和食用。该方式的优势主要体现在平台企业具有整合资源的能力,并发挥连接与服务的作用。一方面,通过整合市场信息,提升了经营主体对市场的响应速度;另一方面,该方式能够重塑农产品产业链,缓解信息不对称问题(芦千文,2018)。然而,由于存在一定的进入壁垒,普通农户难以获取和利用平台企业资源。若要充分利用平台资源,普通农户还需依靠作为中介组织的新型经营主体的带动作用。

4.4.2　城乡产业融合发展的产业链协同机制

1. 产业链协同机制的内涵

产业链协同机制具体指的是在内、外部各项影响因素的联合作用下，三次产业的产业链通过交叉、吸收及整合等方式，最终构建成新产业链的过程。该机制旨在解决“如何进行融合”的难题。特别地，经营主体借助新兴信息技术和生物技术逐渐渗透到农业领域，这不仅继续模糊了高新技术产业与农业的生产边界，而且加速了农业与高新技术产业的内部化分工进程，从而推动传统农业向现代农业的转变。这一过程也促进了新业态、新模式的诞生，因此也可被视为农业产业链的外部协同。

2. 城乡产业链协同的运行机制

根据不同的产业类型和性质，城乡产业链的协同可以采用纵向、横向融合的运行机制。在新技术应用和新业态不断涌现的背景下，技术渗透在城乡产业链协同过程中发挥着越来越重要的作用。

（1）城乡产业纵向延伸融合机制

纵向延伸融合机制基于三次产业之间的经济关联，促进农业向城市二三产业进行分工内部化。这实际上是农业的产前、产中和产后等各产业链环节相互作用、协同发展，最终提升农业产业链经营效率的一种新型生产经营模式。

其运行机理表现为：为了获得生产经营的效率优势，农业产业链各环节的经营主体由市场主导的分工协作方式逐步被企业或企业准市场组织所取代，从而使社会分工逐渐被企业内部分工或企业社会性分工所替代，最终形成与城市二三产业内部化分工更为紧密和协调的农业产业链。

其运行机理为：为获得生产经营效率优势，农业产业链上下游环节的生产经营主体之间依靠市场协调的分工协作方式逐渐被企业或企业准市场组织所替代，导致农业产业链上下游环节之间的社会分工逐渐被企业内部分工或企业社会性分工替代，从而形成更加紧密完整的农业产业链，进而实现农业产业链上下游与城市产业的分工内部化。该机制既加强了农业与二三产业之间的联系，又有助于降低交易费用并增加专业化分工收益。此外，优势企业还会借助纵向一体化的方式构建全产业链，并将企业科层组织管理的形式应用于农业全产业链的资源配置中。

（2）城乡产业横向交叉融合机制

横向交叉融合机制以提高农业多功能性为基础，内部化农业与文化、旅游等产业之间的分工协作，并逐渐构建具有新型复合属性的产业体系。这一机制的方式因农业资源要素的不同而有所差异。资源融合通过有效利用农村人文与自然景观资源，促进三次产业融合并带动产业优化升级。产品融合则是对农产品多功能性的拓展，特别是为了满足新型消费需求,改变农产品的价值实现与提升路径,从而对原有产业链进行解构与重新交叉融合,引致具有融合特征的农业产业链的产生。

其运行机理为:考虑到外部市场需求的不断变化,对农业潜在的功能不断进行拓展可以使农业生产经营的收益发生变化。微观主体自然会在利益最大化的目标下创新生产经营方式,从而加速农业和其他产业链进行重构并形成新型复合产业链,进而推动农业与其他产业的内部化分工。

实际上,农产品市场需求对农业产业链的供给系统起着至关重要的作用。伴随着居民生活水平的提高,居民对农业的需求不再局限于粮食等农产品,而是希望从中获得生态环境、精神文化等方面的满足感,因此农业农村的非经济功能的重要性不断提升。与此同时,在新的市场需求和农业横向增值利益的激励下,各经营主体开始创新生产体系,特别是通过与其他相关产业的资源要素进行交叉融合,进而实现产业链系统的重构,以满足新的市场需求。

(3) 城乡产业高新技术渗透融合机制

高新技术渗透融合是指现代化生物信息等技术逐渐渗透到农业,模糊了高新技术产业与农业的边界,进而促进高新技术产业与农业的分工内部化,最终衍生出新产品、新业态与新模式,实现传统农业向现代农业的转型。根据高新技术的分类,高新技术渗透融合包括生物技术、信息网络技术以及工业技术渗透融合等(蒋永穆和陈维操,2019)。

其运行机理为:在追求利益最大化的过程中,农业与高新技术产业的资源要素及经营主体相互依存与协调,促使高新技术产业链向农业产业链渗透融合,从而加速两类产业实现分工内部化并促进农业产业链优化升级。在供需双方与政府的协同努力下,高新技术在农业生产经营活动中得到应用与推广。一方面,高新技术产业链通过生产科技产品满足市场需求,另一方面,农业产业链结合高新技术生产出具有科技属性的农产品,并通过加工、经销等流程获取利益。

4.4.3 城乡产业融合发展的利益协调机制

1. 利益协调机制的内涵

利益协调机制主要是指参与融合发展的各主体之间利益联结和调节方式的实现过程,其目的在于解决各主体之间的利益冲突,并助力构建利益共同体(陈慈等,2021)。具体来说,一方面,在城乡产业协作过程中,各经营主体的利益关系由价格、供需和竞争机制决定。具有实力和竞争优势的主体可能承担更多的责任和贡献,从而获得较多的利益。然而,在产业协作中,利益分配往往存在偏差,因此需要妥善协调各经济主体的利益分配关系。另一方面,在产业协作中,各经济主体通过分工协作实现一体化经营,按照合约承担各自职责,并根据所承担的责任、资源投入和经营贡献来确定合作各方的经济利益(罗平,2022)。因此,也存在利益冲突和需要协调的问题。

2. 利益协调机制的运行方式

(1) 利益联结机制

该机制是指参与主体因相互作用而形成的利益关联。根据不同的分工背景,各经营主体之间的作用形式和机制存在差异,从而产生了主体之间不同的利益关系。

在萌芽期,“三农”的要素配置开始从计划调节转向市场化管理,这不仅促进了农产品参与市场中的加工、销售等环节,也助力了三次产业经营主体之间的关系由行政壁垒转向市场合作。在起步期,农村市场化程度进一步提升,城乡产业间的要素流动与企业联结逐渐加强,并初步形成了以供需关系为基础的农业产业链上下游之间的城乡产业联结形式。在成长期,农村发展呈现多元化,产业规模扩大,专业化水平提高。此外,随着新型经营主体的迅速发展,农户组织能力不断提升,这进一步增强了城乡产业中各主体的联结性,催生了“农户+合作社+企业”等新型联结方式。在成熟期,农业与二三产业加速融合,出现了农户入股企业、组建合作社,以及相互持股、参股的联结机制。

利益联结机制的阶段性特征由城乡产业的发展程度决定。在实践中,城乡产业、企业以及农户等市场行为主体在新型生产关系中都经历了相互适应、相互提升和相互融合的过程。在城乡产业融合中,应加强制度创新和组织结构创新,参考当地城乡产业发展水平和资源禀赋条件,因地制宜地选择符合城乡产业各行为主体利益的联结机制。

(2) 利益调节机制

该机制是指在产业融合过程中,主动采取一系列措施,提升产业融合主体的收益预期并激发其内生活力,从而推动城乡产业融合可持续发展的过程及其机理。

在产业融合之前,只有当预期收益足够高时,才能有效激励各主体创新生产经营模式。为了提高主体对收益的预期,进而促进城乡产业融合发展,政府亟须采取以下激励措施:一是为各类生产经营主体提供税收优惠支持;二是在融资方面给予支持,以降低其融资成本;三是借鉴国外经验,对有利于城乡产业融合发展的经营项目,政府应提供适当的财政补贴,以保障其经营收益并提升其参与积极性。

在产业融合过程中,不同生产经营活动的参与主体根据各自利益联结机制获得不同的收益。由于政府在利益调节中扮演主导角色,政府既可以利用政策手段支持各主体进行产业融合发展,也可以通过制度安排将部分处于优势地位主体的利益转移至弱势经营主体。常见的利益让渡方式包括:企业等主体为合作的农户提供贷款担保等金融服务,以缓解其融资压力(Tian et al.,2020),或向农户提供低价化肥、种子等生产资料,帮助其“降本增效”。

(3) 利益约束机制

该机制是指为了确保农村产业融合有序发展,对融合主体的经济行为及其相互关系进行规范和界定的一系列制度安排的集合。

正式制度约束包括各种法律法规及合作组织的章程等,而非正式制度约束则涉及习惯、习俗、社会规范等。这两者相互作用,互为补充。正式制度为非正式制度的有效发挥提供了保障;当非正式制度约束的强制力不足时,正式制度约束便发挥作用;后者是前者的补充说明,如果缺乏非正式制度约束,产业融合运行的成本会很高。此外,非正式制度约束可以转化为正式制度约束,这有助于有效遏制机会主义行为,提升经营效率。

4.4.4 城乡产业融合发展的保障机制

1. 产业发展保障机制的内涵

城乡产业融合发展的保障机制是指支撑城乡产业融合发展的相关环境支持的集合。城乡生产关系的变革推动了城乡产业融合发展。农村产权与经营制度的变迁促使农村从单一农业向农业产业化转变,再到农村三次产业的融合发展,最终催生了农村产业的新模式和新业态,城乡之间的产业融合也不断加深。作为一个系统性工程,城乡产业融合过程中不仅需要各类经营主体的参与,而且还需要生产要素的重组与优化配置。

2. 产业发展保障机制的关键环节

(1) 农村土地制度优化及权益保障。一是各地应因地制宜,进一步细化相关政策法规,强化规章制度对生产经营主体行为的约束力,并增强对土地市场交易的监管。二是统筹推进征地、宅基地及集体建设用地的产权制度改革。进一步完善城乡建设用地规划方案,继续执行“城乡建设用地增减挂钩”制度,促进相关土地市场的融合发展。三是完善规章制度与政策体系。加快修订和完善与土地管理相关的配套制度,推动农村土地产权制度改革。同时,加强土地产权制度改革的宣传,积极向农户及其他参与主体传达和解释改革的核心内容,以利于改革的顺利推进(李明华,2015)。

(2) 完善的农村金融市场服务体系。一是建设和完善农村金融市场。解决农村金融供给不足和产品单一的问题;充分利用互联网平台等新兴技术,建立手机银行、移动支付等线上信贷功能与线下服务相结合的模式,提升服务水平(温涛和何茜,2023)。二是构建政策性、商业性保险与附加险相结合的、多样化与个性化并存的保险体系,保障涉农产业的多元化发展。推动农业保险市场化改革,完善普惠保险机制,建立政府基础保障与市场增量保障功能协调发展的体系。三是完善农村金融激励政策体系。政府须采取措施,鼓励金融机构更好地服务农业发展。

(3) 完善的农业科技服务体系。增加涉农科技推广的经费投入,完善农业科技从业者的人事制度与激励机制,建立高水平、专业化和规模化的服务团队。积极引导科研院所参与农业科技服务,并注重将理论分析与生产经营活动相结合。最终,有助于构建政府公益性推广系统、科研院所事业性推广系统与企业等市场性推广系统协同发展的农技推广服务体系(彭凌凤,2017)。

4.5 城乡产业融合发展的策略与政策

4.5.1 强化城乡产业政策与制度创新

1. 完善城乡产业融合扶持政策

城乡产业融合发展需要国家政策的支持，特别是要为乡镇企业招商引资和优化营商环境打下坚实基础。同时，应稳步且谨慎地推进农村宅基地制度改革的试点工作，妥善处理土地与农民的关系，完善宅基地权能，并通过农村土地产权制度和金融体制改革为各经营主体提供要素支持。

由于农业发展具有较长的周期性，我国城乡经济结构的二元特征愈发明显，这导致了城乡之间的产业融合状况不佳。为了减轻其对城乡融合发展带来的负面影响，迫切需要从产业政策方面提供支持。具体而言，可以通过建立和完善农业支持保护制度、完善城乡产业融合发展的科技支撑体系以及构建城乡财税政策一体化机制等措施来推动产业融合发展。

首先，作为一个农业大国，构建一个覆盖面广、针对性强、注重实效、配套完善且操作性强的农业扶持和保护制度，有助于提高农业优先发展的精准度、稳定性和实效性，从而为我国农业产业的转型升级提供有力的支撑与保障。其次，要建立完善的农业投资增长机制，加大对农业基础设施的投资，补齐发展短板，构建与之相匹配的利益关系。最后，在此基础上，构建农村财政与税收相结合的制度体系，以更好地服务城乡产业发展。建立农村与城市之间的投入体系与机制，增加政府对农村的支持力度和比例，以解决长期存在的资金不足问题，为农村发展提供有力支持，进而提升其生产条件和产出水平。

2. 创新融合型产业监管制度

产业融合将打破原有产业边界，这一变化可能遭遇现行监管体系的阻碍，也可能产生监管空白，从而导致市场混乱甚至出现垄断现象。为应对这种情况，发达国家采取了一种包容且稳健的监管方式，并尽可能为产业融合发展提供便利。

在数字经济快速发展的背景下，应最大限度地利用其对产业融合的赋能作用，并在数据隐私保护、反垄断、保护消费者权益等方面加强监管。推动互联网、大数据、新媒体和其他新技术与城乡产业融合监管的深度融合。采用互联网定向监督的方法，建立和完善激励机制与纠错机制，将违法失信名单、行政执法记录和市场监管信息进行整合，并对不同类型的实施主体进行动态监督评价。这样可以在更广泛的范围内节省人力资源，提升行政效率，减少寻租空间。探索有效的柔性执法手段，加强互联网监管与行政执法的有机衔接，通过柔性执法对农业全产业链进行监管，以降低违法行为的发生率，同时也有助于行政机关树立良好的监管者形象。在推进城乡产业融合的过程中，应积极借鉴国内外城乡产业发展的先进经验，对现有政策规定进行梳理，及时废止或修订不适应产业发展的政策规定，为城乡产业融合营造一个与时俱进、更具包容性的监管环境。同时，严格规范市场经营主体的行为，建立有效的风险防范机制，尽可能避免产业融合过程中可能出现的市场失序或垄断现象。

3. 推进农村产业准入负面清单制度

首先，在制定负面清单时，必须明确目标效果并强化保障措施。在编制阶段，应尽量与当地实际情况相结合，进行全面考量。在符合负面清单管理要求的前提下，盘活企业发展。根据地方实际情况，因地制宜地制定禁止进入和限制发展产业的目录，明确种植业、畜牧业和渔业的产业发展方向及开发强度，加强市场准入管理和底线约束，采取多种措施推动重点区域资源保护及重度污染区域治理。力求在推动乡村产业融合发展的同时，维护和提升自然生态及其服务价值。在执行环节，应给予生产经营者充分的表达机会，积极征询他们的意见和建议。同时，以实际结果为依据，通过合理方式对现行准入清单的完整性和实施效果进行评估，并及时对不足之处进行修订和调整，以稳步推进农村产业准入负面清单的精准实施，增强实际效果。此外，需要全面考虑农业产业链的未来规划、现状、管控要求以及与产业结构的协调适配度，同时明确区域内涉农产业的发展状况，并据此制定合理的准入条件。

其次，建立健全的法制框架是完善负面清单制度的基础。鉴于绿色农业发展是大势所趋，必须加快相关法律法规的更新步伐。具体来说，一方面，应对与农业绿色发展密切相关且与农村产业准入负面清单制度相衔接的法律法规体系进行深入修订；另一方面，适当拓展与绿色农业发展相关的政策，识别尚未得到法律支持但需解决的问题，并针对这些问题进行补充和完善，以切实保障农业生产经营中的合法权益。

4.5.2 提升城乡产业经营主体的能级

1. 推动小农户向高质量规范化家庭农场转变

家庭农场是规模化生产的主体，肩负着农产品生产的重要职责，并对小规模农户起到示范作用。家庭农场既能实现小农家庭化的精细种植，也能有效引入生物和机械等技术，提高土地产出，提升劳动生产率，以及提高资源利用效率。目前，小农户向家庭农场的转变，首先需要更新经营理念，加强人才培训力度和知识储备，引导他们进行经营方式的变革，鼓励使用先进的科技和生产手段，在提升生产技术水平的同时，提高生产经营的集约化水平。政府应组织家庭农场参与科研院所、高校、农业协会等专业机构举办的培训项目合作，强化和完善农业创新型人才的培养体系。同时，在小农户转变过程中，应根据其自身发展状况和条件，避免盲目追求规模化。根据小农户转变过程的阶段性和区域差异性特点，挑选一些模范家庭农场作为示范，引导小农户对标学习，提升生产经营水平。

2. 重点培育农民综合合作社和合作社联合体

充分发挥专业合作组织在引领方面的作用，将农户纳入农产品供应链体系。合作社作为产业链的关键主体，为农业产品提供垂直一体化的服务，包括高质量采购和供应农业生产资料及农用设备，推广新技术，获取技术信息和市场信息，以及对农产品进行分级、包装、加工、储存、运输和营销等。特别是，合作社在市场和农户之间扮演着桥梁和纽带的角色。通过专业合作社，可以实现生产的规模化，并根据市场需求调整产业结构。在参与产业链的过程中，合作社成员可以通过执行统一的生产标准和质量标准，打造具有区域地理特征和质量特色的产品品牌。随着农业现代化和市场化的不断提升，农民综合合作社可以考虑将生产分工合作和组织职能细化作为发展方向，根据不同区域资源禀赋和市场需求的差异，制定相应的发展策略，强化专业化职能。

3. 大力探索农村股份合作经济组织建设

农村股份合作社应基于种植与养殖的实际状况，积极发挥其“领导”作用和优势，适应传统农业向现代农业转型的组织需求，精确寻找并拓展新的发展领域。同时，应始终将农业社会化和现代化服务作为重点，积极吸纳城市社会资金，并与政府财政资金整合，强化农村股份合作经济组织的综合经济功能，并逐步将其扩展至全产业链的综合服务。

提升农业股份合作社的现代化水平，首先需加快农村股份经济合作社法人地位的确立，并给予合作社独立的职权，使其能够最大限度地自主开展生产经营；其次，要充分发挥政府的引导作用，加大对合作社的指导和培养力度，强化对合作社在土地、税收、资金、人才等方面的支持，完善合作社的运营体系；第三，要建立健全农村股份经济组织的内部治理机制，充分激发农户的参与积极性，完善利益分配和风险共担机制；第四，提倡合作与开放，打破以行政村为单位的集体经济发展局限，加强农村股份合作社之间的交流与合作。此外，可以通过成立具有地域特色的合作社联合会，从而在生产销售、技术推广和品牌建设等方面提升农村股份经济合作社的综合服务能力。

4. 积极培育城乡产业融合中具有带动作用的龙头企业

2021 年中央一号文件指出，要加快完善现代农业全产业链生产标准，鼓励新型农业参与主体按照标准进行生产，重点培育涉农龙头企业作为“领头羊”。龙头企业的茁壮成长，既需要政府的支持，也离不开企业自身的努力。在政府层面，各级政府应定期进行评估，对具有较强带动作用的企业给予政策扶持。特别是龙头企业通常面临高投入成本、长回报周期和突出的融资需求，因此，政府除了提供财政补贴外，还应协调商业金融机构提供针对性的农业产业信贷服务。对于龙头企业自身来说，应加大科研资金投入，加快新技术改造和创新。企业应善于运用互联网、大数据、新媒体等工具提高生产效率，并通过深加工提升产品附加值。同时，企业应加强与高等院校和科研机构的合作交流，不断学习和掌握最新的农业科技成果，以提高企业的科技水平。

5. 激活新兴现代服务企业融合动力

为农业农村产业提供专业服务咨询的企业在城乡产业融合中发挥着重要的作用,它们能够为乡村产业提供决策咨询和技术支持等服务,将现代化信息知识与产业融合相结合。因此,地方政府在推动城乡产业融合发展时,应重视服务咨询企业的作用。在融合发展项目的研发、策划、规划、设计、投融资、招商、运营等全过程中,应创造机会让国内外服务咨询公司提供高质量服务,以促进知识、创意等要素向农村产业发展的转化。

在数字化转型的背景下,应鼓励城乡服务业企业利用大数据、网络、人工智能等新兴技术,建立城乡产业数据库,为农业经营主体开发相关软件,通过创新驱动提高数字经济的产业渗透率,增强各利益主体利用信息服务的更新能力。应以更加包容的态度支持服务业新业态的发展,建立一套能够激发服务业创新的生态系统,对数字服务和平台经济进行规范和有序的发展。同时,及时弥补监管不足,推动制造业服务化和服务型制造的发展。此外,应对产业融合衍生的跨行业市场准入规则和政策框架进行明确,为产业融合过程中出现的新业态和新服务的健康发展营造一个良好的生态环境。

4.5.3 完善农村产业发展基础条件,改善营商环境

1. 加速构建农村新型基础设施与数字服务平台

近十年来,农村公共基础设施建设日益完善,为农业现代化和农村新兴产业发展奠定了坚实的基础。然而,为了构建城乡一体的生产和市场网络,仍有必要进一步完善基础设施,尤其是改革基础设施的管理体制和机制,以形成城乡统一的管理体系。此外,为了适应新业态产业发展的需求,农村地区需要加强新型基础设施的建设,缩小城乡数字化差距。

一方面,支持智慧农业的发展,推动信息技术在农村产业融合中的应用。提升农户的数字技能和素养,通过数字技术提升农村公共服务的发展,促进“互联网+政务服务”在农村地区的普及。重点解决实际问题,拓展涉农大数据的应用场景并优化其使用环境。加速推进数字乡村规范化建设,创建并完善相关评价指标体系,继续推动数字乡村试点建设,着重提高乡村信息基础设施的建设水平。

另一方面,构建信息服务共享平台。政府需加强与龙头企业及互联网企业的交流合作,打造有利于城乡产业融合发展的数字化服务平台。实现政府、经营主体与农户之间产业信息的共享,特别是利用大数据等新兴互联网技术推动资源和服务在社会层面的共享。在数字经济的发展背景下,借助数字化信息服务平台,推动农村新型生产经营主体、服务咨询类企业以及互联网平台等在数字服务空间中的集聚,这将有助于加快信息等要素在城乡产业融合发展中的流动,从而促进各经营主体之间的资源共享,降低经营风险。

2. 大力培养农村能人，为产业发展提供人才支撑

第一，培育新型职业农民。为了更好地适应农业发展的新要求，应当全面提升农民的基本素质，重点培育具备知识文化且懂得企业经营管理的新型职业农民，以满足产业发展对新型人才的需求。鼓励城市人才参与城乡产业融合项目，落实人才引进政策，并实施人才补贴。政府应设立专项基金，用于新型职业农民的培训。

第二，积极引进人才。随着农村新型产业和新业态的发展，仅依靠农村本土人才的培养已无法满足产业发展的需求。当前，迫切需要引进城市的技术和管理专业人才。一方面，农村集体经济组织应创造良好的工作和生活条件，并在股权激励等方面提供适当的制度安排；另一方面，政府也应消除限制城市和社会投资者及管理人才落户农村的障碍，建立城乡人才流动的双向机制。

第三，培养创新型人才和技术型人才。一方面，要统筹建立分类评价体系，侧重以创新、质量、效果和贡献为评价标准，优化人才奖惩制度；另一方面，要构建高效的管理体制，鼓励人才从追求名利转向追求创新和技术，使创新成为社会共同的追求。此外，要完善“留人”的服务体系，加强国家科技资源围绕创新型人才的配置，充分利用和发挥高水平人才的才能、潜力和抱负，提升科技人才的归属感和认可度。

3. 优化农村产业发展的营商环境

第一，扩大产业市场准入范围，优化产业发展空间。持续拓展农村市场发展空间，鼓励和引导城市的人才、资本、技术等生产要素及产品服务流向农村，以推动农村地区相关产业的发展。扩大农村产业市场范围，利用城市成熟的产业市场发展农村产业，提升农村产品生产服务的效率，带动农村地区的经济发展，力求与城市产业市场趋同，促进城乡产业融合。

第二，加强营商环境的法治管理，强化产业知识产权保护。除了资本和劳动要素，知识和技术也是产业发展不可或缺的生产要素。加强产业知识产权保护是保护产业发展技术创新的关键。政府应积极完善知识产权保护体系，维护产业相关的创新成果，降低产业融合发展中的创新风险。在知识技术创新的溢出效应下，促进产业融合发展，以在投入产出不确定性和市场风险中获取预期收益，推动技术创新，形成良性循环。此外，政府还应引导城乡产业技术创新成果的共享，在保护技术创新主体利益的基础上，促进技术创新的共享，尤其是在农村地区，共享技术将带动农村产业发展，进而促进城乡产业大融合。

第三，强化营商奖惩制度。所有经营主体都应遵守营商规则，政府和企业应制定相应的营商激励和惩罚制度。以城乡产业融合项目发展过程中产生的溢出效应，如居民收入的可持续增长、产业链的可持续发展状况等作为考核核心指标，按照合理标准给予产业融合经营主体相应的奖励和补贴，同时鼓励农户参与产业融合项目，通过资金或土地经营权等方式入股，以获取更多利益。对于不利于产业融合的项目，政府及行业协会等公共组织

应进行监督,一旦发现问题,应公开处理,暂停项目,限制其进展,并对相关企业进行批评和惩罚,以维护良好的营商环境。

4.5.4 推进现代产业链的优化升级

1. 以“生态化+”构筑现代生态产业链

第一,通过推动产业生态化和生态产业化,可以促进绿色产业的发展,从而有利于构建绿色生态产业链。首先,应持续推动传统产业的生态化转型。其次,支持和壮大生态产业的发展。最后,重视构建绿色生态产业链。一方面,要加强产业链各环节之间的协同合作,实现资源的有效流转和循环利用;另一方面,推动产业链的延伸和拓展,鼓励不同生产环节的企业建立紧密的合作关系,实现资源共享和互利共赢。

第二,推进生态文明制度体系的建设,加强对生态产业的制度保障。生态环境保护与产业融合体系的发展密切相关,因此需要完善产业融合发展考核评价体系,特别是要将能源消耗、环境污染和生态红利等反映生态文明建设状况的指标纳入其中,并合理设置权重,以促进这些指标在产业生态化中发挥指导和约束作用。此外,一方面,要加强对缺乏法律约束或不严格遵守法律规范的行为的监管,推动建立完整且系统的制度体系,实现现代化生态治理;另一方面,增强制度的执行力,建立并完善长效监管机制,避免在生态文明建设领域出现“违法成本低、守法成本高”等扭曲现象,为构建生态产业体系提供政策保障。

第三,推动生物质产业的发展,培育生态产业链。首先,加强生物质能源技术的研发和应用,提升能源利用效率,减少对传统能源的依赖。同时,鼓励企业投资生物质能源产业项目,逐步提高生物质能源在能源结构中的比重。其次,培育循环生态产业链。一方面,通过资源的协同利用和循环再生,实现生物质能源的全过程和循环利用;另一方面,加强生产经营各环节之间的协同合作,优化生物质能源的生产、加工、运输和利用等环节,促进形成闭环循环的生态产业链。最后,加强政策支持和市场引导,以促进生物质产业的健康发展。

2. 以“精细化+”延伸特色农产品深加工产业链

第一,创新农产品精深加工,推动农业产业链现代化升级。农产品从粗加工向精深加工的转变,应重点依托科学技术,开展农产品智能加工技术的研发与推广,加强现代农业工业技术体系的建设。创新农产品深加工,通过生物、工程、信息技术的集成应用,建设标准化、智能化的深加工设施,提升深加工效率,减少初级农产品在流通中的损失,优化农业生产供应链,促进产业的持续、长期、稳定增值。创新生产经营模式,将农产品供应链管理与互联网运营相结合,创建特色农产品深加工的新模式。完善产业链关键环节的技术支撑和瓶颈突破,联合主要科研机构补齐短板,研究和解决农产品精深加工中的各类问题。

推进产业联合体和产业联盟的建设，以企业为主导，连接农产品产业基地与销售服务，共享产业链增值效益，聚集生产、流通、销售等要素，推动农产品产业链的转型升级。

第二，促进农产品精深加工品质的飞跃，优化农业产业布局。依托农产品资源优势，以农产品集约化加工为核心，构建类型丰富、深加工特色鲜明的产业集群。通过产业集群，推动农产品精深加工业的发展，形成生产、加工、流通企业的区域产业集群，提升整个产业的发展水平。提升农产品深加工的质量，转变发展模式，建立高水平标准化和示范生产基地。优化产业布局，完善产业体系，整合价值链，畅通生产与营销的衔接，提高农产品的综合效益。培育强大的农产品精深加工龙头企业，发展具有区域特色的知名农产品品牌。加强农产品精深加工业的技术研发和投资，构建稳定的生产和营销供应链，实现大规模、产业化、品牌化、标准化的经营。将互联网、大数据、人工智能等现代技术与深加工农产品产业品牌建设相结合，通过新媒体等宣传推广手段，扩大深加工农产品企业的品牌影响力。

3. 以“创意化+”拓展现代多功能产业链

第一，促进产业与文化的融合，优化和拓展乡村文旅产业链。当前，我国乡村旅游业与文创产业的融合发展程度不高，尤其是乡村旅游发展中缺乏文化创意元素的融入，且文化创意产品在乡村旅游领域种类单一。因此，为了提升乡村旅游产业发展的可持续性，需要重视其与文创产业的融合，特别是利用文创产业推动乡村旅游的发展。首先，应根据地区特色建设乡村旅游与文创产业孵化中心，重点支持一些文创企业；积极吸引乡村旅游和文创行业的人才，并完善相关福利政策，加强与文化机构或创意公司的交流合作；鼓励拓展文化创意产业链，同时优化产业链上下游企业的合作模式。其次，在打造乡村旅游文创园区时，促进旅游与文创的深度融合，充分挖掘和有效利用农村特色旅游资源，持续丰富和完善服务类别与质量，塑造乡村旅游文创品牌形象。

第二，加大对创意文化产业的扶持力度。凭借其投资效应和对其他产业的拉动作用，创意文化产业已成为新兴的行业热点。许多地方政府已对文化创意产业进行规划，不仅明确了本地区重点发展的创意行业，还在投融资、外贸、人才引进与培训等方面建立了政策支持体系。为了进一步拓展产业链，政府应在以下三个方面加强政策推动：一是制定并完善符合当地创意产业发展的中长期规划，精选重点行业进行优先扶持，明确产业发展的短期和中期目标；二是建立并优化创意产业的投融资机制，拓宽融资渠道，帮助当地企业更好地获得资金支持；三是细化人才培养制度体系，特别是将文化创意行业人才的培育和引进作为优先事项。

4. 以“数字化+”提升现代化全产业链服务水平

第一，加大对5G通信、物联网等新型基础设施的投资，为传统行业的转型升级和产业供应链的优化升级奠定坚实基础。鉴于信息基础设施的完善是推动传统产业转型升级的关键，应强化新型基础设施建设，积极构建大数据网络中心和互联网服务平台，提升数据分析处理能力;加快构建以先进制造业为支柱的现代产业体系,并通过完善以新型通信技术为动力的新兴产业体系,助力产业链和供应链的改造升级。

第二,推动数字化技术与全产业的深度融合,巩固产业基础,确保产业链和供应链的稳定。我国城乡产业升级转型的方向是促进城乡产业的数字化、智能化和网络化。一方面,应在研发、生产加工、物流仓储和销售等多个环节中,扩大数字技术的应用,实现企业生产制造和管理决策的数字化转型升级;另一方面,应建立并完善数字化背景下的城乡产业发展融合体系,为现代化全产业链和供应链的稳定发展奠定坚实的产业基础。

第三,加强城乡产业数字化转型所需的人才队伍建设,为产业链和供应链的现代化提供人才支持。对于传统制造业而言,企业应利用大数据、互联网、人工智能等信息技术发展的机遇,重视数字化人才队伍的建设,通过培养专业人才提升产品生产和制造的数字化能力,从而增强产业链和供应链的竞争力。相关部门应出台激励措施,发挥数字技术在传统产业改造升级中的引领作用,引导企业与高校、科研院所等开展合作交流,加强对数字化人才的培养,营造良好的科研环境,为科技创新和传统产业数字化转型提供人才支撑。

4.5.5 完善利益、风险与信息协同机制

1. 完善利益协同共享机制

在某种程度上,县域内新型农业经营主体的集聚,也可以被看作是一种产业集聚现象。这种集聚方式可能使农户通过复杂而精密的社会网络接触到各类新型农业经营主体及其相关活动。因此,将利益联结机制视为小农户与新型农业经营主体之间建立和健全社会网络的一种手段,是有充分理由的。在利益联结机制方面,合同契约和订单契约是两种主要形式。利益联结机制越紧密,龙头企业的带动作用就越显著。不应仅关注城乡产业的融合,而应构建一个互利共赢、风险共担的利益联结机制,以确保农户收入和财富的增长。为了有效提升订单农业的运营质量,需要对现行合同条款进行改进,使合同内容更加规范和严谨。在这个过程中,不仅要大力推广新型经营主体与普通农户签订的保价合同,还应根据收购数量提供相应的利润返还或二次结算补偿。此外,还需要在产业链各环节创新连接模式,激发各方利益关系的协同发展,最终形成由政府、企业、学术界和研究机构共同参与的农业产业技术创新与价值增长战略联盟。同时,推进"农超对接"工作,实现农业与现代商业活动的双向合作。此外,应有针对性地引导新兴产业发展,并鼓励新型经营主体和广大农民利用互联网、金融创新等前沿科技手段,建立和完善多元互惠的合作机制,以实现收入增长的目标。

对集体财产进行产权明确,可以理顺各方利益分配关系。考虑到我国各区域在资源禀赋、区位优势和工业基础等方面的差异,相应的利益联结机制也应有所区分。在实际操作中,一些地方忽视调查研究,不根据实际情况,简单地复制模式,最终未能形成稳定、持久的利益联结机制。在构建利益联结机制的过程中,应发挥民主政治的作用,充分尊重农

户意愿,采取符合农户意愿且兼顾各方利益的方式,形成一套完善的利益联结策略。地方政府应充分发挥其在各方面的指导作用,鼓励各方参与主体积极探索,并及时总结和完善,适时废止或改进不适宜的模式。

2. 完善风险协同共担机制

第一,增强不同经营主体间的风险共担意识,完善风险协同共担机制。城乡产业融合发展可以借助股份合作、产业合作制等利益联结机制,促进农民参与城乡产业融合,加快农民与企业之间利益相互关联和共享的实现。这种联结机制不仅能拓宽农民的收入来源,还能提升他们的生产技术和管理水平,从而推动农村经济的多元发展和农业现代化。在城乡产业融合发展过程中,可以通过建立订单合同模式的利益联结机制来完善风险协同共担机制。例如,龙头企业可以与农民签订订单合同,农民主要负责提供企业所需的生产原料,企业则按照订单规定的数量和价格进行收购。有些企业会以保护价格收购农产品,或者通过利润返还和二次结算的方式进行利益补偿。此外,一些企业还为农户提供农产品生产经营的一条龙服务,并统一提供各种技术支持。这样既提高了农产品的质量,又促进了稳定订单农业关系的形成,并有助于逐步建立完善的订单农业信用体系。在这种体系下,所有活动都按照合同订单的规定执行,风险由各方共同承担,利益则共享。通过建立股份合作型的利益联结机制,可以进一步优化风险共担机制。农民将土地、劳务、资金等资产入股企业,而企业则以资金、技术、品牌等入股,支持农民合作社的运营。这种合作模式旨在实现农业与企业之间的互利共赢,推动资源共享和风险分担,促进农业发展和乡村振兴。通过产权联结,实现企业与农户之间的优势互补,合作社可以借助企业解决市场、技术和管理等难题,而企业则可以利用合作社统一经营土地,建立更稳定的农产品供应基地。此外,通过形成农业等产业企业一体化模式,可以不断建立和完善风险协同共担机制。产业企业一体化是指在产业融合过程中,企业通过付出成本获得其他经济主体的经营控制权,形成产业一体化组织。在这种组织模式下,产业不断延伸融合,产生新业态、新模式,每个经营主体都在相互影响中形成了由企业所有权分配的利益和共同承担的产业风险关系。

第二,持续加强对产业发展风险的管控、规避和约束。在城乡产业融合发展的过程中,相关部门需要对政策风险等可控风险进行预测和规避,确保城乡产业融合的长期稳定发展。对于不可预见的不可控风险,要确保有应对的应急措施,并与企业共同将风险控制在最小范围内。

第三,鼓励政府与各类经营主体共同设立风险基金制度,完善风险保障制度。根据产业融合发展可能出现的可控与不可控风险,按照经营状况合理比例设置风险补偿基金,以适度规避未来产业发展中可能出现的风险,构建风险防控网络。同时,可以聘请风险评估专家对产业发展风险进行评估,根据不同产业融合项目的风险预测和可控性制定最合适的保障制度,最大限度地降低城乡产业融合发展所面临的风险。

3. 完善信息协同共享机制

第一，确保城乡产业融合发展目标、利益和信息的三者一致性。只有当城乡产业融合的目标和利益达成一致，产业融合信息才能实现共享。只有各个生产经营主体共同追求一个融合目标，才能增强主体间的凝聚力，进而更好地推动第一、第二、第三产业的融合。如果目标不一致，则需加强沟通或调整经营主体。目标一致后，利益的分配也需统一，以避免因利益分配不均导致的矛盾和冲突，这些矛盾和冲突可能会阻碍信息的传递。

第二，利用区块链等科技手段促进信息协同共享。为了全面建立信息协同共享机制，需要借助科技的力量，比如运用大数据、物联网等新兴技术构建信息网络，建立信息沟通和公开交流平台，促进信息在经营主体和组织间的高效、准确传递，实现信息协同共享，尽量减少或避免因城乡产业融合经营主体间信息不协同和信息不对称导致的生产经营不稳定。此外，应详细记录生产过程的每一步，确保每位经营主体了解和掌握产业融合发展的相关信息，及时进行信息汇总与反馈，以更好地推进城乡产业融合发展。

第三，消除信息壁垒，打破阻碍城乡产业融合信息流动的体制性障碍。在城乡产业融合发展过程中，城乡二元制度的影响不可避免。我国历史发展中的城乡二元制度往往更倾向于城镇，这无形中构筑了一道信息壁垒，导致农村企业获取的信息服务与城镇企业不平等。不同经营主体间信息服务的差异最终会对城乡产业融合发展产生不利影响。因此，在城乡产业融合发展过程中，必须消除信息壁垒，实现城乡信息服务的一体化，建立与城乡产业融合发展相适应的信息体系。

参考文献

[1] 郭振宗.中国城乡产业融合发展的阶段性特征、发展趋势及促进对策[J].理论学刊，2013(8)：52－56.

[2] 肖卫东，杜志雄.农村一二三产业融合：内涵要解、发展现状与未来思路[J].西北农林科技大学学报(社会科学版)，2019，19(6)：120－129.

[3] 周振华.信息化与产业融合[M].上海：上海三联书店，2003.

[4] 厉无畏.创意产业导论[M].上海：学林出版社，2006.

[5] 韩顺法，李向民.基于产业融合的产业类型演变及划分研究[J].中国工业经济，2009(12)：66－75.

[6] 张来武.产业融合背景下六次产业的理论与实践[J].中国软科学，2018(5)：1－5.

[7] 郝武峰.产业链视角下我国农村一二三产业融合发展研究[D].北京：中共中央党校，2021.

[8] 顾相君.以数字乡村建设推动城乡融合发展[J].宏观经济管理，2023(9)：46－53.

[9] Zhang Z P, Sun C, Wang J. How can the digital economy promote the integration of rural industries—Taking China as an example[J]. Agriculture, 2023, 13(10): 2023.

[10] 苏毅清，游玉婷，王志刚.农村一二三产业融合发展：理论探讨、现状分析与对策建议[J].中国软科学，2016(8)：17－28.

[11] 陈元刚，张玉欢.我国“传统农业”向“现代农业”转型的路径探讨[J].重庆理工大学学报(社

会科学),2021,35(8):105－117.
[12] 赵颖文,许钰莎,何鹏,等.新时期成都市城乡产业融合发展的现实基础、问题挑战与促进对策[J].决策咨询,2021(5):23－29.
[13] Wang C, Xu F. Challenges and solutions for promoting urban-rural industrial integration in the context of rural revitalization[J].Agricultural Studies,2023,7(2):16－24.
[14] 陈美球,蒋仁开,朱美英,等.乡村振兴背景下农村产业用地政策选择——基于“乡村振兴与农村产业用地政策创新研讨会”的思考[J].中国土地科学,2018,32(7):90－96.
[15] 韩江波.“环-链-层”:农业产业链运作模式及其价值集成治理创新——基于农业产业融合的视角[J].经济学家,2018(10):97－104.
[16] 朱广芹.依托城镇网络完善城乡分工体系研究[J].学术交流,2010(6):90－94.
[17] 李明生.论城市经济区生产协作网络[J].中国人民大学学报,1989,3(2):48－54.
[18] 易醇,张爱民.城乡一体化背景下的城乡产业融合协同发展模式研究[J].软科学,2018,32(4):105－109.
[19] 王志宝,孙铁山,李国平.区域协同创新研究进展与展望[J].软科学,2013,27(1):1－4,9.
[20] 王丽平,苏玉娇.联结组合框架下区域产业协作优化策略研究——对京津冀区域共性技术的分析[J].科技进步与对策,2019,36(17):37－46.
[21] 宁夏.构建促进城乡融合发展的科技支撑体系[J].发展研究,2019(12):96－100.
[22] 赵立秋.中国农业现代化发展的技术支撑体系构建研究[D].哈尔滨:东北林业大学,2011.
[23] 张辉,崔泽民,宋玮,等.英国现代农业发展的启示与建议[J].中国农业资源与区划,2016,37(4):62－68.
[24] 孙生阳,孙艺夺,胡瑞法,等.中国农技推广体系的现状、问题及政策研究[J].中国软科学,2018(6):25－34.
[25] 石肖琳.黑龙江农业科技合作共建:农业推广体系的创新[J].学术交流,2008(11):114－117.
[26] Liu M, Min S, Ma W L, et al. The adoption and impact of E-commerce in rural China: Application of an endogenous switching regression model[J]. Journal of Rural Studies, 2021, 83: 106－116.
[27] 范丽美.我国统筹城乡商贸流通的对策—基于城乡市场分割与商贸流通制约视角[J].商业经济研究,2016(4):22－24.
[28] 任保平.市场分割背景下城乡商贸流通一体化运行模式及其实现路径[J].福建论坛(人文社会科学版),2011(4):18－24.
[29] 张益丰,吕成成,陆泉志,等.“环-链-层”融合与合作社的组织生态演化——组织融合驱动产业融合的实践机制研究[J].新疆社会科学,2021,(06):69－80.
[30] 陈维操.中国农村产业融合机制研究[D].成都:四川大学,2021.
[31] 芦千文.农业产业化龙头企业发展涉农平台经济的作用、问题和对策[J].农业经济与管理,2018(3):76－84.
[32] 熊肖雷.城乡绿色农业产业链协同发展的实现机制研究[J].当代经济,2021(1):88－92.
[33] 蒋永穆,陈维操.基于产业融合视角的现代农业产业体系机制构建研究[J].学习与探索,2019(8):124－131.

[34] 陈慈,龚晶,周中仁.农村产业融合中利益联结机制的差别化构建研究[J].农业经济,2021(3):87-89.
[35] 罗平.新时代中国城乡产业融合机制论[D].成都:四川大学,2022.
[36] Tian X, Wu M, Ma L, et al. Rural finance, scale management and rural industrial integration[J]. China Agricultural Economic Review, 2020, 12(2): 349-365.
[37] 李明华.发展农村土地产权交易市场:当前我国农村综合改革的最大红利[J].探索,2015(1):114-118.
[38] 温涛,何茜.全面推进乡村振兴与深化农村金融改革创新:逻辑转换、难点突破与路径选择[J].中国农村经济,2023(1):93-114.
[39] 彭凌凤.农业科技推广模式的创新探索——新农村发展研究院服务农业科技推广的模式比较[J].农村经济,2017(2):104-109.

第 5 章　城乡融合发展与土地资源配置机制

5.1　导言

建立健全城乡融合发展体制机制和政策体系，是党的十九大作出的重大决策部署。2019 年中共中央、国务院发布的《关于建立健全城乡融合发展体制机制和政策体系的意见》中明确提出，要以完善产权制度和要素市场化配置为重点，促进城乡要素自由流动、平等交换和公共资源合理配置。基于此，2020 年中共中央、国务院发布了《关于构建更加完善的要素市场化配置体制机制的意见》。紧接着，在 2021 年启动了《要素市场化配置综合改革试点总体方案》。在劳动、资本、土地、技术、数据这五大生产要素中，推进土地要素市场化配置被放在首位，而构建城乡一体化土地市场则是这一过程中的关键环节。

然而，自 2008 年党的十七届三中全会最早提出构建城乡统一的土地市场以来，尽管历经多年改革，但农村土地市场体系仍未真正建立起来。农村土地所有权主体尚不明晰，产权权能受到国家管控的限制，农村集体缺乏自主的处置权。“三块地”（即农用地、宅基地和集体经营性建设用地）的改革尚未真正破局，城乡土地权利仍处于不平等的地位。农村集体土地存在明显的产权残缺问题，农村集体没有转让土地所有权的处分权，仅负有单向配合土地被征收为国有的义务。农村土地流转市场机制的不健全，严重阻碍了城乡建设用地的平等使用和自由流转。这导致农村土地无法分享工业化、城市化发展带来的增值收益，进而损害了农民的利益。从根本上说，这一现状阻碍了城乡土地要素的自由流动和市场融合发展。城乡融合发展的最主要障碍仍然是城乡二元分割的土地市场问题。因此，只有建立健全城乡统一的土地市场，优化土地资源配置机制，才能从根本上打破城乡二元分割的土地制度壁垒，实现土地要素的城乡自由流动和高效配置。

基于此，在城乡融合发展的战略背景下，从土地资源配置的供给机制、交易机制、调控机制、保障机制等多个维度，深入探索城乡土地市场机制创新的基本逻辑与实现路径，具有重要的现实意义。本章旨在系统梳理我国农村土地制度的演变历程，全面分析制约土地制度改革的关键因素。在此基础上，我们将基于土地资源配置效率和生产效率最优化的目标函数，提出改革农村土地制度的基本思路和政策建议，以期为推动城乡土地市场的融合发展提供有益参考。

5.2 我国城乡土地资源配置的制度演化

中华人民共和国成立以来,我国城乡土地资源配置的制度经历了显著的演变,逐步向城市土地国家所有、农村土地集体所有以及城乡土地使用权放活的方向推进,这一演变过程紧密契合了国家经济发展的需求,有力推动了我国的城市化与工业化进程。土地是城乡发展最基本、最重要的要素(任育锋等,2022),理解我国城乡土地制度演变对实现城乡融合发展具有重要作用。本章将从城市和乡村两个维度出发,系统梳理中华人民共和国成立以来我国土地资源配置的制度演进历程。通过对这一历程的回顾与分析,我们可以更深入地理解我国城乡土地制度的变迁,为未来的城乡融合发展提供有益的借鉴与启示。

5.2.1 我国城市土地资源配置的制度演进

中华人民共和国成立以来,随着社会生产力的提升和经济建设需求的变化,我国城市土地资源配置制度以国家政策的发布为标志,不断演进和发展,以适应生产力发展的需求,提高城市土地资源配置效率,促进经济发展。这一过程主要分为两个阶段:第一阶段是从中华人民共和国成立到20世纪80年代末的城市土地所有权与使用权“两权合一”的阶段;第二阶段是自20世纪80年代末至今的城市土地所有权与使用权“两权分离”的阶段,如图5.1所示。

1. 城市土地所有权和使用权“两权合一”阶段(1949—1988年)

从中华人民共和国成立到20世纪80年代末的四十年间,我国城市土地使用权并未从所有权中分离,制度上仅对城市土地的所有权进行了规定,城市土地的使用权和所有权处于“两权合一”的状态。在这期间,我国城市土地资源配置的制度经历了两个阶段的演进:从中华人民共和国成立到20世纪50年代中期的个体所有制阶段,再到20世纪50年代中期开始的社会主义改造运动,直至1988年《中华人民共和国土地管理法》(下文简称《土地管理法》)修正案的出台,进入了国家所有制阶段。

(1) 个体所有制阶段(1949—1956年)

在这一阶段,我国城市土地资源配置制度带有明显的“个体所有制”特征。1949年9月,《中国人民政治协商会议共同纲领》(下文简称《共同纲领》)规定了城市土地的所有权,保护工人、农民、小资产阶级和民族资产阶级的经济利益及其私有财产,除官僚资本所占有的部分城市土地被收归国有外,一般城市土地的个人所有权得到了承认。1950—1953年,随着农村土地改革的进行,政府根据《共同纲领》为城市土地所有人换发了新的《房地产所有证》。1954年,《中华人民共和国宪法》的颁布进一步确认和完善了城市土地的个人所有制。在这一阶段,城市土地的个人所有制继承了过去的土地私有制,并得到了广大人民群众的支持。它对于恢复和发展国民经济起到了重要作用。与此同时,1953年,

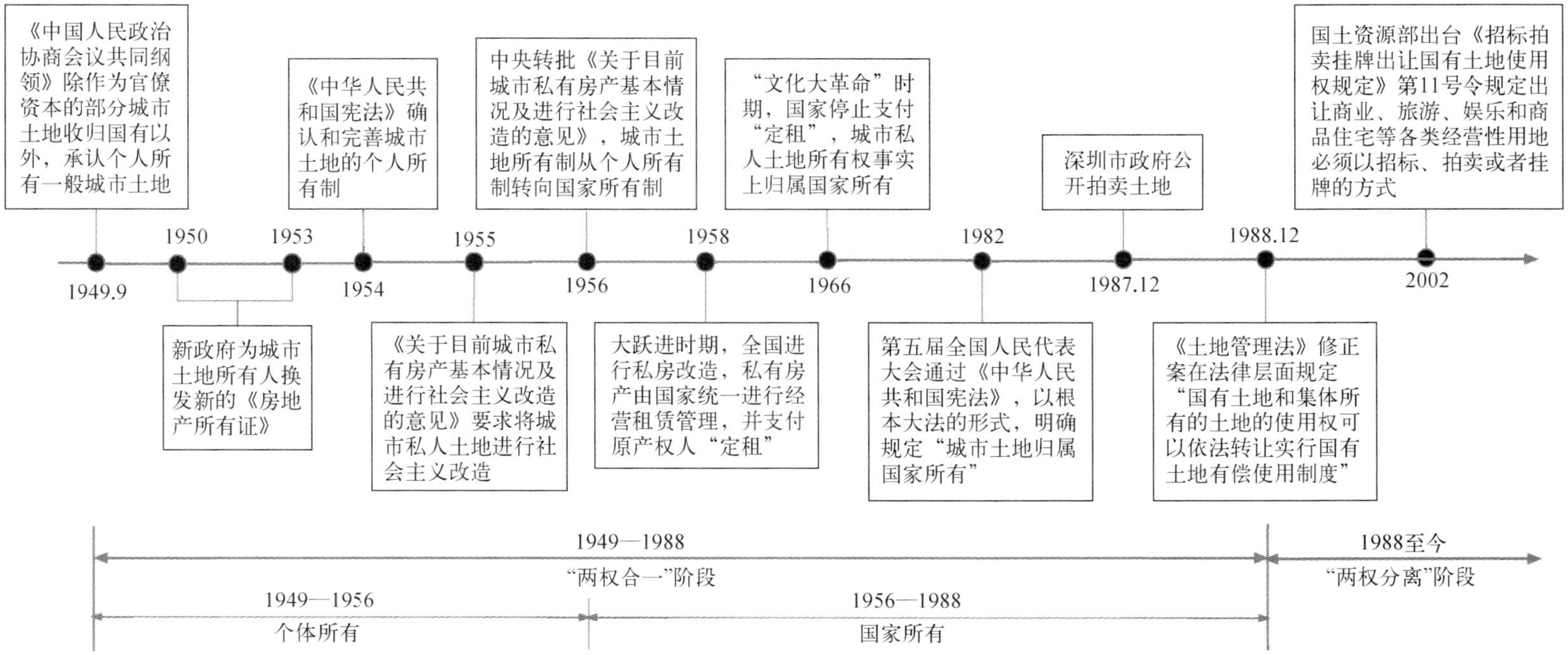

图 5.1 我国城市土地资源配置的制度演进

资料来源：作者整理。

国民经济的基本恢复，毛泽东主席提出了“过渡时期总路线”，国家的发展目标转向全面建设社会主义制度。由于城市土地的个人所有制与我国建成社会主义公有制的目标不一致，因此，土地制度开始酝酿变革，以解决发展目标上的冲突，为社会主义经济发展提供整体性的制度支撑（蔡继明、李蒙蒙，2021）。

（2）国家所有制阶段（1956—1988 年）

在这一阶段，我国城市土地资源配置制度转向了国家所有制。城市土地实行国家所有制，并采用无偿、无限期、无流动的划拨使用方式。1953—1956 年，我国迅速完成了社会主义改造运动，为开启社会主义工业化进程做好了准备。其中，1955 年发布的《关于目前城市私有房产基本情况及进行社会主义改造的意见》要求对城市私人土地进行社会主义改造。1956 年，该意见受到中央转批，指出应参照资本主义工商业的社会主义改造进行，通过接管、没收、国家经租、公私合营等方式，城市土地所有制从个人所有制转向了国家所有制。1958 年，“大跃进”时期，全国范围内进行了私房改造，私有房产由国家统一进行经营租赁管理，并支付原产权人“定租”。到了 1966 年“文化大革命”时期，国家停止了支付“定租”，城市私人土地的所有权事实上已经归属于国家。1982 年，第五届全国人民代表大会通过的《中华人民共和国宪法》以根本大法的形式明确规定“城市土地归属国家所有”。在这一阶段下，国家完全掌控了城市土地资源，从而将土地这一重要生产要素纳入了计划之中（黄群慧，2021）。这推动了我国完整工业体系的建设和国民经济的发展。然而，城市土地实行国家所有制并采用无偿、无限期、无流动的划拨使用方式也导致了土地使用的低效率，一定程度上抑制了生产力的发展。

2. 城市土地所有权和使用权“两权分离”阶段（1988 年至今）

改革开放以后，我国逐步从计划经济体制向市场经济体制转变，坚持以经济建设为中心成为党的基本路线，政府开始减少对经济社会的直接控制。为了解放和发展生产力，国家开始探索城市土地的有偿流转制度。1987 年 12 月，深圳市政府首次公开拍卖土地，实践上率先实施了城市土地所有权和使用权的“两权分离”有偿出让制度。1988 年 12 月，《土地管理法》修正案在法律层面上明确了“国有土地和集体所有的土地的使用权可以依法转让，并实行国有土地有偿使用制度”，从而使城市土地使用权从所有权中分离出来，并得到法律制度的明确。在这一时期，城市土地资源配置实行了城市土地所有权和使用权的“两权分离”制度，其中，城市土地所有权依然归属于国家，而城市土地使用权则通过国家出让给各个社会主体。出让方式在 2002 年国土资源部发布的《招标拍卖挂牌出让国有土地使用权规定》（第 11 号令）中进行了规定，要求商业、旅游、娱乐和商品住宅等各类经营性用地必须通过招标、拍卖或挂牌的方式进行出让（刘守英，2012）。通过这一制度安排，我国城市空间生产的潜力得到了释放（周敏等，2014），土地资源配置效率得到提升，推动了我国工业化和城市化的快速发展。

5.2.2 我国农村土地资源配置的制度演进

自中华人民共和国成立以来，随着我国生产力的持续发展，经济发展需求也发生了相应变化。农村土地产权沿着不断细分的道路发生变革，农村土地的功能也随之改变，逐渐形成了三种主要的农村土地类型：农村农用地、农村宅基地和农村集体经营性建设用地。在此基础上，不同的农村土地资源配置制度得以建立并持续演进，以适应生产力发展的需求，推动国家经济的增长。

1. 农村农用地的制度演进

农村承包经营土地（简称“农用地”）是农业生产的基本资料，关系国计民生，我国农用地制度的演变主要分为三个时期，如图 5.2 所示。

（1）单一产权时期（1949—1978 年）。中华人民共和国成立初期至 20 世纪 70 年代末，我国农用地的使用权尚未从所有权中分离，处于“单一产权”状态。在此期间，农用地的所有权经历了从“农民所有”到“集体所有”的转变。

中华人民共和国成立初期至农业合作化运动前夕，我国农用地处于“农民所有”阶段。1950 年 6 月，《中华人民共和国土地改革法》的颁布，标志着土地改革有了明确的法规依据，该法明确了土改的基本原则、方针和路线。至 1953 年春，全国范围内的土地改革基本完成，封建地主土地所有制被彻底摧毁，取而代之的是农民土地所有制（朱道林，2020）。这一变革实现了“耕者有其田”，促进了农村生产力的恢复。然而，与此同时，农民土地私有制与建设社会主义国家所要求的公有制存在偏差，加之农民在谈判中地位的相对弱势（朱晓哲等，2021），使得农用地农民所有制的改变成为必然。

农业合作化运动至 20 世纪 70 年代末，我国农用地持续经历社会主义公有化改造，正式步入“集体所有”阶段。1953 年 6 月，中央政治局正式提出“过渡时期总路线”，标志着农业合作化运动的全面展开。这一运动经历了从互助小组、初级农业生产合作社（初级社）到高级农业生产合作社（高级社）的逐步过渡。至 1956 年，农业合作化运动基本完成，农用地农民所有制顺利转变为社会主义公有制，实行集体统一经营（唐辉，2021）。1958 年，人民公社化运动展开，高级社向公有化程度更高、规模更大的人民公社转变。至 1962 年，中共中央八届十次会议审议通过了《农村人民公社工作条例（修正草案）》，明确了“三级所有，队为基础”的集体所有制原则，使得农用地所有制进一步公有化。这一制度在当时相对稳定了农村秩序，一定程度上为国家工业化建设提供了资本的原始积累。然而，由于部分生产方式脱离实际，导致粮食生产出现下滑，在一定程度上抑制了农村生产力的发展（李停，2021）。

（2）家庭联产承包责任制时期（1978—2014 年）。自 1978 年起，我国农用地使用权正式从所有权中分离，实行家庭联产承包责任制，形成了所有权归属集体、承包经营权归属农民的“两权分离”格局。1978 年，安徽小岗村 18 户农民秘密决定包产单干，并获得良好效果，受到周边农民效仿和领导关注，成为家庭联产承包责任制改革的先声。1980 年 9 月，中共中央印发了《关于进一步加强和完善农业生产责任制的几个问题》，明确肯定了在生产队领导下实行的包产到户做法。1982 年，《全国农村工作会议纪要》更是首次以中央文件的形式，对家庭联产承包责任制给予了充分肯定。此后，在 1991 年中共十三届八中

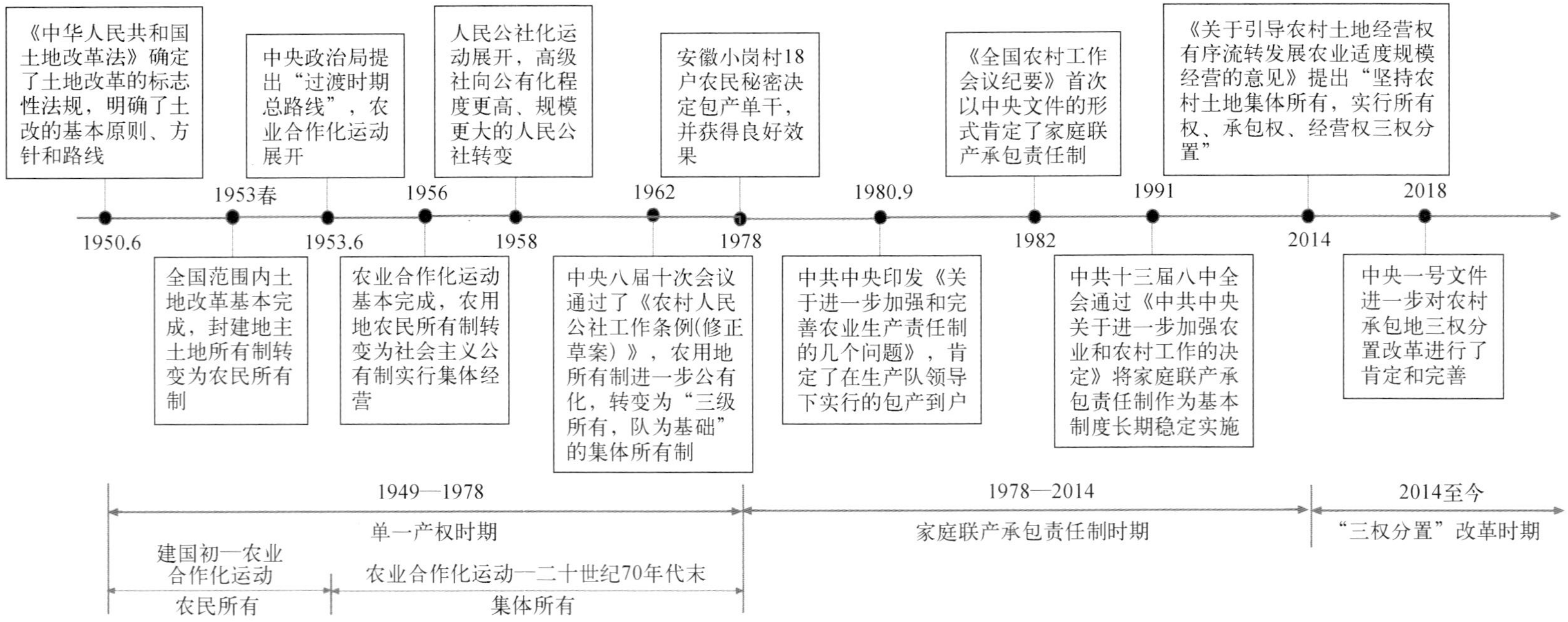

图 5.2　农村农业用地的制度演进

资料来源：作者整理。

全会通过的《中共中央关于进一步加强农业和农村工作的决定》中，家庭联产承包责任制被确立为基本制度，并长期稳定实施。家庭联产承包责任制的实施，极大地解放了农村生产力，显著提高了农村土地资源的配置效率。然而，随着城镇化进程的加速推进，家庭联产承包责任制的制度缺陷也逐渐显现。在一定程度上，它制约了农业现代化的步伐，抑制了农民市民化和职业化的进程。

（3）“三权分置”改革时期（2014 年至今）。在确保农村土地承包关系长久稳定的基础上，农用地使用权进一步细化，农民原有的承包经营权被细分为承包权和经营权，形成了“三权分置”的格局。2014 年，中共中央办公厅、国务院办公厅印发了《关于引导农村土地经营权有序流转发展农业适度规模经营的意见》，明确提出“坚持农村土地集体所有，实行所有权、承包权、经营权三权分置”。2018 年，中央一号文件进一步对农村承包地“三权分置”改革给予了肯定，并进行了完善。“三权分置”改革重构了农村土地产权，还权赋能，推动了农业现代化的进程，在一定程度上提高了农民的收入水平，促进了国家经济的持续发展。

2. 集体经营性建设用地的制度演进

20 世纪 70 年代末，由于乡镇企业的迅猛发展，农村集体经营性建设用地产生，其资源配置制度经历了由禁止流转到试点流转再到规范流转三个阶段，如图 5.3 所示。

（1）禁止流转阶段。从 20 世纪 80 年代初至 90 年代末，国家严格禁止农村集体经营性建设用地的流转。1982 年，中央一号文件明确指出，社员承包的土地不得买卖、出租、转让或荒废，否则集体有权收回；若社员无力经营或转营他业，应退还集体。1986 年颁布的《土地管理法》，其总则第二条也明确规定，任何单位和个人不得侵占、买卖或以其他形式非法转让土地。1992 年，国务院发布的《国务院关于发展房地产业若干问题的通知》更是明确指出，集体所有土地必须先征用转为国有土地后才能出让。1998 年修订的《土地管理法》进一步规定，任何单位和个人进行建设需要使用土地的，必须依法申请使用国有土地，从而将集体经营性建设用地排斥在土地一级市场之外。

（2）试点流转阶段。在 20 世纪 90 年代末至党的十八大期间，随着经济的快速发展和土地非农用相较于农用的更高报酬率，国家层面的“流转禁令”屡遭突破，形成了规模庞大的隐形建设用地市场。这一现象引起了国家的宏观关注，农村集体经营性建设用地流转制度由此进入了“试点流转”阶段。1999 年，原国土资源部确定安徽芜湖为全国唯一的农村集体经营性建设用地流转试点。2003 年，《中共中央 国务院关于做好农业和农村工作的意见》鼓励各地制定乡镇企业向小城镇集中的政策，并提出通过流转集体经营性建设用地等形式解决用地问题。2004 年，中央一号文件则提出积极探索集体非农建设用地进入市场的途径和办法。2008 年，党的十七届三中全会通过的《中共中央关于推进农村改革发展若干重大问题的决定》提出要“逐步建立城乡统一的建设用地市场，对依法取得的农村集体经营性建设用地，允许转让土地使用权”，首次针对农村集体经营性建设用地使用权转让进行规定，从国家层面破除了对农村集体经营性建设用

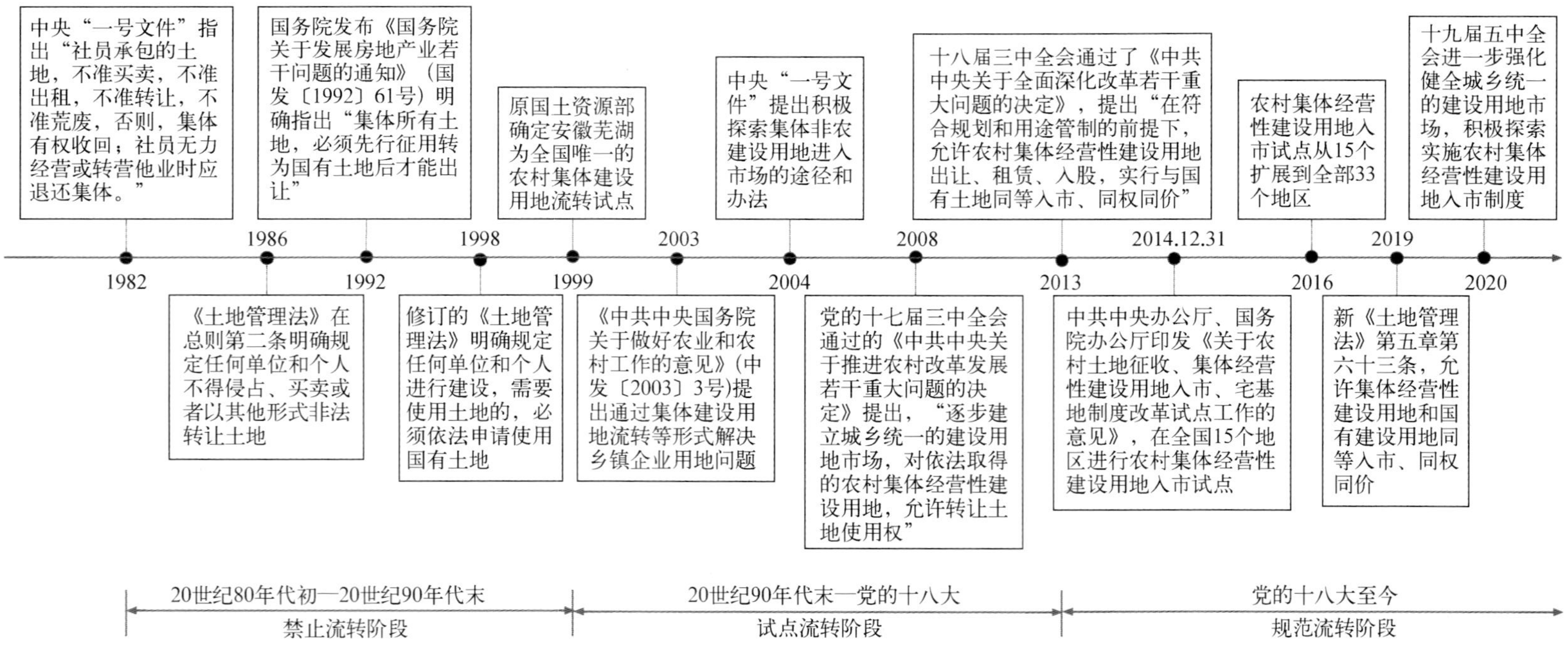

图 5.3　集体经营性建设用地的制度演进

资料来源：作者整理。

地的入市限制。

(3) 规范流转阶段。自党的十八大以来,国家进一步推动了农村集体经营性建设用地的流转,并规范了其入市管理,推动其与国有土地同权同价。这一时期,农村集体经营性建设用地流转制度进入了"规范流转"阶段。2013 年,十八届三中全会通过的《中共中央关于全面深化改革若干重大问题的决定》提出,在符合规划和用途管制的前提下,允许农村集体经营性建设用地出让、租赁、入股,并实行与国有土地同等入市、同权同价。2014 年 12 月 31 日,中共中央办公厅、国务院办公厅印发了《关于农村土地征收、集体经营性建设用地入市、宅基地制度改革试点工作的意见》,并在全国 15 个地区进行农村集体经营性建设用地入市试点,随后在 2016 年扩展到全部 33 个试点改革地区。2019 年,新修订的《土地管理法》第五章第六十三条明确规定,允许集体经营性建设用地和国有建设用地同等入市、同权同价。2020 年,十九届五中全会进一步强化了健全城乡统一的建设用地市场的要求,并积极探索实施农村集体经营性建设用地入市制度。

3. 农村宅基地的制度演进

农村宅基地概念由 1962 年《农村人民公社工作条例修正草案》正式提出,是农民安身立命之本,其资源配置制度的演变主要分为两个时期即"两权分离"和"三权分置"时期,如图 5.4 所示。

(1) 宅基地制度"两权分离"时期。1962 年,《农村人民公社工作条例修正草案》明确规定,宅基地归生产队所有,而宅基地上的房屋则归农民所有。然而,该文件在强调农民永远享有房屋所有权,并可以自由出租、买卖房屋的同时,又明确规定宅基地不能出租、买卖,这一矛盾引发了农民的迷惑和恐慌(李江涛,2020)。为解决这一问题,1963 年中共中央发出了《关于各地对社员宅基地问题作一些补充规定的通知》,首次创设了"宅基地使用权"这一新型权利类型。该通知明确,房屋所有权归农户所有,宅基地所有权归农村集体所有,宅基地本身不准出租和买卖,但宅基地使用权可以随房屋出卖而转移给新房主,而宅基地的所有权仍归集体所有。这一规定初步形成了宅基地所有权与宅基地使用权"两权分离"的权利格局。

自此,宅基地"两权分离"的产权结构得以基本确立,并在法律层面一直延续至今。国家通过一系列配套政策对此进行了巩固和完善,而变化的主要是宅基地使用权和农房流转的限制程度。在宅基地使用权的原始取得主体方面,从最初的未限制到允许非集体经济组织成员获得,再到最终只限于本村村民,其范围逐渐缩小。同时,宅基地流转的限制也日益严格,从最初的自由流转到后来的限制流转。具体来说,1963—1997 年,宅基地可以通过"地随房走"的交易方式进行间接的自由流转。然而,从 1998 年开始,宅基地流转逐步受到限制。到了 2007 年,《国务院办公厅关于严格执行有关农村集体建设用地法律和政策的通知》明确规定,城镇居民不得到农村购买宅基地、农民住宅或"小产权房",从而将农房的流转范围缩小为本村村民。

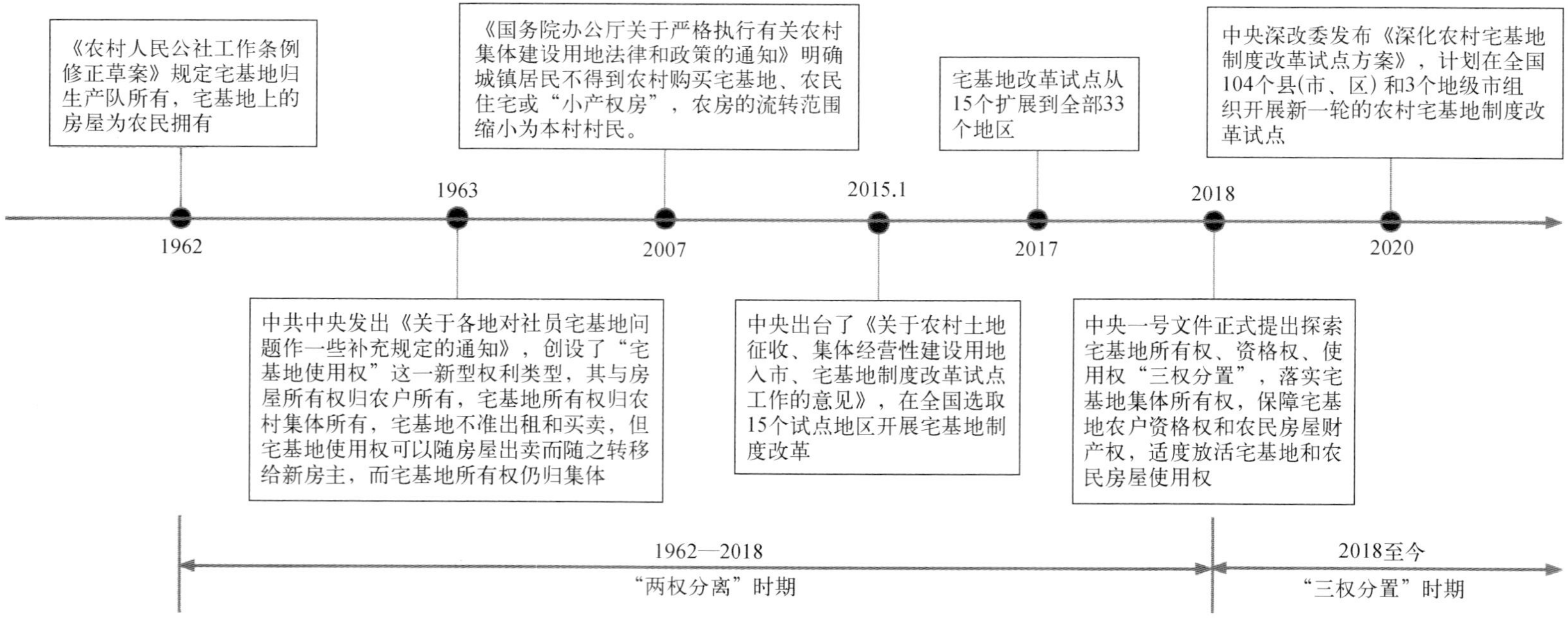

图 5.4 农村宅基地的制度演进

资料来源：作者整理。

(2) 宅基地制度“三权分置”时期。自2018年以来,农村宅基地制度进入了“三权分置”的探索阶段。随着我国经济的迅速发展和城镇化进程的加快,“两权分离”的宅基地制度逐渐显露出其弊端。2015年1月,中央出台了《关于农村土地征收、集体经营性建设用地入市、宅基地制度改革试点工作的意见》,在全国范围内选取了15个地区作为宅基地制度改革的试点,并在2017年将试点范围扩展到了全部33个地区。2018年,中央一号文件正式提出了探索宅基地所有权、资格权、使用权“三权分置”的改革方向,旨在落实宅基地的集体所有权,保障宅基地农户的资格权和农民房屋的财产权,同时适度放活宅基地和农民房屋的使用权,“两权分离”的宅基地制度框架被打破。2020年,中央全面深化改革委员会发布了《深化农村宅基地制度改革试点方案》,计划在全国104个县(市、区)和3个地级市组织开展新一轮的农村宅基地制度改革试点,深化宅基地“三权分置”制度改革。

5.3 城乡融合发展下我国土地资源配置的现实困境

自1978年经济体制改革以来,我国市场经济快速发展,城镇化进程加快。2017年,党的十九大正式提出了“走城乡融合发展之路”的总体目标,我国城乡土地资源配置制度的市场化改革持续推进,农村土地资源配置方式也随之发生变化。

城乡融合发展的总要求为“产业兴旺、生态宜居、乡风文明、治理有效、生活富裕”,从安全、制度、利益三个方面,对土地资源配置提出了基本要求。在安全方面,鉴于我国人口众多、粮食需求量大,“确保国家粮食安全,把中国人的饭碗牢牢端在自己手中”成为土地资源配置的首要任务。这要求我们首先要保证基本的耕地规模,并在此基础上加快推动农业现代化,发展多种形式的产业。在制度方面,需要“巩固和完善农村基本经营制度”,完善承包地三权分置制度,保持承包关系稳定并长期不变,深化农村集体产权制度改革,保障农村土地集体所有权,增强集体经济实力。在利益方面,要求保障农民财产权益。无论是土地流转、资产入股、股权收益分配还是其他土地资源配置政策的制定,都必须将保障农民利益放在首位,确保农民利益不受损害。在此基础上,通过合理的制度安排,拓宽农民增收渠道(郑振源和蔡继明,2019)。近年来,上述政策得到了有效实施,但在城乡土地资源配置中仍存在诸多市场壁垒,现有城乡土地资源配置制度对经济发展的制约作用也日益明显。

5.3.1 城乡土地市场分割的现实困境

1. 城乡土地市场分割降低了土地资源配置效率

在我国城镇化与工业化进程中,城镇的外延式扩张与工业园区的集中式发展并存,导致建设用地需求旺盛。城市新增建设用地的主要来源是农业用地,长期以来,这些用地并非通过市场配置方式获取，而是通过行政强制手段由农村征收土地来供给。国家以低价征收农村集体土地，并将其性质转变为国有土地，然后以优惠地价甚至零地价作为招商引资的政策手段，以此降低成本，促进地方工业产业的发展，并增加政府财政收入。然而，这种城乡土地资源的重新配置方式，不仅剥夺和转移了农民的财产收益，而且工业化过程中低成本的土地要素投入，导致了农业用地的大量流失，并引发了工业园区普遍存在的土地低效利用问题。

从农村内部土地市场来看，宅基地作为农村建设用地的主要部分，国家对宅基地的管理过于严格，限制了宅基地的交易权能和流转范围，严重阻碍了宅基地产权市场的发育，使得市场机制在资源配置中的作用难以发挥。与此同时，在经济利益的驱动下，宅基地通过非法交易自发进入市场，形成了庞大的隐性流转市场，这不仅扰乱了市场的规范发展，还存在较大的社会稳定风险。此外，大量宅基地处于闲置和低效利用状态。据估计，近一半的宅基地处于闲置状态，面积超过 3 000 万亩（郑风田，2018），相当于目前所有城市建成区面积的 37%，超过了城市现有住宅用地的总量。任育锋等（2020）基于常年在外居住的农村户籍人口数据，估算农村宅基地闲置的发展趋势，发现约有 5 184 万户的农房处于闲置状态，全国约有 201.97 万公顷的农村闲置宅基地，占到宅基地总量的 18.98%。由此可见，城乡土地市场发展的不平等以及流通机制的不完善，导致了农村土地资源的低效配置和闲置浪费。

2. 城乡土地市场分割阻碍农民获得财产权益

在我国经济快速发展的阶段，土地征收为国家的城镇化和工业化进程提供了重要的经济支持，但同时也加剧了城乡二元土地市场的分割和农民权益的损失。农村集体土地通过征收方式进入城市土地出让市场，征收前后土地用途的变化以及城乡土地市场交易机制的差异，造成了巨大的价值剪刀差，主要体现在农地非农化后的增值收益上。有学者对全国 35 个大中城市的农地增值收益进行了测算，2017 年农地征收补偿的平均价格为 8 万元/亩，而城市建设用地的平均价格则高达 585 万元/亩（张承和彭新万，2020）。这笔增值收益实质上是农地发展权的财产价值体现。在“乡-城”单向土地流动模式下，农地发展权归国家所有，政府通过强制手段获取了巨额的土地增值收益，并将其转移至城市和非农产业部门。在土地城镇化加速发展的过程中，农民的财产权益难以得到有效保障。尽管在《土地管理法》的历次修订中，征地补偿标准有所提高，并且加强了对失地农民社会保障的考虑，但与土地增值收益相比，农民获得的补偿仍然显得“微不足道”。

近年来，国家不断深化农村土地制度改革，目的是提高农民的土地财产性收入。从实施的承包地和宅基地“三权分置”改革来看，分别将承包地的“经营权”从“承包权”中分离出来，以及将宅基地的“使用权”从“资格权”中分离出来，实现了承包地经营权和宅基地使用权的自由流动，通过出租、抵押等多种方式增加农民的财产性收入。从政策设计本身来看，这是对农村土地财产权能结构的细化和完善，有助于保障农民的财产权益。然而，根据 2020 年本课题研究者对长三角地区 1056 户宅基地使用情况的调查，自住比例占到 85%，财产性流转比例较低，其中出租是农户流转宅基地获取收益的主要途径，大约 10% 的农户出租了宅基地房屋，租金水平受区位影响差异较大，但整体租金收益较低，平均约为 3.6 万元/(户・年)①。从承包地经营权的流转收入来看，许多地方按照 500 斤稻谷的价格来折算流转费，大体上每年每亩土地的流转费不到 1 000 元(陈义媛，2020)，而放眼全国范围，每年每亩流转地租金低于 100 元，如图 5.5 所示。可以看出，仅基于农村土地市场内部的产权结构改革，难以从根本上增加农民的财产权益。必须破除城乡土地市场的壁垒，从城乡融合发展的角度出发，盘活农村土地资源，拓宽农民获取土地产权权益的途径。

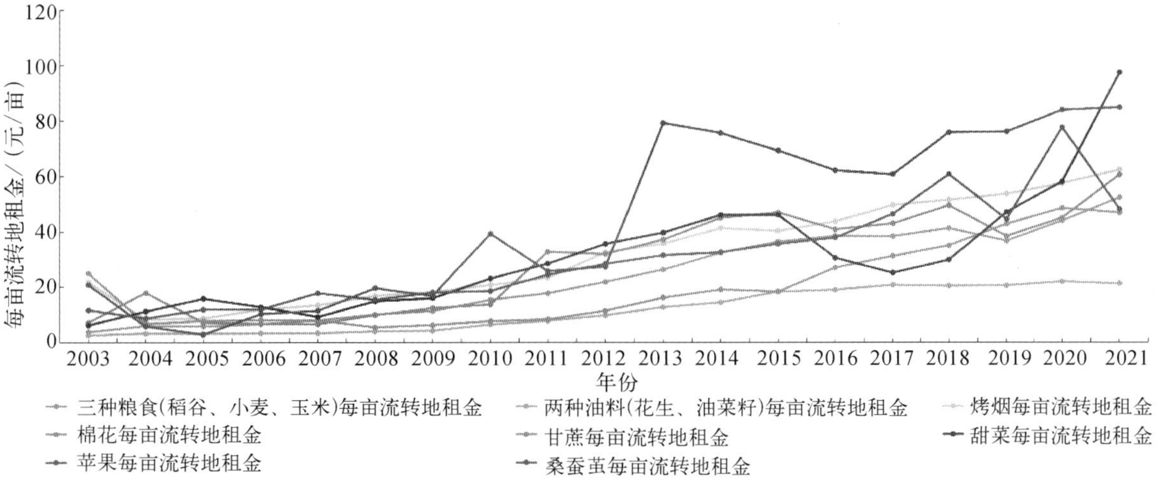

图 5.5　全国每亩流转地租金(2003—2021 年)

数据来源：《中国农业年鉴》(2004—2022 年)。

3. 城乡土地市场分割阻碍县域产业融合发展

城乡产业融合发展是区域经济发展到一定阶段的必然趋势，它是城乡融合发展的物质基础和内在驱动。城乡之间产业链的纵向延伸与横向融合，能够有效推动城乡产业系统的融合发展，促进城乡经济的可持续发展。对于城乡之间产业融合发展来说，土地市场发挥着重要的支撑作用。如何让土地要素在城乡产业链中自由流动和优化配置是关键问题。县城在城乡体系中处于“城尾乡首”的位置，是承接城乡产业链延伸和衔接的重要载体，也是打通城乡产业壁垒的重要纽带。

然而，在我国长期实行的市管县体制影响下，县城的地位相对薄弱，主要采取偏向城市的发展路径。受城市土地财政和土地市场驱动，县城土地主要用于房地产开发，第二产业发展缓慢。据统计，2021 年全国县城建设用地中，工业用地占比为 12.82%，居住用地占

① 课题组 2020 年在长三角地区的实地调研。

比为33.23%,是工业用地的2.59倍。而城市的工业用地占比为19.08%,比县城高6.26个百分点,居住用地占比却比县城低1.9个百分点(彭青,2023)。可以看出,在“城-县”的尾部发展区段,县城的用地规划不尽合理,未能有效承接城市产业的发展延伸,导致县城工业发展不充分,“有房无人”的现象普遍,县域城镇化进程滞后,城镇化率远低于全国平均水平,如图5.6所示(王邹等,2023)。与此同时,在“县-乡”的头部发展区段,县城肩负着带动农村经济发展的重要使命。我国大部分县城以农业为主导产业,县域产业结构中第一产业的比重高于全国平均水平。而我国第一产业增加值占GDP的比重仅为7.3%①,说明我国农业现代化水平及农村产业结构发展存在短板。由于城乡之间人、地、钱等要素向农村流动仍存在诸多障碍,农村产业链延伸不充分(董翀,2021),形成了“第一产业向后端延伸不足、第二产业向两端拓展不够、第三产业向高端开发滞后”的局面。这在很大程度上受制于农村土地市场的发展局限。在我国严格的耕地保护制度和土地用途管制制度下,农村土地的用地类型以农用地和宅基地为主,这两类土地均为保护型用地,不能用于其他非农产业的发展。然而,随着国家政策的大力支持和资本下乡的推动,在乡村产业发展过程中,一方面对第二、第三产业用地的需求日益增长,另一方面,对设施农业用地及农业仓储用地等现代化农业发展的辅助性用地需求强烈。目前,这些用地需求难以在农村土地市场内部得到满足,必须通过城乡土地市场的联动发展和农村土地市场的深化改革来根本解决。

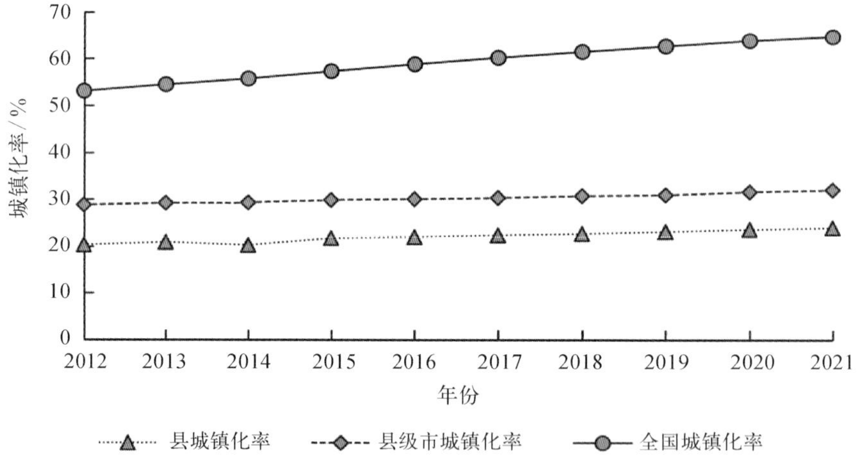

图5.6 全国及县域常住人口城镇化率(2012—2021年)

5.3.2 城乡融合发展对农村土地利用效率的影响

城乡土地的二元市场体制导致农村土地市场发育不完善,上述由农村土地资源行政

---

① 《中国统计年鉴2021》。

配置引起的问题，在根本上影响了农村土地资源的配置效率和生产效率。我们对全国30个省（直辖市、自治区，不包括港澳台和西藏）2015—2021年城乡融合发展水平对农村土地利用效率的影响进行了实证分析，以期考察在城乡融合发展背景下我国农村土地资源利用效率的变化情况。

1. 城乡融合发展水平测度及现状

参照张合林（2020）、Song和Tao（2022）等学者的研究，我们构建了城乡融合发展水平评价指标体系（表5.1），对全国30个省（直辖市、自治区，不包括港澳台和西藏）2015—2021年的城乡融合发展现状进行了测量。

表5.1 城乡融合发展水平测量指标

综合指数	一级指标	二级指标	指标定义	数据来源及依据
城乡融合发展水平	经济融合	城乡居民人均收入对比	农村居民家庭人均全年收入/城镇居民家庭人均全年收入	张合林（2020） 《中国农村统计年鉴》
		城乡居民人均消费支出对比	农村居民人均消费支出/城镇居民人均消费支出	Song和Tao（2022） 《中国农村统计年鉴》
	信息融合	城乡信息网络水平对比	农村互联网宽带接入用户/城镇互联网宽带接入用户	赵华和丁凡（2019） 《中国统计年鉴》
	社会融合	城乡人口对比	乡村人口数量/城镇人口数量	Song和Tao（2022） 《中国统计年鉴》
		城乡公共服务水平对比	农村义务教育入学人数/城镇义务教育入学人数	刘荣增（2020） 《中国统计年鉴》

结果见图5.7。可以看出，中国总体的城乡融合发展程度相对较低，城乡之间的差距仍然较为显著，但这一差距呈现出明显的下降趋势。总体而言，除了上海地区的城乡差距水平从2015年的0.374逐年上升至2021年的0.801，翻了一番多，绝大多数地区的城乡融合水平呈现出较为明显的上升趋势。在发展过程中，2019年是一个明显的转折点。2015—2019年，全国绝大多数地区的城乡差距值呈逐年上升趋势，城乡融合发展问题迫在眉睫，中央对此高度重视，于2019年中央层面对于城乡融合发展方面的政策展开了一系列的倡议措施，并取得了卓越的成就。城乡差距水平于2019年到达峰值之后，全国绝大部分地区的城乡差距迅速回落，城乡融合水平有所上升。

2. 农村土地利用效率水平测度及现状

参照刘荣增（2021）、张合林（2020）、Song和Tao（2022）等学者的相关研究，我们建立了农村土地利用效率的指标体系（表5.2），运用DEA方法中的Malmquist指数进行测量。

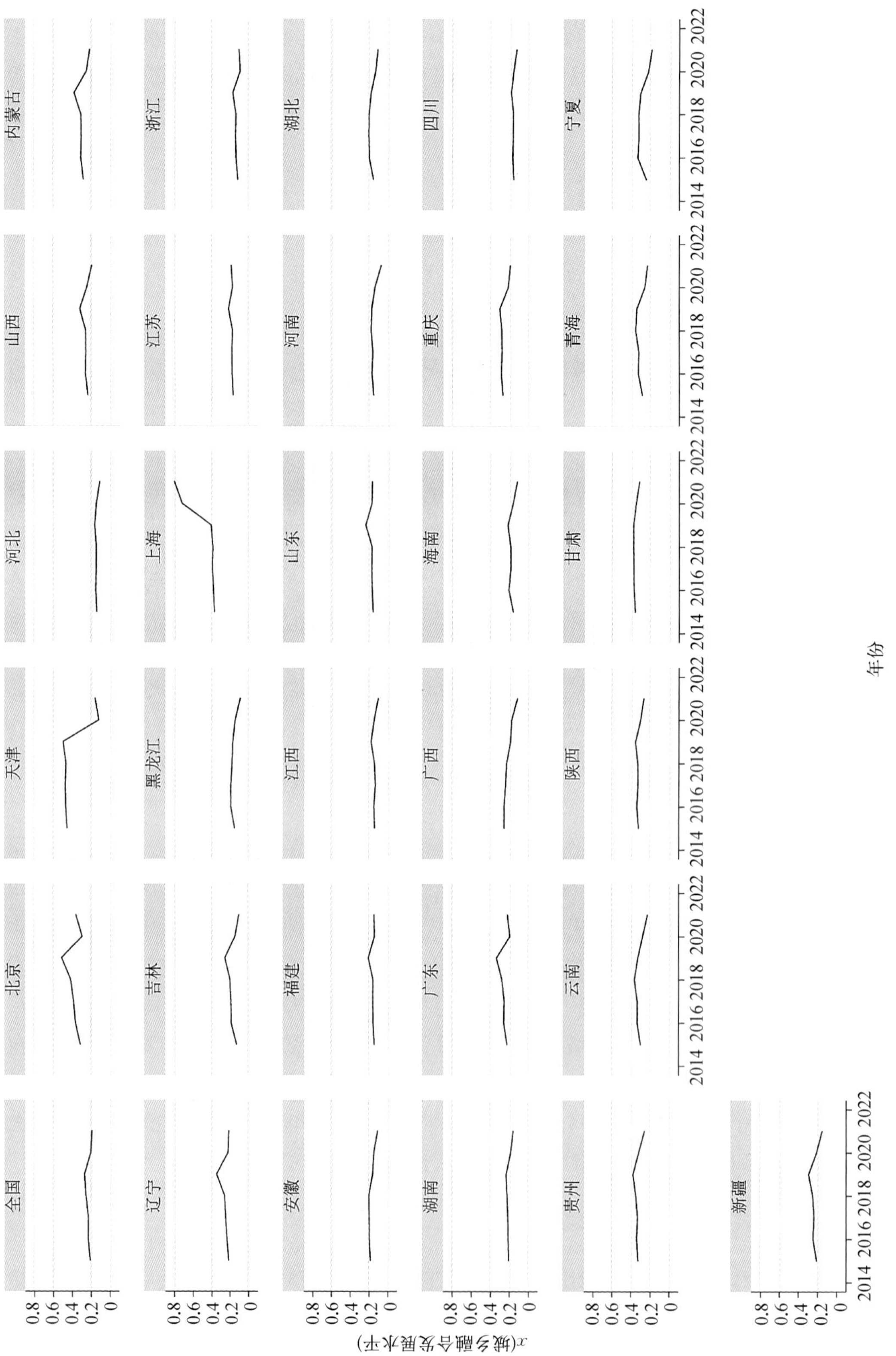

图 5.7　全国 30 个地区 2015—2021 年的城乡融合发展现状

资料来源：作者计算并制图。

表 5.2　农村土地利用效率指标体系

综合指标	一级变量	二级变量	指标定义	数据来源及依据
农村土地利用效率	投入指标	土地投入	村庄建设用地面积	刘荣增(2021) 《城乡建设统计年鉴》
		固定资产投入	农村第二、三产业的固定资产投入	张合林(2020) 《中国农村统计年鉴》
	产出指标	经济产出	区域 GDP	Song 和 Tao(2022) 《中国统计年鉴》
		农民收入	农民家庭财产性收入	Song 和 Tao(2022) 《中国农村统计年鉴》

评价结果见图 5.8。根据 2015—2021 年各地区农村土地利用效率综合效益值的测算，总体来看，全国农村土地利用效率可分为两类。第一类，农村土地利用效率较高的地区。东部、中部和东北部地区的农村土地利用效率呈现出上升趋势，其中北京、上海等地区的农村土地效率较高，在这五年间虽偶有波动，但基本上都实现了 DEA 有效。然而，也有一些地区的农村土地利用效率出现波动和回落，如天津等地区，虽然在 2015 年达到了 DEA 有效，但之后又有所下降，这可能是受政策、发展等多方面因素的影响，也可能与当地对资源的依赖程度以及环境破坏有关。第二类，农村土地利用效率有待提升的地区。数据显示，以甘肃等地区为代表的西部地区，2015—2021 年的农村土地利用效率一直处于较低水平，2021 年仅为 0.151。从上述数据中也可以看出，与城乡融合发展水平的相关数据相似，2019 年后，在城乡融合发展和乡村振兴政策的激励下，许多地区的农村土地利用效率有所提升，尤其是东部地区的农村土地利用效率水平较高。

3. 城乡融合发展水平对农村土地利用效率的影响分析

基于 2015—2021 年全国层面的数据进行 OLS 回归分析，相关结果如表 5.3 所示。城乡融合发展水平对农村土地利用效率产生了在 0.01 水平上的显著正向影响。在模型 1 中，以城乡融合发展水平为自变量，农村土地利用效率为因变量进行回归分析，可得模型 R^2 为 0.194，意味着城乡融合发展水平可以解释 19.4%的农村土地利用效率的变化。其回归系数为 1.025，并且呈现出 0.01 水平上的正向显著性，意味着城乡融合发展水平会对农村土地利用效率产生显著的正向影响关系，每 1 个单位的城乡融合发展水平会影响 1.025 个单位的农村土地利用效率水平。

从模型 2 中可以看出，在引入控制变量后，城乡融合发展水平对农村土地利用效率的影响依旧显著，其影响在 1%水平下呈正向显著，相关系数为 0.964，意味着城乡融合水平增加 1%会促进农村土地利用效率提高 0.964%，此外，农村市政公用设施也对农村土地利用效率呈正向显著。

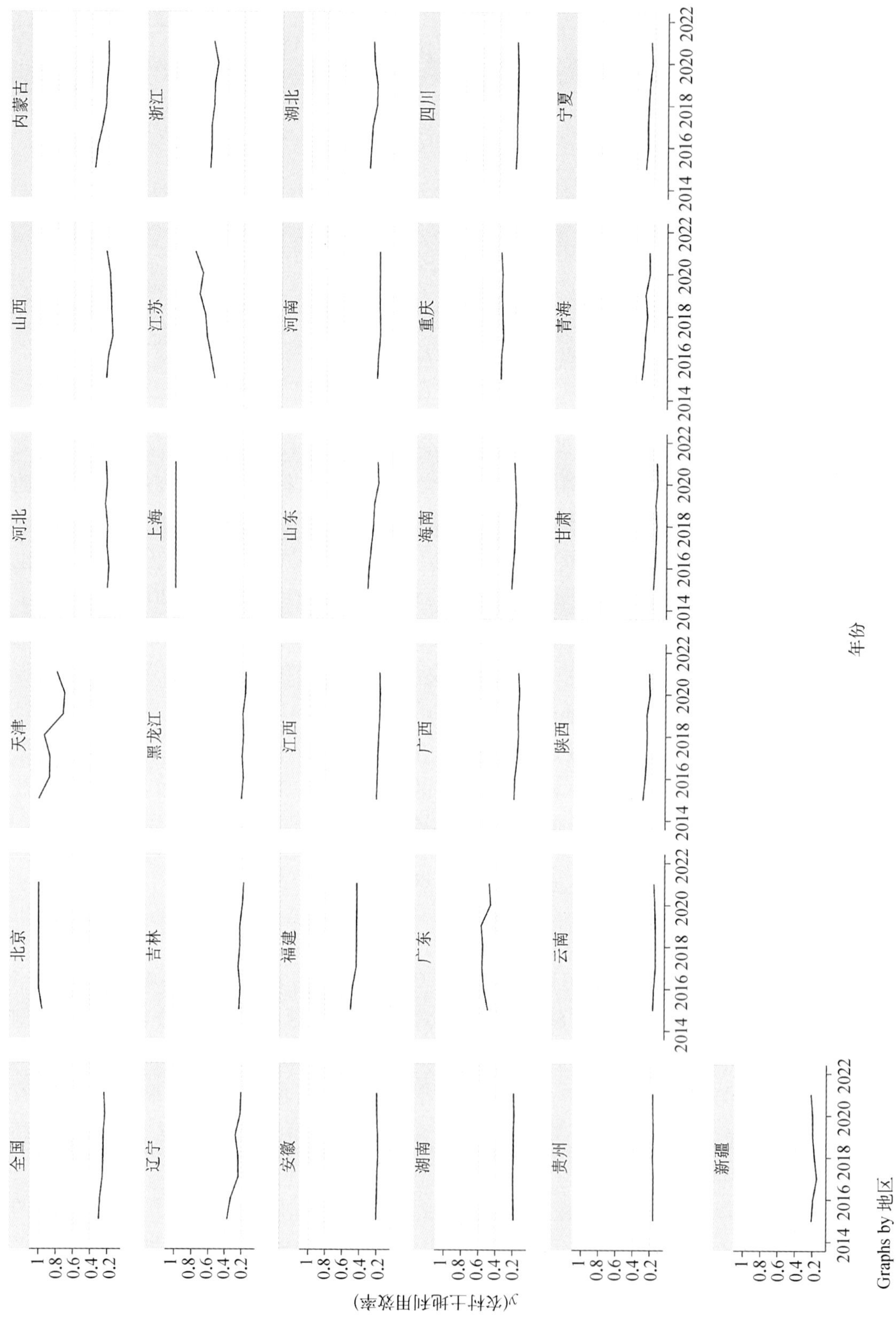

图 5.8　全国 30 个地区 2015—2021 年的农村土地利用效率现状

资料来源：作者计算并制图。

表 5.3　全样本回归分析

变　　量	模型 1	模型 2
	农村土地利用效率	农村土地利用效率
常数	0.087** (2.33)	−0.274 (−1.17)
城乡融合发展水平	1.025*** (7.19)	0.964*** (7.02)
农产品生产者价格指数		−0.001 (−0.63)
科技水平		0.000 (0.88)
农村市政公用设施		0.006*** (5.83)
R^2	0.194	0.311

注：显著性水平*** $p<0.01$，** $p<0.05$，* $p<0.1$。

进一步，将分别从东部、中部、西部、东北部地区层面进行区域异质性分析，回归结果见表 5.4。模型 3 和模型 6 表明东部地区和东北部地区的城乡融合发展水平在 5%的水平下显著正向影响农村土地利用效率，中部地区和西部地区则没有通过显著性检验。相比而言，东部地区城乡融合发展水平对农村土地利用效率的影响作用更为明显，高于全国整体水平。

表 5.4　东部、中部、西部、东北部地区样本回归分析①

	模型 3	模型 4	模型 5	模型 6
	东部地区	中部地区	西部地区	东北地区
常数	0.213** (3.893)	0.231** (11.380)	0.214** (8.106)	0.137** (7.673)
城乡融合发展水平	1.452** (6.978)	−0.127 (−1.063)	0.037 (0.399)	0.449** (4.217)
R^2	0.514	0.070	0.001	0.294

注：显著性水平*** $p<0.01$，** $p<0.05$，* $p<0.1$。

① 依据中华人民共和国国家统计局相关标准，可将 30 个地区划分为以下四个区域：东部包括：北京、天津、河北、上海、江苏、浙江、福建、山东、广东和海南。中部包括：山西、安徽、江西、河南、湖北和湖南。西部包括：内蒙古、广西、重庆、四川、贵州、云南、陕西、甘肃、青海、宁夏和新疆。东北包括：辽宁、吉林和黑龙江。

5.4 城乡土地资源配置机制的国际经验

全球许多国家或经济体在城乡发展过程中都曾出现过城乡发展不平衡的现象。随着工业化进程的推进,城乡经济差距逐渐扩大,乡村人口持续向城市迁移,导致城市人口过剩,进而引发失业人口增多和社会秩序的动荡。同时,乡村出现了严重的"空心化"现象,乡村产业衰退、生态环境污染问题加剧,这些因素共同导致经济增长放缓,甚至使一些国家陷入"中等收入陷阱"。为了改变这种城乡不平衡的发展格局,许多国家作出了巨大努力,特别是对土地制度和土地资源配置机制进行了多种方式的改革,一些国家因此取得了较好的成效,成功实现了乡村经济的转型。我国在推进城乡融合发展的过程中,也应积极借鉴那些实现了"城乡再平衡"国家的经验,大力推动城乡土地资源配置机制的改革。

5.4.1 典型国家乡村土地资源配置的市场机制

英国是世界上最早实现工业化、农业现代化和城乡一体化的国家(赵金子等,2014),而韩国则是亚洲在农业现代化方面取得显著成效的国家之一。英国作为先发国家,韩国作为后发国家,两者都经历了城乡发展不平衡的阶段。但是,它们通过市场机制结合政府调控的手段,改革了土地资源配置方式,推动了土地流转,促进了规模经营,从而成功扭转了乡村的衰败,实现了农业现代化和乡村振兴。

在英国,乡村土地主要实行私有制,土地产权包括土地所有权和土地保有权。从19世纪到20世纪中叶,英国实行了"重工轻农"的政策,导致乡村逐渐衰败。第二次世界大战后,英国改变了政策重心,为了扭转乡村的衰败,颁布了《农业法》,通过立法手段干预和调整土地关系,建立了法制环境,促进了市场调控作用的发挥,更加重视农村土地的使用,从而更好地保护了土地保有权,并鼓励了农地流转和规模经营。1967年,英国修订了《农业法》,对失地农民发放获得2 000英镑以下的补助金或者每年发给275英镑以内的终身年金,并由政府提供合并小农场所需费用的50%补贴,以此鼓励农地流转和规模经营,实现了农业现代化。

韩国的乡村土地实行小农土地所有制。20世纪70年代,随着韩国经济的快速发展,城乡不平衡问题日益加剧。为了发展农业、解决农民和农村问题,韩国开展了"新村"运动。在土地资源配置方面,韩国逐步放宽了农地流转的限制,70年代放开了农地使用权的流转限制,允许农地租赁和委托经营,并在1980年通过宪法确认了这一政策;1994年,颁布了新的《农地基本法》,放开了农地所有权的流转,鼓励土地集中和规模化经营;1997年,制定了"农民退休支付计划",为高龄农民流转农地提供补贴,以鼓励土地流转。

英国和韩国在扭转乡村衰败的过程中,对乡村土地资源配置的改革具有共同特点:两者都重视法制建设,通过政府提供补贴的方式调控农地市场,促进农地流转和规模经营;两者都采用市场配置农地的方式,通过简化流转手续、优化市场环境,促进市场在农地流转中发挥作用;两者都对失地农民提供了一定的保护。这两个国家在推动农业现代化的过程中,采取市场调控土地流转以促进规模经营,并结合立法优化市场环境的模式,这为我国建设乡村土地资源配置市场机制、提高乡村土地资源配置效率提供了一定的积极借鉴。

5.4.2　典型国家城乡产业发展与土地供给机制

我国城乡产业发展的土地供给机制采取计划配置土地资源、限制乡村土地产权、国家征收乡村土地用于城市产业发展,这一机制导致了城乡不平衡现象的出现,乡村产业日益凋敝。日本和德国作为发达国家,在 20 世纪 60 年代同样出现了城乡不平衡问题,并采取了一系列应对措施,其城乡产业发展与土地供给机制的改革能够为我国实现城乡融合发展提供有益的借鉴。

日本自 20 世纪 60 年代初期以来,一直致力于缩小城乡差距,现已成为世界上城乡融合发展程度最高的国家之一(张季风,2022)。在城乡产业发展与土地供给机制方面,日本重新定位城乡关系,提高乡村振兴的国家战略地位;大力投资乡村基础设施建设,扶持综合农协承接三产融合项目,放宽对农户修建民宿等营利性住宿设施的限制,并提供补贴,同时逐步放宽农地管制,吸引工商企业发展农业;取消城市与农村区域的分割,将乡村规划与城市规划统筹编制,通过比较优势发展城乡一体化,实现了城乡混居,使农村融入城市体系(张利庠等,2006)。

德国在 20 世纪 60 年代经历了"逆城市化"过程,原本的乡村农业衰落和产业空心化现象进一步加剧。为此,德国政府以"城乡等值化"为目标,在城乡关系、土地整理、农业发展和乡村规划等方面,重新对乡村发展进行总体规划(茅锐等,2022)。在土地供给机制方面,德国基于土地私有制,采用了市场机制为基础,通过制定和实施法规进行规范和支持。德国先后出台了《土地整理法》《州国土规划法》等法律法规,通过土地规划确定土地利用方式,管制农业用地的非农化;财政投入资金进行村庄更新,修缮乡村基础设施,保护乡村自然环境;同时,将多功能农业定位为乡村经济发展的方向,确定乡村发展的最终目标为"居住、就业、休闲、教育和生活",从而促进了乡村农业、旅游业和手工业的发展。

面对城乡不平衡现象,日本和德国都对乡村农业用地的非农化进行了严格管制,确保了乡村农业生产的总体规模。此外,日本采取了城乡总体规划,根据比较优势进行土地规划,实现了乡村融入城市的战略。而德国则对乡村进行了单独规划,不追求产业结构、经济生产方式、文化和景观的城乡一致,而是采取保护措施,保持乡村特色,发展乡村农业、手工业和旅游业。通过财政资金支持村庄更新,德国在城乡居民生活质量上实现了融合发展,使乡村能够共享经济发展的收益,从而实现了"城乡再平衡"。

5.4.3　典型国家城乡土地资源流转的调控机制

美国基本上实行土地私有制。美国的土地流转主要通过市场交易和国有土地出售两种方式进行。美国土地所有者对土地拥有绝对的私有产权，而美国政府则扮演着监督者和引导者的角色，其职能不是通过行政命令干预市场，而是为土地流转提供保障服务。土地流转主要依靠市场调节，美国建立了一个以市场调节为主、政府调节为辅的自由买卖和出租的土地流转制度。在“完全竞争性”的土地市场中，美国的土地流转交易主体是私人，交易形式包括官方、民间和半官方三种，交易价格由交易双方协商确定，双方通过中介完成契约的签署。联邦和州政府的土地管理机构并不参与土地流转的日常运行，仅保留土地征用权、土地管理规划权和土地征税权三项权利，基于公共利益、自然资源保护和环境保护的目的，对土地交易进行有效的、合理的、必要的监管和控制。美国土地流转的目的，一方面是在城市地区维护公共权益，另一方面是扩大农业生产面积，实现集约化和规模化生产。在美国农村地区，自20世纪初就确立了以家庭农场制为主的土地制度，分为完全所有权型、部分所有权型和无所有权型三种类型。为了进一步规范农村土地流转市场，美国政府采取了一系列调整政策，包括《农地保护法》《农业完善和改革法》《农业调整法》《土地保养与国内土地分配法》等。政府同时运用信托支持、政策引导等手段，并实施各种优惠性政策，以促进家庭农场扩大经营规模。这些措施旨在减轻农民在土地使用权转让和交易后的成本负担，从而支持和保障农地流转制度的顺利实施。

与美国的土地市场竞争交易机制不同，法国政府在土地流转中扮演了更为明显的主导角色，采用直接干预的方式控制土地的收购和转卖。作为农业发达国家，法国的土地流转主要发生在农村地区。自20世纪初期起，法国就非常重视土地流转。20世纪40年代成立了交换土地委员会，其主要职责是促进农地交易和流转，为合并农场的农户提供补助。20世纪60年代，法国政府出台了《农业指导法》《合作社调整法》和《农业合作社条例》等一系列土地流转政策，规定了土地流转、出租各方的权利和义务。同时，国家设立了不以营利为目的、由国家代表监督且具有中介性质的“土地整治和农村安置公司”，其从农户手中购买闲置零散土地进行合并，实现规模化后集中流转，优化土地资源配置和高效利用，并限制农地买卖，严格规范农地用途。此外，还成立了“调整农业结构行动基金”，为55岁以上主动放弃耕种的农民提供一次性补贴，或对从事农业生产的青壮年进行奖励。在20世纪70年代初，法国还设立了“非退休金的补助金”计划，鼓励超过55岁的农民在领取一定的终身养老金后退出农地经营，将空出的土地主要用于扩大农场规模，实现土地资源的优化配置。

5.4.4 典型国家城乡土地资源配置机制对我国的启示

针对城乡土地资源配置问题，可以借鉴美国等资本主义国家的经验，其中市场在土地要素流动和配置中发挥了决定性作用。然而，我国土地一级市场目前仍由政府垄断，政府实际上主导着土地流转。为了加快土地流转市场建设，首先可以组建类似于法国的土地整治与农村安置公司、日本的农协和土地管理公司等中介机构，专门负责城乡土地资源配置工作。目前，我国部分试点地区已经形成了土地银行、土地证券公司等委托机构，实现了土地的规模化经营。但是,实际上城乡统一的土地市场以及农村土地一级市场仍未形成。因此,借鉴发达国家的经验,培育土地交易市场及交易中介体系具有重要意义。

同时,我国地域广阔,区域发展存在不平衡和不充分的问题。在城乡土地资源配置过程中,仍有许多基础性工作需要政府来完成,政府在资源配置中的作用不容忽视,必须更好地发挥政府的作用。通过对一些经济发达国家土地资源配置机制的梳理,我们发现美国、法国、英国等国家都制定了专门的法规来明晰土地产权、规范土地流转。从各国的实践来看,土地资源的有效配置离不开法律的保障和合理的政策支持。我国应进一步完善土地法规,完善土地流转法律体系,使之与土地市场建设相辅相成。

最后,政府在完善法律规范的同时,也应同步完善土地流转的保障措施。例如,法国和日本等国家为了推动农民退出农地经营,针对55岁或65岁以上退出农地经营的农民发放各种补助金或终身退休金,取得了良好效果。我国也应建立完善的社会保障体系,充分保障农民的土地利益,实现、维护和发展土地对农民的社会保障功能,从而充分解决失地农民的后顾之忧,提高农户参与土地流转的意愿。

5.5　我国农村集体土地制度的改革实践与模式创新

我国农村土地制度改革的序幕是从家庭联产承包责任制调整农民与土地的关系开始的。随着城镇化和工业化的推进,我国城乡关系逐渐从二元分割向城乡融合转变,这要求农村土地制度改革不断深化。自改革开放以来,家庭联产承包责任制的广泛实施,实现了农地所有权和承包经营权的“两权分离”制度创新,提高了农村地区的土地资源配置效率。2014年中央一号文件对农村土地承包经营权制度改革提出了新的指示,强调“在落实农村土地集体所有权的基础上,稳定农户承包权、放活土地经营权”,即在原有农地所有权与承包经营权两权分离的基础上,将土地承包权进一步细分为承包权和经营权,实现农村承包地的“三权分置”。稳定农户承包权、放活土地经营权成为农地制度改革的主题。新形势下深化农村改革主线仍然是处理好农民与土地的关系,土地流转和多种形式规模经营仍是现阶段深化农村土地制度改革的基本方向。

在城乡融合背景下,党中央对深化农村土地制度改革作出了重大决策部署:建立农村土地“三权分置”制度,明确第二轮土地承包到期后再延长三十年,统筹推进农村土地征收、集体经营性建设用地入市、宅基地制度改革、建立健全农村土地产权流转交易制度等。按此部署,中央确定了农村土地制度改革的试点工作,其中包括《国家城乡融合发展试验区改革方案》(2019年)、《深化农村宅基地制度改革试点方案》(2020年)、《关于进一步做好农村综合性改革试点试验工作的通知》(2021年)、《深化农村集体经营性建设用地入市试点工作方案》(2023年)、《农村产权流转交易规范化试点工作方案》(2023年),希望探索出符合中国实际的农村土地制度改革的实现路径。目前土地制度改革的试验正在各地展开,希冀探索出符合中国实际的农村土地制度有效配置方式,改革实践工作取得了一些成绩,但也遇到了不少的改革瓶颈。

5.5.1 农村承包土地制度的改革与模式创新

随着“三权分置”改革的实施，农地经营权与承包权分离成为必然趋势。2023年中央一号文件指出，要深化农村土地制度改革，扎实搞好确权，稳步推进赋权，有序实现活权，让农民更多分享改革红利。目前，农村承包地制度改革方向逐渐明晰。一方面，要进一步完善承包地“三权分置”制度，平等保护并放活土地经营权，允许土地经营权流转和抵押；另一方面，要进一步稳定承包关系，在第二轮土地承包到期后再延长30年，最大限度保证土地承包关系稳定不动摇。截至2018年6月，31个省（自治区、直辖市）均开展了承包地确权工作，承包地确权面积达13.91亿亩，建立完善土地承包合同1.89亿份，颁发土地承包经营权证书1.35亿份[①]。目前，农地“三权分置”改革已经进入全面落实阶段并取得了阶段性成果。但是，由于各地社会经济水平与政策环境存在显著差异，在实践中也出现了各具特色的模式创新，这些探索对城乡一体化发展以及城乡融合具有启发意义。

1. 基于委托代理的土地托管模式

农村土地承包经营权托管是为解决农民融资和贷款难题而采取的一种方式，通过土地信托、土地银行和土地经营权入股等手段，农户将其承包经营权委托给相关机构。这些机构根据托管协议的规定，以实现受益人利益最大化为目标，将受托土地进行经营与管理。举例而言，湖南省益阳市沅江草尾镇通过当地政府筹集资金成立土地信托公司，担任土地信托受托人的角色，接收农户的土地并将其流转给农业大户。通过与农户签订土地信托合同，以实现对集中连片的农地进行整理和基础设施建设。江苏无锡则是在农户入股土地合作社的基础之上，土地股份合作社再将农村土地经营权信托给信托公司，由信托公司设立财产权信托即农村土地经营权信托，并向农户发放土地收益权凭证，形成土地信托模式。其本质就是农户将承包经营权委托给信托机构，委托信托机构对受托土地进行经营管理或出租给专业种植合作社经营，并向农户分红的运营模式。

农村土地承包经营权托管是为了解决农民融资和贷款难题而采取的一种方式。通过土地信托、土地银行和土地经营权入股等手段，农户将其承包经营权委托给相关机构。这些机构根据托管协议的规定，以实现受益人利益最大化为目标，对受托土地进行经营与管理。例如，湖南省益阳市沅江草尾镇通过当地政府筹集资金成立土地信托公司，担任土地信托受托人的角色，接收农户的土地并将其流转给农业大户。通过与农户签订土地信托合同，实现对集中连片的农地进行整理和基础设施建设。江苏省无锡市则是在农户入股土地合作社的基础上，土地股份合作社再将农村土地经营权信托给信托公司，由信托公司设立财产权信托即农村土地经营权信托，并向农户发放土地收益权凭证，形成土地信托模式。其本质是农户将承包经营权委托给信托机构，由信托机构对受托土地进行经营管理

① 《改革开放40年中国人权事业的发展进步》白皮书，2018.

或出租给专业种植合作社经营,并向农户分红的运营模式。

而广东省南海区则是农户将所拥有的土地承包经营权折算成股份入股到南海市政府成立的股份合作组织,然后由股份合作组织将土地统一整理,形成"永股制"模式。广东省南海区"永股制"的实质是将农民的承包权与经营权进一步分开,并将承包权股份化、数字化。农民不再拥有农地实物及物权性质的农地承包权,而是通过农地流转将经营权作为财产权利折算为永久性的股权,由合作经济组织对农地实行集中开发利用,发展适度规模经营。土地托管模式可以有效解决流转过程中地块零散、流转期限短、流转效益低等问题。同时,政府在这一过程中充当中间人的角色,可以有效调解各种矛盾纠纷,并对各环节进行监管。

2. 基于比较优势的"公司+农户"模式

目前,农村地区土地经营权流转以及土地经营权生产托管等适度规模经营组织模式不断创新。其中一种创新模式是农业合作社或农业龙头企业与有流转意愿的农户签订流转合同,明确流转期限和租赁价格,通过租赁、互换等形式实现土地的规模经营。2011 年,浙江省温州市建立了土地合作社,负责对行政村范围内拥有土地承包经营权的农户的土地进行统一经营管理。在保持土地集体所有性质不变的前提下,合作社与农户签订流转合同,规定流转期限和租赁价格,通过租赁、互换等方式实现农地规模化经营。同时,温州市突破了原有承包期限的限制,与农户签订了长期流转(含转让)合同,允许其超过第二轮土地承包期 30 年的时间限制。此外,2014 年,安徽省宣城市绩溪县政府与淘宝平台合作启动了"聚土地"项目。该项目通过将农村空置土地流转至电子商务公司,随后再由电子商务公司转让给租赁者,实现了土地的二次利用。租赁者可以享受土地产出,而农民则通过土地流转获取资金。在保持土地用途和四至不变的前提下,当地政府协调乡镇村组织土地规范流转,形成了"公司+农户"的合作模式。这种模式在整合农户土地的基础上,利用公司的资金和技术优势,有效推动了农业生产的规模化进程。然而,由于企业和农户是相互独立的主体,各自追求最大化利益可能导致双方利益不协调和合作关系不稳定。这可能导致高昂的监督和治理成本,并且企业为谋取利益在土地规模化经营过程中可能引发非粮化现象,偏离国家粮食安全的宏观目标。

3. 基于适度规模经营的家庭农场模式

党的二十大报告中指出:"巩固和完善农村基本经营制度,发展新型农村集体经济,发展新型农业经营主体和社会化服务,发展农业适度规模经营。"在城乡融合和农村土地节约集约利用的指导下,农业适度规模化成为农村发展的主要趋势。2022 年中央一号文件中提出"鼓励有条件的地方依托龙头企业,带动家庭农场发展"。由于地区差异,全国形成了各具特色的家庭农场类型。以上海市松江区为代表,展示了政府主导的"家庭自耕"模式(刘守英等,2021)。在这一模式中,遵循"依法、自愿、有偿"的原则,村里的可承包土地由村委会统一交由家庭农场主进行流转。政府建立了土地流转和家庭农场主准入、退出制度，并对家庭农场主的经营全过程进行严格考核，对考核不合格者实行“一票否决”。政府通过政策杠杆的调节作用，激发了家庭农场主的种粮积极性。

5.5.2 农村宅基地制度的改革与模式创新

随着中国城镇化进程的加快，农村地区出现了大量人口外流，导致房屋闲置现象日益严重，尤其是宅基地闲置所表现的土地低效利用问题尤为突出。因此，缩小城乡差距，稳妥推进农村宅基地制度改革，成为现阶段实现城乡融合的重要任务。提高宅基地利用效率的关键在于放活宅基地使用权，使宅基地能够有序流转。然而，宅基地改革不仅是发挥基层自主性的过程，更是针对普遍存在问题的诱致性制度变迁过程，旨在形成可以推广、复制的行为指导。在宅基地制度改革试点政策的推动下，各试点地区根据本地实际情况，针对不同类型的农户采取不同的方式引导盘活利用宅基地，广泛开展了宅基地自愿有偿退出方面的模式创新。

1. 基于市场化机制获得生计资本的农户退出行为方式

宅基地退出直接关系到农民的切身利益和多方面保障，涉及的利益主体众多。在实践过程中，许多地区的退出方式较为单一，无法满足农户对自身资产灵活配置的差异化需求，相关主体的缺失也影响到农民利益的保障。为了解决这一问题，试点地区在宅基地退出改革中引入了市场机制，充分重视农户的主体作用，引导农户参与到宅基地改革的创新模式中，以实现宅基地退出后农户生计资本的获取与合理分配。

市场化机制的改革模式主要在城镇化水平和经济发展水平较高的地区形成。例如，浙江省义乌市推出了“旧村改造”“城乡新社区集聚建设”和“新农村集聚建设”联动改革模式，采取了“以赋权让利为前提，以集约节约为导向”的灵活有偿退出方式。义乌市遵循因时制宜、因地制宜、因人制宜的原则，创新性地制定了“集地券”制度，创新了土地市场化、价值化的形式，通过市场化的方式获得宅基地退出的补偿收益。此外，嘉兴市在宅基地改革过程中推行了“两分两换”模式，由试点镇政府出资成立投资开发公司作为投融资主体，构建了政府、银行、农民三位一体的运行机制。该模式以优化土地使用制度为核心，实施了包括就业、社会保障、户籍制度、新居民管理、涉农体制、村镇建设、金融体系、公共服务、规划统筹等改革的“十改联动”工程（徐保根等，2011；孟祥远，2012）。同时，取消了农业户口、非农业户口的分类管理模式，推进了土地承包经营权的成片流转和农户向城镇集聚。在嘉兴宅基地“置换”模式过程中，农户可以将“节约”出来的宅基地置换出去，赋予宅基地流动性并将宅基地的财产价值显现，由此构成了其生计资本的基础。

2. 基于“共建共享+有偿使用”政策的农户宅基地退出行为方式

宅基地的“一户一宅”、无偿取得原则自实施以来，在保障农户生存、限制农民流动、稳定社会秩序等方面发挥了重要作用。根据法律规定，作为集体经济组织成员的农户可以无偿取得宅基地。然而,在以血缘关系为纽带的农村社会中,一些农民通过关系非法占有多处宅基地,导致存在一些"一户多宅"现象。对于习惯了无偿取得宅基地和"谁占谁用"的农民来说,如果简单地对"一户多宅"或违法违规建设的宅基地使用进行收费,宅基地制度改革可能会遇到阻碍。

因此,在宅基地退出实践中,针对农户宅基地使用权的不同情况,试点地区探索了共建共享宅基地使用权的政策创新。例如,四川省泸州市泸县允许社会自然人、社会团体或企事业单位与农民共建共享居住、商住或经营房产,以"共建共享"的村民居住权保障制度和"节约有奖,超占有偿"的宅基地退出制度为核心。一方面,鼓励农户节约集约使用宅基地,倡导在标准面积以下使用宅基地;另一方面,通过对"一户多宅"的农户收取有偿使用费,促使他们退出多占的宅基地。此外,根据农户现有宅基地使用面积大小,划定宅基地使用标准面积,并实施"有奖有罚"的宅基地退出政策,有效推动了宅基地的集约使用。

福建省晋江市探索了"资产置换、指标置换、货币补偿、借地退出"四种宅基地退出模式(梁发超和林彩云,2021)。由于资金有限,对于闲置、废弃宅基地,采取了向农户租、借的方式,收回后由村集体统一改造建设,实行有限的无偿退出,即"借地退出"模式。该模式的关键是农户将宅基地无偿交由村集体处置,但仍保留宅基地使用权,日后若政府实施征地,农户可凭相关凭证获取征迁补偿。

江西省鹰潭市余江区作为经济欠发达地区,地方财政收入不高,可用于宅基地改革的专项资金有限。因此,余江区以宅基地制度改革为主抓手,打造了"一改促六化"的"余江样板"(余永和,2019),并根据宅基地退出过程中出现的"一户多宅""多户一宅""一户一宅"等不同情况,实施了无偿退出与有偿退出两种方式。在实际退出过程中,不仅以"退出"为唯一目的,而是推进宅基地合理有序退出。对于"一户一宅"超面积不拆除、"一户多宅"不退出以及非本集体经济组织成员因继承或其他方式占有和使用宅基地的情况,在无偿退出基础上,按照阶梯价格收取有偿使用费(钟荣桂和吕萍,2018)。同时,允许退地进城的农民在一定期限内仍可返回农村,享受集体成员的福利待遇,并可向集体申请宅基地使用权,以此引导和鼓励有条件的农民进城退出宅基地。

3. 基于"以地换房+跨镇安置"创新模式的农户宅基地退出方式

宅基地作为农户最基本的居住保障,农户在退出宅基地时往往更倾向于选择"以地换房"的城镇安置住房补偿方式。自 2005 年起,天津等地区作为国家试点,就开始积极探索以宅基地换房建设示范小城镇的新模式。天津市政府出台了《天津市以宅基地换房建设示范小城镇管理办法》,允许农民用其宅基地按照规定的置换标准无偿换取小城镇中的安置住房,原有的宅基地则进行统一复耕,以实现耕地总量不变、质量不减、占补平衡的目标。这种方式实现了农村土地和资金的"双闭合",通过土地开发收益来补偿小城镇建设所需的资金,形成了一套"政府引导,市场运作,统筹安排,资金平衡"的投融资新体制(崔宝敏,2010)。

随着宅基地改革的不断深化,城镇安置住房的需求急剧增加,加之动迁安置住房的建设压力,导致农户退出宅基地后难以及时在城镇获得安置住房,这在很大程度上影响了农户退出宅基地的积极性。城镇安置住房供应不足的根本原因在于安置住房的供地不足。如果通过城乡建设用地增减挂钩的方式获取增量指标,则建设周期较长,难以及时安置宅基地退出农户。这一问题在人口密度较高、农户进镇居住意愿强烈的区域尤为突出。

为了解决这一难题,试点地区着眼于存量用地的盘活利用,探索了市(区)内跨村、镇安置的特色模式。例如,在上海市松江区,由于农户进镇安置意愿强烈,但本镇安置住房建设规划已饱和,泖港镇率先推出了跨镇集中安置的做法,与佘山镇达成跨镇安置农户的合作意向,并制定了《松江区泖港镇农民相对集中居住实施方案》,分批次成功实现了区内跨镇存量房源的整合利用与农户的及时安置[①]。浙江省义乌市也有类似的做法,义乌市制定了《义乌市宅基地跨村跨镇街安置实施细则(试行)》和《义乌市农村宅基地资格权权益有偿调剂办法》,成功解决了全市未安置宅基地农户建房落地难的问题,通过市场化的方式充分盘活了村、镇两级的存量建设用地[②],有效推进了宅基地退出的制度改革。

5.5.3 农村集体经营性建设用地制度的改革与模式创新

农村集体经营性建设用地是指用于生产经营目的的农村建设用地。随着改革开放的深入,农村集体经营性建设用地的流转变得越来越普遍。然而,自 1998 年起,国家对这类土地的流转实施了严格的管控。直到 2013 年,《中共中央关于全面深化改革若干重大问题的决定》提出要建立城乡统一的建设用地市场,以及 2015 年授权北京大兴等 33 个县(市、区)作为农村集体经营性建设用地入市改革试点,这类土地的出让和流转才在试点区内逐步放开。2020 年新《土地管理法》的颁布,赋予了农村集体经营性建设用地入市权能,允许其就地入市或异地调整入市,并实行与国有土地同价同权同等入市。2021 年中央一号文件进一步明确指出,为了深入推进农村集体土地制度改革、促进城乡土地资源要素市场化配置,将探索并逐步建立农村集体经营性建设用地入市制度,推动城乡统一的土地市场构建。

长期以来,政府对土地用途实行严格管制,农村土地必须通过政府征收才能进入市场,导致城乡土地市场呈现出明显的产权不平等特征,农村土地市场并未真正形成。农村集体经营性建设用地制度改革的目的是逐步完善农村建设用地市场,尤其是建设用地一级市场。集体作为经营性建设用地的所有者和出让者,通过市场平台配置土地资源,从而提高土地要素配置效率,不断凸显农村土地的财产性价值。

与农村的承包经营地、宅基地相比,经营性建设用地的体量相对较小,且区域分布不均,主要分布在长三角、珠三角等乡镇企业较为发达的地区。由于农村非农产业发展对用地的需求以及历史遗留问题,自 20 世纪 90 年代开始,国家多次开展试点改革,探索与城

---

① https://www.songjiang.gov.cn;https://sghexport.shobserver.com/html/baijiahao/2022/09/29/866987.html.
② http://www.yw.gov.cn/art/2019/1/7/art_1229130049_54415296.html.

市土地市场统一的农村集体经营性建设用地市场机制。对标城市建设用地市场,目前,农村集体经营性建设用地一级市场的主要流转方式包括出让、租赁及作价入股等。

1. 集体经营性建设用地出让入市模式

类似于国有建设用地出让市场,农村集体作为土地所有者,将集体经营性建设用地一定年限的使用权通过招标、拍卖、挂牌等方式让渡给土地使用者,土地使用者则向集体经济组织支付土地出让金。这种做法是集体经营性建设用地直接入市的主要方式,也是增强农村土地市场和集体经济的重要途径。早在 1995 年,国家土地管理局就开始尝试通过试点地区的改革来修订和完善集体经营性建设用地入市的管理制度,关注历史遗留的存量土地入市问题。典型的案例是以苏州市为代表的苏南乡镇企业用地流转管理。在 20 世纪 80 年代,苏南地区乡镇企业发展迅速,到了 20 世纪 90 年代乡镇企业改制过程中,如何合理化流转乡镇企业土地成为关键问题。1996 年,苏州市作为国家探索集体经营性建设用地市场的试点地区,出台了《苏州市农村集体存量建设用地使用权流转管理暂行办法》,这是全国早期形成的一套制度安排,它明确了集体建设用地流转的对象、范围、流转收入分配机制,为乡镇企业遗留的存量建设用地流转开辟了政策通道,并取得了显著成效(夏柱智,2020)。

2015 年年初,全国大力推行农村"三块地"改革,其中集体经营性建设用地入市是一项重点任务。各个试点地区开展了深入的改革实践,推进了集体经营性建设用地市场机制的规范化建设和管理。例如,松江区作为上海市集体经营性建设用地改革的试点地区,制定了集体经营性建设用地出让入市的具体工作流程和收益分配的管理办法。2016 年,松江区以就地入市的方式挂牌出让了第一幅集体经营性建设用地。同时,江苏省常州市武进区、浙江省湖州市德清县、安徽省六安市金寨县等试点地区也都成功出让了集体经营性建设用地,并制定了各自的入市管理办法。这些地区在入市主体、入市途径、入市价格、收益分配、不动产登记、市场监管、信息平台开发等方面进行了规范化、制度化和信息化的成功探索。

2. 集体经营性建设用地租赁入市模式

新修订的《土地管理法》消除了农村集体建设用地进入市场的法律障碍,规定在符合规划、依法登记并得到三分之二以上集体经济组织成员同意的情况下,农村集体建设用地可以通过出让、租赁等方式交由农村集体经济组织以外的单位或个人直接使用。基于这一规定,试点地区开始了集体经营性建设用地租赁入市的探索。借鉴国有建设用地市场的运行机制,租赁成为建设用地出让市场的一种补充方式。国有建设用地可以租赁供应,农村集体建设用地同样可以。在集体经营性建设用地一级市场的运行中,租赁方式相对于出让,风险较小,期限灵活,收益更为直接。这对于新创办的中小型企业来说,采取集体建设用地租赁供应可以减轻投资压力,有助于支持乡村初创产业的发展。

江苏省宜兴市在这方面进行了开创性和持续性的改革实践。作为江苏省乡镇企业改制的试点地区，宜兴市选择了农村集体经营性建设用地租赁使用的改革路径，即对乡镇企业实行以“使用权上缴款”替代“企业经营上缴款”的农村集体建设用地管理模式，从而创新性地开启了农村集体经营性建设用地租赁入市的第一步（顾龙友，2019）。在国家农村土地制度改革及相关政策法规的推动下，宜兴市顺应潮流，先后出台了《关于实行租赁供地收取土地年租金的意见》（1999年）、《关于加强租赁供地收取土地年租金工作的意见》（2002年）、《土地租赁暂行办法》（2005年）、《地价管理暂行办法》（2008年）、《关于加强集体建设用地土地年租金收缴工作的通知》（2011年）、《集体经营性建设用地租赁暂行办法》（2016年）等一系列文件，为深化农村集体经营性建设用地租赁入市改革提供了政策指导和支撑。这些实践不仅为我国农村集体经营性建设用地相关领域的理论研究提供了实验样本，也为其他地区提供了可借鉴的经验。

3. 集体经营性建设用地作价出资（入股）入市模式

国有划拨土地作价入股是国企改制中常见的土地处置方式。对于乡镇企业发展后遗留的农村集体经营性建设用地，作价入股成为乡镇企业改制中可采取的土地处置及入市方式，同时也是新型乡村产业发展的创新模式。农村集体经营性建设用地使用权作价出资（入股）是指农村集体或农村集体经济组织作为出资（入股）方，将一定年限的农村集体经营性建设用地使用权通过专业机构进行价格评估，并以土地进行出资或入股的行为。

作为2015年“三块地”改革的试点之一，四川省成都市郫都区探索实施了农村集体经营性建设用地使用权作价出资（入股）有限责任公司的模式。成都市郫都区友爱镇农科村，作为一个环境优美的旅游胜地，利用郫都区作为国家集体经营性建设用地入市改革试点地区的政策优势，农科村村民委员会作为入市主体，以约0.073公顷集体经营性建设用地使用权作价入股，组建并授权由自然人股东和股东代表构成的农村集体资产管理公司——成都海棠富农农业科技有限公司作为入市实施主体，与成都农科物业管理有限公司共同出资设立成都市泰祥酒店管理有限公司。由入市主体自主选择的具有资质的评估机构进行地价评估，成都海棠富农农业科技有限公司以入市土地评估总价65.26万元作为入股本金，占总股本的27.2%。成都农科物业管理有限公司以现金方式入股，入股资金为174.74万元，占总股本的72.8%。公司制定并通过了《成都市泰祥酒店管理有限公司章程》，明确了股东的权利、义务、转让出资条件及收益分配等各项制度。此试点在集体经营性建设用地作价入股方面的实践探索，丰富了该类土地入市的创新模式。

除将农村存量经营性建设用地入市外，农村经营性建设用地制度的改革还允许农村集体在农民自愿的基础上，依法将有偿收回的闲置宅基地、废弃的集体公益性建设用地转变为集体经营性建设用地并入市。以四川省成都市郫都区为例，自从承担起农村集体经营性建设用地入市改革和农村土地征收制度改革这两项国家级改革试点任务以来，郫都区按照“试制度、试规则、探路子”的要求，实现了农村集体经营性建设用地入市模式的进一步创新（伏绍宏等，2017年）。在改革过程中，郫都区以农村土地整治为契机，打破了原有的传统行政区划，实行了5个村的连片规划，统筹发展，重构了农村用地模式。同时,郫都区还同步探索了建设用地流量管理的新模式,将闲置宅基地的有偿退出指标以农村集体经营性建设用地的形式入市,以城乡融合的思路推动形成了城乡统一的土地市场。

综上所述,全国各试点地区在农村集体经营性建设用地入市方面进行了丰富的制度探索和模式创新,这些努力从根本上推动了农村集体建设用地市场的制度化、规范化和法制化建设。试点地区根据自身特点,在集体建设用地出让、租赁、作价入股等方面进行了大胆尝试,并取得了显著成效。各个实践样本的成功探索在根本上壮大了农村集体建设用地的一级市场,初步实现了与国有建设用地市场"同地、同权、同价"的制度化建设。

然而,农村建设用地市场中只有经营性建设用地可以入市交易。从全国范围来看,第一批试点的15个地区在可入市土地面积方面存在较大差异。例如,广东南海、北京大兴、上海松江三地的可入市面积占到了15个试点地区可入市面积总和的85%以上(陈明,2018年),而其他部分试点地区的可入市土地面积不足万亩,且分布零散。这反映出经营性建设用地可盘活入市的存量资源在区域间存在显著差异,且与区域经济发展水平密切相关,这无疑会对农村建设用地市场机制的系统性建设产生影响。

对于集体经营性建设用地匮乏的中西部地区,虽有试点地区尝试了增量盘活的方式,但国家明确禁止通过农用地新增建设用地,而宅基地作为农村公益性建设用地,需在规划允许的情况下才能调整为经营性建设用地,显示出集体经营性建设用地增量盘活的难度。同时,集体经营性建设用地入市与地方政府的征地行为存在一定的"对手关系"。如果集体经营性建设用地入市使农民获得的土地增值收益高于征地补偿水平,可能会影响地方政府的土地财政,因此,地方政府的积极性可能不高。

此外,目前全国试点地区主要探索的是农村建设用地一级市场的建设,对二级市场的发展涉及较少。未来,农村集体经营性建设用地市场的建设任务仍然艰巨,需要国家和地方层面不断深化制度改革,推动市场机制的持续完善和健全。

5.6　我国城乡融合发展的土地资源有效配置机制创新探索

农村土地制度改革的根本目标应该是充分利用市场机制实现土地资源的再配置。党的十九大提出了"建立健全城乡融合发展体制机制和政策体系"的战略目标。党的十九大后,中央层面陆续出台了《关于构建更加完善的要素市场化配置体制机制的意见》《关于新时代加快完善社会主义市场经济体制的意见》《建设高标准市场发展体系行动方案》《要素市场化配置综合改革试点总体方案》《中共中央 国务院关于加快建设全国统一大市场的意见》等文件,这些文件要求利用市场机制进行城乡土地资源有效配置,从而为城乡融合发展提供土地要素保障。基于此,我们从城乡土地资源有效配置的供给机制、交易机制、调控机制、保障机制等四部分探索机制创新的基本逻辑与实现路径。

5.6.1 城乡土地资源有效配置的供给机制

随着我国社会主义市场经济体制的确立,资源配置方式由计划决定向市场决定转变。党的二十大报告和国家"十四五"规划纲要提出了农业农村优先发展、城乡融合发展和畅通城乡要素流动的要求。国务院在2021年颁布的《要素市场化配置综合改革试点总体方案》中明确了提高土地要素配置效率的重要性。然而,我国要素市场的基础设施尚不够完善,尤其是缺乏全国统一的土地大市场。目前的土地市场仍受到政府的强烈干预,地方政府在土地要素配置上存在城市偏向,并将土地资源配置作为经济发展手段。基于此,为促进土地要素的自由流动,需要推进城乡土地要素平等交换,构建统一的土地市场。应当发挥市场在土地资源配置中的决定作用,政府要转变职能,利用政策工具弥补市场失灵,构建适应土地资源要素市场流动的调控和用途管制体系,监管市场合法竞争以维护市场秩序,并要求各类用地有针对性地进行改革。

1. 宅基地的供给机制改革

自新一轮农村宅基地制度改革试点以来,《中共中央 国务院关于做好2023年全面推进乡村振兴重点工作的意见》继续强调"稳慎推进农村宅基地制度改革试点"。改革的核心问题是实现宅基地的所有权、资格权和使用权的"三权分置",并探索多元盘活利用闲置宅基地和住宅的方式。针对当前农村宅基地改革中存在的主要问题,首先,建议通过村庄规划设计对村内闲置宅基地进行统一整理,促使闲置宅基地和农房得到有效利用。其次,以"三权分置"为核心,探索创新机制,如有偿使用、有偿退出、放活使用权等,以促进各种要素的自由流动。在盘活宅基地的同时,根据区位、配套设施、产业发展和农民意愿等要素对数据进行分类整理,引入社会资本和企业投资,提高村民收入。最后,经过一段时间的试点,在法律上确认农户宅基地及建筑物的私人产权属性,彻底放松宅基地转让交易的管制,允许其自由交易。在特定需要情况下,属地集体经济组织具有优先购买权。

2. 承包地供给机制改革

党的十九大明确提出要进一步完善承包地"三权分置"制度,但目前承包地市场化退出实践存在显著的"市场失灵"问题,并没有提高资源配置效率。首先,农民退出的细碎化土地无法满足后续基础设施配套建设和土地开发的需求。若按照承包地自愿转让推出,细碎化的承包地将导致土地供需严重错位。其次,由于高交易成本和不健全的土地流转制度,村集体和农业经营者缺乏流转积极性。在农村"熟人社会"中,流转主要发生在亲属或熟人之间,非正式制度限制了价格机制的作用,降低了参与农地流转的可能性。再次,土地经营权市场化运行的流转机制尚未建立,土地承包经营权抵押融资存在困难,流转期限偏短增加了流转的难度。农业生产易受自然条件影响,导致信贷风险,相关机构难以接受经营抵押贷款。

针对以上问题，第一，要健全承包地流转交易市场机制，充分发挥价格机制的作用，促进土地流转市场发育。第二，建议在现有的承包权基础上，全面落实确权工作，扎实推进落实第二轮土地承包到期后再延长 30 年政策，保持农村土地承包关系稳定并长久不变。在此基础上，可以积极探索“确权不确地”，通过合作社实现农村土地资源整合、规划、使用和经营的统一，促进承包土地经营权规范有序流转，积极发展农业适度规模经营。经过一定时期的变革，未来农村集体土地制度事实上将虚化集体土地性质，强化农户家庭的土地产权权利，逐步演化为承包户的完全产权属性，使农户具有承包地的完全收益权和处置权。第三，为了稳定农地的基本规模和保护耕地的使用，依据发展规划，确定农户土地的使用功能，在法律上规定其土地使用性质。同时，规定土地使用功能调整的法律程序、权益补偿和分配原则。第四，为最大化集中流转土地资源效益，可培育新型农业经营主体，由政府设立合作社或农业公司进行统一运营，引导与承包农户建立利益联结机制，受村集体成员监督。这有助于减少农户交易成本，防止短期行为，同时以运营主体身份对承包地进行统一抵押贷款，最大限度上减少违约风险。

3. 集体经营性建设用地供给机制改革

在中共十七届三中全会提出“逐步建立城乡统一的建设用地市场”的基础上，十八届三中全会进一步要求“建立城乡统一的建设用地有形市场，提倡有序流转”，再到十九大报告提出“实施乡村振兴、建立健全城乡融合发展体制机制和政策体系”，“保护产权、同权同价、维护契约、平等交易”的城乡统一的建设用地市场体系已经成为盘活农村建设用地资源、实现城乡融合的重要抓手。而集体经营性建设用地并不完全等同于国有建设用地，要构建城乡统一的建设用地市场体系，要以国土空间规划为准则，强化用途管制，做到规划同地、城乡同地与发展同地。集体建设用地存在着集体经济组织、农民和使用者等多元主体，随着农村土地权益主体意识的不断增强，在市场经济条件下，有效保障和平等保护各类主体的合法土地权利，杜绝产权歧视，确保产权关系清晰，同时在土地同权的基础上构建同价保障机制，始终坚持发挥市场在土地资源配置中的决定性作用，避免政府过度干预，让土地在流动中实现其应有价值，增加农民和农民集体的财产性收益，真正做到城乡土地同价同权，实现市场供需平衡，形成有序的城乡统一的建设用地市场。

此外，建设用地的盘活应根据地方特点制定差异化的政策组合，做到因地施策。在经济较为发达的农村或大城市周边农村地区，可以结合全域土地综合整治，通过集体经营性建设用地入市来盘活该区域范围内的存量建设用地，入市土地可以用于建设工业园区或者用于租赁型保障性住房建设。对于欠发达的农村或中小城市周边农村地区，探索宅基地改革与集体建设用地入市改革联动，可以总结贵州湄潭与广西北流等地宅基地制度改革经验，在坚持“三权分置”的基础上突破农村宅基地与集体经营性建设用地的既有界限，将有偿收回的闲置宅基地转变为集体经营性建设用地入市，盘活闲置宅基地的同时将农户土地财产收益最大化。对于经济落后的农村地区，并不急于将土地进行整理入市，可以运用土地增减挂钩政策将闲置的农村建设用地整理成集中连片，将存量建设用地进行整合后,一方面为未来农村发展预留公共基础设施用地,另一方面可以根据当地具体情况发展当地特色产业,并与城市建新地块直接挂钩。从长期看,应逐渐把经营性建设用地转化为“集体公地”,除了用于集体公共基础设施和公共服务设施用地外,多余的“公地”可以发展农业或其他多种产业,增加农村集体组织收入。出售集体经营性建设用地仅仅是一种过渡性的措施而已。

城乡融合发展是解决城乡发展不平衡、农村发展不充分问题的内在要求。在实现城乡融合发展过程中,如何创新和完善辅助城乡土地资源供给的国土空间规划制度安排,提高土地资源配置效益,是目前亟须进一步深化改革的重要内容。首先,政府需要改变治理逻辑,从按计划配置土地资源向底线治理转变,以国土空间规划为依据,将“十八亿亩耕地红线”“城市增长边界”“生态保护红线”作为城乡建设不可逾越的红线,通过严格项目准入和优化用地结构来约束城乡建设。同时,依据“资源环境承载力评价”和“国土空间开发适宜性评价”,落实空间刚性管控和弹性引导。一方面,允许存在某类空间转变为其他空间的可能性;另一方面,应积极倡导和激励空间的复合利用。以此明确不同区域国土空间开发、保护与利用的重要程度,从而为制定相应空间管控策略提供基础。

5.6.2 城乡土地资源有效配置的交易机制

土地作为最为重要的资源之一,我国长期以来主要采取行政配置模式管理土地资源,政府垄断土地一级市场,造成城乡范围内土地资源配置不合理,市场优化资源配置的功能无法得到发挥,也严重损害了农村集体和农民的利益。2020 年以来,中央层面陆续出台了《关于构建更加完善的要素市场化配置体制机制的意见》《要素市场化配置综合改革试点总体方案》《中共中央 国务院关于加快建设全国统一大市场的意见》等重要文件,围绕构建高标准市场体系进一步作出部署,把推动土地要素市场化配置放到突出位置。而构建城乡土地资源有效配置的交易机制,可以从产权交易机制和建设用地指标交易机制两个方面进行探索。

1. 建立土地产权交易机制

土地使用权的市场化流转是促进土地资源优化配置的必然要求。要实现产权交易市场化,首先要加快建立健全农村土地产权登记制度,明晰农村各主体之间产权关系及权利范围,以维护各方合法权益。针对承包地与宅基地,在坚持“三权分置”制度前提下,适度放活承包地经营权与宅基地使用权流转交易。针对集体建设用地,一方面健全完善农村土地产权交易制度,建立农村产权交易一级市场。以浙江省永嘉县为例,该县以企业的市场化运作建设农村产权交易市场,并建立了县农村产权服务中心与信息共享系统,提供“清产核资、价值评估、交易运作”的“一站式服务”。另一方面,健全农村集体经营性建设用地进入市场交易,建立完善的城乡要素市场化配置机制,以实现城乡土地同地同价同权的目标,同时增加农民和农民集体收益。目前,21 个省份出台农村产权流转交易市场建设的指导性文件，全国共有 1 239 个县（市、区）、18 731 个乡镇建立农村土地经营权流转服务中心[①]，逐步构建起了符合农村实际和土地产权流转交易特点的制度框架。

2. 扩大建设用地指标交易的行政区域范围

根据行政区划构建建设用地增量指标交易体系，是各地优化城乡土地资源有效配置效率的一种方式。原国土资源部为支持社会主义新农村建设、促进城乡统筹发展，出台了城乡建设用地增减挂钩政策，即采用城市建设用地增加和农村建设用地减少相挂钩的模式，对增量指标实施指令性管理的配置模式。为更好地推进城乡融合发展，部分地区突破既有增减挂钩模式的限制，对指标配置模式进行创新。其中典型的如重庆“地票”政策，该政策通过构建增减挂钩指标市场交易体系，突破了传统指标周转模式，以市场化的方式将拆旧和建新过程连接在一起，从空间上和交易机制上实现了“跨区域、市场化”的资源配置方式。此外，浙江省自然资源厅于 2018 年出台《浙江省国土资源厅关于做好城乡建设用地增加挂钩节余指标调剂使用管理工作的通知》，允许建设用地节余指标跨县域调剂使用。以义乌“集地券”制度为例，在符合规划与用途管制的前提下，可以在市域范围内统筹使用。

此外，为协调区域发展、实施宏观调控，2016 年两办印发的《关于支持深度贫困地区脱贫攻坚的实施意见》提出，深度贫困地区增减挂钩节余指标不受指标规模限制可跨省域流动；2018 年国办印发《城乡建设用地增减挂钩节余指标跨省域调剂管理办法》、自然资源部印发《城乡建设用地增减挂钩节余指标跨省域调剂实施办法》将增减挂钩节余指标跨省域调剂的调出地区限定在“三区三州”及其他深度贫困县；2021 年根据《巩固拓展脱贫攻坚成果同乡村振兴有效衔接过渡期内城乡建设用地增减挂钩节余指标跨省域调剂管理办法》，原“三区三州”及其他深度贫困县、国家乡村振兴重点帮扶县开展城乡建设用地增减挂钩，拆旧复垦安置节余的建设用地指标在省际协商基础上由国家统筹跨省域调剂使用。由此可见，建设用地指标跨省域流动范围已由“三区三州”及其他深度贫困县拓展到全国所有省域范围内，可交易范围进一步扩大，可跨省域流动。

基于各地区对于城乡土地资源配置的交易机制探索，可以行政区划为标准，在省级以下层面，以各地方政府为主体构建建设用地节余指标交易体系。建立省内指标交易平台，允许地方政府对建设用地增量指标进行交易，建立节余指标一级市场，通过市场机制引导在省域范围内优化配置。而针对指标跨省域流动，仍应由国家统一制定节余指标价格标准，并由自然资源部会同有关部门对节余指标跨省域调剂进行监管。

5.6.3　城乡土地资源有效配置的调控机制

近年来，我国在城乡土地市场建设、农用地“三权分置”改革、农村“三块地”改革等方

① http://www.moa.gov.cn/ztzl/xczx/rsgt/201812/t20181228_6165784.htm.

面取得了一系列进展。但在城乡土地资源配置过程中,土地利用自身仍存在土地供需矛盾、土地利用结构与布局不合理、土地利用效率较低等问题。此外,由于我国土地市场建设仍不完善,土地利用过程中仍面临监管不足、供给单一等土地宏观调控方面的问题。还有很多基础性工作必须由政府来完成,因此政府在资源配置中的作用不能忽视。必须更好地发挥政府作用,根据目前土地利用状况和土地宏观调控现状,构建城乡土地资源有效配置调控新机制。在土地资源配置中,政府调控是国家为维护公共利益需要,通过行政权力以土地规划、土地用途管制、制定规则等方式来实现土地资源分配的公平、有效。土地资源配置涉及供给方、需求方两大行为主体及交易过程,因此城乡土地资源配置调控应从这三方面着手,管控土地资源市场配置中可能产生的违规行为和不当政策等。其中,供给方面的调控机制包括区域调控、结构调控、规划编制优化等;交易过程调控包括指标调控、绩效评价与监测等;需求方面的调控机制则以效益调控为主。

土地供给方面,首先在城乡土地资源配置过程中,应始终坚持生态保护红线、耕地保护红线和城市开发边界"三条红线"保护战略,并逐步减少新增建设用地计划,尽可能实现耕地和生态用地总量不减少,建设用地总量不增加,实行建设用地总量和强度双控制度。坚持保护与开发并重、开源与节流并举、节地与提效并进的要素配置路径。其次,通过区域资源环境承载力评价分析,根据各区域土地资源主导功能、经济社会发展阶段、资源环境承载力等差异,实施差别化的区域土地利用管理政策,实现城乡土地资源配置结构性调整,并通过建立城乡统一的建设用地市场优化城乡用地布局,完善城乡建设用地增减挂钩,优用存量、优配增量、主动减量,着力提高土地资源供给质量和效率。另外,应科学推进"三区三线"划定与国土空间规划编制的完善,"三区三线"的划定侧重自上而下的刚性管控,但政府应依据区域土地利用现状合理调控空间布局,例如针对分布分散的农田进行布局优化,在确保严守耕地保护红线的基础上减少其对建设项目落地的影响,同时完善国土空间规划的编制,探索建立规划留白综合管理体系,有效解决土地面积唯一与空间开发不确定性的矛盾。如《江苏省自然资源厅关于开展土地征收成片开发方案编制工作的通知》(苏自然资函〔2021〕15 号)中针对城市新区、老旧城区等不同类型土地合理确定成片开发范围的边界,统筹产业布局,规定工业主导类片区公益性用地一般不低于 25%,保障城市公益性基础设施统筹安排,防止城市因过分追求房产、工业建设而忽视了基础设施与公共服务产品的供给。

交易过程调控机制中,一方面转变单一增量思维,充分利用增量、存量等各类用地指标,实现新增建设项目用地指标的多渠道保障。政府在土地资源市场配置过程中,可以针对不同类型建设用地需求采用多类型用地指标予以保障,例如积极探索利用存量土地解决新增用地不足的问题,允许建设用地节余指标跨县域调剂使用,保证有限的增量指标优先供给重点建设项目。另一方面,通过土地资源调控绩效评价、监测机制,从经济、政治、文化、社会、生态等方面构建城乡土地资源调控核心指标体系,以此衡量城乡建设用地增减挂钩、区域布局优化、土地结构调整等调控措施的有效性,使土地资源调控决策更具科学性、说服力。

5.6.4　城乡土地资源有效配置的保障机制

土地是社会生产生活的基础，而作为一种稀缺资源，特别是在我国这样的人口大国，土地资源的供给与需求之间存在着较大的矛盾。据统计，我国城镇建设用地总规模达到1.55 亿亩，节约集约程度较低，一些地方存在大量低效和闲置土地；全国村庄用地规模达3.29 亿亩，总量较大，布局不尽合理[①]。为了确保土地资源的合理利用，需要建立城乡土地资源有效配置的保障机制，通过优化土地利用方式和土地利用结构，引导城乡土地资源的有机协调，破除阻碍城乡要素自由流动、平等交换的体制机制弊端，促进城乡均衡发展，推动城乡一体化进程，以满足社会和经济的发展需要。

1. 建立土地资源市场化配置的保障机制

城乡土地资源配置以市场为核心，引导城乡存量用地有序退出。在土地一级市场建设中，政府要继续推进用地审批权“放管服”，使地方政府拥有更大自主权。要逐步解决土地有偿使用和行政划拨并存的问题，努力消除地方政府的市场保护行为，将行政划拨使用的经营性土地通过租赁等方式纳入有偿使用范围。同时，进一步放宽市场准入限制，逐步加强土地一、二级市场的衔接，最后要强化市场执法与监管，促进有序竞争。在坚持土地公有制性质、不突破耕地红线的前提下，支持试点地区结合新一轮农村宅基地改革，尝试宅基地所有权、资格权、使用权分置的形式。在合法、自愿、有偿的前提下，允许存量集体建设用地按规划改变用途后进入市场交易。

2. 建立健全土地产权管理的法制化保障机制

实现资源市场化配置需要建立符合市场要求的土地产权制度，对城乡土地要素资源的产权形式进行明确，结合《民法典》《农村土地承包法》《土地管理法》等法律制度，明确要素产权。此外，要立足城乡融合发展的视角，加强《民法典》与《土地管理法》的联动，《土地管理法》《土地管理法实施条例》虽然为集体经营性建设用地赋予了与国有建设用地同等权能，但对集体建设用地二级市场的交易规则却未予规定。土地产权管理的法制化建设应更聚焦于国土空间规划改革、“三块地”联动改革、土地整治与耕地保护改革以及集体经营性建设用地二级市场改革等方面。

3. 建立国土空间资源统筹配置的规划保障机制

城乡统一规划是指在国家、省、市、县等不同行政区划范围内，通过对城市和农村进行协调规划，科学划分乡村发展布局，统一谋划发展方向、资源利用和设施配置，达到城乡发展协调、资源共享，协调城乡土地利用，避免城市过度扩张和农村土地过度利用，确保城乡

---

① 自然资源部第三次全国国土调查资料。

土地资源的合理配置。这就要求有城乡统一规划体系作为基础，转变规划理念，以“两规融合”保发展，以“多规合一”促协调，建立城乡统一规划的“四梁八柱”，建立相应的法律、法规和政策文件等，明确规划编制的程序和步骤，形成城乡统一规划的制度化和常态化。结合当地实际情况制定相应的规划标准，明确城市和农村各自的规划内容和要求，将配置模式从经济导向转向人本导向，将规划编制从增量转向“减量为主、增存并重”，将空间治理从“指标”转向“坐标”。同时在城市地区通过指标量化的方法对同一时空维度内建设用地利用项目进行保障优先级排序，全盘统筹建设用地规模与指标分配，确保在国土空间规划编制时依据不同项目类型保障建设用地需求，以实现统筹安排新增和存量建设用地，推进闲置土地处置与合理利用，从而实现土地资源合理配置。

4. 建立人-地关系协同发展的行政保障机制

城乡融合发展是土地、人口、资本等要素双向流动的协同发展，在这个过程中要做好城乡人-地关系良性互动的配套保障机制。一方面，可以通过产业转移和流动人口就业扶持政策，实现城市和乡村之间资源要素的优化配置，即加快农村转移人口市民化，从而提高农业劳动生产率，由此进一步扩大农地承包经营权流转规模。这就要求户籍制度同步改革，消除人口在城乡区域间自由流动的户籍壁垒，保障农业转移人口的基本权利，实现城乡社会融合发展，减少农村闲置土地和资源的浪费。另一方面，鼓励各级财政支持城乡融合发展，增加土地要素配置投入，提高城乡土地资源配置的资金保障力度，通过国家宏观调控规范土地市场秩序，建立健全农村土地市场体系，增强土地财产性权利，增加农民的财产性收入，鼓励农民“离土不离乡”，逐步壮大乡村产业的本土化就业规模，实现城乡之间就业市场的土地资源合理配置以及就业市场的均衡化发展。

参考文献

[1] Song M, Tao W. Coupling and coordination analysis of China's regional urban-rural integration and land-use efficiency[J]. Growth and Change, 2022, 53(3): 1384-1413.

[2] 蔡继明，李蒙蒙.当代中国土地制度变迁的历史与逻辑[J].经济学动态，2021(12): 40-51.

[3] 陈明.农村集体经营性建设用地入市改革的评估与展望[J].农业经济问题，2018，39(4): 71-81.

[4] 陈义媛.组织化的土地流转：虚拟确权与农村土地集体所有权的激活[J].南京农业大学学报(社会科学版)，2020，20(1): 13-23.

[5] 崔宝敏.天津市“以宅基地换房”的农村集体建设用地流转新模式[J].中国土地科学，2010，24(5): 37-40.

[6] 董翀.产业兴旺：乡村振兴的核心动力[J].华南师范大学学报(社会科学版)，2021(5): 137-150，207-208.

[7] 伏绍宏，洪运，唐欣欣.集体经营性建设用地入市收益分配机制：现实考量与路径选择——以郫都区为例[J].农村经济，2017(10): 37-43.

[8] 顾龙友.农村集体经营性建设用地租赁入市探索——基于“宜兴模式”的宏观思考[J].中国国土资源经济,2019,32(11):4-10,19.
[9] 黄群慧.中国共产党领导社会主义工业化建设及其历史经验[J].中国社会科学,2021(7):4-20.
[10] 李江涛,熊柴,蔡继明.开启城乡土地产权同权化和资源配置市场化改革新里程[J].管理世界,2020,36(6):93-105.
[11] 李停.从两“分”到两“合”:新中国成立以来农村土地制度演变的内在逻辑——兼评“三权分置”的时代正当性[J].理论月刊,2021(1):21-28.
[12] 梁发超,林彩云.不同模式下农村宅基地退出的农户福利效应研究——以福建省晋江市为例[J].中国农业资源与区划,2021,42(3):240-248.
[13] 林超,吕萍,顾汶岳.河南长垣:中部平原地区农村土地制度改革试点探索[J].中国土地,2019(2):58-59.
[14] 刘丹,潘远生.重庆大足:探索集体经营性建设用地入市路径[J].中国土地,2017(9):58-59.
[15] 刘荣增,黄月霞,何春.城乡高质量融合发展影响土地利用效率的作用机制与实证检验[J].城市发展研究,2021,28(12):128-136.
[16] 刘守英,颜嘉楠,冀县卿.集体地权制度下农地合约选择与经营体制变迁——松江集体村社型家庭农场的案例分析[J].中国农村经济,2021(2):19-41.
[17] 刘守英.以地谋发展模式的风险与改革[J].国际经济评论,2012(2):92-109,7.
[18] 茅锐,林显一.在乡村振兴中促进城乡融合发展——来自主要发达国家的经验启示[J].国际经济评论,2022(1):155-173,8.
[19] 孟祥远.城市化背景下农村土地流转的成效及问题——以嘉兴模式和无锡模式为例[J].城市问题,2012(12):68-72.
[20] 彭青.推进以县城为重要载体新型城镇化的对策探讨[J].理论探讨,2023(2):161-168.
[21] 任育锋,李哲敏,芦千文.农村宅基地制度:变迁历程、演变逻辑与改革路径[J].当代经济管理,2022,44(4):34-41.
[22] 任育锋,王玉庭,李哲敏,等.中国农村宅基地资源时空分布及利用特征[J].中国农业大学学报,2020,25(10):175-186.
[23] 唐辉.中国共产党百年农村土地制度变迁:动因、逻辑及启示——基于社会基本矛盾的视角[J].党政研究,2021(5):34-43.
[24] 王邹,孙久文.以高质量的县城建设推进县域现代化:事实与路径[J].中国农村观察,2023(6):2-23.
[25] 夏柱智.征地抑或入市?——关于集体经营性建设用地入市的研究[J].北京工业大学学报(社会科学版),2020,20(3):73-80.
[26] 徐保根,杨雪锋,陈佳骊.浙江嘉兴市“两分两换”农村土地整治模式探讨[J].中国土地科学,2011,25(1):37-42.
[27] 余永和.农村宅基地退出试点改革:模式、困境与对策[J].求实,2019(4):84-97.
[28] 张承,彭新万.利益共享模式下的农地发展权价值形成与分配——基于政府公共服务视角

[J].经济问题探索,2020(11):73-85.
[29] 张合林,王亚晨,刘颖.城乡融合发展与土地资源利用效率[J].财经科学,2020(10):108-120.
[30] 张季风.乡村振兴视阈下的城乡融合发展:日本的实践与启示[J].中国农村经济,2022(12):124-138.
[31] 张利庠,缪向华.韩国、日本经验对我国社会主义新农村建设的启示[J].生产力研究,2006(2):169-170,201.
[32] 赵华,丁凡.新时代城乡融合发展水平的测度研究——基于新发展理念的视角[J].南大商学评论,2019(4):26-42.
[33] 赵金子,贾中海.借鉴英国农业发展经验 探索中国特色现代农业发展新模式[J].学术交流,2014(3):105-108.
[34] 郑风田.让宅基地"三权分置"改革成为乡村振兴新抓手[J].人民论坛,2018(10):75-77.
[35] 郑振源,蔡继明.城乡融合发展的制度保障:集体土地与国有土地同权[J].中国农村经济,2019(11):2-15.
[36] 钟荣桂,吕萍.江西余江宅基地制度改革试点经验与启示[J].经济体制改革,2018(2):13-18.
[37] 周敏,林凯旋,黄亚平.城市空间结构演变的动力机制——基于新制度经济学视角[J].现代城市研究,2014,29(2):40-46.
[38] 周明助."聚土地":绩溪土地流转探新路[J].中国土地,2014(5):10-11.
[39] 朱道林.近代中国农村土地制度演变及其启示[J].毛泽东研究,2020(3):105-109.
[40] 朱晓哲,刘瑞峰,马恒运.中国农村土地制度的历史演变、动因及效果:一个文献综述视角[J].农业经济问题,2021,42(8):90-103.

第6章　城乡融合发展与人口流动机制

6.1　导言

改革开放以来，随着工业化和城镇化的加快，我国劳动力流动经历了由封闭到逐步开放的过程，劳动力配置机制也由行政计划配置向市场配置机制转变。在改革开放初期，东部地区经济率先发展，一部分农村剩余劳动力由农业部门进入农村工业部门就业，即所谓的“离土不离乡”。另一部分农村劳动力则逐渐流动至城市，即呈现乡城间的单向流动。随着城市就业制度的改革，城市劳动力市场逐步形成并不断完善，城市间、城乡间劳动力流动的障碍和壁垒逐步消减，劳动力流动由乡城的单向流动向乡城和城市之间的交互流动转变。在这种流动格局变化的过程中，由于区域经济发展的不平衡和不充分，出现了欠发达地区农村劳动力大量流向发达地区的强流动格局。

但随之带来的问题也是显然的，一是受我国城市公共产品供给差异，特别是城乡社会保障制度差异化影响，就业于城市的农村劳动力难以享有城市的社会福利制度，无法实现永久性转移。这种现象我们称之为农村劳动力“城市留不下”的状况。二是近年来，随着经济的波动和产业结构调整，一部分在城市就业的劳动力退出城市劳动力市场，意欲返回农村就业，但限于农村经济条件和就业机会匮乏，乡村却“留不住”或“不愿留”。农村劳动力不能有序转移和充分就业，导致农村经济长期得不到稳定发展，农业现代化缺乏推进动力，农户实际收入和社会福利水平增长缓慢。这种状况的叠加，为我国经济发展和实现城镇化目标带来了非常大的挑战。

高质量推进城乡融合发展。城乡融合发展的关键是人的融合，只有实现人力资源的城乡统一配置、农村人口的永久性转移，才能提高农村人口的收入水平、消费水平和社会保障水平，真正实现城乡经济与社会的融合发展。我国农村户籍人口7.6亿人，超过了所有发达国家农村人口的总和。据农民工调查报告，2023年农民工规模达到2.9亿。此外，据测算，在现有农业生产规模和技术条件下，农村尚有可转移劳动力约1.7亿人。如何将巨大的人口规模转化为持续性的人口红利，如何在人口老龄化程度不断加深的背景下通过城乡融合推进共同富裕，其艰巨性、复杂性前所未有，这是我国当前城乡融合的现实国情。

如何破解“城镇留不下”“乡村不愿留”的难题，走出中国特色城镇化和城乡融合发展的经济现代化道路，成为未来中国经济发展中亟须研究和解决的问题。要解决这些问题既涉及我国工业化和城镇化的策略,也关系到城镇劳动力制度和社会保障制度等方面的改革。为此,中共中央和国务院发布了系列文件,力图为农村劳动力的优化配置创造条件,促进劳动力的自主、有序流动,保障农民的富裕富足,这样才能巩固和拓展脱贫攻坚成果、全面推进乡村振兴、加快农业农村现代化。推动城乡融合发展见实效,健全城乡融合发展体制机制,促进农业转移人口市民化。以县域作为城乡融合发展的重要切入点,赋予县级更多资源整合使用的自主权,强化县城综合服务能力。因此,本章通过讨论城乡融合发展与人口流动之间的关系,研究适应我国未来经济社会发展需要的劳动力资源配置和流动的体制机制,形成劳动力资源自主选择、流动方向合理有序、流动渠道通畅有效的乡村向城市和城市向乡村流动的高效劳动力资源配置格局,实现城乡融合协调均衡发展。

6.2 城乡劳动力流动、人力资本积累与城乡融合发展研究

破解中国城乡融合发展问题,必须从破解城乡二元结构入手,而破解城乡二元结构则必须促进城乡生产要素的合理流动,尤其是推动城乡劳动力的自由流动。需要推动农村剩余劳动力的有序迁移,同时吸引各类人才向农村流动,这是推动中国经济从二元结构向一元结构转换、促进城乡融合发展的重要途径。为此,不少研究文献做了深入的探讨:一是从劳动力流动的视角梳理农村劳动力流动中存在的突出问题,以及劳动力流动与城乡融合发展的关系;二是劳动力流动模式与城乡融合发展;三是影响城乡间劳动力流动的推力及拉力因素以及制度性障碍等;四是探讨人力资本与城乡融合的关系,对城市人力资本对农村的溢出效应及路径进行了阐述;五是对有关劳动力流动与市民化的政策进行评价分析。

6.2.1 农村劳动力流动中存在的突出问题

由于长期存在城乡分割的户籍管理制度、社会保障制度等,农村劳动力在向二三产业转移过程中面临诸多体制性、政策性障碍,并由此派生出城乡二元分割的劳动力市场。劳动力市场受到扭曲,农村劳动力的自由流动就会受到限制,使得更多的劳动力滞留在农村,带来显著的效率损失(盖庆恩等,2013)。同时,劳动力市场的扭曲影响了农村劳动力的非农化流转,进而延缓或阻滞了城乡收入差距的缩小,影响城乡融合发展(袁志刚和解栋栋,2011)。总体上来说,农村劳动力流动中存在的突出问题主要有以下几点。

一是农村劳动力流动过程中就业机会和收入不平等。与城市劳动力相比,农村劳动力在就业机会上受到“进入”歧视等诸多限制,且工资报酬上存在同工不同酬的现象(余向华和陈雪娟,2012)。同时,由于农村劳动力的文化层次不高、技能水平较低,使得农村劳动力在城市主要从事一些层次较低、以体力为主的工作,进一步导致其就业收入普遍较低(张平,1998)。

二是农村劳动力流动过程中公共服务和社会福利等得不到保障。农村劳动力在城市的公共服务、子女教育资源等方面的权益难以得到保障。在社会保障和劳保福利方面，由于缺乏相应的政策和法律保护及有效监督，使得农民工在社会保障和劳保福利方面大大低于城市职工，甚至没有保障（陈云松和张翼，2015）。

三是农村劳动力流动过程中难以获得市民身份。由于户籍、土地等制度约束，农民和市民之间存在身份上的刚性隔离，农村劳动力流动过程中难以"市民化"，导致其无法真正融入城市，进一步阻碍了城乡融合发展（张吉鹏等，2020）。

此外，农村劳动力转移之后，家庭分离引致的留守成员的福利和社会需求被长期忽视（李强和臧文斌，2011；魏东霞和谌新民，2018），恶化了城乡之间的发展联动性。乡村劳动力锐减，出现了"空心村"等情况（项继权和周长友，2017；王颂吉和白永秀，2013；李玉红和王皓，2020），对粮食安全也产生了影响（程名望等，2015），乡村陷入发展困境。一些学者认为，消除了劳动力迁移的所有障碍后，劳动生产率将有所提高。

6.2.2　劳动力流动模式与城乡融合发展

我国劳动力流动是以改变就业类型、改善收入为主要目的跨地域形式的流动（蔡昉，2003），在农村劳动力跨区流动过程中，农村劳动力总是从经济落后地区向发达地区转移，同时从第一产业向第二、第三产业转移。这种乡城迁移，不仅是个体决策的自主选择，也是家庭整体决策优化的社会行为选择（潘静和陈广汉，2014），是满足低生存需求的城乡融合。但同时，城市与农村劳动力市场的分割导致了劳动力职业隔离、工资差别的情况出现（吕炜等，2019），进一步阻碍了城乡融合发展。

在城乡融合发展中，劳动力就业水平及就业结构由产业发展及产业结构决定。改革开放初期，随着工商业的发展，城镇及其现代产业部门产生了大量的就业机会，从而开始了农村劳动力的流动浪潮。此时，农村劳动力一般是进入乡镇企业从事工业生产，仍居住在农村，属于著名社会学家费孝通先生提出的"离土不离乡"模式（冯兰瑞和姜渭渔，1987；魏后凯，1994）。基于乡镇的低层级"离土不离乡"模式下，城乡联系不紧密，城乡互动较少，不利于城乡融合发展。

随着工业化和城镇化的不断推进，我国农民工的流动规模持续扩大，并以东部地区大城市为主要流动方向。刘涛等（2015）用第五次人口普查数据分析发现我国前 1% 的城市吸纳了全国 45.5% 的流动人口，且这个比例在之后的 10 年间保持相对稳定；陈明星等（2018）通过对京津地区流动人口分析发现，吸引外来人员的主要是经济发达地区的大城市。此时，劳动力流动转变为"离乡不离土"模式，即农民一方面进入城市从事非农就业工作，但另一方面户籍仍在农村，仍是农民身份，拥有农村承包地和宅基地等。"离乡不离土"的劳动力流动模式下，农村劳动力进入城市工作，获得非农收入，缩小了城乡收入差距，有利于城乡融合发展（宁夏和叶敬忠，2016）。

当工业化和城镇化发展到更高阶段以后，农村转移人口市民化就成为一个重要的议题,即农村转移人口能否顺利获得城市户籍,与城市居民享受相同的合法身份、社会福利和社会权利等。此时,劳动力流动发展为“离土又离乡”模式,农村转移人口市民化成为城乡融合发展的重要内容,县域空间成为承载农村转移人口享受公共服务和社会福利的重要载体(王春光,2020;李金铮,2020)。

6.2.3 影响城乡劳动力流动的因素研究

关于农村劳动力流动原因的研究文献极其丰富,我国劳动力流动的过程与格局与要素流动一致,经历了由封闭到逐步开放,由计划配置到市场为主配置的过程。在改革开放初期,东部地区率先发展,农村剩余劳动力由农业进入制造业领域,劳动力流动呈现由乡至城的态势,即乡→城的单向流动。随着改革开放的深入,城市市场化程度加深,城市劳动力市场逐步形成并不断完善,城市间、城乡间劳动力流动的障碍和壁垒逐步消减,劳动力流动由乡→城的单向流动向乡→城⇄城的农村到城镇的单向流动和城市间的交互流动转变。农村劳动力外出的原因主要是非农就业机会较多、收入较高(Gabszewicz et al.,2016;杨振宇和张程,2017)。另外,农业生产效率提升和农作物劳动需求的下降也促使农业劳动力流出(Bhandari et al.,2016;Emerick,2018)。

针对近些年出现的农村劳动力回流现象,一些文献也做了研究。基本上认为回流是由于流入地的生活成本大幅提高,使转移劳动力在流入地就业的收支余额与返乡从事农业经营的净收入的差距缩小,从而促进劳动力回流(周传豹等,2016;吴方卫和康姣姣,2019)。农村劳动力外出,从熟悉的生活环境转移到陌生的生活环境,因语言、生活习惯及习俗的改变而形成心理成本(Boski,2013;Su et al.,2018),这些心理成本使劳动力更愿意回到流出地(佐藤宏和李实,2008)。流出地的制度环境和经济环境的改善(Olesen,2010)也会促进劳动力回流,流动的原因也趋于多元化(段成荣等,2019)。当然,制度性障碍仍然是我国劳动力流动过程中面临的突出问题(陈伯庚和陈承明,2013;孙华臣和焦勇,2019)。

近年来,一部分学者也日益关注农民工是否回流以及回流影响因素方面的研究(戚迪明等,2013)。Fields(1979)认为劳动力跨区域远距离的流动类似于对人力资本的投资。研究表明,实际收入、工作机会、工作环境、迁移距离、失业保险以及工作外收入等因素是影响劳动力跨区流动的主要因素。初始阶段,由于收入水平差距较大和社会结构的外向型变迁,在中短期出现外迁的扩张,随着收入差距的缩小以及对本地传统的回归,迁出率下降。

由于我国经济结构的调整幅度增大,城市非农产业部门市场波动增加,出现了城市显性失业增加的状况,导致一部分劳动力回流到农村。同时,随着乡村振兴战略的实施,农村出现一些新产业新业态也吸引了部分城市就业劳动力回流到乡村。现实中,由于受宏观经济、制度因素、个体特征和社会文化等影响,“外出—回流—再外出”的反复流动现象仍旧存在(史清华等,2005;程名望等,2006;吴方卫和康姣姣,2020),劳动力在城乡间形成

“钟摆式”流动（安虎森和刘军辉，2014；高帆，2020），农村在劳动力的城乡转换中发挥就业“蓄水池”功能，分散了城市的风险。

劳动力回流不仅带来经济资本和人力资本的双重回流，弥补了农村地区之前人力资本流失的逆转（Lucas，2004；邹薇和樊增增，2020）。一系列研究发现，返乡劳动力通过技术和观念的传递为迁出地带来无形的影响，外出就业的经历提升了职业专业化水平，具有更强的创业创新精神（周广肃等，2017；谢勇和杨倩，2020；杨子砚和文峰，2020），给乡村发展注入新的血液和能量。

6.2.4　人力资本与城乡融合发展关系研究

实现城乡融合发展及乡村振兴，归根结底要靠人才，建立平等竞争、规范有序和城乡一体的劳动力市场是促进城乡融合发展的重要保障。农业发展离不开工业化、城镇化及政府政策的支持，更有赖于人力资本的提升。

农村人力资本是农村经济增长的内在动力，不仅与劳动者的收入密切相关，更决定了经济长期可持续发展。在众多影响农民增收的因素中，人力资本是最重要的因素之一（骆永民和樊丽明，2014；程名望等，2016）。人力资本不仅体现劳动力的受教育程度，更体现在劳动者的技能、健康水平（刘国恩等，2004；张颖熙和夏杰长，2020）。随着农村基础教育、医疗等公共服务供给水平的提升，农村地区人力资本的水平得到了提升，与城市间的距离逐步缩小（陈斌开等，2010；黄祖辉和刘桢，2019）。农村劳动力迁移也带来了技能的提升，提高了人力资本。在经济发展水平达到一定阶段的当下，随着物质资本在经济活动的作用逐步减弱，人力资本的重要作用不断增大（辜胜阻和刘江日，2012），不仅有利于提升经济效率，更能带动创新要素的投入、推动科技进步，人力资本投资所形成的专业化知识能够使其他要素投入产生递增收益。更为重要的是，农村人力资本水平的提高，人的身体健康水平和思想文化水平的提高，是人全面发展的重要内容，其本身就是城乡融合发展的最终目的。

这里，人力资本的外溢效应对城乡融合发展将产生直接影响。外出劳动力所接受的农业、非农业生产培训和迁移后工作经历增加了人力资本（王海港等，2009）。劳动力的回流和下乡，将先进的知识、经验和积累的资本等带回了乡村，产生了人力资本的外溢效应（林亦平和魏艾，2018；刘祖云和姜姝，2019）。

6.2.5　户籍制度和有关农村流动人口市民化的政策研究

由于特殊的城乡二元结构，农村劳动力流动将经历劳动力流动阶段和市民化阶段，即具有“两步转变”的中国路径（刘传江，2005）。在研究影响农村移民市民化的因素中，许多文献聚焦于城乡二元结构及其反映的城乡经济、制度与文化差异。其中，制度是学术界普遍认为影响农民工市民化的重要因素之一。这类制度的城乡差异不仅包括户籍制度，还包括土地制度、社保制度、教育制度、就业制度、住房制度等各方面的差异。城乡制度的二元性,制约了流动劳动力市民化的进程。

一些研究文献指出,文化差异、思想观念、社会排斥也是农村移民难以市民化的重要原因。对于农村流动劳动力而言,各种城市歧视和社会排斥始终影响着他们永久性迁移的决策。2011年城市抵制放开户籍的一个基本原因,就是对流入的农村劳动力落户后分配利益的担忧。此外,农村劳动力的一些落后观念,如重土轻迁、农村生活习惯以及重亲缘轻业缘的社交倾向等,也带来了许多城市适应与心理健康问题(韩玉梅,2012)。同时,农民工拥有的各种社会关系对市民化也有重要影响,如农村劳动力将其在乡村形成的社会关系及行为模式复制到城市居住地形成的城中村,以及对城市正式组织如工会、社区等的低参与,这些都阻碍了农村流动劳动力融入城市(刘小年,2008)。由此可见,农村流动劳动力市民化是一个受多种因素影响的复杂过程(王兴周,2008)。

户籍制度是限制农村流动人口市民化的基础性制度,大量文献对此进行了研究。总体上,认为现有户籍制度在一定程度上阻碍了城乡人口融合。在严格的户籍制度限制下,绝大多数进入城市的农村流动人口因无城市户籍而受到歧视,无法公平享受城市福利(周文等,2017)。户籍制度对公共服务可得性的限制,导致了农民工迁移的不稳定性,只有拥有较高人力资本的农村劳动力才能通过升学、高技能水平获得城市户籍。针对城市移民的研究发现,未获得城市户籍的迁移者收入低于获得户籍的迁移者,面临低收入和低福利的双重困境(孙三百,2015)。针对城市移民家庭的研究发现,农民工家庭往往处于分离状态,面临一系列留守问题,更容易陷入代际恶化。

从机制上看,户籍制度主要通过以下三个渠道影响城乡融合发展。一是劳动力流动。户籍制度抑制了劳动力的自由流动;解除户籍制度的约束,将使更多农村劳动力迁往城市,从而改善农村劳动力的福利(都阳等,2014;周文等,2017)。刘军辉和张古(2016)模拟了户籍制度和土地产权制度的演变,发现降低户籍制度对劳动力流动的约束,经济系统将释放巨大的改革红利,而维持当前户籍制度不变将遭受较大损失。然而,也有研究发现,2003—2006年中国大中城市的户籍制度改革在引导短期劳动力流动——农民工流动方面的作用有限(孙文凯等,2011)。二是职业收入与发展机遇。户籍制度的无形阻碍造成了职业隔离,城乡居民在就业收入上存在同工不同酬的现象(吴晓刚和张卓妮,2014)。户籍制度的改善可以在一定程度上打破职业隔离,优化城乡居民的职业收入。有研究发现,户籍制度对收入的改善对高龄农民工更为明显(宋扬,2019)。宋锦和李实(2013)对小城镇户籍制度改革的研究发现,小城镇劳动力市场对外来农村劳动力更加开放,外地农村迁入劳动力更容易获得白领职业。户籍制度的改革为农村劳动力的职业发展带来了新的机遇,显著提高了流动人口的创业概率(宁光杰和段乐乐,2017)。三是居民福利。非农业户籍和农业户籍本身并不会影响个体的幸福程度(于潇和 Peter Ho,2016),但由于户籍制度关联的公共服务的差异,对居民福利产生了一定的影响。例如,户籍制度直接影响到城乡居民养老方式的选择,相比城市户籍主要依赖养老金,农村户籍居民主要依靠子女养老(王吉元等,2019),加剧了代际负担的转移。

为了进一步统筹城乡融合发展，政府正逐步推进户籍制度改革，但户籍制度改革仍面临一些困境。尽管户籍制度改革消解了城乡居民之间的身份差别，但由于各种制度惯性的客观存在，仍存在一系列难题。一是落户门槛的制约。城市落户门槛成为农民工家庭团聚的“藩篱”，大城市落户门槛的提高降低了农民工子女随迁的可能性，使得农民工家庭分离成为常态，阻碍了农民工的城市融入（邹杰玲和王玉斌，2018）。随着户籍制度改革的推进，各级政府因地制宜出台了落户政策，然而一二线城市设置了较高的落户门槛，并且有不断上升的趋势，大城市落户条件依然非常严格（张吉鹏和卢冲，2019）。二是成本收益。户籍制度改革涉及较大的经济成本，在农民工市民化的过程中，将一名农民工转变为城市居民需要较大的经济社会成本，建立合理的成本分担机制尤为重要。宋扬（2019）通过政策模拟对户籍制度改革的成本收益进行了测算，发现改革成本与 GDP 的增加可以基本抵消，因此改革的成本不应成为户籍制度改革的制约因素。

综上所述，改变城乡二元关系、促进城乡一体融合发展、实现城乡劳动力要素双向流动，对于提高城乡经济效率、促进城乡居民收入增长具有重要意义。农村的融合发展关键在于人力资源的配置，要合理引导乡村劳动力回流，留住人才，才能发展好乡村，推动城乡融合发展。城市的融合发展关键在于提高城市包容性，要合理推动农民工融入城市，增强流动人口的获得感。

6.3　我国城乡人口流动的趋势与特征事实

6.3.1　城乡人口流动趋势与现状

改革开放前，受城乡行政与经济壁垒的限制，城乡劳动力几乎无法流动。随着改革开放的推进，到了 20 世纪 80 年代中期，乡镇企业迅速发展，乡村人口开始就近就业，外出的人数较少，“离土不离乡”成为主要特征。从 20 世纪 80 年代后期开始，东南沿海地区制造业迅速发展，劳动力需求扩大，劳动力开始在更大范围内流动，呈现出“离土又离乡”的特征。此后，东部沿海地区在很长一段时间内成为劳动力主要流入地区（袁志刚和范剑勇，2003；蔡昉，1998）。

根据 2000 年的普查数据（表 6.1），东部地区的市辖区内人户分离的流动人口规模相对较大，尤其是山东、广东、江苏的流动人口规模分别达到 478.09 万人、425.02 万人、409.25 万人，辽宁的市辖区内人户分离人口规模也较高，达到 417.58 万人。广东、浙江、上海吸收了大规模的省外流动人口，分别达到 1 506.48 万人、368.89 万人、313.49 万人，并且在广东、上海、北京、西藏的省外流动人口占绝大多数。省内流动人口规模较大的主要也集中在东部地区，包括广东、江苏、浙江，分别达到 598.93 万人、247.05 万人、173.74 万人，西部地区的四川省内流动人口规模也较大，为 221.21 万人。

表 6.1 中国人口流动趋势与区域特征

单位：万人

	2020 年人口普查数据				2010 年人口普查数据				2000 年人口普查数据			
	总流动人口	市区流动	省内跨区流动	跨省流动	总流动人口	市区流动	省内跨区流动	跨省流动	总流动人口	市区流动	省内跨区流动	跨省流动
全　国	49 276.25	18 848.27	17 944.26	12 483.72	26 093.79	3 990.68	13 515.48	8 587.63	14 439.07	6 563.42	3 633.79	4 241.86
北　京	1 340.96	264.56	234.56	841.84	1 049.83	273.85	71.53	704.45	463.75	203.40	14.03	246.32
天　津	647.97	139.42	155.06	353.48	495.22	151.29	44.78	299.15	218.16	139.07	5.59	73.50
河　北	1 977.56	989.00	673.04	315.53	829.73	162.23	527.03	140.47	488.17	275.00	120.13	93.05
山　西	1 289.12	660.84	466.23	162.05	676.47	124.46	458.84	93.17	372.06	226.11	79.21	66.74
内蒙古	1 146.30	477.78	499.87	168.64	717.09	104.22	468.45	144.42	382.78	205.44	122.55	54.79
辽　宁	1 567.01	617.95	664.33	284.73	931.01	297.74	454.61	178.65	648.22	417.58	126.12	104.52
吉　林	1 035.07	447.20	487.72	100.15	446.22	131.21	269.36	45.65	294.93	200.50	63.57	30.86
黑龙江	1 154.96	498.46	573.58	82.92	555.78	134.31	370.84	50.64	376.84	197.47	140.71	38.66
上　海	1 513.43	240.74	224.72	1 047.97	1 268.53	307.10	63.73	897.70	538.46	102.45	122.52	313.49
江　苏	2 997.99	949.72	1 017.41	1 030.86	1 822.68	256.05	828.70	737.93	909.98	409.25	247.05	253.69
浙　江	3 010.78	814.44	577.70	1 618.65	1 990.09	128.22	679.47	1 182.40	859.87	317.24	173.74	368.89
安　徽	1 809.99	875.21	779.73	155.05	710.06	142.98	495.34	71.75	355.85	237.49	95.35	23.01
福　建	1 646.46	547.06	610.42	488.99	1 107.45	83.04	593.05	431.36	591.12	210.44	166.16	214.53
江　西	1 352.09	814.67	409.52	127.90	530.23	83.19	387.04	59.99	336.48	235.63	75.54	25.31
山　东	2 802.68	1 392.47	997.31	412.90	1 369.83	236.19	922.08	211.56	746.80	478.09	165.39	103.32
河　南	2 563.96	1 394.77	1 041.83	127.36	976.41	172.61	744.59	59.21	520.05	318.86	153.56	47.62
湖　北	1 847.66	835.37	787.32	224.96	925.02	192.39	631.27	101.36	570.46	346.58	162.91	60.97
湖　南	1 757.58	871.09	728.73	157.76	789.88	103.79	613.59	72.50	439.57	262.55	142.14	34.88
广　东	6 063.51	984.27	2 117.03	2 962.21	3 680.66	248.74	1 282.15	2 149.78	2 530.43	425.02	598.93	1 506.48
广　西	1 323.88	574.65	613.29	135.94	629.18	72.34	472.66	84.18	323.45	139.12	141.51	42.82
海　南	349.82	100.66	140.34	108.81	184.34	17.99	107.50	58.85	97.81	32.40	27.23	38.18
重　庆	1 309.64	630.93	459.35	219.36	544.08	119.81	329.75	94.52	262.51	174.05	48.15	40.32
四　川	2 782.32	1 169.35	1 353.97	259.00	1 173.52	134.78	925.88	112.86	666.56	391.73	221.21	53.62
贵　州	1 169.48	567.22	487.61	114.65	462.95	48.25	338.38	76.33	241.55	116.25	84.45	40.85
云　南	1 220.93	446.66	551.23	223.04	605.38	49.38	432.35	123.65	387.16	135.94	134.78	116.44

续　表

	2020 年人口普查数据				2010 年人口普查数据				2000 年人口普查数据			
	总流动人口	市区流动	省内跨区流动	跨省流动	总流动人口	市区流动	省内跨区流动	跨省流动	总流动人口	市区流动	省内跨区流动	跨省流动
西　藏	103.11	25.31	37.10	40.71	26.20	0.01	9.65	16.54	21.38	6.06	4.45	10.87
陕　西	1 326.71	597.03	536.31	193.37	589.44	95.47	396.53	97.44	236.53	132.44	61.49	42.60
甘　肃	735.25	386.42	272.26	76.56	311.27	51.42	216.57	43.28	155.69	84.03	48.87	22.79
青　海	207.07	83.11	82.23	41.73	114.10	14.80	67.45	31.84	52.20	21.37	18.41	12.43
宁　夏	336.27	148.48	120.27	67.51	153.45	24.17	92.43	36.85	67.25	30.61	17.45	19.19
新　疆	886.70	303.45	244.18	339.07	427.70	28.67	219.86	179.16	282.97	91.27	50.59	141.11

数据来源：根据第五、第六、第七次人口普查数据整理。

2003 年以后，随着东部沿海地区制造业向东南亚和中西部地区的转移，城乡人口流动趋势发生了较大变化，劳动力回流趋势逐渐明显（吴方卫和康姣姣，2019），但劳动力外出仍然是主要趋势。在 2010 年，流动人口规模达到 2.6 亿（表 6.1）。省内其他地区的流动人口规模最大，达到 1.35 亿人，省外人口达到 0.85 亿，市辖区内流动人口规模为 0.40 亿人。省外和省内其他地区的流动规模扩大，而市辖区内的流动人口规模相对减少。除了上海、北京、天津外，其他地区的市辖区内的人口流动规模增加，省内跨市区流动和省外的流动规模几乎呈增加趋势。并且，在广东、上海、北京、西藏的省外流动人口依然占绝大多数，天津和浙江省外流动人口规模也在迅速增加。省内其他地区流动规模较大的主要集中在东部地区，例如广东、山东、江苏，流动规模分别为 1 282.15 万人、922.08 万人、828.70 万人，四川的省内其他流动规模也较大，为 925.88 万人。省外流动人口规模较大的主要集中在东部沿海地区，包括广东、浙江、上海，流动人口规模达到 2 149.78 万人、1 182.40 万人、897.70 万人。市辖区内流动人口相对减少，市辖区内人口流动规模较大的也主要集中在东部地区，包括上海、北京、江苏、广东，流动人口规模分别为 307.10 万人、273.85 万人、256.05 万人、248.74 万人，以及东北地区的辽宁，流动人口规模达到 297.74 万人。

受 2008 年金融危机对沿海地区制造业持续影响，人口回流的趋势逐渐显著，但流动人口的规模并未缩小。尤其是随着新型城镇化的推进，县域经济迅速发展，2010 年以后，近距离流动规模相对增加。根据 2020 年的数据（表 6.1），市辖区内流动成为人口流动的主要趋势，其次是省内其他地区流动，再次是省外流动，流动人口规模分别达到 1.88 亿人、1.79 亿人、1.25 亿人。除上海、北京、天津外，市区流动人口规模几乎呈现出增长的趋势。市辖区内流动人口规模较大的地区为河南、山东、四川，分别为 1 394.77 万人、1 392.47 万人、1 169.35 万人。省内其他地区的流动在广东、四川、河南、江苏的规模都较大，达到 2 117.03 万人、1 353.97 万人、1 041.83 万人、1 017.41 万人。来自省外的流动人口规模较大的为广东、浙江、上海、江苏、北京，规模分别达到

2 962.21 万人、1 618.65 万人、1 047.97 万人、1 030.86 万人、841.84 万人。其中,上海、北京、天津、浙江的流动人口规模主要来自省外,而广东的省外流动人口虽然也占广东流动人口的绝大多数,但随着广东市辖区内流动人口规模增加和省内其他地区流动人口规模的增加,广东的绝大多数流动人口来自省内。

6.3.2 农民工规模持续扩大,流动的地理半径逐渐缩小

城乡流动人口规模逐渐扩大,但增速呈现逐渐下降的趋势。根据 2009—2022 年的《农民工监测报告》数据,农民工总数从 2009 年的 22 978 万人增加到 2022 年的 29 562 万人(表 6.1),增速从约 5%下降到约 1%。农民工的增速在 2009—2014 年迅速减缓,降至不足 2%,随后经历了两年的相对稳定期。自 2016 年开始,增速再次下降,2019 年首次出现负增长,并在 2021 年回落至约 1%(图 6.1)。尽管如此,除 2019 年外,农民工的增速始终高于总人口和乡村人口的增速。

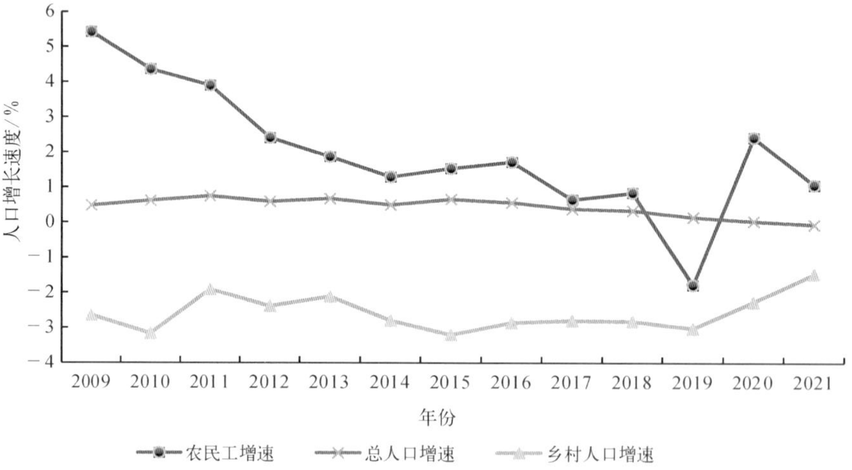

图 6.1 2009—2022 年农民工、总人口、乡村人口增速

资料来源:根据 2009—2022 年《农民工监测报告》《中国统计年鉴》整理。

农民工在劳动力总量中所占比例不断增加,在过去 13 年里,这一比例从 29.65%增长至 37.4%。在农民工群体内部,外出农民工的比例逐渐减少,从 2009 年的 63.25%下降至 2022 年的 58.15%,而本地农民工的比例上升至 41.85%。在外出农民工中,跨省农民工的比例也逐渐下降,从 51.2%降至 41.08%(表 6.2)。在 2010—2022 年,农民工总体、外出农民工、本地农民工以及跨省农民工的增长率始终保持基本相同的趋势,其中本地农民工的增长率一直高于外出农民工,而农民工的总体增长率则介于两者之间(图 6.2)。跨省农民工的数量总体呈下降趋势,从 7 441 万减少至 7 061 万(表 6.2)。外出农民工、跨省农民工的占比都逐渐下降,这表明农民工流动的地理半径逐渐减小,近年来数字经济等新业态的发展和乡村创新创业的发展都为乡村就业容量的扩大提供了条件(张琛和孔祥智,2022)。

表 6.2　2009—2022 年劳动力规模与农民工结构

年份	全国劳动力规模/万	农民工总量/万	外出农民工/万	本地农民工/万	跨省农民工/万	农民工占比/%	外出占比/%	本地占比/%	跨省占外出比例/%
2009	77 510	22 978	14 533	8 445	7 441	29.65	63.25	36.75	51.20
2010	78 388	24 223	15 335	8 888	7 713	30.90	63.31	36.69	50.30
2011	78 579	25 278	15 863	9 415	7 473	32.17	62.75	37.25	47.11
2012	78 894	26 261	16 336	9 925	7 647	33.29	62.21	37.79	46.81
2013	79 300	26 894	16 610	10 284	7 739	33.91	61.76	38.24	46.59
2014	79 690	27 395	16 821	10 574	7 867	34.38	61.40	38.60	46.77
2015	80 091	27 747	16 884	10 863	7 745	34.64	60.85	39.15	45.87
2016	80 694	28 171	16 934	11 237	7 666	34.91	60.11	39.89	45.27
2017	79 042	28 652	17 185	11 467	7 675	36.25	59.98	40.02	44.66
2018	78 653	28 836	17 266	11 570	7 594	36.66	59.88	40.12	43.98
2019	78 985	29 077	17 425	11 652	7 508	36.81	59.93	40.07	43.09
2020	78 392	28 560	16 959	11 601	7 052	36.43	59.38	40.62	41.58
2021	78 204	29 251	17 172	12 079	7 130	37.40	58.71	41.29	41.52
2022	—	29 562	17 190	12 372	7 061	—	58.15	41.85	41.08

资料来源：根据 2009—2022 年《农民工监测报告》整理。
注：本地农民工是指在户籍所在乡镇地域以内从业的农民工，外出农民工是指在户籍所在乡镇地域外从业的农民工。

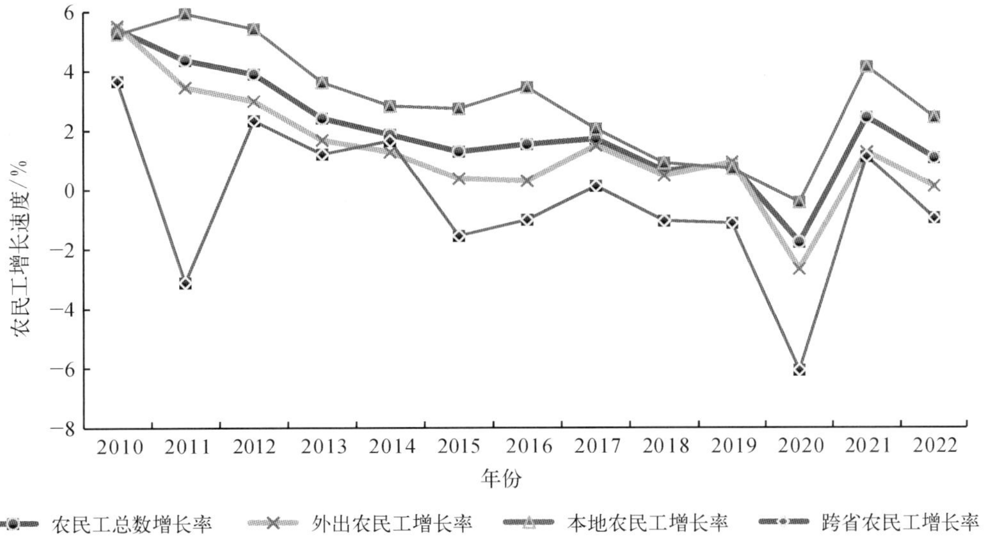

图 6.2　2010—2022 年农民工总数、外出、本地及跨省增长率

资料来源：根据 2009—2022 年《农民工监测报告》整理。

三大地区的农民工呈现出不同的流动特征。东部地区农民工跨省流动的比例一直维持在较低水平，十四年间始终低于 25%，中部地区的跨省流动比例最高，一直保持在 50%以上，西部地区的跨省流动比例略低于中部。值得注意的是，东、中、西三大地区的农民工跨省流动比例在过去的时间里都呈下降趋势，越来越多的农民工选择在省内流动。具体而言，2009—2022 年，东部地区跨省流动的农民工占外出农民工比例从 24%下降到 15%，降低了 9 个百分点；中部地区从 69.4%下降到 55.64%，降低了 13.76 个百分点；西部地区从 59.1%下降到 47.55%，降低了 11.55 个百分点（表 6.3）。

表 6.3　2009—2022 年东、中、西地区外出农民工及跨省和省内流动结构

年份	东			中			西		
	外出农民工/万	跨省/%	省内/%	外出农民工/万	跨省/%	省内/%	外出农民工/万	跨省/%	省内/%
2009	4 636	24.00	76.00	5 305	69.40	30.60	4 592	59.10	40.90
2010	4 877	19.70	80.30	5 613	69.10	30.90	4 846	56.90	43.10
2011	5 013	16.60	83.40	5 806	67.20	32.80	5 044	57.00	43.00
2012	5 146	16.30	83.70	5 995	66.20	33.80	5 195	56.60	43.40
2013	4 936	17.87	82.13	6 424	62.53	37.47	5 250	54.10	45.90
2014	5 001	18.32	81.68	6 467	62.84	37.16	5 353	53.93	46.07
2015	4 944	17.35	82.65	6 592	61.04	38.96	5 348	53.53	46.47
2016	4 691	17.84	82.16	6 290	61.96	38.04	5 350	52.22	47.78
2017	4 714	17.52	82.48	6 392	61.30	38.70	5 470	50.95	49.05
2018	4 718	17.21	82.79	6 418	60.60	39.40	5 502	49.56	50.44
2019	4 792	17.13	82.87	6 427	59.16	40.84	5 555	48.44	51.56
2020	4 624	15.55	84.45	6 210	57.86	42.14	5 490	46.58	53.42
2021	4 636	15.10	84.90	6 320	56.61	43.39	5 582	47.81	52.19
2022	4 687	15.00	85.00	6 310	55.64	44.36	5 588	47.55	52.45

资料来源：根据 2009—2022 年《农民工监测报告》整理。

6.3.3　东部沿海地区是农村流出人口主要聚集地，城乡流动人口呈现回流趋势

东部地区是乡村流出人口的主要聚集地，同时城乡流动人口呈现出回流趋势。在

2022 年,流入东部地区的农民工占整个农民工比例达到 36.3%(表 6.4),东部沿海地区仍然是农民工的主要流入地。与此同时,流向中、西部地区的农民工人数总体上升。其中,中部地区的流入数量从 4 104 万增加到 6 771 万,而西部地区的流入数量从 3 846 万增加到 6 436 万,这表明流动人口的回流趋势明显。

表 6.4　2010—2022 年东、中、西部农民工数量变化

单位：万

年份	按输入地			按输出地		
	东	中	西	东	中	西
2010	16 212	4 104	3 846	10 790	7 619	6 546
2011	16 537	4 438	4 216	11 191	7 942	6 814
2012	16 980	4 706	4 479	10 454	8 256	7 105
2013	16 174	5 700	4 951	10 664	9 335	7 285
2014	16 425	5 793	5 105	10 760	9 446	7 378
2015	16 008	5 599	5 209	10 400	9 609	7 563
2016	15 960	5 746	5 484	10 430	9 279	7 814
2017	15 993	5 912	5 754	10 410	9 450	7 918
2018	15 808	6 051	5 993	10 416	9 538	8 051
2019	15 700	6 223	6 173	10 124	9 619	8 034
2020	15 132	6 227	6 279	10 282	9 447	8 248
2021	15 438	6 571	6 280	10 282	9 726	8 248
2022	15 447	6 771	6 436	10 403	9 852	8 351

资料来源：根据 2010—2022 年《农民工监测报告》整理。

中、西部乡村流出人口规模不断扩大。2009—2022 年,中、西部地区的农民工总量总体上呈上升趋势(表 6.4)。相较于 2009 年,2022 年中部和西部地区的农民工人数分别增加了 2 706 万和 2 536 万。东部地区的农民工数量相对稳定,14 年间仅增加了 386 万。从三大地区农民工占比的情况来看,东部地区的农民工占比总体下降,从 2009 年的 43.2%减至 2022 年的 36.37%。相反,中部和西部地区的农民工占比上升,2022 年的占比分别为 34.44%和 29.19%。

6.3.4 城乡流动人口呈现出年龄上升的趋势

城乡流动人口的年龄在2009—2022年呈上升趋势。具体来说,16~20岁、21~30岁、31~40岁、41~50岁以及50岁以上的农民工在2010年的占比分别为6.50%、35.90%、23.50%、21.20%、12.90%;而在2022年,这些比例分别为1.3%、18.5%、27.2%、23.8%、29.2%。在这段时间内,16~20岁和21~30岁年龄段的农民工占比分别下降了5.2个百分点和17.4个百分点,而31~40岁、41~50岁和50岁以上的农民工占比则分别增加了3.7%、2.6%和16.3%。特别是,21~30岁年龄段的流动人口占比明显减少,而50岁以上的流动人口则显著增加(表6.5)。

表6.5 2009—2022年农民工分年龄段占比

单位:%

年份	16~20岁	21~30岁	31~40岁	40~50岁	50岁以上
2009	41.6	20.0	22.3	11.9	4.2
2010	6.5	35.9	23.5	21.2	12.9
2011	6.4	32.7	22.7	24.0	14.3
2012	4.9	31.9	22.5	25.6	15.1
2013	4.7	30.8	22.9	26.4	15.2
2014	3.5	30.2	22.8	26.4	17.1
2015	3.70	29.2	22.3	26.9	17.9
2016	3.3	28.6	22.0	27.0	19.1
2017	2.6	27.3	22.5	26.3	21.3
2018	2.4	25.2	24.5	25.5	22.4
2019	2.0	23.1	25.5	24.8	24.6
2020	1.6	21.1	26.7	24.2	26.4
2021	1.6	19.6	27.0	24.5	27.3
2022	1.3	18.5	27.2	23.8	29.2

资料来源:根据2009—2022年《农民工监测报告》整理。

6.3.5 城乡流动人口主要集中就业第二、第三产业，第三产业就业呈增加趋势

当前，城乡流动人口主要集中在第二、第三产业，并且呈现出从第二产业向第三产业转移的趋势。具体而言，第二产业的农民工比重从 2013 年的 56.8% 下降到 2022 年的 47.8%，而第三产业的比重则从 42.6% 增加到 51.7%，第一产业的比重保持相对稳定。

从具体行业分布来看，2013 年之前，制造业的农民工占比逐渐下降，而建筑业的占比逐渐上升。2013 年之后，这两个行业的农民工占比均缓慢下降，到 2022 年，制造业和建筑业的占比分别为 27.4% 和 17.7%。批发零售业的农民工占比在 2008—2016 年从 9% 增长到 12.3%，2016 年后保持相对稳定。交通运输、仓储和邮政业在 2008—2022 年的占比稳定在 6.3%~6.9%。住宿和餐饮业的占比总体有所上升，2016 年后稳定在 6%~7%。居民服务业的占比在 2013 年经历了较大下降，此后整体保持上升趋势，逐渐稳定在 12% 左右。其他行业的占比从 2017 年到 2022 年不断增加，到 2022 年达到 14.4%，见表 6.6。

表 6.6　2008—2022 年农民工产业（行业）分布

单位：%

年份	产业（行业）									
	第一产业	第二产业	制造业	建筑业	第三产业	批发零售业	交通运输、仓储和邮政业	住宿和餐饮	居民服务	其他
2008	—	—	37.2	13.8	—	9	6.4	5.5	12.2	—
2009	—	—	36.1	15.2	—	10	6.8	6	12.7	—
2010	—	—	36.7	16.1	—	10	6.9	6	12.7	—
2011	—	—	36	17.7	—	10.1	6.6	5.3	12.2	—
2012	—	—	35.7	18.4	—	9.8	6.6	5.2	12.2	—
2013	0.6	56.8	31.4	22.2	42.6	11.3	6.3	5.9	10.6	—
2014	0.5	56.6	31.3	22.3	42.9	11.4	6.5	6	10.2	—
2015	0.4	55.1	31.1	21.1	44.5	11.9	6.4	5.8	10.6	—
2016	0.4	52.9	30.5	19.7	46.7	12.3	6.4	5.9	11.1	—
2017	0.5	51.5	29.9	18.9	48	12.3	6.6	6.2	11.3	11.6
2018	0.4	49.1	27.9	18.6	50.5	12.1	6.6	6.7	12.2	12.9
2019	0.4	48.6	27.4	18.7	51	12	6.9	6.9	12.3	12.9
2020	0.4	48.1	27.3	18.3	51.5	12.2	6.9	6.5	12.4	13.5
2021	0.5	48.6	27.1	19	50.9	12.1	6.9	6.4	11.8	13.7
2022	0.5	47.8	27.4	17.7	51.7	12.5	6.8	6.1	11.9	14.4

资料来源：根据 2008—2022 年《农民工监测报告》整理。

6.3.6 农民工收入稳步增长，地区间差异逐渐缩小

在2008—2022年，农民工月均收入稳步增加，全国农民工月均收入从2008年的1 340元上升至2022年的4 615元。然而，各地区农民工的月均收入存在一定的差距，东部地区农民工的收入最高，中部地区次之，西部地区排第三，东北地区的农民工收入最低。随着时间的推移，不同地区之间的农民工收入差距呈现扩大趋势。在2016年，中、西、东北地区农民工月均收入分别占东部地区比例为90.7%、90.2%和88.6%。到2022年，这一指标分别下降至87.7%、84.7%和76.9%。

表6.7 2008—2022年分地区农民工月均收入情况

单位：元

年份	地区				
	全国	东部地区	中部地区	西部地区	东北地区
2008	1 340	1 352	1 275	1 273	—
2009	1 417	1 422	1 350	1 378	—
2010	1 690	1 696	1 632	1 643	—
2011	2 049	2 053	2 006	1 990	—
2012	2 290	2 286	2 257	2 226	—
2013	2 609	2 693	2 534	2 551	—
2014	2 864	2 966	2 761	2 797	—
2015	3 072	3 213	2 918	2 964	—
2016	3 275	3 454	3 132	3 117	3 063
2017	3 485	3 677	3 331	3 350	3 254
2018	3 721	3 955	3 568	3 522	3 298
2019	3 962	4 222	3 794	3 723	3 469
2020	4 072	4 351	3 866	3 808	3 574
2021	4 432	4 787	4 205	4 078	3 813
2022	4 615	5 001	4 386	4 238	3 848

资料来源：根据2008—2021年《农民工监测报告》《中国统计年鉴》整理。

6.4　约束现阶段城乡人口流动的基本因素

城乡融合发展要求各项生产要素在城乡之间能够双向自由流动,其中关键的是乡村人口的转移以及劳动力在城乡间的统一配置。然而,当前城乡人口自由流动仍然存在一些限制因素,这些因素不利于城乡之间的融合和一体化发展。这些限制因素主要包括户籍制度和土地制度改革不充分、流动人口的人力资本相对缺乏、城市劳动力市场不完善,以及农业农村的现代化水平不足等。

6.4.1　户籍制度、土地制度改革不充分对农村人口迁移的影响

1. 户籍制度及相关社会制度改革滞后的约束

近年来,随着户籍制度改革的推进,农业户口和非农业户口之间的属性划分逐渐减弱,大多数地区的城乡居民已实现了统一的居民户口。户籍制度及其相关的公共服务和福利政策对人口流动的制约,主要通过各地的户口迁入政策发挥作用,这一制约效应在大城市尤为明显。在人口较少的中小型城市,户籍政策相对较为宽松,对户口迁入的限制较少。例如,一些地方政府规定,只要在当地有稳定收入的工作,或者具备一定的职业技能,或者拥有住房,就可以将户口迁入。然而,由于社会福利、公共服务等方面相对较弱,小城市的户口对流动人口的吸引力相对较小。相比之下,大城市对户口迁入的门槛则要高得多。像上海、北京、广州、深圳等超大、特大规模城市对收入、学历、技能和职业方面的落户要求更加严苛。

2010 年 6 月,广东省在中山市率先试点了积分制的落户政策,学历、技能、社会保险参保情况、义工工作等可以换算为积分,累计积分达到一定要求就可以申请落户。随后,天津、上海、广州等城市也开始实行积分制的落户政策。然而,积分达标仅仅代表具备申请资格,并不意味着能够顺利落户。大城市每年的户口配额限制了成功落户的人数,社会福利和就业机会优越的城市户口往往更加紧俏(宋扬,2019)。

对于大城市户口的需求,主要源自与大城市户口直接挂钩的各项社会福利和基本公共服务,包括社会保障、医疗、子女教育、住房政策等。这些社会福利和公共服务大多根据是否具有本地户口来提供,而非根据常住地提供,使得没有本地户口的流动人口需承担与本地城市户口人员相同的高生活成本,却无法得到同等的支持和保障。

自 2013 年十八届三中全会以来,政府陆续出台了《国务院关于进一步推进户籍制度改革的意见》《居住证暂行条例(草案)》《推动 1 亿非户籍人口在城市落户方案》等政策文件,标志着新一轮户籍改革的启动。《国务院关于进一步推进户籍制度改革的意见》提出要建立城乡统一的户口登记制度,建立居住证制度,并以居住证为载体建立健全与居住年限等挂钩的基本公共服务提供机制。同时,根据城市规模的不同,文件明确了渐进放开的

落户政策要求。以超大城市和特大城市为例，主要依据合法稳定就业和住所、参加城镇社会保险年限、连续居住年限等方面来区分城市的主城区、郊区、新区等区域，制定相应的落户政策。

《推动1亿非户籍人口在城市落户方案》则规定了大中城市不得以购房、投资纳税等方式设置落户限制，参加城镇社会保险的年限要求不得超过5年，中等城市不得超过3年。这些政策文件的推动使得不同规模城市的落户政策逐渐放宽，过去基于户籍的差别化提供的基本公共服务也向更加均等的方向发展。截至2016年年底，全国31个省区市都已出台了户籍改革方案，逐步放宽落户条件，全国户籍人口城镇化率达到41.2%。

然而，在户籍制度改革过程中，与之相配套的一系列社会制度并未同步改革或改革滞后，例如社会保障制度和公共服务政策的改革进展较慢。因此，不完善的社会保障制度和高昂的城市生活成本，使得农村转移人口缺乏永久性转移的能力，导致户籍制度改革未能完全实现其既定目标。目前，各城市，尤其是大型城市的落户政策仍存在一定的“隐性户籍墙”，这对城乡资源要素的合理流动和分配形成了一定的制约。

根据国家发展改革委和全国总工会于2020年4至6月在全国14个省份46个城市对2.34万名农民工进行的调查数据显示，仅有19.2%的受访者表示愿意将农村户口转为城镇户口，而有53.25%的受访者表示不愿意转变户口。农民工对于户籍转变的意愿不强烈，主要源于政策供给不足，担心失去农村土地和集体收益，担忧工作和收入的不稳定，以及在城镇落户后未能完全享受城镇公共服务等原因。

根据《中国人口与劳动绿皮书(2020)》的数据，截至2020年年底，农民工中仅有约40%拥有城镇户籍。换言之，大多数在城镇长期居住的流动人口并未拥有城镇户籍。因此，当前的户籍制度改革仍需要进一步深化。这不仅需要进一步放开除超大城市外其他城市的落户限制，还需要扩大城镇常住人口基本公共服务的覆盖范围，以促进城乡更加均衡的发展。

2. 地区及城乡居民基本公共服务供给差距的约束

在户籍制度的束缚下，流动人口难以获得与城镇户籍居民相当水平的教育、医疗卫生等社会保障和公共服务，这制约了城乡人口的自由有序流动。

在教育方面，存在明显的城乡差距。尽管九年义务教育已实现普及，但教育资源和经费分配仍然存在城乡不均的状况，优质教育资源主要集中在经济发达的城市地区。城市学校的教师稳定性较强，而农村尤其是偏远地区的教师变动频繁，且存在教师不足的情况。同时，城市学校在教学仪器、校舍、图书馆藏量等方面远远超过乡村学校。2018年，城乡小学生均教育经费比和城乡初中生均教育经费比分别为1.20和1.37。除了农村教育资源明显不足外，农民工随迁子女在城市面临的入学困难问题普遍较为显著。尤其在超大城市、特大城市以及Ⅰ、Ⅱ型大城市，由于落户门槛高、生活成本高、教育资源短缺，导致这些城市流动人口子女携带率低，部分流动儿童成为留守儿童。此外，农民工随迁子女在城市就学时，还面临公办学校入学门槛繁多、入学困难、民办学校教育质量较低、教育费用占家庭年收入比重大、随迁子女参加中考困难、难以适应城市学校学习生活等问题(邬志辉和李静美,2016)。

在医疗卫生方面,2018 年城乡人均卫生费用比为 2.42,城乡每千人口卫生技术人员数和城乡执业(助理)医生数比分别为 2.36 和 2.20。这些数据表明我国城乡医疗资源之间仍存在较大的差距,农村居民的医疗卫生服务水平与可及性较城市居民显著较低。

社会保险、社会救助和社会福利三个体系中基于城乡和户籍的保障仍存在明显的差距。虽然户籍不直接影响流动人口参加社会保险,《中华人民共和国社会保险法》也规定用人单位应当为所有职工缴纳社会保险,但是由于流动人口的工作稳定性较差、收入较低等,很少有雇主为其购买社会保险,导致流动人口各项社会保险的参保率普遍较低。据 2014 年全国流动人口动态监测调查数据显示,乡-城流动人口的养老、医疗、工伤、失业和生育保险的参保比例分别为 14.95%、14.01%、16.42%、11.59%和 8.58%,而城-城流动人口的参保比例相对较高,分别为 46.2%、44.56%、36.24%、36.91%和 26.6%。可见,乡-城流动人口的参保水平显著低于全国平均水平以及城-城流动人口的参保水平。缴费金额和待遇水平也存在较大差异。以医疗保险为例,国家医保局《2022 年全国医疗保障事业发展统计公报》数据显示,2022 年覆盖 3.6 亿参保人的职工医保人均筹资为 5 694 元,而覆盖 13.5 亿人的居民医保人均筹资仅为 2 281 元,前者为后者的 2.5 倍多。从待遇来看,2022 年全国范围内医疗机构住院费用政策内支付比例职工医保比城乡居民医保高 15.1%。从门诊保障来看,城镇职工医保制度实行“统账结合”模式,个人账户主要用于支付门诊医疗和住院医疗中个人负担的费用;而城乡居民医保的定位主要是补偿住院和门诊大病医疗支出,职工医保对于参保人门诊费用的保障水平更高。但城乡流动人口的人均医疗保健支出却比城镇居民高 23.3%。这凸显了城乡流动人口在医疗保健方面的相对薄弱,需要更加全面的社会保障措施来提升他们的经济安全性。从社会救助和社会福利来看,由于社会救助制度以及给残疾人、老年人、儿童等特殊群体提供的保障性福利措施大多直接与户籍挂钩,这就导致流动人口及其家庭难以参加居住地的社会救助与社会福利项目,在关键时刻无法获得兜底保障。城乡流动人口普遍面临社会保障不足的问题,导致他们在面临健康和退休等风险时的经济安全性相对较低。

3. 农村土地制度改革不充分的约束

长期以来,农村土地制度改革的进展相对缓慢,这在一定程度上影响了农村人口的永久性迁移能力和行为。土地作为农村居民的主要生产和财产资源,其制度安排直接关系到农民的经济利益,是影响个体流动决策的关键因素。深化土地制度改革对于促进城乡人口自由有序流动具有重要的现实意义。

我国实行农村土地集体所有权制度。改革开放以来,通过土地承包制度的两轮改革,稳定了农地的使用权归属。2016 年 10 月,中共中央、国务院办公厅发布了《关于完善农村土地所有权、承包权、经营权分置办法的意见》,提出了“三权分置”的办法,允许土地经营权流转。特别是党的十九大报告提出,第二轮土地承包到期后再延续 30 年,土地集体所有权和集体经济组织成员土地承包经营权长期不变,这可以为进城农民工提供一种稳定的经济收益和失业后的部分托底保障。然而,另一方面,正是由于这样的制度规定,使得农民失去农村户籍后会遭受失去土地承包权的经济收益。现行的土地制度又约束农民不能通过承包地、宅基地的市场转让获得财产权收入,农地流转的收入较低,这些因素都使得农民难以通过土地财产的市场化交易来弥补迁移城市的直接和间接成本。这导致农民工不愿意转为城市户籍,或使他们在回乡和进城之间反复摇摆,难以实现高质量的新型城镇化(刘金伟和刘庆华,2022)。

6.4.2 农村流动人口的人力资本匮乏对迁移的影响

城乡流动人口的受教育水平和职业技能水平相对较低。由于人力资本的相对匮乏,他们在城市找到稳定工作的难度较大,导致工资收入较低,就业主要集中在建筑和制造业等低技能劳动力密集领域。这种低收入和就业不稳定性导致劳动力频繁换工作和反复流动。

根据国家统计局发布的《2022 年农民工监测报告》,2022 年全体农民工中,初中文化程度的占 55.2%,大专及以上的占 13.7%;外出农民工中,大专及以上文化程度的占比为 18.7%。总体来看,农民工群体的教育水平较低,大部分仅接受过初中及以下教育。这种较低的受教育水平使得城乡流动人口在就业市场上处于劣势地位,难以找到稳定、有良好发展前景的工作岗位。同时,城乡流动人口获得职业技能培训的机会相对较少,职业技能水平也较低。根据对外经济贸易大学教育与开放经济研究中心等发布的《2021 新生代农民工职业技能调研报告》,在 95 后新生代农民工中,80.5%拥有中专或高中学历,44.26%掌握制造业技能。总体上,95 后新生代农民工相比一、二代农民工,学历水平和职业技能有所提升。然而,69.1%的 95 后新生代农民工渴望获得职业技能培训的机会,其中 47.14%最想学习数字化技能,26.86%希望学习计算机。这表明农民工仍然难以获得足够的职业技能培训,无法满足他们适应产业和数字化升级的需求。在全国范围内,高技能人才占技能劳动者总量的 28%,而在农民工中,高技能人才的比例明显偏低,仅占技工的 20%。这突显了农民工职业技能水平的不足。

我国城乡流动人口人力资本相对缺乏的原因主要包括教育资源在城乡之间分配不均、针对农民工的职业技能开发体系供给能力不足、技能学历的社会认可度低,以及职业技能认定评价体系不足等。城乡之间教育资源分配不均主要体现为城乡教育经费划拨不均,农村学校、乡镇学校以及城市农民工子弟学校的硬件和软件水平较低,导致农民工及其子女难以积累充足的人力资本。另外,我国现有的职业技能培训机构总体规模较小,普遍存在基础设施薄弱、培训内容陈旧、在线培训不足等问题,快递运营、电子商务、高端家政等新产业、新职业的技能培训不足,无法适应城乡流动人口当前的需要。除此之外,由于技能人才的社会认同度和社会地位不高,加之新生代农民工更加青睐送外卖、送快递、开网约车等灵活性较强的工作,导致农民工缺乏为自己的长期人力资本进行投资、不断提升自身职业技能水平的激励。我国现有的职业技能鉴定路径也较为单一,农民工中具有一定专长和技能的人才无法获得认证,削弱了其在劳动力市场上的竞争力。这些问题都对城乡流动人口在城市的长期稳定发展造成了阻碍,导致农民工的城镇化质量和市民化率较低,阻碍了新型城镇化的进程(莫荣等,2021)。

6.4.3　城市二元劳动力市场的约束

1. 城市劳动力市场上客观存在正规劳动力市场和非正规劳动力市场

正规劳动市场和非正规劳动市场同时存在,前者主要是签订劳动合同并享有社会保障制度的劳动力市场,后者则主要是没有签订正式劳动合同,难以享有全面社会保障制度的劳动力市场。大量的农民工在非正规劳动力市场就业,面临着就业市场及薪酬不稳定,缺乏各类社会保障等问题。随着改革开放以来劳动力市场的灵活化发展,我国的就业模式逐渐趋向多样化。较大比例的进城农民工群体所从事的工作属于非正规就业。非正规就业通常指的是没有正式雇佣关系(如临时工、无正式劳动合同、没有固定工资发放方式以及自雇等)或者没有进入政府征税和监管体系的就业类型(万向东,2008;杨凡和潘越,2019)。尽管非正规就业在减轻就业负担、调整产业结构、降低贫困发生率、创建和改善劳动力市场等方面发挥了积极作用,但它往往伴随着较长的工作时间、较低的工资、较差的工作环境、未签订劳动合同以及缺乏社会保险等低质量就业特征。无论从家庭经济负担能力还是就业稳定性的角度来看,非正规就业都无法为进城农民工提供有利于生育的环境。

2. 二元市场下农民工与正规劳动力市场就业者的薪酬和社会保障的差异

虽然临时工作和兼职等非正规就业在多个方面发挥了积极作用,例如减轻就业负担、调整产业结构、降低贫困发生率、创建和改善劳动力市场等(都阳和万广华,2014),但从本质上来看,非正规就业仍属于低质量就业的范畴(卿石松和郑加梅,2016)。这是因为:一方面,非正规就业者的工资水平普遍低于正规就业者(王海成和郭敏,2015;张抗私等,2018;杨凡和潘越,2019),且非正规就业者的教育收益率明显低于正规就业者,两者之间的工资差异随着受教育年限的增加呈现出扩大趋势(张抗私等,2018);另一方面,与正规就业者不同,非正规就业者通常无法享有社会保险及其相关福利,且没有与用人单位签订正式的劳务雇佣关系,这使得非正规就业者面临着随时失业的风险。总之,非正规就业往往与高失业风险、高事故率、低工资水平、缺乏社会保障项目以及较少的职业发展机会等低就业质量特征相关联。非正规就业的低质量特征对居民产生了一系列负面影响。非正规就业与居民的幸福感显著负相关,且显著降低了居民的社会融入程度。

3. 二元市场下农民工的职业歧视

目前,城乡流动人口在就业市场中面临着一定的隐形户籍歧视。研究显示,在流动人口内部,基于户籍差异的收入差距明显,城镇流动人口相对于农村流动人口在劳动力市场中受到了明显的“偏袒”(于潇和孙悦,2017)。农民工在职业获得、行业进入以及所有制部门选择等方面都遭受了显著的户籍歧视。仅仅拥有城市户籍就能使城镇职工更有可能成为白领、进入垄断行业或受雇于国有企业,他们的机会比农民工高出 2.6~12.8 倍(章莉和李实,2016)。这种差距表明,在当前的就业市场中,户籍已成为影响流动人口职业发展和社会地位的一个重要因素。解决户籍歧视问题,促进城乡流动人口在就业市场中的机会公平,是构建更加公正和包容社会的重要一步。

4. 二元市场下农民工的就业不稳定

城乡流动人口普遍从事临时性、低薪的工作,这导致他们的工作稳定性较低,失业问题逐渐凸显。根据浙江大学中国农村家庭调查数据库(CRHPS)的数据,2011 年到 2015 年间,从事个体经营和临时性工作的农民工比例分别增加了 20.4%和 13.2%。江苏省的相关调查显示,2015 年新生代农民工更换工作的频率较高,每两年换一次工作的新生代农民工占 26.6%,一年换一次的占 16.2%,从未换过工作的只有 19.3%。这种频繁的工作更换不利于城乡流动人口规划未来、积累工作经验或提升技能水平,同时增加了社保断缴的可能性,降低了他们的满意度和幸福感。由于经验、人脉等资源的限制,许多流动人口大多进入非正规就业市场,就业保障低、就业不稳定、歧视等问题使得城乡人口流动存在一定的障碍。

6.4.4 农业农村现代化程度低下

1. 农村老龄化和养老服务体系不健全,导致流动劳动力难以做出定居城市的决策

缺乏充足的基础设施和养老保障使得农村老龄化问题加剧,呈现出“未富先老”和“未备先老”的显著趋势。2019 年,65 岁及以上的农村人口比例已经超过了 14%,这标志着我国农村在 2019 年进入了深度老龄化阶段。由于农村的养老需求上升而养老供给不足,一些流动人口不得不返乡。当前,农村的养老保障水平相对较低,养老金收入难以充分替代私人转移支付,社会养老体系无法完全替代传统的“养儿防老”模式(张川川和陈斌开,2014)。同时,农村基础设施与城市之间的差距依然存在,养老服务体系不完善,导致农村留守老人的养老需求主要依赖子女返乡解决,这进一步加大了城乡人口不合理流动的压力。有研究基于人口结构将农村家庭划分为六种类型,发现存在非劳动力的家庭的人口负担对劳动力转移就业形成了负向约束(汪为,吴海涛,2017),这一现象在中西部地区尤为明显(江永红和程杨洋,2019)。随着年龄的增长,农户的健康状况逐渐恶化,对子女的照护需求增加,导致子女不得不返乡,流动人口回乡照料父母的概率增加。为了弥补在城市工作的收入损失,他们更倾向于做出务农的决策(储怡菲和吴方卫,2023)。

2. 农村集体经济制度,特别是土地制度,限制了城市资本及劳动力流向农村

随着国家政策红利的持续释放和政策效能的不断提升,城市资本下乡成为新时代推动乡村振兴的重要力量,引起了各方关注。近年来,大量农村宅基地闲置,这是农村剩余劳动力转移和经济社会结构变迁的副产品之一。与此同时,城乡产业发展所需的建设用地越来越紧张,这种供求关系的变化促使宅基地要素价值的相对市场价格发生变化。在利益的驱动下,社会资本、工商资本等纷纷介入乡村投资(盘活)农村闲置宅基地,这些资本下乡能够带来先进的技术、管理、资金等要素,与农村生产要素结合,推动乡村振兴的发展(刘守英,2015)。而以村庄集体产权为基础形成的一系列基层社会制度,构建了封闭的乡村社会结构,使得广大农民难以自由流出乡村,离土无法真正离乡,外来人员也难以真正流入并融入乡村社会(李增元和葛云霞,2014)。

6.5 农村人口流动制度的改革实践

针对上述限制农村劳动力流动的问题及其影响因素,在改革开放过程中,我国率先放宽了对农村人口流动的管制,并不断深化人口迁移制度的改革,制定了一系列旨在建立城乡一体化劳动力市场的政策。特别是近年来,推进了户籍制度、土地制度以及基本公共服务供给制度的一系列改革,取得了显著成效。

6.5.1 城乡人口流动制度的改革实践

农村家庭联产承包责任制实施后,农村经济逐步发展,农业生产中的劳动力剩余现象开始显现。同期,乡镇企业得到发展,成为吸纳农村过剩劳动力的主要市场,因此这一时期农村劳动力转移呈现出“离土不离乡”的特点。随着改革的不断深入,城市经济和工业经济得到发展,尤其是东部沿海地区经济的迅猛增长,对劳动力产生了大量需求,农村劳动力转移逐渐呈现出“离土又离乡”的趋势。与此同时,政府对劳动力流动的管制逐步放宽,农村劳动力跨省、跨区域流动不再受到限制,农村人口流动呈现出规模化和全国性的特点。

1. 城乡劳动力流动从严格控制到逐渐松动(1978—1991 年)

我国计划经济时期积累了丰富的劳动力资源,但在改革开放之前,劳动力流动受到多方面的限制。1953 年,政务院发布了《劝止农民盲目流入城市的指示》,对农村劳动力的转移进行了限制。随后,政府相继发布了十个条例,进一步加强了对农村劳动力流动的严格控制。1958 年颁布的《户籍登记条例》更是以法律形式规定了“农民从农村迁往城市无论因何种原因,均须持证进城”。

改革开放以后,制度变革释放了积聚于农村的劳动力资源。政府逐步放松了对劳动力流动的限制,城乡劳动力开始在不同产业和地区间进行合理流动与配置。但当时主要

的还是解决城市劳动力的流动与安置问题,对农村劳动力进城还控制得比较严格。1980年全国劳动就业工作会议通过的《进一步做好城镇劳动就业工作》和1981年国务院颁布的《关于广开门路,搞活经济,解决城镇就业问题的若干决定》两个文件,都强调了要严格控制农村劳动力涌入城镇,对已经流入城镇的农村劳动力要尽可能清退。这表明在这一时期,政府对农村劳动力的迁移实施了相对严格的管理。尽管如此,由于总体上对人口和劳动力流动的管制放松,进城农民工的数量不断增长。

20世纪80年代中期,随着对外开放和城市改革的深入,东部沿海地区经济快速发展,劳动力需求大量增加,政府对农民工进城的政策开始放宽。1984年,中共中央发布了《关于1984年农村工作的通知》,开始允许农民在自筹资金、自带口粮的条件下进入城镇从事务工和经商,破除了农村劳动力流动的政策限制(王跃梅,2011)。1985年,中共中央和国务院发布的《关于进一步活跃农村经济的十项政策》是农村劳动力流动方面的标志性文件。文件指出"在各级政府统一管理下,允许农民进城开设店铺、设立工坊,兴办服务业,提供各种劳务。城市要在用地和服务设施方面提供便利条件"。同年,全国人大常委会公布《中华人民共和国居民身份证条例》,此后又陆续实行暂住证、寄住证制度,标志着人口管理制度由"以户为主"转变为"以人为主",对农民工实施了动态管控。到1989年,农村外出务工劳动力由改革开放初期的不到200万人迅速增加到3 000万人。

2. 规范农民工有序流动(1992—2002年)

在1992年,邓小平南方谈话之后,城市经济快速增长,产业发展对劳动力的需求迅速增加,大量农民工涌入城市,形成了所谓的"民工潮"。据调查统计,1993年全国农民工数量达到6 200多万人,比1989年增加了3 200多万人,其中跨省流动的约为2 200万人,比1989年增加了一倍多。1994年,劳动部发布的《农村劳动力跨省流动就业管理暂行规定》和2000年劳动和社会保障部发布的《关于做好农村富余劳动力流动就业工作的意见》,开始从对农民工的管制转向引导和规范农民工跨地区有序流动。

在这一时期,户籍制度的改革也拉开了序幕。1997年6月,公安部发布了《小城镇户籍管理制度改革试点方案》,标志着我国户籍制度改革的开始。方案指出"在小城镇落户的人员享受与当地原有居民同等待遇","对他们的入学、就业、粮油供应、社会保障等一视同仁"。2001年3月发布的《关于推进小城镇户籍管理制度改革的意见》进一步取消了对于小城镇常住人员的计划指标管理,并将改革权限下放至地方政府。这些政策的变动为农村劳动力向城市迁移提供了更加宽松和有利的制度环境。

3. 保障农民工权益,探索户籍制度改革(2003—2011年)

党的十六大之后,我国全面开启建设小康社会的新征程,城乡二元经济结构所带来的问题开始受到关注。政府出台了多项文件,试图解决进城农民工的服务与权益保障问题。2003年,国务院办公厅发布了《关于做好农民进城务工就业管理和服务工作的通知》《关于进一步做好进城务工就业农民子女义务教育工作意见的通知》以及《工伤保险条例》;

2006 年,发布了《关于解决农民工问题的若干意见》,这些政策文件取消了针对农民工进城的不合理限制,并着力解决了农民工的工资发放、子女就学、劳动管理、就业培训、社会保障、公共服务、民主权益等一系列问题。2007 年,《关于进一步加强流动人口服务和管理工作的意见》颁布,要求各城市逐步实行居住证制度,户籍制度的改革也进入了多种制度探索阶段。例如,2010 年重庆颁布了《重庆市统筹城乡户籍制度改革农村居民转户实施办法(试行)》,对主城区、县城、城镇分级放开落户门槛;2011 年,广东率先试行积分落户政策。这一系列户籍制度改革主要以吸引人才为主,但在一定程度上也相应地放宽了农村劳动力迁移的要求。

4. 推进农民市民化制度改革,促进劳动力城乡间双向流动(2012 年至今)

2012 年,党的十八大提出要推动农村转移人口市民化、户籍制度改革和基本公共服务常住人口全覆盖,开始推动以人为中心的新型城镇化。2014 年,国务院发布了《国家新型城镇化规划(2014—2020 年)》,指出到 2020 年"户籍人口城镇化率与常住人口城镇化率缩小 2 个百分点左右,努力实现 1 亿左右农业转移人口和其他常住人口在城镇落户"。同年,颁布了《关于进一步推进户籍制度改革的意见》,提出了详尽的户籍制度改革方案,标志着新户籍制度改革开始全面实施。2016 年,又先后印发了《关于实施支持农业转移人口市民化若干财政政策的通知》《关于统筹推进县域内城乡义务教育一体化改革发展的若干意见》《推动 1 亿非户籍人口在城市落户方案》等文件,从财政、教育、户籍制度改革等方面出台措施,支持并推动农村人口向城市永久性迁移。2021 年发布的《"十四五"就业促进计划》和 2022 年的《2022 年新型城镇化和城乡融合发展重点任务》提出了深化户籍制度改革、加强农民工就业服务和技能培训、推进城镇基本公共服务均等化等方面的指导意见和要求,力图促进有能力在城镇稳定就业和生活的常住人口有序实现市民化,推动城乡融合发展,逐步实现城乡一体化。

这一时期,国家也开始鼓励农民工返乡创业,推动乡村建设。2015 年,国务院出台了《关于支持农民工等人员返乡创业的意见》,提出要"加快建立多层次多样化的返乡创业格局,全面激发农民工等人员返乡创业热情,创造更多就地就近就业机会"。2016 年,又发布了《关于支持返乡下乡人员创业创新促进农村一二三产业融合发展的意见》,从简化市场准入、改善金融服务、加大财政支持力度、落实用地用电支持措施、开展创业培训、完善社会保障政策、强化信息技术支撑、创建创业园区(基地)等八个方面支持返乡、下乡人员的创业活动。党的十九大提出了实施乡村振兴战略的历史任务,2018 年中央发布了《乡村振兴战略规划(2018—2022 年)》,从加快推进农业现代化、完善城乡融合发展的战略出发,要求建立城乡融合的劳动力配置机制。

6.5.2　深化户籍制度改革的实践

我国独特的户籍制度作为人口管理的一种手段,曾严格限制了城乡人口流动,形成了城乡分割的二元劳动力市场。改革开放以后,户籍制度的改革一直是社会关注的焦点,但改革进程相对缓慢。到2014年,我国颁布的《国家新型城镇化规划(2014—2020)》和《关于进一步推进户籍制度改革的意见》(下文简称《意见》)提出了新一轮户籍制度改革的目标和方案。《意见》中提出的户籍制度改革发展目标为"进一步调整户口迁移政策,统一城乡户口登记制度,全面实施居住证制度,加快建设和共享国家人口基础信息库,稳步推进义务教育、就业服务、基本养老、基本医疗卫生、住房保障等城镇基本公共服务覆盖全部常住人口。到2020年,基本建立与全面建成小康社会相适应,有效支撑社会管理和公共服务,依法保障公民权利,以人为本、科学高效、规范有序的新型户籍制度,努力实现1亿左右农业转移人口和其他常住人口在城镇落户"。根据国家统计局数据,2014—2019年,中国户籍人口城镇化率由37.1%提高至44.38%,户籍城镇人口累计增长了11 388万人,2020年1亿非户籍人口落户城镇的目标提前完成。2022年,《"十四五"新型城镇化实施方案》中对不同规模城市放宽落户门槛提出了最新要求,提出完善超大、特大城市积分落户政策,精简积分项目,确保社会保险缴纳年限和居住年限分数占主要比例,鼓励取消年度落户名额限制。全面放宽Ⅰ型大城市落户条件,全面取消Ⅱ型大城市、中等城市和小型城市的落户限制,确保外地与本地农业转移人口进城落户标准一视同仁。当前,户籍制度改革仍在继续深化的过程中,各地对于户籍政策拥有一定的自由裁量权,积累了一些户籍制度改革的经验。

1. 重点吸纳人才,降低人才落户门槛

重庆市率先吸纳人才落户,将具有高级工程师以上职称或相应职业技能等级的人才纳入落户范围,并允许其配偶、未成年子女、父母随迁落户。广州市实行人才引进落户条件制,将学历型人才落户条件降至大专,将技术技能型人才落户条件降至"中专+中级职称"或紧缺急需工种高级工,对其他特殊人才设立"绿色通道",自2017年起不再将受教育程度、技术技能等作为约束指标。合肥市取消对高端人才和技能型人才落户的时限要求。

2. 设置公共集体户,解决无产权住房落户障碍

合肥市分类设置单位集体户、学生集体户和社区集体户,保障租赁房屋人员可在就业地公共集体户登记落户。广州市为解决无产权住房等人员的落户地址问题,设立了约180个公共集体户。

3. 实施不同城区差异化落户政策

重庆市在部分市辖区实行与主城区有差异的落户政策,取消永川区、璧山区等地区的就业年限要求。广州市在7个市辖区实施差别化落户政策,促进工匠实用型人才向新区郊区集聚。成都市引导积分落户向郊区新城转移,自2020年起实施"居住引导、就业引导、落户区域引导"举措,对常住人口就业地或居住地从主城区转移到其他区域的予以加分。

4. 放开放宽重点群体落户限制

广州市对从事文化、体育、公安、消防、环卫、公共交通、教育、医疗卫生、养老、残疾人照料等工作的特殊技能人员及特殊艰苦行业一线从业人员给予专项指标保障，并将托育照护、老人护理、殡仪服务、网格化服务等纳入特殊艰苦行业。东莞市将新生代农民工、技术工人、在城镇就业居住 5 年以上人口列为落户重点人群。

5. 创新户籍业务管理，加强平台建设，提高服务便捷性

成都市创新积分申报方式，采用“随到随积”模式，常态化受理群众申报、公布积分结果、办理入户手续。鞍山市开通户籍业务“全城通办服务”，打通系统数据和技术壁垒，107 个派出所全部开通户口申报、注销、迁入、迁出、变更等 40 项户籍服务，解决了只能在户籍地或迁入地派出所办理户籍业务的问题。泸州市建立农业转移人口市民化建档立卡平台，加强对农业转移人口的信息化服务管理。晋江市在各乡镇（街道）、村（社区）、规模以上企业设立流动人口综合服务中心，形成了覆盖市、镇、村、企的流动人口服务管理网络。

6. 其他降低落户门槛的措施

重庆市不设年度落户名额控制、不作积分排队，自 2020 年起实行在主城区就业及参加社保满 3 年或投资创业满 1 年即可直接办理落户。合肥市自 2018 年起将城区落户条件放宽为就业满 2 年、参加城镇社保满 1 年，放宽随迁人员户口迁移限制。南京市 2021 年制定了浦口、六合、溧水、高淳四区落户政策暂行办法，只要求居住证和社保，对申请人在江苏省内其他城市的社保年限实行累计认可，同时取消了年度落户指标限制。

6.5.3 城乡社会保障和基本公共服务供给制度改革实践

社会保障作为国家最基本的公共服务之一，其目的在于解决社会各类保障问题，提高社会公平和公正，同时促进经济发展和社会稳定。我国人口流动与城乡社会保障及公共服务供给直接相关，乡村社会保障既能推动劳动力外出，也能拉动劳动力回流。而城市的基本公共服务则是吸引劳动力进城的关键因素，农民工的流动和再流动也会受到一定的影响。我国社会保障体系是长期发展壮大的，但由于我国经济社会发展情况的变化、人口结构的演变以及制度本身的不足，社会保障也存在着一些问题与矛盾，需要不断加以改进和完善。

2000 年 1 月，财政部颁布的《过渡期财政转移支付办法（1999）》，提出了“基本公共服务能力均等化”的概念。2006 年，“十一五”规划强调了“基本公共服务能力均等化”的重要性。2010 年，十七届五中全会通过了《中共中央关于制定国民经济和社会发展第十二个五年规划的建议》，提出要“建立健全基本公共服务体系”。2012 年，国务院常务会议通过了《国家基本公共服务体系“十二五”规划》，标志着基本公共服务开始向规范化、标准

化方向发展。2013年11月，十八届三中全会通过了《中共中央关于全面深化改革重大问题的决定》，明确提出“稳步推进城镇基本公共服务常住人口全覆盖”和“统筹城乡基础设施建设和社区建设，推进城乡基本公共服务均等化”。2017年1月，国务院发布《“十三五”推进基本公共服务均等化规划》，提出了“推动基本公共服务全覆盖”的目标，并明确“全覆盖”的范围包括基本公共教育、劳动就业创业、社会保险、医疗卫生、社会服务、住房保障、公共文化体育、残疾人服务等8个领域、81个项目。2018年12月，中共中央办公厅、国务院办公厅印发了《关于建立健全基本公共服务标准体系的指导意见》，要求各地“建立统一的城乡基本公共服务制度，完善基本公共服务标准体系，规范服务流程，提升服务质量”，并明确到2035年要实现基本公共服务的均等化。

从基本公共服务均等供给相关政策文件的发展历程来看，政府一直在全力推动地区间、城乡间以及不同群体之间基本公共服务的均等化。近年来，各地政府将促进城镇常住人口基本公共服务全覆盖作为一项重要任务，制定了一系列实施措施。2014年，《国家新型城镇化规划》提出到2020年实现2亿多农民工市民化，让他们享有与当地户籍人口同等的公共服务。2016年中央城镇化工作会议明确“要加强对农业转移人口市民化的战略研究”，并提出“统筹推进土地、财政、教育、就业、医疗、养老、住房保障等领域配套改革”。2021年中央经济工作会议指出，要统筹推进经济发展和民生保障，健全常住地基本公共服务提供制度。为此，各地开展了基本公共服务供给制度的改革实践。

1. 公共教育制度的改革实践

2006年，我国对农村义务教育实施了“两免一补”政策，即免除农村中小学学杂费，免费提供教科书，并对中西部地区家庭经济困难的寄宿生提供生活补助。中央财政全额承担农村义务教育阶段学生的免费教科书经费，小学生人均达到90元，初中生人均达到180元，从而有效保障了农村学生的受教育权利。中央财政对农村义务教育的投入在2014年达到了878.97亿元，相比2006年的150亿元增长了近5倍。2014年，中西部农村小学生人均公用经费达到了600元，初中生人均达到了800元；东部地区小学生人均公用经费达到了650元，初中生人均达到了850元，区域间差距逐渐缩小。2018年2月，国务院办公厅印发了《基本公共服务领域中央与地方共同财政事权和支出责任划分改革方案》，将义务教育、学生资助、基本就业服务、基本养老保险、基本医疗保障、基本卫生计生、基本生活救助、基本住房保障等八类基本公共服务事项纳入中央与地方共同财政事权范围，合理划分了支出责任。该方案要求完善相关转移支付制度，并提出了力争到2020年逐步建立起权责清晰、财力协调、标准合理、保障有力的基本公共服务制度体系和保障机制的目标。

“望子成龙，望女成凤”是中国家庭的普遍期望。随着城乡流动人口规模的扩大，随迁子女的教育问题也日益凸显。2014年，国务院先后出台了《国家新型城镇化规划（2014—2020年）》《关于进一步推进户籍制度改革的意见》和《关于进一步做好为农民工服务工作的意见》，从国家战略层面高度关注农民工随迁子女的教育责任、教育融入和教育需求等问题。2016年，国务院出台了《关于统筹推进县域内城乡义务教育一体化改革发展的若干意见》,要求统一建立以居住证为主要依据的随迁子女入学政策,统一推动“两免一补”资金和生均公用经费基准定额资金随学生流动(简称“两统一”),通过强化中央政府的分担责任,减轻地方政府的管理压力。2017 年,《县域义务教育优质均衡发展督导评估办法》将随迁子女在公办学校和政府购买服务的民办学校的就读比例(不低于 85%)作为衡量县域义务教育优质均衡发展的重要指标。2020 年,《关于进一步加强控辍保学工作健全义务教育有保障长效机制的若干意见》要求做好随迁子女就学工作,保障适龄随迁子女接受义务教育的权利。在这一阶段,随迁子女教育政策更加注重过程公平和结果公平,政府在教育中的作用不仅是提供充足的教育服务,更在于保障教育资源的有效配置和公平分配。

2. 社会保障制度改革的实践

虽然第一代劳动力挣钱的主要目的是为了养家糊口,他们市民化的意愿并不强烈,最终往往选择回到故乡。而新一代劳动力更倾向于市民化,他们希望通过自己的努力能够真正融入城市生活。农民工群体具有较强的流动性,其中一部分农民工从事兼业活动,农闲时外出打工,农忙时回家种地;另一部分农民工则长期在外打工。然而,由于文化水平和工作技能等自身条件的限制,他们的工作极不稳定,出现了频繁流动的情况。同时,农民工群体的收入普遍较低且不稳定,他们的收入水平往往由所从事的职业决定。大多数农民工从事的是城市居民不愿意干的“脏、累、险”等工作,这些工作的工资普遍较低,而且缺少法律保障,他们随时都可能面临失去工作的风险。与城市工人相比,农民工在打工动机、经济收入、定居目标、社会意识等方面具有明显的特殊性。因此,农民工迫切需要得到相应的社会保障。

在医疗保险方面,2003 年,我国建立了由农民自愿参加,个人、集体和政府多方筹资,以大病统筹为主的新型农村合作医疗制度。到 2007 年,新农合全面铺开,参合农民达到 7.3 亿人,占农村户籍人口总数的 85.7%。同时,2007 年,部分城市开始开展城镇居民医保试点,将原本不属于城镇职工医保覆盖范围的学生、少年儿童和其他非从业人员纳入了医保范围。2016 年 1 月,国务院发布了《关于整合城乡居民基本医疗保险制度的意见》,到 2019 年底,全国 31 个省(自治区、直辖市)均实现了基本医疗保险制度的城乡整合。

在养老保险方面,2009 年 9 月,我国开始推行“新型农村社会养老保险制度”试点工作,通过基础养老金的方式解决年满 60 周岁农民的养老问题。政府对符合领取条件的参保人全额支付基本养老金,中央对中西部地区给予全额补助,对东部地区给予 50%的补助。2010 年 1 月 1 日起,《城镇企业职工基本养老保险关系转移接续暂行办法》开始实施,从基本养老保障的角度消除了城乡隔阂,为其他领域的基本公共服务均等化打下了基础、探索了道路。2014 年 2 月,国家将新型农民养老保险与城镇居民养老保险合并,建立了统一的城乡居民基本养老保险制度,统一了参保范围、缴费幅度、支取条件以及跨地域接续办法。

除此之外,自 2005 年起,我国进一步完善了城乡低保制度,将家庭成员人均收入低于当地低保标准的城乡居民都纳入低保范围。2007 年,出台了多项通过“均等化基本公共服务”保障公民基本生存与发展权利的政策,包括解决城市低收入家庭住房困难问题,将保障性住房体系纳入了政府基本公共服务的范畴。2016 年 2 月,国务院发布了《全国社会保障基金条例》与《关于进一步健全特困人员救助供养制度的意见》两个行政法规,均着眼于实现城乡居民保障制度在统一覆盖范围、统一保障待遇、统一保障目录等多个方面的统一。

3. 公共卫生医疗制度的改革实践

农村人口的流动跨越省市行政区划,在逐步建立新农合、城乡居民基本医疗保险制度之后,农民工及家属的异地就医报销成为突出的关注问题。

2009 年,《中共中央 国务院关于深化医疗卫生体制改革的意见》(中发〔2009〕6 号)拉开了我国新医改的序幕,该《意见》中提出要大力推行异地就医结算服务。2010 年 10 月,我国正式颁布了《中华人民共和国社会保险法》,其中明确提出“社会保险行政部门和卫生行政部门应当建立异地就医费用结算制度,方便参保人员享受医保待遇”,首次从法律上规定了要建立医疗保险异地结算制度。2013 年,国务院要求在总结经验的基础上,选择部分省份试点,探索建立跨省异地就医结算制度。2016 年 12 月 15 日,国家基本医疗保险异地就医结算系统正式运行,异地安置退休人员、异地长期居住人员、常驻异地工作人员、外出农民工与外来就业创业人员等几类跨省就医产生的住院医疗费用能够便捷地实现即时结算。随着 2018 年 5 月国家医保局的成立,全国基本医疗保险跨省异地就医住院医疗费用直接结算工作不断推进。截至 2020 年 7 月,国家平台的备案人数达到 677 万,二级及以下定点医疗机构达到 32 091 家,累计结算 562 万人次。[①] 在覆盖范围方面,全面实现跨省住院费用直接结算后,上海、江苏、浙江、安徽“三省一市”于 2018 年率先开通了跨省异地就医门诊医疗费用直接结算系统,随后西南 5 省和京津冀地区也相继作为试点地区开通门诊跨省直接结算系统。2021 年 2 月 1 日起,京津冀、长三角、西南 5 省全部接入国家异地就医结算系统,联通普通门诊费用跨省直接结算服务,并新增了山西等 15 个省份为试点省份,进一步扩大了异地就医门诊费用直接结算的试点范围。

改革开放以来,随着城市经济的快速发展和国家对农村人口流动限制政策的松动,大量农村剩余劳动力进入城市务工。然而,这一群体虽然在经济上有逐渐融入城市之势,但他们像候鸟一样游离于农村和城市之间,在社会关系和其他相关方面却仍然属于农民,难以以城市居民相同的身份融入城市。这一现状严重制约着国民身份平等化这一政治目标的实现,严重阻碍了国家城市化进程,在相当程度上消解了缩小城乡差别的市场力量。教育资源分布的不均衡,异地医疗养老的限制,阻滞了劳动力有序、自由的流动。

---

① 国家医疗保障局,基本医疗保险跨省异地就医直接结算公共服务信息发布[EB/OL].(2020-08-31)[2020-09-01].http://www.nhsa.go v.cn/art/2020/8/31/art 54 3430.html.

6.6　城乡劳动力资源有效配置的系统及其机制

6.6.1　城乡融合发展的劳动力有效配置系统

劳动力在城乡之间的配置,是城镇发展和乡村发展所形成的城镇推拉力和乡村推拉力共同作用的结果。城镇的发展,尤其是新型城镇化的推进,带来了更多的就业机会和相对较高的工资性收入,吸引着越来越多的劳动力从农村转移到城镇。与此同时,乡村的发展,特别是乡村振兴战略的落实,使得农村就业机会增多,土地相关政策优化,农业生产现代化,这些因素促使乡村劳动力回流的趋势逐渐增强。然而,城镇和乡村的发展并未形成有效的合力,这容易导致“乡村留不住人,城镇留不下人”的反复流动问题,见图 6.3。

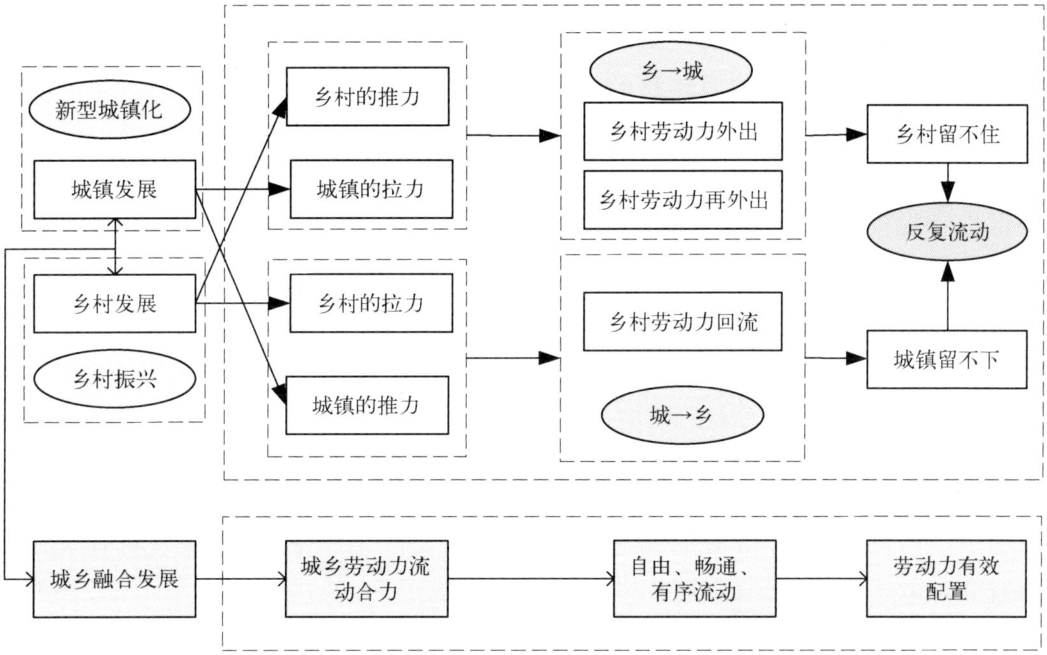

图 6.3　城乡融合发展的劳动力流动机制

在城乡融合发展的机制下,应当实现城镇和乡村的协同发展,形成推动城乡劳动力流动的合力,减少劳动力流动的阻碍因素,建立起“愿流尽流,愿留尽留”的机制。这样,可以促进城乡劳动力自由、畅通、有序地流动,并实现城乡劳动力市场的有效配置。

6.6.2　城乡融合发展的劳动力有效配置机制

随着中国农业劳动力转移依次经历大规模外出、返乡回流和反复流动等阶段性特征,城乡流动和乡城流动都可以归为城市与乡村的推拉力共同作用。

1. 城乡劳动力有效配置机制的关系及其机制

Lee(1966)在Bague的基础上提出了推拉理论的系统性框架,认为流入地和流出地都存在拉力和推力,并补充了中间障碍因素和个人因素,认为人口流动是这四方面因素综合作用的结果。实际上,现有关于农业劳动力转移动因和障碍因素的研究也未能超越推拉理论的框架,通常可以概括为推力和拉力因素。人地矛盾突出、农业生产效率低下构成了农村的推力,而城市工业技术的进步以及工业化中后期的产业结构调整,提供了大量就业机会(程名望等,2006;马晓河和杨祥雪,2023),成为吸引农业劳动力的拉力。

在流入地的拉力和流出地的推力共同作用下,农业劳动力发生转移。流入地的拉力,如中国农业和非农产业之间比较劳动生产率的差异,是劳动力在城乡产业间流动的市场逻辑(马晓河和杨祥雪,2023)。流入地工业技术进步、信息技术进步、经济收入高、就业机会多,以及城乡收入差距和地区收入差距的日益扩大,成为农业劳动力转移的最关键拉力因素(范晓非等,2013;郭冬梅等,2022)。然而,劳动力在城乡间反复流动和城市间多次横向流动的现象表明,驱动劳动力转移的除了收入差距等经济因素外,还包括非经济因素。非经济因素包括公共卫生服务(祝仲坤,2021)、城市便利设施(郭进等,2022)和城市舒适度等(张亚丽和方齐云,2019;Albouy and Stuart,2020)。近年来,城市劳动力市场上的人力资本外部性和规模经济效应成为城市拉力的一个理论与实证研究新方向(Diamond,2016;胡雯和张锦华,2021a)。值得注意的是,城市扩张带来的高工资水平是吸引农业劳动力的向心力,但其提高的生活成本也成为农业劳动力流入的离心力。因此,学者们开始关注实际工资或扣除生活成本后的收支剩余对劳动力流动的影响(周传豹等,2016;吴方卫和康姣姣,2019;胡雯和张锦华,2023),认为扣除消费因素后的城乡净收入差距或进城务工的净收入才是决定农业劳动力转移的重要因素。胡雯和张锦华(2021b)的研究也指出,异质性农民工在权衡工资溢价和迁移成本后会选择分层迁移。流出地的推力,如农村收入低、就业机会少、内部收入差距导致的相对贫困、农业全要素生产率低、大量农村剩余劳动力、农村行政管理效率低下,都促进了农业劳动力向非农产业的转移(蔡昉和都阳,2002;程名望等,2006;张广胜和周娟,2009)。近年来,随着土地制度改革,农地确权和农地流转制度安排成为影响人口迁移和城镇化的关键因素(陈丹等,2017)。刘明(2012)从宏观视角对影响中国农业劳动力转移的因素进行分解分析,发现恩格尔效应对中国农业劳动力转移发挥了主要推动作用,资本深化效应正在显现,而鲍莫尔效应产生了负向影响。

在流出地的拉力和流入地的推力共同作用下,农业转移劳动力发生回流。流出地的拉力,在乡村振兴、新型城镇化、产业转型升级等一系列政策叠加的背景下,“双创”政策的利好、中西部就业机会的增多、收支剩余的增加、农村基础设施的改善、流出地经济活动的增强,正在成为吸引劳动力回流的主导力量(黄祖辉等,2022;张欢和吴方卫,2022;李芳华和姬晨阳,2022)。相当一部分农业转移劳动力为了增加家庭福祉、与家人团聚、实现自身价值,选择回到家乡从事非农就业或返乡创业(李周,2019;康姣姣等,2021)。此外,农村人口老龄化、农村整合型社会资本、乡土观念和土地权益也是农村对劳动力的主要拉力因素(高虹和陆铭,2010;王亚楠等,2020)。流入地的推力,基本公共服务的非均等化在一定程度上阻碍了农业劳动力转移。城市在居住、工作、医疗和教育等权利上对农业劳动力施加了较大的推力。例如,农业转移劳动力在劳动力市场上一直处于受歧视状态,包括市场就业歧视、户籍歧视、工资歧视和性别歧视等(章元等,2011)。然而,随着劳动参与率的下降和刘易斯转折点的到来,农业转移劳动力受到的就业歧视趋势逐渐减弱(蔡昉和都阳,2011)。此外,务工城市的工资水平、物价水平、失业率以及工作的稳定性也是导致农业转移劳动力回流的主要因素(康姣姣等,2021;贺小丹等,2021)。

2. *劳动力城乡流动的政府行政机制*

中国农村剩余劳动力的转移始于 20 世纪 80 年代初的农村改革,以及随后逐渐清除的各种阻碍劳动力流动的制度障碍。这一过程经历了从乡镇企业到小城镇,再到发达城市,转移规模不断扩大,就业日趋稳定的发展阶段。基于制度因素的“反推拉”力分析,推拉理论的假设前提是市场经济和人口自由流动。然而,在户籍制度下,中国劳动力流动受到诸多限制,因此推拉理论不能全面解释中国劳动力流动现象。学者们开始从中国的具体时代背景和整体社会出发,思考推拉理论的合理性。例如,有学者认为,推拉理论只有在中国农业劳动力的“生命周期”阶段时,才会发挥作用。徐育才(2006)将影响劳动力流动的因素归纳为市场因素、政治与行政制度因素以及劳动者个体因素,构建了“三力模型”。在托达罗模型中引入“推拉理论”,并考虑制度因素对中国农业劳动力转移的影响,这一阶段多将制度因素引入推拉理论用以解释农业转移劳动力回流现象。

与主要高收入国家相比,中国农业劳动力比重就其所处发展阶段而言仍然偏高,但农业劳动力转移速度明显放缓。学者们从户籍制度制约(蔡昉,2018;张吉鹏等,2020)、农业转移劳动力工资过快增长导致工业部门过早出现资本替代劳动现象(李周,2019)等角度进行了解释。具体而言,由户籍制度引发的社会保障享有困境(陈乙酉和张邦辉,2018)、公共服务享有不均等(陆铭,2011;夏怡然和陆铭,2015)以及社会保险锁定效应(于新亮等,2019)等问题限制了农业劳动力的进一步转移。然而,也有研究表明户籍制度的制约作用逐渐减弱,因为户籍制度不断降低的门槛并没有促进农业转移人口大规模落户(田明等,2019)。可能的原因是随着户籍制度改革,附着在户籍上的社会福利逐渐被剥离,农业转移劳动力即使不落户,凭借居住证也能享有大部分公共服务。此外,距离、交通设施改善、文化差异、公共卫生事件等外部与宏观视角对影响中国农业劳动力转移的因素进行了分解分析。研究发现,恩格尔效应对中国农业劳动力转移发挥了主要推动作用,资本深化效应正在显现,而鲍莫尔效应产生了负向影响。

6.7 城乡人口流动的改革策略与政策

人口的自由流动和迁移是任何国家与民族的人口应当享有的基本权利。然而,何时从何地迁移或流动到另一个地方,除了受迁移或流动的家庭/个人的选择因素影响外,不可避免地会受到相关国家或地区的人口迁移和流动政策、制度、经济发展水平等宏观因素的制约。这一点在中国也不例外。因此,需要通过政府的改革策略与政策实施,推动城乡人口合理、畅通、有序流动,促进城乡融合、乡村振兴以及新型城镇化等相关政策的落实。

6.7.1 深化城乡户籍制度改革,促进劳动要素合理畅通有序流动

户籍制度对劳动力城乡流动的阻滞作用主要是因为流动人口因户籍原因,在子女教育、医疗、社会保障、住房等方面享有的待遇与城镇户籍居民存在差异。这种差异抑制了农民工迁移到城市并在城市安家的积极性,阻碍了劳动力的自由流动。因此,深化户籍制度改革需要在两个方面采取措施:一是逐步放宽城市落户条件;二是同步改革与户籍制度相配套的公共服务、社会保障、住房、教育等相关政策,推动其与常住人口挂钩。

首先,对于超大规模城市,可有序放宽落户限制,改善积分落户政策,增加就业、居住、社保缴纳年限条件的积分比例,并取消积分落户数量的限制。其次,对非超大规模城市,可以借鉴地方先进改革经验,逐步降低人才落户门槛,通过公共集体户等方式解决无产权住房的落户障碍。针对不同城区的实际情况,可实施差异化落户政策,协调城市内部流动人口的地区分布。此外,根据城市发展需求,针对特殊技能人才、新生代农民工、艰苦行业人员等重点群体,应重点放宽落户限制,以更好地适应城市人才结构和产业需求。实施"互联网+户政服务",探索落户从审批制改为准入制。针对各地落户准入条件复杂、信息不对称、落户存在"隐形门槛"等问题,探索建立统一公开的户籍服务平台,提高信息的透明度和落户流程的透明度,探索将城市落户的审批制改为准入制,明确群众公开监督机制,简化户籍迁移手续,为落户办理流程提供"一站式"服务。

建立以常住人口登记为依据的城市管理制度,推进城镇基本公共服务由常住地供给、覆盖全部常住人口。加强对于城乡流动人口的就业、教育、社保、住房等领域的基本公共服务保障,推动同城居民享有均等的基本公共服务。同时,解决居住证申领过程烦琐、时效短、无退出机制等问题,可以通过简化申领程序和条件,探索建立居住证的退出机制。此外,还应该完善相关政策体系,包括财政转移支付、财政性建设资金安排以及将城镇新增建设用地规模与城乡流动人口市民化挂钩,以提升政策的有效性。

6.7.2 持续深入推进农村土地制度改革,提高农民财产收入

在劳动力流动的早期阶段,农村土地作为生产要素投入农业生产中,发挥了生产资料的功能。然而,随着劳动力流动进程的加快,农业生产已不再是农村居民家庭的主要收入来源,土地的财产性功能变得更加突出。因此,需要持续深化土地制度改革,以促进农民收入提升,同时避免大规模劳动力转出后土地的闲置或撂荒,从而促进城乡劳动力要素更自由地流动。

土地制度改革的关键在于保障农村流动人口的土地权益,并应给予农民自主选择处

置承包地和宅基地的权利。建立合理的土地退出和流转机制,利用市场机制提高土地要素的配置效率。增强土地产权的稳定性,确保农民在城市化失败后仍有退路,预防城市失业率上升等问题发生时的"城市贫民窟"现象。在激活土地经营权、经营性建设用地使用权、宅基地使用权、居住权、地役权等用益物权及担保物权,并赋予其必要的占有、使用、收益、抵押等权能的同时,应充分尊重农民意见,避免"一刀切"政策。

一是加快推进农民土地承包经营权、宅基地使用权、集体收益分配权"三权"的确权、登记、颁证,以及农村集体经济组织产权制度改革。开展第二轮土地承包到期后再延长 30 年的整县试点工作,确保已经确权登记颁发的土地承包权证书在第三轮承包期内仍具有法律效力。

二是深入推进宅基地制度改革,积极探索宅基地"三权分置"的实现形式和实施办法。继续推进"房地一体"确权登记制度的贯彻执行,保障农民的房屋财产权受法律保护。同时,因地制宜、逐步放活宅基地和农民房屋使用权,在条件成熟和需求旺盛的地区逐步允许农民通过转让、赠予、互换、继承、出租、抵押和入股等方式流转宅基地和房屋使用权。

三是以依法、自愿、有偿为原则,建立完善的土地退出机制。总结前期试点改革经验,探索进城农民工土地退出和转让的有效途径,制定全国性的、具体且操作性高的政策规范。优先为已实现举家迁移、在城市有稳定工作和住房的农民工提供土地退出和合理补偿机会,规范土地价值评估、土地使用权转让交接流程,明确补偿资金来源。

四是推动建立健全农地承包经营权流转的市场化机制。建立全国统一的农地产权流转交易平台,提供完善的交易信息发布与产权查询、交易咨询、交易组织、产权鉴定、产权流转、产权变更登记与资金结算等服务。引入银行、保险等金融担保机构开展资产评估、抵押融资等专业服务。同时,政府应适度介入,对农地流转价格进行一定程度的规范和监管,保障农民土地权益的实现以及土地资源的有效利用,解除农民向城市迁移、在城市安居的后顾之忧。

五是建立农村土地制度改革综合信息服务平台。在厘清政府、村集体、农民、企业等农村土地制度改革利益相关者利益诉求的基础上,明确深化土地制度改革具体实施过程中的难点和关键点。利用大数据基础平台和先进信息技术建立统一的农村土地制度改革综合信息服务平台,通过各利益主体之间的信息公开与互通,提高服务效率与土地流转市场效率。

6.7.3　提高城乡流动人口的人力资本水平

城乡人口合理、畅通、有序流动确实离不开流动人口自身的禀赋特征。现有的农村流动人口受教育水平和职业技能水平相对较低,需要建立完善的职业技能提升培训和认定体系,以提供更多的培训机会并促进其参与的积极性。在政府层面,应增加财政支持力度,建立全面的职业技能认定评价体系,以确保人力资本水平得到顶层设计的支持。在企业层面,应鼓励企业和用人单位激励员工参与培训,并将薪酬与劳动效率挂钩。在员工个体层面，需要通过宣传提升技能和学历的社会认可度，促进农民工实现高质量就业，进而增强他们在城市的安居愿望。在实施过程中，具体的措施可从以下三个方面展开。

一是加强中央和地方立法，将农民工职业技能培训纳入法制化管理轨道，依法规范职业技能培训机制建设。完善农民工终身教育的政策和法规，从国家战略高度建立农民工终身教育制度，构建涵盖初等教育、中等教育到高等教育，学历教育与非学历教育、技能培训与道德培训相互补充的立体化、多层次职业技能培训体系。

二是提升农民工技能培训的供给水平。整合职业技能培训资源，鼓励职业院校、公办和民办培训机构积极参与农民工职业技能培训。推动产教融合，根据产业发展需要调整优化职业教育学科专业体系，建立与产业协同发展的职业技能培训体系。支持职业院校采用校企联合培养模式，以市场为导向提升农民工的职业技能。建立政府统筹、行业组织、培训机构和用人单位共同参与的农民工职业技能培训机制，政府在人员、资金、税收等方面提供政策扶持。

三是提高技能人才待遇，深化工资分配制度改革。积极探索建立基于岗位价值、技能等级、业绩贡献的工资决定机制，改善技能人才的经济待遇，提升其职业认可度和社会地位。

参考文献

[1] 安虎森，刘军辉.劳动力的钟摆式流动对区际发展差距的影响——基于新经济地理学理论的研究[J].财经研究，2014，40(10)：84－96.

[2] 蔡昉.可持续发展的经济、社会和环境因素：我国的地区差距[J].科学决策，1998(4)：24－27.

[3] 蔡昉.农民工就业面临各种风险[J].农村工作通讯，2013(9)：48.

[4] 蔡昉.农业劳动力转移潜力耗尽了吗？[J].中国农村经济，2018(9)：2－13.

[5] 蔡昉，都阳.工资增长、工资趋同与刘易斯转折点[J].经济学动态，2011(9)：9－16.

[6] 陈丹，任远，戴严科.农地流转对农村劳动力乡城迁移意愿的影响[J].中国农村经济，2017(7)：56－71.

[7] 陈乙酉，张邦辉.社会保障对农民工流动决策的影响研究——基于“推拉”理论的实证[J].农业经济问题，2018，39(10)：132－140.

[8] 程名望，盖庆恩，史清华.人力资本积累与农户收入增长[J].经济研究，2016，51(1)：168－181，192.

[9] 程名望，刘雅娟，黄甜甜.我国粮食主产区农村劳动力外流对粮食供给安全的影响[J].商业研究，2015(10)：162－167.

[10] 程名望，史清华，徐剑侠.中国农村劳动力转移动因与障碍的一种解释[J].经济研究，2006，41(4)：68－78.

[11] 陈斌开，张鹏飞，杨汝岱.政府教育投入、人力资本投资与中国城乡收入差距[J].管理世界，2010(1)：36－43.

[12] 陈明星.积极探索城乡融合发展长效机制[J].区域经济评论,2018(3):119-121.

[13] 陈云松,张翼.城镇化的不平等效应与社会融合[J].中国社会科学,2015(6):78-95,206-207.

[14] 都阳.劳动力市场变化与经济增长新源泉[J].开放导报,2014(3):31-35.

[15] 都阳,万广华.城市劳动力市场上的非正规就业及其在减贫中的作用[J].经济学动态,2014(9):88-97.

[16] 段成荣,谢东虹,吕利丹.中国人口的迁移转变[J].人口研究,2019,43(2):12-20.

[17] 范晓非,王千,高铁梅.预期城乡收入差距及其对我国农村劳动力转移的影响[J].数量经济技术经济研究,2013,30(7):20-35.

[18] 盖庆恩,朱喜,史清华.劳动力市场扭曲、结构转变和中国劳动生产率[J].经济研究,2013,48(5):87-97,111.

[19] 高帆.城乡二元结构转化视域下的中国减贫"奇迹"[J].学术月刊,2020,52(9):54-66.

[20] 高虹,陆铭.社会信任对劳动力流动的影响——中国农村整合型社会资本的作用及其地区差异[J].中国农村经济,2010(3):12-24,34.

[21] 辜胜阻,刘江日.城镇化要从"要素驱动"走向"创新驱动"[J].人口研究,2012,36(6):3-12.

[22] 郭冬梅,王继彬,王韬,等.城市互联网发展对劳动力流动影响研究[J].管理评论,2022,34(10):304-318.

[23] 郭进,徐盈之,白俊红.住房、便利设施与异质性劳动力流动——微观机制与福利效应[J].金融研究,2022(7):135-153.

[24] 贺小丹,董敏凯,周亚虹.乡村振兴背景下农民工回流与农村资源配置——基于农民工返乡后行为的微观分析[J].财经研究,2021,47(2):19-33.

[25] 胡雯,张锦华.城市的力量:农民工层级迁移与工资溢价[J].财经研究,2021,47(2):4-18.

[26] 胡雯,张锦华.城市规模、收支剩余与农民工市民化再考察——基于生存工资 Anker 法的实证研究[J].上海财经大学学报,2023,25(1):34-48.

[27] 黄祖辉,宋文豪,叶春辉,等.政府支持农民工返乡创业的县域经济增长效应——基于返乡创业试点政策的考察[J].中国农村经济,2022(1):24-43.

[28] 黄祖辉,刘桢.资本积累、城乡收入差距与农村居民教育投资[J].中国人口科学,2019(6):71-83,127-128.

[29] 冯兰瑞,姜渭渔.农业剩余劳动力转移模式的比较研究[J].中国社会科学,1987(5):43-52.

[30] 康姣姣,闫周府,吴方卫.农村劳动力回流、就业选择与农地转出——基于千村调查的经验研究[J].南方经济,2021(7):72-86.

[31] 李芳华,姬晨阳.乡村振兴视角下的农村劳动力回流弹性估计——基于空间断点回归的研究[J].中国农村经济,2022(2):36-55.

[32] 李玲,何怀金,韩玉梅,等.县(区)域内城乡一体化教育资源配置模型构建与实证分析[J].教育与经济,2012(1):9-12,28.

[33] 李金铮."相成相克":二十世纪三四十年代费孝通的城乡关系论[J].中国社会科学,2020(2):93-117,206.

[34] 李玉红,王皓.中国人口空心村与实心村空间分布——来自第三次农业普查行政村抽样的证据[J].中国农村经济,2020(4):124-144.
[35] 李增元,葛云霞.何以可能与如何合作:农业现代化背景下的农民专业合作社及其发展[J].华中农业大学学报(社会科学版),2014(6):73-82.
[36] 李周.农民流动:70年历史变迁与未来30年展望[J].中国农村观察,2019(5):2-16.
[37] 林亦平,魏艾."城归"人口在乡村振兴战略中的"补位"探究[J].农业经济问题,2018,39(8):91-97.
[38] 刘传江,吕力.长江三角洲地区产业结构趋同、制造业空间扩散与区域经济发展[J].管理世界,2005(4):35-39.
[39] 刘国恩,William H.Dow,傅正泓,等.中国的健康人力资本与收入增长[J].经济学(季刊),2004,3(4):101-118.
[40] 刘金伟,刘庆华.进城农民工落户意愿与农村土地制度改革[J].人口与社会,2022,38(3):51-62.
[41] 刘小年.农民工的政策表达行为研究——基于东莞市某厂农民工调查[J].乡镇经济,2008,24(6):23-27.
[42] 刘军辉,张古.户籍制度改革对农村劳动力流动影响模拟研究——基于新经济地理学视角[J].财经研究,2016,42(10):80-93.
[43] 刘守英.农村宅基地制度的特殊性与出路[J].国家行政学院学报,2015(3):18-24.
[44] 刘涛,曹广忠.大都市区外来人口居住地选择的区域差异与尺度效应——基于北京市村级数据的实证分析[J].管理世界,2015(1):30-40,50.
[45] 刘祖云,姜姝."城归":乡村振兴中"人的回归"[J].农业经济问题,2019,40(2):43-52.
[46] 莫荣,陈云,熊颖.中国就业发展报告[R].2021.
[47] 吕炜,杨沫,朱东明.农民工能实现与城镇职工的工资同化吗?[J].财经研究,2019,45(2):86-99.
[48] 骆永民,樊丽明.中国农村人力资本增收效应的空间特征[J].管理世界,2014(9):58-76.
[49] 宁光杰,段乐乐.流动人口的创业选择与收入——户籍的作用及改革启示[J].经济学(季刊),2017,16(2):771-792.
[50] 潘静,陈广汉.家庭决策、社会互动与劳动力流动[J].经济评论,2014(3):40-50,99.
[51] 戚迪明,张广胜,杨肖丽.中国农民工回流问题研究综述[J].农业经济,2013(8):108-109.
[52] 卿石松,郑加梅.工作让生活更美好:就业质量视角下的幸福感研究[J].财贸经济,2016(4):134-148.
[53] 程名望,史清华,刘晓峰.中国农村劳动力转移:从推到拉的嬗变[J].浙江大学学报(人文社会科学版),2005,35(6):105-112.
[54] 孙华臣,焦勇.制度扭曲与中国城乡收入差距:一个综合分解框架[J].财贸经济,2019,40(3):130-146.
[55] 孙三百.城市移民的收入增长效应有多大——兼论新型城镇化与户籍制度改革[J].财贸经济,2015(9):135-147.
[56] 孙文凯.城市化与经济增长关系分析——兼评中国特色[J].经济理论与经济管理,2011(4):

33 - 40.
[57] 宋锦,李实.小城镇户籍制度改革对劳动力市场职业分割的影响[J].中国农村经济,2013(10):4 - 16.
[58] 宋扬.中国户籍制度的深入解析:现状、影响与改革路径[M].北京:中国人民大学出版社,2019.
[59] 宋扬,王暖盈.生命周期视角下收入主导型多维贫困的识别与成因分析[J].经济理论与经济管理,2019(3):70 - 83.
[60] 田明,李辰,赖德胜.户籍制度改革与农业转移人口落户——悖论及解释[J].人口与经济,2019(6):1 - 13.
[61] 万向东.农民工非正式就业的进入条件与效果[J].管理世界,2008(1):63 - 74.
[62] 王春光.乡村振兴背景下农村"民主"与"有效"治理的匹配问题[J].社会学评论,2020,8(6):34 - 45.
[63] 王海成,郭敏.非正规就业对主观幸福感的影响——劳动力市场正规化政策的合理性[J].经济学动态,2015(5):50 - 59.
[64] 王海港,黄少安,李琴,等.职业技能培训对农村居民非农收入的影响[J].经济研究,2009,44(9):128 - 139,151.
[65] 王颂吉,白永秀.城乡要素错配与中国二元经济结构转化滞后:理论与实证研究[J].中国工业经济,2013(7):31 - 43.
[66] 王吉元,汪寿阳,胡毅.户籍制度对中国城乡居民养老方式选择影响——基于 Mixed-Logit 模型[J].管理评论,2019,31(1):3 - 14.
[67] 王兴周,张文宏.城市性:农民工市民化的新方向[J].社会科学战线,2008(12):173 - 179.
[68] 王亚楠,向晶,钟甫宁.劳动力回流、老龄化与"刘易斯转折点"[J].农业经济问题,2020,41(12):4 - 16.
[69] 王跃梅.农村劳动力外流与粮食安全问题研究[D].杭州:浙江大学,2011.
[70] 魏后凯.我国区域经济的发展趋势与政策选择[J].开发研究,1994(3):1994,3:16 - 18.
[71] 吴方卫,康姣姣.农民工流向选择和区域流动变化研究——基于河南省农民工流向的经验研究[J].农业技术经济,2019(12):43 - 55.
[72] 吴方卫,康姣姣.中国农村外出劳动力回流与再外出研究[J].中国人口科学,2020(3):47 - 60,127.
[73] 吴晓刚,张卓妮.户口、职业隔离与中国城镇的收入不平等[J].中国社会科学,2014(6):118 - 140,208 - 209.
[74] 邬志辉,李静美.农民工随迁子女在城市接受义务教育的现实困境与政策选择[J].教育研究,2016,37(9):19 - 31.
[75] 夏怡然,陆铭.城市间的"孟母三迁"——公共服务影响劳动力流向的经验研究[J].管理世界,2015(10):78 - 90.
[76] 项继权,周长友."新三农"问题的演变与政策选择[J].中国农村经济,2017(10):13 - 25.
[77] 徐育才.农村劳动力转移:从"推拉模型"到"三力模型"的设想[J].学术研究,2006(5):22 - 26.

[78] 谢勇,杨倩.外出务工经历、创业行为与创业绩效[J].经济评论,2020(1):146-160.
[79] 杨凡,潘越.非正规就业对流动人口职业流动意愿的影响[J].人口研究,2019,43(4):97-112.
[80] 杨振宇,张程.东迁、自选择与劳动力溢价:"孔雀东南飞"背后的故事[J].经济学(季刊),2017,16(4):1311-1340.
[81] 杨子砚,文峰.从务工到创业:农地流转与农村劳动力转移形式升级[J].管理世界,2020,36(7):171-185.
[82] 宁夏,叶敬忠.改革开放以来的农民工流动:一个政治经济学的国内研究综述[J].政治经济学评论,2016,7(1):43-62.
[83] 叶檀.户籍不能马上放开[J].商周刊,2012(26):25.
[84] 余向华,陈雪娟.中国劳动力市场的户籍分割效应及其变迁——工资差异与机会差异双重视角下的实证研究[J].经济研究,2012,47(12):97-110.
[85] 于潇,Peter Ho.非农业户籍会使人更幸福吗[J].统计研究,2016,33(10):67-74.
[86] 于潇,孙悦.城镇与农村流动人口的收入差异——基于2015年全国流动人口动态监测数据的分位数回归分析[J].人口研究,2017,41(1):84-97.
[87] 于新亮,申宇鹏,李红波.新农保非携带性对农村劳动力流动的锁定效应——兼论对新农合锁定效应的替代[J].中国农村观察,2019(6):109-126.
[88] 袁志刚,范剑勇.1978年以来中国的工业化进程及其地区差异分析[J].管理世界,2003(7):59-66.
[89] 袁志刚,解栋栋.中国劳动力错配对TFP的影响分析[J].经济研究,2011,46(7):4-17.
[90] 李强,臧文斌.父母外出对留守儿童健康的影响[J].经济学(季刊),2011,10(1):341-360.
[91] 魏东霞,谌新民.落户门槛、技能偏向与儿童留守——基于2014年全国流动人口监测数据的实证研究[J].经济学(季刊),2018,17(2):549-578.
[92] 张广胜,周娟.农民外出务工影响因素的实证研究——基于沈阳村级层面的调查[J].农业经济问题,2009,30(3):37-42,110.
[93] 张欢,吴方卫.产业区域转移背景下就业机会与收支剩余对农民工回流的影响[J].中国农村经济,2022(6):107-128.
[94] 张吉鹏,黄金,王军辉,等.城市落户门槛与劳动力回流[J].经济研究,2020,55(7):175-190.
[95] 张吉鹏,卢冲.户籍制度改革与城市落户门槛的量化分析[J].经济学(季刊),2019,18(4):1509-1530.
[96] 张抗私,丁述磊,刘翠花.非正规就业对居民社会融入的影响——来自中国劳动力动态调查的经验分析[J].经济学家,2016(12):20-29.
[97] 张抗私,刘翠花,丁述磊.正规就业与非正规就业工资差异研究[J].中国人口科学,2018(1):83-94,128.
[98] 张平.中国农村居民区域间收入不平等与非农就业[J].经济研究,1998(8):59-60.
[99] 张亚丽,方齐云.城市舒适度对劳动力流动的影响[J].中国人口·资源与环境,2019,29(3):118-125.

[100] 张颖熙，夏杰长.健康预期寿命提高如何促进经济增长？——基于跨国宏观数据的实证研究.管理世界,2020,36(10)：41－53,214－215.

[101] 章莉,李实,William A.Darity Jr.,等.中国劳动力市场就业机会的户籍歧视及其变化趋势[J].财经研究,2016,42(1)：4－16.

[102] 周传豹,吴方卫,张锦华.收支余额变动与中国农村转移劳动力跨区域回流趋势[J].农业技术经济,2016(4)：4－15.

[103] 周传豹,吴方卫,张锦华.收支余额变动与中国农村转移劳动力跨区域回流趋势[J].农业技术经济,2016(4)：4－15.

[104] 周广肃,谭华清,李力行.外出务工经历有益于返乡农民工创业吗？[J].经济学(季刊),2017,16(2)：793－814.

[105] 祝仲坤.公共卫生服务如何影响农民工留城意愿：基于中国流动人口动态监测调查的分析[J].中国农村经济,2021(10)：125－144.

[106] 邹杰玲,王玉斌.团聚的藩篱：大城市落户门槛如何阻碍农民工子女随迁[J].财经科学,2018(12)：67－79.

[107] 邹薇,樊增增.劳动力外流与资金汇回的净减贫效应[J].中国人口科学,2020(4)：15－30,126.

[108] 周文,赵方,杨飞,等.土地流转、户籍制度改革与中国城市化：理论与模拟[J].经济研究,2017,52(6)：183－197.

[109] 佐藤宏,李实.中国农村地区的家庭成份、家庭文化和教育[J].经济学(季刊),2008,7(4)：1105－1130.

[110] Albouy D, Stuart B A. Urban population and amenities: The neoclassical model of location[J]. International Economic Review, 2020, 61(1): 127－158.

[111] Bhandari P, Ghimire D. Rural agricultural change and individual out-migration[J]. Rural Sociology, 2016, 81(4): 572－600.

[112] Bloomfield M J, Brüggemann U, Christensen H B, et al. The effect of regulatory harmonization on cross-border labor migration: Evidence from the accounting profession: Regulatory harmonization and labor migration[J]. Journal of Accounting Research, 2017, 55: 35－78.

[113] Boski P. A psychology of economic migration[J]. Journal of Cross-Cultural Psychology, 2013, 44(7): 1067－1093.

[114] Bryan G, Morten M. The aggregate productivity effects of internal migration: Evidence from Indonesia[J]. Journal of Political Economy, 2019, 127(5): 2229－2268.

[115] Combes P P, Démurger S, Li S, et al. Unequal migration and urbanisation gains in China[J]. Journal of Development Economics, 2020, 142: 102328.

[116] Diamond R. The determinants and welfare implications of US workers' diverging location choices by skill: 1980－2000[J]. American Economic Review, 2016, 106(3): 479－524.

[117] Emerick K. Agricultural productivity and the sectoral reallocation of labor in rural India[J]. Journal of Development Economics, 2018, 135: 488－503.

[118] Gabszewicz J, Tarola O, Zanaj S. Migration, wages and income taxes[J]. International Tax and

Public Finance, 2016, 23(3): 434-453.

[119] Lee E S. A theory of migration[J]. Demography, 1966, 3(1): 47-57.

[120] Leschke J, Watt A. Challenges in constructing a multi-dimensional European job quality index[J]. Social Indicators Research, 2014, 118(1): 1-31.

[121] Olesen H. Migration, return, and development: An institutional perspective[J]. International Migration, 2002, 40(5): 125-150.

[122] Su Y, Tesfazion P, Zhao Z. Where are the migrants from? Inter-vs. intra-provincial rural-urban migration in China[J]. China Economic Review, 2018, 47: 142-155.

[123] Wang X. International trade and internal migration with labor market distortions: Theory and evidence from china[M]. Department of Economics, University of Colorado Boulder, 2015.

[124] Whalley J, Zhang S. A numerical simulation analysis of (Hukou) labour mobility restrictions in China[J]. Journal of Development Economics, 2007, 83(2): 392-410.

[125] Bauer T K, Million A, Rotte R, et al. Immigration labor and workplace safety[R]. IZA Discussion Papers, 1998.

第 7 章　城乡融合发展与公共产品有效供给机制

7.1　导言

党的十八大以来，中国特色社会主义进入新时代，城乡之间的壁垒逐渐消除，发展鸿沟持续缩减。但值得注意的是，城乡居民收入和消费的差距依然较大。2023 年，城镇和农村居民人均可支配收入分别为 51 821 元和 21 691 元，前者约为后者的 2.39 倍；城镇和农村居民人均消费支出分别为 32 994 元和 18 175 元，前者约为后者的 1.82 倍（国家统计局，2024）。可以说，推动城乡融合发展、实现乡村全面振兴依然任重道远。

城乡公共产品有效供给对于促进城乡融合发展意义重大。基础设施的城乡一体化有助于破除要素流动的壁垒，促进劳动力在城乡间有序流动和高效集聚，有效缓解劳动力的空间错配。公共服务的城乡均等化则提供了机会均等的发展空间和市场舞台，使农村劳动力不会因为无法享受城市公共服务而流动受阻，城市劳动者也不会因为农村地区缺少公共服务而难以返乡创业就业。同时，城乡公共产品的有效供给还直接提升了社会弱势群体的福利水平，推动实现社会全体成员共享发展成果（潘春阳和吴柏钧，2023）。然而，当前我国城乡间公共产品配置失衡的现象依然严峻，这已经成为城乡融合发展的短板和弱项。

第一，农村地区公共产品供给能力依然总体匮乏。在以分税制为基础的财政体制下，尽管中央政府通过一般性和专项财政转移支付，增加了对县域（特别是中西部欠发达地区）公共产品投入的规模，并出台了一些针对农村基础设施建设和公共服务供给的财政支持政策，例如将部分土地出让金收益用于农业农村建设，但与农村地区巨大的公共产品需求相比，现有财力仍显不足。

第二，城乡间基础设施分割明显。城乡客运、物流、能源、供水、互联网、充电桩等基础设施的一体化程度不足，尚未完全融入城市基础设施网络，交通和物流网络的通达程度还有较大的提升空间。供水供电供气及充电桩的覆盖率在地区间存在较大差距。同时，农村地区基础设施的建设、管理和维护力量薄弱，存在“重建轻养”的问题，这对未来可持续发展能力构成了挑战。

第三，城乡间公共服务差距显著。农村地区的义务教育、医疗卫生、社会保障、劳动保护、社会救助等公共服务的质量和标准与城市存在较大差距。一些医疗和养老社会保险由于统筹层次较低、个人筹资比例偏高等因素，甚至出现了“逆向再分配”的问题（侯明喜,2007;杨天宇,2009;袁竹和齐超,2012等)。

第四,农村公共产品供给滞后于高质量发展的要求。随着劳动力加速流动和产业空间分布的重塑,农村地区内部(如县域内各乡镇间)经济发展水平的差距日益扩大。一些产业基础较强、劳动力流入的乡镇面临外来人口管理、租赁住房管理、维护社会秩序稳定等突出问题,而一些产业衰落、人口流失的乡镇则面临财力匮乏、空心化、老龄化的困境。因此,不同农村地区对公共产品的需求呈现出差异化的发展趋势,这使得传统的农村公共产品供给模式难以适应农村地区对公共产品需求的变化,成为阻碍高质量发展的负面因素。

总之,公共产品在城乡间的非均衡配置已成为不平衡不充分发展的突出问题。这不仅反映出城乡居民未能充分共享改革和发展的成果,而且阻碍了城乡要素的畅通流动和乡村产业的振兴,成为当前亟须突破的瓶颈。党的二十大报告指出,要"统筹乡村基础设施和公共服务布局,建设宜居宜业的美丽乡村"。《2024年国务院政府工作报告》也指出,要"深入实施乡村建设行动,大力改善农村水电路气信等基础设施和公共服务,……持续改善农村人居环境,建设宜居宜业的美丽乡村"以及"培育发展县域经济,补齐基础设施和公共服务短板,使县城成为新型城镇化的重要载体"。因此,如何优化城乡公共产品供给机制,实现城乡间基础设施一体化布局和公共服务均等化供给,已经成为推进城乡融合发展过程中不可回避的问题,也是本章试图回答的问题。

本章在回顾城乡公共产品供给相关理论和实证文献的基础上,系统梳理和分析了党的十八大以来,城乡基础设施(包括道路、水利、能源、人居环境、信息及数字基础设施)和城乡公共服务(教育、医疗卫生、社会保障)两大领域的发展成就和存在的问题。进一步从财政投入、转移支付、筹资方式、官员激励、需求表达五个方面,揭示了城乡公共产品配置失衡的制度性根源。在此基础上,通过比较一些代表性国家的实践经验,从"制度改革"和"管理创新"两个维度,提出了优化城乡公共产品供给机制的具体路径。

7.2 城乡公共产品与城乡融合发展:理论机制与经验证据

7.2.1 公共产品的内涵及分类

公共产品理论有着悠久的历史,其起源至少可以追溯到亚当·斯密在《国富论》中对政府职能的研究。斯密提出,由于私人资本难以承担高昂的供给成本,因此建立和维护某些公共机构(如学校、教堂)和公共设施(如道路、桥梁)是政府应当承担的责任。这些公共机构和设施便是亚当·斯密视野中的"公共产品"。在《公共支出的纯理论》这一著名论文中,经济学家保罗·萨缪尔森开创性地定义了"集体消费产品"(collective consumption good),即任何一个人对某种产品的消费都不会影响其他人对该产品的消费(Samuelson,1954)。这一定义给出了公共产品的一个重要特征,即增加一个消费者并不会增加该产品的供给成本,即公共产品供给的边际成本为零,后来的学者将这一特征总结为"非竞争性"。

在此基础上,被誉为现代财政学之父的马斯格雷夫进一步将公共产品的概念完善为同时具备“非竞争性”和“非排他性”的产品。其中，“非排他性”是指在消费某一产品时，不能（或者很难）将其他人排除在受益范围之外。马斯格雷夫进一步根据有无竞争性和有无排他性将产品分为四类（Musgrave，1969）。其中，公共资源产品（有竞争性，非排他性）和俱乐部产品（非竞争性，有排他性）都具备一定的公共产品的性质，因此它们也可称为“准公共产品”。

国内学者对公共产品的概念进行了深入的拓展和分析。袁义才（2003）从交易成本的角度出发，认为公共产品是由后天的制度安排所决定的，并构建了用于区分公共产品和私人产品的制度绩效函数模型。杨智勇和张馨（2005）提出，公共产品是指具有共同消费性质的产品和服务。陈东（2008）则认为公共产品是那些收益外溢特征明显的产品和服务。同时，公共产品可以根据不同的标准进行分类，例如，根据地域受益范围，公共产品可以分为城市公共产品和农村公共产品；按照最终用途，公共产品可以分为生产性公共产品和生活性公共产品；根据存在形态，公共产品还可以分为有形的公共产品和无形的公共服务。

在城乡融合发展的背景下，连接城乡、融合城乡成为提供公共产品的重要目标。基于这一目标，在本章中，我们将城乡公共产品分为“基础设施”和“公共服务”两大类。前者主要包括交通设施、能源设施、水利设施、通信设施和生态保护设施等，这些“有形”的公共产品通常通过降低运输和通信成本、增强城乡经济联系、扩大城乡市场潜能，从而促进城乡社会经济发展。后者主要包括基础教育、医疗卫生、社会保障、公共文化和科技推广等，这些“无形”的公共产品通常通过提升城乡人力资本、缓解未来不确定性、优化生命周期资源配置，为城乡社会经济发展注入动力。图 7.1 梳理了这两类公共产品。

图 7.1　城乡公共产品的分类

7.2.2 城乡公共产品促进城乡融合发展的理论机制与经验证据

从理论上看，城乡公共产品的有效配置对于促进城乡融合发展具有重要意义。

第一，城乡基础设施一体化有效破除了劳动力在城乡间流动的物理障碍，有助于农村劳动力为获得城镇就业岗位和更高收入而流入城镇地区的过程。这一过程既加速了城镇化和工业化，同时有效缓解了城乡间劳动力错配问题。第二，城乡公共服务均等化有效改善了农村劳动力的人力资本，包括受教育程度、劳动技能和健康状况。这些积极变化都能促进劳动生产率的提高，最终体现为工资水平的上升，有助于缩小城乡间收入差距。第三，城乡基础设施和公共服务的有效配置能够有效改善城乡道路、卫生、生态环境、治安等公共环境。同时，更好的医疗、养老、救助等公共福利直接提升了社会弱势群体的生活质量。这些措施都有助于实现城乡居民共享社会经济发展的成果，不断满足城乡居民对美好生活的需求，积极推动共享发展和共同富裕的进程。

从实证上看，学者们对城乡公共产品对城乡融合发展的影响及其内在机制进行了广泛研究。

在基础设施方面，刘晓昀等(2003)究认为，道路等基础设施的改善有助于优化生产要素的配置，显著降低交易成本，促进农产品的流通，从而有效提升贫困地区农户的收益。刘生龙和周绍杰(2011)发现，道路基础设施对农村居民收入有显著的正向影响，而通信和自来水基础设施对农村居民收入的影响则不明显。刘晓光等(2015)提出，基础设施能够有效促进农业劳动力向非农部门的转移，提高农业部门的边际劳动生产率和农村居民的收入，进而缩小城乡收入差距。张勋和万广华(2016)发现，农村基础设施总体上有利于提高农村居民的收入水平，帮助缩小城乡收入差距，改善农村内部的收入不平等状况，对包容性增长起到了积极作用。得到类似结论的还有 Wan 等(2024)，他们通过实证分析发现，电话和自来水等基础设施能够促进农村居民收入的增长，尤其是使低收入人群受益，从而改善现有的收入分配格局。俞彤晖和肖延玉(2023)的研究表明数字经济可以通过稳定农业生产、提升环境保护效能、创新文化传播方式、弥补公共服务短板、提高政府治理效率等多个渠道，推动乡村产业、生态、文化、服务、治理的数字化转型。由于数字经济也具有明显的公共产品特性，因此这项研究在一定程度上揭示了数字形态的公共产品对城乡融合发展的促进作用。

在公共服务方面，黄小明(2014)认为，基础教育水平的提高能够加快农村人力资本的积累，促使农村劳动力与各产业之间的收入差距逐渐缩小，进而推动城乡融合。吕炜等(2015)通过理论模型和实证检验指出，城乡教育不平等与城乡收入不平等之间存在相互影响，可能会形成恶性循环。左停和徐小言(2017)发现农村地区存在“贫困—疾病”的正反馈链。潘文轩(2018)从收入和支出两个角度揭示了医疗保障在反贫困中的作用路径、机制与效果，认为医疗保障有助于缓解贫困问题。鲍震宇和赵元凤(2018)从基本医保、多重保障、给付水平、减贫机理四个方面，考察了“新农合”的减贫效果。实证研究表明，“新农合”的门诊统筹保险减贫作用不显著，而住院统筹保险则显著降低了贫困发生率，同时住院费用报销率的提高也具有积极的减贫效应。张川川等(2014)估计了“新农保”对农村老年人收入、贫困、消费、主观福利和劳动供给的影响，结果显示新农保养老金收入显著提升了农村老年人的收入水平、减少了贫困发生、提高了主观福利，并在一定程度上促进了家庭消费和减少了老年人的劳动供给。张郁杨和陈东(2022)发现，“新农保”能够显著缓解因城乡户籍差异造成的老年健康机会不平等。

7.2.3 城乡公共产品供给存在的问题和矛盾

长期以来，我国城乡公共产品供给的非均衡状况已成为公认的事实，学术界对此进行了大量讨论。普遍认为，与城市相比，农村公共产品供给在总量、结构、效率、激励、匹配等方面存在显著问题(熊巍，2002；王国华和李克强，2003；马晓河和方松海，2005；张等文和呼连焦，2014；徐双明，2014 等)。李燕凌(2004)通过评估农民居民消费结构，得出了我国农村公共产品供给不足的结论。赵宇和姜海臣(2007)通过对山东 32 个行政村的调查发现，农村公共产品供给的主要问题在于质量较差，而非数量不足。马超等(2017)从机会平等理论的视角全面分析了城乡医疗服务利用的实质公平，并利用 CHNS 数据进行实证分析，得出结论：1997—2000 年和 2004—2006 年公正缺口与实际城乡医疗服务利用差距的比值分别为 1.167 和 1.744，说明直接观测的统计数据结果可能会低估城乡实质上的不公平。医疗领域的城乡歧视效应解释了大部分的缺口，城乡收入差距的逐渐扩大已成为加剧城乡医疗支出不公平的主要因素。徐放达和王增涛(2019)指出，中国城乡公共产品供给中存在的短板主要包括农村供给不足与城市局部供给过度现象并存，公共产品的供需矛盾在城乡不同程度存在，城乡公共产品供给存在结构性矛盾，以及城乡公共产品供给中主体不清晰、权责划分不明确等问题。

也值得指出的是，在部分社会保障领域，由于制度设计的不完善等因素，这些公共服务出现了“逆向再分配”的问题，并未发挥出促进城乡融合发展的作用。王茂福和谢勇才(2012)认为我国城乡社会保障制度并未能正向调节收入分配，反而可能扩大了贫富差距。丁少群和苏瑞珍(2019)通过分析山西省的数据发现，农村医疗保险并未有效改善低收入群体的收入状况，大病保险及健康扶贫工程的积极作用也不明显。詹长春和郑珊珊(2018)认为，医疗保障所呈现的“逆向”收入再分配效应在农村居民医疗保障补偿环节尤为显著。

除了“逆向再分配”问题之外，社会保障领域还存在许多薄弱环节。秦继伟(2018)指出我国农村社会保障在制度、结构、责任等方面面临多重困境：首先，农村社会保障制度的稳定性不足；其次，农村社会保障制度的公平性不足；再次，农村社会保障制度的责任不明确。吴丽丽和卢成会(2020)认为，城乡之间社会保障权益的分化问题依然严峻，许多农村居民仍然未能纳入社会保障体系，这不符合新时代社会经济发展成果人人共享的要求。吴芳(2014)通过对宣城市整合城乡居民社会养老保险工作的调研，指出了当前养老保险存在的问题,包括缴费档次不高、筹资机制缺失、激励补贴效果不明显、与城镇职工养老保险待遇差距较大、养老基金保值增值困难以及养老保险制度碎片化等。谢莉琴等(2020)通过梳理中国城乡居民基本医疗保险制度的发展历程,指出我国城乡居民医保制度的统筹层次最初定位较低,统筹单元内的优质医疗资源有限,难以构建覆盖不同层级和类别的医疗服务供给体系,筹资水平偏低且缺乏公平稳定的筹资增长机制,保障水平不高,补偿政策设计不合理,这些问题加剧了保障的不平衡和不充分。

7.2.4 影响城乡公共产品有效供给的因素

影响城乡公共产品有效供给的因素涉及政治、经济、社会等多个层面。岳军(2004)提出,我国农村公共产品供给制度的缺失是导致农村公共产品短缺的主要原因,具体包括公共政策制定受利益集团的影响、中央集权与地方分权的关系、工业化和城市化的影响,以及城乡二元经济结构的影响。

在城乡结构方面,张等文和呼连焦(2014)认为,中国的城乡二元结构是导致农村公共产品配置失衡的根本制度因素。徐放达和王增涛(2019)则指出,造成中国城乡公共产品供给短板的原因主要是城乡投入的不平衡、政府财政制度质量的差异、城乡产业结构的差异,以及城乡居民文化价值观念的差异。

在公共产品决策机制方面,现行的农村公共产品决策体系难以准确获得农村居民的真实偏好和需求。同时,农村居民在表达公共产品需求方面的意识和渠道也相对缺乏(于水,2010)。高彦彦等(2012)指出,部门间公共品供给配置的政治决策机制与各部门公共品需求的市场效率原则之间的断裂,导致了农村公共品供给与需求之间的错配和不足。刘成奎(2013)通过实证分析发现,政府的城市偏好限制了城乡基本公共服务均等化水平的提升,而这种城市偏好受到媒体信息,尤其是网络信息的影响。刘成奎和杨冰玉(2018)通过文献梳理指出,公共产品供给出现城乡结构性失衡是由于二元经济体制与政府官员作为经济人的特性所影响。

在公共产品供给制度方面,学者们普遍认为农村公共产品供给存在以下问题:各级政府公共责任划分不清晰、供给主体错位,基层政府的事权与财权不统一,农村基层民主建设薄弱,农民参与不足(黄志冲,2000;吴士健等,2002;史玲,2005;刘银喜,2005;陈永新,2005;等等)。此外,陶勇(2001)和侯江红(2002)认为,倾向城市的公共产品供给以及农村公共产品制度外的供给特征导致了农民税外负担的增加。一些本应由中央政府承担的职能被下放至地方,同时,政府也未能有效监督农村公共资源的使用过程。

一些学者揭示了财税体制改革的负面效应,指出农村税费改革对农村公共产品供给的规模和结构产生了显著影响,因为这一改革在很大程度上加剧了农村地区的财政收支困境(张军和何寒熙,1996;嘉蓉梅和肖德均,2004;叶子荣和刘鸿渊,2005;刘银喜,2005;等等)。缪小林等(2017)构建了地方政府城乡公共服务支出决策对转移支付的反应函数,发现无论是中央的一般性转移支付还是专项转移支付,均显著地抑制了城乡公共服务差距的缩小。Wang 等(2024)通过实证检验表明,财政分权程度的提高对地级市基本公共服务供给产生了负向影响,地方政府以经济增长为目标的竞争将加剧这种负面影响,使得财政分权与基本公共服务之间的关系呈现出非线性特征。

在公共产品供给资金管理方面,张秀生等(2007)指出农村公共产品供给决策机制存在障碍,资金使用存在结构失调现象。同时,农村公共产品供给的资金使用缺乏有效的监督管理,导致供给效率低下。Shen 和 Shen(2022)通过对唐家村的案例研究认为,国家干预或财政支持本身并不能解决农村公共产品的可持续供给问题。政府的债务问题导致政府无法持续为农村建设项目提供资金,而新的支撑乡村可持续发展的公共产品供给体系尚未建立。

7.2.5　改善公共产品供给推进城乡融合发展的相关政策研究

促进城乡公共资源的均衡配置和城乡公共产品的一体化,确保城乡居民享有均等的公共产品和服务,是体现城乡居民权利平等、共享发展成果的重要标志。

在公共产品供给主体方面,多数学者认为应当寻找政府、市场和社会在公共产品供给领域的平衡点,引入市场机制以拓宽融资渠道,提升公共产品供给的效率(仲伟周,1999;文启湘和何文君,2001;卢洪友,2002;刘银喜和任梅,2007;等等)。在决策机制上,学者们普遍认为应当改变现有的自上而下的决策机制,建立一套自下而上的需求表达机制,以充分反映不同地区农村和农民对各类公共产品需求的差异,即从“供给主导型”向“需求主导型”转变(陈永新,2005;冯海波,2005;谷洪波,2005;林鹏生,2008;等等)。

在后续的研究中,徐放达和王增涛(2019)提出应推动政府职能的转变,明确政府在公共产品供给中的主体地位,通过城乡产业结构的升级来带动城乡公共产品供给的优化,通过公共产品供给机制的创新来解决结构性矛盾,增加政府财政拨款,扩大农村公共产品供给,并积极借鉴国际经验,推进公共产品供给的市场化。在公共服务方面,刘成奎(2013)指出,提升中国基本公共服务均等化水平的关键在于提高居民收入水平、落实并强化义务教育与中等教育、加强农村地区的固定资产投资等。王茂福和谢勇才(2012)建议扩大社会保障覆盖范围,逐步完善社会保障制度,增加政府对社会保障的投入,以提高社会保障水平,调整社会保障资金的筹资模式,并充分发挥社会保障在收入分配中的调节作用。詹长春和郑珊珊(2018)主张调整当前农村居民医疗保障的筹资方式,实施差异化的财政补助政策,同时完善医疗保障制度间的衔接机制,建立稳定的医疗托底保障机制,加强医疗费用的控制。

周若婧等(2022)基于准公共产品视角,认为应进一步强化城乡居民基本医保服务的“保基本”定位,鼓励商业保险发展以满足更高层次的需求,加强对基本医保服务过程的监督管理,控制不合理行为,并适时适当增加政府财政投入,以促进区域经济均衡发展,推动地区间医保服务均等化。马超等(2017)认为,在制定医疗保障政策时,仅仅拉平城乡居民的保障待遇是不够的,还必须考虑到城乡间不同的收入水平,并为低收入农村居民提供特定的经济补偿,以促进城乡居民医疗卫生机会的真正平等,解决“同病不同医”的问题。谢莉琴等(2020)提出,应推进城乡基本医疗保险制度的统筹水平,逐步消除地区差异,提升统筹层次,探索建立公平稳定的筹资机制。丁少群和苏瑞珍(2019)认为,农村医疗保险体系在进一步提高保障水平和统筹层次、增强横向收入再分配功能的基础上,应更加重视强化制度的纵向收入再分配功能,改善低收入群体的分配劣势,缩小医保待遇的群体间差距,推动保障公平,从而增强减贫效果。

7.3 城乡公共产品供给的基本状况与特征事实

7.3.1 城乡基础设施发展的基本状况

城乡基础设施的范围广泛,本章主要选取交通、能源、数字基础设施作为研究对象。通过对这些公共产品供给状况进行描述性统计分析,我们可以大致了解城乡基础设施的特点和发展趋势。

1. 城乡道路建设

我国城乡道路基础设施建设取得长足进步。如表 7.1 所示,2012—2021 年,我国农村公路里程总数从 367.84 万公里增加到 446.60 万公里,城市公路里程总数从 55.91 万公里增加到 81.47 万公里。城乡道路总体规模不断增加,基本实现城乡全域覆盖。截至 2022 年年底,在农村公路方面实现了具备条件的乡镇和建制村全部通硬化路、通客车[①]。

表 7.1 城乡公路里程(2012—2021 年)

年份	农村公路里程/万公里	城市公路里程/万公里	合计/万公里
2012	367.84	55.91	423.75
2013	378.48	57.14	435.62
2014	388.16	58.23	446.39
2015	398.06	59.67	457.73
2016	395.98	73.65	469.63
2017	400.93	76.42	477.35
2018	403.97	80.68	484.65
2019	420.05	81.20	501.25

① 国家乡村振兴局网站,《交通运输部:五个方面工作推进“四好农村路”高质量发展》,https://nrra.gov.cn/2023/02/28/ARTIk1kvknjGaWyLtnPsiAos230227.shtml

续　表

年份	农村公路里程/万公里	城市公路里程/万公里	合计/万公里
2020	438.23	81.58	519.81
2021	446.60	81.47	528.07

数据来源：历年《交通运输行业发展统计公报》。

2. 城乡水利建设

如表 7.2 所示，2011—2021 年我国城市供水总量从 513.42 亿立方米增长到 673.34 亿立方米，城市供水普及率从 97.04%增长到 99.38%，城市供水基本实现了全覆盖。我国农村供水总量从 11.5 亿立方米增加到 13.2 亿立方米，供水普及率从 65.7%增加到 84.2%，这表明我国农村供水基础设施建设取得重大成就，城乡供水差距进一步缩小。根据《2022 年农村水利水电工作年度报告》，2022 年全年累计排查并推动解决 393 万农村人口供水不稳定问题，提升了 8791 万农村人口供水保障水平，维修养护农村供水工程 11.5 万处，完成了 2 286 处规模化供水工程、13.3 万千米村级以上管网的建设改造，全国农村自来水普及率达到 87%，规模化供水工程覆盖农村人口比例达到 56%。农村供水保障水平稳步提升。

表 7.2　城乡供水情况（2011—2021 年）

年份	城市		乡村	
	供水总量/亿立方米	供水普及率/%	供水总量/亿立方米	供水普及率/%
2011	513.42	97.04	11.5	65.7
2012	523.03	97.16	12.0	66.7
2013	537.30	97.56	11.5	68.2
2014	546.66	97.64	11.3	69.3
2015	560.47	98.07	11.2	70.4
2016	580.69	98.42	11.2	71.9
2017	593.76	98.30	12.6	78.8
2018	614.62	98.36	12.1	79.2
2019	628.30	98.78	12.9	80.5
2020	629.54	98.99	13.5	83.9
2021	673.34	99.38	13.2	84.2

数据来源：历年《中国城乡建设统计年鉴》。

3. 城乡能源供给

电力方面，如表7.3所示，2012—2020年我国农村发电量从2 172.93亿千瓦时增长到2 423.69亿千瓦时，城市发电量从47 702.61亿千瓦时增长到75 366.91亿千瓦时，两者都呈现增长趋势，但2020年城市发电量占比相较于2012年进一步扩大，且电力主要依赖城市发电的基本状况没有改变。就供电稳定性而言，2018年国家电网农村供电可靠率就已达到99.80%，年均停电时间仅为18小时，较2005年的99.38%和停电54小时有了很大的提升，但较城市2018年的99.96%和停电4小时的水平还存在一定的差距。

表7.3 城乡供电情况(2012—2020年)

年份	农村			城市			合计
	发电量/亿千瓦时	增长率/%	占比/%	发电量/亿千瓦时	增长率/%	占比/%	发电量/亿千瓦时
2012	2 172.93	—	4.36	47 702.61	—	95.64	49 875.53
2013	2 232.71	2.75	4.11	52 083.58	9.18	95.89	54 316.35
2014	2 281.49	2.18	3.94	55 663.08	6.87	96.06	57 944.57
2015	2 351.28	3.06	4.04	55 794.45	0.24	95.96	58 145.73
2016	2 682.19	14.07	4.37	58 649.41	5.12	95.63	61 331.60
2017	2 477.25	-7.64	3.75	63 567.22	8.39	96.25	66 044.47
2018	2 345.61	-5.31	3.27	69 315.72	9.04	96.73	71 661.33
2019	2 533.15	8.00	3.38	72 501.13	4.60	96.62	75 034.28
2020	2 423.69	-4.32	3.12	75 366.91	3.95	96.88	77 790.60

数据来源：历年《中国能源统计年鉴》。

燃气方面，如表7.4所示，2011—2021年我国城市燃气普及率从92.41%增加到98.04%，县城燃气普及率从66.52%增加到90.32%，建制镇燃气普及率从46.10%增加到58.93%，乡村燃气普及率从19.10%增加到33.63%。可见，燃气普及率从总体趋势来看在不断增加，但全国城市、县城、建制镇、乡村的燃气普及率逐级递减，且城乡之间仍存在较大差距。

表7.4 城乡燃气普及率(2011—2021年)

年份	城市/%	县城/%	建制镇/%	乡村/%
2011	92.41	66.52	46.10	19.10
2012	93.15	68.50	46.70	19.40

续 表

年份	城市/%	县城/%	建制镇/%	乡村/%
2013	94.25	70.91	46.44	19.50
2014	94.57	73.24	47.77	20.32
2015	95.30	75.90	48.71	21.38
2016	95.75	78.19	49.52	22.00
2017	96.26	81.35	52.11	25.02
2018	96.70	83.85	53.28	25.92
2019	97.29	86.47	54.45	26.81
2020	97.87	89.07	56.94	30.85
2021	98.04	90.32	58.93	33.63

数据来源：历年《中国城乡建设统计年鉴》。

4. 城乡人居环境改善

第一，在环境质量方面，2021年9月28日发布的《中国的全面小康》白皮书显示，2020年全国地级及以上城市的空气质量优良天数比例达到87.0%。$PM_{2.5}$未达标的地级及以上城市平均浓度较2015年下降了28.8%。

第二，在污水处理方面，根据《中国城乡建设统计年鉴》的数据，截至2021年年底，我国城市和县城的污水处理率分别达到97.89%和96.11%。在农村地区，我国加快推动了农业生产的清洁化和废弃物处理的资源化，95%的农村地区已实施垃圾清洁与资源回收再利用，超过90%的行政村配备了垃圾收运装备，生活垃圾和污水处理取得了显著成效。至2021年，我国建制镇和乡市政公共厕所分别有12.7万座和3.65万座，环卫专用车辆设备分别有11.6万辆和2.77万辆。建制镇的污水处理率、生活垃圾处理率及无害化处理率分别为61.95%、91.12%和75.84%，乡市政的污水处理率、生活垃圾处理率及无害化处理率分别为26.97%、81.78%和56.60%。农村卫生基础设施的建设水平得到显著提升，与城市的差距进一步缩小。

5. 城乡信息及数字基础设施建设

第一，在互联网基础设施建设方面，如表7.5所示，2012—2022年，我国农村地区互联网普及率从23.7%提升至61.9%，城乡互联网普及率差距从35.4%缩小至21.2%。农村互联网普及率和网民结构占比持续增加，农村数字基础设施建设取得显著进展，城乡互联网发展趋向一体化。根据中国互联网络信息中心（CNNIC）发布的第51次《中国互联网络发展状况统计报告》,截至2022年年底,我国农村宽带用户总数达到1.76亿户,全年净增1 862万户,比上年增长11.8%,增速比城市宽带用户高出2.5个百分点,乡村振兴数字底座不断夯实。

表7.5 中国城乡互联网络发展情况(2012—2022年)

年份	农村		城镇	
	互联网普及率/%	网民结构占比/%	互联网普及率/%	网民结构占比/%
2012	23.7	27.6	59.1	72.4
2013	27.5	28.6	62.0	71.4
2014	28.8	27.5	62.8	72.5
2015	31.6	28.4	68.4	71.6
2016	33.1	27.4	69.1	72.6
2017	35.4	27.0	71.0	73.0
2018	38.4	26.7	74.6	73.3
2019	46.2	28.2	76.5	71.8
2020	55.9	31.3	79.8	68.7
2021	57.6	27.6	81.3	72.4
2022	61.9	28.9	83.1	71.1

数据来源:第51次《中国互联网络发展状况统计报告》。

第二,在乡村物流和电商方面,根据2020年发布的《中国农村电商物流发展报告》,截至2020年上半年,全国乡镇快递网点覆盖率已超过95%。农村地区物流体系和电商配送站点不断拓展和完善,初步形成了农村"村—乡—县"三级配送体系。与此同时,2022年上半年农村网络零售和农产品网络零售分别增长了2.5%和11.2%。"村村通"工程突破了农村运输的瓶颈,网络营销使得优质农村产品获得了商机,快速进入大众视野,并加速融入产业链供应链。无疑,农村电商和物流业的迅速发展为打通城乡消费循环、巩固脱贫攻坚成果、拓展农民创收渠道注入了强大的动力。

近年来,中央高度重视乡村数字产业振兴,并出台了相关政策文件来鼓励数字乡村产业发展。2019年的《数字乡村发展战略纲要》强调利用数字技术弥合城乡"数字鸿沟"是建设数字乡村的重要部分,文件涵盖了加快乡村信息基础设施建设、发展农村数字经济、强化农业农村科技创新供给等十个方面的重点任务,为数字乡村发展指明了方向。2020年发布的《全国乡村产业发展规划(2020—2025年)》同样强调要利用现代科技进步成果,改造提升乡村产业,创新机制和业态模式,增强乡村产业发展活力。《数字乡村发展行动计划(2022—2025 年)》部署了“十四五”时期数字基础设施升级行动、智慧农业创新发展行动、新业态新模式发展行动、数字治理能力提升行动、乡村网络文化振兴行动等八个方面的重点行动。

7.3.2 城乡基础设施发展存在的问题

在取得巨大成就的同时,我国城乡基础设施建设也存在一些不容忽视的问题和挑战,具体包括以下几个方面。

1. 城乡道路建设问题

第一,农村交通基础设施投资不足、质量较差,存在“重建轻养”的问题。如表 7.1 所示,尽管近年来城乡公路总里程有了大幅增加,但由于农村地理环境的特殊性,农村交通基础设施建设面临投资大、建设难的问题。一些贫困乡村由于位置偏远,道路质量和连通度不高,这限制了商品、要素和资源的流动,成为制约当地经济发展的不利因素,使得“数字乡村”建设难以启动。自然村道路硬化和村内道路建设不够完善,多数省份自然村通硬化路率尚未达到 100%,交通道路养护运营的权责划分机制、配套制度设定与实施尚不完善,存在“重建设、轻管护”的问题(孔祥智,2020)。

第二,农村交通网络未能与城市轨道交通有效衔接。近年来,城际轨道交通迅速发展,但主要服务于人口密集、经济发达的城市地区。由于农村地区路网通达度有限,道路标准较低,尚未能与城市轨道交通实现有效对接。此外,城乡间公路配套设备存在明显差距。根据 2021 年《中国城乡建设统计年鉴》,我国乡村安装有路灯的道路长度为 21 229.56 公里,仅占公路总长度的 24.02%,而城市安装有路灯的道路长度达到 403 081.6 公里,路灯覆盖率为 75.7%。

2. 城乡水利建设问题

第一,农村供水在总量及普及率上相对较低。根据表 7.2 所示的我国 2011—2020 年城乡供水总量和供水普及率数据,可以看出城乡供水的基本状况逐年有所改善。但横向对比发现,我国城乡供水在总量及普及率上仍存在较大差距,集中供水量有限,自来水普及率相对较低。2020 年全国农村地区自来水普及率为 83.9%,显著低于城市水平。约 10% 的农村居民仍饮用自然水源,包括露天井水、泉水或江河湖泊水,饮水安全保障尚不充分。

第二,农村污水处理发展滞后。排水渠道和污水处理系统并未完全覆盖所有农村地区。根据国家统计局官方发布的《第三次全国农业普查主要数据公报》(第 3 号)资料,中国目前有行政村 596 450 个,自然村 260 多万个,其中生活垃圾未进行集中处理的占比为 26.1%,生活污水未进行集中处理的占比高达 82.6%。这些数据表明,大量农村生活污水未得到有效处理,这不仅破坏了农村生态环境,还直接威胁到农村居民的身体健康和生命安全,成为制约农村地区可持续发展的关键因素。因此,加强农村生活污水处理显得极为迫切和重要(张莉和郑灿强,2021)。

第三，农村灌溉基础设施有待提档升级。仍有相当一部分农田缺乏先进的灌溉系统，部分水库在防洪、供水等方面的功能不足，导致水旱灾害风险增加。同时，水利管理水平以及管理人员的专业素养也有较大的提升空间（陈宗胜和朱琳，2020）。

3. 城乡能源建设问题

第一，农村电力供应压力大，电力基础设施存在安全隐患。根据表 7.3 的数据，我国城乡发电量持续增长，但农村地区用电需求的增速远超过发电量的增速，导致农村地区电力供应面临巨大压力。根据城乡人口数据测算，农村电力设施及供电量存在严重不足，无法满足用电需求。同时，农村电力设备陈旧、破损问题突出，大部分电压电容器件能耗高、性能低，老化现象普遍，电力管理的安全隐患不容忽视。

第二，燃气普及率远落后于城镇。在燃气方面，根据表 7.4 的数据，全国城市、县城、建制镇、乡村的燃气普及率呈现梯度分布，农村与城镇之间的差距十分显著。以 2020 年数据为例，城市燃气普及率达到 97.87%，而农村燃气普及率仅为 30.85%，二者相差超过两倍。这表明我国城乡建设在燃气普及方面任重道远。

4. 城乡人居环境建设问题

第一，在环境质量方面。相较于以往，农村目前作为城市垃圾的填埋地和消解池的局面已有所改善。《农村人居环境整治提升五年行动方案（2021—2025 年）》明确指出，我国农村人居环境总体质量水平仍然不高，存在区域发展不平衡、基本生活设施不完善、管护机制不健全等问题，与农业农村现代化要求以及农民群众对美好生活的期望还存在差距。此外，在环境质量监测方面，我国县级以上环保部门的工作主要针对城市，大部分环保机构并未覆盖到乡镇和村庄，致使农村环境监测统计资料匮乏。

第二，在污物处理方面。根据《中国城乡建设统计年鉴》，2021 年，建制镇和乡的市政污水处理率分别仅为 61.95% 和 26.97%，与城市和县城的 97.89% 和 96.11% 相比，存在显著差距。这表明我国在城乡环境基础设施建设方面仍有较大的提升空间。

5. 城乡信息及数字基础设施建设问题

第一，在互联网普及率方面。如表 7.5 所示，尽管城乡互联网普及率持续上升，但农村与城镇之间的差距始终保持在 20% 以上，农村地区互联网普及仍有较大不足。截至 2022 年 6 月，我国农村网民规模达到 2.93 亿，占网民总数的 27.9%，而农村总人口约占全国的 35%，这表明农村互联网普及率仍落后于城市。

第二，在快递服务点方面。根据 2021 年《邮政行业发展统计公报》，我国邮政行业共有各类营业网点 41.3 万处，其中农村设有 11.5 万处。快递服务营业网点总数为 22.7 万处，其中农村设有 7.5 万处，城乡之间的差距较为明显。

第三，在电子商务方面。农村电商的基础设施和配套服务不足，农村物流设施建设严重滞后，尤其是仓储物流设施短板突出。目前，仅有大约 41.7% 的农产品批发市场建有冷库,11.1%配备了冷藏车,12.9%拥有陈列冷柜,这些因素严重影响了农村数字经济和电商产业的发展。与此同时,许多城市正在积极部署 5G、人工智能、工业互联网、物联网等新型基础设施建设,未来城市新型基础设施建设的加快与农村基础设施更新的迟缓可能会导致新时期的城乡失衡(马晓河和刘振中,2020)。

7.3.3　城乡公共服务发展的基本状况

本章选取基础教育、医疗卫生、社会保障三个方面来考察我国城乡公共服务的供给现状,为后文分析奠定基础。

1. 城乡教育事业

从 1986 年颁布《义务教育法》到 2011 年中国全面实现了“两基”(基本普及九年义务教育、基本扫除青壮年文盲)的目标,义务教育人口覆盖率达到 100%,初中阶段毛入学率超过 100%,青壮年文盲率下降至 1.08%(翟博,2012),成功从一个人口大国转变为教育大国、人力资源大国。同时,政府持续增加教育经费投入。由表 7.6 可知,全国普通初中和小学生均教育经费分别从 2012 年的 8 137.00 元和 6 128.99 元增长至 2020 年的 17 803.60 元和 12 330.58 元,农村普通初中和小学生均教育经费分别从 2012 年的 7 906.61 元和 6 017.58 元增长至 2020 年的 15 731.01 元和 11 541.34 元。政府还继续推进了农村义务教育学生营养改善计划、乡村教师支持计划、教育脱贫攻坚、县域内城乡义务教育一体化改革等战略部署,致力于实现基本公共教育服务的城乡均等化(张楠等,2020)。

表 7.6　城乡生均教育经费及差额(2012—2020 年)

年份	普通初中生均教育经费/元			普通小学生均教育经费/元		
	农　村	全　国	差　额	农　村	全　国	差　额
2012	7 906.61	8 137.00	230.39	6 017.58	6 128.99	111.41
2013	9 195.77	9 258.37	62.60	6 854.96	6 901.77	46.81
2014	9 711.82	10 359.33	647.51	7 403.91	7 681.02	277.11
2015	11 348.79	12 105.08	756.29	8 576.75	8 838.44	261.69
2016	12 477.35	13 415.99	938.64	9 246.00	9 557.89	311.89
2017	14 065.68	15 739.92	1 674.24	10 194.82	10 911.17	716.35
2018	14 634.76	16 494.37	1 859.61	10 548.02	11 328.05	780.03
2019	15 196.86	17 319.04	2 122.18	11 126.64	11 949.08	822.44
2020	15 731.01	17 803.60	2 072.59	11 541.34	12 330.58	789.24

数据来源：历年《全国教育经费执行情况统计公告》。

2. 城乡医疗卫生事业

医疗卫生条件与城乡居民的健康状况紧密相关。第一,从医疗卫生财政支出和补贴的角度来看,根据2020年《中国卫生健康统计年鉴》的数据,2010—2019年,我国政府卫生支出持续增长,尤其是对乡镇卫生院的财政支出增长较为显著。如表7.7所示,尽管农村居民的人均医疗保健支出始终低于城镇居民,但城乡居民人均医疗保健支出的比值一直在下降,从2010年的2.67倍降低到2019年的1.61倍,显示出城乡居民的人均医疗保健支出逐渐趋于平衡。第二,从医疗卫生资源的角度来看,如表7.8所示,城乡医疗卫生机构的床位数、每千人口医疗卫生机构床位数以及每千人口卫生技术人员数都呈现出上升趋势,且城乡之间医疗卫生机构床位规模的差距较小。然而,农村每千人口医疗卫生机构床位数和每千人口卫生技术人员数与城市相比,仍然存在不小的差距,这表明农村地区的医疗卫生资源相对城市来说仍然较为匮乏。

表7.7 城乡居民人均医疗保健支出(2010—2019年)

年份	城镇居民/元	农村居民/元	倍数(城÷乡)
2010	871.8	326.0	2.67
2011	969.0	436.8	2.22
2012	1 063.7	513.8	2.07
2013	1 136.1	668.2	1.70
2014	1 305.6	753.9	1.73
2015	1 443.4	846.0	1.71
2016	1 630.8	929.2	1.76
2017	1 777.4	1 058.7	1.68
2018	2 045.7	1 240.1	1.65
2019	2 283.0	1 421.0	1.61

数据来源:历年《中国卫生健康统计年鉴》。

表7.8 城乡医疗卫生资源(2010—2020年)

年份	医疗卫生机构床位数/万张		每千人口医疗卫生机构床位数/张		每千人口卫生技术人员数/人	
	农村	城市	农村	城市	农村	城市
2010	248.45	230.23	2.60	5.94	3.04	7.62
2012	299.14	273.34	3.11	6.88	3.41	8.54

续　表

年份	医疗卫生机构床位数/万张		每千人口医疗卫生机构床位数/张		每千人口卫生技术人员数/人	
	农村	城市	农村	城市	农村	城市
2013	323.34	294.85	3.35	7.36	3.64	9.18
2014	343.13	316.99	3.54	7.84	3.77	9.70
2015	359.70	341.82	3.71	8.27	3.90	10.21
2016	375.55	365.50	3.91	8.41	4.08	10.42
2017	401.82	392.20	4.19	8.75	4.28	10.87
2018	426.27	414.14	4.56	8.70	4.63	10.91
2019	445.54	435.15	4.81	8.78	4.96	11.10
2020	459.82	450.25	4.95	8.81	5.18	11.46
2021	447.97	497.04	6.01	7.47	6.30	9.90

数据来源：历年《中国卫生健康统计年鉴》。

3. 城乡社会保障制度

第一，在养老保险方面，我国城乡居民养老保险制度经历了多次改革，从“多轨制”到城乡“并轨”，逐步建立了一个覆盖广泛、公平统一的养老保险体系。自改革开放以来，中国针对不同群体建立了多种养老保险制度，导致了制度的“碎片化”，城乡之间、职工与居民之间、不同就业人群之间的养老金待遇存在较大差异，形成了养老保险的“多轨制”格局（朱玲等，2013）。1995 年 10 月，发布的《关于进一步做好农村社会养老保险工作的意见》提出了逐步引导农民参加养老保险制度的设想，这被称为“旧农保”。1997 年，中国建立了社会统筹和个人账户相结合的企业职工基本养老保险制度，而机关事业单位的养老保险退休金一直是由财政全额支付，直到 2015 年，机关事业单位养老保险才开始实行与企业相同的基本制度模式。2009 年 9 月，国务院颁布的《关于开展新型农村社会养老保险试点的指导意见》提出了“保基本、广覆盖、有弹性、可持续”的基本原则，建立了“个人缴费、集体补助、政府补贴相结合的新型农村社会养老保险制度”，即“新农保”。到 2012 年底，“新农保”基本实现了全覆盖。2011 年，面向城镇非从业居民的城镇居民社会养老保险制度（简称“城居保”）开始试点，并于 2014 年与“新农保”合并，形成了城乡居民基本养老保险制度。

随着养老保险制度的不断完善，国家财政对社会保障领域的投入持续增加，居民养老金的待遇水平也在不断提升。如表 7.9 所示，2013—2020 年，职工基本养老保险基金的人均支出从 1 914 元/月增长到 3 350 元/月，增幅达 75%；城乡居民基本养老保险基金的人均支出从 80 元/月增长到 174 元/月，增幅达 118%；参加基本养老保险的人数从 81 969 万人增长到 102 872 万人,其在 15 岁及以上人口中的比例从 71.7%提高到 88.3%,养老保险的覆盖范围正在稳步扩大。

表 7.9 城乡居民养老保险情况(2012—2020 年)

年份	城镇职工基本养老保险			城乡居民基本养老保险			
	基金支出(亿元)	离退休人数(万人)	月人均支出(A)/元	基金支出(亿元)	领取待遇人数(万人)	月人均支出(B)/元	待遇差(A－B)/元
2012	15 661.8	7 445.7	1 752.9	1 149.7	13 382.2	71.6	1 681.3
2013	18 470.2	8 041.0	1 914.2	1 348.3	14 122.3	79.6	1 834.6
2014	21 754.7	8 593.4	2 109.6	1 571.2	14 741.7	88.8	2 020.8
2015	25 812.7	9 141.9	2 353.0	2 116.7	14 800.3	119.2	2 233.8
2016	31 853.8	10 103.4	2 627.3	2 150.5	15 270.3	117.4	2 509.9
2017	38 051.5	11 025.7	2 876.0	2 372.2	15 597.9	126.7	2 749.3
2018	44 644.9	11 797.7	3 153.5	2 905.5	15 898.1	152.3	3 001.2
2019	49 228.0	12 310.4	3 332.4	3 114.3	16 031.9	161.9	3 170.5
2020	51 301.4	12 762.3	3 349.8	3 355.1	16 068.2	174.0	3 175.8

数据来源：历年《中国统计年鉴》。

第二,在医疗保险方面,作为社会保障的重要组成部分,我国的基本医疗保障制度主要包括基本医疗保险、大病保险和医疗救助,其中前两者通常被统称为社会医疗保险。在 2003 年以前,中国农村基本医疗保障范围和覆盖面较窄,医疗保障制度改革重点以城市居民的劳保医疗、公费医疗保险改革为主,农村地区的医疗保障水平基本处于“真空”状态(周钦等,2016)。为了解决广大农村居民面临的自费看病、看病难和看病贵的问题,中共中央、国务院于 2002 年 10 月发布了《关于进一步加强农村卫生工作的决定》,首次提出了建立以大病统筹为主的“新型农村合作医疗制度”(简称“新农合”),这也是我国农村现代医疗卫生体系的来源。2003 年 1 月,《关于建立新型农村合作医疗制度的意见》明确了“新型农村合作医疗制度”是由政府组织、引导、支持,农民自愿参加,个人、集体和政府多方筹资,以大病统筹为主的农民医疗互助共济制度,并首次提出中央和地方财政对农民医疗保险进行补贴。2016 年 1 月,国务院颁布的《关于整合城乡居民基本医疗保险制度的意见》提出了“六统一”的要求,即统一覆盖范围、统一筹资政策、统一保障待遇、统一医保目录、统一定点管理、统一基金管理,从而取消了原先农村与城市分割化的医疗保险管理制度。2018 年,《关于做好 2018 年城乡居民基本医疗保险工作的通知》中不再区分城镇居民和农村居民,要求各级财政人均补助标准达到每人每年不低于 490 元,城乡居民医保人均个人缴费标准达到每人每年 220 元,这在制度和个人缴费、财政补助资金额度上实现了城乡并轨。目前,农村已基本建立起了"人人医保"的全覆盖医疗保险制度和保障体系,这不仅为农村提供了较高的医疗服务供给,而且成为我国农村再分配机制的重要组成部分(王延中等,2016)。

近年来,我国医疗体制改革和全民医保体系建设取得了重大进展。2013—2021 年,城镇职工基本医疗保险基金的人均支出从 2 127.7 元/年提高到 4 163.5 元/年,增幅为 95.7%;城乡居民基本医疗保险基金的人均支出从 328.1 元/年提高到 921.7 元/年,增幅达 180.9%。职工与居民医保住院费用基金支付比例在 2021 年分别达到 84.4%和 69.3%。异地就医直接结算的逐步推进、医保药物目录范围的调整扩大,以及医药价格管理的加强,推动了医疗保障及服务水平的提高。基本医保、大病保险、医疗救助等多重制度保障有效缓解了居民的医疗支出负担(杨穗、赵小漫,2022)。

根据表 7.10 可以发现,2012—2021 年,无论是城镇职工医疗保险还是城乡居民医疗保险,其基金支出规模持续扩大,城镇职工医疗保险参保人数逐年稳步增加,城乡居民医疗保险参保人数在 2016 年、2017 年受整合政策影响大幅度上升,此后稍有下降。与此同时,城镇职工和城乡居民医疗保险人均支出也在稳步增加。

表 7.10　城乡居民医疗保险情况(2012—2021 年)

年份	城镇职工基本医疗保险			城乡居民基本医疗保险			
	基金支出/亿元	参保人数/亿人	人均支出(A)/元	基金支出/亿元	参保人数/亿人	人均支出(B)/元	倍数(A÷B)
2012	4 868.5	2.65	1 837.2	675.1	2.72	248.2	7.40
2013	5 829.9	2.74	2 127.7	971.1	2.96	328.1	6.49
2014	6 696.6	2.83	2 366.3	1 437.0	3.15	456.2	5.19
2015	7 531.5	2.89	2 606.1	1 780.6	3.77	472.3	5.52
2016	8 286.7	2.95	2 809.1	2 480.4	4.49	552.4	5.08
2017	9 466.9	3.03	3 124.4	4 954.8	8.74	566.9	5.51
2018	10 706.6	3.17	3 377.5	7 115.9	10.28	692.2	4.88
2019	12 663.2	3.29	3 846.1	8 191.0	10.25	799.3	4.81
2020	12 867.0	3.45	3 734.4	8 165.1	10.17	803.1	4.65
2021	14 751.8	3.54	4 163.5	9 296.4	10.09	921.7	4.52

数据来源:历年《中国统计年鉴》及《全国基本医疗保障事业发展统计公报》。

7.3.4　城乡基本公共服务存在的问题

党的十八大以来,基础教育、医疗卫生、社会保障等城乡公共服务建设取得了长足进步，但城乡公共服务配置失衡的状况并未根本改变，城乡差距依然明显。目前，城乡基本公共服务依然存在以下问题。

1. 城乡教育发展问题

第一，教育资金投入呈现出“城多乡少”的特点。尽管教育经费支出的绝对额在持续增加，但教育经费支出在城乡之间的不平衡问题依然严重，城镇地区的生均教育经费投入远超过农村地区。与全国平均水平相比，农村地区初中生和小学生的人均教育经费明显偏低。通过表 7.6 可知，我国农村普通初中生均教育经费与全国平均水平的差额从 2012 年的 230.39 元增加到 2020 年的 2 072.59 元，农村普通小学生均教育经费与全国平均水平的差额从 2012 年的 111.41 元增加到 2020 年的 789.24 元，可见，城乡间教育经费的绝对差额呈现出总体递增的趋势。

第二，我国城乡教育质量差距显著。尽管乡村与城镇中小学在生均校舍建设面积、生均图书数量、每千名学生拥有专任教师数等指标上的差距已不大，但从现代化办学条件来看，如生均计算机数、每百名学生拥有网络多媒体教室间数等，乡村与城镇中小学之间仍存在不小的差距，城镇地区中小学的设施设备明显优于乡村地区中小学。此外，城乡中小学教师素质的差距更为明显，乡村地区各级学校中小学专任教师的学历结构普遍低于城镇地区。根据教育部相关数据资料显示，2021 年乡村初中阶段教育专任教师中本科及以上学历的占比为 85.16%，而城区初中阶段教育专任教师中本科及以上学历的占比达到 94.55%，两者相差近十个百分点①。

2. 城乡医疗卫生发展问题

第一，医疗卫生资源在城乡配置上存在明显差距。如表 7.7 所示，虽然城乡居民人均医疗保健支出比值在不断下降，但到 2019 年，城乡居民人均医疗保健支出比值仍为 1.61。在医疗卫生服务方面，农村医疗卫生机构专业技术人才不足。图 7.8 显示每千人口医疗卫生机构床位数和每千人口卫生技术人员数的城乡差距依然存在，这难以满足农村居民日益增长的医疗卫生服务需求。

第二，农村医疗卫生资源存在重复、盲目投入的问题，导致农村医疗卫生资源的闲置浪费严重。低层次医疗资源增长快，而高层次医疗资源增长缓慢。国家统计局数据显示，2022 年基层医疗卫生机构共有 98 万个，其中规模小、层次低的村卫生室和门诊部共 90.9 万个，占基层医疗卫生机构总数的 92.76%②。2021 年各类医疗卫生机构平均的病床工作日为 252.9 天，但乡镇卫生院病床工作日仅为 175.8 天，远低于平均水平，相当于一年中乡镇卫生院病床仅工作约 48.2%的时间。2021 年基层医疗卫生机构病床使用率和乡镇卫生院病床使用率分别仅有 47.4%和 48.2%，这同样说明了农村医疗资源出现供需错位和闲置

① 根据教育部网站资料《初中阶段教育专任教师分课程、分学历情况》计算整理得到，http://www.moe.gov.cn/jyb_sjzl/moe_560/2021/quanguo/202301/t20230103_1037906.html。

② 国家统计局网站卫生年度数据，https://data.stats.gov.cn/easyquery.htm? cn=C01。

浪费的问题。

第三,中西部农村医疗卫生服务供给的财政约束明显。在现行财政分权体制下,医疗卫生等公共服务的供给主要依赖地方财政的支持和倾斜。相比东部沿海发达省市,中西部地区地方财政实力整体较弱,公共服务供给资金筹措压力大,这使得城市支持农村的能力不强,城市对农村的带动作用较弱。中西部地区地方财政严重依赖于中央财政转移支付资金,市、县、乡镇难以筹集大量资金用于农村基础设施和公共服务建设,通常会面临资金不足且缺乏稳定、规范资金来源的难题(盛广耀,2020)。加上农村地区公共服务半径大、单位服务成本高,难以有效吸引社会资本的投入,造成农村公共服务供给的严重不足(李实、杨一心,2022)。以乡镇卫生院为例,由于待遇偏低、工作生活条件差、职称晋升机会少等原因,乡镇卫生院即使有编制也难以招到卫生技术人员,还面临骨干力量外流的困境,这些都直接削弱了乡镇卫生院的服务能力和水平(盛广耀,2020)。

3. 城乡社会保障制度问题

第一,社会保障资金在城乡配置上不均衡。由表 7.9 和表 7.10 可知,2012—2021 年,我国城镇职工医疗保险与城乡居民医疗保险人均基金支出之比从 7.40 下降到了 4.52,这表明城镇职工和农村居民的医疗保障差距持续缩小,但在基金支出及人均基金支出上仍存在较大差距。城镇职工基本养老保险和城乡居民基本养老保险的人均支出均在持续扩大。2020 年全国城镇职工基本养老保险月人均基金支出(3 349.8 元)是城乡居民基本养老保险月人均基金支出(174.0 元)的 19.3 倍;城镇职工基本医疗保险年人均基金支出(3 734.4 元)是城乡居民基本医疗保险年人均基金支出(803.1 元)的 4.6 倍。

第二,社会保障的服务标准和制度尚未并轨,这不利于城乡公共服务均等化目标的实现。我国还没有形成统一的城乡基本公共服务衡量标准和指标体系。随着人口流动的加剧,人户分离的现象已经十分普遍。但现行社会救助体系和特殊群体福利体系中的大多数项目,其保障对象的界定是以户籍为基础的,这使得大量的非户籍常住人口无法在其实际居住地得到这些社会救助和社会福利,这显然无法适应城市化趋势、人口流动和劳动力市场一体化的要求(何文炯,2022)。区域统筹大多集中在县级,地方居民合作医疗(城镇居民和新型农村合作医疗)和城镇职工基本医疗保险的政策、标准、机构和职责不统一,这增加了异地转诊难度,最终制约了城乡基本公共服务融合发展(钟裕民,2020)。

以养老保险为例,如河南省平顶山市,职工养老保险缴费基数是以其工资相对于社会平均工资的倍数来划分的。在此基数上,个体经济组织和个人分别负担 12%和 8%,用人单位和个人分别负担 14%和 8%,机关事业单位和个人分别负担 16%和 8%,而灵活就业人员个人负担 20%。城乡居民年缴费标准设有 360~4 800 元不等的七个档次,参保人可自主选择其中一个档次缴费。养老金包括“基础养老金”和“个人账户养老金”两个部分,前者缴费基数直接影响“平均工资指数”这一参数,从而影响基础养老金额,后者则来源于职工历年缴费,缴纳比例约为职工工资的 8%,缴费基数与个人账户累积金额呈正相关。再如江苏省扬州市,城乡居民的养老保险现有 15 个档次,分别为 100~1 200 元的 12 个档次以及 2 000 元、3 000 元和 6 000 元的 3 个档次,其中最低的 4 个档次缴费标准仅适用于最低生活保障对象、重度残疾人等特殊群体。选择低标准缴费的档次和选择最高档次的缴费标准,所能领取到的养老金与其所缴纳的缴费标准并不一致,这对社会保障的公平性作用造成了影响。城镇职工和城乡居民基本养老保险制度在各地区的筹资模式、缴费标准、财政补贴、计发办法和待遇调整等方面仍存在较大差异,最终导致依赖不同养老保险制度的参保家庭的养老保障存在较大差异(王亚柯等,2013;薛惠元、曾飘,2019),这可能会加大不公平性和国民财富的逆向再分配。

第三,现行社会保障制度对改善全社会收入分配的贡献不足。在社会保障制度对家庭消费、城乡收入差距和机会不平等影响及作用机制的研究中,学界普遍认同社会保障制度对不同地域、不同群体的人群的影响存在差异性:在养老保险方面,与"新农保"相比,"城居保""企职保"及机关事业单位养老保险模式分别显著增加了家庭人均消费支出的 6.2%、13.3%和 17.5%(臧旭恒和李晓飞,2021)。"新农保"主要提高了农村居民在医疗保健、文化教育娱乐方面的消费(杨汝岱和袁碧姝,2019)。此外,"新农保"政策还能够显著缓解城乡户籍造成的老年健康机会不平等(张郁杨和陈东,2022)。在医保方面,研究发现中国基本医保制度的收入再分配效应为负,其中农村医疗保险制度的短期收入再分配效应较弱,长期会产生扩大居民收入差距的负面影响(周强等,2021),健康状况更差的低收入群体的医疗支出和医保报销都显著低于高收入群体,且基本医保制度存在严重的受益不公平问题(金双华等,2020)。医保报销尽管降低了医疗支出的负向再分配效应,但降低幅度有限,健康不平等、医保给付水平不高和患者自付水平,使全民医保再分配功能没有得到充分发挥(顾昕和惠文,2022)。此外,基于身份识别且对贫困人口倾斜的医疗保障扶贫政策会导致把部分贫困人口屏蔽在扶贫对象之外的"排除失误",也可能对贫困人口过度保障产生的"悬崖效应",从而引致新的不公平和社会矛盾(任志江和苏瑞珍,2020)。岳经纶等(2020)通过研究福利分层,得出碎片化的社会保险领域体现法团主义式的"分层效应",不充分的基本公共服务供给则体现发展主义式的"内外现象"的结论。

7.4 城乡公共产品配置失衡的制度根源分析

城乡公共产品配置失衡是我国不平衡不充分发展的一个突出表现。导致当前城乡公共产品配置失衡的原因是多方面的。从表面上看,这与农村地区整体发展水平不高、财力不足有关。但从制度根源来看,它与当前的财政投入机制、转移支付制度、公共产品筹资体制、地方官员激励机制,以及公共产品需求表达机制紧密相关,这些制度安排的长期存在不断固化着城乡二元结构。本节基于中国的政治经济体制和城乡二元结构,深入剖析导致城乡公共产品配置失衡的制度根源,以期找到改善城乡公共产品配置的切入点和突破口。

7.4.1　城市偏向的财政投入机制

城市偏向的财政投入体制由来已久。在社会主义革命和建设时期，在赶超战略的指引下，大量财政资金被投入城市工业部门，促进了重工业和军事工业的优先发展，并保障了城市居民的基本生活。改革开放以来，东部沿海地区的区位优势和市场潜力迅速凸显，大量农村富余劳动力和国内外资本迅速向沿海大城市流动。沿海开放城市纷纷投资建设各类经济开发区，以吸引生产要素并促进工业集聚发展。随着城镇化、工业化水平的持续提升，大量财政资金被投入城市基础设施领域，包括公路、铁路、能源、通信设施等，为改善企业投资环境和城市居民生活做出了贡献。

1994 年分税制改革之后，中央和地方政府的财政状况发生了根本性转变，财力逐渐向上集中。中央财政收入的比重由改革前的 30%左右上升到 50%以上，而事权和支出责任则基本保持在地方。由于地方政府缺乏稳定有效的税种，因此在地方财政层面形成了一种"财力小于事权"的不对称分权格局。在这一背景下，为了优先满足城市地区的基础设施和公共服务需求，财政资金仍然被优先投入城市地区（包括地级市、县及县级市的城区），而县以下的财政状况逐步陷入困境，显著抑制了县域基层政府（特别是乡镇）提供农村基础设施和公共服务的能力。可以说，这种不对称的分权格局进一步加剧了公共产品供给的城市偏向。2006 年的农村税费改革在减轻农民负担的同时，使得县乡政府财政薄弱的状况进一步加剧。空有事权但失去财力的乡镇两级政府要么选择不提供或少提供农村公共产品，要么采取体制外筹资渠道，向农民强行摊派费用，反而增加了农民负担。学者指出，在城市与农村之间的利益博弈中，城市更能影响城乡政策的制定，因此中国的城乡政策带有城市偏向的特点，相关政策的出台会更多地考虑对城市利益的影响（陈钊，2011）。

党的十八大以来，强农惠农富农政策的力度不断加大，基础设施建设和社会事业发展也不断向农村地区倾斜，但城市偏向的财政投入体制仍未发生根本性变革，基础设施和公共服务在城乡间的投入差距依然显著。总之，城市偏向的财政投入机制抑制了农村地区公共产品供给的能力。

7.4.2　监管不力的转移支付制度

分税制改革后，为了平衡地区间的财力差距和弥补基层（特别是农村地区）的财力缺口，"中央—地方"的垂直转移支付制度逐步建立并完善。转移支付分为"一般性转移支付"和"专项转移支付"两，前者基于地区的财政收支缺口和经济发展水平来计算转移支付量，不指定资金的具体用途；后者则针对地方社会经济发展的特定需求项目确定转移支付量，并规定资金必须用于该指定项目。在财政分权的理论和实践中，由于中央和地方政府之间存在显著的信息不对称问题——地方政府通常掌握更多关于本地公共产品需求和供给成本的详细信息，因此在转移支付资金下达之前，地方政府有动机隐瞒或夸大本地公共产品需求和供给成本，以期获得更大规模的转移支付，从而产生“逆向选择”行为——越是夸大成本，可能获得的资金越多。而在转移支付资金下达之后，由于监管不到位，资金使用过程缺乏透明度，甚至存在被挪用的风险，这就产生了“道德风险”行为，导致资金使用效率降低。上述信息不对称下的扭曲行为在专项转移支付中表现得尤为明显，具体表现在以下三个方面。

一是财政转移支付结构与实际需求存在脱节。例如，一些农村地区在道路、卫生、供水等基础设施建设方面需求迫切，但转移支付资金却并未用于这些项目，未能满足农业、农村和农民的真实需求。二是现金管理系统碎片化，缺乏集中支付制度和交易监督会计控制制度。各部门、各支出单位对转移支付资金开设多个账户，分散配置，中间环节繁多，导致现金余额分散和资金沉淀，严重影响了农村公共服务财政资金的高效使用。三是转移支付资金的“撒胡椒面”式分配机制，使得分配到具体项目的资金数额过小，许多项目无法启动，容易造成重复建设和资源浪费（钟裕民，2020）。

2016年，国务院出台了《关于推进中央与地方财政事权和支出责任划分改革的指导意见》，该文件旨在推动中央与地方财政事权和支出责任划分改革，强调进一步完善中央对地方的财政转移支付制度。尽管当前事权划分改革取得了一定进展，但共同事权划分方式模糊、共同事权和支出责任分担不匹配，导致转移支付结构不合理。转移支付与共同事权和支出责任划分的衔接还有待进一步改善，转移支付资金安排的统筹力度也需要进一步加强（苏汶宇，2022）。总之，监管不力的转移支付制度导致了农村公共产品供给效率的降低。

7.4.3 财政依赖的公共产品筹资体制

长效稳定的筹资体制是实现农村地区公共产品均衡配置的重要前提。目前，筹资来源（或主体）主要分为三类：一是政府，即公共财政筹资；二是市场，即民间资本筹资；三是农民，通过家庭收入筹资。总体来看，农村地区公共产品筹资目前主要依赖公共财政筹资，这包括地方本级财政收入和上级政府转移收入两大来源。但一方面，在“财力小于事权”的不对称分权格局下，县级基层政府的本级财政收入难以满足农村地区的公共产品需求。特别是在主导产业缺失、经济发展滞后的中西部农村地区，本级财政收入更是紧张，不得不依赖中央转移支付来勉强保障农村基础设施和公共服务的供给。另一方面，由于对转移支付资金的监管不力，中央转移支付资金往往不能有效匹配地方公共产品需求，从而导致资金配置效率低下。

因此，在公共财政筹资难以满足农村公共产品需求的情况下，积极引入民间资本和创新公共产品供给模式显得尤为关键。政府与社会资本合作（Public-Private Partnership，PPP）模式，便是对传统公共产品筹资模式的重要补充。该模式有效利用市场机制，激发各类市场主体投资公共产品的积极性，并允许投资主体通过运营公共产品来获取一定的收益。可以说,PPP 模式在一定程度上弥补了政府机制的不足,提升了资源配置效率,有助于改善农村公共产品供给。学者指出,这一模式不仅是当前财政资金限制条件下公共产品供给的权宜之计,更是构建优化公共产品供给长效机制的有意为之,是公共产品供给实现善治的必由之路(欧纯智和贾康,2018)。尽管近年来 PPP 模式发展迅速,但在实践过程中也暴露出一些问题,如融资渠道单一、融资财务风险较高、私人资本参与度低、项目吸引力不足、绩效考核评价体系及相关法律法规不健全等。目前来看,通过 PPP 模式实现农村公共产品的有效供给依然任重道远。

近年来,专项债已成为地方政府可选择的市场化筹资方式,其发行进度和资金拨付步伐不断加快。然而,专项债也存在项目变更、提前偿付及退出机制不完善,债券发行市场化程度不高,增信机制不足,以及发行程序不透明和项目运营不规范等问题。在发行管理制度改革、信息披露以及风险防控等方面,也有待进一步改进(樊轶侠,2019;熊伟和许恋天,2022)。总之,过度依赖财政的筹资体制限制了农村公共产品市场供给的空间。

7.4.4 增长导向的地方官员激励机制

激发地方政府的积极性是大国治理的关键。改革开放以来,随着“以经济建设为中心”的理念确立和巩固,资源调配、产业发展规划等权力逐步下放至地方,使得地方政府逐渐成为一个相对独立的行政主体。地方政府之间也因此陷入了为争夺发展资源而进行的激烈竞争。与此同时,中国地方官员的考核、选拔、任免、升迁权始终掌握在中央手中,形成了一个稳固的“自上而下”的官员垂直管理体制。因此,地方官员往往为了职位晋升而展开激烈竞争。可以说,“经济分权”与“政治集权”构成了中国政治经济体制的核心特征。

政治经济体制塑造了地方官员的行为激励。在“为增长而竞争”或“为晋升而竞争”的背景下,地方官员往往会基于自身利益考虑,更倾向于投资那些周期短、见效快、容易出成绩的公共项目,如高速公路、城市广场等基建工程,而相对忽视了那些长期来看能够改善人力资本和营商环境的建设项目,如基础教育、医疗卫生、生态环境等公共产品和服务。学者指出,在中国以 GDP 考核为主的官员晋升体制下,地方政府存在忽视科教文卫投资、偏向基本建设的制度激励。因此,地方政府在基本建设上热情高涨甚至过度供给,而在人力资本和公共服务上则缺乏动力、供给不足,造成了公共支出结构“重基本建设、轻人力资本投资和公共服务”的明显扭曲,这不利于提升社会整体福利水平(傅勇和张晏,2007)。总之,“以 GDP 论英雄”的地方官员激励机制导致了城乡公共产品供给结构的扭曲。

7.4.5 集体失声的公共产品需求表达机制

在现行的政治经济体制和城乡二元结构下,农村公共产品供给依然是一种“自上而下”的决策过程。上级政府通过行政命令的方式,将农村公共产品供给以指标形式逐级下达、层层分解,很少考虑到不同地区农村公共产品需求的异质性。这种行政命令式的决策机制导致了农村公共产品供需脱节。即便乡镇级基层政府了解农民的真实需求,通常也无力选择和分配当地的公共产品,只能执行上级政府的行政命令。他们往往为了应付上级政府繁多的农村公共产品供给任务指标而无法满足农民的真实需求。这种"自上而下"的"压力型"供给模式导致了许多农村居民并不需要的"面子工程"型公共产品。

目前,农村居民"自下而上"表达公共产品偏好和需求的机制尚不完善。农村居民在城乡公共产品分配博弈以及当地农村公共产品供给决策中缺乏知情权、参与权和表达权,这使得农村居民对公共产品的需求信息难以有效反馈给上级政府。一些学者认为,农村居民因居住分散、信息闭塞而面临集体行动中的高沟通成本,同时,单个农民的产品仅占农业产出的微小份额,容易产生免费搭车现象,因此农民对政策制定的影响力较弱(Lipton,1977;蔡昉和杨涛,2000)。基层财政体制的扭曲和农村社会自组织能力的脆弱是农村公共品供给缺失和结构偏差的重要原因(范方志和汤玉刚,2007)。

也需要指出的是,一些农村居民受传统观念、较低文化程度等自身局限因素的影响,无法清晰判断和认识自身的公共产品需求,盲目追求能带来短期和眼前利益的公共服务,而相对忽视了能带来长远收益的公共产品。这种盲目性和短视性也导致农村公共产品需求表达机制的扭曲。总之,农村居民公共产品需求表达的"集体失声"降低了公共产品的配置效率。

7.5 城乡公共产品有效供给机制探索:国际经验与优化路径

考察各经济发达国家的公共产品供给状况,可以发现城乡融合发展的一个重要特征是城乡公共产品的一体化供给。借鉴国际经验和结合我国的实际情况,本节旨在探索我国城乡公共产品供给机制的优化路径,以期为促进城乡融合发展和乡村振兴、逐步实现共同富裕提供一条切实可行的路径。

7.5.1 促进城乡融合发展的公共产品供给国际经验

本小节重点分析了一些发达国家和发展中国家在农村公共产品供给领域的实践经验,从社会保障制度、基础设施建设、教育与科研,以及金融制度等方面展开。

1. 农村居民的社会保障制度

自20世纪四五十年代以来,"福利国家"这一重要理念席卷欧美国家,不少发达国家关于社会保障的相关制度建设日臻完善。美国自1935年颁布《社会保障法》起,就开始实施包括农民在内的社会保障制度,使得美国农民与城市居民一样能够享受到养老保险、医疗保险等社会保障公共产品。在农村地区,主要推行的是大病医疗保险制度,政府负责老年人和贫困者的医疗保险。同时,农村医疗合作社在农民的医疗保障上也发挥着重要作用(宋龙香和张术环,2011)。美国政府成立了联邦作物保险公司,为农场主提供作物保险,以减少农场主的损失。除了保险,美国政府还为从事农业保险业务的机构提供大规模的保费补贴,使得农民能够以较低的保费率普遍参与农业保险(廖红丰和尹效良,2006)。

法国在农村社会保障方面的探索较早,其社会保险制度历史悠久,保险覆盖范围广泛,基金积累总量庞大,法国农民在年老、工伤、疾病等问题上完全可以通过社会保险得到保障。法国农村社会保险的特点主要是根据劳动者的工作性质设计养老保险方案,由个人和政府共同筹集养老金,并具有法定强制性。健全的缴纳机制、高额的农业互助金以及灵活的管理体制有效地保障了法国农民的生产和生活(杨清哲,2013)。

在日本,农民能够获得的社会保障与城市劳动者所享受的保障制度类型基本一致,涵盖了社会保险制度、国家救助制度、社会福利制度以及公共卫生等多个方面。涉及农民的社会保险主要包括国民健康保险、国民养老保险和护理保险;针对农村老年人的保健服务包括老人医疗服务、老人保健设施、老人访问看护等措施(于印辉,2010)。社会保险的核心是农民年金制度,参保者在年满 65 周岁后,可以领取一定数额的养老金。国家救助为那些劳动所得扣除最低生活支出后收入不足以维持生活的农村居民提供最低生活保障。社会福利主要涵盖老人保健和儿童津贴,前者使得 70 岁以上的农村老人只需承担 10%的医疗费用,后者为收入低于国家标准的农村家庭或有子女的单亲家庭提供生活补助。社会保障制度的发展提升了农民应对风险的能力。

韩国非常重视农村医疗的发展。自 1988 年以后,韩国逐步在农村实施了强制性医疗保险,覆盖了 90%的农村人口,而对于剩余 10%生活在贫困线以下的农民,政府提供医疗救济。同时,韩国政府还实施了改善医疗保险体系、减轻医疗保险费用负担、实行医疗服务逐级转诊制度等一系列措施(关慧和郑舒婷,2014)。

发展中国家的经验同样值得关注。印度作为一个农业大国,农业人口占据较大比例。至 2021 年年底,其农村人口数量为 90 024 万人,占总人口比重的 64.6%。虽然印度的经济落后于我国,但建立了较为系统的农村社会保障制度。这主要体现在以下几个方面:第一,丧失劳动能力的老年农民可以领取政府发放的津贴,以保障其基本生活需求;第二,无房的贫困农民可以获得政府的建房补助,以确保基本居住条件;第三,对于贫困家庭子女的教育,中央和邦政府提供补贴,印度的小学教育实行免费政策,在条件较好的邦,中学教育也是免费的,学生可以免费获得书本,部分学生还能享受免费午餐;第四,针对贫困人口购买粮食,政府实行低价政策,他们可以按照政府确定的远低于市场价格的价位购买,以保障基本生存需求(计宁,2009)。尽管印度的经济发展相对滞后,但其较为完善的农村社会保障制度为农村地区的发展提供了良好的保护与促进作用。

2. *农村地区的基础设施建设*

美国政府高度重视乡村基础设施的建设。在农田水利建设方面,政府在一些干旱地区修建了农田水利灌溉设施和引水工程,为这些地区带来了水源,提高了水资源利用效率。此外,政府也在低洼易涝地区修建了明沟和地下管道排水工程,取得了良好的成效

（关慧和郑舒婷，2014）。在其他乡村基础设施建设方面，主要有在全国兴建交通运输、电力供应等，为农业提供方便的商品流通条件；兴修学校、社区公共设施、环境保护设施等，有效改善了农民的生活质量，提高了农民生活的便捷程度。

日本的农村环境管理经历了从人居环境整治到种植业污染防治，再到禽畜污染防治的不同发展阶段，逐步推进。日本政府在农村环境整治方面做了大量工作，为农民提供了许多环境保护方面的公共产品。日本的农村生活污染防治工作自20世纪70年代中期开始逐步发展完善，种植业污染防治主要在90年代得到发展，而畜禽养殖污染防治则从2000年左右开始发展完善。农村环境管理工作从仅关注生活污染逐步扩展到同时关注生活和农业污染（贾小梅等，2019）。同时，政府还加强了生活环境方面的公共设施建设，如多功能集会设施等，以增强农村社区的活力，便利农民的生活。政府还参与合作社的教育和培训，重视发挥农协的作用，并提供支持、指导和监督（宋龙香和张术环，2011）。

韩国在1970年启动了"新村运动"，旨在缩小城乡差距和增加农民收入。这一运动是由总统倡导、政府亲自推动的。在"新村运动"中，政府以改善农村生活环境为突破口，加大了对农村公共产品的供给，并将村庄作为一个发展单位，赋予村庄自主权，注重领导层与村民之间的互动，致力于满足农村社会发展和经济发展的两大目标。第一，在实现农村社会发展方面：① 改善环境与农村排污系统、修建卫生供水系统、公共澡堂、公用水井及洗衣房；② 进行房屋屋顶改造、房屋维修和村庄重建工作；③ 增加公共设施建设投资，如大力发展农村电网、设置公用电话等。第二在实现农村经济发展方面：① 增加农业生产基础设施的建设，主要包括道路兴修与扩展、修筑小规模灌溉工程和水坝、水塘和排灌渠；② 增加农民收入的主要措施有推广经济作物、发展专业化生产区以及建立各种新村工厂等（张青，2005）。韩国政府呼吁社会各界人士参与到"新村运动"中，使其成为全民运动，从而极大地提升了韩国农村经济的发展。

泰国政府注重建设大中型水利工程，架设输电线路，修筑乡村公路，解决了山区交通运输、农田灌溉以及生活用电等问题，显著改善了农业生产条件，使旱涝保收面积逐步增加。同时，政府也重视农村文化福利方面的公共产品供给，如加强农村学校、医院的建设等；并为农民提供卫生设备、清除污水和废物等服务（廖红丰和尹效良，2006）。这些措施有效提升了农民的自力更生能力，促进了农村经济和各项社会事业的发展。

3. 农业农村发展的教育与科研体制

美国一直重视农业的教育、科研和培训推广工作，这一点体现在各级政府对农业科研和推广公共开支的持续增加上。美国的农业科技推广体系是由国家投资建立，以行政管理部门为主导，结合研究与教育部门联合实施，涵盖了农学院、农业研究、农业推广三个系统。

日本农村的义务教育经费由中央、都道府县和町村三级政府共同承担。中央财政通过国库支出金和地方交付税等转移支付手段对农村义务教育经费进行财政补助。日本通过颁布诸如《偏远地区教育振兴法》《孤岛振兴法》等法律，明确各级政府职责，以振兴偏远地区的农村教育,提高对这些地区教育公共产品的供给。在农村地区还设有社会教育设施,为农村社会教育的普及和发展提供了良好的硬件条件(于印辉,2010)。

泰国政府同样非常重视农业方面的职业技术教育,并向农村输送各类技术人才。截至2019年年底,泰国的农业就业人口占全国就业人口的14.03%。为了解决大量劳动力的就业问题,政府根据各地的条件和资源,将职业教育和短期训练班扩展到农村地区,使农业劳动力能够在农业学校和学院接受正规培训,从而为农业输送大量技术人员,促进农业和农村的发展。

7.5.2 构建城乡公共产品有效供给的制度基础

城乡公共产品配置失衡不仅加剧了城乡二元结构的固化,而且显著影响了城乡居民的获得感、幸福感和安全感。上文的一系列分析指出,农村公共产品供给的低效和扭曲是城乡公共产品供给体系中的短板和弱项。因此,本小节将主要从供给主体、方式、内容等方面探讨城乡公共产品有效供给的制度基础及改革方向,并设计和构建农村公共产品"供什么、由谁供、怎么供"的系统架构。

1. 理顺各级政府权责,化解事权和财力不匹配的矛盾,提升政府公共产品供给能力,着力保障民生

在当前中国的政治经济体制下,农村公共产品供给的主体依然是政府,其供给效率与公共财政体制的设计紧密相关。要实现城乡公共产品有效供给,就要通过理顺各级政府权责定位,合理划分各级政府事权和支出责任,化解地方政府事权与财力不匹配的矛盾,完善财政转移支付制度,优化财政管理层级等方面来优化公共财政体制。具体如下。

第一,理顺各级政府的权责定位,合理划分各级政府的事权和支出责任。根据财政分权理论,应从外溢性、公平性、信息结构三个角度来合理划分上下级政府之间的事权和支出责任。对于外溢性强、受益对象为全国居民的公共产品,或需要国家统一行动的公共产品,以及需求信息简单透明的公共产品,应由中央政府提供。而对于外溢性弱、受益对象为特定地区居民的公共产品,且不涉及国家整体利益、需求信息复杂且地方化的公共产品,应由相应层级的地方政府提供。合理的事权划分有助于提高城乡公共产品的配置效率。实践中,应通过法律法规等正式制度明确各级政府对于城乡公共产品的事权和支出责任。针对城乡公共产品供给不平衡的问题,各级政府应设立并逐步实现逐年按比例缩小城乡基本公共产品差距的支出目标,以扭转"城乡倒挂"现象(钟裕民,2020)。

第二,应着力化解地方政府事权与财力不匹配的矛盾,完善财政转移支付制度,促进地方专项债提质增效。地方政府事权与财力不匹配,即事权小于财力,并不利于公共产品充分且有效供给,甚至还会进一步提高地方政府对"土地财政"和"土地金融"的依赖,从而积累系统性金融风险。从理论上看,应在事权和支出责任的基础上安排相应财力,确保公共产品供给的可持续性。

具体而言,一是要进一步推进"分税制"改革,科学确定各类税收在各级政府间的分享比例,稳定并不断提升基层政府财力,切实提高其公共产品供给能力。二是要积极调整当前的财政转移支付制度,加大中央和省级政府对基层政府的财政转移支付力度,并针对农村地区急需的基础设施和公共产品进行专项补贴。同时,应促进一般性转移支付的法制化、规范化,科学确定农村基础设施及公共服务的一般性转移支付比例,制定按重要性、迫切性为优先序排列的资金安排制度。三是要用好专项债这一新型筹资工具,在地方政府其他融资渠道受限的背景下,专项债作为稳投资、促增长的重要抓手,能够扩大有效投资,对冲宏观经济下行风险,应合理扩大民生领域专项债规模,补充基层政府提供公共产品所需的财力。同时,充分发挥市场力量,发挥专项债"四两拨千斤"作用,吸引社会资本投入,支持民营企业投资,在保障专项债偿付和权益基础上,探索专项债和市场化融资的协同投入新模式,形成多元资金投入和撬动的合力。

第三,简化财政管理层次结构,提高财政管理效率。根据公共经济学理论,过多的政府层级和漫长的委托代理链条会导致财政资金使用效率低下,造成公共产品和资源配置的扭曲。我国目前的"中央—省—地市—县—乡镇"五级财政管理体系形成了复杂的委托代理关系,这无疑降低了财政资金的使用效率。为了加强财政资金投入并提高其使用效率,应优化财政管理层级,特别是在城乡基础设施和公共服务领域,可以尝试"省直管县"甚至"省直管乡镇"的管理体制,推动财政管理层次的扁平化。

2. 拓宽供给渠道,培育多元供给主体,破除市场主体参与农村公共产品供给的体制障碍,促进农村公共产品协同供给

在政府主导的公共产品供给体系下,激发各类市场主体(包括民营企业、国有企业、公益组织、居民个人等)提供公共产品的积极性,进而促进不同类型公共产品供给主体之间的有序竞争,是提升城乡公共产品配置效率的重要手段。因此,有必要建立起以政府主导,市场和社会力量共同参与的城乡公共产品多元供给体制,优化城乡公共产品协作供给及协同治理路径。

第一,要积极引入社会资本(包括私人资本、国有控股、参股、混合所有制企业等),推动建立"政府与社会资本合作(PPP)"的公共产品供给模式。PPP模式不仅能够为公共产品供给提供更多的资金来源渠道,还可以激发社会资本的活力,充分发挥企业在追求资金使用效率方面的优势(曹菲,2017)。这在一定程度上弥补了政府公共产品供给效率低下的弊端,并有助于提高各种供给主体及机构之间的竞争性,减少公共产品垄断供给,使公众有更多的选择空间和更高的服务可得性。因此,要在制度和法律层面上消除社会资本进入公共产品供给领域的壁垒,通过税收优惠、信贷优惠、财政补贴等方式大力支持民间资本和民营企业参与公共产品供给。同时,通过政策引导鼓励优质招商引资项目投资农村地区,加大金融机构对农村普惠金融和绿色金融的支持力度,增强对农村的资源输入。

第二,要鼓励和引导农民通过合作组织的方式提供公共产品。农民合作组织可以弥补政府和市场在公共产品供给上的不足。公共财政难以对差异化的地方性公共产品提供

成本进行准确的核算和监督，难以满足差异化的公共品需求，并且可能造成软预算约束或因官僚政治而造成资源配置扭曲（范方志和汤玉刚，2007）。市场力量由于其趋利的本性也难以完全弥补政府在公共产品供给上的缺陷。而基于传统社会乡村治理、整合了村庄精英的农民合作组织能够对地方性公共品“量体裁衣”，且集体决策效率高，灵活性强，可以促使农民通过合作的方式参与到公共产品供给中来。今后，要鼓励农村合作组织的发育和成长，充分发挥基于市场自愿选择的集体行动效率优势。

第三，要积极鼓励私人供给。对于便于收费、与私人生产生活关系密切，且成本回收较稳定的农村公共产品，完全可以在政府监管的基础上由企业或私人承担提供职责。政府还可以打出“价值引导”和“利益驱动”的“组合拳”：一方面，利用新闻媒体及网络自媒体来普及慈善意识，传播慈善精神，强化道德激励；另一方面，通过税收、信贷、管理等激励手段有效降低私人供给成本，从而提升民间资本提供公共产品的积极性。

3. 建立以农民需求为导向的供给决策机制，健全需求表达渠道，动态满足城乡居民对基础设施和公共服务的需要

作为农村公共产品的需求主体，广大农民的真实意愿与需求是否反映到公共产品供给决策中至关重要。农村公共产品供给的结构性失衡在很大程度上是由政府“自上而下”的供给决策所导致的。因此，要建立健全“自下而上”的需求表达机制，以农民需求为中心重构决策机制，以提升农村公共产品供求的匹配度。

第一，要调整完善决策机制，畅通广大农民需求反映的通道。各级政府应深入群众、深入基层，大兴调查研究之风，在农村公共产品供给决策时积极搜集、主动发现群众的公共需求，加以甄别、整合和综合论证，将合理需求在财政可承受的基础上纳入采购及服务清单，并适时进行动态调整，从而使公众能够获得所需的产品及服务。畅通表达渠道、创新表达方式，及时回应公众对公共产品的意见和建议。同时，在需求回应上应强化农村公共产品供给的优先序和满意度调查研究，防止官僚主义、形式主义、脱离广大农村社会公众参与而单纯依靠各级政府（部门）指令和领导偏好决策，杜绝农村公共产品供给中“形象工程”和“政绩工程”的再度出现。

第二，改革干部绩效考评体制，不以 GDP 论英雄，始终坚持以人民为中心、以城乡融合发展为目标。在中国经济分权与垂直的政治治理体制下，地方政府官员会基于晋升激励压力在城乡决策上更偏向城市，在支出结构上更偏向周期短、见效快的基础设施建设。研究发现，地方政府的支出结构扭曲并不会随着经济发展而自动得以纠正，单纯依靠理顺收支关系、健全转移支付体制无法根除此种扭曲。只要中国式分权的激励结构不变，地方政府就没有内在动力提升在公共服务上的支出比重（傅勇和张晏，2007）。因此，应进一步推进干部考核评价机制改革，不再简单以 GDP 增长率论英雄，而应更加重视经济发展的质量和可持续性，将人民健康、民生改善作为重要考核内容纳入政绩考核体系，提高党政官员改善民生福祉的积极性（潘春阳等，2021）。

第三，提高农民的组织化程度，提升农民在公共产品决策中的话语权和表达力度。我

国农民群体人口分散、组织化程度较低,再加上农民的经济地位偏低,话语权较弱,农民经常被视为公共产品供给的被动接受者。因此,要提高农民的组织化程度,充分尊重农民的公共产品需求。在需求表达上,进行普及化的引导和培训,鼓励和支持农民直接主动地向基层政府或通过村两委、农民合作组织、专业合作社等间接地表达自身的真实需求,将农村公共产品供给决策与农村基层民主建设统一起来,充分调动其在决策机制中的积极性,从而克服和避免后期供求结构失衡和资源浪费。

7.5.3 创新城乡公共产品有效供给的管理模式

上一节从制度的视角对城乡公共产品供给机制优化路径进行了探索,致力于完善城乡公共产品供给背后的制度基础和激励结构,但良好的制度基础离不开有效的管理模式。当前,管理的低效和混乱也是导致城乡公共产品供需矛盾的重要原因。本小节主要从政府管理的角度探讨城乡公共产品供给优化的创新路径,构建农村公共产品"管什么、由谁管、怎么管"的系统结构。

1. 破除户籍等制度壁垒,建立城乡统一的公共基础设施建设空间规划,推进城乡公共服务均等化标准体系建设

第一,建立城乡统一的公共基础设施建设空间规划。科学规划公共服务设施的服务半径和服务人口,确保分布公平和空间均衡。依据服务对象、年龄结构、交通条件等因素确定公共服务设施的选址建设和调整优化,实现同类区域、同级设施的可达性均衡。配合公共交通体系的建设和完善。在人员居住相对分散的偏远农牧区,将流动性服务与固定性服务有机结合。针对失能失智、高龄老人等特殊群体,应积极探索上门提供护理、康复、医疗等服务模式。

第二,推进公共产品及服务标准化,促进各级政府尽快达标。标准化是增强均衡性的手段和过程。加快完善国家公共服务标准体系,将国家基本标准进行细化,形成具体实施配套标准,并积极制定地方标准。特别应在政府资金投入、补贴,设施布局、建设和维护,机构人员配备,服务流程和服务规范,服务机构准入、运营和监管标准等方面设立相应标准。

第三,注重增强人群间均衡性,破除对服务对象的身份限制。按常住人口的数量和结构均衡配置公共服务资源,持续降低基本公共服务与户籍的关联度,健全与居住年限相挂钩的非户籍人口基本公共服务提供机制,切实保障居住证持有者、农民工等外来人口享受公共服务的权利。积极推动公共服务从服务户籍人口向服务常住人口转变,保障农村居民随迁子女平等接受义务教育等。

2. 建立城乡一体化的公共产品长效管护机制和多元化管护资金投入机制,完善农村公共产品听证制度,发挥农村社会组织的监督作用

农村公共产品供给全过程不仅包括建设开发,也包括建成以后的运营与维护。为改

善我国农村公共产品供给“重建设开发、轻运营维护”的局面，以及折损速率快、资源浪费的问题，健全监督管理机制已成为提高农村公共产品供给效率、改善供给质量的必然举措。

第一，建立城乡一体化的公共产品长效管护机制和多元化管护资金投入机制。推动城乡管护机构、经费保障、标准制定“三统一”，不断改善农村公共基础设施的管护水平。第二，要进一步完善监管维护相关的法规政策。建立明晰的管护责任制度，明确地方政府的主体责任，落实行业主管部门的监管责任，充分发挥村级组织的管护作用，强化运营企业的管护责任。通过制定法律法规条例，对公共产品供给及后续运营维护相关行为予以约束，对不履职或未认真履职的行为，要追究直接的政府部门和部门领导的责任。第三，要强化社会监督作用。完善的听证制度可以将供给全过程、全方位地置于公众监督之中，使社会监督最大限度地避免程序上的瑕疵，从而保障广大农民的知情权，使整个决策过程公开透明。第四，还应在法治的框架下充分利用网络媒体监督，逐步建立具有较强互动效果的监督网络（彭伟和陶叡，2021）。

3. 用新一代数字技术建设赋能政府职能转变和管理模式创新，精准定位居民公共产品需求，为城乡公共产品有效供给注入新动能

数字经济所表现出来的新要素和新市场特征是数字技术赋能政府治理的载体，推动了政府治理手段的革新和流程的再造（魏成龙和郭诚诚，2021）。在数字经济背景下，依托信息通信技术的发展和大数据等技术，相关部门更容易掌握城乡要素配置和公共产品分布的相关信息，实现对城乡群体的精准识别和精准施策，以此实现基本公共产品供给的均等化并提高经济政策的针对性（高帆，2021）。

第一，大数据、人工智能、云计算等新一代数字技术将不断渗透到经济社会的各个领域，有效整合社会各领域的数据资源，推动政府治理的数字化转型，并精准识别城乡居民的偏好和需求，这提高了城乡公共产品和服务的供需匹配效率。第二，高速网络和数字平台的建设和不断完善，能够克服公共服务的地理障碍，为城乡公共服务均等化提供新的渠道。例如，农村居民可以借助“互联网医院”接受线上就诊、远程诊断等医疗服务，可以通过线上观看 MOOC 课程等方式获得优质教育资源，提升其人力资本水平。第三，新一代数字技术的应用能够实时收集、处理、分析城乡公共产品和服务的供给情况，使得社会公众更好了解政府部门的公共产品供给状况，更科学评估政府部门公共产品供给的质量，从而促使政府不断提升公共产品供给能力。

参考文献

[1] Lipton M. Why poor people stay poor. A study of urban bias in world development[M]. Cambridge: Harvard University Press, 1977.

[2] Shen M R, Shen J F. State-led commodification of rural China and the sustainable provision of

public goods in question: A case study of Tangjiajia, Nanjing[J]. Journal of Rural Studies, 2022, 93: 449-460.

[3] Wan G H, Wang C, Zhang X, et al. Income inequality effect of public utility infrastructure: Evidence from rural China[J]. World Development, 2024, 179: 106594.

[4] Wang Y M, Huang X Q, Zhang T, et al. Impact of fiscal decentralization and local government competition on the supply of basic public services: Based on the empirical evidence of prefecture-level cities in China[J]. Heliyon, 2024, 10(4): e26511.

[5] 鲍震宇,赵元凤.农村居民医疗保险的反贫困效果研究——基于PSM的实证分析[J].江西财经大学学报,2018(1):90-105.

[6] 蔡昉,杨涛.城乡收入差距的政治经济学[J].中国社会科学,2000(4):11-22,204.

[7] 曹菲.基于农民增收的农村公共产品供给机制创新研究[J].农业经济,2017(8):43-44.

[8] 陈东.我国农村公共品的供给效率研究——基于制度比较和行为分析的视角:公共经济与公共政策齐鲁文库[M].北京:经济科学出版社,2008.

[9] 陈雪娟,余向华.公共品供给城乡一体化的研究述评[J].经济学动态,2011(12):89-92.

[10] 陈永新.中国农村公共产品供给制度的创新[J].四川大学学报(哲学社会科学版),2005(1):5-9.

[11] 陈钊.中国城乡发展的政治经济学[J].南方经济,2011(8):3-17.

[12] 陈宗胜,朱琳.中国传统基建设施仍亟需大力投资完善[J].国际融资,2020(11):29-35.

[13] 翟博,刘华蓉,李曜明,等.人类教育史上的奇迹:来自中国普及九年义务教育和扫除青壮年文盲的报告[N].中国教育报,2012-09-09(1).

[14] 翟博.中国基础教育均衡发展实证分析[J].教育研究,2007,28(7):22-30.

[15] 丁少群,苏瑞珍.我国农村医疗保险体系减贫效应的实现路径及政策效果研究——基于收入再分配实现机制视角[J].保险研究,2019(10):114-127.

[16] 樊轶侠.完善专项债发行使用机制[J].中国金融,2019(13):79-80.

[17] 范方志,汤玉刚.农村公共品供给制度:公共财政还是公共选择?[J].复旦学报(社会科学版),2007,49(3):77-82.

[18] 冯海波.委托代理关系视角下的农村公共物品供给[J].财经科学,2005(3):142-147.

[19] 傅勇,张晏.中国式分权与财政支出结构偏向:为增长而竞争的代价[J].管理世界,2007(3):4-12,22.

[20] 高帆.数字经济如何影响了城乡结构转化?[J].天津社会科学,2021,12(5):131-140.

[21] 高彦彦,周勤,郑江淮.为什么中国农村公共品供给不足?[J].中国农村观察,2012(6):40-52,93-94.

[22] 谷洪波.农村公共产品供给体制缺陷与农民负担[J].南华大学学报(社会科学版),2005,6(1):33-36.

[23] 顾昕,惠文.共同富裕视域下全民医保的再分配效应研究[J].财经问题研究,2022(12):3-14.

[24] 关慧,郑舒婷.美日韩农村公共物品供给的特点与经验借鉴[J].改革与战略,2014,30(6):129-133.

[25] 国家统计局.中华人民共和国 2023 年国民经济和社会发展统计公报[R].2024-2-29.
[26] 国家医保局、财政部、人力资源社会保障部、国家卫生健康委.关于做好 2018 年城乡居民基本医疗保险工作的通知[EB/OL].(2018-07-06)[2024-2-28].http://www.gov.cn/zhengce/zhengceku/2018-12/31/content_5438689.htm.
[27] 何文炯.建设适应共同富裕的社会保障制度[J].社会保障评论,2022,6(1):23-34.
[28] 侯江红.农村公共产品的供求矛盾与财政支农的政策取向[J].经济问题探索,2002(1):120-124.
[29] 侯明喜.防范社会保障体制对收入分配的逆向转移[J].经济体制改革,2007(4):137-140.
[30] 黄小明.收入差距、农村人力资本深化与城乡融合[J].经济学家,2014(1):84-91.
[31] 黄志冲.农村公共产品供给机制创新研究[J].现代经济探讨,2000(10):28-30.
[32] 计宁.我国农村公共产品供给的国际经验与借鉴[J].当代经济管理,2009,31(5):95-97.
[33] 贾小梅,董旭辉,于奇,等.中日农村环境管理对比及对中国的启示[J].中国环境管理,2019,11(02):5-9.
[34] 金成武.中国城乡融合发展与理论融合——兼谈当代发展经济学理论的批判借鉴[J].经济研究,2019,54(8):183-197.
[35] 金双华,于洁,田人合.中国基本医疗保险制度促进受益公平吗?——基于中国家庭金融调查的实证分析[J].经济学(季刊),2020,19(4):1291-1314.
[36] 孔祥智.全面小康视域下的农村公共产品供给[J].中国人民大学学报,2020,34(6):14-28.
[37] 李平,陈萍.城市化、财政支出与城乡公共服务差距[J].财经问题研究,2014(9):64-71.
[38] 李实,杨一心.面向共同富裕的基本公共服务均等化:行动逻辑与路径选择[J].中国工业经济,2022(2):27-41.
[39] 李燕凌.我国农村公共品供求均衡路径分析及实证研究[J].数量经济技术经济研究,2004,21(7):59-65.
[40] 李忠峰.地方专项债提质增效稳增长——国务院常务会议部署用好地方政府债券扩大有效投资解读[N].中国财经报,2022-04-02(1).
[41] 廖红丰,尹效良.借鉴国际经验做好我国农村公共产品供给[J].中国发展,2006,6(3):25-29.
[42] 林鹏生.农村公共产品供给现状及对策研究[J].财政研究,2008(4):30-33.
[43] 刘成奎,杨冰玉.公共产品供给、机会不平等与城乡收入不平等研究评述[J].宁夏社会科学,2018(4):125-132.
[44] 刘成奎.政府城市偏好、网络信息与城乡基本公共服务均等化[J].财贸研究,2013,24(6):78-86.
[45] 刘少杰,周骥腾.数字乡村建设中“乡村不动”问题的成因与化解[J].学习与探索,2022(1):35-45.
[46] 刘生龙,周绍杰.基础设施的可获得性与中国农村居民收入增长——基于静态和动态非平衡面板的回归结果[J].中国农村经济,2011(1):27-36.
[47] 刘威,梅晶哲.城乡融合发展:西方理论局限与中国实践嵌入[J].社会科学战线,2022(12):220-232.

[48] 刘晓光,张勋,方文全.基础设施的城乡收入分配效应:基于劳动力转移的视角[J].世界经济,2015,38(3):145-170.
[49] 刘晓昀,辛贤,毛学峰.贫困地区农村基础设施投资对农户收入和支出的影响[J].中国农村观察,2003(1):31-36,80.
[50] 刘彦随.中国新时代城乡融合与乡村振兴[J].地理学报,2018,73(4):637-650.
[51] 刘银喜,任梅.公共产品多元化供给的确立原则[J].北方经济,2007(6):71-72.
[52] 刘银喜.农村公共产品供给的市场化研究[J].中国行政管理,2005(3):62-65.
[53] 卢洪友.公共品生产的市场化与制度创新[J].中央财经大学学报,2002(4):22-26.
[54] 吕炜,杨沫,王岩.城乡收入差距、城乡教育不平等与政府教育投入[J].经济社会体制比较,2015(3):20-33.
[55] 马超,顾海,宋泽.补偿原则下的城乡医疗服务利用机会不平等[J].经济学(季刊),2017,16(4):1261-1288.
[56] 马晓河,方松海.我国农村公共品的供给现状、问题与对策[J].农业经济问题,2005,26(4):22-29,79.
[57] 马晓河,刘振中.农村基础设施和公共服务需要明确攻坚方向[J].中国党政干部论坛,2020(1):68-70.
[58] 缪小林,王婷,高跃光.转移支付对城乡公共服务差距的影响——不同经济赶超省份的分组比较[J].经济研究,2017,52(2):52-66.
[59] 欧纯智,贾康.公共服务供给方式及其优化选择的框架式分析——兼论 PPP 是优化公共产品与服务供给的善治选项[J].学术论坛,2018,41(4):102-107.
[60] 潘春阳,吴柏均.公共产品均衡配置助力城乡融合发展[J].社会科学报,2023.
[61] 潘春阳,吴柏钧,吴一平.晋升激励、专业搭配与公共卫生服务满意度[J].南方经济,2021(9):112-130.
[62] 潘文轩.医疗保障的反贫困作用与机制设计[J].西北人口,2018,39(4):51-59,72.
[63] 彭伟,陶叡.基于乡村振兴的农村公共产品供给研究[J].现代农机,2021(5):25-26.
[64] 秦继伟.农村社会保障的多重困境与优化治理[J].甘肃社会科学,2018(3):16-22.
[65] 人民网新电商研究院.中国农村电商物流发展报告[R].http://finance.people.com.cn/n1/2020/0424/c1004-31686746.html.
[66] 任志江,苏瑞珍.增强医疗保障减贫效应的再分配实现机制研究——基于改善亲贫性的视角[J].中国行政管理,2020(8):88-93.
[67] 盛广耀.中国城乡基础设施与公共服务的差异和提升[J].区域经济评论,2020(4):52-59.
[68] 史玲.我国农村公共产品供给主体研究[J].中央财经大学学报,2005(5):10-13.
[69] 宋龙香,张术环.国外农村公共产品的供给及对中国的启示[J].世界农业,2011(4):23-25.
[70] 苏洨宇.共同事权与支出责任分担视阈下的转移支付机制探究[J].经济问题,2022(6):34-40,66.
[71] 陶勇.农村公共产品供给与农民负担问题探索[J].财贸经济,2001(10):74-77.
[72] 王国华,李克强.农村公共产品供给与农民收入问题研究[J].财政研究,2003(1):46-49.
[73] 王茂福,谢勇才.关于我国社会保障对收入分配存在逆向调节的研究[J].毛泽东邓小平理论

研究,2012(6):46－50,103,115.

[74] 王亚柯,王宾,韩冰洁,等.我国养老保障水平差异研究——基于替代率与相对水平的比较分析[J].管理世界,2013(8):109－117.

[75] 王延中,龙玉其,江翠萍,等.中国社会保障收入再分配效应研究——以社会保险为例[J].经济研究,2016,51(2):4－15,41.

[76] 魏成龙,郭诚诚.赋能与重塑:数字经济时代的政府治理变革[J].理论学刊,2021(5):51－58.

[77] 魏后凯.深刻把握城乡融合发展的本质内涵[J].中国农村经济,2020(6):5－8.

[78] 文启湘,何文君."看得见的手"范式的悖论及悖论困境——试论公共物品的供给模式及其选择[J].社会科学战线,2001(5):15－21.

[79] 吴芳.关于整合城乡居民社会养老保险制度的调查与思考[J].内蒙古农业大学学报(社会科学版),2014,16(4):55－59.

[80] 吴丽丽,卢成会.共享发展理念下城乡社会保障权益分化治理路径探讨[J].吉林工商学院学报,2020,36(4):76－79.

[81] 吴士健,薛兴利.试论农村公共产品供给体制的改革与完善[J].农业经济,2002(5):14－16.

[82] 谢莉琴,秦盼盼,高星,等.中国城乡居民基本医疗保险制度发展历程、挑战与应对策略[J].中国公共卫生,2020,36(12):1673－1676.

[83] 熊巍.我国农村公共产品供给分析与模式选择[J].中国农村经济,2002(7):36－44.

[84] 熊伟,许恋天.地方政府专项债券:制度困境与路径选择[J].上海经济研究,2022,34(4):77－87,98.

[85] 徐放达,王增涛.论中国城乡公共产品供给机制的优化[J].云南社会科学,2019(1):70－75.

[86] 徐双明.城乡一体化视角下农村公共产品供给问题与对策研究[J].青岛农业大学学报(社会科学版),2014,26(2):24－28.

[87] 许彩玲,李建建.城乡融合发展的科学内涵与实现路径——基于马克思主义城乡关系理论的思考[J].经济学家,2019(1):96－103.

[88] 薛惠元,曾飘.公平性视角下城乡基本养老保险制度比较研究[J].河北大学学报(哲学社会科学版),2019,44(6):138－146.

[89] 杨清哲.人口老龄化背景下中国农村老年人养老保障问题研究[D].长春:吉林大学,2013.

[90] 杨汝岱,袁碧姝.新农保与农村居民消费[J].消费经济,2019,35(1):3－12.

[91] 杨穗,赵小漫.走向共同富裕:中国社会保障再分配的实践、成效与启示[J].管理世界,2022,38(11):43－56.

[92] 杨天宇.中国居民收入再分配过程中的"逆向转移"问题研究[J].统计研究,2009,26(4):19－25.

[93] 杨志勇,张馨.公共经济学[M].北京:清华大学出版社,2005.

[94] 叶子荣,刘鸿渊.农村公共产品供给制度:历史、现状与重构[J].学术研究,2005(1):57－62,146.

[95] 于水.农村公共产品供给与管理研究——从农村基础设施建设决策机制考察[J].江苏社会科学,2010(2):115－121.

[96] 于印辉.我国农村公共产品供给问题研究[D].大连：东北财经大学,2010.
[97] 俞彤晖,肖延玉.数字经济促进城乡融合发展的实现机理与实证检验[J].统计与决策,2023,39(1)：11-16.
[98] 袁义才.公共产品的产权经济学分析[J].江汉论坛,2003(6)：25-28.
[99] 袁竹,齐超.我国再分配逆向调节的成因及对策探析[J].税务与经济,2012(1)：33-37.
[100] 岳经纶,方珂,蒋卓余.福利分层：社会政策视野下的中国收入不平等[J].社会科学研究,2020(1)：115-124.
[101] 岳军.农村公共产品供给与农民收入增长[J].山东社会科学,2004(1)：84-87.
[102] 臧旭恒,李晓飞.养老保险"多轨制"与家庭消费差距[J].现代经济探讨,2021(3)：21-32.
[103] 詹长春,郑珊珊.农村居民医疗保障"逆向"收入再分配效应形成机制及克服——以江苏省为例[J].农业经济问题,2018,39(10)：85-93.
[104] 张安毅.我国农村公共产品供给模式转变的对策思考[J].中州学刊,2020(9)：34-38.
[105] 张川川,John Giles,赵耀辉.新型农村社会养老保险政策效果评估——收入、贫困、消费、主观福利和劳动供给[J].经济学(季刊),2015,14(1)：203-230.
[106] 张等文,呼连焦.城乡二元结构下农村公共产品的供给困境与化解[J].理论与现代化,2014(3)：10-15.
[107] 张军,何寒熙.中国农村的公共产品供给：改革后的变迁[J].改革,1996(5)：50-57.
[108] 张克俊,杜婵.从城乡统筹、城乡一体化到城乡融合发展：继承与升华[J].农村经济,2019(11)：19-26.
[109] 张莉,郑灿强.农村水污染现状分析与处理措施探讨[J].治淮,2021(2)：69-71.
[110] 张楠,林嘉彬,李建军.基础教育机会不平等研究[J].中国工业经济,2020(8)：42-60.
[111] 张青.农村公共产品供给的国际经验借鉴——以韩国新村运动为例[J].社会主义研究,2005(5)：76-78.
[112] 张秀生,柳芳,王军民.农民收入增长：基于农村公共产品供给视角的分析[J].经济评论,2007(3)：48-55.
[113] 张勋,万广华.中国的农村基础设施促进了包容性增长吗？[J].经济研究,2016,51(10)：82-96.
[114] 张郁杨,陈东.新农保政策会缓解城乡老年健康机会不平等吗——来自CHARLS数据的证据[J].农业技术经济,2023(8)：82-99.
[115] 赵宇,姜海臣.基于农民视角的主要农村公共品供给情况——以山东省11个县(市)的32个行政村为例[J].中国农村经济,2007(5)：52-62.
[116] 新华社.中共中央办公厅 国务院办公厅印发《数字乡村发展战略纲要》[J].中华人民共和国国务院公报,2019(15)：25-30.
[117] 中国互联网络信息中心.第51次中国互联网络发展状况统计报告[EB/OL].(2023-3-2)[2024-2-28].https://www.cnnic.net.cn/n4/2023/0302/c199-10755.html.
[118] 中华人民共和国国家互联网信息办公室.数字乡村发展行动计划(2022—2025年)[EB/OL].(2022-01-26)[2024-2-28].http://www.gov.cn/xinwen/2022-01/26/content_5670637.htm.

[119] 中华人民共和国国家邮政局.2021 年邮政行业发展统计公报[EB/OL].(2022 - 06 - 09)[2024 - 2 - 28].https://www.spb.gov.cn/gjyzj/c100276/202206/d58b4f4fb1414177a6988b6054e40529.shtml.

[120] 中华人民共和国国务院办公厅.关于建立新型农村合作医疗制度的意见[EB/OL].(2009 - 09 - 02)[2024 - 2 - 28].http://www.gov.cn/gongbao/content/2010/content_1555968.htm.

[121] 中华人民共和国国务院办公厅.关于进一步加强农村卫生工作的决定[EB/OL].(2002 - 10 - 19)[2024 - 2 - 28].http://www.gov.cn/gongbao/content/2002/content_61818.htm.

[122] 中华人民共和国国务院办公厅.关于开展新型农村社会养老保险试点的指导意见[EB/OL].(2009 - 09 - 04)[2024 - 2 - 28].http://www.gov.cn/zwgk/2009-09/04/content_1409216.htm.

[123] 中华人民共和国国务院办公厅.关于推进中央与地方财政事权和支出责任划分改革的指导意见[EB/OL].(2016 - 08 - 24)[2024 - 2 - 28].http://www.gov.cn/zhengce/content/2016-08/24/content_5101963.htm.

[124] 中华人民共和国国务院办公厅.关于整合城乡居民基本医疗保险制度的意见[EB/OL].(2016 - 01 - 03)[2024 - 2 - 28].http://www.gov.cn/zhengce/content/2016-01/12/content_10582.htm.

[125] 中华人民共和国国务院新闻办公室.中国的全面小康：(2021 年 9 月)[N].人民日报，2021 - 09 - 29(10).

[126] 中华人民共和国民政部.关于进一步做好农村社会养老保险工作的意见[EB/OL].(1995 - 10 - 19)[2024 - 2 - 28].http://www.gov.cn/zhengce/content/2016-10/18/content_5120794.htm.

[127] 中华人民共和国农业农村部.全国乡村产业发展规划(2020—2025 年)[EB/OL].(2022 - 07 - 09)[2024 - 2 - 28].http://www.gov.cn/zhengce/zhengceku/2020-07/17/content_5527720.htm.

[128] 中华人民共和国水利部.2020 年全国水利发展统计公报[EB/OL].(2022 - 02 - 09)[2024 - 2 - 28].http://www.mwr.gov.cn/sj/tjgb/slfztjgb/202202/t20220209_1561588.html.

[129] 中华人民共和国水利部.2022 年农村水利水电工作年度报告[EB/OL].(2023 - 03 - 02)[2024 - 2 - 28].http://www.mwr.gov.cn/sj/tjgb/ncslsdnb/202303/t20230302_1647707.html.

[130] 中华人民共和国中央办公厅、国务院办公厅.关于加强和改进乡村治理的指导意见[EB/OL].(2019 - 06 - 23)[2024 - 2 - 28].http://www.gov.cn/zhengce/2019-06/23/content_5402625.htm.

[131] 中华人民共和国中央人民政府.第三次全国农业普查主要数据公报[R/OL].(2017 - 12 - 15)[2024 - 2 - 28].http://www.gov.cn/xinwen/2017-12/15/content_5247339.htm.

[132] 中华人民共和国中央人民政府.农村人居环境整治提升五年行动方案(2021—2025 年)[EB/OL].(2021 - 12 - 05)[2024 - 2 - 28].http://www.gov.cn/zhengce/2021-12/05/content_5655984.htm.

[133] 中华人民共和国中央人民政府.中华人民共和国国民经济和社会发展第十四个五年规划和2035 年远景目标纲要[EB/OL].(2021 - 03 - 13)[2024 - 2 - 28].http://www.gov.cn/xinwen/2021-03/13/content_5592681.htm.

[134] 钟裕民.城乡基本公共服务融合发展的机制障碍与消解路径[J].中国延安干部学院学报,2020,13(4):76-82.
[135] 仲伟周.论地方公共物品的私人供应[J].当代经济研究,1999(8):67-70.
[136] 周佳宁,秦富仓,刘佳,等.多维视域下中国城乡融合水平测度、时空演变与影响机制[J].中国人口·资源与环境,2019,29(9):166-176.
[137] 周强,张全红,蔡智全.农村医疗保险制度对居民收入差距的影响[J].中南财经政法大学学报,2021(4):105-118.
[138] 周钦,田森,潘杰.均等下的不公——城镇居民基本医疗保险受益公平性的理论与实证研究[J].经济研究,2016,51(6):172-185.
[139] 周若婧,黄璜,江滨.准公共产品视域下的城乡居民基本医保服务地区间均等性评价[J].社会政策研究,2022(2):53-66.
[140] 朱玲.构建适应市场经济运行的多层次养老保障体系[J].财贸经济,2013(12):13-15.
[141] 左停,徐小言.农村“贫困-疾病”恶性循环与精准扶贫中链式健康保障体系建设[J].西南民族大学学报(人文社科版),2017,38(1):1-8.

第 8 章　城乡融合发展与环境治理机制

8.1　导言

环境治理问题是中国城乡融合发展中重点关注的问题之一。自改革开放以来，政府采用粗放型经济增长模式以增加产能、发展经济，在产能高速增长的同时，持续产生的环境污染问题对社会造成了大量的负外部性成本。尤其在我国二元体制的制度背景下，城乡分割的环境治理体制使得城乡环境利益失衡，城乡环境质量方面的差距日益扩大。一方面，城市环境污染得到一定程度的控制，环境法治建设逐渐健全；另一方面，广大农村地区环境污染严重。随着中国城镇化和现代化进程的加速推进，农村环境的承载能力已经达到或接近上限，农村环境污染成为制约我国农业和农村可持续发展的重要瓶颈。

当前，在我国经济增长由高速增长转向高质量发展的背景下，居民日益增长的对美好生活的需求中必然包含对生态环境更高的要求。根据"十四五"规划的明确目标，我们将致力于实现生态文明建设的新进步。其中，明确提出在 2030 年前力争二氧化碳排放量达到峰值，并在 2060 年前实现碳中和目标，同时持续改善环境质量，构建人与自然和谐发展的新格局。如何实现城乡环境治理的融合发展成为迫切且至关重要的任务。

本章对环境治理领域存在的城乡二元化结构进行探索，通过对城乡环境现状的分析找出现存问题，深入挖掘城乡环境质量存在差距的原因，并进一步探索城乡融合的环境治理机制，提出可具体实施的政策措施。这对实现农村城镇化、城乡融合发展以及城乡环境公共品均等化具有重要的现实意义。

8.2　城乡环境治理的研究综述

8.2.1　环境治理的多中心治理理论

在环境保护和治理领域，其公共产品的属性使市场机制的作用受到限制，且容易出现失灵现象。因此，通常需要政府的干预。然而，大量的证据表明，政府的过度干预、信息不对称和官僚主义等因素会导致公共产品部门中的浪费、腐败和绩效低下，进而引发政府失灵。这使越来越多的学者开始重视社会组织在公共事务治理中的重要性和必要性,并试图在公共产品供给中建立多元主体合作的机制。在这一背景下,多中心公共经济理论逐渐兴起,其中以美国学者奥斯特罗姆(Ostrom, 1999)夫妇的研究为代表。奥斯特罗姆(2012)对“公地悲剧”“囚徒困境”和“集体行动的逻辑”三个理论模型进行了研究,在市场竞争机制的基础上,提出了特定条件下公共事物治理的第三条道路,即在一定条件下,人们能够为了集体利益而自主组织起来进行自主治理,从而使公地悲剧得到有效解决。奥斯特罗姆夫妇将“多中心治理”定义为将有限的决策权分配给不同层级的权力中心,这些相互独立的权力中心能够在共同的制度规则下实现合作和制约,共同致力于集体目标的达成。

与单中心治理模式相比,学者们认为多中心治理具有较大的优势。刘炯和王芳(2005)认为,在单中心供给体制中,政府单独提供农村公共产品存在诸多困难,解决这一问题的最好方式就是构建多中心体制。严宏(2007)等人以“有效市场+有为政府”为基础,建立政府、市场、第三方和居民等主体的协同参与机制,共同提供公共产品。

8.2.2 城乡融合的环境治理模式研究

1. 城乡环境治理的二元结构与环境正义观点

关于城乡环境治理的研究视角主要聚焦于城乡二元结构和城乡环境正义(公平)。从城乡二元结构视角研究的文献较多,李宾和张象枢(2012)在研究中发现,城乡二元结构加大了城乡环境差距,主要表现为城乡间环境资源分配和义务承担不公、城乡环保治理资金和要素分配不公等,这大大降低了农村对环境的需求和治理能力。张海鹏(2019)认为城乡二元结构体制导致了我国城乡基本公共服务领域存在较大差距;长期分割的城乡环境治理体系和重城市、轻农村的环境治理模式,导致城市污染下乡,农村环境问题日益突出(张克俊和杜婵,2019)。城乡二元体制是导致我国农村环境治理长期被排斥于城市环境治理体系之外的根本原因(李宁,2020;冯阳雪,2022)。林龙飞等(2020)认为,在城乡分割的二元结构体制尚未根本改变的情况下,城市导向型的环境治理格局导致农村环境治理存在诸多问题。除了收入差距的进一步缩小外,统筹推进城乡间协调发展,推动城乡基本公共服务均等化也是新时代推进共同富裕的内在要求与必然路径(李实,2021)。这涉及环境正义的问题,对此,不少学者对城乡环境正义进行了研究。美国环保署将环境正义界定为:“对于环境法律、法规及政策的制定、实施及执行,不同种族、肤色、来源国及收入的人们均能获得公平之待遇和有效之参与。”环境正义源于20世纪80年代,美国爆发的穷人和有色人种反对环境政策的种族偏见的抗议运动,被称为“沃伦抗议”。美国环境正义运动自此兴起,并冲击了主流环境保护主义的环境观。晋海(2008)提出,城乡环境正义指在环境保护领域,城市居民和农村居民应受到法律和政府同等的关注与尊重。李晴和郭润昌(2015)认为,城乡经济与政治权利的不平等,进而造成了城乡环境不正义。

2. 环境治理模式理论

关于环境治理的传统理论分为庇古手段和科斯手段。庇古手段强调政府干预，而科斯手段强调市场机制。以庇古手段(1928)为代表的政府监管模式具有强制性的特点，该模式相对简单，但制度成本较高，效率较低；科斯手段则强调环境治理中的市场化(或准市场化)手段，这种模式更为高效，治理成本更低，能够有效减轻政府压力，同时对企业生产具有一定的激励作用。然而，由于环境资源的公共物品属性及环境污染的外部性，仅靠企业自身对环保负责容易造成外部性成本，因此需要政府进行监管和调节。但也有观点认为，过度依赖政府进行污染治理存在“政府失灵风险”，例如在环境管理机构设置及其职能配置上存在的弊端，环境管理模式的单一性，过度依赖命令控制手段，以及公众参与度低等问题，这些都是导致环境治理政府失灵的因素。因此，应当正确审视政府治理模式与市场治理模式之间的关系，并将二者适当地结合以实现更好的治污效果。除此之外，在治理模式的探究方面，王琪、何广顺(2004)将环境治理的政策模式总结为以下三种：以政府为主导的命令-控制型管理模式、政府主动引导型管理模式、政府与企业协商合作型管理模式。张超(2007)则提出了四种治理模式，分别是层级治理模式、区域整合模式、府际合作模式、准市场化模式和社会治理模式。

3. 城乡环境治理工具

环境政策工具可以分为命令强制性、市场性及自愿性三种。自愿性环境政策工具是环境政策工具箱中的新型工具，它代表了世界环境管制的趋势，其背后的假设是“自我管制”。提升自愿性环境政策工具在环境政策工具中的使用比重和地位，鼓励公众参与环境治理，树立环保意识，养成生态习惯，能够有效弥补强制性政策工具的不足(陈文斌和王晶，2018)。龚宏龄和张成博(2022)根据中国的发展情况，将治理模式的推进归纳为从政府绝对主导向市场主体和社会力量参与共治的“放权”转变演进路线。在“命令控制型”政策工具应用的基础上，不断增加“市场激励型”和“社会参与型”工具的应用，丰富了环境治理模式，使环境治理体系的建设日趋完善。

在推进城乡融合的环境治理方式上，李广昊和周小亮(2021)提出，推动数字经济发展可以通过赋能技术创新，对环境污染的生产型和生活型两大源头造成强烈冲击，并最终产生“治污效应”。数字技术和数字经济助力城乡融合发展，利用数字化的信息收集、监督和管理等方式，可以建立需求反馈机制，从而有效地匹配公共服务的需求和供给，为实现城乡公共服务均等化提供可行的路径(谢璐和韩文龙，2022)。市场化水平的提高一定程度上促进了治污技术的更新换代。对于排污企业而言，市场化水平高意味着可供选择的技术更多，企业可以引进更高效的技术，从而降低治污成本(李胜文等，2013；孙早和席建成，2015)。利用更符合市场机制的第三方模式加强排污企业与治污企业合作，以此减少污染排放并提高治污效率，对环境绩效有正向作用(郑君君等，2021)。

8.3 我国城乡融合的环境治理政策演化

8.3.1 关于我国城乡融合的环境治理政策

1972年，我国参加了联合国第一次人类环境会议，并于1973年召开了第一次全国环境保护会议，提出了环境保护工作方针。1979年我国制定了《环境保护法（试行）》，该法于1989年正式确立实施。2014年第十二届全国人大常委会第八次会议通过了《中华人民共和国环境保护法修订案》，确立了“经济社会发展要与环境保护相协调”的环保优先原则。随着经济社会的发展和环境意识的提升，我国环境治理政策和治理方式也经历了一系列变化，从“重城市、轻农村”到“城乡融合一体化”，从“行政命令式”到“市场激励型”的转化，从“污染者治理”到“污染者付费”等。

1. 从“重城市、轻农村”到“城乡融合一体化”治理

改革开放以来，我国经济建设全面展开，但在相当长的一段时期内，走的是一条粗放式增长的道路，这导致了严重的环境污染和生态破坏。在这一时期，环境立法基本上呈现出以城市为中心的倾向，治理政策主要围绕城市和工业污染的治理。1979年《环境保护法（试行）》规定了“防治污染和其他公害”，要求“积极防治工矿企业和城市生活”产生的各项污染，但对农村生态环境的保护缺乏足够的重视。

20世纪80年代末至90年代，随着城市工业向农村转移和乡镇企业的崛起，农村污染问题日益严重，这严重破坏了农村生态环境的质量。然而，这一阶段的环境立法重点仍然集中在城市，涉及农村环境治理的内容少之又少。无论是全国性法规还是地方性法规，都偏重城市污染的防治。例如，全国人大常委会审议通过的《环境保护法》《固体废物环境污染防治法》《水污染防治法》，以及1991年颁发的《济南市城市环境卫生管理办法》《沈阳市环境监测管理办法》，1993年颁发的《银川市环境噪声污染防治规定》，1996年颁布的湖南省《城市市容和环境卫生管理条例》等，这些法规重点关注的主要是城市市容卫生和城市环境污染治理问题。

在早期的法律法规中，只有少部分涉及农村环境保护的内容，例如《环境保护法》（1989年）中提到了“防治土壤污染、防治地力退化、防治生态失调现象的发生与恶化，合理使用化肥、农药。”《固体废物污染环境防治法》（1995年）中提到了“回收利用薄膜，防止或减少薄膜对环境的污染。”1996年出台的《水污染防治法》提到了“向农田排放工业废水和城市污水，应当符合农田灌溉水质标准，应当防止污染土壤”等。可以看出，这段时期农村环境治理的重点主要集中在土壤污染防治、化肥农药和农膜的合理使用、植被破坏、水源枯竭、物种灭绝、水土流失、污水污染农田防治等方面。在这一时期，无论是城市还是农村的环境治理，都在坚持“经济建设为中心”的指导思想下，将环境保护及其利益置于经济增长之下。

自党的十六大召开以来,城市环境治理逐渐深化,农村环境保护也开始得到重视。随着城镇化和新农村建设的推进,对农村环境整治提出了“村容整洁”的要求,并通过建立和完善生态补偿机制来加强环境治理政策。党的十七大提出了“生态文明”的理念,而党的十八大进一步提出了建设“美丽中国”的目标,将可持续发展和科学发展观落实到实际行动中。与此同时,对农村环境问题的重视程度也在不断增加。中共中央在 2013 年提出了“美丽乡村”的建设目标,2018 年制定了《关于实施乡村振兴战略的意见》,这些标志性文件的实施反映了农村生态环境治理政策体系的不断完善。2021 年发布了《关于推动城乡建设绿色发展的意见》,并在 2022 年出台了《新型城镇化和城乡融合发展重点任务》,以进一步推动绿色发展的进程。这些措施和政策均体现了政府将城乡环境一体化治理提升到了较高的政策高度和实施层面。

2. 从“行政命令式”到“市场激励型”转化

行政命令式政策工具,是指国家行政部门通过制定法律法规或标准来设定环境治理目标,制定污染物排放达标标准或产品绿色技术标准,其目的是直接影响污染者的排污行为。这种政策主要依赖于政府进行污染治理,通过行政手段对企业进行规制,以减少污染排放。1989 年正式确立实施的《环境保护法》,制定并执行了八项环境管理制度,包括环境保护目标责任制、城市环境综合整治定量考核制度、污染集中控制制度、限期治理制度、排污收费制度、环境影响评价制度、“三同时”制度,以及排污申报登记和排污许可证制度。行政命令式手段具有强制性特点,模式相对简单,但制度成本较高,效率较低。在政府审查不严的情况下,容易出现漏排偷排现象。此外,由于政府部门专业化局限,其治理技术水平和治理能力有限,容易导致治理效率低下,出现“政府失灵”。

另一种环境治理模式是基于科斯理论的市场化环境治理模式,它通过市场信号来影响排污者的行为决策,从成本和效益等方面对企业实施引导,影响企业的生产决策活动,使其自觉实施污染控制活动并改善环境绩效。这种模式更为高效,治理成本更低,能够有效减轻政府压力,同时对企业生产具有一定的解放作用。市场化环境政策工具主要包括排污收费制度、排污权交易制度、环境补贴、碳排放交易市场、绿色信贷、环境污染责任保险、生态补偿机制等。

排污收费制度的核心在于政府对企业污染排放行为实行收费。根据政府设定的相关标准,企业需要根据自身的污染排放情况计算并缴纳污染排放费用。自 1979 年《环境保护法(试行)》鼓励各地探索排污收费制度起,到 1981 年底,全国共有 27 个省、自治区、直辖市开展了排污收费试点试验。1982 年,国务院颁布《征收排污费暂行办法》,正式拉开了我国排污收费制度的序幕。2003 年,该制度经历了重大变革,即收费规制由超标计费转变为总量收费。2018 年,排污收费制度被废止,环境保护税制度正式建立,这是通过对污染物排放征税,也称为绿色税制,目的是激励企业减少污染物排放,推动企业采用环境友好型的生产方式。

排污权交易制度允许企业将自身剩余的污染排放量作为一种商品与其他企业进行交

易，以此促进企业自主提高清洁生产水平和发展污染去除技术，实现环境与经济的协调发展。排污权交易可以激励企业通过技术创新和提高效率来减少污染。上海是我国最早进行排污权交易实践的地区，从 1987 年开始，上海率先试行了总量控制和许可证制度，针对黄浦江沿线的 60 多家工厂实施了 COD 总量控制指标的有偿转让，共进行了 30 余次排污交易。1990 年，上海又开展了大气排污权交易的试点工作，首批试点城市包括太原等 16 个城市。2001 年，南通天生港发电有限公司与南京醋酸纤维有限公司进行了真正意义上的二氧化硫排污权交易。直到 2008 年，第一批专门为环境能源权益交易提供服务的市场平台才开始成立。

绿色信贷始于 2007 年，当时中国银行业监督管理委员会（中国银监会）和中国人民银行联合发布了《关于实施环境保护政策和法规达标贷款的通知》，这标志着中国正式开始推行绿色信贷政策。该政策旨在引导银行业金融机构支持环境友好型企业和项目，限制或停止向高污染、高耗能企业和项目提供信贷资金。金融机构通过对环保项目给予贷款利率优惠，对污染严重的项目实施信贷限制或提高贷款成本，以此调控资本流向，促进产业结构的绿色转型。此后，绿色信贷政策逐渐成为中国推动绿色经济发展和环境保护的重要工具之一。

碳排放权市场交易是一种市场化手段，旨在促进温室气体减排。通过限额分配和交易，市场力量得以发挥作用，激励企业寻找更多节能减排的机会。中国的碳排放权市场交易试点项目始于 2013 年，在北京、上海、天津、深圳、广东、重庆和湖北七个省市启动了地方试点碳市场。这些试点碳市场的建立是为了探索和准备全国性的碳排放权交易市场。2021 年 7 月，中国正式启动了全国性碳排放权交易市场，首批纳入的是电力行业，这标志着全国碳市场的正式运行。这个市场是全球规模最大的碳排放权交易市场之一，标志着中国在全球减排努力中迈出了重要一步。

另外，国家鼓励企业通过购买环境污染责任保险来分散潜在的环境污染风险，这种保险也是市场激励型环境治理的一种方式。建立健全跨区域和流域的生态补偿机制，通过财政转移支付等手段，对因保护生态环境而减少经济开发的地区给予补偿，以此激励地方政府和社会各界参与环境保护。20 世纪 90 年代末，我国最初的生态补偿实践主要是在流域管理和自然保护区内部一些零散地进行。2000 年前后，生态补偿的概念在中国得到了进一步的发展和推广。到了 2004 年，《国务院关于加强环境保护工作的决定》中正式提出建立生态补偿机制。此后，我国政府陆续出台了多项政策和指导意见，不断完善生态补偿机制。特别是自 2008 年起，我国开始在全国范围内实施重点生态功能区转移支付政策，向一些为国家提供重要生态服务但发展相对滞后的地区提供财政转移支付，推动生态补偿从理论到实践的广泛应用。

我国环境治理正在从行政命令型环境管理转向市场激励型的环境管理模式。这些政策的实施有力地推动了我国环境治理体系的转型，通过市场机制激励各类主体投入环境保护，从而达到改善环境质量、实现可持续发展的目标。

3. 从“污染者治理”到“污染者付费”转化

我国在 1989 年正式确立实施了《环境保护法》，提出了“污染者治理”的原则。在 20 世纪 90 年代之前，我国环境污染的治理遵循的是“谁污染，谁治理”的原则。2002 年，《关于加快市政公用行业市场化进程的意见》的发布标志着我国市政公用事业进入了市场化改革阶段。这一指导意见鼓励市政公用行业积极引进民间资本和外资，实现投资主体多元化。在新建市政项目方面，采用了 BOT（建设-运营-移交）、BT（建设-移交）、TOT（转让-运营-移交）等方式进行运作。而对于存量项目，则结合事业单位改制，实施专业化企业委托运营。随后，2007 年发布了《关于开展烟气脱硫特许经营试点工作的通知》，推动环境污染治理进入第三方治理阶段。这一举措将过去的工业企业“谁污染，谁治理”模式转变为“污染者付费，第三方治理”的模式。通过引入独立于污染企业和政府的组织进行污染治理，实质上实现了第三方治理的目标。

2013 年 11 月，十八届三中全会通过了《关于全面深化改革若干重大问题的决定》，提出了建立吸引社会资本投入生态环境保护的市场化机制，公共服务 PPP 模式进入了常态化阶段，并正式提出了第三方治理。相较于发达国家，我国对环境污染第三方治理的研究起步较晚。2015 年，我国发布了《关于推行环境污染第三方治理的意见》，这是我国首次明确定义了第三方治理的含义，即第三方治理是“排污者通过缴费或者遵照协议支付约定费用，委托环境企业进行环境污染治理的新模式”。

第三方治理的核心在于市场化机制。这种机制能够为培育专业的污染治理企业提供竞争平台，吸引更多资本投入环保产业，推动环保产业采用更加专业的治理手段和技术创新，为环保产业的创新发展注入新的活力。2015 年，国家发布了推进环境污染第三方治理的实施意见，随后北京、上海、河北等 10 余个省市也纷纷出台了类似的实施意见，形成了从中央到地方的政策推动体系。这一系列政策的出台为环境污染第三方治理创造了有利的市场环境。为了进一步推动该机制的发展，2017 年 12 月，国务院办公厅还印发了环境污染第三方治理的典型案例，这体现了国家对于第三方环境治理的高度重视。通过第三方环境治理的专业化社会分工，可以使各领域的专业人才充分发挥其价值，最大限度地提升社会整体效益。

8.3.2 我国农村环境治理政策

2023 年中央一号文件《关于做好 2023 年全面推进乡村振兴重点工作的意见》中，关于农村环境治理，特别强调了推进农业绿色发展，扎实推进农村人居环境治理提升，打造宜居、宜业、和美的乡村，这体现了我国政府对农村发展及环境治理的高度重视。

农村环境与城市环境相对，是指以农民聚居地为中心的一定范围内的自然及社会条件的总和，包括农村居住环境、农业生产环境和农村生态环境。随着城镇化和现代化进程的加快，农村环境的承载力已达到或接近上限，农村环境污染成为突破农业可持续发展的瓶颈因素。在持续推进农村环境治理的过程中，各种问题也日益凸显，成为民生问题的焦点。

改革开放以来,我国农村环境治理经历了三个阶段的发展。第一阶段,环境治理从属于农村经济增长的目标。1982—1986年期间,每年中央一号文件的内容都反映了这一倾向。第二阶段,将农村环境治理置于与经济建设平衡发展的战略性地位。2004—2012年的一系列中央一号文件体现了这一转变。2004年的《中共中央 国务院关于促进农民增加收入若干政策的意见》提出尽快扭转城乡居民收入差距不断扩大的趋势,并加强农村基础设施建设。此后每年的中央农村工作文件所涉及的环境问题要点包括加强农田水利和生态建设、推进并完善新农村建设、发展现代农业、实行最严格的水资源管理、推进农业科技创新,以及农村环境保护等方面,重点是通过对环境污染的治理来改善人居环境,提升生态建设水平。特别值得一提的是,2012年中央一号文件中提到了逐步推行城乡同治的环境治理,确立了城乡环境治理的方针。第三阶段,主要是党的十八大以来,国家将生态文明建设纳入"五位一体"总体布局,农村环境治理进入了全面综合治理阶段。自2013年提出"美丽乡村"建设目标以来,我国相关部门采取了一系列措施推动农村人居环境的改善。2014年,住房城乡建设部、中央农村工作领导小组办公室、环境保护部和农业部等多个部委联合发布了《关于改善农村人居环境的指导意见》,明确了到2020年的目标,即明显改善全国农村居民的住房、饮水和出行等基本条件,实现人居环境的干净、整洁和便捷,并建成一批具有特色的美丽宜居村庄。2018年,《关于实施乡村振兴战略的意见》出台,要求在全国范围内展开社会主义新农村建设和美丽乡村建设等行动,切实推动农村人居环境治理。同时,国家还发布了《农村人居环境整治三年行动方案》,提出到2020年实现农村人居环境明显改善,村庄环境基本干净整洁有序,并普遍增强村民的环境与健康意识。这些重要文件的颁布和实施体现了我国农村生态环境治理政策体系的不断完善。2021年,又相继发布了《中共中央 国务院关于全面推进乡村振兴加快农业农村现代化的意见》《关于推动城乡建设绿色发展的意见》以及《农村人居环境整治提升五年行动方案(2021—2025年)》,为进一步推进乡村振兴和城乡绿色发展提供了指导。2022年,关于农村生态环境及人居环境治理的多项政策密集发布,体现了国家全面治理农村环境的决心。2023年中央一号文件提出全面推进乡村振兴重点工作的推进,并提出了打造宜居、宜业、和美乡村的建设目标以及环境治理目标。近十年来农村环境治理的政策见表8.1。

表8.1 近年来农村环境治理政策

时间	政策	内容要点	发文机构
2014年5月	《关于改善农村人居环境的指导意见》	建立部门联动及分工明确的协调推进机制,落实全国改善农村人居环境会议精神,研究建立农村人居环境统计和评价机制	住房城乡建设部、中央农村工作领导小组办公室、环境保护部、农业部
2017年2月	《全国农村环境综合整治"十三五"规划》	到2020年,新增完成环境综合整治的建制村13万个,累计达到全国建制村总数的三分之一以上。建立健全农村环保长效机制,整治过的7.8万个建制村的环境不断改善,确保已建农村环保设施长期稳定运行。引导、示范和带动全国更多建制村开展环境综合整治	环境保护部、财政部

续　表

时　间	政　　策	内 容 要 点	发 文 机 构
2017 年 9 月	《关于创新体制机制推进农业绿色发展的意见》	转变农业发展方式,优化空间布局,节约利用资源,保护产地环境,提升生态服务功能,全力构建人与自然和谐共生的农业发展新格局,推动形成绿色生产方式和生活方式,把农业绿色发展摆在生态文明建设全局的突出位置,全面建立以绿色生态为导向的制度体系	中共中央办公厅、国务院办公厅
2018 年 1 月	《关于实施乡村振兴战略的意见》	实施乡村振兴战略的目标任务：到 2020 年,乡村振兴取得重要进展,农村基础设施建设深入推进,农村人居环境明显改善;城乡基本公共服务均等化水平进一步提高,城乡融合发展体制机制初步建立;农村生态环境明显好转。到 2035 年,乡村振兴取得决定性进展,农村生态环境根本好转,美丽宜居乡村基本实现	中共中央办公厅、国务院办公厅
2018 年 2 月	《农村人居环境整治三年行动方案》	推进"五位一体"总体布局和协调推进"四个全面"战略布局。到 2020 年,实现农村人居环境明显改善,村庄环境基本干净整洁有序,村民环境与健康意识普遍增强	中共中央办公厅、国务院办公厅
2018 年 9 月	《乡村振兴战略规划（2018—2022 年)》	建设生态宜居的美丽乡村,完善城乡融合发展政策体系	中共中央办公厅、国务院办公厅
2021 年 2 月	《关于全面推进乡村振兴加快农业农村现代化的意见》	全面推进乡村产业、人才、文化、生态、组织振兴,充分发挥农业产品供给、生态屏障、文化传承等功能,走中国特色社会主义乡村振兴道路	中共中央办公厅、国务院办公厅
2021 年 10 月	《关于推动城乡建设绿色发展的意见》	到 2025 年,城乡建设绿色发展体制机制和政策体系基本建立,到 2035 年,城乡建设全面实现绿色发展,碳减排水平快速提升,城市和乡村品质全面提升,人居环境更加美好,城乡建设领域治理体系和治理能力基本实现现代化,美丽中国建设目标基本实现	中共中央办公厅、国务院办公厅
2021 年 12 月	《农村人居环境整治提升五年行动方案（2021—2025 年)》	深入学习推广浙江"千村示范、万村整治"工程经验,以农村厕所革命、生活污水垃圾治理、村容村貌提升为重点,巩固拓展农村人居环境整治三年行动成果,全面提升农村人居环境质量	中共中央办公厅、国务院办公厅
2022 年 1 月	《农业农村污染治理攻坚战行动方案(2021—2025 年)》	行动目标：到 2025 年,农村环境整治水平显著提升,农业面源污染得到初步管控,农村生态环境持续改善。新增完成 8 万个行政村环境整治,农村生活污水治理率达到 40%,基本消除较大面积农村黑臭水体;化肥农药使用量持续减少,主要农作物化肥、农药利用率均达到 43%,农膜回收率达到 85%;畜禽粪污综合利用率达到 80%以上	生态环境部、农业农村部、住房和城乡建设部、水利部、国家乡村振兴局
2022 年 3 月	《2022 年新型城镇化和城乡融合发展重点任务》	以县域为基本单元推动城乡融合发展,推进城镇基础设施向乡村延伸、公共服务和社会事业向乡村覆盖	国家发展改革委
2022 年 5 月	《乡村建设行动实施方案》	树立绿色低碳理念,促进资源集约节约循环利用,推行绿色规划、绿色设计、绿色建设,实现乡村建设与自然生态环境有机融合	中共中央办公厅、国务院办公厅

续 表

时 间	政 策	内容要点	发文机构
2022 年 11 月	《"十四五"生态环境领域科技创新专项规划》	坚持政府引导、市场发力。加强各类资源的整合利用，充分发挥市场配置创新资源的作用，构建多主体融合、多渠道汇集的生态环境科技创新格局与协同机制，推动生态环境问题协同解决与环保产业高质量发展	科技部、生态环境部、住房和城乡建设部、气象局、林草局
2022 年 11 月	《乡村振兴责任制实施办法》	实行乡村振兴责任制，主要目的是以责任落实推动政策落实、工作落实，确保全面推进乡村振兴各项重点任务落到实处	中共中央办公厅、国务院办公厅
2023 年 1 月	《关于做好 2023 年全面推进乡村振兴重点工作的意见》	推动乡村产业高质量发展，推进宜居、宜业、和美乡村建设	中共中央办公厅、国务院办公厅
2023 年 3 月	《关于组织开展农村能源革命试点县建设的通知》	发挥可再生能源分布式创新发展的优势，加快推进农村能源革命，各省自愿组织优选不超过 1 个可再生能源资源禀赋好、有开发潜力，特别是现有支持政策完备、支持力度较大的县域，申报农村能源革命试点县	国家能源局、生态环境部、农业农村部、乡村振兴局

资料来源：根据中华人民共和国生态环境部网站发布政策整理。

8.4 城乡融合的环境治理现状及问题

8.4.1 城乡环境融合程度较低

由于长期以来城乡环境治理体系存在分割现象，以及重城市、轻农村的环境投入建设模式，导致城市污染问题向农村地区扩散。与城市相比，农村生态环境问题依然十分突出，城乡生态融合的水平相对较低。

1. 乡村环境污染负荷加重

现阶段，随着工业化与城镇化的快速推进，农村一度扮演了被动接受工业与城市转移污染的角色。我国农村环境污染既有内源性污染，这主要是指农村自身生活及发展衍生出来的污染问题，如农业生产及日常生活活动导致的环境污染，也有因开发建设活动造成的对农村生态环境资源的破坏。此外，还有农村自身以外因素引发的外源性污染，比如城市外部污染转嫁到农村所引起的工业污染。城市通过"虹吸"效应将环境的正外部性集聚于城市内，例如清洁能源、无污染的水源等，却将环境的负外部性释放到城市之外的区域，如污染物废弃物、环境排泄物等。城市郊区及农村因此成为环境污染转移的承受者。在资源约束紧、价格优势缺失的现实制约下，农村为了实现自身发展不得不接纳来自城市的污染产业和污染物转移，以换取有限的发展机遇。另外，大部分乡镇企业生产方式粗放，单位产值能耗过高，导致乡村环境进一步恶化。在处理发展与环境关系时，许多乡镇领导更倾向于关注短期和局部利益，缺乏对可持续发展理念的贯彻。他们在具体工作中未能充分认识到环境污染可能带来的潜在危害性。这些因素均加剧了乡村环境污染负荷。

2. 乡村人居环境与城市存在较大差距

与城市相比，乡村的环境基础设施无法满足居民的需求。大部分农村地区缺乏完善的环境基础设施体系。生活用自来水管道并未完全覆盖，下水道及污水处理系统缺少统一的规划和建设，导致农村水污染问题严重。根据 2022 年的《公民生态环境行为调查报告》①，在环境状况感知方面，一些公众认为他们所居住的地区存在显著的环境问题，包括空气污染（23.1%）、噪声污染（15.6%）和垃圾废弃物污染（15.3%）。除了这些显著的环境问题，乡村居民还更多地感受到水污染（13.2%）和土壤污染（11.6%）。根据生态环境部发布的中国环境状况公报，城市和农村饮用水水源的达标率存在明显差异，2021 年城市饮用水水源的达标率为 94.2%，而农村仅为 78%；2022 年城市饮用水水源的达标率为 95.9%，农村为 82.9%，城乡之间存在着显著的差距。

目前，农村环境污染物的收集和处置率较低。由于农村垃圾收集处理中心、污水管网、固体废弃物处置设施配置不足，无法及时处理污染物，常常出现农村生活污水无法实现完全统一收集和统一处理的情况，居民日常生活产生的污水、废水未经任何处理就直接排放。此外，污染处理技术在农村的推广和应用不足，导致垃圾资源化利用率以及污水处理效率难以提高，这降低了乡村人居环境整治的效率。

3. 农业生产中农药使用的环境污染严重

我国农业生产中农药的使用所引发的环境污染问题，引起了社会各界的广泛关注和担忧。农药作为重要的农业生产资料，在提升农作物产量、防治病虫害方面发挥了关键作用。然而，长期以来，我国农业生产中普遍存在着农药过度使用和不当使用的问题，这导致了严重的环境污染。

首先，表现为土壤的退化和污染。长期大量使用化学肥料和农药，导致土壤有机质含量降低，土壤结构受损，从而增加了土壤侵蚀和污染的风险。土壤中农药残留超标的现象普遍，这严重破坏了土壤的生物多样性和生态平衡。

其次，农药残留对水体构成了严重威胁。农田中过度使用农药会导致化学物质在使用后未能完全被作物吸收，剩余的部分会随着雨水径流或灌溉水流入水体，从而污染地表水和地下水。此外，含有氮、磷的化肥随水流进入湖泊和河流，会促进水体中藻类的大量繁殖，引发水体富营养化，危害水环境健康。

再者，农药对生态系统的影响不容小觑。农药的使用在杀灭病虫害的同时，也可能对农田中的其他生物产生副作用。例如，它可能对有益昆虫、鸟类等造成直接或间接的伤害，破坏生物多样性，扰乱生态平衡。这些生物的减少将进而影响农田生态系统的功能，

① 《公民生态环境行为调查报告（2022）》发布，http://yn.people.com.cn/n2/2023/0627/c378440-40471573.html 2023.6.27.

以及农作物的生长和发育。

此外,农药的不合理使用也给人类健康带来了潜在的风险。长期食用含有农药残留的食品可能对人体健康产生不良影响,包括慢性毒性、免疫系统损害等问题。特别是在农村地区,由于缺乏农药残留检测手段和相关知识普及,农民可能更容易接触到农药残留超标的农产品,从而增加了健康风险。

农业中农药的使用导致了生态环境的恶化,生物多样性的减少,水体功能区划分的不合理,以及农产品安全问题的增加,这些因素严重威胁到了农村居民的健康和城乡居民的饮水安全。

8.4.2 统筹城乡环境治理问题产生原因

1. 城乡环境治理制度明显割裂

我国城乡分治的体制是导致城乡经济、社会发展失衡的历史性体制根源(孙久文,2010)。城市与乡村面临的发展难题存在明显差异,这表明它们需要不同的发展制度支持。然而,我国现有的城市与乡村治理制度仍处于明显的分割状态,环境治理方面缺乏服务城乡融合治理的制度设计。城乡受到的重视程度不均,治理地位体现出不平等,缺少城乡整体性治理的思维。在进行环境治理时,出现了碎片化的情况。在农村环境治理中,涉及多个政府部门,但由于缺乏沟通协调,常常出现政出多门的现象。各责任主体之间职能、利益和资金的分散,进一步加剧了这一问题。许多地方政府对城乡关系的认识不够统一,对城市与乡村发展的制度安排也存在明显差异,这最终导致了许多地方城乡发展的极不平衡。大部分农村地区尚未形成完整有效的治理政策体系,面对生态破坏、环境污染等问题时,处理效率低下,治理力度不足。

2. 城乡环境治理资源配置失衡

党的十八大以后,国家大力推动生态文明建设,提出了统筹城乡环境治理的方针。然而,在环境治理的投入上,城乡之间的差距依然显著。政府在环保领域的财政投入相对有限,且主要集中在城市发展和工业生产上,对农村环保的投入相对较少。自 2008 年起,中央财政开始设立农村环境保护专项资金。截至 2011 年年底,已安排资金达 80 亿元,用于农村环境综合整治;2012 年,又安排了 55 亿元。到了 2017 年,中央财政专门安排了 60 亿元的专项资金,重点支持南水北调沿线及重要水源地周边地区的环境保护。这些资金主要用于农村污水和垃圾处理、饮用水水源地保护以及畜禽养殖污染的防治等方面。从 2008 年启动至 2017 年,中央财政已累计安排专项资金达 435 亿元,惠及人口近 2 亿。在 2016 年至 2020 年期间,中央财政又安排了 258 亿元的专项资金,重点支持农村生态环境的短板,推进饮用水源环境保护、分散式畜禽养殖污染防治以及农村生活污水和垃圾治理等工作[①]。2021 年和

① 来源于中华人民共和国财政部公开资料 http://www.mof.gov.cn/index.htm.

2022 年，中央财政部专设了每年近 30 亿元的农村人居环境整治中央专项基金，旨在改善农村地区的居住环境。详细数据见表 8.2。

表 8.2　中央财政关于农村环境治理专项资金情况

年　　份	中央财政环境保护支出/亿元	农村环境治理专项资金/亿元	农村环保资金占全国环保资金比重
2008—2009	104.12	15	14.41
2010—2011	143.67	65	45.24
2012	63.65	55	86.41
2015	400.41	60	14.98
2017	350.56	60	17.12
2016—2018	1 073.61	180	16.77
2019—2020	765.45	78	10.19
2021	273.78	29.6	10.81
2022	176.96	30	16.95

数据来源：中央财政环境保护支出来源于国家统计局；农村环境治理专项资金来源于中华人民共和国财政部公开资料；部分数据根据公开资料自行计算得出（备注：2021 年和 2022 年农村环境治理数据专指“农村人居环境整治中央专项基金”）。

环境治理投资是减少农村污染，优化农村生态环境最有效的措施。根据以往环境污染治理的经验，解决农村环境污染问题需要地方政府投入大量资金。对比图 8.1 中中央财政环保支出和农村环境治理资金，发现农村环保资金占每年全国环保支出约 15%，明显可见我国在农村环境整治方面，政府财政支持力度还有待加强。

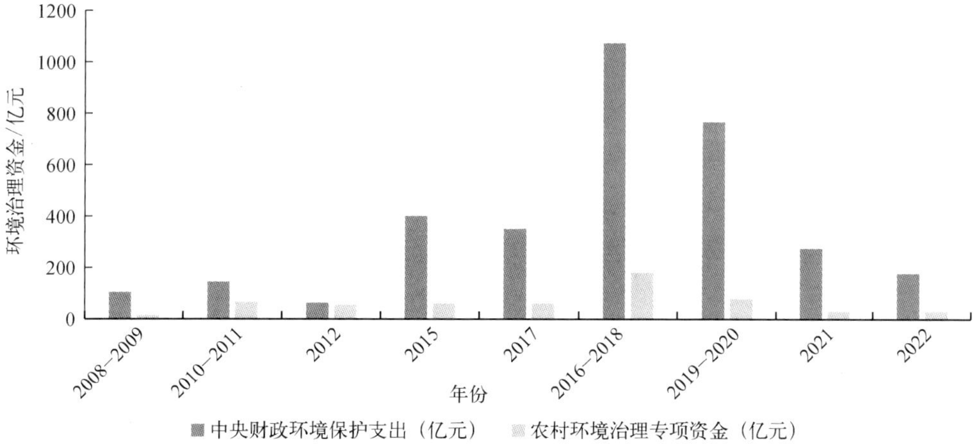

图 8.1　中央财政关于农村环境治理专项资金以及全国环保资金对比情况

数据来源：中央财政环境保护支出来源于国家统计局；农村环境治理专项资金来源于中华人民共和国财政部公开资料，部分由作者自行计算得出。

我国乡村地区在相关技术人员的配置上存在不均衡现象，人才培养机制不够完善，加之治理资金的不足，导致了对本土人才资源的开发不够充分。乡村生态环境治理在技术支撑方面显得不足，农村人居环境治理的技术规范大多是对城市环境治理思路的简单延伸，技术逻辑尚未从工程主义的思路转变为更加适用的技术方向。适合农村地区且成熟的面源污染治理技术、人居环境整治技术、废弃物资源化技术仍然较为缺乏，技术人员数量较少，这些问题直接影响了农村生态环境治理的有效性、稳定性和经济性。

3. 城乡环境治理缺乏相互合作，治理主体单一

当前，我国城市与乡村生态治理的相关部门之间横向联合性不足，城乡环保机构的合作不充分，联合治理的效率低下。农村环境治理主要依赖政府的“命令-控制”单一模式，政府在治理过程中占据主导地位。政府之外的其他参与主体参与度不高，这使得许多城乡融合发展的实质性工作难以有效实施。在治理过程中，污水管道的路线规划以及垃圾桶的位置安排等存在政策单向度的空间价值隐患。

受信息不对称和发展资源限制的影响，市场力量在农村人居环境治理中的竞争力较弱。由于大部分村民的文化水平有限，他们对政策的理解能力相对较低，难以通过个人能力获取足够的信息。作为农村人居环境治理的主体，村民的参与意识不强，参与度不高。现代化数字技术的推广和普及程度不足，由于农村基础设施和信息化水平相对落后，数字技术的应用遭遇诸多挑战。此外，数字技术需要专业人才进行维护和管理，而农村地区专业人才的缺乏限制了数字技术的应用范围和效果。乡镇企业、农村居民乃至乡镇干部的环保意识普遍不高，缺乏进行绿色环保生产、降低污染的自觉性。政府、居民、企业以及各类自愿环保组织等主体之间尚未形成有效的合力。

8.5 城乡融合的环境治理机制与治理体系

城乡融合的环境治理机制，是指在城市与农村之间建立一种协同合作的机制，旨在实现环境治理的综合效益最大化。该机制的核心在于整合城市与农村的资源、政策和管理等方面，推动城乡间环境治理的协调与共享。通过各参与主体在环境治理中的相互联系、相互制约，以及促进城乡融合环境效益最大化的运行模式，确保城乡融合环境治理有序、快速推进的各项保障功能。研究这一机制，需梳理城乡融合背景下环境治理的目标、参与主体、运行模式及治理体系等方面。

8.5.1 城乡融合的环境治理目标

针对当前环境治理中城乡差异的问题，探索有效的城乡融合环境治理机制，主要目标是实现城乡居民在生态环境和环境质量上的一致化，达到创新、协调、绿色、开放、共享的可持续发展目标。具体目标细化为以下几点：一是实现农村环境质量整体水平的提升，真

正实现生态宜居的美丽乡村,缩小城乡环境之间的差异;二是提升农村居民的环境幸福感,促进居民主动参与到环境防治中;三是实现农村生态财富向物质财富的转变;四是形成城乡环境有效治理的长效机制。

为了达成以上目标,需要构建城乡融合环境治理的运行体系,包括以下几个方面。一是城乡融合环境治理的参与主体。在微观层面上,涉及个人、家庭、志愿组织、企业、媒体等经济主体;在中观层面上,涵盖环境污染产业以及具有正外部性的环境治理产业;在宏观层面上,主要是指政府制定的推动城乡融合环境治理的各项政策。二是城乡融合环境治理的运行模式。为了有效推进生态环境建设,促进城乡融合,应强调多元主体参与环境治理,并将合作共治理念引入环境治理中,形成多元主体共同参与的环境治理运行模式,以实现生态环境效益的最大化。三是保障城乡融合环境治理有序、快速推进的各项功能。各参与主体应以自身的利益和问题为导向,通过合作共治有效连接,实现政府、企业、社会(包括个体、家庭、志愿组织、媒体等)各要素的相互联系和相互作用。这样做可以保障社会力量参与环境监督和制约,实现环境利益的协调和相互制衡,增强环境治理的动力,提升城乡融合环境治理的常态化和可实施性,从而推动城乡融合环境治理的良性发展。

8.5.2　城乡融合发展的环境治理机制

1. 完善城乡环境治理的行政机制

打破城乡行政区划和层级障碍,加快完善生态环境治理政策制定体系。制定城乡统一标准的环境治理政策,完善不同产业和领域的环境治理实施细则;转变县域、乡镇等各级政府职能,完善政府与公众双向沟通机制,提高环境治理效率,形成环境优美、生态良好的城乡生态环境格局,使城市融入自然,乡村更加宜居。

打破行政区划分隔导致的环境治理信息障碍,加强城乡部门间的信息共享与合作,建立城乡联合执法机制,发挥县城连接城乡的作用,提高行政效率。统筹监管城市与乡村的潜在环境污染源,进行不定期随机抽查。重点关注农村地区和城郊地区,加大抽查次数,提高执法力度,严格处罚城市内市场主体向农村地区转移污染的行为。

2. 充分发挥城乡环境治理的市场机制

市场机制包括市场供求机制、竞争机制和价格机制等,市场经济的发展会随着市场需求的升级变化,内生地增强企业和居民参与环境保护的动力和能力。这一机制将市场需求与预期收益转化为激励关系,增加了多元主体合作的深度和灵活性,从而提高环境治理的效率。市场化有助于改善资源配置效率。通过市场价格机制,可以揭示环境类公共品的真实需求;通过竞争机制,可以筛选出优质的环境供给方,以最大限度地实现环境公共品的有效供给。

积极培育第三方环境治理机构，这是一种市场导向型的激励机制。市场主体在追求自身利益最大化的过程中，可以通过成立中介机构或独立的市场主体来承担治理任务。这些机构能够集中技术力量和资金，建立经营性实体进行污染治理。这种方式可以实现治理行为的社会化和产业化，极大地提升治理效果和绩效。在市场化条件下，第三方治污企业能够降低治污成本，提高治污效率。例如，引入第三方市场化力量可以开放城乡环境基础设施领域的市场，提升环境基础设施的市场化运营水平。对城乡环境基础设施建设运营企业中的事业单位进行市场化改革，提高其专业化和市场化程度，按照企业化模式运行，提升服务效率。

3. 培育多元主体合作的社会机制

党的十九大报告中提出了构建政府主导、企业主体、社会组织和公众共同参与的环境治理体系的目标。这种多元环境治理体系作为一种新的制度选择和范式，打破了过去单一行政主导的局限，实现了多元治理主体的协同治理，这标志着国家在环境治理领域治理能力现代化的重要进步。通过多元主体之间的高质量协同合作，可以充分激发资源的价值，发挥制度的效能，并确保城乡融合发展工作的正确方向。

在多元主体治理模式中，市场主体、社会主体和公民个人不仅拥有参与决策、表达诉求的畅通渠道，而且能够在环境公共品治理的整个过程中行使监督和评价的权利，这样可以防止治理过程中目标偏离，确保治理目标的顺利实现。

通过城乡融合的环境治理机制，可以实现城市和农村之间的良性互动和互补发展，推动可持续发展和生态文明建设。

8.5.3 城乡融合的环境治理体系

在当前技术条件下，应重点将数字信息技术运用于环境治理，充分打造技术保障平台，以提升环境治理的效率。利益协调和利益共享是连接环境治理各主体的纽带，也是激励各主体自愿参与环境治理的催化剂。在政府的政策引导下，利用第三方治理的市场机制可以更有效地激发各大主体的参与积极性。因此，本章提出了“以数字建设作为技术平台，在政府引导下通过第三方参与环境治理的机制设计”。促进城乡融合的环境治理系统如图 8.2 所示。

1. 治理主体——政府、企业、居民、第三方环境治理企业等多元治理主体

从横向角度来看，多元治理主体主要包括政府、企业、居民以及民间自愿组织等；从纵向角度来看，治理主体不仅限于国家层面，还包括区域间、部门间、行业间等不同层面。这些主体之间通过利益的相互协调，形成了利益共同体。在这样的结构中，各主体充分发挥自己的专业知识和社会资本的作用，共同应用于环境治理，以实现城乡环境融合的共同目标。

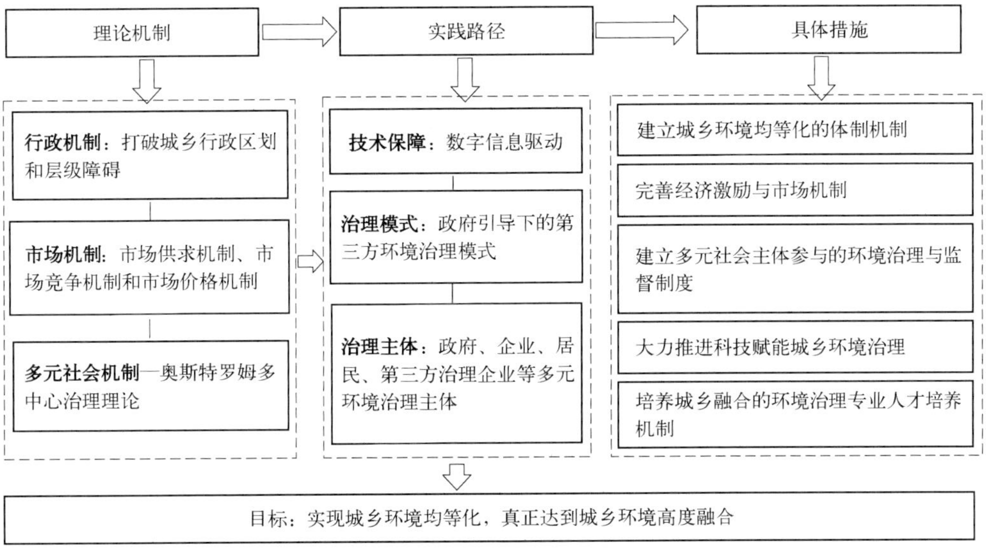

图 8.2　促进城乡融合的环境治理系统图

第三方参与环境治理能够有效动员社会各界力量积极参与，显著提升治理效率，具体体现在以下几个方面。首先，对于污染企业来说，第三方参与可以提高污染企业的达标排放率，降低运营成本。专业的第三方环境治理企业通过服务合同模式承接污染治理工作，与污染企业自行治理相比，能够更有效地提高达标率，降低工业企业的排放成本，提高治污效果，同时使污染企业能够集中精力发展主营业务，提升生产率。其次，对于政府而言，第三方参与环境治理有助于降低监管成本。环保部门可以更集中地进行监管，减少执法成本。此外，政府相关部门可以利用第三方治理公司提供的专业监测数据进行分析，形成行业或区域的分析报告，为环境治理和环境决策提供科学依据。再次，对于第三方治理企业来说，这不仅是提供治理服务的机会，也是对其专业性和可靠性的考验。第三方企业通过提升和推广节能减排技术，可以在市场竞争中脱颖而出，实现利润最大化。在竞争环境中生存下来的企业会不断改进技术，追求卓越，随着规模化效应的形成，可以有效降低环保设施的运营和维护成本。

2. 治理模式—政府引导下的第三方环境治理

由政府部门联合社会组织和社会资本，通过 PPP 模式或混合所有制等形式成立专业环境服务公司，即第三方环境治理机构。环境污染第三方治理模式是指政府或排污企业与第三方企业签订合同或协议，将污染治理任务委托给第三方企业来承担。在这种合作模式下，政府或排污企业向第三方企业支付治污费用，而第三方企业则负责提供污染治理服务，从而形成一种委托-代理关系。在这种关系中，双方相互监督，共享利益，并共同承担风险。第三方参与环境污染治理，能够在很大程度上激发企业和居民参与治理的积极性，产生显著的“公众效应”。在政府失灵、市场失灵以及自愿失灵的情况下，第三方治理对于推进城乡融合以及乡村振兴是比较可行的一种环境治理模式。

第三方环境治理模式的优势在于能够突破排污企业在规模、技术和专业方面的限制，推动排污企业从生产技术和经营管理综合考虑环境问题。只要第三方治理费用低于自建设施处理费用或违法排污费用，企业就会选择第三方治理，从而提高治污效率并降低治理成本。通过按合同约定支付费用，排污企业委托专业环境服务公司进行污染集中治理，实施环境污染第三方治理，有助于提高污染治理效率。第三方治理所实现的污染物减排量将计入排污单位的排污权账户，由排污单位作为排污权的交易和收益主体，从而激发企业履行环境责任的内在动力。

第三方参与环境治理是适应新时代环境治理实践需求的多元合作治理模式。该模式具体为"污染者付费，专业化治理"，能够提高污染治理效率，第三方参与环境治理影响治理效率的机理如下：

一是第三方参与环境污染治理，通过市场竞争效应促进了资源的有效配置。市场化的环境治理建立了投入产出机制，将污染治理转化为企业平等竞争和自愿参与的市场行为，从而提升了环境治理的效率。企业可以根据自身的需求和成本效益进行决策，选择最合适的治理方案。市场化机制同时推动了技术创新和资源配置的优化，激励企业开发和采用更高效的环境治理技术与方法。这种机制鼓励企业在环境治理上承担更多责任，为环境保护和可持续发展做出贡献。

二是第三方参与环境污染治理，有助于污染治理技术的不断精进。作为专业从事环境治理的公司，第三方企业不仅拥有专业化的管理团队，而且持续进行治理新技术的研究与开发，推动技术革新。这不仅降低了单位污染治理的固定成本，规模化经营还降低了单位产品分摊的研发费用，实现了资源的整合利用。先进的技术和科学的管理手段促进了生产流程的优化和改进，整体上提升了环境污染治理的效率。

三是第三方参与环境污染治理，使得污染企业能够集中精力抓主要生产，提高生产效率。将污染治理任务交给第三方专业公司后，污染排放企业可以专注于核心业务，一方面不断研发新技术，实现产出上的突破；另一方面，从成本收益角度出发，企业会持续抑制污染排放（如通过技术改进或突破），有利于污染治理。专业的事情由专业人才完成，不仅提升了生产效率，也促进了污染的抑制和治理效益的提升。

四是第三方参与环境污染治理，便于政府相关部门的监管，及时调整环境政策，提高政府环保部门的工作效率。第三方污染治理企业在规模化运作时，通常会推广产业或行业污染治理的应用，这有助于政府环境监控部门有效识别各行业的主要污染问题，为制定或修订环境治理政策提供了准确的依据。

3. 技术保障—数字信息驱动

随着信息技术的发展，电视、互联网以及智能手机的普及使得更多人意识到环境污染的严重性和危害性，增强了环境保护的意识，这种现象在农村地区尤为显著。数字设备传递的环保信息在潜移默化中提升了农民的环境意识。

数字乡村建设的推进使得数字技术在乡村治理中的应用日益广泛。数字信息技术成为美丽乡村建设和脱贫振兴持续发展的动力和关键引擎，是实现乡村振兴目标的内在路径。通过应用数字技术，可以提升乡村治理的效率和品质，推动乡村经济的发展和社会进步。数字化的手段和工具为乡村发展开辟了新的可能性，为农村地区注入了活力和动力，并为乡村振兴提供了重要支撑。数字经济发展有助于改善资源配置结构，通过数字建设实现环境监测的动态化、社会各主体参与环境保护的普及化和深度化，同时实现环境监管的信息化和环保产业的智能化，减少资源浪费和损失。数字建设通过加强政府环境规制的执行力度，加速传统产业的绿色化转型，从而提升环境治理的绩效。

数字信息对环境治理绩效和促进城乡融合的作用机理主要体现在以下几个方面。

其一，提升了环境治理各要素的信息匹配度。数字信息的及时传导使得环境治理的各主体能够根据大数据资源共享中心的信息，及时掌握环境相关问题。数据的交换和互联互通有效解决了环境治理中跨层级、跨部门和跨地区信息共享的难题。通过数据融合取代层级、部门和地域融合，可以基于全面及时的环境监测数据，更加科学地制定环境治理指标。

其二，加速了环境资源的有效配置，降低了治理成本。数字技术能够精准测量数据，实时获取环境污染物总量，并监测污染源及其排放情况，同时也为污染排放者应承担的治污成本提供了衡量标准，为国家和地方政府的环境政策工具提供了依据，提高了基于市场政策工具的环境治理效能，如碳排放、排污权交易等。

其三，实现了城乡资源要素的平等交换，促进了城乡融合。数字信息的快速发展改善了农村数字基础设施，数字技术作为载体，促进了优质资源流向农村。通过信息流的引导，优化了城乡之间资金、人才、技术和信息的配置，形成了良性循环，缩小了城乡差距，促进了城乡融合发展。

其四，数字技术的应用推动了产业结构的转型优化，对环境治理绩效的提升起到了重要作用。数字技术的应用促进了产业间的整合，提高了工业结构的合理性，优化了产业结构，同时减轻了环境污染。政府应在主导产业的基础上，培育相关支持产业，引导产业多样化发展，实现经济效率和环境效益的双重提升，从而促进农村环境治理绩效的提升，进一步推动城乡环境融合。

8.6　城乡融合发展的环境治理对策

借助城乡融合发展理念和手段，我们可以加强对农村环境治理和保护的力度，推动城乡环境均等化的体制机制建设，并实现城乡环境治理机构的无缝对接，以及构建城乡环境监测的全覆盖，从而形成城乡环境治理彼此支撑的良性循环。

8.6.1　建立城乡环境均等化的体制机制

要实现城乡融合的环境治理，关键在于破除现有的体制机制障碍，转变二元体制下城乡环境治理的分割理念，以完善的制度体系推动城乡生态共建，在城乡之间建立起更为完善的环境治理均等化体制机制,打破城乡壁垒。通过统一的规划与管理,实现城市与农村在土地利用、环境规划以及资源管理上的协调一致,避免城市扩张对农村环境的负面影响。同时,推动污水处理、垃圾处理等环境基础设施的共建共享,发挥城市对农村的带动作用,共同建设生态宜居的美丽城乡。遵循城乡生态环境融合的规律,从协调城乡环境关系入手,建立城乡环境一体化治理制度。确保城市与乡村之间环境公共品的供给水平相对一致,保障城乡全体居民能够平等享有同质的环境质量。

8.6.2 完善经济激励与市场机制

经济激励与市场机制在城乡融合发展的环境治理中扮演着至关重要的角色。这些机制能够有效地调动各方面的积极性,促进资源的合理配置,同时确保城乡环境治理的持续性和效率。

建立城乡环境资源交易市场,如碳排放权交易、水资源交易等,激励城市和农村企业参与环境资源交易,推动资源的优化配置和高效利用。建立环境信用评价体系,对企业和个人的环境行为进行评估和排名,并根据评价结果实施相应的奖励或惩罚措施。

加大绿色认证、绿色信贷及绿色补贴等政策,鼓励企业建立绿色供应链,对供应商的环保标准进行要求,推动整个产业链的绿色转型;实施绿色产品认证制度,为符合环保标准的产品贴上绿色标签,引导消费者选择环保产品,从而激励企业生产绿色产品;实施绿色补贴,对采用环保技术和产品的企业或个人给予财政补贴,如补贴购买节能产品、使用可再生能源等;鼓励银行和金融机构对环境友好型项目提供低息贷款或优惠条件,如对绿色农业、绿色建筑项目等绿色信贷支持;发行绿色债券来筹集资金,专门用于投资环保项目,如水处理、废物回收等。

建立税收优惠和绿色环保奖励机制。对于积极参与城乡融合发展环境治理的企业和个人,提供税收减免或优惠的政策支持,例如减免企业所得税、资源税或环境保护税等。设立奖励制度,对在环境治理中取得突出成绩的企业和个人给予奖励,如奖金、环保奖项、专项补贴等,以激励更广泛地参与。

这些经济激励和市场机制的实施,需要政府、企业和消费者之间的协同合作。政府需制定合理的政策和监管体系,企业应积极响应绿色转型的需求,消费者的环保意识和行为也将对市场产生重要影响。通过这样的机制,可以有效推动城乡融合发展的环境治理,促使企业和个人主动参与、投入更多资源和精力,实现经济效益和环境保护的双赢局面。

8.6.3 建立多元社会主体参与的环境治理与监督的制度

为实现经济增长与环境保护的双赢局面,建设生态文明和实现“美丽中国”,我们不仅需要凭借“绿水青山就是金山银山”的理念,还要依靠广大公众和社会组织的积极参与和支持。公众和社会组织在环境治理中扮演着重要角色,其中关键的一环就是推动社会监督机制的建立和发展。通过社会监督,可以促使政府和企业更加积极主动地履行环境保护责任,推动环境决策的透明化和公正性。公众的参与精神将成为实践环境保护的支撑,使每个人都能够参与到环境治理中,共同守护我们的环境质量和生态健康。

1. 构建企业环境信息披露的渠道

政府环境治理决策中的公众参与渠道和平台建设,可以采取以下方式:意见征求和收集渠道及平台(如领导人信箱、人民来信、互联网新媒体手段等)、听证会、领导人接待日、社区活动,以及各种媒体等。这些方式旨在鼓励公众、媒体、环境 NGO 等社会组织督促企业环境信息的披露制度。加强公众及社会组织在企业项目环境评价、企业项目投产建设,以及末端污染排放和治理等企业全生命周期过程中的社会监督,促进企业自觉履行环境责任。

2. 增加环境信息公开主体的机制

引入社会力量作为环境信息公开的主体,改变我国目前仅限于省级以上政府环保部门定期以公报形式进行环境信息公开的现状,确保环境信息的完整性,使所有企业都处于监管之下,实现信息对称。此外,在企业项目环境评价过程中,通过社会力量督促政府采取听证会、座谈会、专家论证会等形式进行监督。搭建环境信息共享平台,充分利用媒体等社会力量的作用,监督政府部门构建环境网络信息平台,建立地区间的信息通报制度,及时通报最新的各类污染和环境信息,加强地区之间的协作,促进全国范围内的信息实时共享。

3. 推进环境责任协同的多元主体激励约束机制

对企业而言,将企业环境信息披露与社会公众对企业环境行为的监督信息相结合,共同构建企业的环境信用评价,这将影响企业的融资活动,形成强有力的约束,从而促使企业内在地履行环境责任。例如,公众对企业环境污染危害事件的举报可能会影响企业的信用,导致其信贷审批难度增加、环境责任保险费率上升等后果;相反,对于采取技术创新升级为绿色环保的企业,则可以享受信贷绿色通道等激励措施。

对政府而言,需要加强政府生态目标的责任考核,改变目前官员政绩考核主要依赖 GDP 等增长数据和经济发展速度的现状。通过社会力量的监督,促使政府将环保考评纳入官员政绩考核体系。引导和激励官员关注环境问题,并在重大环境问题上实施领导干部问责制。结合社会监督和环境法律法规,对于那些因工作失职导致重大环境污染事故的政府官员,应严格执行问责制度。

8.6.4 大力推进科技赋能城乡环境治理

城乡融合发展的环境治理确实需要科学技术的支持,以提升治理水平。在新一轮智能化、数字化和绿色化的科技革命推动下，我们可以增强科技数字化对城乡发展的赋能。利用先进的科技手段，可以提升环境治理的效果，提高资源利用效率，推动城乡发展的协同进步。科技进步为城乡融合发展带来新的机遇和动力，助力实现城乡一体化和可持续发展的目标。

首先，推进城乡生产管理智能化。推广环境治理智能化设备，提升生产效率；促进信息化与环境治理装备、作业服务和管理的一体化应用。其次，加快环境治理技术创新，建设绿色低碳示范工程。数字化还有助于绿色经济的发展，例如通过电子商务平台将农村绿色产品直供城市，减少交易环节，提高效率，促进绿色消费。最后，以数字化转型为契机，加快城乡环境治理的数字化和信息化建设，进一步完善新一代城乡信息基础设施。同时，加快人工智能、物联网、大数据、区块链等现代信息技术在环境治理领域的开发和应用。

借助数字化手段实现城乡环境融合发展，关键在于利用现代信息技术缩小城乡环境管理和资源配置的差距。信息技术基础较好的地区能更快地接纳新信息技术，为数字发展普及创造环境并提供支持平台，在提高自身技术认知的同时，更能进一步引发新数字技术的传播与创新。通过建立全面的数据收集和分析平台，城乡可以共享环境监测数据，提升对环境变化的响应速度和处理效率。智能化的环境监控系统能实时追踪空气质量、水资源状况和土地使用变化，以便及时采取行动，保护生态环境。此外，数字化教育资源的共享有助于提升农村居民的环保意识和能力，使他们更好地参与环境保护。城乡环境融合发展最终将实现资源的高效利用和环境质量的整体提升，达成可持续发展的目标。

8.6.5 建立城乡融合的环境治理专业人才培养机制

政府确实应当建立数字技术与环境管理融合的人才培养机制，加强人才培养和引进，以促进生态文明建设和环境治理工作的深入开展。首先，应当建立以环境科学、生态学、城乡规划和环境工程等为核心的跨学科课程体系，确保学生能够全面掌握环境治理的理论与实践知识。其次，通过校企合作、实习实训基地建设等方式，为学生提供实地考察和实践操作的机会，使他们能够将理论知识与实际问题相结合，提升解决复杂环境问题的能力。此外，鼓励高校与地方政府、企业和社区合作，开展环境治理项目，这既为学生提供了实践平台，也助力了地方环境的改善与可持续发展。通过这样的人才培养机制，不仅能为城乡环境治理提供专业支持，也有助于营造社会各界共同参与环境保护的氛围。

数字技术的应用确实需要持续的技术支持和创新。政府和企业应当加大对数字技术研发和创新的投入，开发数字技术与环境治理融合的新型应用方案。例如，可以采取政府主导、产学研深度合作的方式，推进数字技术在城乡环境治理中的应用。政府可以设立专项资金，支持数字技术在污染源控制、环境监测等领域的研发。同时，加强对数字技术人才的引进和培养，提升数字技术在城乡环境治理中的应用水平，创造更多的数字化智能管理效益。数字技术在城乡环境治理中的应用将对环境保护和可持续发展产生积极影响。

针对数字技术应用在城乡环境治理方面存在的问题，应当加强技术研发和创新，不断探索数字技术应用的新路径，提升其在城乡环境治理中的应用效益。

参考文献

[1] Ostrom E. Governing the commons: the evolution of institutions for collective action [M]. Cambridge: Cambridge University Press, 1990.

[2] 埃莉诺.奥斯特罗姆.公共事物的治理之道：集体行动制度的演进[M].余逊达，陈旭东译，上海：上海译文出版社，2012.

[3] 刘炯，王芳.多中心体制：解决农村公共产品供给困境的合理选择[J].农村经济，2005(1)：12－14.

[4] 严宏，田红宇，祝志勇.农村公共产品供给主体多元化：一个新政治经济学的分析视角[J].农村经济，2017(2)：25－31.

[5] 李宾，张象枢.基于城乡二元结构的农村环境问题成因研究[J].生态经济，2012，28(4)：172－174.

[6] 张克俊，杜婵.从城乡统筹、城乡一体化到城乡融合发展：继承与升华[J].农村经济，2019(11)：19－26.

[7] 李宁.城乡融合视阈下乡村生态治理困境及其路径创新[J].青海社会科学，2020(4)：42－48，54.

[8] 冯阳雪.元治理视角下农村环境治理的路径分析与反思[J].当代经济管理，2022，44(2)：41－48.

[9] 林龙飞，李睿，陈传波.从污染“避难所”到绿色“主战场”：中国农村环境治理 70 年[J].干旱区资源与环境，2020，34(7)：30－36.

[10] 李实.共同富裕的目标和实现路径选择[J].经济研究，2021，56(11)：4－13.

[11] 晋海.城乡环境正义的追求与实现[M].北京：中国方正出版社，2008.

[12] 李晴，郭润昌.城乡一体化农村污染防治的法治思考[J].农业经济，2015(2)：44－46.

[13] Pigou A C. An analysis of supply[J]. The Economic Journal, 1928, 38(150): 238.

[14] 李亚红.“政府失灵”与现代环境管理模式的构建[J].河南科技大学学报(社会科学版)，2008，26(2)：101－105.

[15] 王琪，何广顺.海洋环境治理的政策选择[J].海洋通报，2004，23(3)：73－80.

[16] 张超.我国跨界公共问题治理模式研究——以跨界水污染治理为例[J].理论探讨，2007(6)：140－142.

[17] 陈文斌，王晶.多元环境治理体系中政府与公众有效互动研究[J].理论探讨，2018(5)：154－160.

[18] 龚宏龄，张成博.中国环境治理模式的演进逻辑分析[J].国家现代化建设研究，2022，1(1)：158－174.

[19] 李广昊，周小亮.推动数字经济发展能否改善中国的环境污染——基于“宽带中国”战略的准自然实验[J].宏观经济研究，2021(7)：146－160.

[20] 谢璐，韩文龙.数字技术和数字经济助力城乡融合发展的理论逻辑与实现路径[J].农业经济

问题,2022,43(11):96-105.

[21] 李胜文,李大胜,邱俊杰,等.中西部效率低于东部吗?——基于技术集差异和共同前沿生产函数的分析[J].经济学(季刊),2013,12(2):777-798.

[22] 孙早,席建成.中国式产业政策的实施效果:产业升级还是短期经济增长[J].中国工业经济,2015(7):52-67.

[23] 郑君君,董金辉,任天宇.基于环境污染第三方治理的随机微分合作博弈[J].管理科学学报,2021,24(7):76-93.

[24] 刘贵贤.多维视角下环境政策评估研究:以排污收费制度为例[D].北京:中国石油大学(北京),2021.

[25] 曾鸣,谢淑娟.中国农村环境问题研究:制度透析与路径选择[M].北京:经济管理出版社,2007.

[26] 吴惟予,肖萍.契约管理:中国农村环境治理的有效模式[J].农村经济,2015(4):98-103.

[27] 王芳,毛渲.城乡环境治理体系的风险审视与重建路径[J].青海社会科学,2022(2):129-136.

[28] 孙久文.走向2020年的我国城乡协调发展战略[M].北京:中国人民大学出版社,2010.

[29] 李裕瑞,曹丽哲,王鹏艳,等.论农村人居环境整治与乡村振兴[J].自然资源学报,2022,37(1):96-109.

[30] 杜焱强.农村环境治理70年:历史演变、转换逻辑与未来走向[J].中国农业大学学报(社会科学版),2019,36(5):82-89.

[31] 何奇龙,罗兴,陈力朋,等.基于演化博弈的农村环境治理众筹机制研究[J].中国管理科学,2022,30(11):170-181.

[32] 樊纲,王小鲁,马光荣.中国市场化进程对经济增长的贡献[J].经济研究,2011,46(9):4-16.

[33] 范战平.论我国环境污染第三方治理机制构建的困境及对策[J].郑州大学学报(哲学社会科学版),2015,48(2):41-44.

[34] 杨继波,陈长.環境管理への社会力の参加経路と対策の研究—上海を例にとると[J].都市持続可能な発展および公衆プロダクト:上海-東京首都の比較の研究,2022.02.

[35] 高榕蔚,董红.数字赋能农村人居环境治理的社会基础与实践逻辑[J].西北农林科技大学学报(社会科学版),2023,23(1):12-20.

[36] 杨继波.环境公共品的有效供给机制及路径研究:基于居民参与治理的视角[M].上海:华东理工大学出版社,2020.

[37] Aydin E, Brounen D, Kok N. Information provision and energy consumption: Evidence from a field experiment[J]. Energy Economics, 2018, 71: 403-410.

第9章　城乡融合发展与财政支持机制

9.1　导言

财政是国家治理的基础和重要支柱。长期以来,农村财政在支持农业农村经济社会发展方面发挥着不可替代的作用。党的十八大以来,中央明确提出建立健全城乡一体化的公共财政体制,不断加大强农惠农富农政策力度,形成了财政优先支持"三农"的政策导向和投入保障机制。然而,面对新发展阶段实施乡村振兴战略、缩小城乡差距、促进共同富裕的一系列重大任务,农村财政仍面临诸多困难和挑战。县乡基层事权与财权不匹配的矛盾突出,可支配财力不足,自我发展能力偏弱。财政支农投入结构有待优化,农村金融服务水平有待提升,土地等农村集体资产的盘活和保值增值机制尚待完善。

本章重点围绕以下内容展开分析:一是系统梳理改革开放特别是党的十八大以来我国农村财政体制机制改革的基本经验,剖析面临的突出矛盾和问题;二是借鉴国际经验,研究推进城乡融合发展背景下农村金融、土地等领域的财税改革举措,为破除要素流动的体制机制障碍,推动城乡要素资源高效配置提供决策参考;三是总结农村产业发展、基础设施建设、社会保障等方面的财政投入机制,探讨优化财政支农投入结构,构建财政与金融、社会资金协同发力的长效机制。加快构建与城乡融合发展相适应的农村财政体制机制,是推动农村现代化建设、最终实现全体人民共同富裕的迫切要求。本章提出完善农村财政管理制度等方面的对策建议,以期为乡村振兴和城乡融合发展提供有价值的参考。

9.2　城乡融合发展中农村财政体制机制与政策文献综述

9.2.1　农村财政问题的研究

改革开放以来,我国农业农村财政政策经历了从"统购统销"到"城乡分割",再到"城乡统筹"的重大转变。20世纪80年代以前,农业剪刀差和农村集体留用资金是支持农业农村发展的主要财政手段。20世纪80年代中后期,随着家庭联产承包责任制的广泛推行,农业税、乡统筹等成为农村财政收入的重要组成部分,但财政支农力度总体偏弱,农业基本建设投资长期出现锐减(苏明,2009)。20世纪90年代,分税制的实施带来了中央与地方财政事权与支出责任划分的失衡,农村公共产品供给不足的问题日益凸显(熊巍,

2002;王国华和李克强,2003;陈硕,2010)。

2000年以后,国家加大对“三农”的财政支持力度。免除农业税、取消农村教育集资等一系列减负政策的实施,使农民负担明显减轻(周黎安和陈烨,2005;王姣和肖海峰,2007;靳卫东,2014;郭远智和刘彦随,2021)。支农资金规模快速增长,财政支农范围不断扩大到农田水利、农村公共事业等领域(李焕彰和钱忠好,2004)。2004年的“两免一补”、2006年的“新农保”、2007年的“农资综合补贴”等标志性举措相继出台,财政支农支出结构更加多元化(刘天琦和宋俊杰,2020)。党的十八大以来,国家进一步加大强农惠农富农政策力度,推动形成财政优先支持农业农村的政策导向和投入保障机制(杨思莹和丁琳琳,2020;公茂刚和李汉瑾,2021;薛妮和魏桂杰,2022)。

尽管国家不断加大“三农”投入力度,但当前农村财政仍面临收支矛盾突出、自我发展能力不足等问题。一方面,县乡财政收入占比较低,自给率普遍偏低。据统计,2000—2017年全国县级财政收入占GDP比重平均为3.82%,低于全国财政收入占比近10个百分点。农村地区工业基础薄弱、产业发展滞后,难以形成稳定的财源(匡萍,2022)。同时,农村税费改革后,县乡政府失去了相当一部分稳定收入来源(刘鸿渊,2004;李芝兰和吴理财,2005;周黎安和陈祎,2015)。另一方面,县乡财政支出压力持续加大。随着农村公共服务、基础设施、生态环保等领域事权不断下沉,县乡政府承担了大量民生投资支出,但与之相适应的财力保障却较为滞后(尹恒和朱虹,2011)。县乡财政支出占比远高于收入占比,两者差额部分主要依靠上级转移支付弥补。长期以来,基层“吃饭财政”依赖严重,财政自主性和可持续性偏弱(贾俊雪等,2011)。此外,县级财政决策偏向生产性支出、县乡债务负担沉重、预算绩效管理水平有待提高等问题也制约着农村财力保障能力(蒋斌等,2005;尹恒和朱虹,2011)。付文林和沈坤荣(2012)提出,地区间财政分配制度改革不仅需要规范转移支付资金的分配程序,更应加强对地方财政决策的监督,以确保财政资金的合理利用。

9.2.2 农村财政体制机制的改革研究

党的十九大作出实施乡村振兴战略的重大决策部署,开启了“三农”工作新的历史阶段。学界普遍认为,实现乡村振兴目标,必须强化制度供给,健全多元投入机制。在实施乡村振兴战略过程中,政府和市场应合理分工、优势互补。政府在非竞争性和非排他性资源配置以及公共产品供给方面应提供制度安排并发挥主导作用,而在其他资源配置和产品供给方面则应充分发挥市场的主导作用(黄祖辉,2018)。为筹集乡村振兴所需资金,应多渠道发力,包括改革财政支农投入机制,整合涉农资金,加快农村金融创新,落实涉农贷款奖励政策。鼓励社会资本参与,创新利益联结机制,激发农民投资积极性(叶兴庆,2018)。同时,农村金融和财政支农应相互配合,破除体制性和行政性障碍(赵洪丹和朱显平,2015)。在推进农村产业融合发展过程中,需强化农业信贷、保险和财政支农的协同配合(张林和温涛,2019)。鉴于土地出让收入在地方政府基金性收入中的重要性,要统筹并盘活政府性基金预算，改革土地出让收入支出格局，发挥其对农业农村发展的促进作用，缩小城乡收入分配差距（许光建等，2020）。由于在市场配置资源情景下，资源要素通常会流向城镇地区的竞争性行业，农村地区所获资源较少，而乡村非竞争性公共产品供给中市场资源投入更少，因此实现城乡公共产品的均等化供给，需要政府向农村投入更多的公共资源。在财政、金融、土地增值收益分配等方面做出有利于乡村的调整（叶兴庆，2021）。

9.2.3　农村财政体制机制改革基础条件的研究

推进城乡融合发展，是破除城乡二元结构、缩小城乡差距的必由之路。必须加快建立健全城乡统筹的体制机制，加快形成新型工农城乡关系。魏后凯等（2021）提出，要逐步消除阻碍城乡要素市场化配置的体制机制障碍，实现城乡要素平等交换和双向流动。未来应充分挖掘乡村多种功能，实现乡村资源要素的全部价值，改变农村要素单向流出的局面，促进城乡融合发展、共同繁荣。范子英（2020）认为，为促进人力资本获得的公平性，需完善转移支付制度，提高教育类转移支付占比。中央政府应承担更大的教育支出责任，注重不同受益阶段的资金配置，保证财政转移支付对教育的支持力度和资金投入效率。张国林和何丽（2021）发现，土地确权显著提高了农民财产性收入，土地经营权流转和抵押贷款是其重要机制。应进一步完善土地确权改革配套措施，整合土地经营权交易网络，推动土地经营权市场化。蔡昉（2023）指出，户籍制度改革是破除城乡二元结构的重要突破口，关键在于提升改革的激励相容性。地方政府推动改革面临社会性支出增加而无法获得全部改革红利的困境，许多中小城市为维持土地财政模式而设置苛刻落户条件。因此，户籍制度改革应着眼于提升地方政府推动改革的激励。脱贫攻坚与乡村振兴战略是新时代中国“三农”工作的两大重要战略部署，二者在理念上相通、阶段上递进。提高两大战略的政策匹配度和实践融合度，直接影响脱贫攻坚的质量和乡村振兴的实效（豆书龙和叶敬忠，2019；涂圣伟，2020；余春苗和任常青，2021）。大量财政投入是我国打赢脱贫攻坚战的前提。为推进脱贫攻坚与乡村振兴有机衔接，兼顾减贫投入的持续性和乡村投入的均衡性，需要更多依靠提高财政资金使用效率、引导金融资本和社会资本投入等途径。此外，楼继伟（2019）、汪三贵和孙俊娜（2021）、温铁军等（2021）、胡雅淇和林毅夫（2023）等也从不同视角对推进城乡融合发展、创造农村财税体制机制条件提出了建设性意见。总的来看，城乡融合发展不仅需要加大财政投入力度，更需要在深化改革上持续发力，加快建立健全促进形成新型工农城乡关系的制度体系。

9.3　农村财政状况与农村财政政策

9.3.1　农村财政范围与基本财政状况

农村财政是公共财政的重要组成部分，是政府为满足农村地区公共需求、促进农业农村经济社会发展而开展的财政收支活动。从广义上讲,农村财政涵盖了各级政府用于农业农村的一切财政资源配置行为。具体包括以下几个方面:一是农业农村部门本级支出,主要用于农业农村公共管理、农业科技推广、动植物防疫等;二是支持农村改革发展的专项转移支付,如农村综合改革转移支付、农村税费改革转移支付等;三是用于改善农村民生、推动乡村建设的专项资金,如易地扶贫搬迁、农村人居环境整治等补助资金;四是具有普惠性质、惠及农村居民的支出,如义务教育、基本医疗等。此外,土地出让收入用于农业农村建设的部分,也可以纳入农村财政的统计范畴。

随着农村税费改革的推进,农村财政管理体制发生了深刻变革。取消农业税后,农业农村财力性收入大幅减少,公共财政逐渐成为支农投入的主要来源。在"镶嵌式"的分税制财政体制下,农村公共品供给高度依赖上级转移支付,县乡财政自主可支配财力相对有限。一方面,中央政府加大了对革命老区、民族地区、边疆地区等欠发达地区的转移支付力度,出台了支持粮食主产区、生猪调出大县等一系列倾斜性支农政策。另一方面,省级政府也逐步建立健全了对农村地区的均衡性转移支付制度,增强了市县农村基本公共服务的保障能力。总体来看,我国农村财政体制改革坚持问题导向,遵循城乡统筹原则,在一定程度上促进了地区间基本公共服务的均等化,为农村经济社会持续健康发展提供了有力的保障。

然而,农村财政仍面临一些亟待破解的难题。一是涉农资金分散管理,缺乏统一的标准规范,资金使用效率有待提升。二是地方政府财力性收入能力不足,可用财力保障水平较低,县乡基层治理和公共服务供给面临较大压力。三是农村公共基础设施欠账较多,民生领域投入不平衡不充分,教育医疗等优质资源配置不足。四是金融支农力度不够,农村产权交易市场发育不健全,土地经营权抵押贷款、农村集体经营性建设用地入市等改革举措有待深化。因此,围绕破解上述瓶颈制约,加快建立健全与城乡融合发展相适应的农村财政体制机制,是新发展阶段推进农业农村现代化的重要课题。

党的十八大以来,中央明确提出建立以县为主的农村财政管理体制,推动县乡财政关系调整,支持有条件的地区推行"一县一策"财政改革。通过整合乡镇、理顺县乡财政关系等举措,县级政府统筹城乡发展的主体作用进一步强化。县级政府的收入主要来源于税收和非税收入。同时,中央还通过税收返还、一般性转移支付、专项转移支付等形式,加大对县级财政的转移支付力度。随着基本公共服务均等化水平的提高,县级政府承担的民生事业支出不断增加。当前,县级财政的主要支出责任包括义务教育、基本医疗卫生、基本养老保险等基本公共服务,基础设施建设、产业发展、生态环保、乡村振兴等领域支出责任也在不断加重。

1. 1994 年分税制改革以来各级政府一般公共预算收入及其占比

中央政府一般公共预算收入占比从 1994 年的 55.7%逐步下降至 2019 年的 46.9%。相应地,地方政府占比从 1994 年的 44.3%上升至 2019 年的 53.1%。在各级地方政府中,省级政府占比保持在 20%左右;市级政府占比逐渐下降至 30%左右;而县、乡级政府占比从 1994 年的 41.9%逐渐上升至 2019 年的 46.9%，使得县、乡级政府成为地方政府中一般公共预算收入占比最大的政府级次。表 9.1 展示了各级政府一般公共预算收入的增长率。自 1994 年以来，各级政府一般公共预算收入保持了较高的增长速度，但自全球金融危机后，从 2012 年开始，增速出现了大幅下滑。到 2019 年，各级政府的一般公共预算收入增长率均低于 5%。具体数据见表 9.1。

表 9.1　各级次政府一般公共预算收入

单位：亿元

年份	全国	中央	地方				
				省级	市级	县级	乡级
1994	5 218.1	2 906.5	2 311.6	396.0	948.3	529.2	438.1
1995	6 242.2	3 256.6	2 985.6	544.1	1 181.0	693.3	567.3
1996	7 408.0	3 661.1	3 746.9	737.9	1 431.2	859.7	718.1
1997	8 651.1	4 226.9	4 424.2	893.3	1 596.7	963.0	810.2
1998	9 876.0	4 892.0	4 984.0	1 035.5	1 948.0	1 130.5	869.9
1999	11 444.1	5 849.2	5 594.9	1 187.5	1 981.4	1 456.2	969.8
2000	13 395.2	6 989.2	6 406.1	1 434.5	2 335.1	1 609.8	1 026.7
2001	16 386.0	8 582.7	7 803.3	1 827.8	2 863.1	1 979.5	1 132.9
2002	18 903.6	10 388.6	8 515.0	2 213.3	3 076.8	2 077.3	1 147.7
2003	21 715.3	11 865.3	9 850.0	2 482.8	3 572.7	2 501.5	1 293.0
2004	26 396.5	14 503.1	11 893.4	2 914.4	4 320.6	3 120.7	1 337.7
2005	31 649.3	16 548.5	15 100.8	3 664.9	5 466.9	4 211.7	1 540.8
2006	38 760.2	20 456.6	18 303.6	4 674.0	6 391.8	5 359.0	1 878.8
2007	51 321.8	27 749.2	23 572.6	6 000.7	7 932.4	7 290.8	2 348.9
2008	61 330.4	32 680.6	28 649.8	7 168.4	9 477.1	9 020.5	2 983.8
2009	68 518.3	35 915.7	32 602.6	7 651.3	10 657.2	10 781.4	3 512.7
2010	83 101.5	42 488.5	40 613.0	8 794.8	13 103.5	13 939.4	4 775.4
2011	103 874.4	51 327.3	52 547.1	11 613.3	16 633.4	18 425.7	5 874.8
2012	117 253.5	56 175.2	61 078.3	12 843.0	18 940.6	22 265.5	7 029.2
2013	129 209.6	60 198.5	69 011.2	13 840.7	20 877.7	26 743.6	7 549.2

续 表

年份	全国	中央	地方				
				省级	市级	县级	乡级
2014	140 370.0	64 493.5	75 876.6	15 123.7	23 272.5	29 668.6	7 811.8
2015	152 269.2	69 267.2	83 002.0	17 158.3	26 143.8	31 466.3	8 233.7
2016	159 605.0	72 365.6	87 239.4	17 887.9	27 876.8	33 166.5	8 308.3
2017	172 592.8	81 123.4	91 469.4	19 361.6	28 898.2	34 835.5	8 374.1
2018	183 359.8	85 456.5	97 903.4	20 481.5	31 658.7	36 765.4	8 997.8
2019	190 390.1	89 309.5	101 080.6	21 103.7	32 561.8	38 351.8	9 063.3

数据来源：1994 年—2021 年我国一般公共预算收入级次情况[J]. 地方财政研究,2023(1)：封 3.

2. 各级政府一般公共预算支出及其占比

中央政府一般公共预算支出占比从 1994 年的 30.3%逐步下降至 2019 年的 14.7%。相应地,地方政府占比从大约 70%上升至大约 85%。在各级地方政府中,省级政府占比从 24.4%下降至 16.1%;市级政府占比从 32.2%下降至 28.8%;而县、乡级政府占比则从 43.3% 上升至 55.1%。从全国范围来看,2019 年县、乡级政府一般公共预算支出达到 112 387 亿元,全国一般公共预算支出为 238 858.4 亿元,占比高达 47.0%。因县、乡级政府是所有政府级次中一般公共预算支出占比最大的级次。表 9.2 展示了各级政府一般公共预算支出的增长率。政府在 2008—2009 年、2015 年均采取了扩张性财政政策,在一般公共预算收入增速大幅下滑的情况下,维持了支出的高增长,以应对 2007 年发生的全球金融危机和 2015 年我国发生的股灾。具体数据见表 9.2。

表 9.2 各级次政府一般公共预算支出

单位：亿元

年份	全国	中央	地方				
				省级	市级	县级	乡级
1994	5 792.6	1 754.4	3 929.6	959.8	1 266.7	1 184.2	519.0
1995	6 823.7	1 995.4	4 828.3	1 155.6	1 630.3	1 443.4	599.1
1996	7 937.6	2 151.3	5 786.3	1 377.4	1 957.4	1 732.8	718.7
1997	9 233.6	2 532.5	6 562.7	1 647.5	2 183.7	1 921.2	810.3
1998	10 798.2	3 125.6	7 672.6	2 026.3	2 601.8	2 153.6	890.9

续　表

年份	全国	中央	地方				
				省级	市级	县级	乡级
1999	13 187.7	4 152.3	8 991.2	2 539.6	2 717.8	2 676.4	1 057.5
2000	15 886.5	5 519.9	10 366.7	3 060.0	3 195.5	3 030.2	1 168.6
2001	18 902.6	5 768.0	13 134.6	3 915.1	3 942.5	3 879.0	1 398.1
2002	22 053.2	6 771.7	15 281.4	4 330.9	4 637.3	4 820.1	1 493.1
2003	24 650.0	7 420.1	17 229.9	4 553.9	5 314.3	5 780.4	1 581.2
2004	28 486.9	7 894.1	20 592.8	5 340.7	6 322.8	7 179.2	1 750.1
2005	33 930.3	8 776.0	25 154.3	6 407.4	7 691.1	9 049.3	2 006.5
2006	40 422.7	9 991.4	30 431.3	7 409.0	9 112.3	11 658.3	2 251.7
2007	49 781.4	11 442.1	38 339.3	8 821.1	11 051.9	15 777.1	2 689.1
2008	62 592.7	13 344.2	49 248.5	11 154.0	13 515.1	21 238.9	3 340.5
2009	76 299.9	15 255.8	61 044.1	13 947.9	16 506.5	26 876.5	3 713.2
2010	89 874.2	15 989.7	73 884.4	15 387.7	20 212.2	33 639.9	4 644.7
2011	109 247.8	16 514.1	92 733.7	19 970.6	24 895.0	42 259.4	5 608.7
2012	125 953.0	18 764.6	107 188.4	21 429.0	28 614.0	50 445.8	6 699.6
2013	140 212.1	20 471.8	119 740.3	22 632.4	32 179.7	57 465.1	7 463.1
2014	151 785.6	22 570.1	129 215.5	23 514.9	35 102.5	62 414.2	8 183.9
2015	175 768.0	25 549.0	150 218.8	26 819.1	42 429.0	71 654.9	9 432.7
2016	187 755.2	27 403.9	160 351.4	26 995.6	45 989.3	77 876.1	9 490.3
2017	203 085.5	29 857.2	173 228.3	28 622.8	49 459.6	85 205.4	9 940.6
2018	220 904.1	32 707.8	188 196.3	30 828.8	54 232.4	92 495.7	10 639.4
2019	238 858.4	35 115.2	203 743.2	32 721.2	58 635.0	101 082.5	11 304.5

数据来源：1994 年—2021 年我国一般公共预算收入级次情况[J]. 地方财政研究，2023(1)：封 3.

3. 各级政府的财政自给能力

财政自给能力是通过将一般公共预算收入除以一般公共预算支出计算得出的，这一指标反映了政府是否能够依靠自身财力来实现收支平衡。自 1994 年以来，我国地方政府的财政自给能力一直低于 0.7，在 2019 年时仅为 0.496 1。各级地方政府中，又以县级政府的低自给能力最为突出，其财政自给能力自 1994 年以来一直低于 0.55，在 2019 年仅为 0.379 4。具体数据见表 9.3。

表 9.3 各级政府财政自给能力

年份	中央	地方	各级地方政府			
			省级	地级	县级	乡级
1994	1.656 7	0.588 3	0.412 6	0.748 6	0.446 9	0.844 1
1995	1.632 1	0.618 4	0.470 8	0.724 4	0.480 3	0.946 9
1996	1.701 8	0.647 5	0.535 7	0.731 2	0.496 1	0.999 2
1997	1.669 1	0.674 1	0.542 2	0.731 2	0.501 2	0.999 9
1998	1.565 1	0.649 6	0.511 0	0.748 7	0.524 9	0.976 4
1999	1.408 7	0.622 3	0.467 6	0.729 0	0.544 1	0.917 1
2000	1.266 2	0.617 9	0.468 8	0.730 7	0.531 3	0.878 6
2001	1.488 0	0.594 1	0.466 9	0.726 2	0.510 3	0.810 3
2002	1.534 1	0.557 2	0.511 0	0.663 5	0.431 0	0.768 7
2003	1.599 1	0.571 7	0.545 2	0.672 3	0.432 8	0.817 7
2004	1.837 2	0.577 6	0.545 7	0.683 3	0.434 7	0.764 4
2005	1.885 7	0.600 3	0.572 0	0.710 8	0.465 4	0.767 9
2006	2.047 4	0.601 5	0.630 9	0.701 4	0.459 7	0.834 4
2007	2.425 2	0.614 8	0.680 3	0.717 7	0.462 1	0.873 5
2008	2.449 0	0.581 7	0.642 7	0.701 2	0.424 7	0.893 2
2009	2.354 2	0.534 1	0.548 6	0.645 6	0.401 1	0.946 0
2010	2.657 2	0.549 7	0.571 5	0.648 3	0.414 4	1.028 1
2011	3.108 1	0.566 6	0.581 5	0.668 1	0.436 0	1.047 4
2012	2.993 7	0.569 8	0.599 3	0.661 9	0.441 4	1.049 2
2013	2.940 6	0.576 3	0.611 5	0.648 8	0.465 4	1.011 5
2014	2.857 5	0.587 2	0.643 2	0.663 0	0.475 4	0.954 5
2015	2.711 2	0.552 5	0.639 8	0.616 2	0.439 1	0.872 9
2016	2.640 7	0.544 1	0.662 6	0.606 2	0.425 9	0.875 5

续　表

年份	中央	地方	各级地方政府			
			省级	地级	县级	乡级
2017	2.717 0	0.528 0	0.676 4	0.584 3	0.408 8	0.842 4
2018	2.612 7	0.520 2	0.664 4	0.583 8	0.397 5	0.845 7
2019	2.543 3	0.496 1	0.645 0	0.555 3	0.379 4	0.801 7

数据来源：作者计算。
注：财政自给能力 = 一般公共预算收入/一般公共预算支出。

4. 地方政府可用财力规模

2019 年之前，可用财力的定义是一般公共预算收入，加上返还性收入和一般性转移支付，再减去体制上解和专项上解。2019 年可用财力口径调整后，定义为一般公共预算收入，加上返还性收入和一般性转移支付（不包括共同财政事权转移支付），减去上解支出。省级政府可用财力规模的比重从 27.9%下降至 21.2%。市级政府的比重则维持在 30%左右。县、乡级政府可用财力规模的比重则从 40.2%上升至 49.0%。各级地方政府可用财力规模的增速都呈现出较大的波动性。具体数据见表 9.4。

表 9.4　地方政府可用财力规模

年份	可用财力规模/亿元				比重/%		
	合计	省级	市级	县、乡级	省级	市级	县、乡级
2001	11 012	3 063	3 516	4 432	27.9	31.9	40.2
2002	12 773	3 418	4 113	5 242	26.8	32.2	41.0
2003	14 794	3 859	4 790	6 145	26.1	32.4	31.5
2004	17 877	4 537	5 821	7 519	25.3	32.6	42.1
2005	21 591	5 275	7 046	9 270	24.5	32.6	42.9
2006	26 397	6 471	8 295	11 631	24.5	31.4	44.1
2007	33 839	8 471	10 296	15 072	25.1	30.4	44.5
2008	40 441	10 055	12 007	18 379	24.9	29.7	45.4
2009	48 509	13 321	13 392	21 796	27.5	27.6	44.9
2010	58 735	15 072	17 220	26 443	25.7	29.3	45.0
2011	74 989	19 028	21 115	34 846	25.3	28.2	46.5

续　表

年份	可用财力规模/亿元				比重/%		
	合计	省级	市级	县、乡级	省级	市级	县、乡级
2012	87 390	21 296	24 781	41 313	24.3	28.4	47.3
2013	96 501	21 951	26 881	47 669	22.7	27.9	49.4
2014	107 472	23 898	30 228	53 346	22.3	28.1	49.6
2015	116 886	23 862	35 057	57 967	20.4	30.0	49.6
2016	126 554	26 084	37 895	62 575	20.6	29.9	49.4
2017	134 686	28 792	40 443	65 451	21.4	30.0	48.6
2018	144 724	30 703	44 292	69 728	21.2	30.6	48.2
2019	135 963	27 641	42 314	66 008	20.3	31.1	48.6
2020	143 227	30 317	42 666	70 244	21.2	29.8	49.0

数据来源：2001 年—2020 年县级一般公共预算支出资金来源情况表[J]. 地方财政研究，2022(5)：封 3.

5. 县级政府一般公共预算支出的资金来源

县级税收收入的占比从 51.1%逐渐下降至 31.6%。非税收入的占比则维持在 10%左右。返还性收入和一般性转移支付的占比从 26.3%逐渐上升至 49.0%，成为县级政府最主要的资金来源。专项转移支付收入的占比一度从 14.7%上升至 29.4%，之后又逐渐下降，到 2020 年时降至 9.9%。具体数据见表 9.5。

表 9.5　县级政府一般公共预算支出的资金来源

年份	县、乡级支出	资金来源							
		税收收入		非税收入		返还性收入和一般性转移支付		专项转移支付收入	
		金额/亿元	占比/%	金额/亿元	占比/%	金额/亿元	占比/%	金额/亿元	占比/%
2001	5 277	2 697	51.1	415	7.9	1 388	26.3	776	14.7
2002	6 313	2 745	43.5	480	7.6	2 119	33.6	969	15.3
2003	7 361	3 172	43.1	622	8.4	2 448	33.3	1 119	15.2
2004	8 929	3 617	40.5	841	9.4	3 021	33.8	1 450	16.2
2005	11 056	4 617	41.8	1 135	10.3	3 497	31.6	1 806	16.3

续　表

年份	县、乡级支出	资金来源							
		税收收入		非税收入		返还性收入和一般性转移支付		专项转移支付收入	
		金额/亿元	占比/%	金额/亿元	占比/%	金额/亿元	占比/%	金额/亿元	占比/%
2006	13 910	5 764	41.4	1 474	10.6	4 386	31.5	2 285	16.4
2007	18 466	7 826	42.4	1 813	9.8	5 432	29.4	3 395	18.4
2008	24 579	9 755	39.7	2 249	9.2	7 822	31.8	4 753	19.3
2009	30 590	11 468	37.5	2 826	9.2	7 289	23.8	9 007	29.4
2010	38 285	15 156	39.6	3 558	9.3	8 305	21.7	11 266	29.4
2011	47 868	19 352	40.4	4 949	10.3	10 529	22.0	13 038	27.2
2012	57 145	22 864	40.0	6 431	11.3	12 574	22.0	15 276	26.0
2013	64 928	26 845	41.3	7 448	11.5	12 771	19.7	17 864	27.5
2014	70 598	29 249	41.4	8 231	11.7	16 718	23.7	16 400	23.2
2015	81 088	30 455	37.6	9 245	11.4	22 828	28.2	18 560	22.9
2016	87 366	31 312	35.8	10 163	11.6	27 222	31.2	18 669	21.4
2017	95 146	33 273	35.0	9 937	10.4	31 057	32.6	20 879	21.9
2018	102 793	36 076	35.1	9 394	9.1	35 070	34.1	22 253	21.6
2019	112 387	37 176	33.1	10 236	9.1	47 475	42.2	17 500	15.6
2020	117 500	37 101	31.6	11 250	9.6	57 553	49.0	11 596	9.9

数据来源：2001 年—2020 年县级一般公共预算支出资金来源情况表[J]. 地方财政研究,2022(5)：封 3.

从以上数据中,我们可以总结出县、乡级政府财政收支的三个主要特征：一是县、乡级政府在全国财政支出中的占比持续上升,近几年已高达 47.0%；二是县、乡级政府支出的主要资金来源已经从税收收入转变为返还性收入和一般性转移支付；三是县级政府的财政自给能力较弱,2019 年时仅为 0.379 4。

在财权方面,目前县、乡级财政缺乏作为主体税种的独立税源。自 1994 年分税制改革以来,我国地方政府的主体税种以营业税为主。从 2012 年开始进行营业税改征增值税试点,到 2016 年"营改增"全面实施,地方政府不再拥有主体税种。稳定性强且相对集中的税种大多划归上级政府,而征管难度大且分散的小税种则成为县级收入。在共享收入的分配上,县级政府不仅要与中央财政分享,还要与地方上级财政再次分享,导致县级政府只能分得较少的部分。与此同时,县级政府的事权却在不断扩大,承担着义务教育、医疗、社会保障与就业等大量与民生相关的公共服务。加上各种减税降费政策和减收增支因素的影响,县乡财政的困难日益加剧。尽管在省直管县财政体制改革后,省级政府的帮扶力度有了显著提升,但受限于一般性转移支付的数额,县乡财政的困境难以在短期内得以扭转。

9.3.2 我国农业农村发展中的财政政策演化

改革开放初期,为调动地方政府发展经济的积极性,中央实施了"分灶吃饭"的财政包干制。1980 年发布的《国务院关于实行"划分收支、分级包干"财政管理体制的暂行规定》确立了财政包干制的基本框架,其中有三个方面的内容特别值得关注。第一,中央和地方的财政收入划分按照企业隶属关系来确定。央企的收入和关税收入划归中央财政,而地方企业的收入、盐税、农牧业税、工商所得税等则划归地方财政。第二,以 1979 年的预计财政收支情况为基准,测算并确定各地与中央的财政关系。对于财政收入超过支出的地区,需按一定比例将超出部分上缴中央;而对于财政收入不足支出的地区,中央则给予适当的调节和补助。第三,实行"包死基数、五年不变"的原则。一旦各地与中央的上缴或补助数额确定,将在接下来的五年内稳定执行。这一财政包干体制的目的是实现"各司其职,各负其责",充分调动中央和地方两方面的积极性。通过赋予地方政府更多的财政自主权,激励他们发展本地经济同时中央政府则集中精力履行宏观调控职能,促进全国经济的协调发展(陆铭等,2023)。这一做法极大地刺激了地方政府发展经济的动力。然而,财政包干制也引发了一系列问题。地方政府与本地企业的税收关联度过高,导致地方保护主义盛行。为了保护本地企业利益,地方政府纷纷设立壁垒,阻碍商品和要素在地区间的流动,造成市场分割。各地竞相发展本地经济,产业趋同现象严重,形成了所谓的"支离破碎的内部市场"(Young,2000)。

针对这些弊端,1994 年我国开始实行分税制改革,其核心是将中央与地方的收入划分从按企业隶属关系转为按税种,主要变化包括以下三个方面。第一,重新划分中央和地方的财政收入。此次改革的重点是财政收入的重新分配,而财政支出责任划分变动相对较小。按照新的划分方式,中央的固定收入包括消费税、进出口税以及中央企业缴纳的所得税等;地方的固定收入则包括营业税、所得税以及土地出让金等与土地相关的收入;增值税作为最主要的共享税种,中央分享其 75%的收入。第二,组建独立于地方政府的国家税务局。在分税制改革之前,中国只设有隶属于地方政府管理的地方税务局。为了保障中央收入,避免地方干预,1994 年开始组建垂直管理的国家税务局系统。国家税务局不仅负责中央固定收入的征收,还统一征收包括增值税在内的全部共享税。与国家税务局并行的是负责地方税种征收的地方税务局。第三,重塑税收制度。工商税制改革是分税制的重要配套措施。产品税被增值税所取代,成为中国税收的主体;同时开征消费税作为增值税的补充。公有制企业和私营企业所得税率被统一为 33%。税制结构也得以简并,税种数量由改革前的 37 个减少到 23 个(陆铭等,2023)。

分税制改革构建了市场经济体制下财政管理体制的基本框架，初步理顺了政府间以及政府与企业间的财政分配关系。此后，为了适应经济社会发展的需要和深化体制改革，财政体制进行了一系列调整，包括中央与地方收入划分的调整以及政府间转移支付制度的完善。随着财税体制改革的全面推进，我国农业农村发展环境发生了深刻变化。总体来看，农村财政政策经历了从间接支持向直接支持、从数量扩张向质量提升的重大转变。大致可以划分为以下几个阶段。

第一阶段（1978—1993 年）：以放权让利为主，间接支持农村改革发展。这一时期的农村改革以家庭联产承包责任制为突破口，极大地调动了农民生产积极性。农村财政主要通过提高农产品价格、放开农村集市贸易等，为农民增收创造有利条件。同时，对农业生产资料实行优惠价格，降低农业生产成本。此外，各地还因地制宜地开展了以乡镇企业为主体的“农村工业化”探索，促进了农村二三产业发展。总体来看，这一阶段农村财政以让利于农为主，在保护农民利益、促进农民增收方面发挥了积极作用。但农业基础设施建设投入不足，农村教育医疗等公共服务相对滞后，农村改革的深度和广度都有待拓展。

第二阶段（1994—2005 年）：分税制改革的背景下，中央加大对农业农村的投入力度。分税制的建立显著增强了中央的宏观调控能力，为加强支农政策提供了基础。一方面，中央财政设立了支持农业生产发展的资金，通过项目补助、贴息等方式，支持农田水利建设、农业科技推广、农产品加工等领域。另一方面，中央财政还设立了专项资金，支持革命老区、民族地区、边疆地区的发展，促进了区域协调发展。1998—2001 年，中央政府集中财力实施了以退耕还林（草）为重点的生态建设工程，取得了显著成效。2004 年，农村税费改革全面展开，标志着长达两千多年的农业税制度正式退出历史舞台。随后，中央设立了农村税费改革转移支付，加大对主产区、调出大县的支持力度。总体来看，这一阶段中央对农业的支持力度显著增强，农业基础设施条件得到了明显改善。但是，受财政体制的制约，地方政府财力不足的问题日益凸显，基层组织的运转面临困难，这直接影响了农村公共服务的有效供给。

第三阶段（2006 年至今）：强农惠农政策不断完善，支农重点转向改善农村民生。中央明确提出了工业反哺农业、城市支持农村的方针，出台了一系列强农惠农富农政策。在支持农业发展方面，中央持续加大农田水利等基础设施建设投入，大规模实施新一轮退耕还林还草工程，建立健全了以良种补贴、农机具购置补贴、农资综合补贴为主体的农业补贴制度。为应对国际金融危机，2008 年中央还及时推出了家电、汽车、摩托车下乡政策，拉动了农村消费。在改善农村民生方面，中央设立了农村义务教育、新型农村合作医疗等专项转移支付，有效改善了农村教育医疗条件。新一轮扶贫开发战略实施以来，中央财政投入持续加大，为全面建成小康社会、实现第一个百年奋斗目标提供了有力保障。总体来看，这一阶段农村财政明显呈现出“提质增效”的特点，支农重心从支持农业生产向改善农村民生拓展，农村人居环境明显改善，广大农民的获得感、幸福感不断增强。但与此同时，一些深层次矛盾开始凸显，需要更高水平的改革创新予以解决：一是区域发展不平衡不充分，贫富差距拉大，基层财力保障存在短板；二是城乡公共服务均等化程度不高，教育、医疗等领域城乡差距依然较大;三是农村发展内生动力不足,农业农村投融资渠道亟须拓宽;四是农村土地制度改革有待深化,新型农业经营主体培育滞后;五是农业农村污染治理任务较重,生态文明建设需要加大投入。

9.3.3 农业、农村和涉农财政支出的现状

我国财政中的农业支出主要包括两个部分。一是政府对农业的直接投资。农业的发展需要进行道路、土壤改造、水利等公共基础设施的建设,我国财政支出预算中安排了农业项目建设的直接投资,如粮食等重要农产品生产基地建设、农田水利基础设施建设等项目的投资。二是政府对农业进行补贴。一般来说,财政农业补贴的对象是农民个体和农村集体等。补贴有两种形式,直接补贴和间接补贴。前者是对农民进行直接补贴,如粮食直补、农资综合直补和农机购置补贴政策等。间接补贴则是将补贴投入农业的各个生产环节中。我国的农业补贴范围广泛,且以价格补贴为主,贴息贷款为辅。这些财政支出对促进经济社会协调发展、增加农民收入产生了积极作用。

中央财政直接支持“三农”的资金包括15个大类,即基本建设投资(国债资金)、农业科学事业费、科技三项费用、支援农村生产支出、农业综合开发支出、农林水气等部门事业费、支援不发达地区支出、水利建设基金、农业税灾歉减免补助、农村税费改革转移支付、农产品政策性补贴支出、农村中小教育支出、农村卫生支出、农村救济支出和农业生产资料价格补贴。这一口径是目前中央财政支持“三农”支出最大的口径,基本涵盖了中央财政支持“三农”的各个方面。

我国公共财政预算农林水支出按功能分为农业(狭义)、林业、水利、扶贫、农村综合改革、其他、农业综合开发、普惠金融发展、目标价格补贴和南水北调。表10.6列出了我国财政农林水支出的组成部分。占比最大的部分是农业(狭义)支出,其占比从2008年的50.1%下降至2019年的28.7%,再回升至2021年的33.4%。2018年以前,水利支出是财政支农支出的第二大组成部分。2018—2020年这三年,扶贫支出占比超过水利支出,分别为23.1%、24.3%、23.5%,反映出国家财政对我国扶贫事业的重点支持。2021年,扶贫支出迅速回落,增速为-23.3%。扶贫支出占比为19.6%;同年水利支出占比为19.8%。

表9.6 国家财政用于农林水各项支出

年份	农业支出/亿元	林业支出/亿元	水利支出/亿元	扶贫支出/亿元	农村综合改革支出/亿元	其他支出/亿元	合计/亿元	全国一般公共预算支出/亿元	所占比重/%
2007							3 404.7	49 781.4	6.8
2008	2 278.9	424.0	1 122.7	320.4			4 544.0	62 592.7	7.3
2009	3 826.9	532.1	1 519.6	374.8			6 720.4	76 299.9	8.8

续　表

年份	农业支出/亿元	林业支出/亿元	水利支出/亿元	扶贫支出/亿元	农村综合改革支出/亿元	其他支出/亿元	合计/亿元	全国一般公共预算支出/亿元	所占比重/%
2010	3 949.4	667.3	1 856.5	423.5	607.9	625.0	8 129.6	89 874.2	9.0
2011	4 291.2	876.5	2 602.8	545.3	887.6	734.2	9 937.6	109 247.8	9.1
2012	5 077.4	1 019.2	3 271.2	690.8	987.3	928.0	11 973.9	125 953.0	9.5
2013	5 561.6	1 204.3	3 338.9	841.0	1 148.0	1 255.8	13 349.6	140 212.1	9.5
2014	5 816.6	1 348.8	3 478.7	949.0	1 265.7	1 315.0	14 173.8	151 785.6	9.3
2015	6 436.2	1 613.4	4 807.9	1 227.2	1 418.8	1 877.0	17 380.5	175 877.8	9.9
2016	6 458.6	1 696.6	4 433.7	2 285.9	1 508.8	2 203.8	18 587.4	187 755.2	9.9
2017	6 194.6	1 724.9	4 424.8	3 249.6	1 486.9	2 008.2	19 089.0	203 085.5	9.4
2018	6 156.1	1 931.3	4 523.0	4 863.8	1 530.3	2 081.1	21 085.6	220 904.1	9.5
2019	6 554.7	2 007.7	4 584.4	5 561.5	1 644.3	2 510.2	22 862.8	238 858.4	9.6
2020	7 514.4	2 035.1	4 543.2	5 621.6	1 822.4	2 411.8	23 948.5	245 679.0	9.7
2021	7 363.9	1 771.1	4 371.6	4 310.0	1 719.6	2 498.3	22 034.5	245 673.0	9.0

数据来源：《中国农村统计年鉴 2022》。

2016—2019 年，全国财政一般公共预算累计安排农业农村相关支出 6.07 万亿元，年均增长 8.8%。近年来，中央财政农业农村资金重点支持了五大方面①。一是保障粮食和生猪等重要农产品有效供给。粮食产量自 2014 年起连续六年保持在 1.3 万亿斤以上，农作物耕种收综合机械化率超过 70%，年出栏 500 头以上的生猪养殖规模化率在 2019 年达到 53%。二是全力支持打赢脱贫攻坚战。2016—2020 年，中央财政专项扶贫资金投入连续 5 年每年增加 200 亿元。三是支持深化农业供给侧结构性改革，包括支持推进农村一二三产业深度融合、支持农业绿色发展、培育新型农业经营主体、提升金融服务乡村振兴能力。四是加快补上农业农村公共服务短板，包括支持农村厕所革命、支持改善农村住房条件、支持保障农村饮水安全和加快“四好农村路”建设。五是推动建立健全现代乡村社会治理体系，包括加强村级组织运转经费保障、支持深化农村改革、支持培育壮大集体经济、支持建设美丽乡村。虽然我国财政对农业的支持力度不断加大，但农业、农村和涉农财政支出仍然存在两个主要问题。

一是没有形成稳定的财政支持增长机制。2007—2021 年，国家财政农林水支出累计

① 国务院关于财政农业农村资金分配和使用情况的报告. http://www.npc.gov.cn/npc/c30834/202012/edf7517865de4f4a9ef2e3ebace6c9e8.shtml。

达到217 221.9亿元,其中2007年财政农林水支出合计3 404.7亿元,2021年为22 034.5亿元,财政农林水支出的年平均增长率为15.05%。2013年以前,财政农林水支出增速均高于20%,在2009年甚至高达47.9%。2013年以后,财政农林水支出增速明显下降,而且呈现出较大的波动性。2015年和2018年增速超过10%,2017年增速仅为2.7%。这种波动性在各个组成部分中得以更为明显地体现。例如,农业支出在2017年、2018年、2021年不仅没有增加,反而下降,增速分别为-4.1%、-0.6%、-2.0%。水利支出在2016年、2017年、2020年、2021年增速分别为-7.8%、-0.2%、-0.9%、-3.8%。各年财政农林水支出的波动性反映出我国还没有形成农业、农村和涉农财政支出的稳定增长机制。

二是财政农业支出占财政总支出的比重较低。2010年以来,我国财政农业支出占全国一般公共预算支出的比重维持在9%~10%。据估算,国外发达国家的财政农业支出占财政总支出比重一般为30%~50%;发展中国家的财政对农业的投入一般占财政总支出的15%左右,目前像印度、泰国等国家的占比已经都超过15%(欧阳强斌,2018)。无论是与国外发达国家相比还是与一些发展中国家相比,我国财政农业支出占财政总支出的比重都是较低的。

此外,财政支农资金使用还存在一些突出问题。一是涉农资金统筹整合力度不够。众多涉农项目分散在不同部门,资金安排"各自为政",综合效益发挥不足。二是资金使用绩效有待提高。一些地方重投入、轻管理,财政支农资金闲置浪费现象时有发生。三是激励约束机制不健全。现有财政支农政策重视向农业农村倾斜,但对地方政府统筹整合、提高绩效的激励约束不够,资金使用效率难以保证。四是财政支农支出结构还不够优化,存在重"三农"轻农业、重"二三"轻"一产"、重生产轻生态等问题。鉴于此,优化财政支农资金配置,需要建立健全涉农资金统筹整合的长效机制,合理调整支农支出结构,强化预算绩效管理,提升财政资金使用效益。

9.3.4 农村产业、社会保障等各类政府补贴

农业农村补贴是我国支持"三农"发展的重要手段。近年来,各级财政通过设立一系列强农惠农补贴政策,有力推动了农业现代化和农民增收。主要补贴政策如下。

1. 支持农业生产发展的补贴

① 农资综合补贴。2006年启动实施,将原有的粮食直补、农资综合直补、良种补贴等项目合并设立。与粮食生产直接挂钩,主要用于鼓励农民增加粮食种植面积、粮食增产和农民增收。补贴资金直接发放到农民个人,采取"定额补贴、及时发放、面向全体种粮农民"的发放方式。② 耕地地力保护补贴。2015年开始实施,用于保护提升耕地质量。根据耕地面积确定补助总额,与粮食播种面积、绿肥种植面积等因素挂钩分配补助资金。补助资金主要用于耕地轮作休耕、施用有机肥、深松整地、植物保护等。③ 农机购置补贴。2004年启动实施,采取定额补贴方式,对购买国家支持推广的先进适用农业机械给予补

贴。补贴对象为购买农机的个人和农业生产经营组织。实行自主购机、定额补贴、先购后补、县级结算等政策。④ 农业生产发展资金。用于支持农业生产条件建设、提高农业装备水平、增强农产品供给保障能力等。主要支持高标准农田、现代种业提升、农业科技创新等领域。通过奖补、贷款贴息、以奖代补等方式引导地方和社会加大投入。⑤ 渔业油价补贴。2006 年设立,对远洋渔业、内陆渔业和近海捕捞渔业给予补贴,降低渔民生产成本。⑥ 产粮大县奖励资金。2005 年设立,对粮食生产贡献突出的县给予奖励,主要用于"三农"公共服务等领域。⑦ 农业保险保费补贴。2007 年开始实施,通过提供保费补贴,支持开展种植业、养殖业、林业保险,提高农业风险保障水平。

2. 支持农村人居环境整治的补贴

① 农村基础设施建设补助。2008 年以来,中央财政不断加大对农村公路、农村电网、农田水利、农村供水、农村沼气、农村危房改造等基础设施建设的补助力度。支持实施"四好农村路"工程,推动城乡客运一体化、道路运输与铁路运输无缝对接。对农村公路管护给予奖补,对贫困地区予以倾斜支持。② 农村人居环境整治资金。支持农村生活垃圾治理、生活污水治理、农村"厕所革命"、村容村貌整治提升等。以中央财政奖补为主,地方财政为辅,通过因素法分配资金。③ 农村饮水安全巩固提升资金。主要支持农村饮水工程提档升级、运行管护、水质监测等。以中央预算内投资为主,以奖补为辅。

3. 支持农村社会事业发展的补贴

① 义务教育补助经费。主要用于改善农村义务教育薄弱学校办学条件,提高教育质量。支持实施农村义务教育学生营养改善计划、特岗教师计划等项目。② 基本公共卫生服务补助经费。用于支持农村基层医疗卫生机构提供国家基本公共卫生服务。将农村妇幼、残疾人等重点人群全部纳入服务范围。③ 基层农技推广服务补助。2009 年设立,用于支持基层农技推广体系改革与建设。强化基层公益性农技推广服务,推动农业科技进村入户。通过项目制等方式,引导地方政府加大投入。④ 村级公益事业建设补助。2011 年设立,主要用于村级办公经费、村级组织运转经费、美丽乡村建设等。

4. 支持农民生活改善的补贴

① 农村低保补助资金。对农村低收入群体给予生活救助,确保基本生活。支持各地建立健全农村低保制度,做到应保尽保。中央与地方按比例分担资金。② 农村养老保险基金补助。用于弥补农村养老保险基金缺口。对老年农民基础养老金给予补贴。对贫困地区予以倾斜支持。③ 农村医疗救助补助资金。对农村贫困人口参加基本医疗保险并患大病的,给予医疗救助。支持脱贫地区提高农村贫困人口大病专项救治倾斜支付比例。

5. 支持新型农业经营主体发展的补贴

① 农业社会化服务补助。支持新型农业社会化服务组织发展,提高农业生产经营的

专业化、标准化水平。重点支持农机作业、统防统治、代耕代种、农产品初加工等服务。采取以奖代补、贷款贴息、融资担保等方式,引导和带动新型农业社会化服务组织发展。② 家庭农场发展扶持资金。支持发展专业化、集约化的家庭农场。采取生产奖补、贷款贴息、融资担保等方式给予扶持。引导金融、保险等社会资本支持家庭农场发展。③ 农民合作社发展扶持资金。支持发展农民合作社,提高农民组织化程度。采取先建后补、以奖代补等方式,支持农民合作社提升经营能力。引导农民合作社提供农资购买、农产品销售、技术培训等服务。④ 农业产业化联合体扶持资金。支持龙头企业、合作社、家庭农场建立利益联结机制,打造农业产业化联合体。按照"政府引导、企业主体、市场化运作"原则,采取项目制等方式给予扶持。重点支持粮经饲统筹、农牧结合、种养加一体、农文旅融合等模式。

总的来看,我国已初步建立起覆盖面广、链条较完整的农业农村补贴政策体系,极大地改善了农村生产生活条件,有力地促进了农业现代化和农民增收。尽管取得了显著成效,但农业农村补贴政策仍存在一些需要解决的问题:一是碎片化问题突出。目前涉农补贴项目众多,政策碎片化现象严重,不同补贴在对象、标准、范围等方面衔接不够,政策性重复、交叉现象普遍存在,导致资金使用绩效难以充分发挥。二是"撒胡椒面"问题仍未根本解决。一些地方重发放、轻管理,将补贴资金简单平均分配到农户,没有针对农业现代化需求进行精准支持,资金使用效益不高。例如,农机购置补贴多年来大量资金流向中小型、低端产品,对高端智能、复式联合等先进农机装备的支持不足。三是补贴方式有待进一步创新。现有补贴以"普惠制"为主,主要通过直接补贴农民的方式,调动农民生产积极性。但随着新型农业经营主体不断发展壮大,单纯的"普惠制"补贴已不能完全适应现代农业发展的需要。亟须创新补贴方式,在保护农民利益的同时,更多发挥财政资金的杠杆撬动作用,引导龙头企业、合作社等主体加大投入。四是基层财政资金监管有待加强。近年来,中央财政不断加大农业农村领域的投入,但受基层财政能力和人员配备的限制,农业农村补贴资金的使用管理还不够规范,监督检查和绩效考评机制尚不健全,资金使用过程中存在截留挪用、违规花钱等问题。

9.3.5 财政支农支出结构

改革开放之初,我国财政收支矛盾突出,财政支农规模非常有限,主要用于农业生产资料补贴、农产品价格补贴等。同时,支农支出主要依赖中央财政,地方财政的投入相对较少。由于支农规模有限,导致农业基础设施建设投入不足,农业装备水平较为落后,农村公共服务供给存在较大缺口。这一时期的政策重点在于改善农村生产条件,提高农村经济效益。1990 年代至 2000 年代初,为了保障粮食安全和提高农民收入,政府加大了对粮食和农产品生产的支持,包括农业补贴、农村信贷、农业科技推广等措施。

进入 21 世纪以来,我国经济社会发展进入新阶段,工业化、城镇化进程明显加快,城乡收入差距拉大,农业农村发展相对滞后,"三农"问题凸显。党中央高度重视"三农"问题,作出一系列重大决策部署。2004 年中央一号文件首次提出把解决好“三农”问题作为全党工作重中之重,2006 年取消农业税,标志着农业政策由“取”为主转向“予”为主。财政支农进入快速增长时期,规模逐年扩大。支农范围从主要用于支持农业生产,逐步拓展到农村公共服务、农村社会事业等多个领域。支农支出结构从对农业生产的补贴,转向农业支持和农村建设相结合。见表 9.7。

表 9.7　国家财政用于农业的支出(2007—2012 年)

单位：亿元

年份	支持农业生产支出	粮食、农资、良种、农机具四项补贴	农村社会事业发展支出	其他支出	“三农”支出总计
2007	1 801.7	513.6	1 415.8	587.2	4 318.3
2008	2 260.1	1 030.4	2 072.8	592.2	5 955.5
2009	2 679.2	1 274.5	2 723.2	576.2	7 253.1
2010	3 427.3	1 225.9	3 350.3	576.2	8 579.7
2011	4 089.7	1 406	4 381.5	620.5	10 497.7
2012	4 785.1	1 643	5 339.1	620.4	12 387.6

数据来源：《中国农村统计年鉴 2014》。

随着农村经济的变化,我国地方财政支出结构也相应地作出了调整,1998—2008 年十年间,经济建设支出略有下降;共享发展支出有一定幅度的上升,但并不显著。见表 9.8。

表 9.8　地方财政支出结构特征的变化趋势

单位：%

项　　目	年　　份					
	1998	2000	2002	2004	2006	2008
经济建设支出	22.9	22.7	22.99	21.38	20.73	20.67
行政服务支出	20.99	20.83	21.56	22.07	21.09	22.44
共享发展支出	39.01	40.3	40.53	39.72	39.76	43.6
协调发展支出	8.71	7.84	7.36	8.38	7.17	8.73

资料来源：李永友. 公共服务型政府建设与财政支出结构效率[J]. 经济社会体制比较,2011(1)：67－78.

与其他国家比较,我国地方政府行政服务支出占比相对较高,维持在 20% 以上。每个国家的财政支农支出结构受到政策目标、经济状况和农村发展阶段的影响,我国支农支出结构显示了偏重经济发展支出和行政服务支出的特点,社会保障与福利支出的比重相对较低。见表9.9。

表9.9 地方财政支出结构特征的跨国比较

单位：%

国别	经济建设支出	行政服务支出	共享发展支出
中国	27.43	24.11	43.02
印度	24.57	14.54	64.52
俄罗斯	3.41	11.93	83.5
美国	18.46	16.38	58.97

资料来源：李永友. 公共服务型政府建设与财政支出结构效率[J]. 经济社会体制比较,2011(1)：67－78.

县级政府是提供义务教育、医疗、社会保障与就业等大量与民生相关的公共服务的主体,也是培植税源、推动地方经济发展的关键力量。县级政府公共财政直接影响着县级政府提供公共物品和服务以及完成自身职能的能力。表9.10给出了2002—2007年我国县级单位民生性财政支出和生产性财政支出分别占财政总支出的比值。民生性支出占比1计算的民生性支出包括教育、医疗卫生以及社会保障和就业支出,民生性支出占比2仅考虑教育支出、社会保障和就业支出。生产性支出为基本建设支出。

表9.10 县级财政支出结构

变量名	观测值	均值	标准差	最小值	最大值
民生性支出占比1	6 640	0.347 5	0.081 3	0.103 6	0.662 3
民生性支出占比2	7 983	0.300 6	0.073 2	0.082 4	0.587
生产性支出占比	4 580	0.046 6	0.045 6	0.000 0	0.538

资料来源：李永友,陈安琪,曹畅. 分权时序与地方财政支出结构——基于中国省级权力下放实践的经验分析[J]. 财政研究,2021(7)：53－65.

自2010年以来,政府提出了脱贫攻坚战略,并大幅增加了对贫困地区和贫困农民发展生产的财政支持。近年来,政府进一步加大了对农村环境保护的支持,包括农村污染治理和生态修复等方面。然而,我国财政支农支出结构反映出政府在财政支农方面存在一些问题。

一是生产性支出的比重偏低,而事业费比例偏高。1998—2004年,涉农部门事业经费开支占农村财政资金的比重达60%~70%,最高年份甚至达到了73%(刘笑萍,2007)。近年来,财政支农资金中用于非生产性的支出较多,而直接用于生产性的支出较少,经常出现行政费用挤占事业费、事业费用挤占生产性支出的现象。二是农业科技三项费用比例偏低。1992—2006 年,农业科技三项费用支出占财政支农支出的比重低于 1%,占农业总产值的比重低于 0.1%,远低于发达国家的 2.5%(邵晓琰,2015)。尽管近年来农业科技三项费用支出占比有所上升,但总体水平仍然较低,这不利于农业生产率的提升。三是支农支出不均衡。支农支出在不同地区之间存在不均衡现象。一些富裕地区可能获得了更多的财政支持,而一些贫困地区的支出则相对有限,这种差异加大了贫富差距。

9.4 农业农村发展财政支持的国际经验

纵观发达国家农业农村现代化进程,财政在支持农业发展、改善农村面貌、促进城乡融合等方面发挥了关键作用。总体上看,经济发达国家从农业农村和区域协调发展大局出发,构建了多元化的财政支农政策工具组合,初步形成了城乡统筹、协调联动的农村发展新格局。主要呈现以下特点。

一是坚持把支持农业作为财政支出的重点领域。欧盟将农业列为优先发展领域,成员国每年用于农业农村的财政支出占其 GDP 的比重普遍在 1%以上。美国联邦政府也长期把农业作为财政支出的重点,通过价格支持、收入补贴、出口补贴、农业保险等多种方式,保护本国农业免受市场风险冲击。日本则把支持农业作为国家战略,财政用于农业基础设施建设、农业科技推广等方面的投入力度很大。

二是以改善农村公共服务为导向,推进城乡基本公共服务均等化。英国政府设立了城乡社区一体化专项资金,重点支持农村交通、通信、教育医疗等公共服务设施建设。日本在二十世纪七八十年代大规模实施了"农村综合整治计划",改善农村生产生活条件。德国通过加大农村教育、卫生、文化等领域的财政投入,基本实现了城乡公共服务均等化。

三是注重运用经济手段调节农村土地利用。为解决土地撂荒问题,日本实行了"稻田调整补贴",鼓励农民将稻田转作其他作物;并设立了农地集约利用奖励基金,引导土地规模经营。韩国则通过发放闲置土地管理补贴,鼓励农民将闲置土地流转,提高土地利用效率。德国、法国等欧盟国家还通过"休耕补贴""生态补偿"等方式,引导农民合理利用土地资源。

四是加大农村人力资本投资力度,提升农业农村发展的内生动力。美国实施了"农村劳动力培训计划",由联邦和州政府共同出资,为农村劳动力提供技能培训。法国设立了青年农场主补贴,鼓励大学毕业生从事农业。日本还专门安排了农村地区义务教育、职业教育的经费,为提升农村人力资本素质提供了保障。

五是支持农村二三产业融合发展,培育新的经济增长点。英国率先提出发展乡村旅游的设想,并通过财政贴息等方式支持农村民宿、采摘园等新业态的发展。德国实施了"农村优先"战略,鼓励工商企业到农村投资兴业,带动农村二三产业的发展。韩国则通过"新村运动",引导和支持龙头企业、农民合作社等新型农业经营主体发展农产品加工、休闲农业等产业。

六是重视农村生态环境治理与保护,推进农业绿色发展。欧盟实施了"共同农业政策”改革，将环境保护目标纳入农业政策，通过“绿色直接支付”“农业环境措施”等手段调控农户的生产方式。日本专门设立了环境保护型农业直接支付，鼓励农民采用节水、减少化肥农药使用等环境友好型生产方式。美国对实施土壤保护措施的农场给予补贴，引导农民科学利用资源。

总的来看，发达国家在推进农业农村现代化进程中积累了丰富的财政政策经验，这对我国完善农村财政体制机制、推进城乡融合发展具有重要启示：一是必须始终坚持农业农村优先发展的原则，加大农业农村投入力度，为农业强、农村美奠定坚实基础；二是必须以满足农民生活需要为根本出发点，加快补齐农村基础设施和公共服务短板，让农民共享改革发展成果；三是必须充分尊重农民意愿，发挥财政资金的引导和放大效应，完善利益联结机制，调动农民参与农村发展的积极性；四是必须遵循农村发展规律，加强分类指导，因地制宜出台普惠性、差异化的支持政策，释放农村发展活力；五是必须树立系统观念，从生产、生活、生态三个维度统筹谋划，构建促进农业全面振兴、农村全面进步的政策框架。

9.5 城乡融合发展与农村财政体制机制改革

改革开放以来，我国农村财政体制进行了一系列改革探索，取得了显著成效。1994 年分税制改革实施后，中央与地方财政收入划分进一步理顺。但受城乡二元结构等因素影响，农村财政收入增长缓慢、支出责任日益加重，收支矛盾日益突出。2006 年，党的十六届六中全会提出“完善公共财政制度，逐步实现基本公共服务均等化”，中央经济工作会议提出“建立健全覆盖城乡的公共财政体制”，标志着农村财政体制改革进入新阶段。此后，中央出台了支持农村税费改革、完善县级基本财力保障机制等一系列政策措施，农村财政运行机制不断健全，保障能力明显增强。

党的十八大以来，以习近平同志为核心的党中央把解决好“三农”问题作为全党工作重中之重。2013 年 12 月召开的中央农村工作会议特别强调，公共财政要坚持把“三农”作为支出重点，中央基建投资继续向“三农”倾斜，优先保证“三农”投入 稳定增长。2018 年，《中共中央 国务院关于实施乡村振兴战略的意见》提出，建立健全实施乡村振兴战略财政投入保障制度，公共财政更大力度向“三农”倾斜，确保财政投入与乡村振兴目标任务相适应。党的二十大报告进一步提出，坚持农业农村优先发展，坚持城乡融合发展，畅通城乡要素流动。这些重大决策部署为深化农村财政体制改革指明了方向。

9.5.1 我国农村财政面临的新形势新挑战

进入新发展阶段，农业农村发展既面临难得机遇，也存在诸多挑战。从农村财政视角看，主要面临四个方面的新形势新挑战。

1. 从高速增长阶段转向高质量发展阶段,财政支农方式需要转变

改革开放40多年来,我国经济社会发展取得了举世瞩目的伟大成就,经济总量跃居世界第二,人均GDP突破1万美元,农业农村发展也走过了极不平凡的历程。党的十八大以来,强农惠农富农政策力度空前,农业农村面貌发生了历史性变革。1978年,我国农林牧渔业总产值为0.14万亿元,农村居民人均纯收入只有133.6元。2022年,农林牧渔业总产值达到15.61万亿元,是1978年的111.5倍;农村居民人均可支配收入为21 691元,年均增长12.3%,扣除价格因素,实际年均增长7.2%。农业综合生产能力显著增强,农民生活水平大幅提高,农村生态环境持续改善,为我国经济社会持续健康发展提供了重要支撑。

然而,必须清醒地看到,农业农村发展还存在不少短板和弱项。农业基础设施薄弱,现代农业发展水平不高;城乡公共服务均等化程度不高,农民增收渠道还不够宽广;农村人居环境和生态环境保护任务艰巨,农村改革的深度和广度亟待拓展。从发展阶段来看,我国农业农村发展正处在由数量扩张向质量提升、由规模速度型向结构效率型、由要素驱动向创新驱动的关键转变期。这就要求农村财政必须立足新发展阶段,贯彻新发展理念,以推动高质量发展为主题,加快转变支农方式,不断提高资金使用效益,更好发挥财政资金"四两拨千斤"的杠杆放大效应。

一方面,农村财政要更加注重提质增效,推动农业供给侧结构性改革。要大力支持农业结构的战略性调整,引导资源要素向优势产区和特色产业集聚,提高农业的质量效益和竞争力。要强化绿色导向,加快推进农业绿色发展,促进农业的可持续发展。要创新农业补贴的实施方式,强化绩效导向,避免简单地"撒胡椒面"式补贴。另一方面,农村财政要更加注重统筹兼顾,促进城乡融合发展。财政性资金要向"三农"倾斜,重点用于巩固和拓展脱贫攻坚成果,加快补齐农村基础设施和公共服务的短板。要加大对农村人力资本开发的投入力度,大力发展农村教育事业,提高农村劳动力的素质。要加强分类指导,因地制宜地支持农村一二三产业的融合发展,培育和壮大新产业新业态,拓宽农民就业和增收的渠道。

与此同时,农村财政还要更加注重激发活力,增强农村发展的内生动力。要深化农村集体产权制度改革,完善农村产权流转交易体系,盘活农村资源和资产。要支持新型农业经营主体的发展,完善利益联结机制,让农民更多地分享产业链增值的收益。要充分尊重农民的主体地位,完善农村基层治理体系,调动农民参与乡村振兴的积极性。

2. 需要解决农业农村现代化投入需求与财力保障能力不相适应问题

党的十九大作出了实施乡村振兴战略的重大决策部署,农业农村现代化进程明显加快。乡村建设行动全面启动,农村人居环境整治成效显著,农村教育、医疗卫生、社会保障等公共服务水平大幅提升。农业科技创新不断取得新突破,农业机械化、信息化水平明显提高。新型城镇化和新农村建设协调推进,"四好农村路"加快建设,城乡基础设施互联互

通水平不断提高。

伴随着农业农村现代化的快速推进，农村发展对要素资源的需求也在不断增长。以基础设施为例，我国农村的自来水普及率、卫生厕所普及率、垃圾无害化处理率等指标与发达国家还有较大差距，农村公路通达深度、宽带网络覆盖率亟须提高。中央农村工作领导小组办公室副主任、农业农村部副部长韩俊曾表示，经初步测算，要实现乡村振兴战略五年规划的目标，至少需要投资7万亿。以科技创新为例，2022年，农业科技进步贡献率为61%，与"十四五"规划确定的64%的目标还有一定差距。2015—2020年，我国农业科技经费在国家财政科技拨款中所占比重逐年下降，从2015年的4.02%减少至2020年的3.76%。与此同时，政府为农业科研机构提供的稳定性科研经费支持比例也有所下降，从2015年的61.46%降至2020年的58.87%。相比之下，科技发达国家通常为农业科研机构提供70%至80%的稳定投入（毛世平等，2023）。我国在这方面与发达国家还存在显著差距，政府对农业科研的稳定性投入有待进一步加强。农业农村现代化还面临农村人力资本开发、农业绿色发展、农村社会保障等方面的重大投入需求。加快推进农业农村现代化，财政支出责任将进一步加重。然而，现阶段我国财政收支矛盾依然十分突出。2020年，受新冠疫情冲击和减税降费政策效应叠加影响，全国财政收入首次出现负增长，同比下降3.9%。与此同时，为应对疫情、助企纾困，各级财政大幅增加"六稳""六保"等重点领域支出，全国财政支出同比增长2.8%，收支缺口高达6.3万亿元，财政平衡压力仍将持续加大。农业农村现代化进程的加快推进，将面临更为严峻的财力约束。

3. 生态文明建设和绿色发展对财政支农提出更高要求

党的十八大以来，党中央高度重视生态文明建设，将生态文明建设纳入"五位一体"总体布局，把坚持人与自然和谐共生作为新时代坚持和发展中国特色社会主义的基本方略。在农业农村领域，农业面源污染治理、畜禽养殖废弃物资源化利用、农膜和农药包装废弃物回收等方面均取得了明显成效。

然而，必须看到，农业农村生态保护形势依然严峻，农业面源污染、农村生活污染、畜禽养殖污染等问题依然突出，一些地方的生态环境恶化趋势尚未得到根本遏制。以化肥、农药使用量为例，2021年我国化肥、农药使用量分别高达5 191万吨（折百量）和24.83万吨，平均每公顷耕地的化肥、农药使用量是世界平均水平的2~3倍。化肥的过量施用导致面源污染问题突出，农药的过量使用和包装废弃物的随意丢弃也带来了较大的环境隐患。从畜禽养殖来看，2022年我国家禽年出栏量达到了161.4亿只，畜禽粪污总量超过30亿吨。其中，规模以下散养户的污染问题尤为突出。加之部分中小养殖场的处理设施简陋、环保意识淡薄，导致畜禽粪污肆意排放，给农村生态环境带来了巨大的压力。

推进农业农村绿色发展，必须加快构建以绿色生态为导向的农村发展政策体系，完善支持农业绿色发展、农村人居环境整治、农村生态保护修复等方面的财政政策。支出结构要向节能环保、清洁生产、生态修复等领域倾斜，强化对化肥农药减量、畜禽粪污资源化利用、农膜和农药包装废弃物回收、农村污水和垃圾处理设施建设运营的支持力度。同时，要创新投入机制，强化地方政府生态文明建设责任，将生态环境质量纳入农村财政转移支付分配因素，加大对生态功能重要区域的转移支付力度。建立健全农村生态保护补偿机制，完善生态补偿与生态环境质量挂钩的奖惩机制。健全耕地等自然资源资产产权制度，落实农村集体经济组织在农村资源环境保护中的主体责任。通过综合施策，加快推进农业绿色发展，建设美丽宜居的乡村。

4. 重大风险挑战凸显，财政支农政策体系有待进一步健全完善

世界经济不稳定性明显增加，我国经济转型和稳定发展面临挑战。对此，必须未雨绸缪，进一步健全和完善财政支农政策，增强应对风险的能力，提升经济发展的韧性。

一是粮食安全风险。我国 14 亿多人口面临的粮食安全问题日益突出。同时，随着工业化和城镇化的快速推进，耕地被占用的情况不可避免，农业比较效益偏低导致种粮积极性不高，加之农业生产对自然灾害的敏感性，国内粮食生产也存在诸多不稳定因素。财政支农政策应将保障粮食安全作为首要任务，加大对高标准农田建设、耕地地力保护、粮食生产功能区建设等重大工程的支持力度，完善耕地保护补偿、生态补偿等政策，稳定粮食播种面积和产量。同时，强化产储销体系建设，完善粮食收储政策，确保口粮绝对安全和谷物基本自给。

二是重大动物疫病风险。近年来，我国已成为世界养殖大国和畜产品消费大国。但是，养殖业规模化、标准化、集约化水平仍有不足，一些地方甚至存在养殖“散乱污”问题。加之畜禽流通频繁，动物防疫体系不健全，一旦发生重大动物疫病，极易造成大范围传播和扩散。非洲猪瘟疫情发生以来，我国生猪存栏量一度下降 40%以上，这不仅影响了百姓“菜篮子”的供给，也给养殖场户带来了巨大损失。财政支农政策应加大对动物疫病强制免疫、监测预警、应急处置等关键环节的支持力度，加快补齐基层动物防疫短板，全面提升动物疫病综合防控能力。同时，加大生猪等畜禽标准化规模养殖场建设支持力度，推进畜禽粪污资源化利用，防范化解畜牧业环境风险。

三是就业增收风险。当前，我国正处于新型工业化、信息化、城镇化、农业现代化同步发展的阶段。一方面，新兴产业和新型业态不断涌现，对劳动力素质提出了更高要求；另一方面，农村富余劳动力向城镇转移的态势依然强劲，但受限于教育水平、就业技能等因素，这些劳动力在城镇难以实现充分就业。同时，农村低收入人口规模仍然较大，返贫致贫风险不容忽视。据国家统计局发布的数据，截至 2022 年年底，我国的贫困人口大约有四千万人，2022 年农村居民人均可支配收入与城镇居民的差距为 30 130 元，是 2012 年差距的 1.8 倍。财政支农政策应大力支持农村教育事业发展，统筹各类职业培训资源，提高农村劳动力的就业创业能力。支持农村二三产业发展，拓宽农民就业渠道。加大对农村低收入人口的帮扶力度，健全农村社会保障体系，筑牢民生底线。

四是农村社会稳定风险。近年来，随着农村集体产权制度改革的不断深化，农村土地承包经营权流转、宅基地使用权流转、集体经营性建设用地入市、农村集体经济组织成员权益保障等改革试点深入推进。但是，一些地方农村产权交易市场发育不完善，交易信息

不对称,产权界定、价格评估等方面存在误差,侵害农民合法权益的现象时有发生。同时,一些地方在农村人居环境整治、“空心村”治理中存在“一刀切”现象,引发了农民群众的不满。财政支农政策应加大对农村产权交易市场等制度性安排的支持力度,规范农村产权流转行为,切实维护农民财产权益。加强农村基层党组织建设,提高乡村治理能力。推进乡村善治,健全自治、法治、德治相结合的乡村治理体系,增强农村社会发展活力。在农村公共事务决策中,要充分尊重农民主体地位,广泛听取农民意见,防止简单化、“一刀切”。对农村人居环境整治、宅基地和农房管理等重大事项,要因地制宜、分类施策,留足过渡期,稳妥有序推进。

9.5.2 推进农村财政体制机制改革的对策建议

1. 优化支农支出结构,聚焦“三农”工作重点领域

新发展阶段,推动农业农村现代化,必须坚持把支农支出作为财政支出的优先保障领域。第一,要加大对现代农业发展的投入力度。围绕产业兴旺,以提升农业质量效益和竞争力为目标,促进农业供给侧结构性改革,大力支持优势特色产业、绿色农业、都市农业等现代农业发展。扩大农业科技投入,加快农机农艺融合、生物育种、智慧农业等关键核心技术攻关应用,提升农业科技贡献率。第二,要保障和改善农村民生。优先支持农村教育、医疗卫生等基本公共服务,加大农村低保、特困人员救助供养、临时救助等兜底保障力度。建立健全农村养老服务体系,加强农村社区养老服务设施建设,提高农村养老服务水平。第三,要加强农村基础设施建设。加大农田水利、农村公路、农村供水、污水垃圾处理、农村电网改造升级等基础设施投入,补齐农村基础设施和公共服务设施短板,改善农村人居环境。第四,要推进农村改革。支持农村集体产权制度改革,有序推进农村土地征收、集体经营性建设用地入市、宅基地制度改革试点,深化农村金融改革。第五,要加强农村精神文明建设。结合新时代文明实践中心建设,推动公共文化服务向农村延伸,支持农村文化设施提档升级,建设“书香乡村”,培育文明乡风。

加快推进农业农村补贴制度改革,可以从以下几方面着手。一是突出补贴重点。紧紧围绕粮食安全、农业现代化、农民增收等重点领域,整合相关补贴政策,集中财力办大事。二是调整优化补贴结构。适度提高农业生产发展和农村基础设施建设投入比重,加大对新型农业经营主体的扶持力度,提高补贴精准性。三是创新补贴方式。在总结试点经验基础上,因地制宜采取以奖代补、股权投资、贷款贴息、风险补偿等多元化补贴方式,撬动更多社会资本投向农业农村。四是加强资金绩效管理。树立“花钱必问效、无效必问责”的导向,强化补贴政策实施全过程监管,将绩效目标完成情况与预算安排挂钩,建立健全激励约束机制。

2. 改革完善转移支付制度,缩小城乡区域发展差距

转移支付是中央政府弥补地方政府收支缺口、均衡地区间财力差异的重要手段。党

的十八大以来,中央对地方转移支付规模从2013年的4.03万亿元增长到2023年的9.32万亿元,年均增长8.7%。从结构看,一般性转移支付和专项转移支付分别约占中央财政支出的61%和6.9%(吕冰洋,2021)。出于均衡地区发展的政策意图,上级政府倾向于提高专项转移支付比例而非一般性转移支付的比例(吕冰洋等,2018)。从分配看,主要围绕人口、面积等因素测算,对欠发达地区的倾斜力度仍显不足,财力分配的公平性有待提高。因此,要按照健全标准、完善分配、强化监管的思路,加快推进转移支付制度改革,更好发挥其缩小城乡区域发展差距、促进基本公共服务均等化的重要作用。

第一,调整优化转移支付结构。根据"大专项+规范分块"的思路,应将现有专项整合归并为农业农村、社会保障等少数重点领域大专项。对于同类项目,应进行归并打包;对于相近项目,则应统筹安排,以减少"碎片化"专项。同时,将部分专项转移支付预算事权上移至中央层面,由中央制定全国统一的项目管理办法,地方政府负责具体组织实施。此外,还应扩大一般性转移支付规模,重点增加均衡性转移支付和县级基本财力保障机制奖补资金,向革命老区、民族地区、边疆地区、贫困地区等欠发达地区倾斜。

第二,完善转移支付分配办法。应将农业农村发展水平、脱贫攻坚成效、生态环境质量改善等因素纳入一般性转移支付分配考量,加大向粮食主产区、生态功能重要区域等地区的倾斜力度。同时,完善县级基本财力保障机制,合理确定县级财政支出标准,增加补助规模。中央和省级财政应将新增财力更多用于加强基层,特别是县乡财政。此外,还应督促各地切实提高财政资金统筹使用效率,盘活存量资金,减少沉淀资金,将资金更多用于保障工资发放。

第三,强化资金绩效管理。应强化预算绩效管理,将项目绩效目标完成情况作为预算安排的重要依据。可探索开展县级财政管理绩效评价,推动县乡提高财政管理水平。同时,加强跟踪问效、绩效评价,将评价结果作为完善转移支付制度的重要参考。应建立健全纪检监察、审计、财政、政府督查等多部门联动的监管机制,动态跟踪资金使用情况。

3. 创新投融资机制,拓宽农业农村发展资金渠道

当前,农业农村现代化面临的任务十分繁重,单靠财政投入是远远不够的,必须充分调动社会各方面力量,创新农村投融资机制,拓宽农业农村发展资金渠道。

一是支持农业信贷担保体系建设。落实国家融资担保基金支持政策,通过股权投资、再担保等方式,支持省级政府设立政策性农业信贷担保机构,为农业农村发展提供增信支持。建立政府性融资担保机构与商业性担保公司、小额贷款公司、互联网金融平台等的合作机制,创新融资担保产品和服务,更好地满足新型农业经营主体的融资需求。

二是强化涉农贷款风险补偿机制。中央财政继续通过农业信贷担保奖补资金,对政策性农业信贷担保机构开展的涉农担保业务给予奖补。地方政府要整合涉农贷款风险补偿资金,建立多元化、可持续的风险分担机制。健全政府性融资担保机构代偿追偿机制,加大不良资产处置力度。支持商业银行加大涉农贷款投放,降低融资成本。支持开发性、政策性银行按照市场化、法治化原则,加大对农业农村重点领域和薄弱环节的中长期信贷

支持。扩大农村资产抵质押贷款规模,探索开展农村承包土地的经营权、农民住房财产权抵押贷款等创新金融产品。

三是积极培育新型农村集体经济。鼓励各地盘活利用农村集体资产,大力发展村级集体经济,增强集体经济实力。支持供销合作社深化综合改革,鼓励供销合作社发挥为农服务的综合平台作用,带动农民合作社发展。推动组建新型农村合作金融组织,为"三农"发展提供金融服务。完善农业保险保费补贴政策,扩大农业保险覆盖面,提高农业风险保障水平。推动金融机构创新适合新型农业经营主体的金融产品,提升金融服务的适应性。构建线上线下相结合的立体化服务网络,打通农村金融服务的"最后一公里"。

四是加快推进农村产权流转交易市场建设。整合各类涉农资金,支持农村产权流转交易市场规范化建设,完善农村产权价格评估、交易、担保、保险等配套服务。加快建立全国性农村产权流转交易市场,建立部门间信息共享机制,实现市场互联互通。引导工商资本、金融资本与农村资源要素合理对接,盘活农村存量资产。完善农村集体经营性建设用地入市配套政策,建立入市土地的增值收益合理分配机制,防止利益流失。扩大农村宅基地制度改革试点,探索宅基地所有权、资格权、使用权"三权分置",增加农民财产性收入。

五是有序推进农村基础设施领域政府和社会资本合作。鼓励社会资本以 PPP 模式参与农田水利、农村公路、农村供水等农村基础设施建设,积极推广收费路桥、收费灌区等 PPP 项目。创新农村 PPP 项目运作模式,采取服务购买、投资补助等方式,吸引社会资本投身农村人居环境整治、村庄基础设施建设运营等。引导社会资本以 TOT、ROT 等方式参与存量农村基础设施项目运营。统筹整合各级财政资金,采取资本金注入、投资补助、贷款贴息等方式,撬动更多社会资本投入农村基础设施建设。

4. 深入推进农村综合改革,激发农村发展内生动力

党的十八届三中全会以来,农村改革不断深化,农村发展活力进一步激发。然而,农村改革的系统性、整体性、协同性还有待加强,城乡要素流动的制度障碍尚未完全消除,农村土地、集体产权等领域的改革仍须进一步深化。必须将农村改革作为全面深化改革的重要内容,补齐改革短板,推动改革举措落地见效,激发农村发展的内生动力。

一是深化农村土地制度改革。稳步推进农村土地征收、集体经营性建设用地入市、宅基地制度改革试点,总结推广改革经验。落实第二轮土地承包到期后再延长 30 年政策,完善土地承包收益分配机制。全面推开农村土地经营权流转市场建设,加快培育新型农业经营主体。积极推进农村"三块地"改革,盘活利用农村存量建设用地,增加优质农业发展空间。

二是深化农村集体产权制度改革。全面完成农村集体资产清产核资,健全集体资产监管机制。鼓励有条件的地方开展农村集体经济组织成员权益量化改革,有序开展集体经营性资产股份合作制改革。支持发展壮大新型集体经济,完善农村集体经济运行机制,增强集体经济发展活力。

三是深化供销合作社综合改革。落实完善供销合作社相关财税支持政策,支持供销

合作社加快转型升级,提升为农服务能力。发展壮大基层社有农资店、农产品加工配送中心等流通网点,健全完善农产品冷链物流体系。加快发展新型农村合作金融,引导支持基层社为农民合作社发展提供信贷、保险、期货等金融服务。

四是深化农村金融改革。支持各地开展农村普惠金融改革试验示范,加大对农村中小金融机构的指导扶持力度。鼓励商业银行创新适合农村特点的信贷产品和服务模式,加大涉农贷款投放力度。有序推进农户小额信用贷款改革,完善风险分担和贴息奖补等配套政策,满足农户"短、频、快"的融资需求。引导社会资本参与农村资产评估、抵押、担保、保险等金融配套服务。鼓励互联网金融平台开发适合"三农"需求的普惠金融产品。深化农业保险改革,扩大农业保险覆盖面和保障水平。

五是深化农村综合改革试验示范。继续抓好农村改革试验区建设,总结推广改革经验。支持有条件的地方开展城乡融合发展、农村宅基地"三权分置"、集体经营性建设用地入市、农村集体产权制度等改革试点,为全面深化农村改革探索路径。及时总结各地农村改革创新的先进做法,加强典型引路,完善制度安排,将基层创新实践上升为制度成果。

5. 完善农村财政管理制度,提高财政资金使用效益

新发展阶段,农村财政管理要以提质增效为主线,完善制度机制,加强过程监管,提高财政支农资金使用效益。

一是深化部门预算改革。按照全面实施预算绩效管理要求,加快建立全方位、全过程、全覆盖的预算绩效管理体系。强化绩效目标管理,严格按照项目绩效目标审核项目预算。加强预算执行动态跟踪,建立预算执行与绩效运行情况定期报告制度。强化绩效评价结果应用,将绩效评价结果作为完善政策、安排预算的重要依据。推进预算信息公开,自觉接受人大和社会各界监督。严控一般性支出,从严控制"三公"经费。加大政府购买服务力度,盘活存量资金,统筹用于重点支出。

二是强化地方政府债务管理。按照"开前门、堵后门"的要求,完善农村地区地方政府债务限额管理和风险预警机制,堵住违法违规举债的后门。强化政府债务信息公开,定期向社会公开地方政府债务限额、余额、使用安排等信息,自觉接受人大、审计部门和社会各界监督。建立跨部门债务风险防控协调机制,加强地方政府债务风险评估预警,提高风险防控能力。健全完善地方政府债务风险应急处置预案,有效防范化解风险隐患。

三是加强财政支农项目库管理。按照"谁使用、谁负责,谁审批、谁负责"的原则,加强财政支农项目全流程管理。完善财政支农项目库,实施动态管理,定期对项目入库、调整、退出情况进行评估。推进项目库与预算编制、执行、监督等业务协同,将项目绩效目标完成情况作为项目库动态调整的重要依据。加强部门间信息共享,提高项目决策和预算安排的科学性、有效性。

四是加大资金统筹整合力度。按照"多个渠道引水、一个龙头放水"的思路,整合目标相近、方向一致的财政涉农资金,实行归口管理、统一使用。创新整合方式,在不改变资金

用途、用向的前提下，统筹用于支持农业农村发展的重点领域和关键环节。加强耕地保护、农田水利等跨部门涉农项目统筹，形成工作合力。建立支出责任清晰、分工协作有序的资金统筹机制，提高资金使用效率。

五是完善农村财政管理制度。围绕健全现代财政制度，加快完善农村财政管理相关制度。修订农村财政管理条例等法规制度，明确农村财政管理的基本原则和要求。健全农村财政事权与支出责任划分改革配套制度，理顺农村公共服务供给体制。建立农村公共服务清单制度，明确服务标准，保障服务质量。围绕推进乡村治理体系和治理能力现代化，健全村级组织运转经费保障机制。加强农村集体"三资"监管，规范农村集体资产处置行为。完善农村财务管理制度，强化农村集体经济组织的内部财务监督。

9.6 构建财政与社会、金融资金结合的机制

城乡融合发展需要投入大量资金，但财政资金有限，需要社会资金来进行补充。财政部要求"各地要充分发挥市场在资源配置中的决定性作用，通过中央财政资金引导，有效带动地方政府加大投入，引导和撬动社会资本参与试点建设，建立健全多元化投入机制，创新财政资金使用方式，不断提高财政资金使用效益"①。

9.6.1 地方探索财政与社会、金融资金结合的实践

各地区在推动财政资金与社会、金融资金有效结合方面进行了积极探索，并取得了一定成效。各地也开始推出多层次的投融资平台（包括政府投融资平台、社会资本投资平台以及金融机构的合作平台），并设立了用于农村基础设施、产业升级、生态保护等领域的专项产业基金。涉农金融服务也在不断创新，如政银担、政银保以及专项债的推出。同时，涉农直接融资渠道也在不断丰富，证券期货行业中的农产品期货期权品种也在逐渐增加。主要实践如下：

1. 创新投融资模式，发挥财政引导作用

一些地方政府积极探索财政资金投入方式，发挥财政资金的杠杆撬动作用。例如，浙江省湖州市创新"财政+金融"模式，推行"331"政策，即政府提供贷款贴息、风险补偿和评级费补贴，引导金融机构加大农业农村贷款投放力度。福建省三明市出台"生态银行"改革方案，由政府投入资金，按照风险共担、利益共享的原则，与银行共同出资设立生态发展基金，推动生态产品价值的实现。湖南省浏阳市探索"PPP+扶贫"模式，通过公开招标方式吸引社会资本参与光伏发电、乡村旅游、生态种植等扶贫项目，打通政府与社会资本的合作通道。

---

① 财政部办公厅，《关于做好2023年农村综合性改革试点试验有关工作的通知》（财办农〔2023〕12号）.

2. 加大金融支农力度，拓宽资金来源渠道

一些地方制定出台支持农村金融改革创新的政策，拓宽农村发展融资渠道。

一些地方制定并出台了支持农村金融改革创新的政策，以拓宽农村发展的融资渠道。例如，四川省构建了"政府支持、市场运作、银担合作、社会参与"的现代农业投融资服务体系，农发行、农信社、村镇银行等深入开展了金融下乡服务，创新了农村承包土地经营权、农民住房财产权抵押贷款，有效缓解了农村资金瓶颈的制约。河南省组建了省级农业信贷担保公司，通过政府增信、风险补偿、贷款贴息等方式，引导金融机构加大对新型农业经营主体的信贷支持力度。山西省出台了支持村镇银行发展的指导意见，引导社会资本投资入股村镇银行，完善村镇银行的治理结构和内控机制，推动村镇银行业务的多元化发展。

3. 深化农村集体产权制度改革，盘活农村沉睡资产

一些地方在深化农村集体产权制度改革中，不断探索盘活农村沉睡资产的有效途径。例如，广东省佛山市在全国率先开展了农村集体资产股份合作制改革，成立了村集体资产管理公司，整合并盘活了集体资源资产，从而发展壮大了村级集体经济。安徽省金寨县在农村集体经营性建设用地入市改革中，采取了入股方式参与土地开发，将变现收益用于农村公共服务，有效地盘活了沉睡土地。江苏省常州市在全省率先开展了农村集体经营性建设用地使用权入股发展产业的模式，引导工商资本下乡兴办企业，促进了农村产业的融合发展。

4. 健全城乡统筹发展机制，推动公共资源均衡配置

一些地方注重从体制机制层面健全城乡融合发展长效机制。例如，重庆市在全国率先实施城乡统筹发展综合配套改革试验，在市县层面整合设立了城乡统筹发展投资基金，吸引社会资本投向农业农村；建立了城乡基本公共服务清单制度，推动教育、医疗、养老等公共资源向农村倾斜。浙江省台州市建立了"亩均论英雄"综合评价机制，将各类财政资金分配与土地利用效率挂钩，引导土地等要素资源优化配置。江西省赣州市成立了新型城镇化和城乡融合发展局，加强了城镇化项目库建设，创新了投融资机制，推动城乡基础设施互联互通、公共资源共建共享。

9.6.2　进一步构建财政与社会、金融资金有效结合的对策建议

立足新发展阶段、贯彻新发展理念、构建新发展格局，必须进一步完善农村投融资体制机制，更好发挥财政资金的引导作用，调动社会各方面力量，形成支农强农的合力，不断增强农业农村发展的动力和活力。推进财政金融协同支持乡村振兴，必须与农村产权制度改革和市场机制建设相结合，通过制度改革释放乡村活力。构建财政与社会、金融资金

结合的机制,需要政府、金融机构和社会各界的共同努力,以实现经济增长、社会公平与可持续发展。

1. 创新完善财政支农投入机制

进一步加大财政支农力度,优化支出结构,创新投入方式。一是整合涉农资金,提高使用效益。按照“多个渠道引水、一个龙头放水”的原则,强化财政资金的统筹整合,避免交叉重复和多头分散。二是突出支出重点,引导资金投向薄弱领域。聚焦农村基础设施、公共服务、产业发展等重点领域,加大投入力度,有效补齐短板。三是创新投入机制,发挥资金的杠杆作用。综合运用投资补助、贷款贴息、以奖代补等方式,撬动更多社会资本投向农业农村。四是加强预算绩效管理,建立健全资金监管机制。将绩效目标与预算安排相结合,强化绩效运行监控,做好绩效评价和结果应用,建立激励与约束并重的资金管理机制。

2. 强化普惠金融服务乡村建设

加快发展农村普惠金融,改善农村金融服务。一是优化农村金融供给,丰富金融产品和服务方式。支持金融机构创新适合农村产业发展、新型农业经营主体的信贷产品,拓宽农村资金需求渠道。二是加快农村信用体系建设,夯实金融服务基础。推进农村信用信息的归集与共享,完善农村经济主体信用档案,强化守信激励和失信惩戒机制。三是提高农村抵质押品管理水平,盘活农村资源资产。明确农村承包土地经营权、农民住房财产权、集体经营性建设用地使用权等抵质押贷款的操作流程,提高农村资产的变现能力。四是加大金融扶贫力度,助力乡村振兴。支持扶贫小额信贷、扶贫再贷款等政策的延续实施,加大对深度贫困地区的金融支持力度。

3. 深化农村产权制度改革,释放改革红利

按照“三权分置”要求,深化农村集体产权制度改革。一是巩固和完善农村基本经营制度,落实第二轮土地承包到期后再延长三十年的政策,扩大土地经营权的有序流转。二是探索开展农村宅基地制度改革,完善宅基地权益保护和取得方式,盘活闲置农房和宅基地资源。三是探索农村集体经营性建设用地入市,完善入市配套制度,防止农村集体资产流失。四是深化农村集体林权制度改革,着力推进集体林地承包权、经营权、收益权等“三权分置”,进一步放活林地经营权。五是深入推进农村集体资产股份合作制改革,完善农村产权交易市场,促进农村集体资源变资产、资金变股金、农民变股东。

4. 创新城乡融合发展机制,优化公共资源配置

坚持城乡一体、优势互补,构建新型工农城乡关系。一是健全城乡融合发展的体制机制和政策体系。在规划、土地、财政、金融、人才、环保等领域出台一系列支持政策,充分发挥中心城市的辐射带动作用。二是推动城乡基本公共服务标准统一、制度并轨。加快城

乡居民基本养老保险、基本医疗保险制度的整合，推进义务教育城乡一体化改革。三是提升乡村基础设施建设水平。继续推进“四好农村路”建设，逐步建立城乡基础设施一体化发展机制。因地制宜开展农村人居环境整治，加强农村生活垃圾和污水治理。四是深入推进城乡产业协同发展。支持主导产业向农村延伸，加快培育农村新产业新业态，推动农村一二三产业融合发展。

5. 充分发挥市场机制作用，激发农村发展内生动力

处理好政府和市场的关系，更大程度激发市场主体活力。一是全面实施市场准入负面清单制度，破除乡村振兴的体制机制障碍。推动“非禁即入”，营造各类市场主体公平竞争的制度环境。二是深化农村承包地“三权分置”改革，建立健全城乡统一的建设用地市场。在符合国土空间规划和用途管制的前提下，允许农村集体经营性建设用地出让、租赁、入股，实行与国有土地同等入市、同权同价。三是创新乡村金融产品和服务，改善农村金融生态。鼓励金融机构创新适合农户和新型农业经营主体的信贷产品，扩大农业保险覆盖面。四是强化乡村人才支撑，大力培育新型职业农民。完善乡土人才培养使用机制，落实人才引进计划，为乡村振兴提供智力支持。五是弘扬新时代农村精神，焕发乡村文化魅力。加强农村思想道德建设，深入挖掘优秀农耕文化，展现新时代农民的精神风貌。

参考文献

[1] 鲍曙光，杜志雄，冯兴元.“十四五”时期农业农村现代化投融资形势与财金协同机制建设[J].学术界，2021(5)：24－34.

[2] 蔡昉.户籍制度改革的效应、方向和路径[J].经济研究，2023(10)：4－14.

[3] 陈硕.分税制改革、地方财政自主权与公共品供给[J].经济学(季刊)，2010，10(4)：1427－1446.

[4] 豆书龙，叶敬忠.乡村振兴与脱贫攻坚的有机衔接及其机制构建[J].改革，2019(1)：19－29.

[5] 范子英.财政转移支付与人力资本的代际流动性[J].中国社会科学，2020(9)：48－67+205.

[6] 付文林，沈坤荣.均等化转移支付与地方财政支出结构[J].经济研究，2012，47(5)：45－57.

[7] 公茂刚，李汉瑾.百年探索：中国共产党财政支农政策演进逻辑与趋势[J].地方财政研究，2021(8)：47－57+85.

[8] 郭远智，刘彦随.中国乡村发展进程与乡村振兴路径[J].地理学报，2021，76(6)：1408－1421.

[9] 胡雅淇，林毅夫.共同富裕目标下的乡村振兴与金融支持：一个新结构经济学视角的解读[J].农村金融研究，2023(1)：3－14.

[10] 黄祖辉.准确把握中国乡村振兴战略[J].中国农村经济，2018(4)：2－12.

[11] 贾俊雪，郭庆旺，宁静.财政分权、政府治理结构与县级财政解困[J].管理世界，2011(1)：30－39.

[12] 蒋斌，饶茜，蒲勇健.县乡财政困境的制度原因分析[J].财政研究，2005(1)：28－30.

[13] 靳卫东.农村义务教育经费保障机制改革的成效评价[J].统计研究，2014，31(12)：61－68.

[14] 匡萍.中国县级财政压力问题研究[D].北京：中国财政科学研究院,2021.
[15] 李芝兰,吴理财."倒逼"还是"反倒逼"：农村税费改革前后中央与地方之间的互动[J].社会学研究,2005,20(4)：44－63.
[16] 李焕彰,钱忠好.财政支农政策与中国农业增长：因果与结构分析[J].中国农村经济,2004(8)：38－43.
[17] 林毅夫.改革动力源于农村经济社会发展[J].人民论坛,2005(8)：16－17.
[18] 刘鸿渊.农村税费改革与农村公共产品供给机制[J].求实,2004(2)：92－94.
[19] 刘天琦,宋俊杰.财政支农政策助推乡村振兴的路径、问题与对策[J].经济纵横,2020(6)：55－60.
[20] 陆铭,杨汝岱,徐现祥,等.大国经济学：面向长期、全局、多维的中国发展[M].上海：上海人民出版社,2023.
[21] 吕冰洋.国家能力与中国特色转移支付制度创新[J].经济社会体制比较,2021(6)：29－38.
[22] 吕冰洋,毛捷,马光荣.分税与转移支付结构：专项转移支付为什么越来越多？[J].管理世界,2018,34(4)：25－39+187.
[23] 刘笑萍.中国新农村建设筹资政策研究[M].北京：经济科学出版社,2007.
[24] 楼继伟.40年重大财税改革的回顾[J].财政研究,2019(2)：3－29.
[25] 毛世平,林青宁,王晓君.优化农业科技投入　提高农业科技创新效率[J].中国农村科技,2023(6)：28－29.
[26] 欧阳强斌.财政农业支出研究：基于农业供给侧结构性改革视角[D].北京：中国财政科学研究院,2018.
[27] 邵晓琰.支持新农村建设的财政政策研究[M].上海：上海交通大学出版社,2015.
[28] 苏明.中国农业财政政策的回顾与展望[J].财政研究,2009(2)：11－19.
[29] 涂圣伟.脱贫攻坚与乡村振兴有机衔接：目标导向、重点领域与关键举措[J].中国农村经济,2020(8)：2－12.
[30] 汪三贵,孙俊娜.全面建成小康社会后中国的相对贫困标准、测量与瞄准：基于2018年中国住户调查数据的分析[J].中国农村经济,2021(3)：2－23.
[31] 王国华,李克强.农村公共产品供给与农民收入问题研究[J].财政研究,2003(1)：46－49.
[32] 王姣,肖海峰.我国良种补贴、农机补贴和减免农业税政策效果分析[J].农业经济问题,2007,28(2)：24－28.
[33] 王小鲁.关于推进财税体制、土地制度和户籍制度改革的建议[J].行政管理改革,2013(7)：12－20.
[34] 魏后凯,姜长云,孔祥智等.全面推进乡村振兴：权威专家深度解读十九届五中全会精神[J].中国农村经济,2021(1)：2－14.
[35] 温铁军,罗士轩,马黎.资源特征、财政杠杆与新型集体经济重构[J].社会科学文摘,2021(3)：40－42.
[36] 熊巍.我国农村公共产品供给分析与模式选择[J].中国农村经济,2002(7)：36－44.
[37] 许光建,卢倩倩,许坤,等.我国土地出让收入分配制度改革：历史、现状及展望[J].价格理论与实践,2020(12)：4－9.

[38] 薛妮,魏桂杰.助推农业高质量发展的财政支农政策研究[J].学习与探索,2022(7):138－142.

[39] 杨思莹,丁琳琳.财政支农与城乡二元收入格局[J].学习与探索,2020(5):148－155.

[40] 姚东旻,董鸿儒.如何更好发挥财政对社会资本的引导与撬动作用:主要矛盾与制度路径[J].中国财政,2022(11):56－57.

[41] 叶兴庆.迈向 2035 年的中国乡村:愿景、挑战与策略[J].管理世界,2021,37(4):98－112.

[42] 叶兴庆.新时代中国乡村振兴战略论纲[J].改革,2018(1):65－73.

[43] 尹恒,朱虹.县级财政生产性支出偏向研究[J].中国社会科学,2011(1):88－101+222.

[44] 余春苗,任常青.农村金融支持产业发展:脱贫攻坚经验和乡村振兴启示[J].经济学家,2021(2):112－119.

[45] 张国林,何丽.土地确权与农民财产性收入增长[J].改革,2021(3):121－133.

[46] 张林,温涛.财政金融服务协同与农村产业融合发展[J].金融经济学研究,2019,34(5):53－67.

[47] 赵洪丹,朱显平.农村金融、财政支农与农村经济发展[J].当代经济科学,2015,37(5):96－108+127－128.

[48] 周黎安,陈烨.中国农村税费改革的政策效果:基于双重差分模型的估计[J].经济研究,2005,40(8):44－53.

[49] 周黎安,陈祎.县级财政负担与地方公共服务:农村税费改革的影响[J].经济学(季刊),2015,15(2):417－434.

[50] Young A. The razor's edge: Distortions and incremental reform in the people's republic of China[J]. The Quarterly Journal of Economics, 2000, 115(4): 1091－1135.

后　　记

本书是国家社会科学基金重点项目《健全城乡融合发展的机制研究》(项目编号:21AZD036)的一项研究成果。本项目自 2021 年 4 月立项以来,课题组系统收集了国内外相关文献资料。在 2021 年 6 月至 2023 年 12 月期间,课题组对《国家城乡融合发展试验区改革方案》中的 11 个试验区的部分市县进行了实地调研,与政府主管部门领导及专业人员进行了座谈和研讨,并实地考察了这些市县乡村振兴和城乡融合发展的试点项目。基于文献研究和调研,课题组对 11 个试验区所属的 25 个地区或县(市)进行了案例研究,并编写了《中国城乡融合发展的实践与探索》(2024 年 5 月由华东理工大学出版社出版)。此后,课题组进一步对我国城乡融合发展问题进行了理论探索、实践检讨和政策研究,在中英文杂志上发表了 40 余篇学术论文,撰写了 8 个专题研究报告。经过多次研讨和修改,最终将这 8 个研究报告结集成书。同时,课题组成员杨上广教授等人撰写了《城乡产业融合发展系统及机制研究》,唐茂钢副教授撰写了《土地城市化的生态环境效应研究》两本专著,这些著作也于 2024 年由华东理工大学出版社出版。这些著作的内容均聚焦于乡村振兴和城乡融合发展的主题,代表了课题组对此命题的理解和研究心得。

本书是课题组成员集体的思想结晶。其中吴柏钧规划了全书的内容和结构,对全书内容做了统一的修改,并撰写了第 1 章和第 3 章的部分内容,唐茂钢撰写了第 2 章,汪颖、刘伍洽、刘莲莲、唐雨情、奚冰雁、汤榕撰写了第 3 章,杨上广、李衡撰写了第 4 章,牛星撰写了第 5 章,康姣姣撰写了第 6 章,潘春阳、刘梦雨撰写了第 7 章,杨继波、刘平圆撰写了第 8 章,李竞超、周鋆撰写了第 9 章。华东理工大学商学院经济学科研究生刘莲莲、吕婷婷、别奥、任仕佳、辛青华、徐永辉、李衡、汪颖、刘伍洽、高杉凌云、李宗祎、胡梦源、吴纳川、廖菁清、唐雨情、奚冰雁、汤榕等参加了调研和数据整理工作,上海社会科学院教授王振、上海财经大学教授吴方卫对课题研究提出了许多指导性意见,深致谢意!

本课题研究得到华东理工大学人文社会科学处和社会科学高等研究院的支持,也得到国家城乡融合发展试验区许多政府部门的支持,在此一并致谢。需要说明的是,本书内容仅仅是课题组的观点,并不代表课题组所在学校和调研的政府部门的意见。

吴柏钧

2024 年 5 月 20 日